Georg Christoph Hamberger

Das gelehrte Deutschland

Lexikon der jetzt lebenden deutschen Schriftsteller (1798)

Georg Christoph Hamberger

Das gelehrte Deutschland
Lexikon der jetzt lebenden deutschen Schriftsteller (1798)

ISBN/EAN: 9783742874382

Manufactured in Europe, USA, Canada, Australia, Japa

Cover: Foto ©Thomas Meinert / pixelio.de

Manufactured and distributed by brebook publishing software
(www.brebook.com)

Georg Christoph Hamberger

Das gelehrte Deutschland

DAS GELEHRTE TEUTSCHLAND

ODER

LEXIKON

der jetzt lebenden

TEUTSCHEN

SCHRIFTSTELLER

Angefangen

von

GEORG CHRISTOPH HAMBERGER,

Professor der Gelehrten Geschichte auf der Universität zu Göttingen.

Fortgesetzt

von

JOHANN GEORG MEUSEL,

königl. Preussischem und fürstl. Quedlinburgischem Hofrath, ordentlichem Professor der Geschichtkunde auf der Universität zu Erlangen, und Mitgliede einiger Akademien.

Sechster Band.

Fünfte, durchaus vermehrte und verbesserte Ausgabe.

LEMGO

im Verlage der Meyerschen Buchhandlung, 1798.

P.

PAALZOW (Christian Ludwig) *königl. Preussischer Kriminalrath bey dem kurmärkischen Kammergericht zu Berlin* seit 1787 (vorher Referendar): *geb. zu Osterburg in der Altmark am 26 November* 1753. SS. * Berühmte Rechtshändel bey verschiedenen Parlamentern in Frankreich; aus dem Franz. mit Anmerkungen. Berlin 1777 - 1781. 6 Theile in 8. *Linguets* interessanteste Rechtshändel; aus dem Franz. Leipz. 1778. 8. *Voltairens* Kommentar über den Geist der Gesetze des Montesquieu; aus dem Franz. mit Anmerkungen. Berlin 1780. 8. Politische und gelehrte Anekdoten unserer Zeit. Potsdam 1780-1781. 3 Bände in 8. * Versuch über die Gesetze. 1 Th. Breslau 1781. 8. * Magazin der Gesetzgebung, besonders in den Preussischen Staaten. 2 Bände. Liegnitz 1780 - 1781. gr. 8. * Hierokles, oder Prüfung und Vertheidigung der christlichen Religion, angestellt von den Herren Michaelis, Semler, Less und Freret. Halle 1785. gr. 8. * An einen Hallischen Recensenten, den Hierokles betreffend. Gera 1785. 8 * Gewisheit der Beweise des Apollinismus, oder Widerlegung der Prüfung und Vertheidigung der apollonischen Religion, angestellt von den Herren &c. &c. von *Aemilius Lucinius Cotta*, Oberpriester bey dem Tempel des Jupiters; aus dem Lateinischen übersetzt von dem Verfasser des Hierokles. Frankf. u. Leipz. 1787. 8. * Merkwürdige Rechtsfälle, verhandelt bey verschiedenen Tribunalen, besonders in Frankreich. 1ster Band. Halle 1789. gr. 8. * *Compendium juris criminalis Romano - Germanico - forensis. ibid.* 1789. 8 *maj.* * Porphyrius, oder letzte Prüfung und Vertheidigung der christlichen Religion, angestellt von den Herren Michaelis, Semler, Less, Richard Simon und Freret. Helmstädt 1793. 8. * Einleitung in den Kanon des Neuen Testaments, besonders der Offenbarung Johannis; von einem Ungenannten. Halle 1793. 8. * Freret über Gott, Religion und Unsterblichkeit; aus dem Franz. Dessau 1794. 8. * Geschichte der menschlichen Ausartung und Verschlimmerung durch das gesellschaftliche Leben. Altona 1795. 8. *Observationes ad jus Borussicum commune. Fasciculus I - III. Berol.* 1795 - 1797. 8. — Antheil an den meisten, vom Prediger *Ulrich* zu Berlin herausgegebenen Büchern, z. B. an der Uebersetzung des *Malebranche*, an der moralischen Encyklopädie, an den Briefen über den Religionszustand in den Preussischen Staaten. — *Gab mit* Knüppeln *und* Nencke *heraus*: * Büsten Berlinischer Gelehrten und Künstler mit Devisen. Stendal 1787. 8. — *Vergl. dieselben*, wie auch *Weidlich's* biogr. Nachrichten Th. 4.

PAALZOW (Johann Gottfried) *Rektor emeritus zu Seehausen in der Altmark* *): *geb. zu* . . . §§. Lehrreiches Denkmahl der doppelten Ueberschwemmung des Seehausenschen Distrikts in der Altenmark, welche vom 27ten März bis Ausgang Au-

*) Lebt er noch?

Augusts 1771 fast alles in eine Wüsteney verwandelt. Nebst einem Kupfer von der Stadt Seehausen in der Ueberschwemmung. Berlin 1772. 8. — Von Winkelmanns Leben; *in den neuen Greifswalder kritischen Nachrichten* B. 1.

PAALZOW (Karl Friedrich) ... *zu* ... *geb. zu* ... §§. Der edelmüthige Sohn; ein Drama. Hamburg 1780. 8.

*) PAALZOW (Siegfried Wilhelm) *königl. Preussischer approbirter und privilegirter Apotheker zu Berlin: geb. zu* ... §§. Apotheker-Charlatanerien und Charlatanismen; ein Wort zu seiner Zeit für meine Herren Kollegen, unsere Gehülfen und Scholaren. Nebst einem doppelten Anhange über die vom Scheerbeutel befreyte Chirurgie, und höchst unverantwortliche und unerlaubte Weinverfälschung, brauchbar für Wundärzte und Weinhändler. Berlin 1789. 8.

Freyherr von PACASSI (Johann) *Supernumerarsekretar bey dem k. k. Appellationsgericht Oestreichs ob und unter der Ens zu Wien: geb. daselbst* 1755. §§. Ueber die Gesandschaftsrechte. Wien 1775. 8. *Neue ganz umgearbeitete Auflage, unter dem Titel:* Einleitung in die sämtlichen Gesandschaftsrechte. ebend. 1777. 8. Beyträge zu dem teutschen Staatsrechte. ebend. 1780. gr. 8. *Hernach mit einem neuen Titelblatt unter der Jahrzahl* 1783. * Rechenschaft dem König gegeben, von Hrn. Necker, Generaldirektor der Finanzen, im Jahr 1781. Aus dem Franz. übersetzt und mit Zusätzen und Anmerkungen vermehrt. ebend. 1781. gr. 4. *Leonh. Eulers* Theorie der Planeten und Cometen, übersetzt und mit einem Anhange und Tafeln vermehrt. Nebst 3 Kupfertafeln. ebend. 1781. gr. 4.

*) Fehlt im Neuesten gel. Berlin.

Einleitung in die Theorie des Mondes. 1ste Abtheilung. ebend. 1783. gr. 4. Abhandlung über eine neue Methode zu integriren. ebend. 1785. 8. * Betrachtung über die Berliner Beantwortung der königl. Preuss. Association, darinn die Stärke von Preussen gezeigt und die eigentlichen Absichten des Berliner Kabinets unter dem Scheine der grossmüthigen Beschützung der Rechte Teutschlands aufgesucht werden, von *J. R. R. v. P.* (*Wien*) 1786. 4. — Ueber die Rektifikation elliptischer Bogen, und Quadratur sphäroidischer Dreyecke; *in* v. Borns *physikal. Arbeiten der einträcht. Freunde zu Wien* Jahrg. 2. Quart. 1 (1786). Ueber einige Eigenschaften der Sphäroiden; *ebend.* Quart. 2. — Formeln für die Ellipse und Elemente zu neuen Sonnentafeln; *in* Bodens *astronom. Jahrbuch für das J.* 1788. S. 178 Formeln zur Auflösung einer elliptischen Aufgabe und für die Axen der Erde; *ebend.* S. 180. — Auflösung einiger die Ellipse betreffenden Aufgaben; mit einem Kupfer; *im 2ten Band der Neuern Abhandlungen der königl. Böhmischen Gesellsch. der Wissensch.* (1795). — Antheil an *Hell's* Ephemerid. astron. c. 1782.

PACHALY (Friedrich Wilhelm) *Kriegs- und Domainenrath bey der königl. Preussischen Kammer zu Breslau* seit 1790 (vorher königl. Preuss. Generalfiskal in Schlesien): *geb. zu Breslau* . . . §§. * Versuche über die Schlesische Geschichte, in einzelnen Abhandlungen. Breslau 1776. 8. * Versuch über die Schlesische Geschichte vom Jahr Chr. 1163 bis 1740. ebend. 1777. 8. * Ueber Schlesiens älteste Geschichte und Bewohner. Breslau 1783. gr. 8. * Die Erblandshuldigung Schlesiens den 15ten Okt. 1786 geleistet Friedrich Wilhelm dem Zweyten, König von Preussen; nebst einer historischen Nachricht von den ältern Schlesischen Erblandshuldigungen; mit Beylagen zur Erläuterung der geschehenen Festivitäten. Breslau 1787. 4. Sammlung verschiedner Schrif-

Schriften über Schlesiens Geschichte und Verfassung. 1ster Band, welcher die Geschichte des Landes bis zum Jahr 1786 enthält, nebst den erforderlichen genealogischen Tabellen. ebend. 1790. 8.

PACHMAYR (Marian) *Benediktiner zu Kremsmünster und Historiograph dieser Abtey: geb. zu Kemmaten im Lande ob der Ens am 22 Okt. 1728.* §§. * Selecta historiae Cremifanensis, sive compendiosa descriptio Abbatum, qui ab a. 777 usque ad a. 1777 gubernarunt, auxerunt, ornarunt, illustrarunt. Pars I. Lincii 1777. — P. II. Styrae 1779. — P. III. ibid. 1780. fol.

PACIUS (Johann Erhard) *Senior, Camerarius und Pastor emeritus zu Mosbach im Fürstenthum Ansbach: geb. zu Plofelden am 26 Jul. 1715.* §§. Friedrich des Zweyten, römischen Kaisers, übrige Stücke der Bücher von der Kunst zu baizen, nebst den Zusätzen des Königs Manfredus, und Alberti Magni Unterricht von den Falken und Habichten aus dessen 23sten Buche von den Thieren übersetzt. Ansbach 1756. 8.

PÄCHTERMÜNZE *) (Friedrich) . . . *zu* . . . *geb. zu* . . . §§. Bibliothek der ältern Litteratur; oder historische Auszüge, Uebersetzungen, Anekdoten und Charaktere; aus verschiedenen, theils kostbaren, theils seltenen Werken, für die Liebhaber einer ernsthaften und nützlichen Litteratur. 1stes Stück. Zürich 1793. 8.

PASSMAYR (Anton) *erzbischöfflicher Pfarrer zu den vierzehn Nothhelfern im Lichtenthale zu Wien* (vorher Pfarrkurate bey St. Leopold zu Wien in der Leopoldstadt): *geb. zu* . . . §§. Frühpredigten auf alle Sonn- und Feyertage des ganzen Jahrs;

*) Ein Pseudonymus — jetzt zu Zürich — vorher zu Passau.

Jahrs; nach dem Sinne der Evangelien vorgetragen, und vorzüglich zum Behufe der Seelsorger herausgegeben. Wien 1791 (*eigentl.* 1790). 8. Auszüge aus der Leidensgeschichte Jesu, in Fastenpredigten vorgetragen und zum Gebrauche für Seelsorger sowohl als auch zu einem lehrreichen Lesebuche für jeden Christen in der heil. Fastenzeit. ebend. 1791. 8. 2te Auflage. ebend. 1795. 8. Kirchenkatechesen für Erwachsene und Kinder, vorschriftmässig eingerichtet und herausgegeben. ebend. 1792. 8. Predigten auf alle Sonn- und Festtage des ganzen Jahrs. 2 Theile. ebend. 1793. 8. Kurze Predigten von den Pflichten gegen Gott, sich selbst und den Nächsten, wie auch einigen besondern Pflichten; auf alle Sonntage des Jahres eingetheilt. Nebst einem Anhange eben so kurzer Festtagspredigten. ebend. 1796. 8.

PÄTZ (Heinrich Alexander Günther) *Rektor des Pädagogiums zu Ilfeld: geb. zu* . . . §§. Fortgesetzte Nachricht von der gegenwärtigen Einrichtung des königlichen Pädagogii zu Ilfeld. Göttingen 1792. 4.

PAGENSTECHER (Johann Alexander Winand — *nicht* Guinard *oder* Guinand, *wie in den vorigen Ausgaben steht* —) *D. der R. und ordentlicher Professor derselben auf der Universität zu Harderwyk* seit 1768 (vorher dasselbe zu Duisburg): *geb. zu Duisburg* . . . §§. D. inaug. de emendatione legum per transpositionem verborum. Duisb. 1744. 4. Matrimonium absque benedictione legitimum. Teutob. ad Rhen. 1752. 4. D. de juris naturalis principio ejusque necessitate. Duisb. 1753. 4. D. de actione Publiciana ante traditionem non competente. ibid. 1754. 4. D. de feudo pignoratitio, jure feudali Longobardico non incognito. ibid. eod. 4. D. de constitutionibus imperatoriis, juri feudali Longobardico insertis. ibid. eod. 4. D. quod foe-

foemina sola indebitum ex errore juris solutum repetere non possit. ibid. 1755. 4. D. de vicariatu imperii absente imperatore, vicariis competente. ibid. eod. 4. Examen juris publici Rom. Germanici. ibid. eod. 8. Oratio de jurisprudentia Tertulliani. Harderov. 1768. 4. — Vergl. *Strieder* B. 10. S. 233 u. f.

PAHL (Johann Gottfried) *Pfarrer zu Neubronn im Schwäbischen Ritterkanton Kocher* seit 1796 (vorher seit 1786 Vicarius zu Fachsenfeld und Essingen): *geb. in der Reichsstadt Aalen am* 12 *Junius* 1768. §§. *Biographisches Denkmahl, dem seel. Pfarrer Schölen zu Essingen errichtet von seinen Kindern. 1790. 4. Hillmars Briefe vom Lande. Nördlingen 1794. 8. Hillmars Geständnisse. Basel 1794. 12. Bertha von Wöllstein; eine Reihe von Briefen aus dem Mittelalter. Nördlingen 1794. 8. *Ulrich von Rosenstein; eine Geschichte aus der Ritterzeit. Basel 1795. 8. Oswald, der Menschenhasser. Ulm 1795. 8. *Zollikofers* Predigten über die Erziehung, mit Anmerkungen herausgegeben. Nördlingen 1795. 8. Die Philosophen aus dem Uranus. Constantinopel 1795. 8. Analekten aus der Hinterlassenschaft des Küsters von Ilgenthal. 1ster Band. Augsburg 1796. 8. Handbibliothek für meine Tochter. 1ster Band. Nördlingen 1796-1797. 8. Mit Kupfern. Schwäbisches Taschenbuch, zur Beförderung der Kunde des Vaterlandes. Mit Kupfern. 1796. 12. *Materialien zur Geschichte des Kriegs in Schwaben im Jahr 1796. 1ste und 2te Lieferung. 1797. 8. *Herwart der Eifersüchtige; Auszüge aus seinem Tagebuche von dem Verfasser Oswald des Menschenhassers. Basel 1797. 8. — Beschreibung der Reichsstadt Aalen; *in der Schwäbischen Chronik* . . . (Nachgedruckt in *Fabri's* Beyträgen zur Geographie). Der Rechberg; *ebend.* Ueber die bürgerliche und moralische Verbesserung

rung der Freyleute; *ebend.* (Nachgedruckt in *Becker's* teutschen Zeitung). — Ueber eine neuerlich empfohlene Einschränkung der Pressfreyheit; *im Weltbürger* H. 9. S. 625-632 (1792). Warum ist die teutsche Nation in unserm Zeitalter so reich an Schriftstellern und Büchern? *ebend.* S. 617-625. — Wanderung durch den Kochergau; *in* Ehrmanns *Bibl. der neuesten Länder- und Völkerkunde* B. 4. S. 1-70 (1794). — Albrecht und Helene; eine Anekdote aus dem Mittelalter; *in der Einsiedlerin aus den Alpen* ... Ueber die Liebe unter dem Landvolke; *ebend.* Meta bey Klitons Grabe; *ebend.* Die beyden Schwestern; *ebend.* Jutta von Halmfels; *ebend.* Hans von Hutten, eine Geschichte aus der vaterländischen Vorzeit; *ebend.* Ueber den ersten Eindruck, den Menschen auf Menschen machen; *ebend.* Gattinliebe der Römer; *ebend.* — Ueber die neuern Anstalten gegen die Aufklärung; *in dem Geiste unsres Zeitalters* ... Beherzigungen für den unmittelbaren Reichsadel; *ebend.* Ueber das gesunde Ansehen des geistlichen Standes; *ebend.* Von der religiösen Aufklärung; *ebend.* Geständnisse eines alten Autors; *ebend.* Ueber den neuesten Zustand der französischen Armee, aus dem französischen Manuscript übersetzt; *ebend.* — Antheil an mehrern kritischen Journalen.

von PAJON de MONCETS *) (Ludwig Esaias) *königl. Preuss. geheimer Rath*, *Oberkonsistorialrath* (seit 1783), *Inspektor des französischen Gymnasiums, und Prediger an der neuen französischen Kirche in der Klosterstrasse zu Berlin*; *geb. zu Paris am 21 May* 1725. §§. * Leçons de Morale ou Lectures academiques faites dans l'Université de Leipzig par feu M. *Gellert*; on y a joint des Reflexions sur la

*) Sein alter Adel wurde 1788 vom Könige von Preussen erneuert. Vorher schrieb er sich nur PAJON.

la personne & les ecrits de l'auteur (par M. *Garve*); le tout traduit de l'Allemand. à Utrecht & à Leipz. 1772. 2 Voll. in gr. 8. * Léonard & Gertrude, ou les moeurs villageoises, telles qu'on retrouve à la ville & à la cour; traduit de l'Allemand. Avec figg. à Berlin 1783. 8. Sermons d'actions de graces, prononcée dans l'Eglise Françoise le 29 Oct. 1785 en mémoire de la fondation des Colonies Françoises, dont après un siécle les Refugiés dans les Etats de S. M. le Roi de Prusse célébrent le Jubilé. ibid. 1785. 8. Oraison funebre de très-haut, très-puissant & très excellent Prince, Frédéric II, Roi de Prusse, prononcée le 10 Sept. 1786. ibid. 1786. 8. — Hat die 3 ersten Bände von *Basedow's* Elementarwerk ins Französische übersetzt; wie auch die ersten Bände von *Büsching's* Erdbeschreibung (*welche Bände? wann? wo?*). — Vergl. *Denina's* Prusse littéraire T. III.

PALATIN (Almann Hiero) *ein Pseudonymus* — §§. Geist des Priesterthums, oder politisch-hierarchische Hevristik; in und mit Bemerkungen über die wirkliche und mögliche Verfassung der katholischen Geistlichkeit in der Kur-Pfalz. 2 Theile. Leipz. 1794. 8.

Graf von PALATIN (Joseph) *ein aus dem 1sten Heft der Schlözerischen Staatsanzeigen bekannter Abentheurer, dessen Aufenthalt unstet ist: geb. zu . . . in Ungern am 26 Sept.* 1748. §§. Der widrige, doch glückliche Ausschlag in grossen Unternehmen; eine wahre und merkwürdige Geschichte. 3te vermehrte und verbesserte Ausgabe (*wann erschienen die beyden ersten?*). Pappenheim 1782. 8. Tudok Besselny; eine ungrische (*eigentlich seine Jugend*-) Geschichte. 1783. 8. Chronik der Maurerey. Philadelphia (*eigentl.* Prag) 1785. 8.

PALDAMUS (Friedrich Christian) Neffe des folgenden; *Diener des göttlichen Worts in der reformirten Gemeinde*

meinde zu Dresden seit 1792: *geb. zu Opperode im Fürstenthum Anhalt-Bernburg am 7 August* 1763. §§. Zehn Predigten, meistens moralischen Inhalts. Dresden 1793. 8. — Einige, besonders didaktische, Beyträge zu verschiedenen Journalen. — Vergl. *Kläbe.*

PALDAMUS (Karl Georg) *D. der AG. fürstl. Anhalt-Bernburgischer geheimer Hofrath* seit 1796 (vorher seit 1789 Hofrath und vordem Rath) *und Leibarzt zu Ballenstädt: geb. zu Hoim im Anhalt-Bernburgischen am 10 August* 1735. §§. Nachricht von den Eigenschaften, Wirkungen und der jetzigen Einrichtung des im Jahr 1767 neu entdeckten Bades bey Harzgerode im Fürstenthum Anhalt-Bernburg. Bernburg 1769. 4. *Ueber die Schädlichkeit des Kaffees, Tabacks und Brandtweins, an meine Landsleute. ebend. 1788. 8. — Vergl. *Rufts* Nachr. Th. 1 u. 2.

PALLAFINI (Friedrich Joseph). S. oben Freyherr von MORTCZINI.

PALLAS (August Friedrich) Bruder des folgenden; *D. und Professor der AG. zu Berlin: geb. daselbst am 5 Sept.* 1731. §§. *D. de variis calculos secandi methodis. Lugduni Bat.* 1754. 4. Chirurgie, oder Abhandlung von äusserlichen Krankheiten, worinn vornemlich auch die neuesten Erfindungen vorgetragen werden; nebst einem vollständigen Verzeichnisse derer chirurgischen Werkzeuge, wie auch einer Abbildung einiger noch nicht sehr bekannten Instrumente. Berlin 1764. 8. *Dasselbe Buch, mit dem Zusatz:* zum Gebrauch seiner Zuhörer. ebend. 1764. 8. 2te vermehrte und verbesserte Auflage. ebend. 1776. 8. — Von der giftigen Wirkung des Toxicodendri; *in einem der frühern Stücke der* Gazette littéraire de Berlin. (*Ist auch einzeln gedruckt bey dem Gärtner des königl. botanischen Gartens zu haben*). — Beschreibung eines ohne Hirnschädel neugebohrnen

nen Kindes; *im Stralsundischen Magazin.* — Recensionen in verschiedenen gelehrten Zeitungen.

PALLAS (Peter Simon) *D. der AG. kaiserl. Russischer Kollegienrath* seit 1782, *Mitglied der kaiserl. Akademie der Wissenschaften zu St. Petersburg, Ritter des Wladimirordens* seit 1785, *Historiograph des Admiralitätskollegiums* seit 1787; seit 1796 *lebt er zu Sympheropol in Taurien: geb. zu Berlin* 1740. §§. D. de insectis viventibus intra viventia. Lugdun. Bat. 1760. 4. Elenchus Zoophytorum, generum adumbrationes, specierum descriptiones, cum selectis synonymis. Hag. Com. 1766. 8 maj. Miscellanea Zoologica. ibid. eod. 4 maj. Spicilegia Zoologica. 1 *Band, bestehend aus* 10 *Fascikeln.* Berol. 1767-1773. 4. Fascic. XI. ibid. 1776. Fascic. XII. 1777. Fascic. XIII. 1779. Fascic. XIV. 1780. (*Vom 7ten Fascic. an übersetzt er selbst dieses Werk ins Teutsche;* der 11te erschien 1779). *Reise durch verschiedene Provinzen des Russischen Reichs.* 3 *Bände. St. Petersburg* 1771-1776. 4. *Sammlungen historischer Nachrichten über die Mongolischen Völkerschaften.* 1 *Theil. ebend.* 1776. gr. 4. Observations sur la formation des montagnes & les changemens arrivés au globe, particuliérement à l'égard de l'empire Russe, lues à l'assemblée publique de l'Academie Impériale des sciences de Russie du 23 Juin 1777, que Mr. le Comte de Gothland daigna illustrer de sa presence. ibid. 1777. 4. Novae Species quadrupedum e glirium ordine, cum illustrationibus variis complurium ex hoc ordine animalium. Fascic. I & II. Erlang. 1778. 1779. 4 maj. Editio IIda. ibid. 1784. 4 maj. * *Neue Nordische Beyträge zur physikalischen und geographischen Erd- und Völkerbeschreibung, Naturgeschichte und Oekonomie.* 1*ster Band. St Petersb. und Leipz.* 1781. 2*ter Band* 1781. 3*ter Band.* 1782. 4*ter Band.* 1783. 5*ter Band.* 1793 (eigentl.

genannt. 1792). *6ter Band.* 1793. *7ter Band.* 1796. Diese 3 letzten Bände auch unter dem Titel: * *Neueste Nordische Beyträge u. s. w. ebend.* gr. 8. *Mit Kupfern.* (Unter der Vorrede zum ersten Band hat er sich genennt). Icones insectorum, praesertim Rossiae Sibiriaeque peculiarium, quae collegit & descriptionibus illustravit. Erlang. 1781. Fasc. II. ibid. 1782. 4 maj. Enumeratio plantarum, quae in horto viri ill. Dni. Procopii a Demidof, Consiliarii status actualis, Moscuae vigent Petrop. 1781. 8. Flora Rossica seu stirpium Imperii Rossici per Europam & Asiam indigenarum descriptiones & icones. Jussu & auspiciis Catharinae II Augustae edidit. Tomi I Pars I. ibid. 1785. fol. maj. *Nachgedruckt* Francof. ad Moen. 1789 (*in welchem Jahre* T. I. P. I *erschien*) - 1790 (T. I. P. II, *ob der 1ste Band des Originals auch einen* P. II. *habe, oder ob dieser beym Nachdruck des* P. I. *neu hinzugekommen sey, kann ich nicht entscheiden*). 8 maj. *D.* Joh. Ant. Güldenstädt — *Reisen durch Rußland und im Kaukasischen Gebirge; auf Befehl der Russischen kaiserl. Akademie der Wissenschaften herausgegeben. Mit Kupf. St. Petersb.* 1787. gr. 4. Giebt heraus und arbeitet mit an dem: *Srawniteljnjije Slowari wsjeck Jasikow i Narjetschii sobrannjije Desnizeju wseurjijotschatsei osobji.* d. i. *Vergleichendes Glossarium aller Sprachen und Mundarten, gesammlet auf Veranstaltung der allerhöchsten Person. Erste Abtheilung, die europäischen und asiatischen Sprachen enthaltend. 1ster Band. ebend.* 1787. 4. *Oder auch:* Linguarum totius orbis vocabularia comparativa; Augustissimae cura collecta. Sectio I, linguas Europae & Asiae complectens. Pars prior. ibid. 1787. — *2ter Band. ebend.* 1789. 4. Gab mit Anmerkungen heraus: Geo. Wilh. Stellers *Reise von Kamtschatka nach Amerika, mit dem Commandeur-Capitain Bering; ein Pendant zu dessen Beschreibung von Kamtschatka. ebend.* 1793. gr. 8. Tableau physique & topographique de la Tauride, tiré

tiré d'un Journal d'un voyage fait en 1794. ibid. 1795. 4. — Nachricht von einem Pferde, welches an den Zeugungstheilen verunstaltet war; *in den Beschäft. der Berlin. Gesellsch. Naturforsch. Freunde* B. 3. 1777. — Schreiben an Hrn. von Born; *in den Abhandl. einer Privatgesellschaft in Böhmen* B. 3. 1777. — Nachricht von den Russischen Entdeckungen in dem Meer zwischen Asia und Amerika; *im St. Petersburg. hist. geograph. Kalender* 1781. *Russisch* (Teutsch von Hase, *in* Büschings *Magazin* Th. 16). — Ueber die Orographie von Sibirien; *in* v. Borns *physik. Arbeiten der einträcht. Freunde in Wien* Jahrg. 1. Quart. 1. 1783. — Gab mit einer Vorrede heraus: *S. G. Gmelins* Reise durch Rusland. 4ter Th. St. Petersburg 1784 (*eigentl.* 1786). 8. — Beschreibung der Astrachanischen Art, Chagrin oder gekörntes Pergament zu verfertigen; *in der Auswahl ökonomischer Abhandlungen, welche die freye ökonom. Gesellsch. zu St. Petersburg in teutscher Sprache erhalten hat*, B. 2. S. 96-107 (1790). — Ueber die Zubereitung der Soda; *in den Preisschriften und Abhandl. der kais. freyen ökon. Gesellsch. in St. Petersb.* B. 1 (1796. 8). Ueber zwey neu entdeckte in Rusland wildwachsende Seidenpflanzen; *ebend.* — Abhandlungen in den *Actis Natur. Curiosor.* 1764 und den *Comment. Petrop. nov.* — Vergl. *Bernoulli's* Reisen IV. 23. — Sein Bildniss vor dem 55sten B. der Allgem. teut. Bibl. gestochen von Krüger (1783), wie auch vor dem 7ten Theil der Martinischen allgemeinen Geschichte der Natur (1787).

PALLINI oder **PALLAFINI** *) (Friedrich Joseph) heisst nach seinem Geschlechtsnamen JOHANN GOTTLIEB HERMANN; diente von 1770-1771 als Unterkanonier beym kursächsischen Artillerie-Korps, entwich und veränderte seinen Namen, wurde

*) Ist der verkappte Freyherr von MORTCZINI. S. oben B. 5. S. 289 u. f.

wurde 1785 begnadiget, und kam 1786 nach Kopenhagen. *Er ist M. der Phil.* — §§. Der geschickte Kinderlehrer für alle drey christlichen Hauptreligionen. Etwas für angehende Theologen. Münster u. Osnabrück 1785. 8. * Die Strafe jugendlichen Leichtsinns, oder Begebenheiten des Grafen von G***; eine wahre Geschichte. ebend. 1786. 8. Der rechtschaffne Gottesverehrer, oder: Der vernünftige Gottesdienst am Sonntage, zum Gebrauch der Hausandacht. Kopenhagen 1786. 8. * Der Mystagog, oder vom Ursprung und Entstehung aller Mysterien und Hieroglyphen der Alten, welche auf die Freymaurerey Bezug haben; aus den ältesten Quellen hergeleitet und aufgesucht von einem ächten Freymaurer. Osnabrück und Hamm 1789. gr. 8. Antwort auf die im 52sten Stück des Sammlers gemachten Beschuldigungen. Kopenhagen 1789. 8. Untersuchung, ob die Blochischen Zeugen glaubwürdig sind. ebend. 1789. 8. Gerichtlich von hohen landesväterlichen Kollegien dokumentirter Beweis, dass Bloch — dem Publikum einen blauen Dunst vorgemacht hat. ebend. 1789. 8. Grundriss zur richtigen Kenntniss der Sphäre und des Planiglobs für die Jugend. Schwerin 1792. 8. — Vergl. Intelligenzblatt zur A. L. Z. 1789. Nr. 126. S. 1045 u. f. *Schlözers* Staatsanzeigen H. 62. S. 251-256.

PALLUCCI (Natalis Joseph) *D. der AG. und k. k. Chirurgus zu Wien* (vorher zu Florenz): *geb. zu* . . . §§. Description d'un nouvel instrument pour abattre la cataracte avec tout le succès possible. Paris 1750. 12. Histoire de l'operation de la Cataracte faite à six soldats invalides. ibid. eod. 12. Remarques sur la lithotomie. ibid. eod. 8. Lithotomie nouvellement perfectionée, avec quelques essais sur la pierre & sur les moyens d'en empecher la formation. Vien. 1757. 8. Methodus curandae fistulae lacrymalis. ibid. 1762. 8. Descriptio novi instrustrumenti pro cura cataractae. ibid. 1763. 8. Ratio facilis atque tuta narium curandi polypos. ibid. eod. 8. Lettre de Mr. Pallucci à Mr. Humelauer sur la cure de la pierre. ibid 1764. 4. Saggio di nuove osservazioni e scoperte. Firenze 1768. 8. *Sendschreiben über einige an ihm gemachte Entdeckungen, an Hrn. Joh. Bapt. von Bernhard, D. der Arzneykunst an der Universität zu Wien. Wien* 1786. gr. 8.

PALM (Georg Friedrich) *Amtsvogt zu Verden im Fürstenthum dieses Namens* seit dem December 1796 (privatisirte vorher zu Hannover): *geb. zu* ... §§. *Gab mit* F. B. BENECKEN *heraus:* Vorübungen zur Akademie für Jünglinge. 1ster Band. Leipz. 1793 (*eigentl.* 1792). — 2ter und 3ter Band. ebend. 1793. 8. *Neuer Volkskalender auf das Jahr 1795; oder Beyträge zur nützlichen, lehrreichen und angenehmen Unterhaltung für allerley Leser; zunächst für den Bürger und Landmann. Hannover 1794 8. 2te Auflage. ebend. 1795. *Derselbe auf das Jahr 1796. ebend. 1795. Derselbe auf das J. 1797. ebend. 1796. 8. Mit Kupfern. (*Unter der Vorrede zum ersten hat er sich genennt: auf dem Titel des neuesten steht sein Name*). Interessante Scenen aus der Geschichte der Menschheit. 1stes Bändchen. ebend. 1796. — 2tes Bändchen. ebend. 1797. 8. Lebensbeschreibungen und Charakterschilderungen berühmter Männer. 1ster und 2ter Band. ebend. 1797. 8. — Ueber Träume; *in* v. Eggers *teutschen Magazin* 1796. St. 5. S. 520-538. St. 6. S. 539-548. Beschreibung der Stadt Batavia und ihrer Einwohner; *ebend.* S. 616 627. Züge aus dem Leben Muley Ismael; ein Beytrag zur Geschichte des Despotismus; *ebend.* St. 8. Ueber Charakter, Lebensart, Sitten und Gebräuche der Polen; *ebend.* St. 9. Topal Osmann und Vincent Arnaud; Beyspiel gegenseitiger Grossmuth; *ebend.* St. 10. — Der würdige Greis; *im Neuen Han-*

Hannöv. Magazin 1796. St. 75 u. 76. *Noch mehr Auffätze in diefem Magazin.*

PALM (Johann Jakob) *Buchhändler zu Erlangen: geb. zu Schorndorf im Würtembergischen am* 9 *Januar* 1750. §§. Verfuch einer medicinifchen Handbibliothek. Erlangen 1788. 8. Handbibliothek der ökonomifchen Litteratur. ebend. 1790. 8. Verfuch einer Handbibliothek der juriftifchen Litteratur. ebend. 1791. 8. Theologifche Handbibliothek. ebend. 1792. 8. *Gab mit* H. BENSEN *heraus:* Neues Archiv für Gelehrte, Buchhändler und Antiquare. 1fter Jahrgang, aus 12 Heften beftehend. ebend. 1795. gr. 8. *Die Fortfetzung erfchien unter dem Titel:* Journal zur Beförderung der Kultur durch den Buchhandel für Staatsmänner, Gelehrte und Buchhändler. Jahrgang 1796. 1ftes und 2tes Stück. ebend. 1796. gr. 8.

PALM (Johann Karl Wilhelm) *königl. Preuff. Kommiffions-Sekretar bey dem Salzamte zu Schönebeck im Herzogthum Magdeburg: geb. zu Berlin am* 31 *Okt.* 1771. §§. Verbrechen aus Unfchuld; ein ländliches Sittengemählde in vier Aufzügen. Magdeburg 1796. 8. Fürftenglück; ein fürftliches Original-Familiengemählde in einem Aufzuge. ebend. 1796. 8.

*) PALME (A... L...) *vermuthlich zu Prag: geb. zu* ... §§. Copernikanifche Beantwortung über Wilczek Lehrfatz von der Lage der Erde. Prag 1768. 8.

PALMER (Karl Chriftian) *M. der Phil. Baccalaureus der Theol. und* feit 1794 *ordentl. Profeffor der Theologie, Definitor und Frühprediger an der Stadtkirche zu Gieffen*

*) Auch über diefem Artikelchen liegt eine finftere litterarifche Nacht!

Gießen (vorher seit 1787 ausserordentl. Professor der Theol. zu Leipzig und seit 1784 Frühprediger an der dortigen Universitätskirche, nachdem er seit 1782 Nachmittagsprediger an derselben gewesen war): *geb. zu Delitzsch am 2 May* 1759. §§. Diss. de praeceptis quibusdam rhetoricis e psychologia derivandis. Lipsiae 1784. 4. Comment. de duabus orationis sacrae virtutibus. ibid. 1785. 4. Progr. de nexu inter theologiam moralem & publicam religionis institutionem. ibid. 1787. 4. *Entwurf einer praktischen Dogmatik. ebend.* 1792. 8. *Abschiedspredigt. ebend.* 1794. 8. Progr. Academica de religione institutio cum populari ita conjungi potest, ut utraque inde proficiat. Giessae 1794. 4. — *Recensionen in der Leipziger gelehrten Zeitung.* — *Vergl.* Strieder *B.* 10. *S.* 247 *u. ff.*

PALOZZI (V... G...) *Privatlehrer zu ... geb. zu ...* §§. Die Insel O-Tahiti und ihre Bewohner; ein angenehm unterrichtendes Weyhnachtsgeschenk für wissbegierige Jünglinge und Mädchen. Weissenfels und Leipz. 1793. 8.

von PALTHEN (Johann Franz) *Lic. der R. königl. Schwedischer Justitzrath und Advocatus Fisci beym königl. Tribunal zu Wismar: geb. zu ...* §§. * Anakreontische Versuche. 2 Theile. Stralsund 1751. 8. Zeugnisse der Ehrfurcht, Dankbarkeit und Liebe. ... 1751. 8. *Jac. Thomsons* Jahrzeiten; aus dem Englischen übersetzt. Rostock 1758. 4. *Joh. Gays* Fabeln; aus dem Engl. übersetzt. Hamburg 1758. 8. Versuche zu vergnügen. 2 Theile. Rostock und Wismar 1758. 1759. 8. Die Schöpfung, ein philosophisches Gedicht, aus dem Englischen des Hrn. *Blakmore* übersetzt. Bützow und Wismar 1764. 8. Die Briefe des *Seneca*; aus dem Lateinischen. 1ster Band. Leipz. und Rostock 1765. 2ter Band. 1767. 8. Einige mit *v. P.* unterzeichnete Recensionen in dem 1sten

Jahrgang der Mecklenb. gelehrten Zeitungen (1751).

PANITZ (Georg Heinrich) *Pastor zu Hagen im dänischen Walde* (im Herzogthum Schleswig) seit 1781 (vorher seit 1776 Diakonus zu Gettorf): *geb. zu Hemme in Norderdithmarschen am* 30 *Junius* 1749. §§. *Der Volksfreund; ein Lesebuch für den Bürger und Landmann. 3 Jahrgänge (*wovon der 3te auch den Titel führt:* *Auffätze und Geschichten, nützlich und lehrreich fürs Volk, von einem Volksfreunde. 1ster Theil). Schleswig 1791-1795. 8.

PANNICH (Johann Christoph) *Praeses des Budissiner Seminariums bey St. Peter zu Prag, wie auch Cooperator bey St. Karl Borromäus in der Kirche des wälschen Hospitals daselbst: geb. zu* . . . §§. D. Martin Luthers Katechismus, zur Warnung aller Verführten, dem gründfalschen Vorgeben des Hrn. D. Gottfr. Schützens zu Hamburg, aus Luthers eigenen Schriften entgegen gestellt. Prag 1781. 8.

von PANNWIZ (Wolf Otto) *Domherr zu Brandenburg, Direktor der Officier-Wittwen-Kasse und der allgemeinen Wittwen-Verpflegungs-Anstalt zu Berlin* *): *geb. zu* . . . §§ Lieder zur häuslichen Erbauung. Berlin 1784. 8.

PANSTINGL (Joachim) *Piariste, Pfarrvikarius und ordentlicher Frühprediger an der Josephstädter Pfarrkirche zu Wien: geb. zu* . . . §§. Vernunft- und Glaubenssätze von Erkenntniss Gottes, der natürlichen und wahren geoffenbarten christlichen Religion wider die ungläubigen und irrdenkenden Philosophen des jetzigen Jahrhunderts, in eine systemmässige Ordnung zusammen getragen und vertheidiget. Wien 1788. gr. 8.

PANZER

*) Fehlt im Neuesten gel. Berlin.

PANZER (Georg Wolfgang *) *M. der Phil. und Schaffer an der Haupt- und Pfarrkirche bey St. Sebald zu Nürnberg*, *wie auch* seit 1789 *Praeses des Pegnesischen Blumenordens* (ehedem Pfarrer zu Etzelwang, nachher Diakonus bey St. Sebald zu Nürnberg): *geb. zu Sulzbach am* 16 *März* 1729. §§. *Diss. epist. de origine punctorum & vocalium ebraicorum ex sententia Humfrey Prideaux. Altorf.* 1747. 4. *D. de falsis conclusionibus ex attributis divinis. ibid.* 1749. 4. *Diss. epist. de benedictione perituri ad ill. Job.* 29, 13. *Sulzb.* 1755. 4. *J. Siegm. Mörls* Predigten von der Auferziehung der Jugend. Nürnberg 1765. 8. *Eduard Wells* historische Geographie des A. und N. T. in vier Theilen, übersetzt; mit Anmerkungen. ebend. 1765. 8. * *Catalogus bibliothecae Thomasianae, cum vita possessoris, & annotationibus. T. I. II. III. ibid.* 1765. 1766. 1769. 8. * Die Kunst der Geduld und Zufriedenheit; aus dem Englischen. ebend. 1765. 8. Abhandlung von der Abscheulichkeit der Sünde des Selbstmords, nebst D. Marpergers Warnung für den verdammlichen Selbstmord. ebend. 1766. 8. * *D. Wilh. Bates* Uebereinstimmung der göttlichen Eigenschaften in dem Werke der Erlösung; aus dem Engl. ebend. 1766. 8. *Sam. Nelsons* antideistische Bibel, übersetzt, und mit Zusätzen vermehrt. 8 Theile. Erlangen 1766-1778. 4. * Des P. *Franz Xaver Charlevoix* Geschichte von Paraguay und dem Missionswerke der Jesuiten in diesem Lande; aus dem Franz. 2 Theile. Nürnberg 1767-1768. 8. * *Millers* allgemeines Gärtnerlexikon; aus dem Engl. 3ter und 4ter Theil. ebend. 1775. 1776. gr. 4. * *Tourneforts* Beschreibung einer Reise nach der Levante. 3 Theile. ebend. 1776-1777. gr. 8. * Des Grafen *Caylus* Sammlung von Alterthümern. 1 Theil.

*) Eigentl. Ge. Wolfg. Franz.

1 Theil. ebend. 1776. 4. *le Beau Geschichte des morgenländischen Kaiserthums. Th 13-21. ebend. 1776-1782. 8. Litterarische Nachricht von den allerältesten gedruckten teutschen Bibeln aus dem funfzehnten Jahrhundert, welche in der öffentlichen Bibliothek der Reichsstadt Nürnberg aufbewahret werden. ebend. 1777. 4. *Catesby *Piscium, serpentum, insectorum – Carolinensium descriptiones*; aus dem Engl. teutsch und lateinisch. ebend. 1777. fol. Geschichte der Nürnbergischen Ausgaben der Bibel von Erfindung der Buchdruckerkunst an bis auf unsere Zeiten. ebend. 1779. 4. *Der Freydenker; aus dem Engl. ebend. 1780. 8. Ausführliche Beschreibung der ältesten Augsburgischen Ausgaben der Bibel, mit litterarischen Anmerkungen. ebend. 1780. 4. Versuch einer kurzen Geschichte der römisch-katholischen teutschen Bibelübersetzung. ebend. 1781. 4. Prüfung der vom Hrn. Stiftsprediger Weber zu Weimar herausgegebenen Augsburgischen Confession nach der Urschrift im Reichsarchiv. ebend. 1781. gr. 8. Die unveränderte Augsburgische Confession, teutsch und lateinisch, nach der in dem Archiv der Reichsstadt Nürnberg befindlichen authentischen Abschrift, mit einem litterarischen Vorbericht herausgegeben. ebend. 1782. 8. Entwurf einer vollständigen Litterärgeschichte der lutherischen teutschen Bibelübersetzung von 1517 bis 1581. ebend. 1783. gr. 8. *Dasselbe Buch mit einem neuen Titelblatt* 1791 *und mit Zusätzen, die auch unter folgendem besondern Titel erschienen*: Zusätze zu seinem Entwurf einer vollständigen Geschichte der teutschen Bibelübersetzung D. Luthers vom J. 1517 an bis 1581. gr. 8. Beyträge zu Herrn Webers kritischen Geschichte der Augsburgischen Confession. ebend. 1783. gr. 8. *Beytrag zur Geschichte der Kunst, oder Verzeichniss der Bildnisse der Nürnbergischen Künstler. ebend. 1784. gr. 8. Gewissenhafte Erklärung über die Einführung der allgemeinen Beicht

Beicht in Nürnberg. ebend. 1788. 4. Annalen der ältern teutschen Litteratur, oder Anzeige und Beschreibung derjenigen Bücher, welche von Erfindung der Buchdruckerkunst bis MDXX in teutscher Sprache gedruckt worden sind. ebend. 1788. gr. 4. Aelteste Buchdruckergeschichte Nürnbergs, oder Verzeichniss aller von Erfindung der Buchdruckerkunst bis 1500 in Nürnberg gedruckten Bücher, mit litterarischen Anmerkungen. ebend. 1789. gr. 4. Verzeichniss von Nürnbergischen Portraiten aus allen Ständen. ebend. 1790. 4. Gedächtnisspredigt bey dem höchst betrübten Hintritt des glorwürdigsten Oberhauptes des teutschen Reiches, Joseph des Zweyten, am Sonntag Lätare den 14ten März 1790 in der Hauptpfarrkirche zu St. Sebald in Nürnberg vor einer zahlreichen Versammlung gehalten. ebend. 1790. 4. Die Hauptwahrheiten der christlichen Lehre im Zusammenhang kürzlich dargestellt, und sowohl zum Gebrauch bey dem Unterricht der Jugend, als zur nachmaligen Wiederholung für Erwachsene eingerichtet. ebend. 1791. 8. *Annales typographici, ab artis inventae origine ad annum MD. post Maittairii, Denisii, aliorumque doctissimorum virorum curas in ordinem redacti, emendati & aucti. Volumen primum. ibid.* 1793. — *Volumen secundum. ibid.* 1794. — *Volumen tertium. ibid.* 1795. — *Volumen quartum. ibid.* 1796. — *Volumen quintum. ibid.* 1797. 4 *maj.* Erneuertes Gedächtniss des vor hundert und funfzig Jahren gestifteten Pegnesischen Blumenordens, in einer vor einer feyerlichen Versammlung der gegenwärtigen Ordensmitglieder am 15ten Julius 1794 gehaltenen Rede, von dem Vorsteher des Ordens *Georg Wolfgang Panzer* u. s. w. ebend. 1794. 4. — Zusätze zu dem, in der neuen Ausgabe des Füesslyschen Künstlerlexikons befindlichen Verzeichniss von Künstlerbildnissen; in Meusels *Miscellaneen artistischen Inhalts* H. 26 (1785). — Vorrede zu einem Gebetbuche (Nürnb.

(Nürnb. 1793. 8). — Recensionen in der allgem. Litteraturzeitung. — Sein Bildniss, nebst kurzer Nachricht von seinem Leben, in *Bocks* Sammlung H. 1 (1791). Besonders von *Möglich*. Dasselbe steht auch vor dem 106ten Band der allgem. teut. Bibl. (1792); vor dem 6ten Band von *Beyers* allgem. Magazin für Prediger, wo auch S. 563-567 sein Leben beschrieben ist, und von *P. W. Schwarz* nach Hessell (1794). — Vergl. *Will's* Nürnberg. gel. Lexikon.

PANZER (Georg Wolfgang Franz) Sohn des vorhergehenden: *D. der AG. und Physikus zu Nürnberg: geb. zu Etzelwang in der Oberpfalz* 1755. §§. *De Dolore. Dissert. inaugural. Altd.* 1777. 4. *Observationum botanicarum specimen. Norimb.* 1781 8. *Linné* vollständiges Pflanzensystem, den 8ten, 9ten, 10ten, 11ten, 12ten und 13ten Band (*welcher aus 2 Theilen besteht*). ebend. 1782-1787. 8. (*Am Ende der Vorrede des 8ten Bandes nennt er sich*). (*In dem 13ten Band ist von ihm befindlich*: Versuch einer natürlichen Geschichte der Laub- und Lebermoose, nach Schmidelischen, Schreberischen und Hedwigischen Grundsätzen und Erfahrungen). *Voets* Käferwerk, übersetzt und mit einigen Anmerkungen begleitet. 1ste und 2te Ausgabe. Nürnberg 1782. gr. 4. (mit illum. Kupf.) Beytrag zur Geschichte des Ostindischen Brodtbaums. ebend. 1783. 8. *J. E. Voets* Beschreibung und Abbildung hartschaaligter Insekten (*Coleoptera Lin.*) herausgegeben. 4 Theile. Mit Kupfert. ebend. 1785-1795. 4. *Drury's* Abbildung und Beschreibung exotischer Insekten, herausgegeben. 4 Hefte. Mit vielen Kupfern. ebend. 1785-1788. 4. Beytrag zur Geschichte der Insekten. Mit Kupfern. ebend 1785. 4. * Allgemeines Register über die in den sämtlichen dreyzehn Theilen des Linneischen Pflanzensystems beschriebenen Gattungen und Arten; nebst einem besondern, die derselben eigenen Synonymen erläuternden.

ebend.

ebend. 1788. gr. 8. *Novae Insectorum species, quas Dissertationis academicae loco naturae curiosis examinandas proponit* If. Uddmann. *Editio altera. ibid.* 1790. 4. *Karl Linné* System der Natur, nach der 13ten Gmelinischen Ausgabe bearbeitet. 1ster Band, die Säugthiere. Mit Kupfern. Berlin 1791. gr. 8. *Johann Martyns* Abbildung und Beschreibung seltener Gewächse; neu übersetzt und mit Anmerkungen begleitet. Mit Kupfern. Nürnberg und Leipzig 1791. 8. *Faunae insectorum Germanicae initia* — Teutschlands Insekten. 1-48ter Heft. Nürnberg 1792-1797. Queerformat in 12. *Von den 1sten 12 Heften erschien eine neue Aufl. ebend.* 1796. Beyträge zur Geschichte der Insekten. 1ste Ausgabe. Text A-C; Tab. I-VI; oder 5ter Theil zu *Voets* Käferwerk. Erlangen 1793. gr. 4. *Faunae insectorum Americae borealis prodromus. Tab. I. color. ibid.* 1794. 4 *maj. Entomologia germanica exhibens Insecta per Germaniam indigena secundum Classes, Ordines, Genera, Species adjectis synonymis, locis observationibus. I Eleuterata. Cum tabulis aeneis. Norimberg.* 1795. 8; *auch unter dem Titel:* Teutschlands Insektenfauna, oder Entomologisches Taschenbuch für das Jahr 1795. — *Gab auch den 3ten Theil des Trewischen* Horti nitidissimi *heraus. ebend.... in fol.* — *Gab des Physikus* D. *Joh. Andr. Koh's* Abhandlung, die wahre Ursache der Baumtrocknifs der Nadelwälder durch die Naturgeschichte der Forlphaläne u. s. w. *heraus, und verbesserte und vermehrte sie.* (Nürnb. 1786. 4). — Beschreibungen seltener Insekten; *im Naturforscher* St. 24. S. 1-35 (1789). Beschreibung eines noch unbekannten kleinen Kaputzkäfers aus einem westindischen Saamen; *ebend.* St. 25 (1791). — Sein Bildnifs vor dem 10ten Theil der allgemeinen Geschichte der Natur von *Martini* und *Krünitz.*

PANZER (Johann Friedrich Heinrich) Bruder des vorhergehenden; *Kandidat des Predigtamts zu Nürnberg*: *geb. daselbst am* 25 *März* 1764. §§. Denkmahl der Freundschaft, dem verewigten Hrn. Christoph Wilh. Staudner u. s. w. errichtet. Nürnberg 1796. 4. Ein kurtzweyliger Spruch zu lesen, von Ordnung der Schützen zu Nürmberg; mit einigen erläuternden Anmerkungen bereichert und auf das neue herausgegeben. ebend. 1796. 4. Bruchstücke zu Johann Regiomontan's, grossen Mathematikers und ersten Beförderers der Buchdruckerkunst in Nürnberg, Leben u. s. w. ebend. 1797. gr. 8.

PANZERBIETER (Johann Friedrich Christian) *D. der AG. zu Meiningen*: *geb. zu Königsberg in Franken am* 1 *Nov.* 1756. §§. D. de variolarum insitione extra epidemiam instituenda. Jenae 1782. 4. Nic. Jadelots *Lehre der Natur des gesunden menschlichen Körpers; aus dem Lateinischen. ebend.* 1783. gr. 8.

PAPE (Georg Friedrich 1) *fürstl. Waldeckischer Hof- und Brunnenmedikus zu Pyrmont*: *geb. zu Göttingen* . . . §§. Diss. inaug. . . . *Pyrmonter Brunnen-Krankengeschichte*, 4 *Stücke*, 1771. 1772. 1773. 1776. 4.

PAPE (Georg Friedrich 2) *bischöfflicher Vikar, Direktor und Professor des Nationalseminars zu Colmar in Elsaß und Kommissar des Oberrheinischen Departements* seit 1792 (vorher Kanonikus und Professor des geistlichen Rechts zu Bonn): *geb. zu Arnsberg in Westphalen* . . . §§. *Vereinigung der drey christlichen Hauptsekten. (*Ohne Druckort*) 1790. 8. Pragmatische Geschichte der christlichen, und vorzüglich der teutschen Kirche, von der Geburt ihres Stifters bis auf die jetzige Zeit, in 6 Theilen, nach dem katholischen System bearbeitet von einem teutschen Priester. 1ster Theil, von Christus bis auf Konstantin. Frankf.

Frankf. am M. 1791. gr. 8. Vereinigung der neufränkischen Verfassung mit dem Katholicismus. Mainz 1792. 8. Auszug der französischen Staatsverfassung. ebend. 1792. 8. Offenherzige Zuschrift an Friedrich Wilhelm, dermalen König aus Preussen. ebend. 1792. 8.

PAPE (Heinrich) *Prediger zu Visselhövede im Fürstenthum Verden* seit 1783 (vorher zu Wulsbüttel im Herzogthum Bremen): *geb. zu Bremen* 1745. §§. Das 53ste Kapitel Jesaiä übersetzt und erklärt, nebst einem Anhange Messianischer Psalmen. Bremen 1777. 8. Das Evangelium Lucä umschrieben und erläutert. 1ster Theil. ebend. 1777. — 2ter Theil. 1781. 8. Handbuch zum richtigen Verstande und nutzbaren Gebrauche der Sonn- und Festtagsevangelien und Episteln. ebend. 1781. gr. 8. Christliche Predigt wider boshafte Schuldner und Concursmacher. Halle 1781. 8. Predigten über die Sonntagsevangelia aufs ganze Jahr. Bremen 1782. Zwo Predigten, bey Amtsveränderungen gehalten. ebend. 1784. 8. Christliches Glaubensbekenntniss für Confirmanden, zum Unterricht der nöthigsten Lehren des Christenthums. ebend. 1786. 8. 2te Auflage. ebend. 1790. 8. Tägliches Gebetbüchlein, insonderheit für Christen auf dem Lande. ebend. 1787 (*eigentl.* 1786). 8. Dankpredigt wegen der Genesung des Königs von England. 1789. 8. Kleine Konkordanz über das Bremen- und Verdensche Gesangbuch. Stade 1790. 8. — Antheil an den Göttingischen Nebenstunden (1777. 1778. 8) und an den heilsamen Vorträgen (Gött. 1776. 8). — Aufsätze im Journal für Prediger B. 10 u. 11. Einrichtung und Plan eines liturgischen Handbuches zum freyen, aber auch gesetzlich beschränkten Gebrauche für Prediger; *ebend.* B. 26. St. 2. S. 129-184 (1793). — Viele Beyträge unter eigenem und verstecktem Namen in *Pratje's* liturgischem Archiv, und in *dessen* Predigtsammlung.

lung. — Gedanken über die Eckermannische Erklärung der Messianischen Weissagungen; *in* Velthusen's *Bremischen und Verdischen Synodalbeyträgen* H. 1. Schutzrede des Stephanus für den durch das Christenthum gereinigten Begriff von der Nichtigkeit aller äusserlichen Religionsvorzüge (Apostelg. 7); *in* desselben *Bremischen und Verdischen theol. Magazin* B. 1. St. 1 u. 2 (1795).

PAPPELBAUM (Georg Gottlieb) *Prediger an der Nicolaikirche zu Berlin* seit 1789 (vorher Prediger bey der dortigen Garnisonkirche und dem Regiment von Koschenbahr, vor diesem erster Lehrer am Schindlerischen Waisenhause zu Berlin, und vordem Rektor der lateinischen Schule zu Schwelm in der Grafschaft Mark): *geb. zu Stargard am* 16 *März* 1745. §§. De Christo sapienter ac licite simulante & dissimulante dissertatio. Stargardiae 1763. 4. Progr. de vera graecos atque latinos scriptores interpretandi ratione animadversiones nonnullae. Tremoniae 1768. 4. *Feldpredigten, ganz und Stückweise gehalten in dem Kriege von* 1778 *und* 1779; *nebst seiner ersten Predigt nach hergestellten Frieden. Berlin* 1779. 8. *Rede bey der Einweihung der erweiterten und verbesserten Berlinischen Garnisonschule und der Einführung des Rektors. ebend.* 1785. *gr.* 8. *Untersuchung der Rauischen griechischen Handschrift des neuen Testaments. ebend.* 1785. 8. Codicis manuscripti N. T. graeci Raviani, in bibliotheca regia Berolinensi publica asservati, examen. ibid. 1797. 8 maj. — *Recensionen.*

PAPPENHEIMER (Heymann Salomo) Sohn des folgenden; *privatisirender Gelehrter jüdischer Nation zu Hamburg* (vorher zu Altona): *geb. zu Lüblinitz in Schlesien am . . . May* 1770. §§. *Die Pariser Jakobiner, aufgestellt in ihren Sitzungen. Ein Auszug aus den Tagebüchern der Societät. Veranstaltet und mit Anmerkungen versehen von

J. W. von Archenholtz. Hamburg 1793. 8. * Der Zweck Robespierre's und seiner Mitschuldigen; ein Bericht von *Courtois*, nebst Belegen u. s. w. 2 Theile. Altona 1795. 8. — Das Leben des jüdischen Gelehrten Hartwig Wessely; *im 1sten Theil von* Wohlraths *Charakteristik edler und merkwürdiger Menschen* (1791). — Verschiedene Uebersetzungen, Recensionen und andere Aufsätze in Journalen, welche in Archenholtzens Minerva zum Theil mit *P — r*, auch *r* unterzeichnet sind.

PAPPENHEIMER (Salomon Seligmann) *privatisirender jüdischer Gelehrter zu . . . in Schlesien: geb. zu . . .* §§. An die Barmherzigen zu En-dor, oder über die zu früh scheinende Beerdigung der Juden. Breslau 1794. 8. Beyträge zur Berichtigung der Beweise vom Daseyn Gottes aus der reinen Vernunft, und dem Daseyn der Zeit und des Raums. ebend. 1794. 8.

PAPST (Johann Georg Friedrich) *M. der Phil. und* seit 1796 *Prodechant und Pfarrer zu Zirndorf im Fürstenthum Ansbach* (vorher seit 1790 ordentlicher Professor der Phil. auf der Universität zu Erlangen, nachdem er seit 1783 ausserordentlicher Prof. derselben daselbst gewesen war): *geb. zu Ludwigstadt im Bayreuthischen am* 21 *Oktober* 1754. §§. Die Entdeckungen des fünften Welttheils, oder Reisen um die Welt; ein Lesebuch für die Jugend. Nürnberg 1783. 2te Auflage. ebend. 1785. — 2ter Band. ebend. 1784. 2te Auflage. ebend. 1787. — 3ter Band. ebend. 1785. 2te Auflage. ebend. 1788. — 4ter Band. ebend. 1788. — 5ter Band. ebend. 1790. 8. Charakter des durchlauchtigsten Friedrichs, Marggrafen zu Brandenburg-Bayreuth; aus einer lateinischen Rede J. P. Reinhards übersetzt. Nürnberg u. Altdorf 1783. 4. *D. de populorum incultorum vindicta. Erlang.* 1783. 4. Predigt über den Werth der Bildung des Geistes. Nürn-

Nürnberg 1784. 4. *Progr. de faustis Christianae religionis initiis ad loc. Act. II, 1-4.* Erlang. 1786. 4. Geschichte der christlichen Kirche nach den Bedürfnissen unserer Zeit. 1sten Theils 1ster Band. ebend. 1787. 8. Leben Friedrichs II, Königs von Preussen, für teutsche Jünglinge bearbeitet. 1ste Hälfte. Nürnberg 1788. — 2te Hälfte 1ste u. 2te Abtheilung. ebend. 1789. 8. Mit Kupfern. *Die Reisenden, für Länder- und Völkerkunde von zween Gelehrten herausgegeben. 1-5ter Band (*vor dem 4ten hat er sich genennt*). ebend. 1788-1791. 8. * *Progr. II de ipsorum Christianorum culpa in vexationibus motis a Romanis. Erlang.* 1789. *fol. Progr. de apostolicae ecclesiae exemplo caute adhibendo. ibid.* 1790. *fol.* * *Progr. III de ipsorum Christianorum culpa in vexationibus motis a Romanis. ibid. eod. fol. Progr. Commentatio de agriculturae initiis in Germania historico-philosophica. ibid.* 1791. 4. Gegenwärtiger Zustand der Friedrich-Alexanders-Universität zu Erlangen. ebend. 1791. 8. Commentar über die Geschichte der christlichen Kirche, nach dem Schröckhischen Lehrbuch. 1sten Bandes 1-3te Abtheilung. ebend. 1792-1794. — 2ten Bandes 1ste und 2te Abtheilung. ebend. 1795. 1796. gr. 8. — *Bemerkungen über einige Gegenden Holsteins, auf einer 1780 gemachten Reise gesammelt: *in* Meusel's *hist. Litteratur* 1782. St. 12. S. 548-554. 1783. St. 3. S. 307-315. St. 5. S. 512 u. ff. St. 6. S. 597-601. — Abhandlung über das Studium der Geschichte der Menschheit; *in* Harles *fortgesetzten krit. Nachr.* B. 1. St. 1 (1785). — Vorrede zu *J. G. Steebs* Uebersetzung von P. Sarpi Abhandlung von dem Kirchengut (Frankf. u. Leipz. 1787. 8). — Recensionen in *Seiler's* gemeinnützigen Betrachtungen, in *Meusel's* hist. Litteratur, in den Harlesischen Nachrichten von kleinen Schriften, und in den Erlangischen gel. Zeitungen. Sein Bildniss in Kupfer gestochen, nebst kurzer Lebensbeschreischreibung, in *C. W. Bocks* Sammlung von Bildnissen gel. Männer u. s. w. H. 4 (1791).

PARADIS (Nikolaus Hyacinth) *Karpfalz-Bayrischer wirklicher Rath und beständiger Sekretar der zu Homburg an der Höhe errichteten Gesellschaft zur Aufmunterung der Wissenschaften und der Sitten* (vorher Sprachmeister zu Kopenhagen, zu Berlin, wo er sich *Paradis de Tavannes* nannte, und zu Frankfurt am Mayn): *geb. zu* . . . §§. Nouveau systeme applicable à toute sorte de methodes, & pourvu d'un nombre suffisant de themes, de dialogues, & d'explications dans les deux langues. à Copenh. 1765. 8. *Les Fastes du Gout. à Francf. 1769. 1770. 1771. 8. Manuel pratique des langues françoise & allemande avec les explications & remarques necessaires, par *Paradis* & *Bayer*. ibid. 1772. 8. *Journal historique. . . . Gab heraus: **Geist der Journale. 6 Theile. Frankf.* 1775. 8.

PARIZEK (Alexius) *Piarist und* seit 1790 *Direktor der k. k. Normalschule zu Prag* (vorher Direktor der Hauptschule zu Klattau in Böhmen): *geb. zu* . . . §§. Versuch einer Geschichte Böhmens, für den Bürger, nebst angehängter historischer Erdbeschreibung dieses Landes, zum Gebrauche der Jugend. Prag 1781. 8. Religion der Unmündigen, zum gemeinnützigen Gebrauche katholischer Eltern und Lehrer. ebend. 1781. . . . 4te Ausgabe. ebend. 1786. 8. *Nachgedruckt zu* Mainz 1790. 8. Kurzgefasste Naturgeschichte Böhmens, zum Gebrauche der Jugend. Prag 1784. 8. Erklärung der sonntäglichen Evangelien, für Schullehrer in teutscher Sprache. 1ster Band. ebend. 1785. — 2ter Band. 1787 (*eigentl.* 1786). — 3ter Band, nebst angehängter Anleitung zum homiletischen Gebrauch des ganzen Werks für Prediger. 1788 (*eigentl.* 1787). gr. 8. Neue Auflage. ebend. 1797. gr. 8. Erklärung der festtäglichen Evangelien in Schulen,

zum

zum Gebrauch der Katecheten: ebend. 1787. gr. 8. Skizze eines rechtschaffenen Schulmannes, für angehende Landschullehrer. ebend. 1791. 8. Katholisches Gebetbuch für römisch-katholische Christen. ebend. 1791. 8. Katholisches Gebet- und Erbauungsbuch für Frauenzimmer, ganz nach den Verhältnissen ihres Geschlechts eingerichtet. Prag und Leipzig 1791. gr. 8. O Swobodě a Rownosti městké, gaká gest, a co znj pocházý mezy Francauzy. Prag 1793. 8. Ueber Lehrmethode in Volksschulen, für Präparanden, Katecheten und Lehrer. ebend. 1797. 8.

PAROW (Johann Ernst) *M. der Phil. und Adjunkt der philosophischen Fakultät zu Greifswald* seit 1796: *geb. zu Wismar am* 17 *May* 1771. §§. Rede am Geburtstage Sr. Königl. Majestät Gustav des Dritten, über die Sorge eines Regenten für die Ehre seiner Nation. Greifsw. 1791. 4. Ueber die Billigkeit des Fortgangs in der durch Luther angefangenen Religionsverbesserung: eine Rede zur Feyer des Upsaler Jubiläums. ebend. 1793. 4. Zwo Predigten über die Epistel am Sonntage Septuagesimä und über Ps. 125, 1. in der St. Marienkirche zu Wismar auf besondere Veranlassung gehalten. Lübeck 1794. 4. *Diss. de pondere & usu argumentorum religionis christianae divinitatem probantium. Gryph.* 1795. 4. Untersuchung über den Begriff der Philosophie und den verschiedenen Werth der philosophischen Systeme. Berlin u. Stralsund 1795. 8.

PARRHYSIUS (. . . .) *Prediger an der Marienkirche zu Gardelegen in der Altmark: geb. zu* . . . §§. Welches sind die Gränzen des Wohlstandes, innerhalb denen der Prediger sich halten muss, wenn er von Arroganz und Pharisäismus, so wie von allzu laxer, ungebundener Lebensart, gleich weit entfernt bleiben, und sich weder mehr versagen noch mehr erlauben will, als sich mit der Würde, dem Zwecke und der Nutzbarkeit seines Amtes

Amtes verträgt? Beantwortung einer Preisfrage, welche das Accessit erhalten hat, und mit noch zwey andern Abhandlungen über diese Preisfrage unter folgendem Titel zusammengedruckt ist: Ueber die theologische Gravität; drey Beantwortungen einer Preisfrage, als ein Anhang zu den ersten 4 Bänden des allgem. Magazins für Prediger, herausgegeben von *J. R. G. Beyer*. Leipz. 1791. 8.

PARROT (Christoph Friedrich) *M. der Phil. und derselben ausserordentlicher Professor auf der Universität zu Erlangen* seit 1782: *geb. zu Mömpelgard am 27 Jul.* 1751. §§. D. III. physicae de aqua. Erlang. 1781-1783. 4. *Anwendung der vornehmsten Theile der Mathematik, Arithmetik, Algeber, Geometrie und Trigonometrie, auf allerley im menschlichen Leben vorkommende Fälle, für alle Gattungen von Lesern. ebend.* 1782. 2 *Theile in gr.* 8. Progr. de vi aëris elastica, nec non ejus gravitate notabilioribus suffulta experimentis. ibid. 1783. 4. * Recueil de diverses piéces choisies, où l'on traite de la Physique, Méchanique, Géographie, Astronomie &c. *Tome premier*. ibid. 1783. — *Tome second*. ibid. 1784. 8. *Gemeinnützige ökonomisch-kameralistische Abhandlung über die Frage: Ob es Umstände geben könne, da man um des gemeinen Besten willen diesen oder jenen Zweig des Land- und Feldbaues einschränken müsse? ebend.* 1786. 8. *Gemeinnütziges Handbuch der Stadt- und Landwirthschaft, Policey- und Kameralwissenschaft, mit mehreren wichtigen ganz neuen Entdeckungen versehen. Mit Kupfern. 2 Bände. Nürnb.* 1790. *gr.* 8. *Versuch einer vollständigen, gemeinfaßlichen und populären Einleitung in die mathematisch-physische Stern- und Erdkunde. Mit* 12 *Kupfertafeln. Bayreuth* 1792. 8. *Neue vollständige und gemeinfaßliche Einleitung in die mathematisch-physische Astronomie und Geographie. Mit Kupfern und Tabellen. Hof* 1797. *gr.* 8.

PARROT (Georg Friedrich) Bruder des vorhergehenden; *ehedem Lehrer der Mathematik zu Carlsruh, hernach zu Offenbach am Mayn;* sein jetziger Aufenthalt ist unbekannt: *geb. zu* . . . §§. Theoretische und praktische Anweisung zur Verwandlung einer jeden Art von Licht in eines, das dem Tagslicht ähnlich ist. Wien 1791. gr. 8. Zweckmässiger Luftreiniger, theoretisch und praktisch beschrieben. Frankf. am M. 1793. 8. *Esprit de l'education, ou Catechisme des peres & des instituteurs. Francfort sur le Mein* 1793. 8. *Theoretisch-praktische Abhandlung über die Besserung der Mühlräder; von dem Verfasser der zweckmässigen Luftreiniger. Nürnberg 1795. 8. Mit 3 Kupfertafeln. (*unter der Vorrede hat er sich genennt*). — Beschreibung eines Filtrums zur Reinigung des Wassers; *in* Voigt's *Magazin für das Neueste aus der Physik* B. 11. St. 1. S. 116-124.

PARROT (Johann Leonhard) ehedem *herzogl. Würtembergischer Regierungsrath zu Mömpelgard; privatisirt jetzt zu Stuttgart: geb. zu* . . . §§. Theoretisch-praktische Abhandlung über die Art, wie die französische Kriegs-Kontribution umgelegt, und über die Mittel, wie einige Zweige der Staatswirthschaft in Würtemberg zu einer grössern Vollkommenheit gebracht werden könnten. (*Stuttgart*) 1797. 8. — *Statistik von Mömpelgard; *in den Neuesten Staatsanzeigen* B. 1. St. 1. S. 1-54 (1796).

PARTZ (Ernst Ludwig) *Hof- und Kanzleyrath* seit 1795 (vorher Sekretar des geheimen Rathskollegiums) *zu Hannover: geb. zu* . . . §§. *Romanzen des Ritters Lopez. 1771. 8.

PASCH (Joseph Georg) *Meister der Wundarzney und Geburtshülfe, wie auch ordentlicher Lehrer der Zergliederungskunst an der k. k. Akademie der vereinigten bildenden Künste zu Wien: geb. zu* . . . §§.

§§. Abhandlung aus der Wundarzney von den Zähnen, derselben, wie auch des Zahnfleisches, und der Kiefer Krankheiten und Heilarten. 1 Theil. Wien 1768. 8. — Verschiedene Aufsätze in *Plenks* Sammlung von Beobachtungen über einige Gegenstände der Wundarzneykunst. — Vergl. *de Luca* gel. Oestr.

PASQUICH (Johann) *M. der Phil. und ordentlicher Professor der höhern Mathematik auf der Universität zu Pest: geb. zu* ... §§. *Compendiaria euthymetriae institutio. Salisb.* 1782. 8. Mechanische Abhandl. von der Statik und Mechanik der festen Körper; aus dem Lateinischen des *J. Horvath* ins Teutsche übersetzt. Pest 1785. 8. Versuch eines Beytrags zur allgemeinen Theorie von der Bewegung und vortheilhaftesten Einrichtung der Maschinen. Leipz. 1789. 8 Mit 2 Kupfertafeln. Unterricht in der mathematischen Analysis und Maschinenlehre. 1ster Band, enthaltend die Buchstaben-Rechenkunst und die sogenannte Analysis endlicher Grössen, wie sie in seinen Papieren Herr *Joseph Mitterpacher von Mitternburg* hinterlassen hat, herausgegeben u. s. w. Leipz. 1790. — 2ter Band, enthaltend die Differential- und Integralrechnung, nebst Anwendung auf die merkwürdigsten krummen Linien; abgefasst u. s. w. ebend. 1791. gr. 8. Mit Kupfern. — Versuch über die Lehre vom Gleichgewicht der Kräfte am Hebel; *in* Bernoulli's *und* Hindenburgs *Leipziger Magazin* 1786. St. 4. Ueber das grösste gemeinschaftliche Maass zwoer ganzer Zahlen, und noch etwas über die Theorie des Hebels; *ebend.* 1787. St. 1.

PASSOW (Moritz Joachim Christian) *Konsistorialrath, Superintendent und Pastor zu Sternberg im Mecklenburgischen* seit 1795 (vorher Hofprediger zu Ludwigslust): *geb. zu* ... *im Mecklenburg-Schwerinschen* ... §§. *Sammlete und gab mit* C. F. STUDEMUND *mit einer Vorrede heraus:*

aus: Neues Mecklenburgisches Gesangbuch für die Hofgemeinen in Schwerin und Ludwigslust, nebst einem Anhange von Gebeten, wie auch Evangelien und Episteln. Schwerin 1794. 8.

PASTERWIZ (Georg) *Benediktiner, Professor der Polizey- Finanz- und Handlungswissenschaft zu Kremsmünster in Oestreich; hält sich als Stiftshofmeister seines Klosters zu Wien auf*: *geb. zu Bierhütten im Passauischen am 7 Jun.* 1730. SS. D. de lege naturali, perfecte, jucunde & commode vivendi. Styrae 1765. 4. D. de officiis circa honorem. ibid. 1767. 4. *Sätze aus der gesamten Staatswissenschaft. Steyer* 1781. 8. — Vergl. *de Luca* gel. Oestr. B. 1. St. 2.

PASTOR (Peter) *Kaufmann zu Burdscheidt bey Aachen: geb. daselbst* 1738. SS. Sammlung vermischter Gedichte. Frankfurt 1765. 8. Sämtliche Gedichte. ebend. 1768. 8. Versuch in moralischen Briefen. ebend. 1769. 8.

PASTORFF (Johann Wilhelm) *königl. Preussischer Bau-Condukteur und Referendar bey dem königl. Preuss. Ober-Baudepartement zu Berlin, wie auch seit 1794 Hessen-Homburgischer geheimer Hofrath: geb. zu Schwedt am 17 Junius* 1767. SS. Anleitung, sogleich aus der gegebenen Grösse des Ackers, der Wiesen, und der Güte beyder den Einschnitt, die Anzahl jeder Viehart und die Grösse der für jenen und diese nöthigen Gebäude zu bestimmen. Berlin 1791. 8. Opfer ländlicher Einsamkeit. 1ster Heft. ebend. 1792. 8.

PATJE (Christian Ludwig Albrecht) *Kammermeister zu Hannover* seit 1790 (vorher seit 1786 Kommerzienrath und vordem Kammer- und Hofsekretar daselbst): *geb. daselbst* 1748. SS. * Abrégé historique & politique de l'Italie. à Yverdon 1781. 4 Voll. in 12. Recherches historiques &

phi-

philosophiques sur les causes de la grandeur & des revers de Henri le Lion. Discours présenté à l'Académie Royale des Sciences de Goettingue. à Hannovre 1786. gr. 8. *Kurzer Abriß des Fabriken-Gewerbe-und Handlungszustandes in Churbraunschweig-Lüneburgischen Landen.* Göttingen 1796. 8. *Ueber den Englischen Nationalcredit; ein Wort für den gegenwärtigen Augenblick.* Hannover 1797. 8. — *Ehrenrettung Sully's gegen Linguet;* im Götting. Magazin von *Lichtenberg* und *Forster* Jahrg. 4. St. 1 u. 2 (1785).

PATSCH (Heinrich Dietrich) *Konrektor und Lehrer der französischen Sprache an der Schule zu Uelzen: geb. zu ...* §§. Hauptregeln der französischen Sprache für Anfänger. Göttingen 1777. 8. *Guide françois, ou Melange de diverses pièces pour les Novices dans cette langue. ibid.* 1777. 8. *Institutio linguae hebraicae quinque foliis, ad usum tironum accommodata, cum tabula punctorum, quibus nominum status & numeri affiguntur, in fine adjuncta. Lüneb.* 1778. *fol.* Göttliche Hoheit Jesu Christi, aus den leichtesten Gründen erwiesen für unstudirte Leser. 1ster Theil. Schwerin 1787. 8 *).

PAUER (Xaver Leopold) ... *zu Wien: geb. zu ...* §§. Grundlinien einer systematischen Encyklopädie der zeichnenden Künste, für Künstler und Kunstliebhaber; nebst einem vollständigen Entwurf zu einem solchen Werke. Wien 1790. 8.

von PAUERSBACH (Joseph) *ehemahliger k. k. Hofsekretar bey den niederöstreichischen Landrechten zu Wien. Seit mehrern Jahren leistet er keine Dienste, lebt für sich, und hält sich meistens zu Esterhaz* *in*

*) Letzteres Buch ist ihm zwar im 5ten Nachtrage zur 4ten Ausgabe beygelegt worden: aber wahrscheinlich aus Versehn. Jedoch, nur wahrscheinlich!

in Ungern auf *): *geb. zu* . . . §§. *Die indianische Wittwe; ein Lustspiel. . . . 1771. 8. *Die zwo Königinnen; aus dem Franz. . . . 1772. 8. — *Der redliche Bauer und grossmüthige Jude, ein Lustspiel *im 10ten B. der neuen Schauspiele* (Wien 1774. 8). — Vergl. *de Luca* gel. Oestr. B. 1. St. 2.

PAUL (Jean) S. RICHTER (Johann Paul).

PAUL (Johann Georg) . . . *zu Budissin: geb. zu* . . : §§. Erziehungs-Katechismus für Aeltern, vorzüglich Bürger und Bauersleute, die ihre Kinder gesund und tugendhaft erziehen wollen. Budissin 1793. — 2ter Abschnitt. ebend. 1795. 8.

PAULI (August Friedrich) *M. der Phil. und* seit 1791 *Pfarrer zu Binningen bey Ludwigsburg* (vorher Hofmeister zu Ludwigsburg): *geb. zu Ludwigsburg am* 19 *August* 1756. §§. Versuch einer vollständigen Methodologie für den Cursus der öffentlichen Unterweisung in der lateinischen Sprache und Litteratur. 1ster Theil. Tübingen 1785. — 2ter Theil, welcher die Ausführung des lateinischen Unterrichts für die Klassen der Trivialschulen oder für Schüler vom 7-8ten, bis 14ten Jahr, enthält. ebend. 1789. gr. 8. Lateinisch-Teutsche Fibel; eine Sammlung auserlesener Stellen aus den klassischen lateinischen Schriftstellern, welche nach einem zweckmässigen Zusammenhange rubrikweise geordnet und mit der teutschen Uebersetzung begleitet sind, für die ersten Uebungen des lateinischen Lesens eingerichtet, und mit einem Vorberichte an die Lehrer herausgegeben. ebend. 1787 (*eigentl.* 1786). 8. — Untersuchung über die Frage: Welches ist heut zu Tage das Maas der herrschenden Aufklärung in den Prinzipien der gelehrten Erzie-

*) Wirklich?

Erziehung, und welche Folgen ergeben sich daraus in Absicht auf die öffentliche Verbesserung dieser Erziehung? *in* Possel ts *wissentschaftl. Magazin* B. 2. St. 1 (1786).

PAULI (Gotthard Friedrich) *Vorpommerischer Landsyndikus und Oberlandes-Steuerinspektor zu Stettin*: *geb. zu* . . . §§. *Gab mit* J. P. A. Hahn *heraus*: Pommerisches Archiv der Wissenschaften und des Geschmacks; eine Vierteljahrsschrift. 1-3ter Jahrgang. Stettin 1783-1785.

PAULI (Johann) *D. der AG. zu* *) . . . *geb. zu* . . . §§. Der medicinische Richter in Betrachtung der Todschläge. Leipz. 1764. 8. Chymisch-medicinische Abhandlung von den destillirten Wassern und brennenden Geistern. Kopenhagen 1769. 8. Abhandlung von den harnichten Salzen und Geistern. ebend. 1770. 8.

PAULI (Johann Philipp Gerhard) *Inspektor der Klasse und reformirter Prediger zu Osthofen in der Pfalz am Rhein* seit 1794 (vorher seit 1789 erster Pfarrer zu Kaiserslautern in der Pfalz, vor diesem zweyter Prediger der teutschen reformirten Gemeine zu Hamburg, vordem seit 1779 holländischer Gesandschaftsprediger daselbst, nachdem er seit 1778 Prediger zu Baalberg bey Bernburg gewesen war): *geb. zu Otternheim in der Pfalz* . . . §§. Predigten, gehalten vor der reformirten Gemeinde zu Dresden. Dresd. 1778. gr. 8. Predigt bey Eröfnung des freyen Privatgottesdienstes der teutschen evangelisch-reformirten Gemeine zu Hamburg, unter dem Schutze E. H. Raths. Hamburg 1785. 8. *Kirchenagende der teutschen evangelisch-reformirten Gemeine zu Hamburg. ebend. 1790. 8. Abschiedspredigt über 1 Cor. 15, 58; gehalten bey der teut-

*) Wo? vielleicht lebt er gar nicht mehr.

schen evangelisch - reformirten Gemeine zu Hamburg am 3ten Ostertage 1790. ebend. 1790. 8.

PAULI (Johann Samuel) *) .... §§. Betrachtung über die Schönheit des Alterthums. Mitau und Leipz. 1774. 8.

PAULI (Theodor) *D. der AG. kurfürstl. Mainzischer Hofrath und Leibarzt zu Mainz: geb. zu* ... §§. Geschichte der Ruhrepidemie zu Mainz in dem Sommer des Jahres 1793. Erfurt 1795. 4.

PAULINUS. S. oben ERDT.

PAULITZKY (Heinrich Felix) *D. der AG. fürstl. Salm-Kyrburgischer Rath und Landphysikus der Grafschaft Guntersblum: geb. zu* ... §§. Medicinisch - praktische Beobachtungen. 1ste Sammlung. Frankf. am M. 1784. — 2te Sammlung. ebend. 1786. 8. Anleitung für Landleute zu einer vernünftigen Gesundheitspflege; ein Handbuch für Landgeistliche, Wundärzte und verständige Hausärzte, zumahl in Gegenden, wo keine Aerzte sind. Frankf. am M. 1791. 8. — Vermischte Bemerkungen; *in* Baldingers *neuem Magazin* B. 9. St. 1. S. 41-46 (1787). Geschichte der Mineralwasser auf dem Hunnsrück; *ebend.* St. 6. S. 568-572.

PAULMANN (Johann Ludwig) *Pastor an der Brüderkirche zu Braunschweig: geb. zu Vorsfelde im Braunschweigischen* ... §§. *De universali infantum ante usum rationis morientium salute. Helmst.* 1752. 4. Predigten über die Belagerung von Braunschweig. 1762. 8. Friedenspredigt. 1763. 8. Kleine Lieder nach dem Inhalte einiger Kanzelvorträge. Braunschw. und

---

*) Auch in Ansehung dieses Schriftstellers bleiben wir in der alten Ignoranz.

und Hildesheim 1776. 8. Heilige Unterhandlungen bey der Confirmation einer taub und stumm Gebohrnen; nebst Nachricht von der Lehrart, nach welcher sie unterrichtet worden. Braunschweig 1778. 8. Neue Sammlung geistlicher Lieder, nach dem Inhalte einiger Kanzelvorträge. ebend. 1790. 8. — Antheil am neuen Braunschweigischen Gesangbuche.

PAULSEN (Paul) *Pastor zu Ostenfeld im Amte Husum* seit 1773 (vorher zu Kelvesbüll in Eyderstedt): *geb. zu Oldensworth im Ostertheil der Landschaft Eyderstedt am 26 Januar* 1734. §§. Ueberzeugender Beweis von der Nothwendigkeit der Wiedererstattung. Flensburg u. Leipz. 1781. 8. — Vergl. *Kordes.*

PAULSEN (. . . .) . . . *zu Wien: geb. zu* . . . §§. Moralpolitik. Teutschland (*Wien*) 1789. 4. Pragmatische Staatenchronik. 4 Theile. Wien 1792-1793. kl. 8.

PAULUS (Heinrich Eberhard Gottlob) *M. der Phil. und* seit 1795 *D. der Theol. ordentlicher Professor derselben auf der Universität zu Jena* seit 1794 (vorher seit 1789 ordentlicher Professor der morgenländischen Sprachen eben daselbst, nachdem er vom May 1787 bis im November 1788 auf Reisen durch Teutschland, Holland, England und Frankreich gewesen war): *geb. zu Leonberg im Würtembergischen am 1 September* 1761. §§. *Observationes ad vaticinia Jesaiae. Tubing.* 1781. 4. Exegetisch-kritische Abhandlungen. ebend. 1784. 8. Ueber einige Merkwürdigkeiten der herzoglichen Bibliothek zu Gotha. Jena 1787. 8. Einheit, Geistigkeit Gottes und Glaube, als allgemeine Grundbegriffe der Christuslehre betrachtet; eine Reihe von Predigten, nebst einem Anhange für gelehrte Leser. Lemgo 1788. gr. 8. *Accuratior MStorum, quibus versio N. T. Philoxeniana continetur, cata-*

talogus, cum quibusdam ad viros eruditos quaestionibus. Helmst. 1788. 8. (Steht auch in den *Annal. litter. Helmstad.* 1788). *Commentatio critica, exhibens e bibliotheca Oxoniensi Bodleiana specimina versionum Pentateuchi septem Arabicarum, nondum editarum, cum observationibus. Jenae* 1789 8 *maj.* *Bibliothek von Anzeigen und Auszügen kleiner meist akademischer Schriften, theologischen, philosophischen, mathematischen, historischen und philologischen Inhalts. 4 Stücke (oder 1ster Band). ebend. 1789-1790. — 2ten Bandes 1stes-4tes Stück. ebend. 1791. — 3ten Bandes 1stes-4tes Stück. ebend. 1792. 8. *Compendium Grammaticae Arabicae, ad indolem linguarum orientalium & ad usus rudimentorum conformatum, cum Progymnasmatibus lectionis Arabicae ex historia ortus ac progressus litterarum inter Arabes decerptis, Chrestomathiae Arabicae a se editae jungendum. ibid.* 1790. 8 *maj.* Neues Repertorium für biblische und morgenländische Litteratur. 2 Theile. ebend. 1790. — 3ter Theil. ebend. 1791. gr. 8. (*Von ihm stehen folgende Abhandlungen darinn:* Codex rescriptus gr. Evang. Matthaei Dublin. *Th.* 1. S. 192-197. Zusammenhang der Stelle 1 Timoth. 3, 16; *ebend.* S. 197-200. Neuer Versuch über die Koheleth; *ebend.* S. 201-265. Die fremden Sprachen der ersten Christen, eine natürliche Geistesgabe; *ebend.* S. 266-402. Abdulcurims Pilgrimsreise von Bagdad nach Mecka, übersetzt aus einem englischen in Calcutta herausgekommenen Buche: *Th.* 2. Ueber Anlage und Zweck der zwey ersten Fragmente der Mosaischen Menschengeschichte; *ebend.* Ueber die fremden Sprachen der ersten Christen, Fortsetzung; *ebend.* Ueber den apokryphischen Appendix des Evang. Johannis; *ebend.* Zur Geschichte des samaritan. arab. Pentateuch; *Th.* 3. Ueber Herrn Joel Löwe's Bemerkungen, die angebliche hebräische Chronik in Kochim betreffend; *ebend.*) R. Saadiae Phijumensis *Versio Jesaiae*

saiae Arabica, cum aliis speciminibus Arabico-Biblicis e MSo. Bodleiano nunc primum edidit atque ad modum chrestomathiae arabico-biblicae glossario perpetuo instruxit. Fasc. I. continens Cap. I-XXXVIII. Jenae 1790. — *Fasc. II. Jesaiam Saadiae jam totum; ex II aliis versionibus prophetarum specimina exhibens. ibid.* 1791. 8 *maj.* Philologischer Clavis des alten Testaments; die Psalmen. ebend. 1791. gr. 8. Memorabilien; eine philosophisch-theologische Zeitschrift, der Geschichte und Philosophie der Religionen, dem Bibelstudium und der morgenländischen Litteratur gewidmet. 1stes Stück. Leipz. 1791. 8. (*Von ihm stehen folgende Abhandlungen darinn:* Ausführliche Erklärung von ὸς ἐφανερώθη ἐν σαρκι 1 Tim. III, 16; S. 97. Nachrichten vom dritten ungedruckten Theil des arabischen Gesichtbuchs von Elmacin; S. 125. Ueber klimatische Verschiedenheit im Glauben an Religionsstifter und in den Forderungen von Zwecken derselben selbst. — Bemerkungen über Hacim und die Drusen. — Anekdoten aus Elmacin von Hacim; S. 129. Einige Anmerkungen zu den Drusischen Religionsbüchern. — Die Wundergaben, ein Apolog nach Ben Sira; S. 159. Zu Kennicotts Biographie, nebst einer Nachricht von einem chaldäischen von Kennicott so benannten Buch der Maccabäer). — 2tes Stück. ebend. 1792. — 3tes Stück. ebend. 1792. (*Darinn von ihm:* Ueber die Syrischen Nassirier, zur Erklärung des 53sten Kapitels Jesaiä). — 4tes Stück. ebend. 1793. (*Darinn von ihm:* Das Chaos, eine Dichtung, nicht ein Gesetz für physische Kosmologie. Zweifel gegen das Annageln der Füsse bey Gekreuzigten). — 5tes Stück. ebend. 1793. (*Darinn von ihm:* Beytrag zu einem Kommentar über Jesaia. Noch etwas über den Appendix oder das letzte Kapitel des Evangeliums Johannis). — 6tes Stück. ebend. 1794. (*Darinn von ihm:* Archäologische Beobachtungen und Muthmassungen über semitische, besonders hebräi-

hebräische Lesezeichen). — 7tes Stück. ebend. 1795. (*Darinn von ihm:* Ueber den Gebrauch des Wortes οἱ αἰῶνες, Hebr. 11, 3. 1, 3, und den Zusammenhang der letztern Stelle). — 8tes Stück. ebend. 1796. 8. (*Darinn von ihm:* Die Gottheit, als Lehrer durch Werke und Worte Joh. 1, 1-18). Sammlung der merkwürdigsten Reisen in den Orient, in Uebersetzungen und Auszügen, mit Einleitungen, Anmerkungen und collectiven Register, nebst den nöthigen Karten und Kupfern, herausgegeben, 1ster-3ter Theil. Jena 1792-1794. gr. 8. Philologischer Clavis über das alte Testament für Schulen und Akademien; Jesaias. Jena 1794. 8. *Pr. Unde internus religionis cum externa civitatis salute consensus vere pendeat? ibid.* 1794. 4. (auch in dessen Memorabilien St. 6. S. 84-101). *Pr. Historiae resurrectionis Jesu ab iniquis suspicionibus liberandae causa, de custodia ad sepulcrum disposita, quid philologico-critice, quid philosophico-historice indicandum sit, de novo expenditur. Jenae* 1795. 4. *Commentationes theologicae, potissimum historiam Cerinthi, Judaeo christiani ac Judaeo gnostici, atque finem Johanneorum in N. T. libellorum illustraturae. Accedit oratiuncula de notione orthodoxiae. Institutis academicis sic volentibus scripsit. ibid. eod.* 8 *maj. Pr. Pharisaeorum de resurrectione sententia ex tribus Josephi, archaeologi, locis explicatur. ibid.* 1796. 4. — Ueber das Hohelied; *in* Eichhorns *Repert. für bibl. und morgenl. Litteratur* Th. 17 (1785). — Ueber das zweyte Buch der Maccabäer; *in* J. G. Eichhorns *allgem. Biblioth. der bibl. Litt.* B. 1. St. 2 (1787). Merkwürdige Nachrichten von einer hebräischen Chronik der Juden zu Kochim; *ebend.* B. 1. St. 6 (1788). — *Vorrede zu* White's *Ausgabe von* Abdollatiphi Compendio memorabilium Aegypti (Tubing. 1789. 8 maj.). — Hat die 2te Ausgabe von *Ditmar's* Beschreibung des alten Aegyptens revidirt und verbessert (Nürnb. und Jena 1793. 8). — *Gab heraus:*

heraus: *Zerstreute kleine Schriften von *J. D. Michaelis.* 2 Lieferungen. Jena 1793-1794. 8. — *Giebt seit dem Anfang des Jahres* 1795 *oder vom 5ten Band an mit* Ammon *und* Hänlein *heraus:* Neues theologisches Journal. Nürnberg. *Monatlich ein Stück.* (*Von ihm steht folgende Abhandlung im 2ten Stück für das J.* 1795. *S.* 67-102: Neue Erklärung über das Gehen Jesu über dem Meere). — Hat Antheil an den von *Schiller* herausgegebenen Memoiren; *z. B. in des 9ten Bandes 2ten Abtheilung* (1795) *steht von ihm:* *Geschichte der Ligue unter König Heinrich dem 3ten von Frankreich und dessen Regierungszerrüttung vom J. 1574 bis 1585. — Recensionen in der Allgemeinen Litteraturzeitung. — Sein Leben, von ihm selbst beschrieben, in *Beyers* allgem. Magazin für Prediger B. 7. St. 3. S. 329-351, vor welchem auch sein Bildniss in Kupfer gestochen ist. Sein Bildniss mit Lebensumständen auch in der Nürnberg. Sammlung von Gelehrten H. 10 (1793).

PAULUS (Johann Konrad) *Prediger zu Möllenbeck in der Grafschaft Schaumburg* seit 1767 (vorher seit 1759 zu Haueda): *geb. zu Cassel am* 9 *Okt.* 1733. §§. Abhandlung vom Surrogat der Hand- und Spanndienste; eine den 5ten März 1775 von der Casselischen Ackerbaugesellschaft gekrönte und von dem Hrn. D. und Prof. J. F. Runde herausgegebene Preisschrift. Cassel 1775. 8. Widerlegung der Anmerkungen, welche ein gewisser Autor unter dem Namen E. C. B. über dieselbe im Druck erscheinen lassen. Rinteln 1776. 8. Geschichte des Möllenbecker Klosters, von seiner ersten Stiftung bis auf gegenwärtige Zeiten. ebend. 1784. 8. Nachricht von allen Hessen-Schaumburgischen Superintendenten, Kirchen, und der dabey von der Zeit der Reformation bis jetzo gestandenen Predigern. ebend. 1786. 8. — *Versuch einer Beantwortung der Frage: In wie weit ist es rathsam, durch die Landpolizey der

Ver-

Veräusserung und Vertheilung der Bauergüter Schranken zu setzen? *in den Hessischen Beytr. zur Gelehrs.* B. 2. St. 3. S. 432-462 (1786). — Aufsätze in *v. Wildungens* Neujahrsgeschenk für Forst- und Jagdliebhaber. — Vergl. *Strieder* B. 10. S. 276 u. ff.

PAULUS (Karl Heinrich Ernst) *herzogl. Würtembergischer Rath und Pfleger zu Knittlingen* seit 1792 (vorher Kanzleyadvokat zu Schorndorf): *geb. zu Schorndorf am* 16 *May* 1766. §§. Versuch einer Abhandlung über die Beschaffenheit eines wohl eingerichteten Staates. Tübingen 1791. 8. — *Der im 5ten Nachtrage zur 4ten Ausgabe erwähnte* Tractatus *ist zwar geschrieben, aber nicht gedruckt worden.*

von PAUW (Kornelius) *Kanonikus zu Xanten im Clevischen: geb. zu Amsterdam* 174.. §§. *Recherches philosophiques sur les Américains, ou Mémoires intéressants pour servir à l'Histoire de l'Espèce humaine; par Mr. de P***. T. I. à Berlin 1768. — T. II. ibid. 1769. 8. *Edition corrigée & augmentée. 3 Tomes. ibid. 1772. 8. *Défense des Recherches sur les Américains; par Mr. de P***. ibid. 1770. 8. (*macht auch den 3ten Band der 2ten Ausgabe der Recherches aus*). *Recherches philosophiques sur les Egyptiens & les Chinois; par M. de P. 2 Tomes. ibid. 1773. 8 Recherches philosophiques sur les Grecs. Ibid. 1787 4 Voll. in gr. 8. — Ueber den Tempel der Juno Lacinia; *in den Mém. de la Soc. de Cassel* T. I. 1780. — Vergl. *Denina's* Prusse littéraire T. III.

PECK (Adolph Lobegott) ... *zu Raschau im Erzgebürge: geb. zu* ... §§. *Historische und geographische Beschreibung des kursächsischen Erzgebürges. Geschichte und Beschreibung des Kreisamts Schwarzenberg. 1stes Bändchen, mit einem Kupfer. Schneeberg 1795. 8. (*Unter der Zuschrift nennt sich der Verfasser*).

PECK (Burghard) *Priester der frommen Schulen, Prediger und Vikar an der Josephstädter Pfarre zu Wien: geb. zu* . . . §§. Entwürfe zu Predigten zum Behufe der katholischen Volkslehrer nach der reinen Sittenlehre Jesu. 1ster Theil. Wien 1790. — 2ter Theil. ebend. 1791. — 3ter Theil. ebend. 1792. 8. Erbauungsbuch für Kranke und Sterbende, und für diejenigen, welche Kranken und Sterbenden beystehen. ebend. 1790. 8. 2te vermehrte und verbesserte Ausgabe. Wien u. Leipz. 1794. 8. Neue Ausgabe. Wien 1796. 8.

PEHEM (Joseph Johann Nepomuck) *M. der Phil. D. der R. k. k. Niederöstreichischer Regierungsrath und Professor des kanonischen Rechts auf der Universität zu Wien* seit 1779 (vorher 8 Jahre lang Prof. des kanonischen Rechts zu Innsbruck): *geb. zu Stokach in östreichisch Schwaben am* 8 *April* 1741. §§. Disquisitio historico-juridica de consensu parentum. Oenip. 1771. 8. Jus ecclesiasticum publicum. P. I. Vindob. 1781. 8. *Versuch über die Nothwendigkeit einer vorzunehmenden Reformation der geistlichen Orden, und das Recht der Regenten, aus eigner Macht dieselbe in ihren Ländern zu reformiren, einzuschränken und aufzuheben. ebend.* 1782. 8. *Abhandlung von Einführung der Volkssprache in dem öffentlichen Gottesdienst. ebend.* 1783. 8. Jus ecclesiasticum universum. ibid. 1786. 8 maj. Praelectionum in jus ecclesiasticum universum, methodo discentium utilitate adcommodata congestarum Partes III. ibid. 1789-1790. 8 maj. — *Vergl.* de Luca *Journal I*, 46.

PEINEMANN (Johann Georg) *Handlungsdiener zu Glatz: geb. zu* . . . §§. *Florello, eine Geschichte aus dem Franz. des *Loaisel von Treogate.* Breslau 1780. 8. *Die Irrthümer, oder die Täuschung des Vergnügens, in Briefen des Grafen von Orabel. 2 Theile. ebend. 1781. 8. Al-

Almanzi; eine französische Anekdote von *Arnaud.* ebend. 1781. 8. Kleine Bibliothek zum Zeitvertreib, oder Sammlung ausgewählter Erzählungen; aus dem Französischen übersetzt. 1ster Theil. ebend. 1782. — 2ter Theil. ebend. 1783. 8.

PELISSON (Jakob Philipp) *D. der AG. Rath des Ober-Collegii medici und Inspektor des französischen Gymnasiums zu Berlin: geb. zu Bremen am 18 Julius* 1743. §§. *D. inaug. de aetiologiae variolarum per hypothesin tentata explicatione.* . . . 1764. 4. — Beschreibung eines neuen Anemometers oder Windmessers; *in den Schriften der Gesellsch. Naturf. Freunde zu Berlin* B. 10. S. 1 u ff. Nachtrag dazu; *ebend.* B. 11. S. 73 u. ff. Beschreibung eines Wetterableiters, der zugleich zum Elektricitätszeiger dienet; *ebend.* B. 10. S. 399 u. ff. Beschreibung eines zu astronomischen und geometrischen Ausmessungen bequemen Instruments; *ebend.* B. 11. S. 277 u. ff. — Vergleichung der bekanntesten Vergrösserungsgläser, nebst einigen mikroskopischen Versuchen; *in den Beschäftigungen Naturf. Freunde* B. 1. S. 332 u. ff.

PELZEL (Franz Martin) *M. der Phil. und* seit 1792 *Professor der böhmischen Sprachkunde auf der Universität zu Prag* (vorher Bibliothekar des reichsgräflichen Hauses von Nostitz und Rineck daselbst, und vordem Hofmeister junger Grafen von Nostitz): *geb zu Reichenau im Königgrätzer Kreis am* 11 *Nov.* 1735. §§. Kurzgefasste Geschichte der Böhmen von den ältesten bis auf die jetzigen Zeiten, aus den besten Geschichtschreibern, alten Kroniken und glaubwürdigen Handschriften zusammengetragen. Prag 1774. 8. 2te vermehrte, verbesserte und fortgesetzte Auflage. ebend. 1779. gr. 8. 3te vermehrte und fortgesetzte Auflage. 2 Theile. Prag und Wien 1782. gr. 8. Handbuch zum Gebrauch der Ju-

Jugend bey Erlernung der teutſchen, franzöſiſchen und böhmiſchen Sprache. Prag 1775. 8. Bohuslai Balbini *diſſertatio apologetica pro lingua Slavica, praecipue Bohemica Edidit. ibid* 1775. 8. Abhandlung von dem Böhmiſchen König Przmiſl Ottokar den 2ten, ob ihm die Kaiſerkrone angetragen worden? ebend. 1776. 8. (*auch im 2ten B. der Abh. einer Privatgeſellſch.*) *Magni Ellenhardi Chronicon, quo res geſtae Rudolphi Habsburgici & Alberti Auſtriaci, Regum Romanorum, egregie illuſtrantur. Prag.* 1777. 8. Abbildungen Böhmiſcher und Mähriſcher Gelehrten und Künſtler, nebſt kurzen Nachrichten von ihren Leben und Werken. 3 Theile. ebend. 1777. — 4ter Theil. ebend. 1782. gr. 8. (*An den beyden erſten Theilen war er Mitarbeiter, und überſetzte beyde aus dem Lateiniſchen in das Teutſche*). *Przihody Wacslowa Wratislawa, swobodneho Pana Z - Mitrowitz. w Prace* 1778. 8. Kaiſer Karl der Vierte, König in Böhmen 1ſter Theil. Mit Kupf. Prag 1780. — 2ter Theil. Mit Kupf. ebend. 1781. gr. 8. Apologie des Kaiſers Karl des Vierten, der allgemeinen teutſchen Bibliothek entgegen geſtellt. 1 Stück. Prag und Wien 1782. 8. * *Scriptorum rerum Bohemicarum Tomus I: Coſmae, eccleſ. Pragenſis Decani, Chronicon Bohemorum, ad fidem codicis MS. Bibliothecae Capituli eccleſiae Metropolitanae Pragenſis recenſitum, cum aliis codicibus tam manuſcriptis, quam impreſſis collatum. Accedunt ejusdem Coſmae continuatores, Canonici Pragenſes duo ex eod. Cod. Metrop. Tertius Monachus Sazavienſis e codd. Vindob. & Dresdenſi; adjecta lectionum varietate. Pragae* 1783. — *Tomus II: Franciſci Chronicon Pragenſe, item Beneſſii de Weitmil Chronicon eccleſiae Pragenſis. Accedunt I: Series Ducum & Regum Bohemiae. II: Series Epiſcoporum & Archiepiſcoporum Pragenſium. III: Chronicon Bohemicum, cum verſione latina. ibid.* 1784. 8 *maj.* (In *Dobrowsky's* Geſellſchaft herausgegeben). Böhmiſche, Mähriſche und Schle-

Schlesische Gelehrte und Schriftsteller aus dem Orden der Jesuiten, von Anfang der Gesellschaft bis auf gegenwärtige Zeit. ebend. 1786. 8. Lebensgeschichte des Römischen und Böhmischen Königs Wenceslaus; 1ster Theil, enthält die Jahre 1361 - 1395, nebst einem Urkundenbuche von hundert sechszehn jetzt erst gedruckten Diplomen, Briefen und Akten. Mit 2 Kupfern. ebend. 1788. — 2ter Theil, welcher die Geschichte vom Jahr 1396 bis zu seinem Tode enthält. ebend. 1790 gr. 8. *Nowá Kronyka Cžeská, w kteréž přjbely obywatelüw země Cžeské od počátku až do nynegssjch časů. Djl Prwnj od počátku až do léta 1092. Prag* 1791. — *Djl Druhý od léta* 1092 *až do léta* 1230. *ebend.* 1792. *gr.* 8. Akademische Antrittsrede über den Nutzen und die Wichtigkeit der böhmischen Sprache. ebend. 1793. 4. — Abhandlung über den Samo, König der Slaven; *in den Abh. einer Privatgesellsch. in Böhmen* B. 1 (1775). Diplomatische Nachrichten, wie das Königreich Böhmen an das Luxenburgische Haus gekommen; *ebend.* B. 3 (1777). Diplomatische Beweise, dass der römische König Wenzel nicht dreymal, sondern nur zweymal gefangen worden; *ebend.* B. 4 (1779). Wann ist Kaiser Karl IV Markgraf in Mähren geworden? *ebend.* Das Edikt Kaisers Karl IV wider die Ketzer vom 18ten Sept. 1376 wird in Zweifel gezogen; *ebend.* B. 5 (1782). Ueber das Vaterland des Jacobus de Misa, genannt Jacobellus; *ebend.* B. 6 (1786). — Ueber den Ursprung des doppelten Adlers des römischen Königs Wenzel; *in den Abhandl. der Böhm. Gesellsch. der Wiss.* aufs J. 1785. Von dem Littauischen Prinzen, Siegmund Koribut, welcher während des Hussitenkrieges den Böhmen als oberster Verweser einige Jahre vorgestanden; *ebend.* aufs J. 1786. Geschichte der Teutschen und ihrer Sprache in Böhmen, wie auch von dem Einfluss, den sie auf Religion, Sitten, Regierung, Wissenschaften und Künste in Böh-

Böhmen gehabt haben; *ebend.* Ueber die Herrschaft der Böhmen in dem Markgrafthum Meissen; *ebend.* aufs J. 1787. Biographie des Piaristen Adaukt Voigt a S. Germano; *ebend.* — Geschichte der Teutschen und ihrer Sprache in Böhmen von dem Jahre 1341-1789; *in den neuen Abhandl. der Böhmischen Ges. der Wiss.* B. 1 (1791). Ueber den Ursprung und Namen der Stadt Prag; *ebend.* B. 2 (1795). — Des Bruders Zizka Ungarischer Feldzug und Rückzug; nach *Brzezina; in* Meissners *Apollo* 1797. März. S. 239-251. — *Recensionen.* — Sein Bildniss vor der 3ten Auflage seiner Geschichte von Böhmen. — Vergl. *de Luca* gel. Oestr. B. 1. St. 2.

PELZEL (Joseph Bernhard) des vorigen Bruder; *Administrator der Bancal-Gefällen-Administration zu Linz mit dem Charakter eines wirklichen Regierungsraths zu Wien* seit 1796 (vorher Expeditor bey dem dortigen k. k. Zollamte, und vordem Sekretar bey dem Grafen Cobenzl zu Wien): *geb. zu Reichenau im Königgrätzer Kreis* 1745. §§. Die bedrängten Waisen; ein Schauspiel. Wien 1769. 8. Die Hausplage. ebend. 1770. 8. Die Belustigungen von Wien. ebend. 1771. 8. Inkle und Yariko; ein Trauerspiel. ebend. 1773. 8. Das gerächte Troja; ein Trauerspiel. ebend. 1780. 8. Die Belagerung Wiens; ein Trauerspiel in 5 Aufzügen. ebend. 1781. 8.

PENKER (Christian) *war bis zu Anfang des J.* 1793 *in der Monath-Kussleriſchen Buchhandlung zu Altdorf, und brachte hernach dieses Jahr in Nürnberg zu; seit dem Januar* 1794 *hielt er sich wieder in Altdorf unter dem Schutz der Universität auf, und beschäftigte sich mit Bücherkatalogen, Kopialien u. dergl. Von da gieng er im Julius* 1795 *ähnlicher Beschäftigungen wegen wieder nach Nürnberg: geb. daselbst am* 14 *Februar* 1755.

 §§.

§§. * Catalogus & Index materiarum, oder Verzeichniss der Materien nach ihren wissenschaftlichen Klassen, welche in den vier Bänden des Monathischen vollständigen Catalogs enthalten sind. Nürnberg u. Altdorf 1788. 8. * Catalogus & Index materiarum — — in dem 5ten u. 6ten Bande u. s. w. 2ter Abschnitt. 1794 (*eigentl.* 1793). 8. * Skizzen von Italien. Ueber einige Theile dieses Landes, die es werth sind, sie näher kennen zu lernen. (*Altdorf*) 1789. — 2te Sammlung. (*ebend.*) 1790. — 3te Sammlung (*unter seinem Namen*). Schwabach 1794. 8. Register über die Begebenheiten, welche in den fünf Theilen des ephemerischen Almanachs und historischen Handbuches (von Hrn. Prof. *Seybold*) enthalten sind. Altdorf 1794. 8. — Aufsätze in einigen periodischen Schriften.

Freyherr von PENKLER (Joseph) *k. k. wirkl. Niederöstreichischer Regierungsrath zu Wien: geb. zu Konstantinopel* 174 . . §§. Abhandlung vom Schäfergedicht. Augsburg 1767. 12.

PENZEL (Abraham Jakob) *M. der Phil. und* seit 1793 *Professor der Poëtik an dem Gymnasium zu Laybach in Krain* (vorher lebte er eine Zeit lang zu Teschen; vor diesem war er Hofmeister des jungen Herrn von Gusnar zu Pawlowitz in Oberschlesien; vordem seit 1785 zu Zanowa, dem Erbprinzen Karl von Curland gehörig, 2 Meilen von Dombrova, wo er sich seit 1782 aufgehalten hatte; vor diesem war er seit 1780 Direktor der akademischen Buchdruckereyen zu Krakau und zweyter Bibliothekar, wie auch Lehrer der teutschen Sprache im Seminario St. Petri; vorher seit 1779 Sprachmeister im Englischen zu Krakau; vorher seit 1778 Gouverneur bey einer adelichen Dame in Polen unweit Krakau; vorher seit 1775 Musketier des Alt-Stutterheimischen Regiments zu Königsberg, als Freywächter, ohne jemals Dienste zu thun; 1774 lebte er zu Würzburg auf

auf Kosten des Fürstbischoffs, und 1772 und 1773 privatisirte er zu Jessnitz im Hause seines Vaters): *geb. zu Törten im Dessauischen am 17 Nov.* 1749. §§. *Sieben Gedichte an die Venus Erycina. Berlin 1769. 8. *D. de Barangis in aula Byzantina militantibus. Hal.* 1771. 4. *D. vocis Caminatae origo Slavica. ibid. eod.* Pr. über die Hyperboreer. ebend. 1772. 4. Des *Strabo*, eines alten stoischen Weltweisen, aus der Stadt Amasia gebürtig, allgemeine Erdbeschreibung; 1ster Band, oder Europa; *Abraham Jakob Penzel* hat sie aus dem Griechischen übersetzt, durchgehends von neuem disponirt, mit Anmerkungen, Zusätzen, erläuternden Rissen, einigen Landcharten und vollständigen Registern versehn. Lemgo 1775. — 2ter Band, oder Europa. ebend. 1775. — 3ter Band, von Asien. ebend. 1777. — 4ter und letzter Band, oder Asien und Afrika. ebend. 1777. gr. 8. *Triga observationum numismaticarum. Cracoviae* 1780. 4. *De arte historica; ad Stanislaum Comitem de Soltyk libellus. ibid.* 1782. 8. *Lips.* 1784. 8. Vernünftiger Versuch über die Grundwahrheiten des katholischen Glaubens. Krakau 1782. 8. *Dio Kassius Kokkejanus* Jahrbücher Römischer Geschichte; aus dem Griechischen, mit Anmerkungen. 2 Bände. Leipzig 1786. gr. 8. — Einige Briefe von ihm und Beschreibungen einiger Handschriften in Krakau stehen *im Murrischen Journal* Th. 10. 1782. — Recensionen in der Leipziger gel. Zeitung 1770 u. 1771, in den Actis eruditorum, in der Hallischen gel. Zeitung von 1771 bis Michael 1772, in der Klotzischen Bibl. der schönen Wiss. in der gel. Zeitung zu Frankfurt an der Oder 1773, in der Litteratur des kathol. Teutschlands und in der Lemgoer Bibl. — Uebersetzung des grössesten Theils vom 19ten Bande der allgemeinen Reisegeschichte. — Königsberger politische und gelehrte Zeitungen 1776 und 1777. — Verschiedene Gelegenheitsgedichte zu Königsberg. — Aufsätze im Journal

nal encyclopédique. — Unter Direktion des Hofraths Gilson arbeitete er den grössten Theil der Pomona Franconica zu Würzburg aus. — Explicatio versiculorum XXX priorum Claudiani in libro de raptu Proserpinae primo; *in* Stoschii *Museo crit.* Vol. I. Fasc. II. — Probe einer Uebersetzung der Pucelle d'Orleans; *in* Wielands *neuem teut. Merkur* 1797. St. 4. S. 330-354. — Vergl. seine Vorrede zum 1sten B. seiner Uebersetzung des Strabo; wie auch den 2ten Nachtrag zur 4ten Ausgabe des gelehrten Teutschlandes S. 535 u. f.

PENZENKUFER (Christoph Wilhelm Friedrich) *Professor der biblischen Exegese zu Nürnberg: geb. daselbst am* 25 *Januar* 1768. §§. Neue Beyträge zur Erklärung der wichtigsten biblischen Stellen, in welchen das πνευμα αγιον vorkommt, mit Rücksicht auf die kleine Schrift des Herrn geh. Raths Hezels: Ueber Geist und Fleisch u. s. f. Nebst fortlaufenden Anmerkungen und einem Anhange. Nürnberg 1796. gr. 8.

PEPIN (Philipp) *privatisirt jetzt zu Frankfurt am Mayn* (vorher von 1769 bis 1788 Professor der englischen Sprache auf der Universität zu Göttingen): *geb. zu London am* 10 *April st. vet.* 1736. §§. Kurzer Unterricht von der englischen Aussprache und Rechtschreibung, zum Gebrauch der Anfänger. Göttingen 1774. 8. *La veritable Politique des personnes de qualité*, oder: die wahre Aufführungsklugheit der Personen von Herkommen; aus dem Französischen des Herrn von *Callieres* ins Englische, zum Gebrauch derer, welche die englische Sprache lernen, übersetzt und mit Accenten der Aussprache versehen. ebend. 1775. 8. Englische und teutsche Gespräche über nützliche und unterhaltende Materien, aus einigen der besten und neuesten englischen Schauspiele gezogen. ebend. 1777. 8. *The strains of the British Muses. ibid.* 1779. 8.

PERCH-

PERCHTOLD (Johann Nepomuck) *Schauspieler zu Linz: geb. zu ...* §§. Amalie von Kronbach; ein Trauerspiel in 4 Aufzügen. Regensburg 1787. 8. Richard der Dritte; ein Trauerspiel in 5 Aufz. nach Weisse bearbeitet. ebend. 1788. 8.

Graf von **PERGEN** (....) *... zu Wien: geb. zu ...* §§. *Betrachtungen über die Revolution und das sogenannte demokratische System in Frankreich. Wien 1791. 8. *Lateinisch*, unter dem Titel: *Animadversiones in revolutionem novumque sic dictum systema democraticum in Gallia. ibid. eod.* 8.

PERGENS (....) *Propst bey der kaiserl. Pfarrkirche zu St. Michael in Wien aus dem Orden der Barnabiten: geb. zu ...* §§. *Abhandlung über die Frage: Was von dem Fegfeuer und Gebete für die Verstorbenen in der katholischen Kirche zu halten und zu glauben sey? Wien 1783. 8. Abhandlung über die Frage: Ob die Ohrenbeichte in der katholischen Kirche nützlich und auch nothwendig sey? ebend. 1783. 8. *Abhandlung über die Frage: Ob man in einer jeden Kirche Glauben und Religion, das Heil und die Seligkeit finden könne? In einem Schreiben eines Freundes an den andern. ... 2te Auflage. Wien 1783. 8. *Abhandlung über die Frage: Ob die wahre und allein seligmachende Kirche sichtbar oder unsichtbar seyn müsse? Als der erste Anhang der schon beantworteten und entschiedenen Frage: Ob man in einer jeden Kirche Glauben u. s. w. ebend. 1783. 8. Abhandlung über die Frage: Was von der Verehrung und Anrufung Mariä und anderer Heiligen in der katholischen Kirche zu halten? Ob sie billig, gut und nützlich sey? In einem Schreiben eines Freundes an den andern. ebend. 1786. 8.

PERGER (Basilius) *Benediktiner und Professor der Mathematik im Kloster Ochsenhausen in Schwaben: geb. zu Prossegen am 12 Jun.* 1734. §§ Theses philosophicae ad usum praelectionum suarum expositae. II Tomi. Memming. 1771. 8.

von PERNET (Hedwig Louise) *gebohrne Freyin von Kemmete: geb. zu* . . . §§. Versuch in Fabeln- und Erzählungen, nebst einem komischen Trauerspiel in Versen. Grätz in Steyermark 1771. 8. Ode auf die Vermählung des Erzherzogs Ferdinand zu Oestreich. 1771. 8. — Fragment eines in Versen geschriebenen Briefes; *in der Wiener Realzeitung* 1771.

PERSCH (Christian Karl) *Pastor an der Kreuzkirche zu Suhl* (vorher seit 1778 Archidiakonus, vordem Diakonus, vor diesem Frühprediger und Rektor daselbst): *geb. zu Schleusingen am* 26 *April* 1733. §§. Einzelne Predigten. 1769. 1771. 1777. 8. Kasualpredigt auf den Brand in Schleusingen. Dresden 1774. 4. — Verschiedene anonymische Aufsätze in periodischen Schriften. — Vergl. *Dietmanns* Kirchen- und Schulgeschichte von Henneberg S. 123.

PERSCHKE (Christian Gottlieb) *herzogl. Sachsen-Gothaischer Rath und* seit 1785 *Prediger zu Weissig im Fürstenthum Crossen* (vorher seit 1780 Rektor und Inspektor der Schule zu Sulau in Niederschlesien, und seit 1781 auch Mittagsprediger daselbst; vorher seit 1777 Lehrer im Kloster Bergen bey Magdeburg): *geb. zu . . . in Preussen* 175 . . §§. *Steinköfels* Predigten, mit Vorrede und einer Dorfpredigt herausgegeben. Hannover 1776. 8. *Zachariä's* theologisch - philosophische Abhandlungen, mit Vorrede und Anmerkungen. Lemgo 1776. 8. * Der Jugendbeobachter, zu Fortbildung des Geistes, Geschmacks und Herzens erwachsener Jugend gewidmete Schriften. 6 Bändchen. Hannover 1776 - 1780. 8. Schreiben an J(usti) zu M(arburg) über den Marienwerderschen Garten bey Hannover. 1777. 8. Züge des gelehrten und sittlichen Charakters Gotthilf Traugott Zachariä's. Bremen 1777. 8. *Habakuk, vates olim Hebraeus, imprimis ejusdem hymnus, denuo illustratus; adjecta est versio Theotisca. Francof. & Lipsiae* 1777. 8. Religionsvorträge, den Studirenden in Kloster Bergen gehalten. Halle 1779. 8. Briefwechsel über das Erziehungsinstitut zu Nachterstedt. ebend. 1779. 8. Einladungsschrift zur Schulprüfung zu Sulau. Breslau 1781. 4. Moses Mendelssohn's Uebersetzung des 110ten Psalms, samt Herrn Friedländers Kommentar darüber, beleuchtet. Berlin 1788. 8. — Einzelne Aufsätze in periodischen Schriften. — Vergl. *Goldbeck* Th. 1. S. 184.

PERSOON (C... H...) *privatisirender Gelehrter zu Göttingen: geb. zu . . . auf dem Vorgebürge der guten Hoffnung . . .* §§. Bemerkungen über die Flechten, nebst Beschreibungen einiger neuen Arten dieser Familie der Aftermoose. Zürich 1794. 8. *Observationes mycologicae, seu Descriptiones tam novorum quam notabilium fungorum. Pars I. Lipsiae* 1796. 8 *maj. Cum figg. aen. pictis. Coryphaei Clavarias Ramariasque complectentes cum brevi structurae interioris expositione, auctore* Theodoro Holmskiold; *denuo cum adnotationibus editi, nec non commentatione de Fungis clavaeformibus aucti. Accedunt tabulae IV aeneae. ibid.* 1797. 8. *Tentamen dispositionis methodicae fungorum in classes, ordines, genera & familias, cum supplemento adjecti. Cum figg. ibid. eod.* 8 *maj. Commentatio de fungis clavaeformibus. Cum IV tabb. colore fucatis. ibid. eod.* 8 *maj.* — Nähere Bestimmung und Beschreibung einiger sich nahe verwandten Pflanzen; in Usteri's *Neuen Annalen der Botanik* St. 5 (1794). — Besorgte einen neuen Abdruck der 14ten Ausgabe der *Murray-*

rayschen Ausgabe des *Linneischen Systema vegetabilium secundum classes &c.* mit neuern Citaten (Goett. 1797. 8 maj.).

PERTINGER (Chrysostomus) *Stiftsdechant im Kloster Neustift in Tyrol: geb. zu . . .* §§. *Raritas librorum in Bibliotheca Novacellensi canonicorum regularium S. Augustini delitescentium luci publicae exposita. Brixiae 1777. 8.

PESCHECK (Christian August) *D. der AG. und seit 1795 zweyter Feldarzt des kursächsischen Reichskontingents zu . . .* (vorher Praktikus zu Zittau); *geb. zu Zittau 175 . .* §§. *Das Jägermädchen, für Empfindsame und Spöttler. . . . 1782. 8. *Dichterische Kriegsgemählde. . . . 1782. 8. *Fritz von Pappelwald. Wien 1783. 8. *Neue Monatsschrift für das schöne Geschlecht. Leipz. 1786. 8. *Lausitzisches Wochenblatt, zur Ausbreitung nützlicher Kenntnisse aus der Natur, Haushaltungs- Staats- und Völkerkunde der Ober- und Niederlausitz, und anderer Gegenden. Zittau 1790. — auch für das Jahr 1791. 4. Versuch über die Ausartung des Begattungstriebes unter den Menschen; ein Beytrag zur Sittenlehre und Erziehungskunde. Breslau 1790. 8. Lausitzische Monatsschrift, oder Beyträge zur natürlichen, ökonomischen und politischen Geschichte der Ober- und Niederlausitz und den damit gränzenden Landen. 2 Theile. Zittau 1791. 4. Der Oybin bey Zittau; Raubschloss, Kloster und Naturwunder; mahlerisch und historisch beschrieben. ebend. 1793. gr. 8. — *Zittauische Hebammenordnung; *in* J. C. Starks *Archiv für die Geburtshülfe* B. 4. St. 4 (1793). — Ueber die epidemische Ruhr, so im Sommer 1794 in einigen von Zittau westlich gelegenen Dorfschaften wüthete; *in der Lausitz. Monatsschr.* 1794. St. 11. — Uebersetzungen medicinischer Schriften aus dem Französischen . . .

PESSLER (B... G...) ... *zu* ... *geb. zu* ... §§. Kurze Beschreibung und Abbildung eines neu erfundenen Butterfasses; nebst Anhang. Mit Kupfern. Leipz. 1797. 8.

PESTALOTZ, auch PESTALUZ *) (Heinrich) *lebt auf seinem Gute Neuenhof im untern Aargäu in der Schweitz: geb. zu Zürich* 1746. §§. *Lienhard und Gertrud; ein Buch für das Volk. Berlin 1781. — 2ter Theil. Frankf. und Leipzig 1783. — 3ter Theil. ebend. 1785. — 4ter und letzter Theil. ebend. 1787. 8. *Lienhard und Gertrud; ein Versuch, die Grundsätze der Volksbildung zu vereinfachen. *Ganz umgearbeitet.* 1ster Theil. Zürich 1791. — 2ter Theil. ebend. 1791. — 3ter und letzter Theil. ebend. 1792. 8. (*in 2 verschiedenen Ausgaben, mit Kupfern und ohne Kupfer*). Ueber die Aufwandgesetze; eine Preisschrift in der Sammlung einiger Schriften, welche bey der Aufmunterungsgesellschaft zu Basel eingelaufen sind. 1781. 8. *Das Schweitzerblatt; eine Wochenschrift. 2 Bände. Dessau 1782. 8. *Christoph und Else lesen in den Abendstunden das Buch Lienhard und Gertrud, oder: Christoph und Else, mein zweytes Volksbuch. 2 Bändchen. ebend. 1782. 8. *Ueber Gesetzgebung und Kindermord, Wahrheiten und Träume, Nachforschungen und Bilder. Geschrieben 1780. Herausgegeben 1783. ebend. *auch* Frankf. u. Leipz. 8. *Meine Nachforschungen über den Gang der Natur in der Entwickelung des Menschengeschlechts, von dem Verfasser Lienhard und Gertrud. Zürich 1797. 8. — Briefe über die Erziehung der armen Landjugend; *in den Ephemeriden der Menschheit* 1777.

PESTEL

*) Nicht PESTALOZZI, wie hier und da steht.

PESTEL (Friedrich Wilhelm) *D. der R. Professor des natürlichen und des teutschen Staatsrechts auf der Universität zu Leiden* *) seit 1763 (vorher seit 1747 Professor und seit 1762 wirklicher Regierungsrath zu Rinteln): *geb. zu Rinteln am 7 Januar* 1724. §§. D. de cauta applicatione paroemiae: fidem frangenti fides frangatur eidem. Rintel. 1742. 4. D. inaug. sistens Theses de successione inter conjuges ab intestato. ibid. 1745. 4. *auch unter der Aufschrift*: Disquisitio juris Germ. de succ. inter conjuges ab intest. ibid. eod. 4. Pr. Animadverss. quaedam ad C. Taciti Germaniam. ibid. 1747. 4. *auch in* Longolii notitia Hermundurorum, edita a J. H. M. Ernesti T. II. D. de natura legis actionum. Rint. 1748. 4. Pr. de caussis exitus felicis belli injusti. ibid. eod. 4. Pr. in quo pecuniam, qua feudum emtum est, in commune conferri debere, asseritur. ibid. 1749. 4. Pr. de charactere verae virtutis. ibid. 1750. 4. Pr. de modo computandi prorogationem dierum fatalium. ibid. eod. 4. D. ad edictum Carbonianum. ibid. 1751. 4. De limitibus imperii eminentis. ibid. eod. 4. Quaestiones juris publici de Homagio. ibid. 1752. 4. Commentatio ad tabulas immunitatum academicarum, quas a Friderico V Comite Palatino Rheni, S. R. I. Vicario, Ernestus, princeps & comes Schaumburgicus a. 1619 obtinuit. ibid. eod. 8. Pr. de domicilio originis ad L. pen. D. de Senatoribus. ibid. eod. 4. D. Fons errorum de odio usurarum legitimo investigatus & obstructus. ibid. 1753. 4. Pr. in quo jus criminale universale delineatur. ibid. eod. 4. Justitia & benignitas legum Germanicarum erga peregrinos examinata. ibid. 1755. 4. D. de obligatione successoris feudalis ad solvendum aes alienum

*) Kaum hatte ich dies geschrieben, als ich in Zeitungen die Nachricht las, Pestel werde mit Beybehaltung seiner Besoldung von 3000 Gulden nach Teutschland zurück kehren.

num haereditarium. ibid. eod. 4. Prolegomena juris naturae & gentium. Lemgov. 1756. 8. Pr. de justitia regnantium remunerante. ibid. eod. 4. Pr. I. animadverss. forenses de pretio permutationis numorum. ibid. 1757. 4. Pr. de jure actoris & rei in causis civilibus aequali. ibid. 1758. 4. Pr. de eo, quod inter jus & rationem belli interest. ibid. eod. 4. D. Principia jur. publ. universalis de re judiciaria constituenda delineata. ibid. eod. 4. * *Gedanken von der Rechtmässigkeit der Reichsständischen Landposten und der Unerweislichkeit eines dieses ausschliessenden Fürstlich Taxischen Reichspostmonopolii.* (*Rinteln*) 1759. 4. Pr. de dominio maris mediterranei Romanis temere adscripto. Rint. 1760. 4. D. Selecta capita doctrinae de servitute commerciorum. ibid. 1760. 4. Recus. Lips. 1763. 4. D. Selecta ad illustrandum jus publicum & privatum Lippiacum. ibid. 1762. 4. Or. edit. de damnis ex neglectu juris publici in civitates redundantibus. Leidae 1763. 4. Or. de studio boni communis lege civitatum prima. ibid. 1766. 4. Fundamenta jurisprudentiae naturalis delineata in usum auditorum. Lugduni Batav. 1773. 8. ed. secunda. ibid. 1774. ed. tertia. ibid. 1776. ed. quarta emendata & aucta. ibid. 1788. 8 maj. Oratio de literarum studiis florentibus pro eo, quo a populorum rectoribus cohonorantur, pretio. ibid. 1775. 4. Oratio de differentiis praecipuis in veteri ac recentiori gentium Europaearum politica. ibid. 1778. 4. Commentarii de republica Batava. ibid. 1782. 8. Brevis expositio reipublicae Batavae, in usum auditorum. ibid. 1789. 8. Oratio de fructibus, qui ex jurisprudentia perfectiori ad populos Europaeos saeculo XVIII pervenerunt. ibid. eod. 8. D. de praesidiis libertatis publicae. ibid. eod. 4. Selecta capita juris gentium maritimi. ibid. eod. 4. — Vergl. *Weidlichs* biogr. Nachrichten, und *Strieder* B. 10. S. 301-308.

PE-

PETERNADER (Leo) *Benediktiner zu Kremsmünster und Lehrer der Humanitäten an der dortigen Ritterakademie: geb. zu Kützbickl in Tyrol am 6 Novemb.* 1734. §§. Einleitung zur griechischen Sprache für die Kremsmünsterischen Schulen. Steyer 1776. 8. Wörterbuch zur gründlichen Verdolmetschung der griechischen Schriftsteller, die seiner Einleitung beygefügt sind. ebend. 1777. 8.

PETERS (Bernhard Michael) *Apothekergeselle zu Bremen* (vorher Unterapotheker beym Hospital in Surinam): *geb. zu Jever* .... §§. Eine besonders merkwürdige Reise von Amsterdam nach Surinam und von da zurück nach Bremen in den Jahren 1783 und 1784; wobey die Reisen und Lebensgeschichte John Thomsons, eines Engländers, seines vertrauten Freundes und Reisegefährten auf der See. 1 Theil. Bremen 1788. 8.

PETERS (Johann Karl) ... *zu* ... *geb. zu* ... §§. Lehrgründe von den Pflichten der Vormünder und vormundschaftlichen Richter. Cöln 1789. 8.

PETERSEN (Georg Friedrich) *Kommissar bey dem königl. kurfürstl. Oberhofmarstallsdepartement zu Hannover* (vorher Kriegskasseschreiber daselbst): *geb. zu* ... §§. Versuch eines Magazins für die Arithmetik. 1stes Stück. Celle 1785. — 2tes Stück. ebend. 1786. 8. Kleine Schriften vermischten Inhalts, insbesondere in Beziehung auf Pferde und Pferdezucht. 1ster Heft, mit 3 Kupfern. Hannover 1796. 8. Bemerkungen auf einer Reise von Hannover durch einen Theil des Mecklenburgischen und der Priegnitz nach den Preussischen Gestütanstalten bey Neustadt an der Dosse; besonders von und über Pferdezucht. Mit Kupfern. ebend. 1796. 8.

PETERSEN (Georg Wilhelm) *M. der Phil. zweyter Hofprediger, Konsistorialassessor und Definitor zu Darm-*

Darmstadt seit 1787 *und Konsistorialrath* seit 1790 (vorher seit 1775 Hofdiakonus): *geb. zu Zweybrücken am* 15 *December* 1744. §§. Die wahre Gottesverehrung; eine Predigt über Jak. 1, 27. Frankf. am M. 1776. 8. *Sammlung einiger (7) Predigten, in der Hofkapelle zu * * * (*Darmstadt*) gehalten. Halle 1781. — 2te Sammlung (8 *Pred.*). ebend. 1784. gr. 8. *Predigten (7) für unser Jahrzehend. ebend. 1785. 8. Sammlung einiger Predigten, vornemlich in Rücksicht auf Hofleute und Diener des Staats. Leipz. 1787. gr. 8. — *Ausserdem sind von ihm in den ersten* 4 *Theilen der von D.* Schulz *in Giessen herausgegebenen Bibliothek der vorzüglichsten englischen Predigten die Uebersetzungen verschiedener Predigten von* Lardner, Secker *und* Enfield. — *Recensionen in der* Frankfurter gel. Zeitung 1772, 1775 und 1776; *in der* Erfurter gel. Zeitung 1772, 1775 und 1776; *in einigen Jahrgängen der* Gothaischen gel. Zeitung *und in der* Allgemeinen teutschen Bibliothek. — Vergl. *Strieder* B. 10. S. 309-313.

PETERSEN (Heinrich Anton) seit 1790 *wirklicher Konsistorialrath des Konsistoriums zu Wolfenbüttel, und* seit 1793 *Generalsuperintendent und Ephorus der grossen Schule daselbst* (vorher seit 1785 Direktor des Klosters Amelunxborn; vordem seit 1777 Prior desselben und Rektor der dortigen Klosterschule zu Holzmünden, nachdem er vor diesem Kollaborator an derselben gewesen war): *geb. zu Holzmünden* 1743. §§. Drey Predigten, gehalten in der fürstl. Schlosskirche zu Bevern. Höxter 1772. 8. Pr. Vollständige Nachricht von der jetzigen innern und äussern Verfassung der herzoglichen Kloster- und Stadtschule zu Holzmünden an der W. 1777. 4. Pr. von einigen neuen Verbesserungen dieser Schule. ebend. 1780. 4. Sendschreiben über einige dieser Schule gemachte Vorwürfe. ebend. 1781. 4. Sendschreiben an einen Schulfreund; ein Programm.

gramm. ebend. 1780. 4. — Noch viele Programmata.

PETERSEN (J...) ... *zu* ... *geb. zu* ... §§. Beschreibung der Sandgewächse und ihrer Anwendung zur Hemmung des Flugsandes auf der Küste von Jütland, zum Gebrauch der Sanddimenbewohner auf königl. Befehl herausgegeben von *Erich Viborg*, Lektor bey der königl. Veterinäranstalt und dem botanischen Garten zu Kopenhagen; aus dem Dänischen. Mit 7 Kupfertafeln. Kopenhagen 1788. 4.

PETERSEN (Johann Friedrich) *dritter Prediger bey der Domkirche zu Lübeck*: *geb. daselbst* 175.. §§. Commentatio exegetic. theologic. in Cap. XV. Epist. Pauli Prioris ad Corinthios. Gotting. 1783. 8 maj. *Das Leben der Menschen auf Erden, ein Leben für die Ewigkeit; eine Predigt bey dem Antritt seines Amtes.* Lübeck 1785. 8.

PETERSEN (Johann Wilhelm) Bruder von Georg Wilhelm; *Unterbibliothekar bey der herzogl. Bibliothek zu Stuttgart* (von 1789 bis 1794 auch Professor der Heraldik und Diplomatik bey der hohen Karlsschule zu Stuttgart): *geb. zu Zweybrücken* 1760. §§. * Geschichte der teutschen Nationalneigung zum Trunke. Leipz. 1782. 8. * Die Gedichte Ossians, neu verteutscht. Tübingen 1782. 8. — Aufsätze im Würtembergischen Repertorium 1-3tes Stück (Stuttgart 1782 und 1783). — Welches sind die Veränderungen und Epochen der teutschen Hauptsprache seit Karl dem Grossen, und was hat sie in jeder derselben an Stärke und Ausdruck gewonnen oder verlohren? Eine gekrönte Preisschrift; *in den Schriften der kurfürstl. teutschen Gesellsch. in Mannheim* B. 3. S. 7-251 (1787). — Recensionen.

PETERSEN (Magnus) ... *zu* ... *geb. zu* ... §§. *Luigi Castiglioni's*, Mayländischen Patriziers, des

St.

St. Stephansordens p. m. Ritters, und der philosophischen Gesellschaft zu Philadelphia, so wie der patriotischen Societät zu Mayland Mitgliedes u. s. w. Reise durch die vereinigten Staaten von Nordamerika in den Jahren 1785, 1786 und 1787. Nebst Bemerkungen über die nützlichsten Gewächse dieses Landes. Aus dem Italienischen. Erster Theil. Mit Kupfern. Memmingen 1793 (*eigentl.* 1792). 8.

PETERSEN (Theodor Franz) *Tanzmeister zu Itzehoe: geb. zu Königsberg in Preussen* . . . §§. Praktische Einleitung in die Choregraphie oder die Kunst, einen Tanz durch Charaktere und Figuren zu beschreiben; mit vier französischen Contre- und zwölf englischen Country-Tänzen, für das zweyte und letzte halbe Jahr 1769. Hamburg 1769. . . Praktische vollständige Einleitung in die Choregraphie oder Tanzzeichnungskunst; nach dem französischen Original; mit zwölf vollständigen englischen Tänzen, nebst einem Beytrag zur Aufnahme des geordneten Tanzes. 1ster Theil. Schleswig 1791. kl. 8. Mit Kupfern und Touren.

PETISCUS (Johann Konrad Wilhelm) *reformirter Prediger zu Brandenburg: geb. zu* . . . §§. Auswahl moralischer Predigten für denkende Leser; mit einer Vorrede über die Zeitbedürfnisse in Rücksicht auf das Predigtwesen. Berlin 1794. gr. 8.

le PETIT (Johann Georg Wilhelm) *Inspektor des zweyten Distrikts im Mansfeldischen Kreise und Pastor zu Friedeburg* seit 1784 (vorher Dekanus zu Herigsdorf im Mansfeldischen): *geb zu* . . . §§. * Versuch in angenehmen und ernsthaften Gedichten. Halle 1750. 8. * Empfindungen eines Jünglings. . . . Von der Gelehrsamkeit der Frauenzimmer. Halle 1766. 8. Philosophie oder Christenthum? ebend. 1784. 8. — Die Zerstörung Magdeburgs, Elegie von Peter Lotichius

chius an Joachim Camerer, ein Beytrag zu den Prophezeihungen neuerer Zeiten; *in der teutschen Monatsschr.* 1791. St. 8. S. 265-275.

le PETIT (Traugott Wilhelm) *Advokat und Stadtschreiber zu Eisleben: geb. daselbst am 24 Jul.* 1748. §§. De origine, fatis & progressu curiarum provincialium. Lips. 1769. 4. * *Gellerts freundschaftliche Briefe. ebend.* 1770. 8. Epist. Latrocinii inter aequales figmentum. ibid. eod. 4. D. epistola, qua continetur historia jurium comitum Imp. S. R. G. sub regibus Francorum stirpis Merovingicae. ibid. eod. 4. D. de origine juris haereditarii comitum Imp. S. R. G. in comitatibus & inde pendente origine cognominum eorum, seu nominum gentilitiorum. ibid. 1771. 4. — Vergl. *Weidlichs* biogr. Nachr.

PETRAK (T. . .) . . . *zu* . . . *geb. zu* . . . §§. Praktischer Unterricht, den niederöstreicher Saffran zu bauen. Mit 1 illuminirten Kupfer. Prag 1797. 8.

PETRASCH (Aemilian) *des Cistercienserordens in dem Kloster Plaso in Böhmen, Professor der Theologie und Canonum der Universität zu Prag: geb. zu Pilsen in Böhmen* 1736. §§. Epitome historica ducum & regum Bohemiae, archiducum Austriae, regum Galliae, quaestionibus & notis distincta. Prag. 1772. 4. D. exhibens succincte vitas & gesta patriarcharum, prophetarum, judicum & regum V. T. regum ac imperatorum Rom. civitatum ab antiquitate celeberrimarum exordium; statum Imp. R. G. vitas quoque & acta ducum & regum Bohemiae, Archiducum Austriae & domus hujus originem; regum Galliae; summorum Pontif. Cardinalium &c. Partes IV. ibid. 1771-1772. 4. Gallia hodierna sive historia Galliae — cum appendice de libert. ecclef. Gallicanae. ibid. 1773-1775. 8. Apologia pro dissolubilitate matrimonii in infidelitate consummati,

mati, in casu, quo alteruter conjugum ad christianam fidem &c. contra P. Kobeck. ibid. 1776. 8. Diss. de jure asyli. ibid. eod. 8. Reflexions sur la critique moderne. ibid. eod. 8.

PETRI (August) *herzogl. Pfalz-Zweybrückischer Hofgärtner zu Zweybrücken: geb. zu ...* §§. Auf Erfahrung gegründete Anweisung, nützliche Waldungen von allerley Holzarten, welche in unserm Himmelsstrich gedeihen, anzupflanzen; 1ster Heft, von dem Acacien-Lerchen- und dem abendländischen Platanus-Baum. Mit ausgemahlten und schwarzen Kupfern. Frankf. am M. 1793. gr. 8.

PETRI (Christian Abraham) *Archidiakonus zu St. Marien und Marthen in Budissin* seit 1786 (vorher Prediger und Katechet daselbst und vor diesem seit 1762 Pfarrer zu Schönwalde): *geb. zu Sorau am 19 Jul.* 1736. §§. Sammlung der wöchentlichen Hauptsprüche auf das Jahr 1778, nach der Ordnung des Dresdner Katechismus katechetisch zergliedert. Budissin 1778. 8. Vollständiger Auszug der christlichen Lehren aus dem Dresdner Katechismus, in tabellarischer Ordnung abgefasst. ebend. 1779. 8. Drey Reden, bey der Confirmation der Jugend gehalten. ebend. 1779. 8.

PETRI (Johann Balthasar) ... *zu Basel: geb. daselbst ...* §§. *Der Drey-Bund; ein vaterländisches Original-Schauspiel in 4 Aufzügen. (*Basel*) 1791. 8.

PETRI (Johann Philipp) *Oberkonsistorialrath* (vorher Assessor) *und Archidiakonus zu Eisenach: geb. zu ...* §§. Predigten über die Sonn- und Festtagsevangelien durchs ganze Jahr. 2 Theile. Eisenach 1778 und 1779. gr. 8. Standrede bey der Beerdigung des Oberkonsistorialraths Köhlers. ebend. 1782. 8. Rede bey Einführung C. W.

 Schnel-

Schneiders zum Oberkonſiſtorialrath und Generalſuperintendenten. ebend. 1782. 8. Neue Sammlung chriſtlicher Predigten und einiger Confirmationsreden. ebend. 1795. 8.

PETRI (Johann Samuel) *Muſikdirektor, Kantor und Kollege des Gymnaſiums zu Budiſſin* ſeit 1770: *geb. zu Sorau am 1 Nov.* 1738. §§. Anleitung zur praktiſchen Muſik. Lauban 1767. 8. Neue Ausgabe. Leipz. 1782. 4. Beſchreibung aller Länder in der Welt, mit neuen Zuſätzen und Verbeſſerungen. ebend. 1768. 8.

PETRI (. . . .) *D. der AG. zu Niederbronn in Elſaß*: *geb. zu* . . . §§. Abhandlung vom Niederbronner Bad. Strasburg 1779. 8.

PETSCHE (Gottlob Immanuel) *Veſperprediger an der Peterskirche zu Freyberg im Erzgebürge* ſeit 1795 (vorher Paſtor ſubſtitutus in Glöſa, Hilbersdorf und Schloſs Chemnitz in Kurſachſen): *geb. zu* . . . §§. Beyträge zur Beförderung einer vernünftigen Kinderzucht und wahrer Menſchenliebe. Leipz. u. Chemnitz 1788. 8. 2te Ausgabe. ebend. 1790. 8. Sammlung einiger akademiſchen Schriften, von D. *Sam. Fr. Morus*; aus dem Lateiniſchen überſetzt. 1ſte Sammlung, welche die Abhandlung von der Demuth des Menſchen gegen Gott enthält. Leipz. 1790. 8. Anweiſung für chriſtliche Aeltern, ihre Kinder zu treuen Unterthanen zu bilden; eine Erziehungspredigt, am Michaelisſonntage 1790 gehalten. ebend. 1790. 8. Predigten zur Belehrung und Beruhigung für Leidende; aus den Werken teutſcher Kanzelredner veranſtaltet. 1ſter Band. ebend. 1792. — 2ter Band. ebend. 1793. — 3ter Band. ebend. 1795 (*eigentl.* 1794). gr. 8. Sammlung einiger Religionsvorträge. Freyberg 1797. gr. 8.

PETSCHKE (Adolph Friedrich) *Kandidat der Theologie und Direktor des kurfürſtl. Sächſiſchen Taubſtummen-*

meninstituts zu Leipzig: geb. daselbst 1759. §§. *Anhang zu Meerbachs Clavierschule. Leipz. 178*. *Versuch eines Unterrichts zum Clavierspielen. ebend. 1785. 4. *Historische Nachricht von dem Unterrichte der Taubstummen und Blinden; oder Beobachtungen über die Bildung beyder überhaupt, und über die der Erstern zu Leipzig insbesondere. ebend. 1793. 8. — Einige Anmerkungen zu dem Aufsatze in der neuen Teutschen Monatsschrift, Febr. 1795. über Taubstummen-Institute und ihre Reformen in Frankreich, vom Hrn. O. K. R. Böttiger; *im Allgem. litterar. Anzeiger* 1796. Nr. 4. Kol. 45-48. Recension des Eschkischen Buches über Stumme; *ebend.* Kol. 76-80. Ein kleiner Beytrag zu v. Schwarzkopf's Werke über Staats- und Adreß-Kalender; *ebend.* 1797. Nr. 21. S. 223 u. f. — Sicard über die Nothwendigkeit, Taubstumme zu unterrichten; *in* v. Eggers *teutschen Monatsschr.* 1796. Dec.

PETZEK (Joseph Anton) *k. k. vorderöstreichischer Appellationsrath, ordentlicher Professor des Kirchen- und östreichischen Privatrechts, ausserordentlicher Professor der juristischen Praxis, wie auch vorderöstreichischer Bücher-Revisor und Examinator bey Konkursprüfungen für geistliche Pfründen zu Freyburg im Breisgau: geb. zu Trautenau in Böhmen* 1745. §§. Diss. de modo causas religionem concernentes inter Catholicos & Protestantes controversas secundum leges Jur. Publ. Ecclesiastici Germaniae finiendi. Friburgi Brisg. 1779. 8. Synopsis jurium communium ad titulos in alphabeti ordinem redactos accommodata, inque compendium jura discentium, jureconsultorum ac judicum luci publicae exposita. ibid. 1781. 4. Diss. de potestate ecclesiae in statuendis matrimonii impedimentis. ibid. 1783. 8 maj. * *Schreiben an die Freymüthigen, eine Gesellschaft zu Freyburg im Breisgau.* (*Tübingen*) 1784. 8. Vindiciae Dissertationis de potestate ecclesiae in statuentuendis matrimonii impedimentis Ao. 1783 editae contra binam dissertationem canonicam Argentoratensem. Friburgi 1787. 8 maj. *Untersuchung, ob der Kirchenablaß eine Nachlassung der göttlichen Strafe sey, und ob dessen Wirkung sich auf die Seelen der Verstorbenen erstrecke?* ebend. 1788. gr. 8. *Grundsätze des vorderöstreichischen Privatrechts. 1stes Buch.* ebend. 1792. 8. *Systematisch-chronologische Sammlung aller jener Gesetze und allerhöchsten Verordnungen, die von ältesten Zeiten her bis auf 1794 für die vorderöstreichischen Lande erlassen worden sind, und jetzt noch bestehen. 5 Bände.* ebend. 1794-1797. 8. Die 3 letzten Bände auch besonders, unter dem Titel: *Systematisch-chronologische Sammlung der politisch-geistlichen Gesetze, die von den ältesten Zeiten her bis auf 1795 für die vorderöstreichischen Lande erlassen worden sind, und noch bestehen.* ebend. 1797. 8.

PETZELT (Leopold) *Guardian des Klosters Maria Mayingen bey Oettingen: geb. zu* . . . §§. Positiones de Deo incarnato & legibus. Oettingae 1766. 4. Assertiones ex tractatibus de angelis, jure & justitia. ibid. 1767. 4. Oeconomia salutis s. Porismata dogmatico-historico scholastica, ex universa theologia selecta. ibid. 1768. 4. Praecognita ad Theologiam dogmatico-historico-scholasticam una cum parergis de Deo uno & trino. ibid. 1769. 4.

PETZOLD (Ch... Ph...) S. PEZOLD.

PETZOLD (Johann Nathanael) *D. der AG. zu Dresden* seit 1764 (vorher zu Leipzig): *geb. zu Leipzig am 14 Febr.* 1739. §§. *D. de delirio febrili. Lips.* 1762. 4. *De prognosi in febribus acutis specimen semioticum. ibid.* 1771. 8. *Editio 2da aucta & emendata. ibid.* 1777. 8. * Der Fabrikant von London, ein Schauspiel in 5 Aufzügen; aus dem Franz. des Hrn. *von Falbaire.* ebend.

ebend. 1771. 8. *Percival Potts* Abhandlung von der Thränenfistel; aus dem Englischen. Dresden 1771. 8. D. *Will. Alexanders* medicinische Versuche und Erfahrungen; aus dem Engl. Riga u. Leipz. 1773. 8. *Jakob Lind's* Versuch über die Krankheiten, denen Europäer in heissen Ländern unterworfen sind; aus dem Englischen. ebend. 1773. 8. Kurze Abhandlung von faulen Fiebern. Leipz. 1773. 8. * Die drey Pächter, aus und nach dem Französischen; ein Schauspiel. ebend. 1774. 8. *Lind's* Abhandlung vom Scharbock; aus dem Engl. mit Zusätzen. ebend. 1775. 8. * Der Gefangene, ein Schauspiel in 5 Aufzügen; aus dem Italienischen des Hrn. Marquis *Alb. Capacelli*. ebend. 1777. 8. Von Verhärtung und Verengerung des untern Magenmundes. Dresden 1787. gr. 8. — Versuche mit dem thierischen Magnetismus; in Reil's *Archiv für die Physiologie* B. 2. H. 1. Nr. 1 (1797). — Vergl. *Kläbe*.

PETZOLD (Samuel Gottlieb) *Pastor zu Petschkendorf Lübenschen Kreises im Fürstenthum Liegnitz: geb. zu Oels am 30 August 1734.* §§. Die Wahrheit der christlichen Religion, aus dem gegenwärtigen Zustande des jüdischen Volks, in drey Predigten von *J. G. von Chaufepié*; aus dem Franz. Breslau u. Leipz. 1758. 8. Etwas zu des evangel. Glogaus Freudentage bey der feyerlichen Einweihung seiner neuen evangel. Westph. Friedens- und Fürstenthumskirche; eine Ode. Glogau 1773. 4. Spätlinge einiger neuen geistlichen Lieder, mit einem Anhange. ebend. 1785. 8. — Vergl. *Streits* alphab. Verzeichn.

PEUKER (Johann Georg) *königl. Preussischer Kammerrath zu Petrikau in Südpreussen* seit 1795 (vorher seit 1792 Kammerkommissionsrath zu Breslau; vordem 1791 auf kurze Zeit ausserordentlicher Professor der Phil. auf der Universität zu Halle; und vor diesem Hofmeister in dem Hause des königl.

nigl. Preuss. Obristlieutenants von Voss zu Falkenberg in Oberschlesien): *geb. zu Schweidnitz am* 28 *Jul.* 1764. §§. *Versuch einer Glaubenslehre für Kinder aus den höhern Volksklassen, vorzüglich ihren Erziehern zur Prüfung und Benutzung geschrieben. Breslau 1787. 8. *Biographische Nachrichten der vornehmsten Schlesischen Gelehrten, die vor dem achtzehnten Jahrhundert gebohren wurden, nebst einer Anzeige ihrer Schriften. Grottkau 1788. 8. *Versuch einer Moral für gebildete Jünglinge aus den höhern Volksklassen; ihren Lehrern und Erziehern zur Prüfung und Benutzung geschrieben. Breslau 1788. 8. Darstellung des Kantischen Systems nach seinen Hauptmomenten, zufolge der Vernunftkritik, und Beantwortung der dagegen gemachten Einwürfe; besonders zum Gebrauch akademischer Vorlesungen. Grottkau und Leipz. 1790. 8. *D. de argumentis indirectis pro veritate idealismi critica. Halae* 1790. 4. *D. Cur Moses doctrinam de animarum immortalitate Ebraeis apertam, perspicuam & planam facere noluerit? ibid.* 1791. 4. — Gab mit dem Landkammerrath *Löwe* die Oberschlesische Monatsschrift heraus, einen Jahrgang von 4 Quartalen. 1788. — Punkte aus der Schlesischen Litteratur-Geschichte; *in der litterar. Beylage zu den Schlesischen Provinzialblättern* 1795.

PEUTINGER (Ulrich) *Benediktiner zu Yrsee oder Ursinn in Schwaben*, seit dem Herbst 1793 *D. der Theol. erzbischöffl. Salzburgischer geistlicher Rath und Professor der Dogmatik auf der Universität zu Salzburg* (vorher Professor der Moral und Theol. in seinem Kloster): *geb. zu Inningen am* 8 *Januar* 1751. §§. Σκιαγραφια universi juris canonici 1779. 4. Positiones eclecticae ex Philosophia practica universali. Kaufburae 1784. 4. *Prüfungssätze aus der Moralphilosophie für die Ordensneulinge des freyen Reichsstifts Yrsee — unter seiner Anleitung. Samt einer Einleitungsrede. ebend.*

ebend. 1791. 8. *Religion, Offenbarung und Kirche; in der reinen Vernunft aufgesucht. Salzburg* 1795. *gr.* 8. Progr. de mutata Theologia & immutabili Ecclesiae fide. ibid. 1797. 4. — Antheil an dem Magazin von und für Schwaben (Memmingen 1786).

PEZ von LICHTENHOF (Georg Gustav Wilhelm) *D. der R. Konsulent und* seit 1794 *Assessor am Untergericht zu Nürnberg: geb. daselbst* . . . §§. *Von der vollziehenden Gewalt in grossen Staaten, nach dem Französischen des Herrn Neckers, ehemaligen französischen Finanzminister. 1ster Theil. Nürnberg 1793. 8.

PEZOLD (Ch. . . Ph. . .) . . . *zu* . . . *geb. zu* . . . §§. Mittel, die uns schädlich werdenden Raupen zu vermindern; für Gartenfreunde und Landwirthe. Mit 2 Kupfertafeln. Coburg 1794. 8. Lepidopterologische Anfangsgründe, zum Gebrauch angehender Schmetterlingssammler. Mit 2 Kupfertafeln. ebend. 1796. 8.

PEZOLD (J. N.) S. PETZOLD.

PEZZL (Johann) *Mitglied der Chiffer-Kanzley zu Wien* seit 1791 (vorher Sekretar, Lektor und Bibliothekar des k. k. Staatskanzlers Fürsten von Kaunitz zu Wien seit 1785, nachdem er vorher zu Salzburg und Zürich privatisirt hatte): *geb. zu Mollersdorf in Niederbayern* 1756. §§. *Briefe aus dem Noviziat. 4 Bändchen. (*Zürich*) 1780-1783. 8. (*er kam darüber an der Universität zu Salzburg, wo er zur Zeit der Herausgabe des 1sten B. studirte, in Untersuchung, und gieng dann nach Zürich*). *Faustin, oder das philosophische Jahrhundert. (*Zürich*) 1783. 8. 2te rechtmässige Auflage. 1784. 8. (*ist mehrmals nachgedruckt, unter andern zu München* 1783. 8. *und* 1784 *ein 2ter Theil dem Verfasser untergeschoben worden*). *Reisen eines Philosophen,

 oder

oder Bemerkungen über die Sitten und Künste der Einwohner von Afrika, Asia und Amerika; aus dem Franz. des Hrn. *Poivre.* Salzburg 1783. 8. *Reisen nach Ostindien und China, auf Befehl des Königs unternommen, vom J. 1774 bis 1781, vom Hrn. *Sonnerat* (aus dem Franz.) 2 Bände, Zürich 1783. gr. 4. *Marokkanische Briefe; aus dem Arabischen. Frankf. u. Leipz. 1784. 8. *Reise durch den Bayrischen Kreis. Salzburg u. Leipz. 1784. 8. *W. Coxe* Reise durch Polen, Rußland, Schweden und Dänemark; mit historischen Nachrichten und politischen Bemerkungen; aus dem Englischen. 2 Bände. Zürich 1785-1786. gr. 4. *Biographisches Denkmahl Risbeck's, Verfassers der Briefe eines reisenden Franzosen und anderer Schriften. Kempten (*vielmehr* Wien) 1786. 8. Skizze von Wien. 6 Hefte. Wien 1786-1790. 8. (*auf dem Titel des 5ten, der 1788 erschien, steht zwar:* und letzter; *es folgte aber doch noch ein 6ter*). Vom ersten Heft erschien eine neue Auflage 1790. *Vertraute Briefe über Katholiken und Protestanten. Strasburg 1787. 8. Denkmahl auf Maximilian Stoll, seinen Freunden gewidmet — herausgegeben von *Blumauern.* Wien 1788. 8. *Herrn von Mouradgea d'Ohsson's* vollständige Schilderung des Ottomannischen Reichs, aus dem Französischen übersetzt. 2 Bände. Mit Kupfern. ebend. 1790. gr. 8. Charakteristik Josephs II, eine historisch-biographische Skizze, samt einem Anhang der Aussichten in die Regierung Leopolds II. ebend. 1790. 8. 2te Auflage. ebend. 1790. 8. Laudons Lebensgeschichte, nebst dessen Portrait. ebend. 1790. 8. Eugens Leben und Thaten. ebend. 1791. 8. *Diese drey Lebensbeschreibungen erschienen auch zusammen unter dem Titel:* Oestreichische Biographien, oder Lebensbeschreibungen seiner berühmtesten Regenten, Kriegshelden, Staatsminister und Gelehrten. 1-3ter Band. ebend. 1791. 8.

PFäH-

PFÄHLER (Johann Gottfried) *D. der AG. und Arzt bey dem kaiserlichen Postamt zu Moskau: geb. zu . . .* §§. Die vollkommene Krankenwärterin; oder Unterricht, wie kranke Personen gut zu pflegen und abzuwarten sind; aus dem Franz. übersetzt. Strasburg 1783. — 2te Auflage. Frankf. und Leipz. 1787. 8. *Umgearbeitet unter dem Titel:* Unterricht für Personen, welche Kranke warten. Riga 1793 (*eigentl.* 1792). 8. Zwey specifische Mittel gegen den Krebs; aus dem Franz. Weimar 1784. 8.

PFAFF (August Ulrich) *M. der Phil. und Pfarrer zu Erpfingen im Würtembergischen: geb. zu Uhingen am 22 Januar* 1754. §§. Predigt bey der geschehenen öffentlichen Einführung des neuen Würtembergischen Gesangbuchs. Stuttgart 1791. 8. Christliche Wanderlehren eines Seelsorgers für die auf die Wanderschaft gehende Söhne seiner Pfarrgemeinde, in Versen. ebend. 1792. 8. Kriegsgebet für die Hausandacht. ebend. 1794. 8. Christliches Gebetbuch für Bürger und Bauersleute. ebend. 1794. 8. Von dem rechten Genuss der Volksfreuden; eine Predigt am Tage der Kirchweihe gehalten. ebend. 1795. 8. Zehnmal zehn Denksprüche der Weisheit, aus Lavaters Taschenbüchlein in änigmatische Form gebracht. ebend. 1795. 8.

PFAFF (Christian Heinrich) *D. der AG. und Hofmedikus zu Stuttgart: geb. daselbst . . .* §§. *D. inaug. de electricitate animali. Stuttgard.* 1793. 8. Ueber thierische Elektricität und Reitzbarkeit; ein Beytrag zu den neuesten Entdeckungen über diese Gegenstände. Leipz. 1795. 8. *John Brown's* System der Heilkunde, nach der letztern vom Verfasser sehr vermehrten und mit Anmerkungen bereicherten englischen Ausgabe übersetzt, und mit einer kritischen Abhandlung über die Brownischen Grundsätze begleitet. Nebst einer tabellarischen Uebersicht des Brownischen Sy-

Systems von *Samuel Lynch*. Kopenhagen 1796. gr. 8. — Bemerkungen zu Hrn. Prof. Göttlings Schrift: Beytrag zur Berichtigung der antiphlogistischen Chemie; *in* A. N. Scherer's *und* C. C. Jäger's *Resultaten über das Leuchten des Phosphors in atmosphärischem Stickgas* (Weimar 1795. 8).

PFAFF (Heinrich Wilhelm) *fürstl. Hessen-Darmstädtischer Kriegszahlmeister zu Giessen: geb. zu Battenberg im Hessischen* 1738. §§. Taschenbuch zu richtiger Berechnung des Cubik-Inhalts und Werths der Stämme nach aller ihrer Verschiedenheit; besonders für den Forstmann zur Erleichterung genauer Waldabschätzungen, als der Grundlage einer sichern Forstwirthschaft. Giessen 1791. gr. 8.

PFAFF (Johann Friedrich) *M. der Phil. und ordentlicher Professor der Mathematik auf der Universität zu Helmstädt* seit 1788: *geb. zu Stuttgart am* 22 *Dec.* 1765. §§. Commentatio de ortibus & occasibus siderum apud auctores classicos commemoratis. Gotting. 1786. 4. *Versuch einer neuen Summationsmethode, nebst andern analytischen Bemerkungen. Berlin* 1788 (eigentl. 1787). *gr.* 8. Progr. Peculiaris differentialia investigandi ratio, ex theoria functionum. Helmstad. 1788. 4. Disquisitiones analyticae maxime ad calculum integralem & summatorum pertinentes. Vol. I. ibid. 1796. 4. — Analysis einer wichtigen Aufgabe des Herrn la Grange; *in* Hindenburgs *Archiv der Mathematik* H. 1. S. 81-88 (1794). Anwendung dieser Aufgabe auf die Umkehrung der Reihen; *ebend.* Allgemeine Summation einer Reihe, worinn höhere Differentiale vorkommen; *ebend.* H. 3 (1795). Zusätze zu seiner allgemeinen Summation einer Reihe, worinn höhere Differentiale vorkommen; *ebend.* H. 5 (1796). — Ueber die Vortheile, welche eine Universität einem Lande gewährt; *in* Häberlins *Staats-*

Staatsarchiv H. 2. S. 203-216 (1796). — Nachrichten zur mathematischen Bibliographie; *in* Kästners *Geschichte der Mathematik* B. 1 (1796). — Bearbeitete mit *Tetens*, *Kramp* und *Hindenburg*: Der polynomische Lehrsatz, das wichtigste Theorem der ganzen Analysis, nebst einigen verwandten u. a. Sätzen (Leipz. 1796. 8).

PFALER (Isaak) *Kanzlist zu Nürnberg*: *geb. daselbst* 1741. §§. Die heldenmüthige Judith; ein Trauerspiel. Nürnberg 1771. 8. Der redliche Betrüger; ein Lustspiel. ebend. 1772. 8.

PFANNENBERG (Johann Gottfried) *Rektor der Hauptschule zu Dessau*: *geb. zu Zerbst* 1757. §§. Ueber den Vortrag und Nutzen der philosophischen Geschichte, besonders auf Schulen, als Einleitung zu diesem Studium. Dessau 1792. 8. Ueber die rednerische Aktion, mit erläuternden Beyspielen; vorzüglich für studirende Jünglinge. Leipz. 1796. 8. — Ueber moralische Kollisionen; *in der teutschen Monatsschrift* 1794. St. 7. S. 261-280.

PFANNENSCHMID (August Ludwig) *Fabrikant zu Hannover*: *geb. zu* . . . §§. Versuch einer Anleitung zu Mischung aller Farben aus Blau, Gelb und Roth, nach beyliegendem Triangel. Hannover 1781. 8.

PFANNKUCHE (Heinrich Friedrich) *M. der Phil. und theologischer Repetent zu Göttingen*: *geb. zu Bremen* . . . §§. Observationum philologicarum & criticarum ad quaedam Psalmorum loca specimen. Bremae 1791. 8. D. Exercitationes in ecclesiastae, Salomoni vulgo tributi locum vexatissimum Cap. XI, 7-XII, 7. Gotting. 1794. 4. — Ueber die griechische Uebersetzung des A. T. auf der St. Marcus-Bibliothek zu Venedig; *in* Eichhorns *allgem. Bibl. der biblischen Litteratur* B. 7. St. 2 (1796).

PFEFFEL von Kriegelstein (Christian Friedrich) *herzogl. Pfalz-Zweybrückischer geheimer Staatsrath zu Zweybrücken* seit 1792 (vorher Jurisconsulte du Roi au Departement des affaires étrangères à Versaillés; vor diesem herzogl. Zweybrückischer Resident zu München und Direktor der historischen Klasse der Akademie der Wissenschaften zu München): *geb. zu Colmar* 1726. §§. Abrégé chronologique de l'histoire & du droit public d'Allemagne. à Paris 1754. 1760. 1766. à Mannheim 1758. 4. *Neue sehr verbesserte Ausgabe.* à Paris 1776. 2 Voll. in 4 und in 8. *Rede vom Nutzen der historischen Kenntniß mittlerer Zeiten. München* 1763. 4. *Rede von dem ehemaligen rechtlichen Gebrauch des Schwabenspiegels in Bayern. ebend.* 1764. 4 *Rede von dem ältesten Lehnwesen von Bayern. ebend.* 1766. 4. *Rede von dem Ursprung und der ächten Beschaffenheit der Bayrischen Dienstleute in den mittlern Jahrhunderten. ebend.* 1767. 4. *Recherches historiques concernant les droits du Pape sur la Ville & l'Etat d'Avignon, avec les pieces justificatives. 1768. 8. *Mémoire historique concernant les droits du Roi sur les bourgs de Fumay & de Revin. 1769. fol. — *Abhandlungen in den Schriften der kurbayrischen Akademie der Wissenschaften, z. B.* von den Gränzen des Bayrischen Nordgaues in dem 11ten Jahrhundert; *im 1sten B.* Versuch einer gründlichen Geschichtsbeschreibung derer alten Markgrafen auf dem Nordgau aus den Bambergisch und Vohburgischen Geschlechtern; *ebend.* Entdeckung einer Katharina Prinzessin von Niederbayern und Gemahlin Markgraf Friedrich des Teuten von Meissen; *ebend.* Versuche und Erläuterungen Bayrischer Siegel; *im 2ten und 3ten B.* Probe einer Erläuterung des teutschen Staatsrechts aus den Gesetzen der Polen; *im 3ten B.* — *Antheil an den* Monumentis Boicis. — *Zweifel über die angebliche Zersplitterung des bayerischen Staatskörpers, die nach der Achtserklärung Heinrichs

richs des Löwen erfolgt seyn soll; *in* Westenrieders *Beyträgen zur vaterländ. Geschichte u. s. w.* B. 1. S. 31-50. — *Viele Aufsätze und Abhandlungen über Frankreich unter dem Namen eines* Austrasiers *in Schlözers Staatsanzeigen* 1787 *u. ff. als*: Ueber Frankreichs Handel und Nationalkapital; aus Austrasien. 1ste Abtheil.; B. 4. H. 15. S. 331-339. 2te Abtheil.; B. 7. H. 25. S. 92-134. 3te Abtheil.; H. 28. S. 401-436. Rechtfertigungen gegen den Herrn O. K. R. Büsching und gegen einen Correspondenten des polit. Journals; *ebend.* B. 8. H. 30. S. 220-227. Ueber die neueste Münzoperation in Frankreich; *ebend.* H. 31. S. 369-375. Ueber die Einrichtung der sieben Freyhäfen in dem französischen Westindien; *ebend.* H. 32. S. 385-400. Erläuterung über die Lettres de Cachet in Frankreich; *ebend.* B. 9. H. 34. S. 129-153. Ueber Parlament, Reichsstände, cour pleiniere &c. in Frankreich; *ebend.* H. 50. Ueber die Lehnbarkeit geistlicher Güter in Frankreich; *ebend.* B. 10. S. 3-7. Das Alluvionsrecht in Guienne; *ebend.* S. 7-13. Ueber die Gabelle; *ebend.* B. 11. S. 34-42. Aufgehobene Getraidesperre; *ebend.* S. 42-47. Assemblées provinciales; *ebend.* S. 48-50. Assemblées des Notables; *ebend.* S. 50-72. Neckers Ehrenrettung zum bessern Verstande seiner Schriften; *ebend.* S. 129-157. Ueber die Umprägung der Louisd'or in Frankreich; *ebend.* B. 12. S. 50-68. Ueber die geometrische Grösse, und den Ertrag der Ländereyen in Teutschland; *ebend.* S. 129-145. Staatseinkünfte und Handlung der französischen Kolonie zu St. Domingue; *ebend.* B. 13. S. 88-95. Briefe aus Versailles; *ebend.* S. 133-163.

PFEFFEL (Christian Hubert) Sohn von Christian Friedrich; arbeitete ehedem unter der Anleitung seines Vaters in dem *Bureau des affaires étrangères zu Versailles*; sein jetziger Aufenthalt ist unbekannt: *geb. zu Versailles* . . . **SS.** Limes Fran-

Franciae. Pars prior; Limes Franciae ab Oceano ad Rhenum. Argent. 1785. 4.

PFEFFEL (Konrad Gottlieb) *Hessen-Darmstädtischer Hofrath und ehemaliger Direktor der Kriegsschule zu Colmar; privatisirt nach ihrer Aufhebung daselbst: geb. daselbst* 1736. §§. * Der Schatz; ein Schäferspiel. Frankf. 1761. 8. * Gedichte. Frankf. am M. 1761. 8. * Versuch in einigen Gedichten. ebend. 1762. gr. 8. * Der Einsiedler; ein Trauerspiel. Carlsruhe 1763. 8. * Philemon und Baucis; ein Schauspiel. Strasburg 1763. 8. * Theatralische Belustigungen. 5 Theile. Frankf. 1765. 1766. 1767. 1770. 1774. 8. (*Verschiedene darinn befindliche Stücke sind einzeln gedruckt, z. B.* Der Kaufmann, oder die vergoltenen Wohlthaten; nach dem Franz. Frankf. 1770. 8. *Nachgedruckt unter dem Titel:* Freymund, oder der übel angebrachte Stolz; ein Lustspiel. Wien 1771. 8. Die Schnitter; ein Lustspiel nach dem Franz. Frankf. 1771. 8. Der Triumph der ehelichen Liebe; ein Lustspiel nach dem Franz. ebend. 1774. 8. Der Triumph des guten Herzens; ein Lustspiel nach dem Franz. ebend. 1774. 8. Der Philosoph, ohne es zu wissen; aus dem Franz. *steht auch in den* Neuen Schauspielen, aufgeführt zu München, Th. 1. 1776). * Dramatische Kinderspiele. Strasburg 1769. 8. Historisches Magazin für den Verstand und das Herz. Neue Auflage. 1771. Arete; ein Trauerspiel. Frankf. 1774. 8. Lieder für die Colmarische Kriegsschule. 1778. 8. * *Principes du Droit naturel, à l'usage de l'Ecole militaire de Colmar. à Colmar* 1781. 8. * Fabeln, der Helvetischen Gesellschaft gewidmet. Basel 1783. 8. Poetische Versuche. 3 Theile. ebend. 1789-1790. 8. — Anrede an die Helvetische Gesellschaft zu Olten den 11 May 1785; *im Journal von u. für Teutschl.* St. 12. 1785. — Gedichte in den Musenalmanachen, im teutschen Museum, der Berlin. Monatsschrift, in Beckers

Ta-

Taschenbuch zum geselligen Vergnügen und in Schillers Musenalmanach. — Aufsätze in der Monatsschrift der Berlin Akad. der K. und mechan. Wiss. Beneckens Jahrbuch der Menschheit, dem Berlin. Journal für Aufklärung, und in der Flora, Teutschlands Töchtern geweiht. — Sein Bildniss vor dem 82sten Band der Allgem. teut. Bibl.

PFEFFERKORN (Ignatz) *eilfjähriger Missionar zu Sonora: geb. zu ...* §§. Beschreibung der Landschaft Sonora, samt andern merkwürdigen Nachrichten von den innern Theilen Neuspaniens, und Reise aus Amerika bis in Teutschland, nebst einer Landkarte von Sonora. 1 Band. Cöln 1794. 8.

PFEIFFER (August Friedrich) *M. der Phil. und ordentlicher Professor der orientalischen Sprachen auf der Universität zu Erlangen* seit 1776, *Universitätsbibliothekar* seit 1769 *und fürstl. Brandenburgischer Hofrath* seit 1784: *geb. daselbst am* 13 *Jan.* 1748. §§. Disp. de ingenio oratorio. Erlang. 1770. 4. Disp. de Jobo patientiam & Christum praedicante. ibid. 1771. 4. Pr. ejusdem argumenti. ibid. eod. 4. *Versuch einer Erklärung der sogenannten letzten Worte Davids 2 B. Sam. XXIII, 1-7. Frankf. und Leipz.* 1773. 8. Pr. in versionem Syriacam 1 ad Timoth. epistolae. Erlang. 1776 4. Joseph Simonius Assemanns *orientalische Bibliothek, oder Nachrichten von syrischen Schriftstellern; in einen Auszug gebracht. 1ster Theil. ebend.* 1776. — *2ter Theil. ebend* 1777. 8. *Von der Musik der alten Hebräer. ebend.* 1779. 4. (Steht auch im 8ten Theil der von Panzer übersetzten Nelsonschen antideistischen Bibel). *Ebräische Grammatik. ebend.* 1780 (eigentl. 1779) 8. *2te vermehrte Ausgabe. ebend.* 1790. 8. *Beyträge zur Kenntniß alter Bücher und Handschriften. 1stes Stück. Hof* 1783. — *2tes Stück. ebend.* 1784.

1784. — 3tes *Stück.* *ebend.* 1786 (eigentl. 1785). 8. *Philonis*, Judaei, opera omnia, Graece & Latine, ad editionem Thomae Mangey collatis aliquot MSS. Vol. I. ibid. 1785. — Vol. II. ibid. 1786. — Vol. III. ibid. 1787. — Vol. IV. ibid. 1788. 8 maj. *Neue Uebersetzung des Propheten Hosea, mit erläuternden Anmerkungen ebend.* 1785. 8. *Progr. cui inest descriptio codicis Digesti veteris, in bibliotheca acad. Erlangensi asservati ibid. 1791. fol. — *Ueber die Stelle Jes. VII*, 8. 9; in *Harlesens* krit. Nachrichten von kleinen Schriften (1782). *Ueber den* 15 *20ten Vers des Propheten Obadjah*; ebend. — *Recensionen in der Erlang. gel. Zeitung* (*seit* 1769); *in den Seilerischen gemeinnütz. Betrachtungen und in den Harlesischen Anzeigen und Beurtheilung kleiner Schriften.* — *Vergl.* Meyers *Nachrichten.*

PFEIFFER (Christoph Ludwig) *Advokat, kaiserlicher Notarius und freyherrlich Gemmingen-Mayenfelsischer Konsulent zu Heilbronn: geb. zu Weissensee in Kursachsen* . . . §§. Ohnpartheyischer Versuch eines ausführlichen Staatsrechts der ohnmittelbaren freyen Reichs-Ritterschaft. 1ster Th. Heilbronn 1778. — 2ter Th. Mannheim 1780. 8. Neue Auflage. ebend. 1783. 8. Ruhm der Teutschen in dem 18ten Jahrhundert, Joseph und Friedrich; Versuche zweyer Lobgedichte, mit Anekdoten und Anmerkungen. ebend. 1781. 8. Was ist teutsche Volksfreyheit? teutsche Reichsfreyheit? und teutscher Fürstenbund? Eine teutsch-patriotisch-staatsrechtliche Betrachtung. Speyer 1786. gr. 8. Der teutsche Fürstenbund: noli me tangere! staatsrechtlich durchs politische Fernglas betrachtet, in Versen. 1786. 8. Ist der Römische teutsche Kaiser nicht auch in Rom und dem Römischen Gebiete noch wirklicher Römischer Kaiser? Eine staatsrechtliche Frage aus der Geschichte des Röm. teutschen Reichs erörtert. . . . 1786. 8. Wird der päpstliche Stuhl

Stuhl zu Rom dem Römischen Kaiserthrone Joseph II daselbst nicht bald wieder Platz machen? Eine politisch-staatsrechtliche Frage untersucht und beantwortet. . . . 1786. 8. Das päpstliche Rom wird es nicht bald wieder kaiserlich, und der Römling dadurch zum Römer werden? Eine historisch-politische Staatsfrage untersucht und beantwortet. . . . 1786. 8. Versuch eines ausführlichen Privatrechts des teutschen Reichsadels. 1ster Theil. Nürnberg u. Altdorf 1787. — 2ter Theil. ebend. 1788. 8. Die teutsche Freyheit, nach ihren staatsrechtlichen Verhältnissen und politischen Produkten im teutschen Reiche. Frankf. am M. 1787. 8. Der Reichscavalier auf seinem Reichsohnmittelbaren Gebiete; nach beyder Prärogativen, Gerechtsamen, Freyheiten, summarisch abgebildet. Nürnberg und Altdorf 1787. 8. Die teutsche Reichsverwirrung im Grundrisse, oder die Staatsgebrechen des heil. Röm. Reichs teutscher Nation; eine staatsrechtliche Skizze. Mannheim 1787. 8. Die Römische Königswahl nach ihren dermaligen besondern Erfordernissen und Schwierigkeiten, samt den Gerechtsamen eines erwählten Römischen Königs, historisch und staatsrechtlich dargestellt. *Ohne Druckort* (Frankf. am M.) 1787. 8. Das teutsche Gleichgewicht, oder die staatsrechtliche und politische Abwägung der Reichszwiespaltigen grossen und kleinen teutschen Welt, nach der grossen und kleinen weltlichen und geistlichen teutschen Freyheitswaage, staatsrechtlich und politisch erwogen. Frankf. und Leipz. 1788. 8. * Die Wahl und Krönung des Kaisers zu Frankfurt am Mayn; für Kenner und Nichtkenner des teutschen Staatsrechts, der teutschen Reichsgeschichte und des Reichsherkommens. Von einem teutschen Publicisten. Frankf. am M. 1790. 8. Die teutsche Wahl und Krönung des Kaisers und Römischen Königs, samt derselben teutschen Staats-Gerechtsamen, wie auch herkömmlichen Feyerlichkeiten, und dabey vorkommenden anderweiten Denkwürdigkeiten; staatsrechtlich und historisch abgebildet. ebend. 1790. 8. *Freymüthige Betrachtungen über die Wiederherstellung der neunten Kur, und die besondern Wahlerfordernisse eines neuen Kurfürsten, samt den besitzenden Vorzügen des altfürstlichen Hauses Hessen-Cassel zur neuen Kurwürde. ebend. 1791. 8. — Vergl. *Weidlichs* biogr. Nachr.

PFEIFFER (Ferdinand Friedrich) *Assessor der herzogl. Würtembergischen Hof- und Domainenkammer* seit 1794 (vorher herzogl. Würtembergischer Rentkammersekretar und Lehrer der Landwirthschaft und englischen Sprache an der militarischen Universität zu Stuttgart): *geb. zu Pfullingen im Würtembergischen am* 4 *Jul.* 1759. §§. Probschrift von dem Luxus der heutigen europäischen Staaten. Stuttgart 1779. 4. Gedanken über die Versicherungsanstalten, hauptsächlich zum Vortheil der Landwirthschaft. ebend. 1780. 4. — *Uebersetzungen aus dem Englischen und Französischen.*

PFEIFFER (Johann Daniel) *Pfarrer zu Neckar-Gemünd in der Pfalz am Rhein* seit 1779 (vorher evangel. lutherischer Rektor zu Mannheim): *geb. zu Frankfurt am Mayn am* 22 *Sept.* 1748. §§. Von den Freyheiten, welche einem Schullehrer eingestanden werden müssen. Frankenthal 1774. 4. Charakter der Ungläubigen über Ps. 14, 1. Frankfurt 1775. 8. — *Programmen.*

PFEIFFER (Johann Georg) *M. der Phil. und* seit 1793 *Specialsuperintendent und Stadtpfarrer zu Hornberg auf dem Würtembergischen Schwarzwald* (vorher seit 1787 Pfarrer zu Steinheim an der Murr, und vor diesem Diakonus zu Markt Gröningen im Würtembergischen): *geb. zu Bahlingen im Würtembergischen am* 7 *Jan.* 1746. §§. De curvarum algebraicarum asymtotis tam rectilineis quam curvilineis. 1764. Aequationum speciosarum resolutio per series ope parallelolelogrammi Newtoniani. Tubing. 1765. 4. * *Neuer Versuch einer Anleitung zum sichersten Verstand und Gebrauch der Offenbarung Johannis, vornemlich ihrer prophetischen Zeitbestimmungen.* (Ohne Druckort) 1788. 8. (Auf dem Titelblatt hat er sich mit den Anfangsbuchstaben genennt). — *Vergl.* Haugs *Schwäb. Magazin* 1777. S. 857 u. f.

PFEIFFER (Peter) *regulirter Chorherr zu Oehningen im Hochstift Augsburg: geb. zu* ... §§. Handbuch zum Gebrauch der Kranken und jeden Seelsorgers. Kostanz 1780. 8.

PFEIFFER (Ulrich) *Benediktiner in der Reichsabbtey Petershausen bey Kostanz: geb. zu* ... §§. Ein Bändchen zum Lesen oder Predigen über verschiedene interessante Gegenstände der jetzigen Zeiten. Augsburg 1795. gr. 8. Wenn Gott so gut ist, warum sind manchmal die Zeiten so hart, die allgemeinen und sonderheitlichen Plagen so zahlreich? ebend. 1795. 8. Der Hauptgegenstand des Christen: Gott und seine unendlichen Vollkommenheiten; in Predigten abgefasst. 2 Bändchen. ebend. 1795. 8.

PFEIL (Johann Gottlob Benjamin) *D. der R. und freyherrl. Friesischer Justitzamtmann zu Rammelsburg im Mansfeldischen: geb. zu Freyberg am 10 Nov.* 1732. §§. *Commentatio de legum criminalium caussis. Lips.* 1768... * Die glückliche Insel, oder Beytrag zu des Capitain Cooks neuesten Entdeckungen in der Südsee, aus dem verlohrnen Tagebuch eines Reisenden. Leipzig 1781. 8. Welches sind die besten ausführbarsten Mittel, dem Kindermorde abzuhelfen, ohne die Unzucht zu begünstigen? Eine gekrönte Preisschrift. Mannheim 1784. gr. 8. (*Ist mit noch 2 andern Abhandlungen dieses Inhalts zusammengedruckt*). *Die 2te Ausgabe unter dem Titel*: Preisschrift von den besten und ausführbarsten Mitteln, dem Kin-

Kindermord abzuhelfen, ohne die Unzucht zu begünstigen; mit Zusätzen und einem sechsfachen Anhang dahin einschlagender Materien. Leipz. 1788. 8. Zuruf eines teutschen Patrioten an seine teutschen Mitbürger, insonderheit auf dem Lande, bey den jetzigen Unruhen in Frankreich; eine Preisschrift, welcher von der kurmainzischen Akademie der nützlichen Wissenschaften zu Erfurt, nebst zweyen andern, der Preis zuerkannt worden. ebend. 1794. 8. *Von der Erfüllung der Pflichten der höheren Stände eines Volks, als das beste Mittel, Ruhe und Ordnung in einem Lande zu erhalten; ein Religionsvortrag, gehalten von einem teutschen Hofprediger in einer fürstlichen Residenz; herausgegeben von Dr. *J. G. B. Pfeil.* ebend. 1794. gr. 8. *Von den Pflichten christlicher Unterthanen gegen die bürgerliche Verfassung ihres Vaterlandes; als Religionsvortrag gehalten von einem Landprediger vor einer Landgemeinde; eine Volksschrift, herausgegeben von *J. G. B. Pfeil.* ebend. 1795. gr. 8. (*Er ist selbst Verfasser dieser beyden Schriften*). Beyträge zum vernünftigen Denken über das Leiden und den Tod Jesu Christi. ebend. 1796. gr. 8. — Antheil an den neuen Erweiterungen der Erkenntniss und des Vergnügens. — Vergl. *Weidlichs* biogr. Nachr. Th. 4.

PFENNIG (Johann Christoph) *Prediger an der Nikolaikirche zu Stettin* seit 1773 (vorher Konrektor der Rathsschule zu Stettin): *geb. zu Halle im Magdeburgischen* 1724. §§. Einleitung in die mathematische und physikalische Geographie. Stettin 1765. 8. Anleitung zur Kenntniss der neuesten Erdbeschreibung. Berlin 1770. — 2te durchgängig vermehrte und verbesserte Auflage. Berlin und Stettin 1777. — 3te umgearbeitete Ausgabe. ebend. 1783. — 4te vermehrte Ausgabe. ebend. 1787. — 5te durchgängig vermehrte und verbesserte, auch mit vollständigen Re-

Registern versehene Ausgabe. ebend. 1794. 8. Anleitung zur Kenntniss der mathematischen Erdbeschreibung mit hinlänglichen Betrachtungen, welche die Geschichte und Güte der künstlichen Sphären, Himmels- und Erdkugeln, wie auch der mannigfaltigen Land- und Seekarten, zum nützlichsten Gebrauch darstellen. ebend. 1779. 8. Anleitung zur Kenntniss der physikalischen Erdbeschreibung. ebend. 1781. 8. Kurzer Entwurf der neuesten Geographie nach ihren fünf Theilen für Anfänger. Stettin 1790. 8.

PFENNINGER (. . . .) *Wundarzt zu Stäfa in der Schweitz: geb. zu . . .* §§. *Gab mit dem Wundarzt* STAINB *heraus:* Von der in einigen Orten des Kantons Zürich in der Schweitz herrschenden Ruhrepidemie in den Jahren 1791, 1792, 1793 und 1794. Bregenz 1796. 8.

PFEUFER (Benignus) *Licentiat der Rechte, fürstl. Bambergischer Hofrath und geheimer Archivar* (vorher Rath und ehemaliger Sekretar bey der Kammergerichtsvisitation zu Wetzlar): *geb. daselbst* . . . §§. Die wahrhafte Staatskunst für eine Person vom Stande; aus dem Franz. Frankf. 1767. 8. Vendelino; ein Trauerspiel. Wetzlar 1771. 8. Die verbuhlten Müller; aus dem Franz. . . . 1771. 8. Graf von Warwick; aus dem Franz. . . . 1771. 8. Karl und Leonore; ein Trauerspiel. Giessen 1772. 8. * Verirrungen der Philosophie, als ein Anhang zu dem Werke unter dem Titel: Der durch sich selbst widerlegte Deist, oder Briefe an den Herrn Rousseau über die philosophischen Irrthümer in seinen Schriften; aus dem Franz. Bamberg 1785. 8. * Der Asyl, oder Gutachten über die Freystätte; aus dem Italien. des mayländischen Kanzlers *Christiani.* ebend. 1786. 8. Fürth bey Nürnberg! Bist du fürstlich Bambergisch? oder Bist du marggräflich Anspachisch? Kein Probleme. Als Beylage zu Hrn. Samuel Wilhelm Oetters, fürstlich Bran-

Brandenburgischem Geschichteschreibers, sogenannten gegründeten Nachrichten von Kadolsburg zu besserer Belehrung der Bambergischen Deduktion. ebend. 1786. 4. Die durch den fürstl. Brandenburgischen Herrn Hofrath und Gelaitkommissar zu Fürth, Albrecht Ludwig von Denzel, bestätigte Wahrheit, dass Fürth bey Nürnberg fürstlich Bambergisch sey. ebend. 1787. 8. *Die Nachfolgung der seeligsten Jungfrau Maria in 4 Büchern; aus dem Französischen übersetzt. ebend. 1787. gr. 8. Beyträge zu Bambergs topographischen und statistischen sowohl ältern als neuern Geschichte. Mit Beylagen. ebend. 1791. gr. 8.

PFINGSTEN (Johann Hermann) *D. der AG. und Anfangs* Privatdocent zu Halle, *hernach seit* 1782 gewerkschaftlicher Bergdirektor zu Schemnitz in Ungern, *alsdann seit* 1783 Privatdocent zu Tübingen, *weiter* Inspektor der Salpeterwerke im Herzogthum Magdeburg und Fürstenthum Halberstadt, *ferner seit* 1784 ordentlicher Professor der Phil. und der Kameralwissenschaften auf der Universität zu Erfurt und Sachs. Gothaischer Bergkommissar, *dann seit* 1791 kurmainzischer wirklicher Kammerrath zu Erfurt, ohne Beybehaltung der Professur; *endlich* verlies er 1794 die kurmainzischen Dienste und *gieng nach Konstantinopel*: *geb. zu Stuttgart am* 15 *May* 1751. SS. Sammlung von Nachrichten und Beobachtungen über die Erzeugung und Verfertigung des Salpeters, herausgegeben von den Herren *Macquer*, Ritter *von Arcy*, *Lavoisier*, *Sage* und *Baumé*; aus dem Franz. übersetzt, und als der zweyte Theil zu Hrn. *Simons* Kunst Salpeter zu sieden eingerichtet. Dresden 1778. 8. Des Hrn. *Paulmier* gründlicher Unterricht vom Podagra und dessen Heilung. ebend. 1780. 8. Hrn. *Perrets* Abhandlung vom Stahl, dessen Beschaffenheit, Verarbeitung und Gebrauch. ebend. 1780. 8. Königl. Französische Instruktion

zu

zu besserem Betrieb des Salpeterwesens, nebst einer Abhandlung über das Salpeterzeugen vom Hrn. *Cornette;* als der 3te Theil zu Hrn. *Simons* Kunst Salpeter zu sieden. ebend. 1781. 8. Bibliothek ausländischer Chymisten, Mineralogen und mit Mineralien beschäftigter Fabrikanten, nebst derley biographischen Nachrichten. 4 Bände. Nürnberg 1781 - 1784. 8. *D. inaug. sistens nitri hodierni historiam atque proprietates. Helmst.* 1781. 4. Progr. über den Einfluss einer aufgeklärten Arzneykunst in das Wohl der Staaten. Halle 1781. 4. Magazin für die Pharmacie, Botanik und Materia medica. 1ster Band. ebend. 1782. — 2ter Band. 1783. 8. Sammlung der Schriften schöner Geister aus dem 15ten, 16ten und 17ten Jahrhundert. 1ster Band, welcher enthält: *Lord Franz Baco* über die Würde und den Fortgang der Wissenschaften, verteutscht und mit dem Leben des Verfassers und einigen historischen Anmerkungen herausgegeben. Pest 1783. — 2ter Band, welcher die Werke des *Johann Barclay* enthält. ebend. 1784. gr. 8. Prof. *Spielmanns* chemische Begriffe und Erfahrungen; nach der lateinischen Urschrift und der französischen Uebersetzung, mit Anmerkungen des Hrn. *Cadet.* Dresden 1783. gr. 8. Teutsches Dispensatorium, oder allgemeines Apothekerbuch nach den neuesten und besten lateinischen Dispensatorien und Pharmacopöen zum gemeinnützlichen Gebrauch nach alphabetischer Ordnung eingerichtet. Stuttgart 1783. 4. 2te verbesserte und vermehrte Ausgabe. Frankf. u. Leipz. 1795. 4. Repertorium für Physiologie und Psychologie nach ihrem Umfange und Verbindung. 1ster Th. Hof 1784. 8. Progr. von Handwerksmissbräuchen und ihrer Abstellung. Erfurt 1785. 4. Almanach für Kameralisten und Polizeybeamte auf das Jahr 1785. Weimar 8. Archiv für Kammern und Regierungen. 1sten Bandes 1 u. 2tes Stück. Leipz. 1786. 8. Journal für Forst-Bergwerks - Salz - Schmelzhütten - Fabrik - Manufakturfaktur- und Handlungssachen. 5 Stücke in 3 Jahrgängen. Hannover 1786-1790. 8. Hrn. *Clerc's* philosophisch-praktisches Werk über die Arzneykunst; aus dem Französischen. 4 Bändchen. Breslau 1786-1787. 8. *Quesnay's* medicinisch-chirurgische Abhandlung über die Eiterung und den heissen Brand; aus dem Franz. übersetzt. 2 Theile. Berlin u. Stralsund 1786-1787. 8. Repertorium für Physiologie und Psychologie. Hof 1786. 1787. 1788. 8. Magazin für die Philosophie und ihre Geschichte; aus den Jahrbüchern der Akademien angelegt von weil. *Michael Hißmann;* fortgesetzt von *J. H. Pfingsten.* 7ter Band. Göttingen u. Lemgo 1789. 8. Analekten zur Naturkunde und Oekonomie, für Naturforscher, Aerzte und Oekonomen. 1stes Bändchen. Zittau u. Leipz. 1789. 8. ' Farbematerialien; eine vollständige Sammlung brauchbarer Abhandlungen und Erfahrungen für Künstler und Fabriken, die mit Farben zu thun haben. Berlin 1789. 8. Lehrbuch der chemischen Artillerie, zu Vorlesungen in Militärakademien und Lehranstalten des Bergwerks- und Hüttenwesens. Jena 1789. 8. Magazin für die Mineralogie und mineralogische Technologie. 1ster Theil. Halle 1789. — 2ter Theil. ebend. 1790. 4. Mit Kupfern. *Miscellanea physico-medica. Halae* 1789. 8 *maj.*

PFISTERER (Johann Georg) *Canonicus regularis zu St. Florian, der Zeit Pfarrer zu Mauthhausen im Erzherzogthum Oestreich: geb. zu . . .* §§. Betrachtungen über einige aus der heil. Schrift gezogene, und während der Zeit des im J. 1795 für die k. k. Erbstaaten verliehenen Jubiläums in der Linzer Dioces zur heilsamen Betrachtung aufgegebene Lehren. Wien und Linz 1796. gr 8. Predigt auf den zweyten Sonntag nach Pfingsten, als den Tag eines um glücklichen Fortgang der kaiserl. königl. Waffen angeordneten Stundengebetes. Linz 1796. 8.

PFITZER (Benjamin Friedrich) *D. der R. Oberamtmann, Keller und geistlicher Verwalter zu Altenstaig im Würtembergischen: geb. zu Wildberg* 176.. §§. D. inaug. de pignore privilegiato, quod mutando ad rem comparandam acquiritur. Stuttg. 1792. 4. *Rechte und Verbindlichkeiten der Weiber bey einem Gantprozeß über das Vermögen ihrer Männer, nach teutschem und besonders nach Wirtembergischem Recht. 1ster Theil. ebend.* 1794. — *2ter Theil. ebend.* 1796. 8.

PFITZER (Johann Gottfried) *M. der Phil. Archidiakonus* seit 1795 (vorher Diakonus) *zu Oschatz in Kursachsen: geb. zu Borna* 1738. §§ Der dreyeinige Gott in der ganzen heil. Schrift zum Grunde des wahren Christenthums gelehret aus der Uebereinstimmung des A. und N. T. Leipzig 1778. 8.

PFLAUM (Franz Albrecht) *Pfarrer zu Eckersmühlen bey Roth im Fürstenthum Ansbach: geb. zu Rostall im Ansbachischen am 2 Febr.* 1727. §§. Weisestes Verfahren der Vorsehung aus der unendlichen Grösse der Vollkommenheiten bey dem Wechsel der Dinge. Alt. 1752. 4. Vernunft- und schriftmässige Abhandlung der Unermäslichkeit Gottes. Ansbach 1754. 4. Betrachtungen geistlicher Lieder der evangelischen Kirche. 1 Samml. Schwabach 1756. 8. Einige Erinnerungen, dem Versuch des Beweises des Hrn. Oetters, dass der Heiland mit keinem verklärten Leibe auferstanden sey, entgegengesetzet. ebend. 1773. 4.

PFLAUM (Matthäus) *Licentiat der R. fürstl. Bambergischer wirklicher Hof- Regierungs- und Kriegsrath,* seit 1795 *geheimer Rath, geheimer Justitz- Referendar, Kriegsraths- und Obereinnahmskonsulent zu Bamberg: geb. zu* ... §§. Entwurf zur neuen Bambergischen peinlichen Gesetzgebung. 3 Theile. Bamberg 1792. 8. (*Hernach mit folgendem*

gendem veränderten Titelblatt: Entwurf einer neuen peinlichen Gesetzgebung. Frankf. u. Leipz. 1793).

PFLEIDERER (Christoph Friedrich) *M. der Phil. ordentlicher Professor der Physik und Mathematik auf der Universität zu Tübingen* seit 1781 (vorher Professor der Mathematik an der königl. Kriegsschule und Beysitzer der Universitätsdeputation zu Warschau): *geb. zu Kirchheim im Würtembergischen am* 12 *Junius* 1736. §§. Diss. . . . Expositio & dilucidatio Libri V. Elementorum Euclidis. P. I. Tubing. 1782. 4. D.. Analysis Triangulorum rectilineorum. P. I. II. ibid. 1784. 1785. 4. Diss. de dimensione circuli. ibid. 1787. 4. Theorematis Tayloriani demonstratio. ibid. 1789. 4. Diss. de dimensione circuli. P. II in Euclidis elementorum librum XII. ibid. 1790. 4. *Pr.* 1. 2. *Geschichte der ersten Einführung der trigonometrischen Linien. ebend.* 1785 *u.* 1790. *fol.* Keppleri methodus, solida quaedam sua dimetiendi, illustrata & cum methodis Geometrarum posteriorum comparata. ibid. 1795. 4. — Antheil an der von *J. W. Camerer* besorgten teutschen Uebersetzung von *Apollonii Pergaei* ebenen Oertern (Leipz. 1796. 8). — Recensionen in der Tübingischen gel. Zeitung.

PFLEIDERER (Immanuel) *M. der Phil. und* seit 1794 *Superintendent zu Neustadt am Kocher im Würtembergischen* (vorher Specialsuperintendent und Stadtpfarrer zu Neuenstadt an der Linde im Würtembergischen): *geb. zu Gärtringen am* 14 *Okt.* 1745. §§. *Diss. de discrimine hominis & bruti essentiali. Tubing.* 1766. 4. *Skizze von Würtemberg. Stuttgart 1792. 8. *Sammlung geistlicher Reden über die neuen epistolischen Texte der Sonn- und Festtage des ganzen Jahrs. 1ster Band. ebend. 1793. — 2ter Band. ebend. 1794. — 3ter Band. ebend. 1796. 8.

PFLÜCKE (Johann Christoph) *M. der Phil. und* seit 1793 *Archidiakonus zu Finsterwalde in der Inspektion Grossenhayn in Kursachsen* (vorher seit 1790 Adjunkt des Ministeriums und Rektor zu Dobrilugk in der Niederlausitz): *geb. zu Ulbersdorf im Markgrafthum Meissen am* 3 *Nov.* 1757. §§. De Ezechiel. III, 17. Lipf. 1785. 4. De Apostolorum & Prophetarum Novi Testamenti eminentia & discrimine. ibid. eod. 8. De Jes. VII, 14. ibid. 1786. 4. *Zwo Predigten: a) wie man aus dem Herzen zu Gott beten kann; b) die wahre christliche Demuth vor Gott. ebend.* 1786. 8. De decalogo. Dresdae 1788. 8 maj.

PFLUG (Johann Paul Gottfried) *Stadtwundarzt zu Kopenhagen: geb. zu Wetzlar am* 23 *November* 1741. §§. *Jos. Jak. Plencks* chirurgische Pharmacie. Kopenhagen u. Leipz. 1776. 8. 2te, mit Zusätzen vermehrte Ausgabe. ebend. 1787. 8. *Heinr. Callisens* Abhandlung über die Mittel, die Seefahrenden, und insbesondere die Besatzungen der königl. Dänischen Kriegsschiffe gesund zu erhalten; den Schiffswundärzten und andern Seefahrenden zum Besten übersetzt. Kopenhagen 1778. gr. 8. *Bertins* vollständige Abhandlung von der Osteologie oder Knochenlehre; aus dem Franz. ebend. 1778. gr. 8. *Mart. Ant. Plenciz* Abhandlung vom Scharlachfieber; aus dem Latein. ebend. 1779. 8. *Delineatio arthritidis atque ophthalmiae syphilliticae. Havniae* 1785. 8 *maj.*

PFLUGBEIL (Christoph) *Arithmetikus bey der Schule zu St. Nicolai in Leipzig* seit 1771: *geb. zu Forchheim bey Freyberg am* 19 *May* 1726. §§. Anfangsgründe der kaufmännischen Rechenkunst. Leipz. 1773. 8. Allgemeine Regeln und Verhältniss-Tabellen der Wechsel-Arbitragen. ebend. 1776. 4.

von

von PFLUMMERN (Aloys) . . . *zu* . . . *geb. zu* . . . §§. Chronik der Herren von Pflummern, von Peregrino, dem Ritter und Herrn von Pflummern angefangen, bis auf gegenwärtige Zeit; der Ehre seiner Voreltern gewidmet. Mit 15 genealogischen Tabellen, etlichen Kupfern und Registern. Biberach 1795. fol.

PFÖTER (A... J...) . . . *zu* . . . *geb. zu* . . . §§. Betrachtungen über die Quellen und Folgen der merkwürdigsten Revolutionen unsers Jahrhunderts, über die Entstehung der Staaten, und die verschiedenen Verfassungen derselben; nebst einer gelegentlichen Untersuchung, welchen Einfluss die Aufklärung auf das Wohl der bürgerlichen Gesellschaft habe. Wien 1794. gr. 8.

PFOTENHAUER (Ernst Friedrich) *D. und Privatlehrer der Rechte auf der Universität zu Wittenberg: geb. zu Delitzsch bey Leipzig am* 1 *Jun.* 1771. §§. D. Utrum & quatenus legibus praesertim prohibitivis renunciari possit? Viteb. 1792. 4. Elementa juris criminalis Saxonici. Pars prior, continet delicta ordine systematico collocata, eorum notiones, divisiones & poenas. Lipsiae 1795 (*eigentl.* 1794). — Pars posterior, continens processum inquisitorium & denunciativum. ibid. eod. 4. D. inaug. de judiciis, ex quibus & ad quae provocare licet in terris Electori Saxoniae subjectis. Viteb. 1795. 4. Doctrina processus, cum Germanici, tum praesertim Saxonici Elector. in usum praelectionum ordine systematico exposita. Vol. I. P. I & II. Gorlit. 1796. 8 maj. *Abhandlung über das Verfahren in Sachen, welche den neuesten Besitz betreffen. Leipz.* 1797. *gr.* 8.

PFOTENHAUER (Gottlob Friedrich) *M. der Phil. Pfarrer zu Dobien bey Wittenberg: geb. zu Wittenberg am* 2 *Januar* 1746. §§. D. II. de sacramentis rhetoricis. Viteb. 1769. 4. *Abhandlung von*

von der merkwürdigen Vermählung Josephs mit der Tochter des Priesters zu On 1 *Mos*. 41, 45. *ebend*. 1771. 4. De cupiditate oculorum ad Joh. II, 16 contra b. Moshemium specimen philologico-exegeticum. ibid. 1775. 4. De gloria & majestate jurantis Dei. ibid. 1778. 4.

PFYFFER (Franz Ludwig) *des innern Raths des Standes Lucern* (ehemahls französischer Generallieutenant): *geb. zu Lucern* 1716. §§. *Promenade au Mont Pilate; *in dem* Journal etranger, publié par M. Freron (à Paris) 1756. Mars p. 26-65. Mit Verbesserungen im Journal Helvetique 1759. Sept. p. 252 285. Mit wenigen Veränderungen in *d'Alleon du Lac* Melanges d'Histoire naturelle (à Lyon) T. 3; und in den Nouvelles oecon. & litter. T. 12. p. 82-104. Plan de la Suisse en relief, von Mechel gestochen 1783. — Vergl. *Leu's* helvetisches Lexikon.

PFYFFER von Heidegg (Joseph) *Chorherr Exspectant zu Beron-Münster in der Schweitz*: *geb. zu Lucern* 1759. §§. Herrn *von Balthasar* historische Aufschriften, die zu den gesammelten Bildnissen verschiedener berühmter Lucerner verfasset worden; (aus dem Lateinischen). Lucern 1778. 8.

PHILIPSON (Moses) *Buchhalter im Fideicommißcomtoir zu Hannover* seit dem Dec. 1784: *geb. zu Altona am* 20 *Nov*. 1761. §§. Leben Benedikts von Spinoza. Braunschweig 1790 (*eigentl*. 1789). 8. Ueber die Verbesserung des Judeneids; ein auf Befehl der königl. kurfürstl. Justitzkanzley zu Hannover verfasstes Gutachten. Neustrelitz 1797 (*eigentl*. 1796). 8. — Kantate auf Lessings Tod; *in der von* Grosmann *verfertigten Schrift*: Lessings Denkmahl, eine vaterländische Geschichte (Hannover 1791. 8). — Bemerkungen über die Darstellung der Juden auf der Bühne; *in den monatlichen Heften* (Hannover 1792). — Verschiedene poetische Produkte in *Beneckens* Jahrbüchern der

der Menschheit (1788 - 1790). — Uebersetzungen verschiedener Schriften. — Recensionen in der A. L. Z. — Vergl. *Kordes.*

PHILLEBOIS (Anton) *Universitäts - Subpedell zu Wien: geb. zu . . .* §§. Wienerischer Universitäts - Schematismus für das Jahr 1794. Wien 1793. — für das Jahr 1795. ebend. 1794. 12.

PIAGGINO (Joseph Maria Friedrich) *Pfalzbayrischer Hofkammerrath zu München: geb. zu . . .* §§. Der Hofkammerrath Piaggino und der General Thompson, oder das Münchnerische Armen - Institut. Strasburg 1790. 8. * Reise eines Engländers durch einen Theil von Elsass, Nieder- und Oberschwaben und die Schweitz, in Briefen. Amsterdam u. Stockholm 1793. — 2 Fortsetzungen dieser Briefe. ebend. 1793. 8.

PICHELMAYR (Florian) *Professor, Schulinspektor und Beneficiat bey U. L. Frauenstift zu München: geb. zu . . .* §§. Von der Edukation und Kultur des Landvolks; eine Rede. München 1778. 4. Von der Nothwendigkeit der Kultur der Sitten und Lebensart mit dem Unterrichte in Wissenschaften, besonders in den niedern Schulen zu verbinden, und von einigen Hindernissen dieser Verbindung. ebend. 1781. 4. Wie nothwendig es sey, dass die häusliche Erziehung den öffentlichen Erziehungsanstalten ernstlich und redlich mitwirke. ebend. 1789. 4.

PICHLER (Johann Friedrich Christian) *D. der AG. und ausübender Arzt zu Strasburg: geb. zu Bietigheim im Würtembergischen am 9 August 1754.* §§. *D. inaug. de oleorum unguinosorum usu in morborum medela. Argent.* 1781. 4. *Or. de qualitatibus Medici. ibid. eod.* 4. *Barbeu du Bourg* Anfangsgründe der Arzneykunde, aus dem Franz. mit Anmerkungen. ebend. 1783. 8. Taschenbuch der Gesundheit in alphabetischer

Ord-

Ordnung, worinn die gewöhnlichsten Krankheiten beschrieben und die geschwindesten und leichtesten Mittel dagegen angezeigt werden; aus dem Franz. ebend. 1784. 8. Grätz 1793 (*eigentl.* 1792). 8. *Vielleicht ein Nachdruck?* *Methodus formulas medicas conscribendi; in usum praelectionum academicarum. Argent.* 1785. 8. (Vergl. *Grüners* Almanach für Aerzte und Nichtärzte auf das J. 1786. S. 231 u. ff.). *Editio secunda, aucta, emendata. ibid.* 1789. 8. *Mémoire sur les maladies contagieuses dans lequel on examine, quels sont les maladies vraiment contagieuses. à Paris* 1785. 8. Anhang zu Hrn. Prof. Gruners Almanach für Aerzte und Nichtärzte auf das Jahr 1786. Strasburg 1786. 8. * Schön ist es, mit jedermann in Friede und Eintracht zu leben. Nur Schade, dass man es nicht länger kann, als es der Nachbar will. (*Ohne Druckort und Jahrzahl*). 8. Der wahre Magnetist; ein Gegenstück zu des Hrn. geheimen Rath Hoffmanns Magnetisten. Frankf. am M. 1787. 8. Geschichte einer am Gallenfieber Kranken; nebst Vertheidigung der dabey angewandten Kurart. 2 Stücke. Strasb. 1789. gr. 8.

PICHON. S. **PISCHON.**

PICK (D... C... A...) vormahls Rektor der Stadtschule zu Vach im Fürstenthum Eisenach; *sein jetziger Aufenthalt ist unbekannt: geb. zu* . . . §§. Leitfaden beym Unterricht der christlichen Religion. Die christliche Sittenlehre. Erlangen 1787. 8. Liebe und Kabale, kein Roman, eine wahre Geschichte. ebend. 1789. 8.

PICKEL (Georg) *ordentlicher Professor der theoretischen und praktischen Chemie auf der Universität zu Würzburg: geb. zu* . . . §§. Von dem Nutzen und Einfluss der Chemie auf das Wohl eines Staates und auf verschiedene Künste und Wissenschaften. Würzburg 1785. . . Versuche und Beob-

Beobachtungen bey der neuen Fassung des Kurbronnens zu Bocklet im Hochstifte Würzburg, *nebst vielen andern Aufsätzen in den* Würzburger gelehrten Anzeigen. — Von neun Kakerlaken im Würzburgischen; *in* Blumenbachs *medicin. Biblioth.* B. 3. St. 1 (1788). — Von dem Salpeter, der zu Homburg von Kalkluft reichlich auswittert, mit Vorschlägen, ihn vortheilhaft zu gewinnen; *in* B. S. Nau's *neuen Beobachtungen und Entdeckungen aus der Physik* B. 1 (1791). — Nachricht von einem in einer Höhle im Homberge bey Würzburg gefundenen natürlichen Salpeter; *in* Crells *chem. Annalen* 1791. St. 4. S. 325-327. Versuche über die Wärme, welche die dephlogistisirte salzsaure Luft mit verschiedenen Substanzen hervorbringt; *ebend.* St. 7. S. 14-17.

PICKEL (Ignatz) *Exjesuite, M. der Phil. D. der Theol. öffentlicher Lehrer der Mathematik auf dem akademischen Lyceum zu Eichstädt* (vorher zu Dillingen): *geb. zu Eichstädt am* 30 *Jul.* 1736. §§. *Elementa arithmeticae, algebrae ac geometriae, cum sectionibus conicis, in usum tironum conscripta. II Tomi. Dilingae* 1771 - 1772. 8 *maj. ibid.* 1795. 8 *maj.* *De Micrometris, quae filis constant in angulum coëuntibus, Diss. astronomico-practica. ibid.* 1772. 4. Abhandlung von Verbesserung und allgemeinen Gebrauch der Visierstäbe. Mit Kupfern. Eichstädt 1782. gr. 8. Praktischer Unterricht, wie man sich bey der Ausmessung, Aufzeichnung und Berechnung grosser Wälder zu verhalten habe; als ein Beytrag zur Forstwissenschaft aus eigenen Erfahrungen. Samt der Beschreibung eines neuen und vollständigen Dendrometers oder Baummessers. Mit Kupfern. Augsburg 1785. gr. 8. Abhandlung von einem Sekundenperpendikel einer astronomischen Uhr, dessen Länge von der Wärme oder Kälte keine Veränderung leidet. Mit 1 Kupf. Erfurt 1787. 4. (auch in den *Actis Acad. Electoral. Mogunt. scient. utilium, quae Erfurti est,* ad

a.

a. 1786 & 1787 (Erf. 1788. 4) Nr. 9. Beschreibung verschiedener Alterthümer, welche in Grabhügeln alter Teutschen nahe bey Eichstädt sind gefunden worden. Nürnberg 1789. 4. Mit 4 Kupfertafeln. *Elementa Matheseos, discipulorum commodo in compendium redacta. Cum IV Tabellis. Aug. Vind.* 1789. 8.

PIDERIT (Philipp Jakob) *D. der AG. und Chirurgie, Mitglied des medicinischen Kollegiums zu Cassel* seit 1787, *Arzt des dortigen reformirten Waisenhauses, Hessen-Casselischer Hofrath* seit 1793 (von 1791 bis 1796 auch Garnisonmedikus, welche Stelle er resignirte): *geb. daselbst am 20 August* 1753. §§. *D. inaug. de modo quo venena ut medicamenta salutaria agunt. Marburg.* 1773. 4. Von der Schädlichkeit des allgemein bekannten Aithaudischen Pulvers. Frankf. 1775. 8. *Pharmacia rationalis eruditorum examini subjecta a societate quadam medica. Fascic. I, litt. A. Fasc. II, litt. B. C. D. Cassel.* 1779. — *Fasc. III, litt. E. Fasc. IV, litt. F. G. H. I. K. L. M. Fasc. V, litt. N. O. P. Q. R. Fasc. VI, litt. S-Z. ibid.* 1780. 8. — *Denuo aucta & correcta. ibid.* 1782. 8. — *Editio tertia denuo aucta & emendata. ibid.* 1791. 8. *Supplementum primum. ibid.* 1797. 8. Geschichte eines sehr merkwürdigen Beinfrasses. ebend. 1781. 8. Anweisung, wie man sich nicht nur vor der jetzt herrschenden Ruhr verwahren, sondern auch in Ermangelung eines Arztes sich selbst heilen kann. ebend. 1781. 8. Unterricht, was Eltern und Krankenwärter bey den Kinderblattern zu beobachten haben. ebend. 1783. 8. Plan zu einer Feldapotheke für die hochfürstl. Hessen-Casselischen Truppen. ebend. 1792. 8. Annalen vom Militär-Lazareth zu Cassel. 1stes Stück über die Jahre 1787-1791. ebend. 1794. — 2tes Stück über die Jahre 1792 u. 1793. ebend. 1796. 8. Ein exstirpirtes Sarcoma; *in* Baldingers *neuem Magazin* B. 9. St. 1. S. 70-74 (1787). — Obs. de ulcerum artificia-

 lium

rum in pleumonia usu, si non plane proscribendo, tamen valde limitando; *in Nov. Act. Acad. Nat. Cur.* T. VIII. p. 138 sqq. (1791). — *). — Vergl. *Strieder* B. 11. S. 78-84.

PIEPENBRING (Georg Heinrich) *D. der AG. und Apotheker zu Meinberg* (vorher zu Pyrmont): *geb. zu* ... §§. Auserlesene Bereitungsarten pharmaceutisch-chemischer Arzneymittel für Apotheker. 1ster und 2ter Heft. Göttingen 1789. — 3ter Heft. ebend. 1790. 8. Oekonomische Nützlichkeiten, Vortheile und Wahrheiten, für Naturkunde, Landwirthschaft und Haushaltungen. 1stes-4tes Bändchen. ebend. 1791 u. 1792. 8. Beyträge zur Arzney- und Apothekerkunst. 1ster Band. ebend. 1791. 8. Abhandlung über die Luftsäure, nebst zwey andern Aufsätzen, zur Erlangung der medicinischen Doktorwürde, bey Gelegenheit des vierhundertjährigen Jubiläi der Universität zu Erfurt den 17 Sept. 1792. Erfurt 4. *Pharmacia selecta principiis materiae medicae, pharmaciae & chymiae superstructa*; oder: Auswahl der besten wirksamsten Arzneymittel. Ein Handbuch für Aerzte, Wundärzte und Apotheker. 1ster Theil. Erfurt 1792. — 2ter Theil. ebend. 1793. gr. 8. Physikalisch-chemische Nachricht von dem sogenannten neuen Mineral-Salzwasser auf der Sallee bey Pyrmont; nebst einem Anhang für Aerzte und Nichtärzte. Leipz. 1793. gr. 8. Ueber die Schädlichkeit der Bleyglasur der gewöhnlichen Töpferwaaren, nebst Anweisung und rechtem Gebrauch eines andern, bessern, dauerhaften und gar nicht schädlichen Küchengeschirrs. Lemgo 1794. 8. *Gab mit einer*

*) In der 4ten Ausgabe werden ihm auch Recensionen in den Bützower kritischen Sammlungen und in der Zigraischen Zeitung zugeschrieben. *Strieder* l. c schweigt davon. Es fragt sich demnach, was davon zu halten sey? Vielleicht gehören sie seinem 1791 verstorbenen Vater *Johann Rudolph Anton* zu.

einer Vorrede und Anmerkungen heraus: Kurzgefaſster Grundriſs der Mineralogie für Anfänger dieſer Wiſſenſchaft, tabellariſch entworfen von einem Ungenannten. Berlin 1794. gr. 8. Vorläufige Antwort auf den Brief, betitelt: Matth. Weber zeigt dem Apotheker Piepenbring durch dieſen Brief die Antwort an, die er durch deſſen Schrift: Phyſikaliſch-chemiſche Nachricht von dem ſogenannten neuen Mineral-Salzwaſſer und der Saline bey Pyrmont u. ſ. w. veranlaſſet hat. Meinberg 1794. 8. Weitere Antwort auf den wider mich geſchriebenen Brief. ebend. 1794. 8. Kurze Gegenantwort auf die unter Matth. Webers Namen erſchienene neue Schmähſchrift. ebend. 1794. 8. *Pharmacia ſelecta pauperum*, oder: Auswahl der Arzneymittel für Arme. Ein Handbuch für Aerzte, Wundärzte und Apotheker. Leipz. 1794. 8. — 2te vermehrte und umgearbeitete Ausgabe. 2 Bände. Erfurt 1796-1797. gr. 8. (*Auch unter dem Titel*: Teutſches ſyſtematiſches Apothekerbuch ausgewählter Arzneymittel, nach den heutigen Kenntniſſen in der Pharmacologie und Pharmacie, bearbeitet für angehende Aerzte, Wundärzte und Apotheker). Archiv der geſammelten intereſſanteſten und nützlichſten Aufſätze für Landwirthſchaft und Haushaltungen. Leipz. 1795. 8. Ueber das Düngeſalz, beſonders über die zwey Arten deſſelben, welche in Salzufeln verfertiget werden; eine kurze Nachricht für Landwirthe. ebend. 1795. gr. 8. Ueber die Verbeſſerungen des Spinnrades aus Rückſicht des weiblichen Geſchlechts. ebend. 1795. 8. Ueber die neueſten Bereitungsarten der Arzneymittel und einige andere Gegenſtände der Medicin, Chymie und Pharmacie. ebend. 1795. 8. (*Hierinn iſt von ihm*: Chemiſche Unterſuchung des Meinberger muriatiſchen Bitterwaſſers; *und*: Ueber die Nothwendigkeit eines Apothekerbuchs für einen jeden Staat). Anleitung zur Kenntniſs der verſchiedenen Ackererdarten, und der für jede am zweckmässigsten befundenen Düng- und Verbesserungsmittel. Hannover 1797. 8. — Ueber die Säure der Galläpfel, als einen Bestandtheil der Dinte; *in* Crells *chem. Annalen* 1786. St. 1. S. 50-54. Ueber die Bestandtheile des Papiers; *ebend.* St. 5. S. 423-431. Ueber die Herstellung des Rückbleibsels von den Hoffmannischen Tropfen zu brauchbarem Vitriolöle; *ebend.* 1788. St. 3. S. 219-221. Einige Erfahrungen über die Mutterlauge des Kochsalzes, und die daraus zu gewinnenden Produkte; *ebend.* 1789. St. 2. S. 126-131. Einige Beobachtungen über den Pyrmonter Brodelbrunnen; *ebend.* St. 11. S. 410-415. Von einigen neuen Mineralquellen zu Pyrmont; *ebend.* 1794. B. 2. — Ueber die Gleichheit des Wermuthsalzes mit dem Weinsteinsalze; *in* eben dess. *Beytr. zu den chem. Annalen* B. 3. St. 3 (1788). Etwas über einen neuen Schmerzstillenden Geist; *ebend.* B. 5. St. 4 (1794). — Pharmaceutische Bemerkungen; *in* Baldingers *neuem Magazin für Aerzte* B. 9. St. 1. S. 76-82 (1787). Vier Abhandl. *ebend.* B. 13. St. 1. S. 36-45 (1791). Etwas über Kohlenversuche; *ebend.* S. 82-84. — Pharmaceutische Anmerkungen über das Pulverisiren der Eisenfeile; *in* Elwerts *Repertor. für Chemie, Pharmacie und Arzneymittelkunde* B. 1 (1790). Vorschlag, den versüssten Quecksilbersublimat von seinen noch anhängenden Theilen ganz zu befreyen; *ebend.* Regeln, welche man als konditionirender Apotheker zu beobachten hat; *ebend.* — Aufsätze im Taschenbuch für Scheidekünstler und Apotheker.

PIERER (Franz) *vormahls Jesuite, und Lehrer der historischen Staatskunde am Theresian zu Wien; jetzt infulirter Propst und Domherr zu Raab in Ungern: geb. unweit Oedenburg in Ungern* 1730. §§. Versuch über die historische Staatskunde. Wien 1772. 8.

PIESCH (David) *Konrektor am evangelischen Gymnasium zu Teschen: geb. zu Bielitz* 176.. §§. * Des Hrn. Abbt *Francesco Cetti* Naturgeschichte von Sardinien; 1ster Theil: Geographische Beschreibung von Sardinien; Geschichte der Säugthiere. Aus dem Italienischen. Mit Kupfern. Leipz. 1783. — 2ter Theil: die Vögel. ebend. 1784. — 3ter Theil: die Amphibien und Fische, nebst einem systematischen Verzeichniss aller Sardinischen Thiere u. s. w. ebend. 1784. 8.

Freyherr von PIESPORT (Karl) *Fuldischer Dom-Kapitular, Benediktiner, Superior des hochadelichen Konvents ad S. Salvat. zu Fulda, Präsident der fürstl. Fuldischen Regierung: geb. in dem Kurtrierischen* 1718. §§. Diss. de praejudiciis adversus philosophiam recentiorem. Fuld. 1744. 4. D. de amore initiali ad sacramentum poenitentiae & baptismatis necessario. 1749. 4. Oratio inaug. in erectione episcopatus Fuldensis. 1755. 4. *Aur. Augustinus, Bisch. zu Hippo, von der Nutzbarkeit des Glaubens; ins Teutsche übersetzt, mit Anmerkungen und einer grossen Vorrede. Fulda* 1770. 8.

PIËTER (Joachim) *M. der Phil. privatisirt* seit einigen Jahren *zu Gölnitz bey Calau in der Niederlausitz* (zuerst Adjunkt des geistl. Ministeriums zu Altona und Nachmittagsprediger zu Ottensen von 1750 bis 1766; hierauf bis 1772 Privatdocent zu Kiel, dann Rektor der Dorotheenschule zu Berlin, und endlich Rektor zu Basekow in der Lausitz): *geb. zu Altona am* 1 *May* 1719. §§. D. physica (Praes. *G. C. Materno de Cilano*) de terrae concessionibus, a. 1738 in Anglia observatis. Alton. 1741. 4. D. inaug. (Praes. *W. E. Christiani*) de poësi sapientiam loquente. Kil. 1768. 4. Homerici carminis laudes, ex fontibus Graecorum Romanorumque derivatae rivulisque recentiorum deductae, ut instar commentarioli in Homerum esse possint. Berol. 1775.

1775. 8. — Vergl. *Boltens* Kirchennachr. von Altona S. 141 u. ff.

PIETSCH (Johann Gottfried) *D. der AG. königl. Preussischer approbirter und herzogl. Braunschweigischer Hofmedikus, lebt zu Vatteroda in der Grafschaft Mansfeld königl. Preuss. Antheils* (vorher Oberdirektor des Salpeterwesens in den gesamten herzogl. Braunschweig-Lüneburgischen Staaten, und vor diesem Stadtphysikus zu Neuhaldensleben im Magdeburgischen): *geb. zu* . . . §§. *D. inaug. sistens schema novum systematis circa divisionem medicamentorum. Helmstad.* 1747. 4. Erklärte Ursachen und Kur von den Ohnmachten und Convulsionen, vornemlich aber der eigentlichen fallenden Sucht. Hamb. u. Leipz. 1753. 8. Wahre Quelle und materielle Ursache des Podagra und aller gichtigen Krankheiten überhaupt, nebst der vernünftig und erfahrungsmässig darauf gegründeten Kur. Halle 1772. 8. Geschichte praktischer Fälle von Gicht und Podagra. 6 Theile. ebend. 1774-1779. 8. Abhandlung von Erzeugung des Salpeters, welche bey der Akademie der Wiss. zu Berlin den Preis erhalten hat. Berlin 1780. Näher bestimmter Unterricht, wie sich Podagristen und mit andern Gichtarten Beladene während der Anfälle eigentlich zu verhalten haben, um in kürzerer Zeit des Schmerzens los und für sonst gewöhnlichen bösen Folgen bewahrt zu werden. Halle 1781. 8. — Auffätze in periodischen Schriften, vornemlich im Hamburgischen Magazin. — Einige anonymische Schriften.

PIETSCH (Johann Gotthold) des vorigen Sohn; *königl. Preussischer Justitzkommissar zu Mansfeld* (vorher Assistenzrath bey der Landesregierung des Herzogthums Magdeburg und der Grafschaft Mansfeld, zu Magdeburg, und vor diesem Justitiarius verschiedener Gerichte): *geb. zu Neuhaldensleben im Magdeburgischen* . . . §§. Abhandhandlung von Anziehung und Pflanzung der Kastanienbäume, hauptsächlich der guten essbaren und dem Gebrauch ihrer Früchte. Halle 1776. 8. Versuch eines Entwurfs der Grundsätze des Forst- und Jagdrechts. Leipz. 1779. 8. * Betrachtungen zur Erkenntniss des grossen Gottes durch die Kenntniss seiner Naturwerke, und zur Besserung des menschlichen Herzens: über mannigfaltige Gegenstände der Natur und Moral; zum Gebrauch der Ungelehrten, jene hauptsächlich allen Gottesläugnern und Ungläubigen entgegen gesetzt. Quedlinburg 1780. gr. 8. Neue Auflage. ebend. 1789. gr. 8. * Patriotische Betrachtungen über das Verderben des teutschen Vaterlandes, aus der unvollkommenen Verfassung des Justitzwesens; nebst Vorschlägen zu dessen heilsamen Verbesserung; mit einiger Anwendung auf die königl. Preuss. Staaten. Halle 1780. 8. Der Beförderer der Gerechtigkeit; eine Schrift, woran jedermann Antheil nehmen kann. ebend. 1782. 8.

PIK. S. PICK.

PILATI (Karl Anton) *aus einem adelichen Hause auf dem Nonsberg im Trientinischen; privatisirt meistens zu Wien: geb. zu . . . in Graubündten am 28 Dec. 1733.* §§. * L'esistenza della legge naturale impugnata & sostenata. in Venez. 1764. 8. * Raggionamenti intorno alla Legge naturale & civile. Venezia 1766. 8. * La storia del imperio Germanico e dell' Italia dai tempi del Carolingi fine alla pace di Vestfalia. T. I. Stócholma (*Chur*) 1769. — T. II. ibid. 1772. 4. * Di una Riforma d'Italia. Borgo Francone. (*Coira*) 1770. 8. * Voyages en différens pays de l'Europe en 1774 - 1776, ou Lettres écrites de l'Allemagne, de la Suisse, de l'Italie, de Sicile & de Paris. 2 Tomes. à la Haye 1777. gr. 12. * Lettres sur la Hollande, écrites en 1778 & 1779. ibid. 1780. 2 Voll. in gr. 12. * Traité des Loix

Loix politiques des Romains du tems de la Republique, ibid. 1781. 2 Parties in gr. 8.

PINKVOSS (Christian Gottlieb) *Buchhändler oder vielmehr Bücherverleiher zu Altona: geb. zu* . . . §§ *Anekdoten und Geisteszüge von edlen Menschen, zum Vergnügen und zur Bildung für alle Stände, Altona 1788. 8. — Mehrere ähnliche Schriften.

PINTHER (Anton) *Lic. der Theol. Camerarius und Pfarrer am heil. Kreuz zu Biberach: geb. zu* . . . §§. Unus pro omnibus i. e. Christus Dei filius, ibid. 1726. 1755. 4. Mater Amoris & Doloris, quam Christus in cruce moriens omnibus ac singulis suis fidelibus in matrem legavit: *Ecce Mater Tua.* Aug. Vind. 1741. 1771. 4. Currus Israël seu Conciones in Dom. & Festa totius anni, ibid. 1750. 4. Speculum Amoris & Doloris in SS. Corde Jesu. ibid. 1758. 4.

PIPER (Johann Christian Friedrich — *gewöhnlich schlechtweg* Friedrich) *Kandidat der Rechte zu Rostock* seit Michael 1796 (vorher zu Jena): *geb. zu Güstrow* 177 . . §§. Der Mammon; ein Schauspiel in 4 Akten. Jena u. Leipz. 1795. 8. Gewinn durch Verlust; ein Lustspiel in 3 Akten. Gera 1796. 8. Die Brüder; ein dramatisches Gemählde in 1 Akt. Rostock u. Leipz. 1797. 8. — Gedichte in der neuen Monatsschr. von und für Meckl. 1796. St. 10. und dem 4ten Supplementstücke zu 1796. — *Bruchstücke aus einem noch ungedruckten Roman; *in* Wielands *teutsch. Merkur* St. 10 (1796). — Bemerkungen über den Roman Ludwig und Julius — von Just am Walde; *in der neuen Monatsschr. von und für Mecklenb.* St. 11. 1796.

PIPER (J. . . G. . .) *Prediger zu Reinshagen bey Güstrow* seit 179 . . (vorher seit 1792 Rektor zu Ribnitz im Mecklenburgischen): *geb. zu* . . .

in Pommern . . . §§. *Herrn *von Büffons* Naturgeschichte der Vögel; aus dem Franz. mit Anmerkungen und Zusätzen vermehrt von *B. C. Otto* (Berlin 8) vom . . . Band an. — *Nachricht von dem Zustande des Schul- und Erziehungswesens in Schwedisch-Pommern und Rügen; *im Braunschweig. Journ.* 1788. St. 4 u. 5. — *Vorrede zu der 1788 herausgekommenen neuen Aufl. von *Zobels* Schrift über die Erziehung.

PIPER (Theophilus Coelestinus) *D*, seit 1784 *und vorher schon* seit 1783 *ordentlicher Professor der Theologie auf der Universität zu Greifswald, wie auch Pastor bey der dortigen Jakobskirche* (vorher Rektor der dortigen Schule): *geb. zu* . . . §§. *Krämerdütchen; eine Wochenschrift. 4 Pakte, 1774-1776. 8. Der Frosch- und Mäusekrieg, ein scherzhaftes Heldengedicht, aus dem Griechischen in Prosa übersetzt, mit beygefügten Anmerkungen. Leipz. 1775. 8. Predigten über einige Sonn- und Festtagstexte. Eisenach und Leipz. 1776. 8. *De genuina auctoritate capitis primi & secundi evangelii Matthaei exercitatio theologico-critica. Gryphiae* 1779. 4. Vermischte Gedichte. Stralsund 1779. 8. Theologische Untersuchungen, bey Gelegenheit des Wolfenbüttelschen Fragments vom Zweck Jesu. Greifswald 1781. 8. *Oratio de religione principis. ibid.* 1783. 4. *D. inaug. de Messia heroi & rege, ab ipso Jehova in monte Zionis solenni ritu instituto Ps. CX. ibid.* 1784. 4. (ist auch als ein Traktat besonders gedruckt, unter dem Titel: *Commentarius critico-theologicus Psalmum CX ex prima aetate heroica illustratum sensuque biblico expositum exhibens*). Gedächtnißschrift auf Herrn Johann Karl Dähnert, gewesenen ordentl. Professor der Philosophie und des Schwedischen Staatsrechts, und Bibliothekars auf der königl. Universität zu Greifswalde. ebend. 1786. 4. Wie verbreitet sich die Aufklärung von einer Landesakademie am sichersten auf die niedern

niedern Stände des Volks? Eine akademische Vorlesung – Stralsund 1787. 4. Trauerrede vor dem Sarge des weiland – Hrn. Bernhard Friedrich Quistorps, der heil. Schrift Doktors – Greifswald 1788. fol. *Monumentum vitae & meritorum Domini Bernh. Frid. Quistorpii, S. S. Theol. Doctoris & in Academia Gryphiswaldensi Prof. prim. die 4 Jan 1788 placide defuncti, posteris traditum. ibid. eod. fol.* Zwo Predigten, zum Druck befördert von *J. H. Euler.* Frankf. am M. 1788. gr. 8. Trauergedicht auf des höchstsel. Königs von Schweden, Gustav des Dritten, Majestät, glorwürdigsten Andenkens. Bey feyerlicher Aufstellung seines Bildnisses im grossen akademischen Hörsaal den 20 Aug. 1792. Greifswald 1792. gr. 4 2te Auflage. ebend. 1795 gr. 4. Rede von dem Einfluss eines Landesregenten in den Charakter seiner Nation. ebend. 1792. kl. 4. *Opera posthuma Friderici II, regis Borussorum, Latine reddita. Tomus I & II. ibid. 1792. — Tomus III & IV. ibid.* 1794. 8 *maj.* Predigten über verschiedene besondere Materien und Veranlassungen. Leipzig 1792. — *2ter Band.* Nebst einem Anhange einiger Predigten, welche bey Gelegenheit des an Gustav dem Dritten verübten Königsmordes gehalten worden. ebend. 1793. 8. *Integritas Jesaiae a recentiorum conatibus vindicata; Dissertatio critico-biblica, quam pro recolenda memoria Concilii Upsaliensis binis abhinc seculis ad stabiliendam religionem evangelicam habiti defendit. Gryphisw.* 1793 4. *Progr. quo Socinianorum de justificatione placita strictim exponit. ibid.* 1795. 4. *Progr. quo ostenditur, Philosophiae Kantianae placita salutis ordinem invertere. ibid. eod.* 4. *Oratio panegyrica de diebus atris & faustis apud veteres. ibid. eod.* 4. Von der rechten Schätzung und Anwendung unserer Lebenstage; eine Predigt am Neujahrstage 1796; von einem seiner Zuhörer zum Druck befördert. ebend. 1796. gr. 8. — Verschiedene Abhandlungen und Gedichte.

vom

von PIRCH. S. oben JASPEN von PIRCH.

PIRINGER (Michael) *Distriktssekretar zu Neitra in Ungern: geb. zu Tabb in der Schümeger Gespanschaft am 7 Sept.* 1763. §§. *Babuk, oder der Volksverläumder in den angeblichen grossen Wahrheiten, und Beweise in einem kleinen Auszuge aus der Ungrischen Geschichte. Presburg 1792. gr. 8.

PIRNER (Johann Theophilus Heinrich) *D. der Phil. und der R. wie auch ordentlicher Professor der Rechte auf der Universität zu Frankfurt an der Oder* seit 1790: *geb. zu Soldin in der Neumark* 1765. §§. D. inaug. jur. in II F. 45. Francof. 1788. 4. *Fragmentarische Versuche über verschiedene Gegenstände der spekulativen und praktischen Philosophie. 1stes Stück. Berlin u. Frankf. an der Oder* 1792. 8.

PIRSCHER (Johann Karl Dieterich) *königl. Preuss. Ingenieurkapitain zu Berlin* *); erhielt 1787 den Abschied und eine Pension: *geb. zu Wolfenbüttel* . . . §§. Kurzer Unterricht von den Anfangsgründen der Kriegsbaukunst. Berlin 1767. 8. Unterricht, wie man sich ein militarisch Augenmaas erwerben, nach demselben Karten aufnehmen und leicht verstehen könne. ebend. 1775. 8. Anweisung zum Festungsbau mit verdeckten Flanken und zur Defense en reserve, als dem einzigen Mittel, den Belagerern lange zu widerstehen. ebend. 1776. ebend. 1777. 8. Kurzer Unterricht in der Belagerungskunst; oder von dem Angriff der Festungen — nach den neuesten Grundsätzen. ebend. 1777. 8. Von der Castrametation; eine Fortsetzung des *Coup d'oeil militaire*, zum Unterricht junger Krieger. ebend. 1778. 8.

*) Steht nicht im Neuesten gel. Berlin.

PISCHON (Johann Karl) *zweyter Prediger der evangel. reformirten Domgemeine zu Halle* seit 1790: *geb. zu Cottbus in der Niederlausitz am* 12 *Oktober* 1764. §§. Predigten, an Festtagen und bey besondern Gelegenheiten gehalten; mit einer Abhandlung über Benutzung der Politik auf Kanzeln. Halle 1794. gr. 8. Predigt zum Gedächtnifs des am 23 Febr. im 73 Jahr seines Alters verstorbenen Herrn George Jakob Pauli, den 8 März in der Domkirche zu Halle gehalten. ebend. 1795. gr. 8. Gesangbuch zum gottesdienstlichen Gebrauch in der königl. Domkirche zu Halle. ebend. 1795. 8. (*in Verbindung mit* G. J. Pauli). Philoikos, für Familien, zur Beförderung häuslicher Tugend und Glückseligkeit. 1ster Theil. Leipz. 1797. gr. 8. — Wie können und sollen Prediger der übertriebenen Freyheitsliebe und der schädlichen Unzufriedenheit mit der Landesverfassung entgegen wirken? Auf Veranlassung eines k. Rescripts d. d. Berlin 11 Jan. 1793; *im Journal für Prediger* B. 26. St. 3. S. 270-290 (1793). — Recensionen in einigen gelehrten Zeitungen.

PISTORIUS (Hermann Andreas) *D. der Theol.* (seit dem Ende des J. 1790), *Praepositus und Pastor zu Poseritz in Rügen: geb. in Bergen, der Hauptstadt Rügens, am* 8 *April* 1730. §§. * *Dav. Hume's* vermischte Schriften über die Handlung, die Manufakturen und die andern Quellen des Reichthums und der Macht eines Staats; aus dem Engl. Hamburg 1754. 8. *Einen Theil von *Hanweys* Reisen. ebend. 1754. 4. *Don Quixotte im Reifrocke, oder die Geschichte der Arabella; aus dem Englischen. Hamburg u. Leipz. 1754. 8. **Dav. Hume's* Sittenlehre der Gesellschaft, als dessen vermischter Schriften, 9ter Th. Hamburg 1756. 8. **Schuckford's* Abhandlung von der Schöpfung und dem Falle des Menschen; aus dem Englischen. ebend. 1764. 8. *Anmerkungen zu der teutschen Ueber-

Uebersetzung von *Hartley's* Betrachtungen über den Menschen. 2 Bände. Rost. u. Leipz. 1772-1773. 8. Ehrengedächtniss des Hrn. Christi. Anton Brunnemanns. Stralsund 1774. 4. Liturgie und Gebetsformeln zum öffentlichen Gottesdienst für Christen von allen Confessionen, von *Joseph Priestley*; aus dem Englischen übersetzt, mit einer Vorrede über die Möglichkeit und den Werth eines allgemein-christlichen Gottesdienstes. Berlin und Stettin 1786. 8. — Von ihm sind die Uebersetzungen in den beyden Bänden der Hamburgischen Beyträge zu den Werken des Witzes und der Sittenlehre, 1753 und 1754, und verschiedene Uebersetzungen in dem Hamburgischen Magazin. Ferner: *Commentatio in quaestionem: exerceatne Deus jus leges ferendi pro arbitrio, an ita, ut rationes legum divinarum mens humana intelligere queat? a Curatoribus legati Stolpiani propositam*, die das Accessit erhalten, und nebst der Preisschrift und einigen Holländischen Abhandlungen über eben diese Materie zu Leiden 1770 gedruckt worden. — *Einleitungsversuch über Aberglauben, Zauberey und Abgötterey und andre Zusätze; *zu der von seinem Sohne verfertigten teutschen Uebersetzung eines dem Präsidenten* de Brosses *zugeschriebenen Buches*: Ueber den Dienst der Fetischen Götter, oder Vergleichung der alten Religion Aegyptens mit der heutigen Religion Nigritiens. (Berlin u. Stralf. 1785. 8). — *Ist auch Verfasser der theologischen Anmerkungen zu* Bunkels Leben, *das Nicolai übersetzen lassen, und Mitarbeiter an der* Allgem. teut. Bibliothek, vor deren 105ten Bande sein Bildniss in Kupfer gestochen ist.

PISTORIUS (C... B... H...) Sohn des vorhergehenden; ... *zu* ... *geb. zu* ... §§. Uebersetzte, ohne sich zu nennen, das eben angeführte Buch von *de Brosses*.

PISTORIUS (Wilhelm August) *Sachsen-Weimar- und Eisenachischer Amtsadvokat zu Groß-Rudstedt: geb daselbst* 1750. §§. *Unterhaltendes Schauspiel nach den neuesten Begebenheiten des Staats, der Kirche, der gelehrten Welt und des Naturreichs. Erfurt 1772-1778. 8. (*Monatlich kam ein Stück heraus*). — *Beyträge zu* Uhuhu, oder Hexen-Gespenster-Schatz- und Erscheinungsgeschichten. S. oben KEYSER (Georg Adam).

PITHAN (Karl Ludwig) *Prediger zu Düsseldorf* seit 1792 (vorher Prediger der reformirten Gemeine zu Gruiten im Herzogthum Berg): *geb. zu* ... §§. Vier Predigten, vor fremden Gemeinen gehalten. Frankf. u. Leipz. 1792. 8. Einige homiletische Bemerkungen. Düsseldorf 1792. 8.

PITTROFF (Franz Christian) *des ritterlichen Kreuzordens mit dem rothen Sterne, an der Prager hohen Schule SS. Theol. D. und der Pastoralwissenschaft k. o. öffentl. Lehrer: geb. zu* ... §§. Anleitung zur praktischen Gottesgelahrheit, nach dem Entwurfe der Wiener Studienverbesserung verfasset und zum Gebrauche akademischer Vorlesungen eingerichtet. 4 Theile. Prag 1778-1779. gr. 8. 2te verbesserte Ausgabe. ebend. 1782-1783. 4 Theile in gr. 8. *D. de prudentia pastorali Pauli in superando, quod ministerio verbi obsistit, praecipuo impedimento, opinione humana &c. ibid.* 1782. 8 *maj.* Kirchenamtspolitik nach den allgemeinen Verhältnissen der Kirchenstatistik und der Pastoralklugheit, in Anwendung auf die Seelsorgergeschäfte. ebend. 1785. — 2ter Band. ebend. 1786. gr. 8.

PITZER (Joseph) ... *zu Wien: geb. zu* ... §§. Anfangsgründe der allgemeinen und speciellen Naturlehre zum Gebrauch der Aerzte und Wundärzte. Wien 1792. gr. 8.

PIZENBERGER (Franz Anton) *öffentlicher Lehrer an dem k. k. vorderöstreichischen Lyceum zu Kostanz: geb. zu . . .* §§. *Freundschaftliche Briefe an den Hrn. von S — t. über den Entwurf zur Einrichtung in den Gymnasien in den k. k. Erblanden. Nebst dem Entwurf selbst. (*Zürich*) 1776. 8. (*Sie sind in dem nämlichen Jahre zu Bamberg und auch zu Augsburg nachgedruckt worden*). Rede über den Einfluss der Weltweisheit in das Wohl des Staats. Zürich 1782. 8. — *Ueber Christenthum und Heucheley, ein Dialog; *im 2ten B. des Freymüthigen* S. 284 u. f.

PLAGEMANN (Georg Ludwig Otto) *M. der Phil. und* seit 1789 *Rektor der grossen Stadtschule zu Rostock* (vorher seit 1788 Konrektor derselben, nachdem er vorher Konrektor der grossen Stadtschule zu Wismar gewesen war): *geb. zu Spornitz bey Parchim am 27 Julius* 1748. §§. Lehrbuch zum Unterricht in der lateinischen Sprache; aus den besten alten und neuen Schulbüchern gesammlet, theils umgearbeitet und mit Hülfsmitteln begleitet. Wismar, Schwerin u. Bützow 1784. 8. 2te verbesserte und vermehrte Ausgabe. ebend. 1787. 8. 3te verbesserte Ausgabe. ebend. 1795. 8. Ideen über die Privatstunden der Lehrer an öffentlichen Schulen. Rostock 1788. 8. Die Rückkehr der Musen; ein Gedicht. ebend. 1789. 4. Gedanken über den Verfall und die Aufnahme öffentlicher Schulen. ebend. 1789. 8. — Die *Ideen* und *Gedanken* (Rostock 1788 u. 1789) sind auch, jedoch ohne alle Veränderungen, mit dem gemeinschaftlichen Titel: *Zwey Schulschriften* (Schwerin u. Wismar 1790), versehen worden. — Die erleichterte lateinische Syntaxis nach Anleitung der vorzüglichsten ältern und neuern Grammatiker. Zum Gebrauch junger Stylisten, den Bedürfnissen unsers Zeitalters angemessen. Rostock u. Leipz. 1794. 8. — Nachricht von einem grossen Bau der lateinischen Stadtschule zu Rostock und einigen damit verwandten

wandten Gegenständen; *in der neuen Monatsschr. von u. für Meckl.* 1794. St. 4. 5. 6. 8. Anrede bey der Einführung drey neuer Lehrer auf der Stadtschule zu Rostock; *ebend.* 1796. St. 11. — Einzelne Gedichte und kurze Aufsätze, auch Uebersetzungen aus dem Französischen in periodischen Schriften, mit und ohne seinen Namen.

PLANCKH (Joseph) . . . *zu* . . . *geb. zu* . . . §§. Skizze eines philosophisch-praktischen Systems aller menschlichen Vernunfterkenntnisse, als Grundlage zu einer systematischen Reformation in den Wissenschaften, und ihrer genauen Gränzenbestimmung zu einem zweckmässigen Studienplane, und einem systematischen Realkatalog. Samt einem Anhange und 3 Tabellen. Wien 1794. 8.

PLANK (Beda) *Benediktiner zu Kremsmünster in Oestreich, Lehrer der rhetorischen Klasse und geistlichen Beredsamkeit daselbst: geb. zu Weyer in Oestreich am 27 Dec.* 1741. §§. Die Jubelfeyer des tausendjährigen Kremsmünsters. Linz 1778. 4. Trauerrede auf Marien Theresien. Wien 1780. 4.

PLANK (Gottlieb Jakob) *M. der Phil. und* seit 1787 *D. der Theol. wie auch* seit 1784 *ordentlicher — gegenwärtig erster — Professor derselben auf der Universität zu Göttingen, und* seit 1791 *königl. Grossbrit. und Braunschweig-Lüneburgischer Konsistorialrath* (vorher seit 1780 Prediger bey der hohen Karlsschule zu Stuttgart, und zwar seit 1781 mit Professorscharakter): *geb. zu Nürtingen im Würtembergischen am* 15 *Nov.* 1751. §§. Gedicht vom Gefühl des Schönen. Tübingen 1771. 4. Entwurf einiger Abhandlungen vom Herzen. Stuttgart 1773. 8. *D. de canone hermenevtico, quo scripturam per scripturam interpretari jubemur* Tubingae 1774. 4 *Tagebuch eines neuen Ehemanns. Leipz. 1779. 8 (*Nachgedruckt* Tübingen 1779. 8). *Ge schichte des protestantischen Lehrbegriffs seit den Zeiten der Reformation bis auf die Formulam Concordiae. 1ster Band. Leipzig 1781. — 2te verbesserte Ausgabe. ebend. 1791. — 2ter Band. ebend. 1783. — 3ten Bandes 1ster Theil (*unter seinem Namen; denn die beyden ersten sind anonymisch*). ebend. 1788. — 3ten Bandes 2ter Theil. ebend. 1789. 8. (*Diese 3 Bände oder 4 Theile auch unter dem Titel*: Geschichte der Entstehung, der Veränderungen und der Bildung unsers protestantischen Lehrbegriffs, von Anfang der Reformation bis zu der Einführung der Concordienformel). Rede bey dem Grabe des Hrn. Lieutenant Walter. Stuttgart 1783. 4. Lateinisches Progr. über den Gebrauch der sogenannten Mutter- und Volkssprachen bey dem öffentlichen Gottesdienst. Göttingen 1785 4. *Progr. Actorum inter Henricum V, Imp. & Paschalem II Pont. Rom. annis MCX & MCXI examen. ibid. eod.* 4. Neueste Religionsgeschichte (angefangen von *C. W. F Walch*), fortgesetzt unter seiner Aufsicht. 1ster Theil. Lemgo 1787. — 2ter Theil. ebend. 1790. — 3ter Theil. ebend. 1793. gr. 8. *Progr. Observationes quaedam in primam doctrinae de naturis Christi historiam. Gotting.* 1787 4. Grundriss einer Geschichte der kirchlichen Verfassung, kirchlichen Regierung und des kanonischen Rechts, besonders in Hinsicht auf die teutsche Kirche; zum Gebrauch in Vorlesungen, vorzüglich für Zuhörer, die sich der Rechtswissenschaft gewidmet haben. ebend. 1791. 8. *Pr. Anecdota quaedam ad historiam concilii Tridentini pertinentia. Nr. I-V. ibid.* 1791-1795. 4. *Pr. de veris auctae Dominationis Pontificiae epochis. ibid.* 1791. 4. Einleitung in die theologischen Wissenschaften. 1ster Theil. ebend. 1793. — 2ter Theil. ebend. 1795. 8. *Pr. Variarum de origine festi Nat. Chr. sententiarum epicrisis. ibid.* 1796. 4. Abriss einer historischen und vergleichenden Darstellung der dogmatischen Systeme unserer verschiedenen christlichen Hauptpartheyen nach ihren Grundbegriffen, ihren daraus abgeleiteten Unterscheidungs-Lehren und ihren praktischen Folgen. Zum Behuf seiner Vorlesungen darüber, nebst der Einleitung zu diesen. ebend. 1797. 8. Geschichte der protestantischen Theologie, von Luthers Tode bis zur Einführung der Concordienformel. 1ster Band. Leipz. 1797. gr. 8. — *Vollendete und versah mit einer Vorrede den* 4ten Theil *von der* Bibliothek der Kirchenversammlungen von *Fuchs* (1784). — Vorrede zu *C. W. Flüggens* Geschichte des Glaubens an Unsterblichkeit — 1ster Th. (Leipz. 1794. 8). — War Mitarbeiter an der Revision der teutschen Litteratur. — Recensionen in den Götting. gel. Anzeigen. — Vergl. *Haugs* Schwäb. Magazin 1777. S. 682. — Vergl. *Pütters* Gel. Geschichte von Göttingen Th. 2. S. 121 u. f. — Sein Bildniss von Schwenterley (1791) und vor dem 1sten Stück des 6ten Bandes des Predigermagazins von *Beyer*, wo auch Nachrichten von seinem Leben befindlich sind.

PLANTA (Joseph) *Sekretar am Brittischen Museum zu London: geb. zu ... in der Schweitz ...* §§. An Account of the romansch Language. London 1776. 4. *Auch in den Philosophical Transactions for* 1776. T. 66. Vol. 1. Nr. 7. — Vorläufige Nachricht wegen der civilistischen Manuscripte im Brittischen Museum; *in* Hugo's *civilistischem Magazin* B. 1. H. 1. S. 109-115 (1790).

du PLAT (Anton Heinrich) *Oberster und Inspektor der Hannöverischen Infanterie zu Hannover* seit 1795 (ehedem Ingenieurhauptmann zu Hannover): *geb. zu ...* §§. Situationsrisse der neu erbaueten Chausséen des Churfürstenthums Braunschweig-Lüneburg, 1 Theil, die Chaussée von Hannover auf Hameln; nebst einer Nachricht von den an dieser Route belegenen merkwürdigen Oertern. 1780. fol.

Reichs-

Reichsgraf von PLATEN *zu* HALLERMUND (Ernst Franz) *kaiserl. wirklicher geheimer Rath und kur- und fürstl. Braunschweig-Lüneburgischer General-Erbpostmeister zu Linden bey Hannover: geb. daselbst am* 7 *Nov.* 1739. §§. Uebereinstimmung der Vernunft und Bibellehre; ein kurzgefasster Versuch. Göttingen 1795. 8. Bemerkungen über die Dienstentlassung des Herrn von Berlepsch als Land- und Schatzrath. Hannover 1797. 8. — Ueber die Kräfte der Weltkörper; *in* Bode's *astronom. Jahrbuch für* 1792.

PLATNER (Ernst) *M. der Phil. D. der AG. und der letztern* seit 1780 *ordentlicher* (vorher ausserordentlicher) *Professor auf der Universität zu Leipzig;* seit 1789 *auch Decemvir der Universität,* seit 1790 *Kollegiat des grossen Fürstenkollegiums,* seit 1796 *beständiger Dekan der medicinischen Fakultät, wie auch kursächsischer Hofrath: geb. daselbst am* 11 *Jun.* 1744. §§. Pr. anima quo sensu crescere dicatur. Lips. 1768. 4. D. II de vi corporis in memoriam. ibid. 176.. 4. Pr. historia litterario-chirurgica lithotomiae mulierum. ibid. 1770. 4. **Briefe eines Arztes an seinen Freund.* 2 *Theile. ebend.* 1771 *u.* 1772. 8. *Anthropologie für Aerzte und Weltweise.* 2 *Theile. ebend.* 1772 *u.* 1774. 8. Supplementa in J. Z. Platneri institutiones chirurgiae. P. I. ibid. 1773. 8. **Der Professor; eine Wochenschrift. ebend.* 1773 *u.* 1774. 8. *Zusätze zu seines Vaters Einleitung in die Chirurgie. ebend.* 1776 8. *Philosophische Aphorismen, nebst einigen Anleitungen zur philosophischen Geschichte. ebend* 1776. — 2*ter Theil. ebend.* 1782. 8. *Vom* 1*sten Theil erschien eine neue durchaus umgearbeitete Ausgabe. ebend.* 1784. 8. *Philosophische Aphorismen, nebst einigen Anleitungen zur philosophischen Geschichte. Ganz neue Ausarbeitung.* 1*ster Theil. ebend.* 1793. 8. D. de principio vitali. ibid. 1777. 4. Medicamenta quaedam inertiae accusata. ibid. 1778. 4. *Einige Aufsätze,*

ange-

angehängt dem 1sten und 2ten Bande der teutschen Uebersetzung von de Haen's *Heilungsmethode. ebend.* 1779. 1780. 8. Progr. Palaeophysiologia de inspiratione principii vitalis. ibid. 1780. 4. D. de morbis membranae tympani. ibid. eod. 4. Oratio de bonis academiae Lipsiensis. ibid. 1781. 4. Diss. repetitio brevis & assertio doctrinae Stahlianae de motu vitali. ibid. eod. 4. *Papiere von Joh. Karl Wezel wider D. Ernst Platnern, von letzterm nebst einem Vorbericht herausgegeben. ebend.* 1781. 8. *Ein Gespräch über den Atheismus, bey der von ihm veranstalteten teutschen Uebersetzung von* Dav. Hume's *Gesprächen über die natürliche Religion. ebend.* 1781. 8. (*Besonders gedruckt. ebend.* 1783. 8). *Einige Betrachtungen über die Hypochondrie; vor der teutschen Uebersetzung von* Dufours *Versuch über die Verrichtungen und Krankheiten des menschlichen Verstandes. ebend.* 1786. gr. 8. Pr. Vulgarem de fluido nerveo sententiam non antiquam esse, sed novam. ibid. eod. 4. *Anhang zu der Uebersetzung von* Ant. Fabre *Untersuchungen über verschiedene Gegenstände der theoretischen und praktischen Arzneywissenschaft. ebend.* 1788 (eigentl. 1787). 8. Progr. Secretio humorum, ex Stahlianae disciplinae principiis illustrata. ibid. 1788. 4. Adversus sepulturam in aedibus sacris oratio, Cancellarii vice habita. ibid. eod. 4 maj. Progr. dubitationes quaedam de imperio cordis in venas. ibid. eod. 4. Progr. dubitationes quaedam super Boerhavii atque Halleri decretis de nutritione. ibid. eod. 4. Progr. Physiologiae partitionem suam proponit & illustrat. ibid. 1789. 4. Progr. in quo physiologiae definitionem suam breviter illustrat & asserit. ib. eod. 4. Progr. in quo partium corporis humani genera definiuntur. Specimen I. Definitiones vasorum. ibid. eod. 4. Pr. Partium — Spec. II. Instrumentorum secernendi genera. ibid. eod. 4. Pr. Partium corporis humani genera definiuntur. Spe-

Speciminis II pars altera: Instrumenta secernendi glandulosa. ibid. 1790. 4. Pr. de caussis consensus nervorum physiologicis. ibid. eod. 4. *Neue Anthropologie für Aerzte und Weltweise. Mit besonderer Rücksicht auf Physiologie, Pathologie, Moralphilosophie und Aesthetik. 1ster Band. ebend.* 1790. *gr.* 8. Pr. de natura animi quoad physiologiam. ibid. eod. 4. Pr. Spes immortalitatis animorum per rationes physiologicas confirmata. ibid. 1791. 4. Vindiciarum sententiarum probabilium per systematis condendi festinationem de physiologia rejectarum. Pr. I. Fermenta. ibid. eod. — Pr. II. Calidum innatum. ibid. eod. — Pr. III. . . . . — Pr. IV. Appetitus naturalis ibid. 1792. — Pr. V. Principatus hepatis. ibid. 1793. 4. Quaestionum physiologicarum Libri duo, quorum altero generalis, altero particularis physiologiae potiora capita illustrantur. Praecedit Prooemium tripartitum de constituenda physiologiae disciplina. ibid. 1794. 8 maj. (*Eine verbesserte Ausgabe vorher einzeln erschienener Abhandlungen*). Pr. An ridiculum sit, animi sedem inquirere. ibid. 1795. 4. *Lehrbuch der Logik und Metaphysik. ebend.* 1795. 8. Pr. Quaestionum medicinae forensis de amentia dubia Partic. I-III. ibid. 1796-1797. 4. *Vermischte medicinische Aufsätze. Frankf. u. Leipz.* 1797. *gr.* 8. — *Vorrede zur teutschen Uebersetzung der chirurgischen Gutachten des* le Dran. (*Leipz.* 1773. 8). — *Vorrede zur Uebersetzung von* Morands *vermischten chirurgischen Schriften.* (*ebend.* 1776. 8). — *Recensionen.* — Sein Bildniss vor dem 23sten Bande der Neuen Bibliothek der schönen Wissenschaften. Besonders von *Bause* 1791. Auch vor dem Buch eines Ungenannten: *Ueber die Grundsätze und die Natur des Schönen.* (*Berlin* 1797. 8).

PLATNER (Joachim) *D. und Professor der Theol. am Lyceum zu Innsbruck* seit 1761; *geb. zu Parwis im Oberinthal am 6 Jan.* 1725. §§. Differtationes historico-criticae in Tractatus universae theologiae. Oenipon. 1766. 4. SS. ecclesiae doctorum Augustini ac Thomae de gratuita electorum praedestinatione sententia. ib. 1774. 4. Revelatae religionis cum recta ratione & sensu universarum gentium consensus, differtatione theol. propositus. ibid. 1779. 8 maj. — *Vergl.* de Luca *Journal I*, 15.

PLATO (Alexander) . . . *zu Tarnowitz in Schlesien: geb. zu* . . . §§. Beschreibung einer neu erfundenen viel Holz und Zeit ersparenden Methode, den Salpeter zu sieden; nebst einer Anweisung zur Feuerwerkkunst. Mit Kupfern. Breslau 1792. 8.

PLATO (Christian Karl) *Kantor zu Meseberg im Magdeburgischen* seit 1786 (vorher zu Groppendorf im Holzkreise des Herzogthums Magdeburg): *geb. zu Oebisfelde im Magdeburgischen am* 28 *Febr.* 1760. §§. Fabeln und Erzählungen. Halberstadt 1776. 8. Moralische Fabeln und Erzählungen für Kinder und junge Leute. Helmstädt 1785. 8. Verbesserte und vermehrte Aufl. ebend. 1787. 8. Freundschaftliche Briefe an einen jungen Dorfkantor, zur Bildung angehender Dorfschullehrer. ebend. 1786. 8. Kleine Naturgeschichte für Kinder, aus *Sanders* Güte und Weisheit Gottes gezogen. Wittenberg und Zerbst 1787. 8. Kurze Geographie, nebst einer kurzen Brandenburgischen Geschichte, für die lieben Kinder. Quedlinb. 1788. 8. *Der Jugendfreund, in angenehmen und lehrreichen Erzählungen für Lehrer und Kinder. ebend. 1788. — 2tes Bändchen. ebend. 1790. — 3tes Bändchen ebend. 1792. — 4tes Bändchen. ebend. 1793. 8. Gemeinnütziges Volksschulbuch für niedere Schulen. ebend. 1789. 8. Pädagogisches Lehrbuch der gemeinnützigsten Grundsätze für Volkslehrer, in Briefen. 2 Theile. Helm-

Helmstädt 1789. 8. Der Naturbeobachter, für Kinder. 1stes Bändchen. Quedlinb. 1791. 8. (*Dasselbe unter dem Titel*: Nützlicher Auszug aus H. Sanders Natur und Religion, für Kinder). * Unterhaltende topographische und statistische Beschreibung einer Sommerreise durch die Provinzen Magdeburg, Braunschweig, Halberstadt, Quedlinburg und Barby. 3 Theile. Halle 1791. 8. Praktische Hausmittel auf die gewöhnlichen Fälle des menschlichen Lebens, welche sowohl bey Menschen, Vieh, als in der Wirthschaft brauchbar sind; ein Auszug aus den sechs ersten Jahrgängen der Braunschweig. Landzeitung. Magdeburg 1795. 8.

PLATO (. . . .) *Direktor der Freyschule zu Leipzig: geb. zu Hallbau in der Oberlausitz am 6 April* 1760. §§. Einige Gedanken über die gewöhnlichen ABC-Bücher in unsern vaterländischen Schulen; nebst einer kurzen Beschreibung und Abbildung der Lesemaschine, welche in der Leipziger Freyschule gebraucht wird. Leipz. 1797. 8. Buchstaben und Schriftzeichen zur Lesemaschine für Schulen, wie solche in der Leipziger Freyschule gebraucht werden. ebend. 1797. Vorübungen im Lesen und Denken, gesammelt für die untern Klassen der Leipziger Freyschule. ebend. 1797. gr. 12.

PLEISSNER (Heinrich Christian) *Schauspieler*, ehedem *bey der Großmannischen Gesellschaft*; wo jetzt? *geb. zu Gotha* 1756. §§. Die Italienerin in London; eine Operette in 2 Aufzügen. Frankf. 1783. 8. Der Amerikaner; ein Lustspiel in einem Aufzuge nach le Sauvage. ebend. 1784. 8. Komm mir noch einer mit Heirathen; ein Lustspiel. Neuwied 1791. 8. — Noch einige Operetten.

PLENK (Joseph Jakob) *D. der Chirurgie und* seit 1783 *Lehrer der Chemie und Botanik in der k. k. medi-*

cinisch-chirurgischen Militarakademie, *auch Direktor der Feldapotheken und k. k. Feldstabchirurgus zu Wien* (vorher ordentlicher Professor der Anatomie, Chirurgie und Geburtshülfe auf der Universität zu Ofen); *geb. zu Wien am* 28 *November* 1738. §§. Schreiben an Hrn. Rumpelt von der Wirksamkeit des Quecksilbers und Schierlings. Wien 1766. 8. *Methodus nova & facilis argentum vivum aegris venerea lube infectis exhibendi. Accedit hypothesis nova de actione metalli hujus in vias salivales. ibid. eod.* 8. *Editio quarta emendata & aucta. ibid.* 1778. 8. *Novum systema tumorum, quo hi morbi in sua genera & species rediguntur. ibid.* 1767. 8. *Percival Pott* Abhandl. von der Mastdarmfistel; aus dem Englischen übersetzt. ebend. 1768. 8. Anfangsgründe der Geburtshülfe. Strasb. 1769. 8. Neue Aufl. Wien 1774. gr. 8. 5te Aufl. ebend. 1795. 8. Neues Lehrgebäu der Geschwülste. Dresden 1769. 8. Sammlung von Beobachtungen über einige Gegenstände der Wundarzneykunst. 1ster Theil. Wien 1769. — 2ter Theil. 1770. 8. Neue Aufl. 1775. *Materia Chirurgica*, oder Lehre von den Wirkungen der in der Wundarzney gebräuchlichen Heilmittel. Wien 1771. 8. Lehrsätze der praktischen Wundarzneywissenschaft zum Gebrauch seiner Zuhörer. ebend. 1774. — 2ter Theil. ebend. 1776. 8. *Pharmacia chirurgica s. Doctrina de medicamentis praeparatis ac compositis, quae ad curandos morbos externos adhiberi solent. ibid.* 1775. 8. *Editio 2da. emend. ibid.* 1777. 8. *Editio 3tia. ibid.* 1786. 8 *maj. Editio nova. ibid* 1791. 8. *Selectus materiae chirurgicae. ibid.* 1775. 8. Auswahl der chirurgischen Arzneymittel, nebst einem Verzeichniss der chirurgischen Werkzeuge und Bandagen. ebend. 1775. 8. *Primae lineae anatomes. ib. eod.* 8. *Ed. 2da. ibid.* 1777. 8 *maj. Ed. 3tia* . . . *Ed. 4ta aucta. ibid.* 1795. 8 *maj. Doctrina de morbis cutaneis, qua hi in suas classes, genera*

&

& species rediguntur. ibid. 1776. 8 *maj. Ed. 2da aucta. ibid.* 1783. 8 *maj. Compendium institutionum chirurgicarum. ibid.* 1776. 8. *Ed. 2da auct. & emend. ibid.* 1780. 8. *Ed. nova multum aucta. ibid.* 1797. 8 *maj. Compendium anatomes, pro tyronibus chirurgiae. III Part. ibid.* 1777. 8 *maj.* Anfangsgründe der chirurgischen Vorbereitungswissenschaften für angehende Wundärzte. 3 Theile. ebend. 1777. — 2te verbesserte Ausgabe. ebend 1788. — 3te. ebend. 1790. — 4te. ebend. 1794. gr. 8. *Doctrina de morbis oculorum. ibid.* 1777. 8 *maj. Ed. 2da aucta. ibid.* 1783. 8 *maj. Doctrina de morbis dentium ac gingivarum. ibid.* 1778. 8 *maj. Doctrina de morbis venereis. ibid.* 1779. 8. *Elementa medicinae & chirurgiae forensis. ibid.* 1781. 8 *maj. Elementa artis obstetriciae. ibid eod.* 8 *maj. Pharmacologia chirurgica, sive doctrina de medicamentis, quae ad curationem morborum externorum adhiberi solent. ibid. eod.* 8 *maj.* Anfangsgründe der Chirurgie für die angehenden Wundärzte im Königreich Hungarn. Pest 1783. gr. 8. *Bromatologia, sive Doctrina de esculentis & potulentis. Vienn.* 1784. 8 *maj. Toxicologia, seu Doctrina de venenis & antidotis. ibid.* 1785. 8 *maj. Icones plantarum medicinalium, secundum systema Linnaei digestarum, cum enumeratione virium & usus medici, chirurgici atque diaetetici. Vol. I. Fasc. I-IV. ibid.* 1788 - 1789. — *Vol. II. Fasc. I-IV. ibid.* 1789 - 1790. — *Vol. III. Fasc. I. II. III. ibid.* 1790. — *Vol. IV. Fasc. I & II. ibid.* 1791. .... *Vol. VI & ultimum. ibid.* 1794 - 1795. *fol. maj. Cum tabb. pictis. Physiologia & Pathologia plantarum. ibid.* 1794. 8 *maj. Hygrologia corporis humani, sive doctrina chemico-physiologica de humoribus in corpore humano contentis. ibid. eod.* 8. *Elementa terminologiae botanicae ac systematis sexualis plantarum. ibid.* 1797. 8 *maj.* — Bemerkungen über den Gebrauch der Zimmettinktur bey Blutstürzen aus der

der Gebährmutter; *in* Mohrenheims *Wienerischen Beyträgen* B. 1 (1781). Von der Heilung einer Lähmung der untern Gliedmassen; *ebend.* B. 2 (1783). Bemerkung über die Heilung eines gäh entstandenen Nasenpolyps; *ebend.* Bemerkungen über den Gebrauch der Salzsäure im bösen Kopfgrinde; *ebend.* Bemerkungen über die Heilung einer sechsmonatlichen Heiserkeit; *ebend.* — Ueber den Gebrauch der Fieberrinde, des Queeksilbers und des Opiums beym Tetanus von einer Verwundung; *in den Abhandl. der. k. k. Josephinischen medic. chirurg. Akademie* B. 1. 1787. Beobachtungen über die Krampf stillende Eigenschaft der Ipecacuanha bey den Konvulsionen der Schwangern und Gebährenden; *ebend.* — Vergl. *de Luca* gel. Oestr. B. 1. St. 2.

PLESMANN (Friedrich Ludwig) *Rektor des vereinigten Friedrichswerderischen und Friedrichsstädtischen Gymnasiums zu Berlin* (vorher Inspektor des Joachimsthalischen Gymnasiums daselbst, und vordem Rektor der reformirten Schule zu Bielefeld); *geb. zu Horn im Lippischen* 175 . . §§. Progr. Blick auf die zweyte Hälfte unsers Jahrhunderts in pädagogischer Rücksicht. Berlin 1793. 8. Progr. Einige Gedanken über die Programme. ebend. 1794. 8. Progr. Nachricht von der Lage und dem Schicksale des Friedrichswerderischen Gymnasiums während des Jahres 1794-1795. ebend. 1795. 8. Progr. von der nöthigen Mittelstrasse bey dem Unterricht der Knaben. ebend. 1797. 8.

PLESMANN (J. . . F. . . C. . .) Bruder des vorhergehenden; *reformirter Prediger zu Meinberg* seit 1796 (vorher Prediger zu Sonneborn im Lippischen): *geb. zu Horn im Lippischen* 176 . . §§. Handbuch der allgemeinen physikalischen Erdbeschreibung. Lemgo 1797. gr. 8.

PLESSING (Friedrich Viktor Lebrecht) *M. der Phil. und* seit 1788 *ordentlicher Professor derselben auf der Universität zu Duisburg* (vorher seit 1784 privatisirte er zu Wernigerode, nachdem er seit 1783 Privatdocent zu Königsberg in Preussen gewesen war): *geb. zu Belleben im Saalkreise am* 20 *Dec.* 1752. §§. Die Wahrheit der Vorsehung; eine Predigt, nebst einem Vorbericht und einem Anhang über die Geschichte Josephs. Königsberg 1779. 8. Versuchter Beweis von der Nothwendigkeit des Uebels und der Schmerzen bey fühlenden und vernünftigen Geschöpfen. Dessau 1783. 8. Osiris und Sokrates. Berlin u. Stralsund 1783. 8. Historische und philosophische Untersuchungen über die Denkart, Theologie und Philosophie der ältesten Völker, vorzüglich der Griechen bis auf Aristoteles Zeiten. 1 Band. Elbingen 1785. 8. Memnonium, oder Versuch zur Enthüllung der Geheimnisse des Alterthums. Leipz. 1787 (*eigentl.* 1786). — *Zweyter und letzter Band*, oder Beschluss der Versuche zur Enthüllung der Geheimnisse des Alterthums. ebend. 1787. gr. 8. Versuche zur Aufklärung der Philosophie des ältesten Alterthums. ebend. 1788. — 2ten Bandes 1ster und 2ter Theil. ebend. 1790. gr. 8. — Kritische Abhandlung über das Trauerspiel: Gallora von Venedig; *in der Königsbergischen gelehrten Zeitung* 1780. Nr. 16-20. — Ueber den Aristoteles; *und* Untersuchung über die Platonischen Ideen, in wie fern sie sowohl immaterielle Substanzen, als auch reine Vernunftbegriffe vorstellten; *in* Cäsars *Denkwürdigkeiten aus der philos. Welt* B. 3 (1786). *Mehrere Aufsätze daselbst.* — Ueber die Begräbnisse in Kirchen, und wie sich ein Prediger dabey zu verhalten habe; *im Journal für Prediger* B. 18. St. 3 (1786). — Antheil am Preussischen Tempe. — Vergl. *Goldbeck.*

PLEYER (Joseph) *Exjesuite, M. der Phil. D. der Theol. und Lehrer derselben zu Prag*: *geb. zu* Ellenbogen

gen in Böhmen am 26 April 1709 *). SS. D. de controversiis particularibus. Pragae 1750. 4. Lex Dei Decalogo comprehensa, explanata per quaesita & responsa theoretico-practica, casusque theologico-morales, dialogos polemicos & recentiorum eventuum in praeceptum I Decalogi. ibid. 1754. 8. Angelus secundum naturam, gratiam, officium, lapsum, tractatu theologico expensus contra variorum errores & haereses. ibid. eod. 4. Septenarius Sacramentorum, tractatu theologico expensus. ibid. eod. 4. Verbum caro factum, tractatu theol. expensum. ibid. 1756. 4. An ex daemonum damnatorumque peccatis Jansenius bene intulerit, liberum arbitrium cum simplici necessitate consistere. ibid. eod. 4. D. theol. de ministro sacramenti matrimonii. ibid. 1759. 4. An Berengarius jam saeculo XI recentioribus haereticis ita praeluserit, ut realem corporis & sanguinis Christi praesentiam in eucharistia inficiaretur, proinde Sacramentariorum parens e vero habeatur? ibid. 1760. 4. De libertate ad peccandum in damnatis. ibid. eod. 4. Lex ad legitimam ecclesiasticorum ordinum susceptionem & munerum ecclesiasticorum administrationem praemonstrata. ibid. 1767. — Continuationes. ibid. 1769 & 1771. 8. Universa hierarchia ecclesiastica per totum terrarum orbem diffusa, γεω και τοπογραφικῶς exhibita. . . 8. — Mehrere Schriften verzeichnet *Pelzel* in Böhmischen — Jesuiten S. 215 u. f.

PLITT (Johann Friedrich) *D. der R. ordentlicher Advokat,* seit 1790 *Mitglied des Ein und Funfziger Kollegiums zu Frankfurt am Mayn,* seit 1790 *herzogl. Sachsen-Coburgischer und* seit 1791 *herzogl. Würtembergischer Legationsrath und Resident,* seit 1792 *Gesandter des Fürsten von Wied-Kunkel, und* seit

*) Lebt er noch?

seit 1797 *des Prinzen von Oranien bey der kurrheinischen Kreisversammlung* *), *wie auch Kapitular des königl. Preuss. Kollegiatstiftes zu Lübbecke* seit 1793: *geb. zu Rinteln am* 5 *Jul.* 1761. §§. *Miscellaneen theologischen Inhalts. Frankf. und Leipz. 1782. 8. *D. inaug. de levis notae macula secundum jus Germanicum. Marburg.* 1784. 4. *Commentatio de Germanorum erga feminas observantia. ibid. eod.* 4. *Ueber den Geschäftsstyl und dessen Anweisung auf hohen Schulen. Frankf. am M. 1785. 4. *Analecta juris criminalis, junctim edita. Hanoviae* 1786. 8. Repertorium für das peinliche Recht. Frankf. am M. 1786. — 2ter Band. ebend. 1789. 8. *Corpus juris civilis, denuo editum. T. I. Hagae Comit. & Francof. ad Moen.* 1789. 8 *maj.* — Hatte grossen Antheil an *Hartleben's* juristischen Litteratur und an einigen gelehrten Zeitungen. — Vergl. *Strieder* B. 11. S. 107 u. ff.

PLITT (Johann Ludwig Christian) *Hauptpastor an der St. Marienkirche und Konsistorialrath der kaiserl. freyen Reichsstadt Friedberg: geb. zu Cassel am* 6 *May* 1733. §§. Hat den in der Varrentrappischen Buchhandlung zu Frankfurt 1777 herausgekommenen Nachdruck von Houbigants kritischen Commentar über das A. T. veranlasset und besorgt. — Rede bey dem Leichenbegängnisse Hrn. Hauptpastors Venator, über Psalm 119, 76. Frankf. am M. 1778. 4. Ueber die beste Art der Erwartung eines sorgenfreyen Lebens nach Psalm 55, 23; eine Gastpredigt am 7ten Sonntage nach Trinit. in der Wetzlarischen Stadtkirche gehalten. Wetzlar 1786. 8. Trauerpredigt auf den grossen Kaiser der Teutschen, Joseph II. Friedberg 1790. 8. Trauerpredigt auf den unvergesslichen Kaiser Leopold II u. s. w. Frankf. am M. 1792. 8. — Noch verschiedene Kasualreden.

PLöDT-

*) Ausserdem noch Resident einiger fürstl. und gräfl. Häuser.

PLÖDTNER (Johann August) *Oberpfarrer und Dekanus, wie auch Konsistorialassessor zu Themar im Hennebergischen seit 1774: geb. zu . . . 178 . .* §§. Raccolta di diverse materie in prosa ed in versi, tirate da' più illustri scrittori moderni, accommodata al profitto di chi voglia domesticarsi colla lettura italiana. 1 Parte. Coburg. 1767. 8. *Wahl der besten französischen Predigten, welche verschiedene der berühmtesten Redner gehalten haben. 3 Theile. ebend.* 1773. 1774. 1770. 8. *Antritts- und Abschiedspredigt zu Themar und Coburg. ebend.* 1774. 8.

PLÖN (Johann Christian) *Stallmeister der königl. Ritterakademie zu Berlin: geb. zu Köpenick am 24 Januar* 1749. §§. Anleitung zur äussern Pferdekenntniss. Berlin 1790. 8.

PLÖTTNER (Lebrecht Peter) *ehemahls Hauslehrer bey dem Hofrath von Glasey zu Dresden; hernach Amtsregistrator zu Weyda; alsdann Lehrer der französischen und italienischen Sprache zu Gera; privatisiret seit dem Brand in Gera* 1781, *wobey er alle seine Habseligkeiten verlohr, zu Schleitz: geb. zu Gera am 20 Jun.* 1714. §§. In den Dresdner gelehrten Anzeigen sind von ihm verschiedene Aufsätze theils unter seinem wahren, theils unter verdecktem Namen, z. B. Betrachtung der Armuth, samt einigen Trostgründen. Verschiedene zur Vogtländischen Historie gehörige Schriften. Vom Bücherschreiben. Von Siegeszeichen. Von der italienischen, französischen und andern Sprachen. Von Gedächtnissäulen. Von Agenten. Von Vitt Siri historischen Werken. Die Nothwendigkeit der Lehre von der Unsterblichkeit der Seele. — * Von rechtlichen Ausführungen oder Deduktionen; *in der Deduktionsbibliothek von Teutschland* B. 1. S. 467 u. ff. Zusätze zu dieser Abhandlung; *ebend.* B. 2. S. 1045 u. ff.

PLOUC-

PLOUCQUET (Christoph Matthäus) Bruder des folgenden; *M. der Phil. und seit 1793 fürstl. Hechingischer Hofrath zu Stuttgart* (war von 1793 - 1795 Lektor des Herzogs Ludwig von Würtemberg): *geb. zu Tübingen am 12 März* 1754. §§. Les Nuées; une Comédie d'Aristophane, en cinq Actes, traduite du Grec. à Tubingue 1788. 8.

PLOUCQUET (Wilhelm Gottfried) des vorigen Bruder; *M. der Phil. und D. der AG. wie auch* seit 1782 *ordentlicher Professor der AG. auf der Universität zu Tübingen: geb. zu Rötenberg im Würtembergischen* 1744. §§. *D. de vi corporum organisatorum assimilatrici. Tubing.* 1766. 4. Anweisung, wie man ohne Früchte mit geringen Kosten sich dennoch ernähren könne. ebend. 1771. 4. Abhandlung über die gewaltsamen Todesarten, nebst einem Anhang von dem geflissentlichen Missgebähren, als ein Beytrag zu der medicinischen Rechtsgelahrheit. ebend. 1777. 8. *D. inaug. sistens aetates humanas earumque jura. ibid.* 1778. 4. Eben dieselbe teutsch. ebend. 1779. 8. Ueber die physische Erfordernifs der Erbfähigkeit der Kinder. ebend. 1779. 8. Vollständiger Rossarzt, oder Unterricht, die Krankheiten der Pferde zu erkennen und zu kuriren; mit angehängtem Receptbuch. ebend. 1781. 8. 2te veränderte Ausgabe. ebend. 1792. 8. Ueber den Holzmangel und die Mittel, ihm abzuhelfen. ebend. 1780. 8. Neue Auflage, enthaltend einen Anhang von besonders wohlfeilen Anstalten zu einem ökonomischen Heerdfeuer. Mit 1 Kupfer. ebend. 1790. 8. Warnung an das Publikum vor einem in manchem Brandtewein enthaltenen Gifte, samt den Mitteln, es zu entdecken und auszuscheiden. ebend. 1780. 8. Unterricht für die Barbirer und Bader der zur Graffschaft Ober- und Niederhohenberg gehörigen Herrschaften und Orte, wie dieselben sich zu verhalten haben, wenn sie zu jemand berufen werden, welcher von einem tollen oder sogenannten, wüthigen Hunde oder einem andern dergleichen Thiere beschädiget worden ist. ebend. 1780. fol. *D. Nova pulmonum docimasia. ibid.* 1782. 4. Skizze der Lehre von der menschlichen Natur. ebend. 1782. 8. *Noch eine Meynung über die Frage: Welches sind die besten ausführbaren Mittel, dem Kindermord Einhalt zu thun? ebend. 1783. 8. *D. de morbis periodicis. ibid. eod.* 4. *Diss. de Gonorrhoea masculina syphilitica. ibid.* 1785. 4. *Fundamenta therapiae catholicae; subjungitur catalogus corporum medicamentosorum usitatiorum. ibid. eod.* 8. Von Veredlung der Wolle und Verbesserung des Schaafstandes; zum Besten der Herren Schaafhalter. ebend. 1785. 8. Nachtrag dazu. ebend. 1785. 8. *D. Acquisitionem variolae opportunam denuo commendans. ibid. eod.* 4. *D. de amputatione incruento. ibid. eod.* 4. Dieselbe teutsch: Von der unblutigen Abnehmung der Glieder. ebend. 1786 (*eigentl.* 1785). 8. *Diss. de anthrace venenato. ibid.* 1786. 4. *Kommentar über das Projekt einer Kirchenvereinigung. ebend. 1786. 4. Vertrauliche Erzählung einer Schweitzerreise im Jahr 1786; in Briefen. ebend. 1787 (*eigentl.* 1786). 8. *Commentarius medicus in processus criminales super homicidio, infanticidio & embryoctonia. Argent.* 1787. 8 *maj. Diss. Triga Observation. medic. practic. Tubing.* 1787. 4. *Diss. Cephalalgia, methodo naturae accommodata. ibid. eod.* 4. Abhandlung über die gewaltsamen Todesarten, als ein Beytrag zur medicinischen Rechtsgelahrheit; zweyte aus dem Lateinischen übersetzte und sehr vermehrte Auflage. ebend. 1788. 8. *Diss. de exstantiori frequentia & deterioratione morborum inter vulgus. ibid. eod.* 4. Ueber einige Gegenstände in der Schweitz. ebend. 1789. 8. Ueber die Hauptmängel der Pferde, sowohl für Pferdeliebhaber und Händler, als vornemlich für Rechtsgelehrte, in Rücksicht der dahin einschlagengenden Processe. ebend. 1790. 8. *D. de myositide & nevritide, praesertim rheumatica, per historiam aegrae illustrata. ibid. eod. 4.* *Unfehlbares Mittel, den Büchernachdruck zu verhindern, zum Besten rechtmässiger Verleger und der Schriftsteller. ebend. 1790. 4. Mittel, Häuser und Gebäude unverbrennlich zu machen, nebst andern Anstalten gegen Feuersbrünste. ebend. 1791. 8. *D. de Emesia sistens ejus differentias accidentales aeque ac essentiales sive specificas. ibid. eod. 4. Delineatio systematis nosologici naturae accommodati. Tomus I-IV. ibid. 1791-1793. 8. D. aphorismi momenta quaedam circa aeolechtyma s. vulgo dictas variolas sistentes. ibid. 1792. 4. D. de metroloxia, praesertim de caussis & signis illius. ibid. eod. 4. D. qua Dyscatabrosis pharyngeo-oesophagea thliptica, choeradica casu illustratur. ibid. eod. 4. D. Onomatopoeae Nosologicae fundamenta. ibid. 1793. 4. D. de bernicis succinatae vi eximia in sanandis ambustionibus. ibid. eod. 4. Initia Bibliothecae medico-practicae & chirurgicae realis, sive Repertorii medicinae practicae & chirurgiae. Tomus I, continens litteras A & B. ibid. 1793. — Tomus II, continens litteras C & D. ibid. 1794. — Tomus III, continens litteras E. F. G. ibid. eod. — Tomus IV, continens litteram H.. ibid. 1795. — Tomus V, continens litteras I-N. ibid. eod. — Tomus VI, continens . . . ibid. 1796. — Tomus VII, continens . . . ibid. 1797. 4. D. observationes in hepatitidis & metrititidis consolidationem fistularum ani secutarum. ibid. 1794. 4. D. theses, primas lineas odontitidis s. inflammationis ipsorum dentium sistentes. ibid. eod. 4. D. de laesionibus mechanicis simulacrisque laesionum, foetui in utero contento accidentibus, ad illustrandas causas infanticidii. ibid. eod. 4.* *Briefwechsel zweyer Schulmeister über ein schön Gedicht, in den jetzigen Zeitläufen gar nützlich zu lesen. Frankf. 1794. 8. *Reflexionen über die Art der Entrichtung der von Würtem-

 berg

berg an die Franzosen zu bezahlenden Kontribution. Tübingen 1796. 8. Belehrung über die Hornviehseuche, an die Landleute gerichtet. ebend. 1796. 8. Aufmunterung zu Versuchen wirksamer Mittel gegen die herrschende Hornviehseuche. ebend. 1796. 8. *D. de vi vitali, ejusque mutationibus in apoplexia. ibid. eod.* 4. System der Nosologie im Umrisse. ebend. 1797. gr. 8. Ueber die Ausbildung, Pflicht und Klugheit des Arztes. ebend. 1797. gr. 8. — Vorrede zu *Steebs* staatswirthschaftlichen Betrachtungen über Schäferey, Hornviehzucht und Ackerbau (ebend. 1784. 8). — Schreiben, die Zurechtbringung eingeklemmter Brüche betreffend; *in* Richters *chirurg. Bibl.* B. 5. St. 4. — Observationum medicarum pentas; *in Nov. Act. Acad. Nat. Cur.* T. VIII. p. 18 sqq. — Vorschläge, aus einheimischen Mohn Opium zu ziehen; *in dem Taschenkalender für Natur- und Gartenfreunde auf das Jahr* 1796. — Sein Bildniss vor Gruners Neuen Taschenbuch für Aerzte und Nichtärzte auf 1797.

PLÜMICKE (Karl Martin) *herzogl. Curländischer zweyter Regierungsrath zu Sagan* (vorher seit dem Oktober 1784 Kabinetssekretar des Herzogs von Curland; vor diesem Schauspieldichter bey der Döbbelinischen Gesellschaft zu Berlin, und vordem Rathssekretar zu Breslau): *geb. zu Wollin in Vorpommern am* 26 *März* 1749. §§. *Miss Jenny Warton; ein Lustspiel. Breslau 1775. 8. *Der Volontär; ein Lustspiel. ebend. 1775. 8. *Henriette, oder der Husarenraub; ein Schauspiel in 5 Akten, nach dem Roman gleiches Namens. Berlin 1780. 8. Entwurf einer Theatergeschichte von Berlin, nebst allgemeinen Bemerkungen über den Geschmack, hiesige Theaterschriftsteller, und Behandlung der Kunst in den verschiedenen Epochen: mit angehängtem Verzeichnisse aller auf der Kochischen und Döbbelinischen Bühne erschienenen Stücke. ebend. 1781. 8.

Lanassa; ein Trauerspiel. ebend. 1782. 8. 2te Auflage. ebend. 1787. 8. Johann von Schwaben; ein Schauspiel von *A. G. Meissner*; frey bearbeitet für die Bühne. ebend. 1783. 8. Die Räuber; Trauerspiel von *Friedr. Schiller*; für die Berliner Bühne bearbeitet. ebend. 1783. 8. Erklärung, in wie weit er an der Predigtenkritik Theil habe, nebst einigen Urtheilen und Bemerkungen über die für und gegen dieselbe erschienenen Schriften. ebend. 1783. 8. Der Besuch nach dem Tode; ein Schauspiel in 3 Aufzügen; nach *Meissners* Erzählungen. ebend. 1783. 8. Die Verschwörung des Fiesko; ein republikanisches Trauerspiel in 5 Aufzügen von *F. Schiller*; für die Bühne bearbeitet. ebend. 1784. 8. Neue Ausgabe. ebend. 1792. 8. Sophonisbe; ein Trauerspiel von *Epheu*; für die Berliner Bühne bearbeitet. ebend. 1784. 8. Jette, oder der Husarenraub; Schauspiel in 5 Akten. Neue, verbesserte, rechtmässige Ausgabe. ebend. 1786. 8. Neue, vermehrte und verbesserte Ausgabe. ebend. 1789. 8. Umarbeitung des Schauspiels: General Schlenzheim und seine Familie; in 4 Akten von *Spies*. Regensburg 1786. 8. Niederschlesisches Magazin; eine Monatsschrift. Leipzig u. Liegnitz 1789-1795. 8. *Auch unter dem Titel:* Neues Lesebuch für alle Stände; Zeitschrift in monatlichen Heften. — *Der Jahrgang* 1795 *erschien zu Sagan.* — Briefe auf einer Reise durch Teutschland im Jahr 1791, zu Beförderung der National-Industrie und des Nahrungsstandes; vornemlich in Beziehung auf Manufaktur-Kunst- und Oekonomie-Gegenstände. 2 Theile. Liegnitz 1793. kl. 8. Fragmente, Skizzen und Situationen auf einer Reise durch Italien. Görlitz 1795. 8. Wenzel und Edeltrud; eine vaterländische Sage der Vorzeit; nach einer handschriftlichen Urkunde. ebend. 1795. 8. — Sämtliche theatralische und verschiedene andre Recensionen in der Frankfurter Bibl. der Philosophie und Litteratur. — *Vergl.* Büsten Berliner Gelehrten.

POCHLIN (Markus vom heil. Anton zu Padua) *des Augustiner Barfüsserordens Profeß zu Wien: geb. zu Laybach in Krain am 13 April 1735.* §§. Kraynska Grammatica, *d. i. Krainersche Grammatik. Laybach* 1768. 8. Limbař med. temjam. Wien 1768. 12. Abecediko. Laybach 1768. Mesz boshje labesne. ebend. 1768. Molituvne bukuvze. ebend. 1767. *Vermehrt.* ebend. 1771. 12. Suvetni postni Evangelium. ebend. 1773. 8.

POCK (Edmund) *des Benediktinerordens Professor in dem Bayrischen Kloster Etal, und Bibliothekar, auch Lehrer der Geschichte bey der dortigen Ritterakademie: geb. zu ...* §§. Historisch-chronologische und geographische Tabellen vom Anfang der Welt bis 1764, nebst einer kurzen Vorstellung der Erdkugel und 45 genealogischen Tabellen. Augsburg 1764. fol.

POCK (Johann Baptist) *öffentlicher Repetitor der Rechte (?) zu Ingolstadt: geb. zu ...* §§. Ueber das Studium der Rechtsgelehrsamkeit und ihrer Vorbereitungs- und Hülfswissenschaften. Eichstädt 1783. 4.

POCK (....) *M. der Phil. und Geometer zu ... geb. zu ...* §§. Gebrauch des Proportionalzirkels nach Anleitung des Hrn. Bions zu sechs Linien, mit einem Anhange eines neuen Transporteurs, wodurch auch im Kleinen einzelne Minuten zu zeichnen und zu messen sind. Nebst einigen Tabellen von künstlichen und figurirten Zahlen, deren simpeln und Zentralpolygonen und Piramidalzahlen von ihrer Wurzelausziehung bis in die neunte Dignität, wie auch von Pronikzahlen und Ausziehung ihrer Wurzeln. Mit 7 Kupfertabellen. Salzburg 1785. 8.

POCKELS (Karl Friedrich) *herzogl. Braunschweigischer Rath zu Nordheim unweit Göttingen* seit 1790 (vor-

(vorher seit 1788 Lehrer und Sekretar des Prinzen August von Braunschweig-Wolfenbüttel zu Nordheim mit dem Charakter eines Raths; vordem seit 1780 herzogl. Braunschweigischer Prinzenlehrer zu Braunschweig, nachdem er vorher Hofmeister zu Potsdam gewesen war): *geb. zu Wörmlitz bey Halle am 15 Nov.* 1757. §§. Beyträge zur Beförderung der Menschenkenntniss, besonders in Rücksicht unserer moralischen Natur. 1stes Stück. Berlin 1788. — 2tes Stück. ebend. 1789. Fragmente zur Kenntniss des menschlichen Herzens. 1ste Sammlung. Hannover 1788. — 2te Sammlung. ebend. 1792. (*auch unter dem Titel:* Briefe über die Weiber. 1stes Bändchen). — 3te Sammlung. ebend. 1794. 8. D. *Ubald Cassina's*, öffentl. Lehrers der Moralphilosophie zu Parma, analytischer Versuch über das Mitleiden; herausgegeben und mit verschiedenen Anmerkungen versehen von D. *Joh. Bapt. Gualengo*, Lektor im Kloster Casino; aus dem Italienischen übersetzt. ebend. 1790. 8. * Bekenntnisse der Prinzessin Elisabeth Charlotte von Orleans; aus ihren Originalbriefen. Danzig 1791. 8. Denkwürdigkeiten zur Bereicherung der Erfahrungsseelenlehre und Charakterkunde; ein Lesebuch für Gelehrte und Ungelehrte. 1ste Sammlung. Halle 1794. 8. Versuch einer Charakteristik des weiblichen Geschlechts; ein Sittengemählde des Menschen, des Zeitalters und des geselligen Lebens. 1ster Band. Hannover 1797 (*eigentl.* 1796). 8. — Epistel an Hrn. Inspektor Tamm zu Wörlitz; *im teut. Merkur* 1783. Aug. S. 183-188. — Von den Jugenderinnerungen; über den Anfang der Wortsprache in psychologischer Rücksicht; psychologische Bemerkungen über das Lachen, und insbesondere über eine Art des unwillkührlichen Lachens; von der Beschaffenheit einiger unserer Gesichtsbegriffe; von der Neigung der Menschen zum Wunderbaren; Schak Fluurs Jugendgeschichte *und andre Abhandlungen in* Moritzens *Magazin zur Erfahrungs-*

rungsseelenkunde, dessen 5ten Band *er mit ihm gemeinschaftlich, den* 6ten *aber, wie auch des* 7ten Bandes 1stes und 2tes Stück, *während* Moritzens *Abwesenheit in Italien, allein herausgab. Seit Michael* 1786 *gab er auch die* Denkwürdigkeiten zur Beförderung des Edlen und Schönen *mit demselben zugleich heraus, den 2ten Band aber allein; in beyden stehen viele Aufsätze von ihm.* — Verschiedene Abhandlungen und Gedichte in den Braunschweig. gel. Beyträgen. — Fabeln in den Ephemeriden der Litteratur und des Theaters. — Poetische Fabeln in der Olla Potrida und in *Archenholtzens* neuen Litteratur und Völkerkunde. — Hatte Antheil an *Beneckens* Jahrbuch für die Menschheit. — Wie es war, — wie es ist, — wie es seyn wird; eine Epistel an T**; *in der teutschen Monatsschrift* 1796. St. 1. S. 3-16. — Epistel an meine Kinder; *in* Wielands *Neuen teutschen Merkur* 1796. St. 2. S. 205-215. Hymens Meisterstück; eine Erzählung; *ebend.* St. 9. S. 41-45. — Ist Mitarbeiter an der Neuen allgem. teut. Bibl.

PODA von Neuhaus (Nikolaus) *vormahls Jesuite und Professor der Mathematik bey der Bergschule zu Schemnitz in Ungern; lebt jetzt zu Wien: geb. zu Wien* 1725. §§. Insecta musei Graecensis, in ordines, genera & species juxta systema naturae Linnei digesta. Graecii 1761. 8. *Verschiedenes Mineralogisches in* Linnei Amoenit. acad. ibid. 1764-1766-1767. *Beschreibung der Luftmaschine zu Schemnitz. Wien* 1770. 8. *Kurzgefaßte Beschreibung der Maschinen zu Schemnitz. Dresden* 1771. 8. *Mineralogischer Versuch über die Eisensteine des Arzberges in Obersteyermark; in* Schrebers *Beschreibung der Eisen- Berg- und Hüttenwerke zu Eisenerz in Steyermark. Leipzig und Königsberg* 1772. 4. *Akademische Vorlesung über die zu Schemnitz neu errichteten Pferdegöpel. Dresden* 1773. 8. — Vergl. *de Luca* gel. Oestr. B. 1. St. 2. — Vergl.

Fa-

Fabricius Briefe auf einer Reise durch Teutschland; *im histor. Portef.* 1786. St. 6. S. 678 u. f.

Graf von PODEWILS *auf Gusow* (. . . .) *zu Gusow in der Mark Brandenburg: geb. zu* . . . §§. *Humphry Marshalls* Beschreibung der Landwirthschaft in der Grafschaft Norfolk; aus dem Englischen übersetzt. 1ster Theil. Berlin 1797. 8.

PÖGE (Elias Friedrich) *M. der Phil. und* seit 1788 *Diakonus an der heiligen Kreuzkirche und Prediger an der Sophienkirche zu Dresden* *) (vorher seit 1778 Diakonus an der Stadtkirche zu Torgau, und vordem an der Stadtkirche zu Eilenburg): *geb. zu Frendiswalde bey Hubertsburg am* 14 *Sept.* 1748. §§. Predigten über wichtige Wahrheiten der Religion in gegenwärtigen Zeiten. Leipz. 1777. 8. Rede bey der Confirmation und Einsegnung der Kinder. ebend. 1778. 8. Menschen, als Fremdlinge und Pilger hier auf Erden; eine Lokalpredigt. ebend. 1787. gr. 8. Predigt am Himmelfahrtstage 1796 in der Hauptkirche zu Torgau gehalten: Wie wir uns auf die künftige Trennung unserer Geliebten vorbereiten können. Dresden 1797. gr. 8. — Noch einige einzelne Predigten.

POEL (Peter) *Inhaber der Expedition des Altonaischen Merkurs, zu Altona: geb. zu* . . . §§. *Frankreich in den Jahren 1795, 1796 und 1797, aus den Briefen teutscher Männer in Paris: mit Belegen. Altona 1795-1797. gr. 8. (*Er ist der vornehmste Herausgeber und Bearbeiter dieser Monatsschrift*).

PÖLITZ (Johann Gotthilf) *M. der Phil. und Prediger zu Ernstthal im Schönburgischen: geb. daselbst am* 5 *Okt.* 1737. §§. * Der Charakter eines Ciceronianers. Leipz. 1759. 4. Das Verhalten eines

*) Fehlt in *Kläbe's* Neuesten gel. Dresden.

eines Christen bey einem Feuer, das der Herr ruft; eine Predigt. ebend. 1767. 4. Die Stimme des Dankes nach der Errettung aus einer grossen Theurung und Hungersnoth: eine Predigt. ebend. 1773. 8. Die würdige Jubelfeyer wahrer Verehrer der Religion an dem hundertjährigen Gedächtnisstage ihrer Kirchweihung; eine Predigt. ebend. 1789. 8. — In *Gottsched's* Wörterbuche der schönen Wissenschaften sind die mit *P* bezeichneten Artikel, die griechischen und römischen Dichter enthaltend, von ihm.

PÖLITZ (Karl Heinrich Ludwig) Sohn des vorhergehenden; *M. der Phil. und* seit 1795 *Professor der Moral und Geschichte bey der Ritterakademie zu Dresden* (vorher seit 1794 Privatdocent auf der Universität zu Leipzig): *geb. zu Ernstthal im Schönburgischen am* 17 *August* 1772. §§. *Religionsvorträge für die Bedürfnisse unsers Zeitalters mit Hinsicht auf eine reine Moral. Leipz. 1794 (*eigentl.* 1793). gr. 8. *Moralisches Handbuch, oder Grundsätze eines vernünftigen und glücklichen Lebens; als Beytrag zu einer populären Philosophie für unser Zeitalter. ebend. 1794 (*eigentl.* 1793). gr. 8. 2te Ausgabe (*mit dessen Namen*). ebend. 1795. 8. *Mahlerische und philosophische Darstellungen der höhern Bedürfnisse der Menschheit. Halberstadt 1794. 8. *Disp. historica de gravissimis theologiae seriorum Judaeorum decretis, quorum vestigia in libris inde ab exilii aetate usque ad saeculi quarti post C. N. initia deprehenduntur. Lips.* 1794. 4. Können höhere Wesen auf den Menschen wirken und sich mit ihm verbinden? freymüthig untersucht. ebend. 1794. 8. Populäre Moral des Christenthums, nebst historischer Einleitung in das Zeitalter Jesu. ebend. 1794. 8. *Gab heraus:* *Ceres für Bildung des Geschmacks; eine Vierteljahrsschrift. 1ster Jahrgang 1ster u. 2ter Heft. ebend. 1794. gr. 8. (*Von ihm ist darinn:* *Ueber das Bedürfniss und den Begriff einer populären

ren Philosophie; *H.* 1. *S.* 1-37. *Welchen Gang muss die Erziehung unsers Zeitalters nehmen, wenn sie auf die Menschheit einen wohlthätigen Einfluss haben soll? *H.* 2. S. 113-167). Grundlinien zur pragmatischen Weltgeschichte, als ein Versuch, sie auf Ein Princip zurück zu bringen; für akademische Vorlesungen. Leipz. 1795 (*eigentl.* 1794). gr. 8. Beytrag zur Kritik der Religionsphilosophie und Exegese unsers Zeitalters; ein Versuch auf Veranlassung der neuesten zur Begründung einer reinen Religionswissenschaft angestellten Untersuchungen. ebend. 1795. 8. *Erbauungsbuch zur Beförderung einer reinen Tugend, als Fortsetzung des Sanderischen Erbauungsbuches. ebend. 1795. gr. 8. Ueber den nothwendigen Zusammenhang der Philosophie mit der Geschichte der Menschheit; eine Abschiedsvorlesung in Leipzig den 21 März 1795 gehalten. ebend. 1795. gr. 8. Pragmatische Uebersicht der Theologie der spätern Juden. 1ster Theil. ebend. 1795. gr. 8. Sind wir berechtigt, eine grössere künftige Aufklärung und höhere Reife unsres Geschlechts zu erwarten? Mit steter Hinsicht auf die gegenwärtigen Zeitumstände untersucht. ebend. 1795. 8. Lehrbuch für den ersten Cursus der Philosophie, zur näheren Kenntniss der Philosophie unserer Tage, für Vorlesungen auf Akademien und Gymnasien und für das eigene Studium derselben geschrieben. Leipz. u. Gera 1795. gr. 8. Geschichte der Kultur der Menschheit nach kritischen Principien. 1 Theil. Leipz. 1795. gr. 8. — Ideen zu einer populären Philosophie für die Bedürfnisse unsrer Zeit, in einigen akademischen Vorlesungen vorgetragen; *in* v. Eggers *teut. Magazin* 1795. May. S. 467-527. — Ueber Röm. VIII, 19-23, ein exegetisch-historischer Versuch; *in* Paulus *Memorabilien* St. 7. Nr. 6 (1795). — Antheil an den Recensionen in der *Ceres* und in einigen gelehrten Zeitungen. — Vergl. (*Ecks*) Leipz. gel. Tagebuch 1794. S. 8 u. ff. und *Kläbe*.

Frey-

Freyherr von PöLLNITZ (Karl Wilhelm Friedrich Leopold) *Lieutenant bey dem königl. Preussischen Infanterieregiment von Laurens zu Ansbach* (gegenwärtig zu Nürnberg auf Werbung): *geb. zu* ... §§. Allgemeine politische Bemerkungen über Gewerbe, Fabriken und Manufakturen. Bayreuth und Leipz. 1786. 8. - Wahre Mittel, Staaten reich, blühend und glücklich zu machen. Ansbach 1788. 8. Ueber die wahren Mittel zur Fruchtbarkeit; eine physikalische ökonomische Abhandlung. Nürnberg u. Altdorf 1790. 8. Beytrag zur praktischen Veredlung der Landwirthschaft; an Teutschlands Gutsbesitzer. Schwabach 1791. 8. Auch ein Paar Worte über den Adel Teutschlands und dessen gemeinste Vorurtheile. Wesel 1795. — 2te Auflage. Nürnberg 1797. 8.

PöRSCHKE (Karl Ludwig) *M. der Phil. und Privatdocent zu Königsberg in Preussen*: *geb. zu Malsen in Preussen am* 10 *Januar* 1752. §§. D. de protyporum in artibus utilitate. Regiom. 1787. 4. *Gedanken über einige Gegenstände der Philosophie des Schönen. 1ste Samml. Liebau* 1794. — *2te Samml. ebend.* 1796. *gr.* 8. *Vorbereitungen zu einem populären Naturrecht. Königsberg* 1794. *gr.* 8. *Einleitung in die Moral. Liebau* 1797. *gr.* 8.

PöSCHMANN (Friedrich) *M. der Phil. zu* ... *geb. zu* ... §§. Wilhelm Wallace, oder der Held aus dem Hochlande; ein historischer Roman von *Heinrich Siddens*; aus dem Englischen übersetzt. Leipz. 1796. 8. Gedichte. ebend. 1797. 8.

PöSEL (Joseph) *kurpfälzischer Bienenmeister zu* ... *geb. zu* ... §§. Gründlicher und vollständiger Unterricht sowohl in der Garten- als Waldbienenzucht in Churpfalz-Bayrischen Ländern. München 1784. 8. Praktischer Bienenkatechismus

chismus für das Landvolk und die Bienenfreunde. Mit Kupfern. ebend. 1787. 8.

PÖTTINGER (Friedrich) ... *zu* ... *geb. zu* ... §§. Predigten des Ehrw. Vater *Elisäus*, Barfüsser-Karmeliten, S. M. des Königs in Frankreich gewesenen Hofpredigers. Aus dem Franz. ganz neu übersetzt. Mit Erlaubniss der Obern. 1ster Band. gr. 8. — 2ter Band. Cöln 1787. — 3ter und 4ter Band. ebend. 1788. kl. 8.

PÖTZSCH (Christian Gottlieb) *Concierge oder Aufseher bey der kurfürstlichen Naturaliensammlung zu Dresden* seit 1776: *geb. zu Schneeberg am 16 May* 1732. §§. Mineralogische Beschreibung der Gegend um Meissen. Dresden 1779. 8. Chronologische Geschichte der grossen Wasserfluthen des Elbstroms seit tausend und mehr Jahren. Mit Kupf. ebend. 1784. gr. 4. Nachtrag und Fortsetzung seiner chronologischen Geschichte der Wasserfluthen des Elbstroms. ebend. 1786. gr. 4. — Nachricht von der 1760 im Meissnischen Kreise grassirenden Hornviehseuche; *in* v. Schütz *ökon. Bedenken* (Chemnitz 1762) S. 443-448. Etwas zur Antwort in einem Schreiben an den Hrn. Amtshauptmann v. Schütz auf 2 diverse Sendschreiben; *ebend.* S. 489-494. — Nachricht von dem im Jahre 1773 am 30 Jan. auf dem Schlosse zu Meissen entstandenen Brande; *in den monatl. Sammlungen von alten und neuen Miscell. Saxon.* &c. 1774. May. S. 136-144. — Schreiben an den Lic. Schulz, die beobachtete Verwandlung und Fortpflanzung der Cocinellwürmer in der Gegend von Meissen betreffend; *in den Leipz. ökonom. Schriften* Th. 1. S. 163-165. (*Die bisher angeführten 4 Aufsätze sind wider die Absicht des Verf. gedruckt worden*). Versuch einer mineralogischen Beschreibung der Gegend um Meissen; *ebend.* Th. 2. S. 249-284. Auszüge mit kurzen Betrachtungen aus dessen und Hrn. Krahls Witterungsbeobachtungen zu Meissen

in

in den Jahren 1772-1776; mit 35 Tabellen und 4 Kupfern; *ebend.* Th. 4. S. 67-284. Eben dergleichen aus dessen Witterungsbeobachtungen zu Dresden auf die J. 1777 u. 1778; mit 12 Tabellen und 1 Kupfer; *ebend.* Th. 5. S. 103-274. — Nachrichten und Bemerkungen über die vornehmsten Wasserfluthen des Elbstroms, welche seit 1501 zu Meissen durch Merkmahle angezeichnet worden; *in den ökonom. Anzeig.* Michaelismesse 1775. S. 65-77. Elbhöhenbeobachtung von der im Febr. 1776 entstandenen Ueberschwemmung durch einen Eisschutz bey Meissen; *ebend.* Michaelismesse 1776. S. 82-86. — Auszüge aus den von ihm und Hrn. Krahl zu Meissen angestellten Elbhöhenbeobachtungen im J. 1777; mit 2 Tabellen; *in den kleinern Schriften der Leipz. Societ.* Michaelismesse 1778. S. 67-88. (*Von diesem Aufsatze sind auch 12 Exemplarien besonders, mit einem eigenen Titel, abgedruckt worden, die der Verf. an gute Freunde vertheilte, und daher rar sind, so wie überhaupt dieser ganze Band, von dem fast die ganze Auflage durch Zufall verlohren gegangen ist*). — Ueber das sogenannte Weltauge; ein Auszug aus einem Brief von ihm an die königl. Schwed. Akademie der Wissensch.; *in deren Abhandl.* B. 39. S. 317 u. f. (*Es ist dies die allererste Entdeckung von der eigentlichen Beschaffenheit dieses Fossils*). — Zusätze zu der in Hrn. Prof. Leskens Reise durch Sachsen von ihm befindlichen Beschreibung des schwarzen Erdkobolds und damit angestellten chymische Versuche, die beweisen, dass dieses kein Kobold, sondern ein wahrer Braunstein sey; *in* Lempe's *Magazin für die Bergbaukunde* Th 3. S. 85-98. — Witterungsbeobachtungen zu Dresden, in monatlichen Tabellen, mit Betrachtungen darüber, auf das J. 1792: *in den Dresdner Merkwürdigkeiten von* 1792. Dergleichen auf das J. 1793; *ebend.* — Recensionen physikalischer und mineralogischer Schriften in den Dresdner gelehrten Anzeigen und in dem Wittenberger Wochenblatt. — Vergl. *Kläbe.*

POGGI (. . . .) *Opernsänger zu Braunschweig: geb. zu . . . in Italien . . .* §§. Il Trionfo della Constanza. In Brunsvigo 1790. 8. — *Italienische Gedichte.*

POHL (Christian Friedrich) *M. der Phil. und D. der R. wie auch* seit 1783 *Rathsherr zu Leipzig: geb. daselbst* 1752. §§. D. (Praes. *A. F. Schott*) Historia juris civilis de praescriptione adversus civitates. Lipſ. 1774. 4. D. de codicibus Gregoriano atque Hermogeniano. ibid. 1777. 4. D. inaug. de origine atque fatis praescriptionis longissimi temporis ad Justinianum. ibid. 1779. 4. D. de fatis praescriptionis longissimi temporis ex legibus Justiniani. ibid. 1780. 4. — *Vergl.* Weidlichs *biogr. Nachr.*

POHL (Johann Ehrenfried) Bruder des vorhergehenden; *D. der AG. und* seit 1788 *kurfürstl. Sächsischer Hofrath und Leibarzt zu Dresden, wie auch* seit 1789 *ordentlicher Professor der Pathologie auf der Universität zu Leipzig, welche Stelle, so wie diejenige eines Beysitzers der medicinischen Fakultät, die er* 1785 *erhielt, durch Substituten verwaltet werden* (vorher seit 1773 ausserordentl. Professor der Botanik, Stadtaccoucheur, wie auch Kreis-Amts- und Landphysikus): *geb. zu Leipzig am* 12 *Sept.* 1746. §§. Animadversiones in structuram ac figuram foliorum in plantis. Lipſ. 1771. 4. Pr. de soli differentia in cultura plantarum attendenda. ibid. 1774. 4. Rudolf Augustin Vogels *Vorlesungen über die Kenntniß und Heilung der Krankheiten des menschlichen Körpers; aus dem Lateinischen übersetzt, nebst Anmerkungen und einer Vorrede herausgegeben. ebend.* 1780. 8. D. de varice interno, morborum quorundam caussa. ibid. 1785. 4. Pr. de analogia inter morbillos & tussim convulsivam. ibid. 1789. 4. — *Aufsätze in den Sammlungen zur Physik und Naturgeschichte.* — *Vergl.* Kläbe.

POHL (Johann Gottlob) *Lehrer an der Friedrichsschule zu Breslau: geb. zu Langenau unweit Görlitz* 1749. §§. Theologiam philosophiamque morum non posse in unius principii scientiam coalescere. Gorlicii 1774. 4. *Die Beschaffenheit der Angehörigen Jesu; eine Gastpredigt. Breslau* 1779. 8. — *Aufsätze in dem* 1772 *zu Leipzig herausgekommenen Journal für Liebhaber der Litteratur.*

POHL (Johann Wenzel) *k. k. Kammerthürhüter zu Wien: geb. zu Königgrätz in Böhmen* . . . §§. Böhmische Grammatik. Wien 1756. 8. 2te Aufl. ebend. 1764. *Hernach mit einem neuen Titelblatt.* ebend. 1776. 8. *Alsdann unter diesem Titel:* Neuverbesserte Böhmische Grammatik, mit all erforderlichen tüchtigen Grundsätzen, gut und verläßlicher Rechtschreibung, Ableitung und zufolge dieser verschiedener Bedeutung der Böhmischen Wörter bewähret; denn mit einem eigentlich Böhmischen Wörterbuch und mehrern der allgemeinen Erfordernifs nach eingerichteten Gesprächen, zu rechtschaffener Erlernung dieser Sprache, für einen Teutschen, als ingleichen auch der teutschen Sprache für Böhmen und andere slawische Nationen begleitet und bestehend in vier Haupttheilen, nemlich der Orthographie oder Rechtschreibung, der Etymologie oder Wortforschung, der Syntax oder Wortfügung, der Prosodie oder Tonmessung. Allen, diese Sprache Lehrenden und Lernenden zu einem tüchtigen Werkzeuge verfasst. ebend. 1783. 8. — Vergl. *de Luca's* gel. Oestreich.

POHL (Joseph) *vormahls Jesuite, D. der Theol. und ehemahliger Lehrer der Kirchengeschichte der Universität zu Wien; jetzt privatisirt er daselbst* *): *geb. daselbst am 17 Dec.* 1711. §§. Manuductio ad

*) Auch jetzt noch? oder im Reiche der Todten?

ad historiam ecclesiasticam. P. I-VI. Viennae 1753-1759. 8. — *Einige lateinische Reden.* — Vergl. *de Luca* l. c.

POHLMANN (August Wilhelm) *Konrektor der Schule zu Salzwedel* seit 1790: *geb. zu* . . . §§. *Xenophons* Apologie des Sokrates; aus dem Griechischen mit Anmerkungen. Leipz. 1790. 8. *Oratio de religionis auctoritate, a scholarum magistro imprimis tuenda.* 1790. 8. — Giebt seit 1792 in Verbindung mehrerer Gelehrten zu Salzwedel ein *Altmärkisches Wochenblatt* heraus.

POIGER (Benedikt) *regulirter Lateranensischer Chorherr zu St. Zeno nächst Reichenhall in Bayern: geb. zu* . . . §§. Predigt von dem Ave Maria oder Engelischen Grusse. Salzburg 1783. 8. Theologie ohne Hexen und Zauberer. ebend. 1784. 8. Versuch zur Errichtung einer pfärrlichen Armenleute-Bruderschaft. München 1786. 8. Leichenrede, dem Dechant Holzbauer gehalten. ebend. 1786. 8. Bayerns Glückseligkeit in seinen Wittelsbachischen Regenten, vorgetragen in einer geistlichen Rede. Salzburg 1786. 8. Kurze Abhandlungen über wichtige Religionsgegenstände für das gemeine Christenvolk. 1stes und 2tes Bändchen. Grätz 1788. 1789. 8. *Theologia ex magica, seu Magia ex Theologia proscribenda. Salisburgi* 1789. 4. Christliche Gedanken von den Bildern der Heiligen Gottes — vorgetragen in einer Predigt am Nikolausfeste zu Reichenhall den 6ten Dec. 1790. Salzburg (1791). 8; *auch in den* Beyträgen zur Homiletik für Seelsorger, Prediger und Katecheten B. 2 (1792). Ob, und wie man zur Einführung einer zweckmässigen Armenanstalt mitzuwirken schuldig sey? Vorgetragen in einer Predigt zu Reichenhall. Weissenburg 1791. 8. Der Priesterfreund. Salzb. 1791. gr. 8. Predigten für die studirende Jugend, gehalten im Studenten-Betsaale zu München. München 1793. 8.

De ingeniorum moderatione in rebus philosophicis; accedunt theoremata ac problemata, tum logica, tum metaphysica, nec non ex philosophia religionis & morum, atque ex mathesi, Philosophis primi anni in tentamine finali proponenda. ibid. eod. 8.

POLCHOW (Johann David) *Pastor zu Genin im Hochstift Lübeck* seit 1765: *geb. zu Parchim im Mecklenburgischen am* 13 *November* 1732. §§. *D.* (*Praes.* J. C. Köcher) *de unctione Christi. Jenae* 1754. 4. Die letzten Stunden seines Vaters, Jakob Bernhard, Superintendent zu Parchim. Rostock 1756. fol. Zum Andenken des Archidiakonus David Bertram Löscher in Parchim (*über die Frage: Ob man mit Recht verstorbene Christen selig nennen könne?*). Lübeck 1769. fol. Das Leben seines (*jüngsten*) Bruders, Christian Peter, Diakonus in Lauenburg. (*Ohne Druckort*) 1770. fol. Buchstaben-Syllabir-und Zahlentafel für seine Schulen. Lübeck 1784. 8. *Umgearbeitet.* ebend. 1791. 8. Gemeine Syllabirtafel, nach welcher unsere Kinder die erste Anleitung zum Lesen, Hochteutschverstehen und Denken bekommen. Göttingen 1785. 8. Verbesserte Ausgabe. Lübeck 1791. 8. *Dieselbe*, zum Gebrauch für sämtliche Capitelschulen eingerichtet. Rostock 1793. 8. Ueber Volk und Fibeln, zum fruchtbaren Gebrauch in Volksschulen (*ein Dialog*). Lübeck (1786). 4. Gemeiner Lesefibel. ebend. 1788. 8. Hat unsere Gegend bey der Einführung des Christenthums unter Kaiser Otto dem Grossen und Herzog Heinrich dem Löwen gewonnen? — beantwortet. ebend. 1789. 4. Instruktion für die Lehrer an den Capitularschulen des Hochstifts Lübeck, auf Befehl e. hochw. Domcapitels verfasset. ebend. 1793. 8. — Winke für theologische Biedermänner, welche ein neues Gesangbuch für den öffentlichen Gottesdienst sammlen wollen; *in* Pratje's *liturgischem Archiv* Fach 3 (1786). Bemerkungen über den öffentlichen Gottesdienst und

und über die Volksschulen im Herzogthum Oldenburg; *ebend.* Fach 4. Nachricht von einigen in seiner Kirche vorgenommenen liturgischen Abänderungen; *ebend.* Fach 5 (1788). — *Ein Paar Apostasien zum Judenthum ohne Bestand; *in* Henken's *Archiv für die neueste Kirchengeschichte* 1794. 3tes u. 4tes Quartal. *Uebersicht der kirchlichen Verfassung und Schulanstalten des Herzogthums Lauenburg; *ebend.* St. 3 (1795). *Herzogl. Mecklenburg-Schwerinische Landesverordnungen über das Kirchen- und Schulwesen, auch andere damit verwandte Gegenstände in den Jahren 1789-1793; *ebend.* St. 4. Erfahrungen über die Unschädlichkeit des gemeinschaftlichen Kelchs im Abendmahl, als eines vorgeblichen Vehikels, die Lustseuche zu verbreiten; *ebend.* B. 2. St. 4 (1796). — Verbesserung des Landschulwesens zu Genin im Hochstifte Lübeck; *in* Zerenners *teutschen Schulfreund* B. 11 (1795). — Vergl. *Kordes.*

POLLINGER (Anton Peter) . . . *zu Prag: geb. zu* . . . §§. Antonino del Bassiano; ein Trauerspiel in 5 Aufzügen. Prag 1778. 8.

POLLMÄCHER (Christian Salomo) *Pastor zu Wiedemar bey Delitzsch in Kursachsen* seit 1793 (vorher Hofmeister bey Herrn von der Lochau zu Roitzsch in Kursachsen): *geb. zu* . . . §§. *Versuch einer historischen Geographie Kursachsens und seiner Beylande, aufgesetzt für Liebhaber der Vaterlandsgeschichte, welche dieselbe ohne mündlichen Unterricht erlernen wollen. 1ster Theil. Dresden 1788. 8. *Geschichte König Heinrichs des Ersten und Kaiser Otto des Grossen, nach den Annalen Wittekinds von Korbei. Dresden u. Leipz. 1790. gr. 8. Bemerkungen auf einer kleinen Reise auf den Petersberg im Saalkreise. Dresden 1791. 8. *Kleine Biographien, auch Anekdoten und Charakterzüge aus dem Leben der meissnisch-sächsischen Regenten,

 auch

auch andrer merkwürdigen Personen, die unter ihrer Regierung lebten. 1ster Heft, welcher diesen Gegenstand von den ältesten Zeiten bis auf Markgraf Heinrich den Erlauchten behandelt. Dresden u. Leipz. 1791. 8.

POLSFUS (Andreas) . . . *zu Röhrsdorf in Polen: geb. zu* . . . §§ Polnisches Lesebuch für Anfänger. Fraustadt 1792. 8.

von PONTDOIE (Claudius) *Lehrer der französischen Sprache zu Salzburg: geb. zu Charlemont* 1734. §§. Fondement de la langue Françoise. Salsbourg 1782. 8.

PONTET (Jakob) *französischer Sprach- auch Schreib- und Rechenmeister bey der königl. adelichen Militarakademie zu Berlin* *): *geb. zu* . . . §§. Neue und vollkommene französische Grammatik; aus dem Franz. übersetzt. Berlin 1773. 8.

POPPE (Johann Friedrich) *Professor der Geschichte und Erdbeschreibung, wie auch Bibliothekar am Joachimsthalischen Gymnasium zu Berlin* seit 1783 (vorher Prorektor des Friedrichswerderischen Gymnasiums daselbst): *geb. zu Haustenbeck in der Grafschaft Lippe am* 24 *Januar* 1753. §§. *Vita Joannis Baptistae Marini. Halae* 1771. 4. *Charakteristik der merkwürdigsten asiatischen Nationen. 1ster Theil. Breslau 1776. — 2ter Theil. ebend. 1777. 8. *Beyspiele der Tugend und des Lasters aus der Geschichte der Menschheit. 2. Theile. Altenburg 1778. 8. Grundriss der europäischen Staatengeschichte in Verbindung der Erdbeschreibung und Staatskunde, zum Gebrauch der Schulen entworfen. Berlin 1782. gr. 8. Geschichte der europäischen Staa-

*) Fehlt im Neuesten gel. Berlin: steht aber im Berlin. Adresskalender auf das J. 1796.

Staaten, in Verbindung der Erdbeschreibung und Staatskunde. 1ster Band. Halle 1783. — 2ter Band. ebend. 1784. gr. 8. * M. T. Ciceronis *Epistolarum selectarum Libri IV*; nach der Zeitfolge geordnet, und mit kurzen Einleitungen, erklärenden Anmerkungen und einem zweckmässigen Sachregister versehen; zum Gebrauche der Schulen. Berlin 1790. 8. — Antheil an der Ulrichischen moral. Encyklopädie.

POPPE (Johann Heinrich Moritz) . . . *zu* . . . *geb. zu* . . . §§. Versuch einer Geschichte der Entstehung und Fortschritte der theoretisch-praktischen Uhrmacherkunst. Göttingen 1797. 8.

PORSCHBERGER (Christian Adolph) *M. der Phil. und seit* 1787 *Pfarrer zu Russeine* *) (vorher Prediger am Armen- und Waisenhause zu Torgau): *geb. zu Schönerstedt bey Rochlitz* 174.. §§. * Christliches Lehrbuch zum Gebrauche für teutsche Schulen, in 4 Theilen. Leipz. 1784. 8.

a PORTA (Peter Dominikus Rosius) *Prediger zu Scamfs in dem Graubündner Hochgericht Ober-Engadin, wie auch Kanzler des evangelisch-reformirten Colloquii in Ober-Engadin: geb. zu* . . . §§. Historia reformationis ecclesiarum Raeticarum. Tomi I. L. I & II. Cur. & Lindav. 1771. — Tomi II. P. I. ibid. 1774. — P. II. ibid. 1776. 4 maj. *Gab des* Fortunat von Juvalte *Anzeigung der Herkunft und des Adels des Stammes von Juvalta heraus.* 1777. 4.

PORTMANN (Johann Gottlieb) *Kollaborator und Kantor am fürstl. Pädagogium zu Darmstadt* seit 1768 (vorher Sänger bey der dortigen Hofkapelle): *geb. zu Oberlichtenau bey Dresden am 4 Decemb.* 1739. §§. Kurzer musikalischer Unterricht für An-

*) Vielleicht *Russeina* im Meissner Kreise?

Anfänger und Liebhaber der Musik überhaupt, und für Schulmeister und Schulkandidaten insbesondere; mit 28 Platten Beyspielen (*die er selbst gravirt hat*). Darmstadt 1785. 4. * Neues Hessen-Darmstädtisches Choralbuch, mit höchster landesfürstlicher Genehmigung herausgegeben. ebend. 1786. 4. (*unter der Vorrede hat er sich genennt*). Lehrbuch der Harmonie, Composition und des Generalbasses für Liebhaber der Musik. ebend. 1789. 4.

Fräulein von POSADOWSKY (Augusta Elisabeth) *gebohrne* Freyin von POSTELWITZ; . . . *zu* . . . *geb. zu* . . . §§. Geistliche Gedichte; herausgegeben, mit einer Vorrede, von *Joh. Adam Steinmetz*. 2 Theile. . . . 2te Auflage. Elberfeld 1787. 8.

POSCH (Karl) *Meister der Wundarzneykunst und Geburtshülfe, wie auch k. k. Kammerwundarzt zu Wien: geb. zu Klosterneuburg in Niederöstreich am 26 März 1744.* §§. Beschreibung einer neuen sehr bequemen Maschine, das Fussbette genannt, zur Heilung des Schienbeinbruchs. Wien 1774. 8.

POSCHOLAN (Magnus Christoph) *Pastor zu Cropp im Herzogthum Schleswig* seit 1771 (vorher seit 1761 Pastor zu Hollingstedt und vordem seit 1758 königl. Dänischer Feldprediger): *geb. zu Kopenhagen oder Soroe* (?) . . . §§. En opbyggelig Passions-Samtale imellem en Laerer og & Barn. Oversat. Kiöbenh. 1752. 8. *Henr. Stähelins* Betragtning om en sand Christens Gläde og Bedroevelse. Oversat. ebend. 1753. 8. *Th. Wilcoks* kostelige Honning-Draaber af Klippen Christo. Oversat af Engelsk. ebend. 1761. 8. Praediken over Matth. 22, 15-22. ebend. 1766. 8. Ein Wort der Erweckung zur Herzensvisitation, wurde seinen lieben Zuhörern nicht ohne Bewegung in einer Predigt am Tage der Generalkirchenchenvisitation in der Hollingstedter Kirche den 16 Jul. 1766 vorgehalten, welches ihnen nunmehro schriftlich zu einer nähern Prüfung und mehreren Erbauung in die Hände geliefert wird. Flensburg 1766. 8. Vier Zeugnisse der Wahrheit von Christo und dem rechtschaffenen Wesen in ihm; in 3 Predigten und einer Confirmationsrede. Nebst einem Anhange etlicher erbaulicher Lieder. Minden 1767. 8. * Gedanken eines Wahrheitsliebenden von der Wahrheit der christlichen Religion. Hamb. 1768. 8.

POSEWITZ (Johann Friedrich Siegmund) *D. und ordentlicher Professor der AG. auf der Universität zu Giessen* seit 1795 (vorher Privatdocent zu Wittenberg): *geb. zu* . . . §§. *Progr. Disquisitionis anatomico-angiologicae de arteriis majoribus, secundum naturae leges, per superficiem corporis humani externam excurrentibus, vel saltem ad eandem magis minusve accedentibus Pars I. Giſſae* 1795. 4. Physiologie der Pulsadern des menschlichen Körpers, nebst einer vorausgeschickten Beschreibung des Herzens, und einer tabellarischen Uebersicht der beyden arteriösen Systeme. 1ster Theil. Leipz. 1795. gr. 8.

POSSE (Adolph Felix Heinrich) *D. der R. und* seit 1789 *ordentlicher Professor des Staatsrechts auf der Universität zu Rostock* (vorher Privatdocent zu Göttingen): *geb. zu Sondershausen am* 14 *April* 1760. §§. *D. inaug. de transmissione voti in comitiis S. R. I. competentis. Gotting.* 1785. 4. Ueber die Rechtsbeständigkeit der Wahlkapitulationen kathol. geistlicher Fürsten in Bezug auf die Landeshoheit im Weltlichen. ebend. 1785. 4. Ueber das Einwilligungsrecht teutscher Unterthanen in Landesveräusserungen, bey Gelegenheit des vorgewesenen Vertausches der Bayerischen Lande. Frankf. u. Leipz. 1786. 4. *Nachgedruckt* zu Regensburg 1786. 4. Ueber Grundherrschaft und Wahlkapitulationen der teutschen Domkapikapitel. Hannover 1787. gr. 8. Ueber die Sonderung reichsständischer Staats- und Privatverlassenschaft. Göttingen 1790. 8. Ueber das Staatseigenthum in den teutschen Reichslanden und das Staatsrepräsentationsrecht der teutschen Landstände. Rostock u. Leipz. 1794. gr. 8. Prüfung des Unterschiedes zwischen Erbfolgerecht und Erbfolgeordnung in Hinsicht auf die neuesten reichsständischen Erbfolgestreitigkeiten, nebst einer Entwickelung des Begriffs von Stamm- und Fideicommißgut. ebend. 1796. 8. — Etwas über die unstandesmässigen Ehen unter dem teutschen hohen Adel; *im teutschen Museum* 1787. St. 2. *auch in* Zepernicks *Miscell. zum Lehnrecht* Th. 3. Nr. 10. und in *Mereau* Th. 2. Nr. 1. — Ueber die Aufhebung des Majorats unter dem landsässigen Adel; *im teutschen Museum* 1786. Sept. *und in* Mereau's *Miscellaneen zum teutschen Staats- und Privatrecht* Th. 2. Nr. 5. — Recensionen in der Allgem. Litteraturzeitung. — Vergl. *Pütters* Götting. gel. Gesch. Th. 2. S. 201.

POSSELT (C... F...) *Prediger zu St. Johann auf der Insel Föhr im Herzogthum Schleswig: geb. zu* ... §§. Ueber den grönländischen Wallfischfang; herausgegeben von *A. Niemann*. Kiel 1796. 8.

POSSELT (Ernst Ludwig) *D. der R. Amtmann zu Germsbach in der Markgrafschaft Baden* seit 1792 *und* seit 1796 *markgräfl. Badischer Legationsrath, mit Hofraths Rang* (vorher markgräfl. Badischer wirklicher geheimer Sekretar und Prof. der Rechte am Gymnasio illustri zu Carlsruhe): *geb. zu Durlach* 1763. §§. *Utrum ad vota communia, per quae sit discessio in partes, unanimia membrorum corporis, an plurima tantum suffragia requirantur. Commentatio juris publici. Kehl.* 1783. 8. * An Sterne's Geist. Carlsruhe 1783. 8. *Historia corporis Evangelicorum. Kehl.* 1784. 8 *maj.* Wissenschaftliches Magazin für Aufklärung. 3 Bän-

3 Bände, *jeder von 6 Stücken.* ebend. 1785-1788. 8. (*Es arbeiten auch andre daran*). Ueber die Reden grosser Römer in den Werken ihrer Geschichtschreiber; dem Andenken des verewigten Freyhrn. Hektor Wilhelm von Günderrode, genannt Kellner – geweiht. Kehl 1786. 8. *Progr. Omnibus in caussis in partes eundi jus an civili prudentiae & publicae Germaniae saluti conveniat? Carolsr.* 1786. 8. *Progr. de Virgilii Georgicis. ibid. eod.* 8. Friedrich dem Grossen; eine Rede am Jahrstage seines Todes den 17 August 1787 in Gegenwart des hochfürstl. Hauses gehalten. ebend. 1787. 8. *Viro Perill. J. S. Pütter – conditae Georgiae Augustae semisaecularem memoriam gratulatur. ibid. eod.* 8. *Hektor Wilhelm von Günderrode,* genannt *von Kellner* – sämtliche Werke aus dem Teutschen Staats- und Privat-Rechte, der Geschichte und Münzwissenschaft, mit neuen Abhandlungen und vielen Zusätzen herausgegeben. 2 Bände. Leipz. 1787. gr. 8. Dem Vaterlandstod der vier hundert Bürger von Pforzheim; eine Rede den 29 Januar 1788 in Gegenwart des hochfürstl. Hauses gehalten. Carlsruhe 1788. 8. Geschichte der Teutschen für alle Stände. 1ster Band. Leipz. 1789. – 2ter Band. ebend. 1790. gr. 8. * Die Bürger in Worms und die Dreyzehnmänner in Worms; zur lehrreichen Warnung für alle Reichsbürger; oder: An die Römisch-Kaiserl. Maj. nothgedrungene allerunterthänigste vollkommene Beleuchtung, weitere Ausführung und Nachtrag zu der Deduktion vom 13 März 1788, in Sachen unser, der Bürgerschaft der Stadt Worms, gegen den Konrektor G. W. Böhmer, das Collegium der Dreyzehner und die damit in Verbindung stehende Rechenschule, Bauhof und Weinkeller überhaupt, und die Dreyzehner, Knode, Schuler und Trapp insonderheit, auch die beyden Konsulenten Hofacker und Wandesleben. Frankf. u. Leipz. 1789. fol. Ueber Mirabeaus Histoire secrete de la Cour de Berlin,

lin, aus authentischen Quellen. Carlsruhe 1789. 8. *Giebt heraus:* * Archiv für ältere und neuere, vorzüglich teutsche Geschichte, Staatsklugheit und Erdkunde. 1stes Bändchen. Memmingen 1790. 8. Geschichte Karls des Zwölften, Königs von Schweden; nach Voltaire. Carlsruhe 1791. 8. *Epistola de optima studii juris, antequam ad litterarum universitates eatur, in Gymnasiis Academicis colendi ratione. Kehl.* 1784. 4. *Systema jurium Corporis Evangelici. Argent.* 1786. 8 *maj.* Geschichte der teutschen Fürstenvereine. Leipz. 1787. gr. 8. Dem Andenken des Freyhrn. August Johann von Hahn, weil. markgräfl. Badenschen wirkl. geh. Raths — eine Rede. Carlsruhe 1788. 8. *J. C. Sachsii, seren. Principi dum viveret, a Consiliis sacris & Gymnasii ill. Rectoris, manibus nomine illustris Gymnasii justa persolvit. ibid.* 1789. 8. Des *Publius Ovidius Naso* Lieder der Liebe, metrisch verteutscht. Leipz. 1789. 8. Geschichte Gustaf's III, Königs der Schweden und Gothen. Carlsruhe 1793 (*eigentl.* 1792). 8. *Nachgedruckt* zu Frankfurt am Mayn, *unter dem angeblichen Druckort* Strasburg. Unpartheyische, vollständige und aktenmässige Geschichte des peinlichen Processes gegen Ludwig XVI, König von Frankreich. 2 Theile. Basel 1793. 8. Mit einem Kupfer. *Bellum populi Gallici adversus Hungariae Borussiaeque reges eorumque socios. Annus MDCCXCII. Gottingae* 1793. 8 *maj.* Krieg der Franken gegen die wider sie verbündeten Mächte. 1ster Band. Leipz. 1794. 8. Taschenbuch für die neueste Geschichte. 1ster Jahrgang. Mit Kupfern. Nürnberg 1794. — 2ter Jahrgang. ebend. 1795 (*eigentl.* 1794). — 3ter Jahrgang. ebend. 1796. 12. Kleine Schriften (*zum Theil vorher schon gedruckt*). ebend. 1794. 8. Europäische Annalen. Jahrgang 1795. Tübingen, 4 Bände, *jeder von 3 Stücken, deren monatlich eines erscheint.* — Jahrgang 1796. *eben so.* — Jahrgang 1797. *eben so.* gr. 8. *Condorcet's* Ent-

Entwurf eines historischen Gemähldes der Fortschritte des menschlichen Geistes; ein Nachlass, übersetzt. Tübingen 1796 (*eigentl.* 1795). 8. — Vergl. *Bock's* Sammlung von Bildnissen Gelehrter und Künstler H. 11 (1793).

POSTL von LEOPOLDSKY (Johann Baptist) *k. k. Hof- und Landesgerichtsadvokat in Galizien und Lodomirien zu Lemberg: geb. zu ...* §§. Anleitung zur Industrie nach Anlage des Genie; allen Reichs- und Landständen, insonderheit der Republik Polen, des Königreichs Hungarn und Galizien gewidmet. Lemberg 1791. 8.

POTHMANN (Moritz Kasimir) *Prediger bey der Gemeine zu St. Johann in Lemgo* seit dem Sept. 1794 (vorher seit dem April 1788 Prediger zu Varenholz im Lippischen; vordem seit dem März 1787 Prediger zu Haustenbeck in der Grafschaft Lippe-Detmold; und vor diesem seit dem Dec. 1784 Rektor und Nachmittagsprediger an der reformirten Kirche zu Lippstadt): *geb. zu Rheda am 23 Sept.* 1765. §§. Einige Beweggründe zur Beharrlichkeit auf dem Wege der Tugend bey den gewöhnlichsten Verleitungen von demselben; eine Abschiedspredigt. Bielefeld 1787. 8. Sittenbuch für den christlichen Landmann, mit wahren Geschichten und Beyspielen, zur Lehre und Erbauung geschrieben. Leipz. 1790. 8. *Nachgedruckt zu* Brünn 1791. 8. Westphälische Stadt- und Landchronik zum Nutzen und Vergnügen für Handwerker und Landleute; ein Wochenblatt. Jahrgang 1793. Bückeburg. 4. Varenholzer Abschieds- und Lemgoer Antrittspredigt. Lemgo 1794. 8. — *Versuch einer kurzen Apologie Westphalens überhaupt; *im Journal von und für Teutschl.* 1786. St. 11. S. 398-408. — Nachricht von einer Industrieschule zu Varenholz im Lippischen; *in* Ewalds *Predigerbeschäftigung u. s. w.* Heft 7 (1791). — Verschiedene poetische und prosaische Aufsätze über

über gemeinnützige Gegenstände in einigen Journalen.

POTSCHKA (Georg Heinrich) *Licentiat der R. und Kanzleyrath im adelichen Ritterstift Komburg unweit Schwäbisch-Halle* seit 1780 (vorher Regierungsadvokat zu Bamberg): *geb. zu Wachenroth im Bambergischen* 1750. §§. *D. inaug. de fructibus ultimi anni inter successorem in feudo & haeredes allodiales pro rata temporis dividendis. Bambergae* 1774. 4. Ding- und wörtliches Register über den 1769 im Druck erschienenen ersten Haupttheil des Bambergischen Landrechts. ebend. 1779. 4. *Opusculum quinque dissertationes varii argumenti continens. Wirceburgi* 1790. 8 *maj.* Verdiente Ehrensäule, welche an der frohen Jubelfeyer des — Herrn Cyriac Gottfried Klein, im Rheingau gebürtig, hochfürstl. Wormsischen geistl. Raths, Chorvikarius, Seniors u. s. w. unter den 15 Sept. 1793 zum Andenken errichtet hat sein warmer Freund und Verehrer u. s. w. Schwäbisch-Halle 1793.

POTSCHKA (Juvenalis) *Franciskaner im Kloster zu Marienweyher im Bambergischen* (vorher Ordinis FF. Minorum S. Francisci strict. observ. Professor linguae Hebraicae & Director studii scripturistici pro toto ordine suo in regno Hungariae): *geb. zu Bamberg* . . . §§. Quinque libri legis Moysi vindicati. Bamberg. 1769. 4. Isagoge in universam S. scripturam una cum analectis ex itinerario D. N. J. C. ab Evangelistis harmonice conscripto. . . . 4. Thesaurus linguae sanctae, complectens nitidiores hebraismos, elegantiores tropos, quibus verbi Dei majestas in S. Scriptura refulget; sive Phraseologia Hebraica ad sensum S. Scripturae rite intelligendum. Bambergae & Wirceburgi 1780. 8.

POTT (David Julius) *M. der Phil. D. und ordentlicher Professor der Theol. auf der Universität zu Helm-*

städt

städt seit 1788 (vorher seit 1786 ausserordentl. Prof. derselben, und vor diesem theologischer Repetent auf der Universität zu Göttingen): *geb. zu Nettelrode im Hannöverischen am* 10 *Oct.* 1760. §§. Epistolae Catholicae Graece, perpetua annotatione illustratae. Vol. I, complectens Epistolam Jacobi. Gottingae 1786. — Vol. II, complectens utramque Epistolam Petri. ibid. 1790. 8 maj. D. de natura atque indole orationis montanae & de nonnullis hujus orationis explicandae praeceptis. Helmstad. 1788. 4. Progr. de consilio Mosis in transscribendo documento eo, quod Genes. I. II. III. ante oculos habuisse videtur. ibid. 1789. 4. *Predigten, in der Göttingischen und Helmstädtischen Universitätskirche gehalten. ebend.* 1791. *gr.* 8. — Briefe zweyer Landprediger über kluge Abstellung gewisser beym öffentlichen Gottesdienste eingerissenen Missbräuche, mitgetheilt; *in* Beneckens *Jahrbuch für die Menschheit* 1788. St. 8. S. 175-189. und St. 9. S. 267-288.

POTT (Degenhard) Bruder des vorhergehenden; *privatisirt zu Leipzig: geb. zu Braunschweig* 175.. §§. *Geographische, historische, statistische Belustigungen aus des Hrn. Abbts *Raynal* Geschichte von beyden Indien. 2 Stücke. Mit Karten und Tabellen. Leipz. 1782. gr. 8. *Ueber Bankerott und Fallimente, nebst einigen Bemerkungen über das kursächsische Bankeruttirmandat. ebend. 1785. 8. *Kommentar über das königl. Preussische Religionsedikt vom 9 Jul. 1788. Amsterdam (*Leipz.*) 1788. gr. 8. Endlicher Aufschluss der teutschen Union, nebst andern Aufschlüssen. Leipz. 1790. gr. 8. Leben, Meynungen und Schicksale des Dr. Bahrdts. 1ster Theil. ebend. 1790. 8.

POTT (Johann Friedrich) *D. der AG. herzogl. Braunschweigischer Leibmedikus und Beysitzer des Sanitätskollegiums zu Braunschweig: geb. zu Halberstadt*

stadt 1738. SS. *D. inaug. de fuligine. Helmstad.* 1762. 4. D. *Joh. Phil. Dü Roi* Harbkesche wilde Baumzucht, theils nordamerikanischer und anderer fremder, theils einheimischer Bäume, Sträucher und strauchartiger Pflanzen, nach den Kennzeichen, der Anzucht, den Eigenschaften und der Benutzung beschrieben. 1ster Band. Herausgegeben mit Vermehrungen und Veränderungen. Mit Kupfern. Braunschweig 1795. 8. — Antheil am *Dispensatorio pharmaceutico Brunsuicensi*, welches 1777 herauskam. — Vorrede zu *J. C. Ebermaiers* vergleichenden Beschreibung derjenigen Pflanzen, welche in den Apotheken leicht mit einander verwechselt werden (Braunschw. 1794. 8). — Verschiedene Abhandlungen in den Braunschweigischen Anzeigen.

POTT (Julius Heinrich) *Buchhändler zu Lausanne: geb. zu Aubonne im Kanton Bern* ... SS. Kleine Naturlehre, oder die vier Elemente, nach ihren natürlichen Eigenschaften, Wirkungen und Nutzen betrachtet. Leipz. 1779. 8. *Des Elémens, ou Essai sur la nature, les propriétés, les effets & l'utilité de l'air, de l'eau, du feu & de la terre. à Lausanne* 1782. *2 Tomes in* 8.

POTTGIESSER (Heinrich Wilhelm) *D. der AG. zu* ... *geb. zu* ... SS. D. *E. Günthers*, der AG. D. und ordentl. Professors zu Duisburg, kurzer Entwurf der anatomischen Nervenlehre; übersetzt und mit Zusätzen des Verfassers herausgegeben. Düsseldorf 1789. 8.

POTTIEN (Christian Gottlieb) ehedem *Feldprediger des von Platenschen Dragonerregiments zu Insterburg*; sein jetziger Stand und Aufenthalt ist unbekannt: *geb. zu Königsberg in Preussen* 1750. SS. Antrittspredigt bey dem Regiment. Königsb. 1776. 8. Vier Kasualpredigten bey Gelegenheit des letztern Kriegs. ebend. 1779. 8. Berichtigungen der Ulrich-

Ulrichschen Briefe über den Religionszustand in den Preuss. Staaten; im 5ten B. der ganze 107te Brief. — Vergl. *Goldbeck.*

PRADATSCH (Babette) . . . *zu* . . . *geb. zu* . . . §§. * Der Sieg der Natur, in dem Jahrhunderte, in dem wir leben; wer hätte wohl so etwas geglaubt? Prag u. Leipz. 1790. 8.

PRÄDIKOW (Karl) . . . *zu* . . . *geb. zu* . . . §§. Neues Lesebuch zur angenehmen Unterhaltung und Nachdenken in geschäftlosen Stunden. Leipz. 1791. 8. Skizzen. ebend. 1791. 8.

PRÄNDEL (Johann Georg) *öffentlicher Repetitor der Mathematik auf dem kurfürstl. Schulhause zu München: geb. zu* . . . §§. Kugeldreyeckslehre und höhere Mathematik, samt ihrer kleinen Geschichte. Mit 4 Kupfertafeln. München 1793. 8. Geometrie und ebene Trigonometrie, nebst ihrer Ausübung auf dem Felde. Mit Kupfern. ebend. 1793. gr. 8. Arithmetik, nebst einer kleinen Globuslehre. ebend. 1794. 8. Algebra, nebst ihrer litterärischen Geschichte. ebend. 1795. gr. 8. Arithmetik, ins Kurze gefasst und für die ersten Anfänger auf das deutlichste vorgetragen. ebend. 1796. gr. 8. Vollständige Anleitung zur teutschen Versekunst, mit neuen praktischen Beyspielen. ebend. 1797. 8. Anleitung zur Landwirthschaftskunde. ebend. 1797. gr. 8.

PRÄTORIUS (Christian Daniel) *D. der R. und Syndikus zu Coburg* seit 1764 (vorher kurze Zeit ausserordentl. Prof. der R. auf der Univ. zu Erlangen): *geb. daselbst* 173 . . §§. D. de origine principum eorumque successione in territorium Imp. Germ. Erlang. 1763. 4. D. de illustri tutela praecipue principum in Imperio Germanico. ibid. eod. 4. — Vergl. *Weidlichs* biogr. Nachr. Th. 3.

PRÄ-

PRÄTORIUS (Ephraim Heinrich) *Sekretar der Stadt Thorn: geb. daselbst am 9 März 1756.* §§. Versuch über die gesetzgebende Klugheit, Verbrechen ohne Strafen zu verhüten. Warschau 1785. 8. Abhandlungen vermischten Inhalts. 1ste Lieferung. ebend. 1780. 8. Ueber die Ehen; ein ohnmaſsgeblicher Versuch. Göttingen 1781. 8.

PRÄTORIUS (Karl Gotthelf) ... *zu ... geb. zu ...* §§. Versuch einer Beantwortung der Preisfrage: Ob es vortheilhafter sey, das Bier von den von der Obrigkeit angenommenen Bedienten in öffentlichen Brauhäusern nach einer vorgeschriebenen Weise oder von einzelnen Brauern in ihren Häusern brauen zu lassen? Berlin 1791. 8.

PRAHLL (M..) *Amtmann zu Gebsattel im Gebiet der Reichsstadt Rothenburg: geb. zu ...* §§. * LXXII Ermahnungsstücke eines Geistlichen der katholischen Kirche an den Kaiser J * * in einer Uebersetzung. Frankf. u. Leipz. 1782. 8.

Freyherr von PRANDAU (Franz) seit 1795 *Verordneter des Niederöstreichischen Herrenstandes zu Wien: geb. daselbst am 14 August 1752.* §§. Kritische Geschichte Wiens in genauer Verbindung mit der Geschichte des Landes Ober-Pannonien, worinn es lag, vom Jahr n. Chr. acht bis zum Tode Karls des Grossen; nebst einem Abriss der Ursachen, welche die römischen Provinzen den Einfällen der Barbaren Preis gaben. 1 Theil; mit einer Landkarte. Wien 1789. 8.

PRANGE (August Dietrich Gottlieb) *D. der AG. und Praktikus zu ...*): geb. zu Hitzacker am 2 August*

---

*) In der vorigen Ausgabe hies es: *zu Altona*. Allein, in *Kordes* Lexikon der Schleswig-Holstein. Schriftsteller heisst es S. 489: „Ein Doctor Medic. dieses Namens ist in Altona nicht und schwerlich je gewesen." Wo also denn?

gust 1736. §§. D. de anthelmintica Camphorae virtute. Gotting. 1759. 4. *Die wohlunterrichtete Wehemutter durch Fragen und Antworten. Hamburg* 1769. 8.

PRANGE (Christian Friedrich) *Magister der freyen Künste* seit 1778, *und ausserordentlicher Professor der Phil. auf der Universität zu Halle* seit 1787, *wie auch* vorher schon *Lehrer der Mathematik und Zeichnungskunst bey dem reformirten, und der letztern bey dem evangel. lutherischen Gymnasium zu Halle: geb. daselbst am* 20 *April* 1756. §§. Entwurf einer Akademie der bildenden Künste. 1ster Band. Halle 1778. — 2ter Band. ebend. 1779. 8. Von den Mitteln, die schweren Unkosten bey dem Bauen zu erleichtern durch Verfertigung richtiger Bauanschläge. ebend. 1779. 8. Farben-Lexikon, worinn die möglichsten Farben der Natur nicht nur nach ihren Eigenschaften, Benennungen, Verhältnissen und Zusammensetzungen, sondern auch durch die wirkliche Ausmahlung enthalten sind, zum Gebrauch für Naturforscher, Mahler, Fabrikanten, Künstler und übrigen Handwerker, welche mit Farben umgehen. Mit 48 illuminirten Tafeln und einer grossen Landschaft. Halle 1782. gr. 4. Gedanken über die Nothwendigkeit einer öffentlichen Zeichenschule und deren Einrichtung. Bey Gelegenheit der ersten Gemähldeaufstellung. 1stes Stück. ebend. 1782. — 2tes Stück, unter dem Titel: Abhandlungen über verschiedene Gegenstände der Kunst. ebend. 1783. gr. 8. Die Schule der Mahlerey; aus dem Franz. mit 2 illuminirten Kupfern. ebend. 1782. gr. 8. 2te Ausgabe. ebend. 1787. gr. 8. Encyklopädie der alten Geschichte, Götterlehre, Fabeln und Allegorien für Schullehrer und Künstler in alphabetischer Ordnung. ebend. 1783. gr. 8. Die Beurtheilung des Schönen in den zeichnenden Künsten, nach den Grundsätzen eines Sulzers und Mengs; aus dem Italienischen übersetzt. ebend.

ebend. 1785. 8. Abhandlungen über verschiedene Gegenstände der Kunst. 5tes Stück. ebend. 1785. 8. Magazin der Alterthümer, oder Abbildung der vornehmsten geschnittenen Steine, Büsten, Statuen u. s. w. 1-4ter Heft. Mit Kupfern. ebend. 1783-1784. fol. Des Ritters *Anton Mengs*, ersten Mahlers Karl III, Königs in Spanien u. s. w. hinterlassene Werke. 3 Bände. Nach den Originalhandschriften übersetzt, und mit ungedruckten Aufsätzen und Anmerkungen vermehrt, herausgegeben. ebend. 1786. gr. 8.

PRASCH (Detlev) ist ein, bisher noch nicht zuverlässig entdeckter Pseudonymus, der *vertraute Briefe über den politischen und moralischen Zustand von Leipzig* (London, oder vielmehr Stendal) 1787 herausgab.

von PRASSE (Moritz) . . . *zu* . . . *geb. zu* . . . §§. Usus Logarithmorum infinitomii in theoria aequationum. Adjecta est tabula singularis. Lips. 1796. 4. — Mandel mit vor- und rückwärts gehender Bewegung, vermittelst einfacher Kreisbewegung der Kurbel; *in* J. G. Geißlers *Beschreibung und Geschichte der neuesten und vorzüglichsten Instrumente und Kunstwerke* (Zittau u. Leipz. 1792. 8) Nr. 1. Verbesserung der sogenannten Goldwaage; *ebend.* Nr. 2. Entwurf eines musikalischen Zeitmessers; *ebend.* Nr. 8. Instrument, Feilen zu hauen; *ebend.* Nr. 10. Drehbank mit der Holzdocke und einem allgemeinen Schraubwerke für rechte und linke Schrauben; *ebend.* Nr. 11. Instrument, die Ränderirrädchen zu verfertigen; *ebend.* Nr. 12.

PRECHTLIN (Wolfgang Friedrich Gottlieb) *Pfarrer zu Sommerhausen in der fränkischen Herrschaft Speckfeld: geb. zu* . . . §§. Primae lineae tentaminis novi de ingenio. Altorf. 1775. 4.

PREHN (Johann Jakob) *D. der R. und* seit Ostern 1789 *herzogl. Mecklenburgischer wirklicher Justitzrath und* seit 1793 *Vicedirektor der Justitzkanzley zu Schwerin* (vorher seit 1780 ordentlicher Professor der R. auf der Universität zu Rostock, ehedem zu Bützow, und seit 1782 Mecklenburgischer Konsistorialrath): *geb. zu Rostock am* 25 *August* 1746. §§. *D. inaug. de cive, intuitu bonorum extra urbis districtum sitorum juri collectandi magistratus non subjecto. Gotting.* 1768. 4. Untersuchung der Frage: Ob die Legitimation ausser der Ehe gebohrner Kinder sich in einer Römischen Erdichtung gründe? Rostock 1777. 4. Von den Austrägen, insbesondere von dem, einem Kläger geringern Standes vortheilhaftesten Wege, einen Fürsten zu belangen. Halle 1779. 8. * Ueber den unstatthaften Widerspruch der Mecklenburgischen Ritterschaft in Ansehung der im Teschner Frieden dem herzogl. Hause Mecklenburg versicherten uneingeschränkten Nichtberufungs-Freyheit. 1780. 4. * Kurze Abfertigung des sogenannten wohlgemeynten freundschaftlichen Raths an den Hrn. Verf. der Abhandlung: Ueber den unstatthaften u. s. w. 1780. 4. *D. an imperantis exercitium juris circa sacra majestatici ad consensum cleri sit adscriptum? Bützovii* 1782. 4. *D. de praerogativa nominum in tabulas publicas* — den Stadt-Pfandbüchern — *relatorum secundum* §. 371 *transactionis provincialis Mecklenburgicae novissimae. ibid.* 1789. 4. * Beytrag zum Pütterschen rechtlichen Bedenken über eine merkwürdige Vormundschaftsgeschichte. Schwerin 1793. fol. Von Verbindlichkeit der Vasallen und Unterthanen zum Beytrag des Reichs- und Kreiskontingents, besonders nach Mecklenburgischen Landesgesetzen und archivalischen Nachrichten. ebend. 1793. gr. 4. (Dieselbe Schrift im Auszug mit einigen Veränderungen, in *Schlözers* Staatsanzeigen H. 72. S. 531-548). — Von dem Ursprunge der sogenannten Bet-Glocke; *in den gemeinnütz. Aufsätzen zu den Rostock.*

 Nachr.

Nachr. St. 14 u. 15. — Kann wegen verſpäteter Zahlung auf die blos für die Erfüllung des Contrakts ſtipulirte Conventionalſtrafe geklaget werden? *in den Beytr. zu den Mecklenb. Schwerin. Nachr.* 1780. St. 45-49. Ueber die Poſtpoſitionen der Ehefrauen; *ebend.* 1785. St. 11-14. — Vergl. *Weidlichs* biogr. Nachr. und *Koppe's* gel. Mecklenb. St. 2. S. 113.

von PREINDL (Joſeph) *ehedem kaiſerl. königl. Charge d'Affaires zu Kopenhagen; jetzt ... geb. zu ...* §§. *Grammaire Turque d'une toute nouvelle methode d'apprendre cette langue en peu de ſemaines; avec un Vocabulaire enrichi d'Anecdotes utiles & agréables. à Berlin 1789. 8. (*Unter der Zueignungsſchrift ſteht ſein Name*).

PREISS (Chriſtian Friedrich) *Profeſſor der Philologie zu Stettin* ſeit 1782 (vorher Lehrer zu Kloſter Bergen): *geb. zu Schönegg in Weſtpreuſſen am 26 April* 1751. §§. *Commentatio de cauſſa cladis Aſſyriorum ad 2 Reg. 18, 19. & Jeſ. 26, 37. Gotting.* 1776. 8. Eine Probe von den bürgerlichen und kriegeriſchen Grundſätzen des Timur oder Tamerlan, nebſt einigen Beylagen; aus dem Engliſchen überſetzt und beurtheilt. Halle 1781. 8. Ode auf den Tod des Ritters Anton Raphael Mengs; eine Erklärung der italieniſchen Urſchrift. ebend. 1783. 8. Freye Unterſuchung über die Weiſſagung Daniels von den 70 Wochen, nebſt einem Anhang über den jüdiſchen Begriff von einem Meſſias; aus dem Engl. ebend. 1783. gr. 8. — Vergl. *Magazin für die Erzieh.* B. 1. St. 4. S. 173; und *Goldbeck.*

PREISSIG (Heinrich) *des Predigerordens, Beichtvater in dem Frauenkloſter Gnadenthal im Cölniſchen: geb. zu ...* §§. Geiſtreiche Betrachtungen durch die heil. Faſtenzeit, über die täglichen Evangelien. Augsburg 1777. 8.

PRENNINGER (Johann Friedrich) *Prediger zu Rhinow und Stöllen in der Mittelmark* (vorher zu Prietzen und Gülpe in der Mittelmark): *geb. zu* . . . §§. Beyspiele der Tugend und des Lasters, aus der biblischen Geschichte des alten und neuen Testaments, zum Unterricht für die Jugend. 1ster und 2ter Theil. Berlin 1772. 1773. 8. * Landschul-Bibliothek, oder Handbuch für Schullehrer auf dem Lande. 1ster Band, ebend. 1780. — 2ter Band. ebend. 1781-1782. — 3ter Band. ebend. 1783-1785. — 4ter Band. ebend. 1788-1790. 8. (*Jeder Band besteht aus 4 Stücken*). Anweisung zur menschlichen Wohlfahrt; vor und neben dem Religionsunterricht zu gebrauchen. Altona 1792. 8. Anweisung zur Kenntniss des Menschen und der Natur überhaupt. ebend. 1793. gr. 8. Belehrungen für die Jugend. ebend. 1793. gr. 8.

PRESCHER (Johann Philipp Heinrich) *Pfarrer zu Gschwend im Limpurgischen* (vorher Pfarrvikar zu Eutendorf in der Grafschaft Limpurg): *geb. zu Gaildorf* 1749. §§. Leben des Diak. Meichsners. Halle 1772. 8. Neue metrische Werke. Schwabach 1773. 8. Geprüfte Nachrichten zur Beleuchtung der Geschichte des uralten in seinem männlichen Stamm ausgestorbenen hohen Hauses der Reichserbschenken und Semperfreyen zu Limpurg und ihrer zugehörigen Lande. Frankf. und Leipz. 1775. 8. *M. Fab. Quintilians* Charakteristik der besten griechischen und römischen Schriftsteller, nebst der lateinischen Urschrift. Nördlingen 1776. 8. Ueber Gottes Vorsehung. Schwäb. Hall 1780. 8. Würtemberg und Limpurg; ein historischer Versuch. Oeringen 1781. fol. Barbarossa; ein Fragment aus der Geschichte Kaiser Karls des 5ten; aus *Paul Jovius* übersetzt. Nördlingen 1782. 8. Geschichte und Beschreibung der zum fränkischen Kreise gehörigen Reichsgrafschaft Limpurg, worinn zugleich die ältere Kochergau-Geschichte

 über-

überhaupt erläutert wird. 1ster Theil. Mit acht Kupfertafeln, einer Geschlechtstafel und Beylagen. Stuttgart 1789. — 2ter und letzter Theil, welcher die Topographie enthält, nebst den noch rückständigen Geschlechtstafeln und einer illuminirten Charte. ebend. 1790. gr. 8. — Beyträge zu verschiedenen Schriften.

PRESSER (S... G...) *zu Lissa in Großpolen, wo er in der Buchdruckerey seines Oheims arbeiten soll: geb. zu* ... §§. Signe und Habor, oder Liebe stärker als der Tod; ein bürgerliches Trauerspiel in 5 Akten, nach dem Werke gleiches Inhalts fürs Theater bearbeitet. Breslau 1785. 8. Die Folgen der Eifersucht; ein spanisches Originaltrauerspiel in 2 Aufzügen. ebend. 1786. 8. Bald wär aus dem Scherz Ernst worden, oder: Mit der Liebe ist nicht gut scherzen; ein Lustspiel in 2 Aufzügen, aus einer französischen Anekdote. ebend. 1786. 8. Der Page; ein Lustspiel aus einer französischen Geschichte, in 3 Aufzügen. ebend. 1786. 8. — *Diese 4 Stücke werden auch, nebst noch 2 andern* (der Hauptmann, ein Lustspiel nach le Noble; *und* Theone und Siegberth, ein altes vaterländisches Melodrama) *unter folgendem gemeinschaftlichen Titel verkauft:* Pressers Beytrag zum Theater. ebend. 1786. 8. — Semiramis; ein Trauerspiel von 5 Aufzügen in Prosa; nach dem Französischen des Hrn. *von Voltaire.* ebend. 1786. 8. *Der Sanguineocholerikus, oder Laster und gutes Herz in der Geschichte Emanuels Sündbergs, eines teutschen Jünglings. Breslau u. Leipz. 1786. 8. Arthur; ein Monodrama. Breslau 1786. 8. Colma; ein Monodrama, aus Ossian. ebend. 1786. 8. *Nicht immer macht Erziehung den Menschen, oder der Instinkt; ein Schauspiel mit Arien in 5 Aufzügen vom Verfasser des Pagen. ebend. 1787. 8. Monime; Monodrama. (*Ohne Druckort*) 1787 8. *Hannchen, oder das Kirchhofmädchen; ein prosaisches Gedicht in 6 Gesänfängen. Breslau 1783. 8. Die Flucht, oder die Macht der Liebe; eine dramatische Familienscene in 3 Handlungen. ebend. 1784. 8. *Oko von Okowsky, oder über das menschliche Elend einer andern Gegend, als der Salzmannischen. ebend. 1791. 8.

PRESTINART (Bertrand Ludwig) *M. der Phil. und Assessor der philosophischen Fakultät, Pastor zu St. Gangolf in Trier und Synodalexaminator, wie auch Kanonikus des Stifts zu Kylburg: geb. zu Trier am* 18 *Oktober* 1749. §§. Pflicht der Nächstenliebe in Hinsicht auf die (*kurtrierische*) Brandversicherungsgesellschaft, nebst Bemerkung der Vortheile, die mit dieser so gemeinnützigen Anstalt verbunden sind. Trier 1794. 8. — Er übersetzte *Leuxners* lateinisches Leichenprogramm auf Nellers Tod ins Teutsche. Trier 1783. fol.

PREU (Johann Christian) *fürstl. Oetting-Wallersteinischer Hof- und Regierungsrath zu Wallerstein: geb. zu Mauern im Oettingischen* 1743. §§. *Ordnung des jüdischen Eids vor christlichen Gerichten, nach den Meynungen und Religionsgebräuchen der Juden eingerichtet. Wallerstein 1783. 8. — Nachricht von dem Leben der beyden berühmten Mahler und Kupferätzer, Anton Joseph und Georg Kaspar von Prenner; *in* Michels *Beyträgen zur Oetting. Gesch*. Th. 2. S. 371-402. Etwas zur Berichtigung und bessern Aufklärung einiger Stellen in des Ritters Schärtlins Lebensbeschreibung, die Streitigkeiten mit den damahls lebenden Oettingischen Regenten, insbesondere Grafen Ludwig dem XVI betreffend; *ebend*. Th. 3. S. 119-137. — Sammelte mit Hofrath *von Schaden* jun. die Oetting-Wallersteinischen Generalverordnungen und Rescripte in Justitz- Polizey- Kameral- Forst- und Jagdsachen u. s. w. zum Gerichtsgebrauch, und beförderte sie zum Druck. Wallerstein 1775. fol. — *Gab mit seinen Verbesserungen und Vorbericht heraus:* Grundlinien

linien der heutigen Reichshofrathspraxis im Allgemeinen (*von Hanzely*). Nördlingen 1778. 4. — Antheil an den neuesten Mannigfaltigkeiten, meist juristischen Inhalts. — Verschiedene einzelne Gedichte. — Recensionen.

PREU (Johann Samuel) *Archidiakonus und Scholarch zu Weissenburg am Nordgau* (vorher Prediger und Konrektor des dortigen Lyceums): *geb. daselbst* 1729. §§. Descriptio arae Mercurii Weissenburgii nuper repertae. Norimb. 1768. 4. *Versuch einer Sysmotheologie, oder physikalisch-theologische Betrachtung über die Erdbeben. Nördlingen* 1772. 8. De nundinis consularibus. Weissenb. 1774. 4.

PREUER (Joseph) *D. der R. und Advokat zu Linz: geb. zu* ... §§. Praktische Anleitung zu Führung der adelichen und gemeinen Richteramtssachen, einem Beamten der östreichischen teutschen Erbländer obliegenden Geschäfte. Wien 1789. 8.

PREUSCHEN (August Gottlieb) *Hof- und Stadtdiakonus, wie auch* seit 1792 *wirklicher Kirchenrath zu Carlsruhe* (vorher Diakonus zu Grünstadt): *geb. zu* ... §§. Lehren für die Freydenker. Basel 1766. 8. Beyspiele glücklich vollendeter Grossen. Carlsruhe 1770. 8. *Beyde Schriften neu aufgelegt, ohne seinen Namen, unter dem Titel:* Triumph der christlichen Religion über das menschliche Herz, ein Beweis von ihrer Göttlichkeit und Wahrheit. Leipz. 1779. 8. Geistliche Oden. 1768. 8. *Essais prealables sur la typometrie, ou le moyen de dresser les cartes geographiques à la facon des imprimeurs. à Carlsruhe* 1776. 8. Ehrensäule in einer typometrischen Karte der Landgrafschaft Sausenberg, der Herrschaften Rötteln und Badenweiler u. s. w. ebend. 1783. Politische Armenökonomie; Wünsche und Aussichten für den unglücklichsten Theil des Publikums im letzten Viertel des 18ten Jahr-

Jahrhunderts. Leipz. 1783. 8. Die merkwürdigsten Revolutionen in der katholischen Kirche; mit einem Bezuge auf die k, k. Staaten. ebend. 1783. 8. Denkmähler von alten physischen und politischen Revolutionen in Teutschland, besonders in Rheingegenden, für reisende Beobachter. Frankf. am M. 1787. 8. Kurze Uebersicht der Hauptrevolutionen in Rheingegenden unter Römern und Teutschen, als ein erläuternder Zusatz zu den Denkmählern von alten physischen und politischen Revolutionen in Teutschland, besonders in Rheingegenden. ebend. 1788. gr. 8. Gemeinnützliche Theorie von Erdbeben, bey gemeiner werdenden Ereignissen; mit einer Nachricht von einem neu erfundenen Erdbebenmesser in klimatischen Erdbeben. Heidelberg 1789 (*eigentl.* 1788). 8. Geographisches Taschenbuch auf italienischen Reisen, mit einer Theorie vom Erdbeben, zu genauer Beobachtung vulkanischer Stellen und Phänomene, ebend. 1789 (*eigentl.* 1788). 8. Geographisches Taschenbuch auf nordischen Reisen. Frankf. u. Leipz. 1792. 8. *Theorie zur regelmässigen Beförderung im geistlichen und politischen Fache; nebst einem Versuch einer moralischen Arithmetik. Carlsruhe 1796. gr. 8. Moralische Arithmetik nach biologischen Grundsätzen. ebend. 1797. 8. — Vermuthungen über die wahre Lage der von Valentinian I wider die Allemannen nicht weit von Basel angelegten Vestung Robur; *in* Posselts *Magazin* B. 1. H. 2 (1785). Etwas von Schulen; *ebend.* H. 4. — Das alte Robur, als ein Beytrag zur Allemannischen Geschichte des mittlern Zeitalters; *im Hannöv. Magazin* 1786. St. 21 u. 22. — Antwortsschreiben an den Herrn Dr. und Prof. Possélt zu Carlsruhe, auf die von dem geh. Legationsrath und Residenten zu Berlin, Herrn Dr. Oelrichs, gethane Anfragen wegen der Preuschenschen typometrischen und sysmometrischen Kunstarbeiten; *im Berlin. Journal für Aufklärung*

B. 3. St. 3. S. 312-321 (1789). — De bello Turcico, Divi Josephi Magni Caes. Manibus Sacrum; *in* Posselts *Archiv für ältere und neuere, vorzüglich teutsche Geschichte* B. 2 (1792). — Aufsätze in den Oberrheinischen Mannigfaltigkeiten und in *Fabri's* neuem geograph. Magazin. — Hat auch noch zu andern periodischen Schriften, als zum Hanauischen Magazin (B. 3 u. 4.) Beyträge geliefert.

PREUSCHEN (C... S...) *fürstl. Stollbergischer Regierungsrath und Konsistorialdirektor zu Gedern: geb. zu* ... §§. *Gespräch zweyer französischer Flüchtlinge aus dem Elsass und eines Badischen Schulmeisters über die Ursachen des gegenwärtigen Aufruhrs in Frankreich. Frankf. am M. 1790. 8. — Beytrag zur Vertheidigung der Klöster in der Wetterau; *in* Schlözers *Staatsanzeigen* H. 56. S. 403-422 (1790).

PREUSSE (J... B...) *Kanzlist bey der fürstl. geheimen Kanzley zu Braunschweig: geb. zu* ... §§. Vollständige Anleitung zum Schreiben für die Landschulen. 36 Blätter. Braunschw. 1797. Queerfolio.

PREVENHUBER (Johann Adalbert) *Berg- und Hüttenverwalter zu Reichenau in Steyermark: geb. zu* ... §§. Versuch einer Abhandlung zur Erlangung mineralogischer Kenntnisse für junge Bergmänner auf Eisen. Grätz 1788. 8. *Zufällige Gedanken über die Eisen- und Stahlveredlung; als eine Beylage zum 11ten Stück des allgemeinen Zeitungsblattes für Innerösterreich. 1793. 4.

PREVOST (Peter) *privatisiret* seit 1785 *zu Genf*, nachdem er vorher seit 1784 Professor der schönen Wissenschaften daselbst, und vordem seit 1780 Professor der Phil. bey der neuen königl. Ritterakademie zu Berlin und Mitglied der dortigen königl.

königl. Akademie der Wissenschaften gewesen war: *geb. zu Genf* 1751. §§. Oreste; Tragédie. à Paris 1778. 8. Tragédies d'Euripide, traduites du Grec. 3 Voll. ibid. 1782. 12. De l'Economie des anciens gouvernements comparée à celle des gouvernements modernes. à Berlin 1783. 8. — Observations sur la méthode d'enseigner la Morale; *in Mémoires de l'Acad. roy. de Berlin pour* 1780. Sur les principes & la théorie des Gains fortuits; *ibid.* — Lettre aux Auteurs du Journal encyclopédique sur les matiéres qu'on peut employer à la construction des Ballons aërostatiques; *in Journ. encycl.* 1784. Fevr. T. II. — Ueber den vorgeblichen Einfluss des Sterns Kapella; *in der Berlin. Monatsschrift* 1783. Dec. Ueber den Erfinder der fliegenden Luftmaschinen; *ebend.* 1784. Febr. Noch etwas über die aerostatischen Maschinen, vorzüglich über deren Lenkung; *ebend.* Jul. Ueber ein Paar Stellen im 3ten Jahrg. 6 St. des Götting. Magazins, nebst einem Anhang über Wetterprophezeihungen; *ebend.* Sept. — Ueber die Fortrückung unsers Sonnensystems; *in* Bodens *astronom. Jahrbuch fürs Jahr* 1786. — Vergl. *Senebier's* Histoire littéraire de Geneve T. III. p. 297 sq. *Denina's* Prusse littéraire T. III.

PREYSS (Georg Christoph) *Pastor an der heil. Geistkirche zu Potsdam* seit 1776: *geb. zu Morungen in Preussen* 1736. §§. Fahnenrede. Potsdam 1774. 8. — Kleine Schriften, ohne Namen. — Vergl. *Goldbeck* Th. 2.

PREYSS (Jovinian) *D. der Theol. Sonntagsprediger und Curatus zu St. Dorotheen, Regens studiorum im Minoritenkloster und Theologus bey dem jungfräulichen Stift zu St. Clara in Breslau: geb. zu . . .* §§. Der durch seine heldenmüthigen Tugendübungen Gott ehrende und von Gott wieder geehrte heil. Joseph von Cupertino. Breslau 1768. 4. *Inter laudes Divi Thomae tantum duo verba: docuit,*

cuit, fecit. ibid. 1769. *fol.* Bussgedanken über die Worte des Cantici Ezechiae Jesaias 38. ebend. 1776. 8. Stunden der Freuden des Geistes zur Anbetung des heil. Altar-Sacraments über die Worte Christi Matth. 11: Kommt zu mir alle u. s. w ebend. 1776. 8. Die Geschichte des Lebens, derer Tugenden, übernatürl. Gaben, kostbaren Todes und herrl. Wunder des seel. Bonaventura de Potentia. ebend. 1776. 8. Die zweyfache Geseligung des Bon. de Potentia. ebend. 1776. 8. Tagezeiten in Versen. ebend. 1776. 8.

PREYSSLER (Johann Daniel) . . . *zu . . . geb. zu . . .* §§. Verzeichniss Böhmischer Insekten. 1stes Hundert. Prag 1790. 4. — Beschreibungen und Abbildungen derjenigen Insekten, welche in Sammlungen nicht aufzubewahren sind, dann aller, die noch ganz neu, und solcher, von denen wir noch keine oder doch sehr schlechte Abbildung besitzen, 1ste Sammlung; *in Dr.* Mayers *Samml. physikal. Aufsätze* B. 1 u. 2. Nr. 7. 2te Sammlung; *ebend.* Nr. 8. 3te Sammlung; *ebend.* Nr. 9. Die in Böhmen wild wachsenden Pflanzen aus dem Geschlechte Orchis; *ebend.* B. 1. Beobachtungen über Gegenstände der Natur, auf einer Reise durch den Böhmerwald im Sommer 1791; *ebend.* B. 3 (1793).

PRIESER (Johann Heinrich) *D. der R. und Rathskonsulent zu Augsburg: geb. zu Geißlingen im Ulmischen* 1749. §§. D. Observationes de civitatibus imperialibus, speciatim Ulma, sub Rudolpho I, Romanorum Rege, exhibens. Helmstad. 1774. 4. — Nachricht von einem sehr seltenen, des Antonii Mincucii de Prato veteri constitutiones feudales ordinatas enthaltenden codice membranaceo; *in* Häberlins *Material. u. Beytr.* St. 1.

PRIGER (Benedikt) *regulirter lateranensischer Chorherr und öffentlicher Lehrer an dem Lyceum zu München: geb. zu ...* §§. Predigten für die studirende Jugend, gehalten im Studenten-Betsaale zu München. München 1793. kl. 8.

PRILLMAYR (Joseph Peter) *Prediger an der Universitätskirche zu Breslau: geb. zu ...* §§. Predigten auf alle Festtage im katholischen Kirchenjahre. Breslau u. Hirschberg 1791. gr. 8.

*) PRIMISSER (Johann) *k. k. Rath und öffentlicher Lehrer der griechischen Litteratur auf der Universität zu Innsbruck* (vorher Schloshauptmann zu Ambras in Tyrol): *geb. zu Brad, einem Dorf in Tyrol, am 23 Aug.* 1739. §§. Kurze Nachricht von dem k. k. Raritätenkabinet zu Ambras in Tyrol, mit 158 Lebensbeschreibungen derjenigen Fürsten und Feldherren, deren Rüstungen und Waffen darinn aufbehalten werden. Innsbruck 1777. 8. Gedanken über das vom Hrn. Professor Trendelenburg vorgeschlagene System der griechischen Konjugation. Leipz. 1793. 8.

PRINNER (Ferdinand) *... zu Salzburg: geb. zu Röz in der Oberpfalz am 21 Okt.* 1756. §§. Das Ideal unglücklicher Liebe, oder Klerdon; ein Trauerspiel in 5 Aufz. Salzburg 1780. 8. Der verlohrne Bruder; ein Schauspiel in 3 Aufz. ebend. 1780. 8. Enne und Adelwert; eine dramatische Scene. ebend. 1781. 8. Thut der Kaiser recht? dem Kaiser und der Wahrheit gewidmet. (*Salzburg*) 1782. 8.

PRIZELIUS (Johann Gottfried) ehemahls gräfl. Lippischer Hauptmann und Stallmeister zu Detmold; *sein jetziger Aufenthalt ist unbekannt: geb. zu Göt-*

*) Bey dieser Notiz wittere ich eine Vermischung zweyer Personen. Wer hilft mir auf die rechte Spur?

Göttingen . . . SS. Beschreibung des so bekannten Sennergestüts in der Grafschaft Lippe. Lemgo 1770. 8. Der Bereiter. Braunschw. 1775. 8. Neue Ausgabe. Leipz. 1787. 8. Handbuch der Pferdewissenschaft zu Vorlesungen. Lemgo 1775. 8. Vollständige Pferdewissenschaft. Leipz. 1777. gr. 4. Etwas für Liebhaberinnen der Reuterey. ebend. 1777. gr. 8.

*) PROBST (Anton) . . . *zu* . . . *geb. zu* . . . SS. Kern christlicher Andachten, d. i. geistreiches Gebetbuch. Augsburg 1774. 8.

PROBST (Chrysostomus) *Franciscanus Recoll. Provinciae Germaniae super SS. Theol. lector emeritus & SS. canonum in conventu Bambergensi actualis: geb. zu Schleßlitz in Franken* 1727. SS. D. de epistola S. Jacobi Apostoli. Wirceb. 1759. 8. D. scripturistica de Davidis psalterio. Egrae 1762. 8. D. secr. de Jesu Christi secundum carnem genealogia. Bamb. 1763. 8. Corollaria ex jure ecclesiastico universali, ecclesiarum Germaniae particulari ac publico circa causas religionis religionumque tolerantiam desumpta, ac notis illustrata. ibid. 1765. 8. Corollaria ecclesiastico-juridica hodiernis S. Imperii R. G. Academiarum moribus accommodata, notis historico-criticis illustrata. ibid. 1766. 8. Corollaria ex jure eccles. univers. german. publ. feud. crimin. desumpta, notis statum ecclesiarum Germaniae dilucidantibus illustrata. ibid. 1771. 8. Fructus annui autumales ex juris naturalis, gentium eccles. german. publ. &c. promptuario collecti, notis histor. crit. conditi, pro cultiori hodierna Academiarum Germaniae oeconomia litteraria coordinati, eruditorum examini publice expositi. ibid. 1775. 8. Turnarius ecclesiarum Ger-

*) Diese Notiz wird, wie es scheint, ewig mangelhaft bleiben.

Germaniae, seu Historia turni ecclesiastici ad illustrandam tum cathedralium tum collegiatarum ecclesiarum disciplinam concinnata. Bamb. & Wirceb. 1777. 8. D. Corollaria ex jure ecclesiastico, una cum notis diplomaticis. Bambergae 1781. 4. D. Duo diplomatices ecclesiasticae de datis, & subscriptionibus, seu signaturis capita: una cum corollariis ex jure ecclesiastico Germanico desumtis, per distinctas ab stabilita in Germania lege evangelica usque ad nostra tempora epochas distributis. ibid. 1783. 4.

PROBST (Johann Gotthilf) *Lehrer am Freymaurererziehungsinstitut zu Friedrichstadt bey Dresden* seit 1793 (vorher seit 1788 Lehrer bey der Friedrichstädter Realschule): *geb. zu Halle im Magdeburgischen am* 14 *Jul.* 1759. §§. *Handwerksbarbarey; ein Beytrag zur Erziehungsmethode teutscher Handwerker. Halle 1790. 8. — *Vergl.* seine merkwürdige Lebensgeschichte in *Kläbe's* Neuesten gel. Dresden.

PROCHASKA (Franz Faustin) *des Ordens des heil. Franz von Paula, Lektor der Hermeneutik und der Originalsprachen der Bibel im Kloster seines Ordens zu Prag: geb. zu Lispitz in Mähren am* 13 *Jan.* 1749. §§. *Ein lateinisches Gedicht:* Rev. adm. Rel. ac Ven. Petri Ernesto Ingrueber. 1772. 4. De saecularibus liberalium artium in Boh. & Mor. fatis Commentarius. Prag. 1782. 8. Editio secunda. ibid. 1788. 8 *Miscellaneen der Böhmischen und Mährischen Litteratur seltener Werke und verschiedener Handschriften.* 1sten *Bandes* 1-3tes *St. ebend.* 1784-1785. gr. 8. — Commentatio de litterarum latin. in Boh. & Mor. restitutoribus; *in* Voigts *Actis lit. Boh.* Vol. II. — *Hat Antheil an der Ausgabe der Böhmischen Bibel von* 1780.

PROCHASKA (Georg) *D. der AG. und* seit 1791 *ordentlicher Professor der Anatomie und Physiologie auf*

auf der Universität zu Wien (vorher seit 1778 Professor der Anatomie auf der Universität zu Prag): *geb. zu Lispitz in Mähren am* 10 *April* 1749. §§. D. inaug. de urinis. Viennae 1776. 4. Quaestiones physiologicae, quae vires cordis & motum sanguinis per vasa animalia concernunt. ibid. 1778. 8. De carne musculari tractatus tabulis aeneis illustratus. ibid. eod. 8. De structura nervorum tractatus anatomicus, tabb. aen. illustratus. ibid. 1779. 8. Annotationum academicarum fasciculus, continens I Obss. anat. de decremento dentium corporis humani, quibus accedit causarum dentionis secundae elucidatio quaedam. II Descriptio anatomica monstri humani bicipitis monocorporei. ibid. 1780. — Fasc. II. ibid. 1781. — Fasc. III. ibid. 1784. 8. *Lehrsätze aus der Physiologie der Menschen; zum Gebrauch seiner Vorlesungen.* 2 *Bände. ebend.* 1797. *gr.* 8. — Beobachtungen über einige Augenkrankheiten; *in* Mohrenheims *Wienerischen Beyträgen* B. 2 (1783). — Beobachtungen bey Zergliederung eines Meerkalbes; *in den Abhandlungen der Böhm. Gesellsch. der Wissensch. aufs Jahr* 1785. Von mephitischen Luftquellen in und bey Karlsbad; *ebend.* Beschreibung zweyer im Becken vereinigter Missgeburten; *ebend. aufs J.* 1786. Mikroskopische Beobachtungen über einige Röderthiere; *ebend.* Nachricht von einer widernatürlichen Harnblase, und der Geburtstheile eines siebenvierteljährigen Kindes; *ebend. aufs J.* 1787. Zergliederung eines menschlichen Cyklopen; *ebend. aufs J.* 1788. — Beobachtungen über die Saamengänge, ihre Klappen, und einen neuen Weg, auf dem der Saamen bey Männern ins Blut geleitet wird; *in den Abhandl. der k. k. Joseph. medicin. chirurg. Akad.* B. 1 (1787). — Nähere Berichtigung der in den Wasserblasen der Leber wohnenden Würmer; nach einer in der Leber einer Kuh gemachten Beobachtung, mit einem Kupfer; *in den Neuern Abhandl. der königl. Böhm. Gesellsch. der Wissensch.* B. 2 (1795).

PROCOPIO (Matthäus) ehedem *Professor der italienischen Sprache und Litteratur an der herzogl. hohen Karlsschule zu Stuttgart*; was? und wo jetzt? *geb. zu Neapel* 1755. §§. *Salomo Geßners* Idyllen, mit der italienischen Uebersetzung. 2 Theile. Stuttgart 1790. 8. Italienische Grammatik. ebend. 1790. 8.

PROTKHE (Johann) *Schauspieler zu Brünn* (?): *geb. zu Wien am 2 März* 1750. §§. Der Bartholomäimark, oder auf Linz will ich ewig denken; ein Lustspiel in 2 Aufzügen. Linz 1784. 8. Der Rechtschaffene darf nicht immer darben, oder wenn der Fürst nur weiss, er hilft gewiss; eine dialogirte Anekdote in 3 Aufzügen. Lemberg 1785. 8.

PROTZEN (Karl Samuel) *Pastor primarius an der Hauptkirche und Inspektor zu Frankfurt an der Oder* seit 1788 (vorher seit 1781 Inspektor zu Züllichau und seit 1785 zugleich Neumärkischer wirklicher Konsistorialrath, vordem aber Feldprediger bey dem Preussischen Prinz Leopoldischen Infanterieregiment zu Frankfurt an der Oder): *geb. zu Stettin* 1745. §§. Ehrengedächtniss des sel. D. und Prof. Töllners. Frankf. an der Oder 1774. 8. Gedanken über die Absichten Gottes beym Tode hofnungsvoller Kinder. ebend. 1776. gr 8. Standrede bey dem Sarge — des Hrn. Generalmajors von Diringshofen. ebend. 1776. 8. Christliche Gesänge für die öffentliche Andacht der Garnisongemeinde zu Frankfurt. ebend. 1777. 8. Standrede bey dem Sarge des Hrn. Major von Bonin. ebend. 1778. 8. Standrede bey dem Sarge des Lieutenant von Elsner. ebend 1778. 8. Gedächtnisschriften und Reden. ebend. 1778. 8. (*Es ist das eben erwähnte Ehrengedächtniß, die Gedanken und die Standreden*). Feldandachten und Predigten für Kriegsleute, im Feldzuge 1778 gehalten. ebend. 1779. 8. Predigdigten, bey seiner Amtsveränderung gehalten. Züllichau 1782. 8. Zwo Reden beym Sarge der Fr. v H. und des Hrn. v. Q. Frankf. an der Oder 1782. 8. Beruhigungsgründe über die Unerforschlichkeit Gottes und seiner Wege; eine Predigt nach dem Rettertode des Herzogs Leopold von Braunschweig gehalten. Mit einer kurzen Nachricht von den Umständen bey dem Tode des Herzogs. ebend. 1785. 8. Gedächtnisspredigt auf des hochsel. Königs von Preussen Friedrich des Zweyten Majestät. Züllichau 1786. gr. 8. * Pastoralbriefe, oder Anleitung zur praktischen Führung des Predigtamts. 1ster Heft, für den Feldprediger. ebend. 1787. 8. Einweihungsrede. Küstrin 1787. 8. — Beytrag zur Charakteristik des Herzogs Leopold von Braunschweig; *in der Berlin. Monatsschr.* 1785. Jul. S. 1-10. — Viele Predigten im Handbuch für Prediger.

PROVENCE (A... J... G...) *französischer Benediktiner zu Mannheim: geb. zu ...* §§. Classische Fragmente aus den griechischen und römischen Schriftstellern zur Bildung des jugendlichen Charakters. 2 Theile. Mannheim 1789. 8. Der Geist des Herrn von Montesquiou; aus dem Franz. mit Anmerkungen. Basel 1789. 8. Philosophische Abhandlungen über die wichtigsten Gegenstände der Gesetzgebung und Moral. ebend. 1794. 8.

PRÜSSE (J... W...) *Bürger und Leineweber zu Schöningen im Braunschweigischen: geb. zu ...* §§. Poetische Beschäftigungen einiger meiner arbeitsfreyen Stunden; ein Versuch religiöser Lieder. Helmstädt 1787. 8.

von PRUGGHEIM (Karl) *Priester zu ... geb. zu ...* §§. * Die Kunst, Freundschaften auszurechnen, oder leicht-fassliche Anleitung, die Nähe der Verwandschaft und Schwagerschaft richtig

tig zu bestimmen; sehr nützlich für Landleute bey Heurathen. Mit einem Stammbaum. Salzburg 1797. gr. 8. (*Unter der Zueignung steht sein Name*).

PUBITSCHKA (Franz) *vormahls Jesuite, M. der Phil. zu Prag: geb. zu Kommothau in Böhmen am 19 August 1722.* §§. Oratio de S. Joanne Evangelista. Olomucii 1756. fol. Alia oratio de eodem. ibid. 1758. fol. De S. Catharina. ibid. 1757. fol. Series chronologica rerum Slavo-Bohemicarum ab ipso inde usque Slavorum in Bohemiam adventu usque ad haec nostra tempora. Pragae 1768. 4. auctior. Vienn. 1769. 4. De antiquissimis sedibus Slavorum. Lips. 1771. 4. (*eine von der Jablonowskischen Gesellschaft gekrönte Preisschrift*). *Chronologische Geschichte Böhmens.* 6 *Bände. Mit Kupfern. Prag* 1770-1784. 4. *Eine Jablonowskische Preisschrift, unter dem Titel:* De Venedis, Vinidis seu Winidis, itemque de Enetis, Henetis seu Venetis veteribus. Olomucii 1772. 8. Lips. 1773. 4. Unusne an duo ecclesiae metropolitanae Pragensis Canonici Joannes de Pomuk nomine Wenceslai IV, Boëmiae Regis, jussu de ponte Pragensi in subjectum Moldaviae flumen proturbati fuere? Pragae 1790. 8 maj. — *Vergl.* de Luca *gelehrtes Oestr. B.* 1. *St.* 2; *und* Pelzels *Jesuiten S.* 247 *u. f.*

PUCHNER (Ludwig Eberhard) *M der Phil. und Pfarrer zu Pfalzgrafenweiler im Würtembergischen: geb. zu Gochsheim im Würtembergischen am* 11 *Aug.* 1750. §§. *Lesebuch für Landschulmeister. 5 Bändchen. Tübingen 1784-1786. 8. Wie wir die gute Zeit, die wir jetzt noch haben, zu unserm Besten benutzen sollen; eine Predigt. Stuttg. 1794. 8.

PULLEN (Johann Theodor) *D. der R. Assessor des erzbischöffl. Hofgerichts zu Cöln, wie auch fürstl.*

Essendischer Hofrath: *geb. zu* . . . §§. Kann ein Domicellarherr der cölnischen hohen Domkirche zum Erzbischofe und Kurfürsten gewählet werden? Bey Gelegenheit der Wahl Sr. königl. Hoheit Max. Franz zum Coadjutor des Erzbisthums und Kurfürstenthums Cöln; *in den Material. zur Statistik des niederrhein. und westphäl. Kreises* Jahrg. 1. St. 3 (1781). Betrachtung der Stadt cölnischen Banierfahne und einiger kleinern Fähnchen; *ebend.* Jahrg. 2. B. 1 (1783).

PÜTTER (Johann Stephan) *M. der Phil. D. der R. und* seit 1753 *ordentlicher Professor des Staatsrechts auf der Universität zu Göttingen, wie auch* seit 1770 *königl. kurfürstl. geheimer Justitzrath* (vorher seit 1746 ausserordentl. Prof. der R. daselbst, und seit 1758 Hofrath): *geb. zu Iserlohn in der Grafschaft Mark am* 25. *Jun.* 1725. §§. *D. inaug. de praeventione atque inde nata praescriptione fori, tum generatim tum in specie, quod ad augustissima Imperii tribunalia attinet. Marburg.* 1744. 4. *Opusculum de augendo apanagio auctis reditibus natu maximi filii, penes quem imperium est, vulgo primogeniti regentis. Jenae* 1745. 4. *D. de jure feminarum adspirandi ad fidei commissa familiae, & de earum renunciatione, quae fit exstincta jam stirpe mascuiina. Marb.* 1745. 4. J. G. Estors Fortsetzung des gemeinen und Reichsprocesses, darinn eine Anleitung für angehende Advokaten und Anwälde befindlich. ebend. 1745. 8. 1752. 4. *Pr. de necessario in academiis tractanda rei judiciariae scientia. Gotting.* 1748. 4. *Edit. altera, priore auctior. Lips.* 1749. 4. *Conspectus rei judiciariae imperii. Gotting.* 1748. 4. *Continuatio. ibid.* 1749. *Elementa juris Germanici privati hodierni. ibid.* 1748. 1756. 1776 (eigentl. 1775). 8. Patriotische Abbildung des heutigen Zustandes beyder höchsten Reichsgerichte. Hannover 1749. 4. Wetzlar 1756. 4. Vorbereitung zu einem *collegio practico juris publici.* Göt-

Göttingen 1749. 8. Nähere Vorbereitung zur teutschen Staats- und Reichspraxis. ebend. 1750. 8. *Elementa juris naturae, juncto suo & G. Achenwallii studio. ibid.* 1750. 8. *Ed. secunda auctior & emendatior ibid.* 1753. 8. *D. de exceptionibus fori declinatoriis in processu mandati S. C. speciatim, an rejectis iis, adhuc locum habeant exceptiones sub- & obreptionis. ibid.* 1750. 4. Vorbereitung zur Kenntniss der vornehmsten teutschen Staaten. ebend. 1750. 8. Versuch einiger nähern Erläuterungen des Processes beyder höchsten Reichsgerichte, in einer Sammlung ganz neuer Kammergerichts- und Reichshofraths-Sachen. ebend. 1751. 4. 1768. 4. *Introductio in rem judiciariam imperii. ibid.* 1752. 4. 1757. 4. Grundriss der Staatsveränderungen des teutschen Reichs, ebend. 1753. 8. 1755. 8. 1764. 8. 1769. 8. 1776. 8. 6te, grossentheils umgearbeitete Ausgabe. 1780 8. 7te Ausgabe. 1795. 8. Anleitung zur juristischen Praxi. ebend. 1753. 8. 1758. 8. 3te Ausg. 1765. 8. 4te Ausg. 1780. 8. des 1sten Theils 5te und des 2ten Theils 4te Ausgabe. 1789. 8. Zugaben zu dieser Anleitung, als deren 2ter Th. 1759. 1767. 1780. 1789. 8. *Elementa juris publici Germanici. ibid.* 1754. 1756. 1760. 1766. 8. Nachgedruckt Frankf. am Mayn 1754. 8. *Ed. legit. II longe auctior & emendatior. Gott.* 1756. 8. *Ed. III universe fere de novo elaborata. ibid.* 1760. 8. *Ed. IV. ibid.* 1766. 8. *Conspectus juris germanici privati hodierni. ibid.* 1754. 4. 1776. 8. Vorläufige Anzeige und Entwurf neuer Grundsätze des Reichsprocesses. ebend. 1754. 8. Versuch, die teutsche Reichshistorie durch mehrere Abtheilungen noch pragmatischer einzurichten. ebend. 1754. 8. Entwurf einer juristischen Encyklopädie, nebst etlichen Zugaben. ebend. 1757. 8. 2te umgearbeitete Ausgabe. ebend. 1767. 8. *Nova epitome juris publici Germanici, ad supplenda elementa antea edita. ibid.*

 1757.

1757. 8 *maj.* *Nova epitome processus imperii amborum tribunalium supremorum. ibid.* 1757. 8. 1769. 8. 1777. 8. *Editio quarta aucta & emendata. ibid.* 1786. 8. *Editio quinta prioribus auctior & emendatior. ibid.* 1796. 8. *D. de normis decidendi successionem familiarum illustrium controversam. ibid.* 1757. 4. *Pr. de normarum juris publici generalium difficultate. ibid. eod.* 4. *D. de jure & officio summorum Imperii tribunalium circa interpretationem legum imperii. ibid.* 1758. 4. — *circa interpretationem privilegiorum Caesareorum. ibid. eod.* 4. Historisch-politisches Handbuch von den besondern teutschen Staaten. 1 Th. ebend. 1758. gr. 8. *D. de querelae nullitatis & appellationis conjunctione. ibid.* 1759. 4. *D. de eo, quod justum est circa remissionem mercedis in locatione conductione ob calamitates bellicas. ibid.* 1760. 4. Auserlesene Rechtsfälle aus allen Theilen der in Teutschland üblichen Rechtsgelehrsamkeit in Deduktionen, rechtlichen Bedenken, Relationen und Urtheilen. 1sten B. 1ster Th. 1760. 2ter Th. 1767. 3ter u. 4ter Th. nebst Register. 1767. — 2ten B. 1ster u. 2ter Th. 1771. 3ter Th. 1773. 4ter Th. 1774. — 3ten B. 1ster Th. 1777. 2ter Th. 1778. 3ter Th. 1785. 4ter Th. 1791. fol. *Pr. de foro delinquentis officialis Cancellariae in supremo camerae judicialis judicio. ibid.* 1762. 4. Vollständigeres Handbuch der teutschen Reichshistorie. 2 Bände. ebend. 1762. 8. 1772. gr. 8. *D. de legum imperii fundamentalium & civilium differentia. ibid.* 1763. 4. Kurzer Begriff des teutschen Staatsrechts. ebend. 1764. 8. 1768. 8. Versuch einer akademischen Gelehrtengeschichte von der Georg-Augustus-Universität zu Göttingen. ebend. 1765. — 2ter Th. mit 6 Kupfern. ebend. 1788. gr. 8. *D. de ordine judiciario ab Austraegis observando. ibid.* 1765. 4. Aktenmässiger Verlauf derer von des regierenden Fürsten von Anhalt-Köthen Durchl. und höchstdero nachgesetzter Regierung der

der löbl. Ritterschaft des Fürstenthums Anhalt-Köthnischen Antheils währenden letzten Krieges zugefügten Beschwerden. 1765. fol. Grundfeste der Anhaltischen Landes- und Steuerverfassung, wie auch insonderheit der ritterschaftlichen Steuerfreyheit in dem Landtagsabschiede 1652 und dessen Erläuterung aus ältern und neuern Zeiten, insbesondere so viel den Anhalt-Köthnischen Landesantheil anbetrift. 1765. fol. *D. de praeventione in caussis appellationis, speciatim summorum Imperii tribunalium.* Gotting. 1766. 4. *Opuscula rem judiciariam imperii illustrantia. ibid. eod.* 4. *Pr. I-X de instauratione Imperii Rom. sub Carolo M. & Ottonibus facta ejusque effectibus. ibid.* 1766-1780. 4. *D. de jurisdictione in feuda Imperii. ibid.* 1767. 4. Ungrund der Limburgischen Regredient-Erbschaft. 1767. fol. *Tabulae genealogicae ad illustrandam historiam imperii Germaniamque principem. Gotting.* 1768. *fol. Primae lineae juris privati principum speciatim Germaniae. ibid.* 1768. 8. 1779. *Editio tertia passim emendatior. ibid.* 1789. 8 *maj. Sylloge commentationum jus privatum principum illustrantium. ibid.* 1768. 4. 1779. 4. Patriotische Gedanken über einige das kaiserl. und Reichskammergericht und dessen Visitation betreffende Fragen. ebend. 1768. 4. Weitere Ausführung der Frage: Ob die erste Klasse der zur Kammergerichtsvisitation bestimmten ausserordentlichen Reichsdeputation auf den 2 Nov. abzulösen, thunlich und rathsam sey? ebend. 1768. 4. Von der Sollicitatur am kaiserl. und Reichskammergerichte; eine akademische Vorlesung, in Gegenwart des Herzogs Ferdinand von Braunschweig gehalten. ebend. 1768. 8. Rechtliches Bedenken in Sachen der Bürgerschaft zu Rostock, Kläger und jetziger Appellaten, entgegen Burgermeister und Rath, wie auch die sogenannten Hundertmänner daselbst, Beklagte und jetzige Appellanten; den dermalen zwischen beyden höchsten Reichsgerichten in Frage stehenden Conflictum jurisdictionis betreffend. 1769. fol. Unpartheyische Gedanken über die in dem Kammergerichtsvisitations-Berichte vom 16 Julius 1768 enthaltenen Materien: 1) die Eintheilung der Senate, 2) die sogenannte Recurrenz, und 3) den Turnum betreffend. Göttingen 1769. 4. Versuch einer richtigen Bestimmung des kaiserlichen Ratifikationsrechts bey Schlüssen Reichsständischer Versammlungen, insonderheit der Visitation des Kammergerichts. ebend. 1769. 4. Ungrund der Corveyischen Ansprüche auf das Kloster Kemnade. 1769. fol. *Institutiones juris publici Germanici. Gotting. 1770. Editio II passim auctior & emendatior. 1776. Editio III. . . . Editio IV passim aucta. 1787. Editio V. 1792. 8 maj. Commentationes VI de instauratione imperii per Ottonem I &c. ibid. 1770-1775. 4. Spicilegium ad supplendam passim & emendandam processus imperii novam epitomen. ibid.* 1771. 8. Der einzige Weg zur wahren Glückseligkeit, deren jeder Mensch fähig ist. ebend. 1772. 8. 2te vermehrte Aufl. 1774. 8. 3te von neuem vermehrte Ausgabe. 1776. 8. 4te gröſstentheils von neuem ausgearbeitete Ausgabe. 1794. 8. Freymüthige Betrachtungen über die Senate am kaiserl. und Reichskammergerichte. ebend. 1772. 4. Unpartheyisches rechtliches Bedenken über die zwischen der Krone Böhmen und den Herren von Zedtwitz wegen Mittelbarkeit oder Unmittelbarkeit der Herrschaft Asch obwaltenden Streitigkeit. 1772 fol. Kurzer Begriff der ganzen Zedtwitzischen Sache, die von der Krone Böhmen bestrittene Reichsunmittelbarkeit der Herrschaft Asch betreffend. 1772. 4. *Tabulae juris publici synopticae. Gotting 1773. fol. Nova editio aucta. ibid. 1788. fol.* Der Büchernachdruck, nach ächten Grundsätzen des Rechts geprüft. ebend. 1774. 4. Etwas für alle Stände, und etwas zur täglichen Andacht für die, welche ihre Gesinnung damit übereinstimmend finden

finden werden. ebend. 1775. 8. 2te Ausg. 1776. 8. Etwas zur täglichen Andacht für die, welche ihre Gesinnung damit übereinstimmend finden werden. ebend. 1775. 2te Ausgabe. 1776. 8. Empfehlung einer neuen Mode teutscher Aufschriften auf teutschen Briefen. ebend. 1775. 2te Ausgabe. . . . 3te, mit einem Nachtrag versehene Ausgabe. 1796. 8. Die Augsburgische Confession, in einem neuen Abdruck und mit einer Vorrede, worinn unter andern der Unterschied der evangelischen Reformation und der katholischen Gegenreformation, wie auch der wahre Grund der evangelischen Kirchenverfassung aus der Augsb. Conf. selbst erläutert wird. ebend. 1776. 8. Neuester Reichsschluss über einige Verbesserungen des kaiserl. und Reichskammergerichts, mit einer Vorrede zu näherer Erläuterung des kammergerichtlichen Präsentationswesens. ebend. 1776. 4. Litteratur des teutschen Staatsrechts. 1ster Theil. ebend. 1776. 2ter Theil. 1781. 3ter Theil. 1783. gr. 8. Wahre Bewandniss der am 8 May 1776 erfolgten Trennung der bisherigen Visitation des kaiserl. und Reichskammergerichts. ebend. 1776. 4. Rechtliches Bedenken über eine von der Marquise de Favras gegen des Fürsten Karl Ludwigs zu Anhalt-Schaumburg im Druck bekannt gemachte Schrift und andere dahin einschlagende Aktenstücke. 1776. fol. Nachtrag zu diesem rechtlichen Bedenken. 1777. fol. Beyträge zur nähern Erläuterung und richtigen Bestimmung einiger Lehren des teutschen Staats- und Fürstenrechts. Göttingen 1777. 2ter Theil. 1779. gr. 8. Teutsche Reichsgeschichte in ihrem Hauptfaden entwickelt; eine ganz neue Ausarbeitung. ebend. 1778. gr. 8. 2te meist unveränderte Ausgabe. ebend. 1783. gr. 8. 3te meist unveränderte Ausgabe. ebend. 1794. gr. 8. Ueber den Unterschied zwischen öffentlichen und Privat-Schulen, insonderheit im Hochstift Osnabrück. ebend. 1778. 4. Die christliche Religion in ihrem wahren Zusammenhange und in ihrer Vortreflichkeit vorgestellet. ebend. 1779. 8. Ueber die Richtigkeit und Rechtschreibung der teutschen Sprache, einige Bemerkungen. ebend. 1780. gr. 8. Kurzer Begriff der teutschen Reichsgeschichte zum Gebrauch in seinen Lehrstunden. ebend. 1780 gr. 8. 2te verbesserte und fortgesetzte Ausgabe. ebend. 1793. gr. 8. Rechtliches Bedenken über die, wegen der Aemter Blomberg und Schieder 1777 von Lippe-Detmold gegen Schaumburg-Lippe beym kaiserl. Reichshofrathe anhängig gemachte Mandatssache. Nebst einer Stammtafel des gräfl. Hauses Lippe und mit beygefügten Erläuterungen des seit 1777 über die Hälfte der Aemter Blomberg und Schieder zwischen Lippe-Detmold und Schaumburg-Lippe am kaiserl. Reichshofrath verhandelten Rechtsstreits. ebend. 1780. fol. Ueber das Präsentationswesen am Kammergerichte, insonderheit die jetzige Lage der kurpfälz. Präsentation betreffend. ebend. 1781. gr. 4. *Specimen juris publici & gentium medii aevi de instauratione Imperii Romani sub Carolo M. & Ottone M. facta, ejusque effectibus. ibid.* 1784. 8. Ueber den Werth der Conventionsmünze; eine für jedermann verständliche Abhandlung. ebend. 1784. 8. Rechtliches Bedenken über die in B. K. Heydenreichs *Diss. de jure appanagii &c.* aufgestellten Grundsätze. ebend. 1785. 4. Historische Entwickelung der heutigen Staatsverfassung des teutschen Reichs. 1ster Th. bis 1558. ebend 1786. — 2ter Th. bis 1740. ebend. 1786. — 3ter und letzter Th. ebend. 1787. gr. 8. 2te Ausgabe in 3 Theilen. ebend. 1788. gr. 8. * Die christliche Religion in ihrem wahren Zusammenhange; in deren Erkenntniss und Benutzung zugleich der einzige Weg zur wahren Glückseligkeit zu finden ist. (*Göttingen*) 1786. 1 Bogen in Patentformat. * Das allgemeine Kirchenstaatsrecht. (*ebend.*) 1786. *Eben so.* Befestigung meines unterm 3ten Okt. 1787 ausgefergefertigten Bedenkens über die in Benj. Car. Heydenreich *Diss. de jure appanagii Comitum S. R. I. mediatorum in Saxonia conturbata re familiari* (*Lips.* 1785.) aufgestellten Grundsätze. Göttingen 1788. 4. Etwas zur vorläufigen Uebersicht des teutschen Staatsrechts der mittlern Zeiten. ebend. 1788. 8. Unmafsgebliche Gedanken über die von der Osnabrückischen Stadt Fürstenau wegen der daselbst gestatteten katholischen Religionsübung geführten Beschwerden. ebend. 1788. 4. Rechtliches Bedenken über das gegenseitige Verhältnifs der Lutherischen und Reformirten in dem Lippischen Antheile der Grafschaft Schaumburg und über die seit dem Jahre 1787 von neuen darüber entstandenen Irrungen. (*Ohne Druckort*). Im März 1790. fol. Erörterungen und Beyspiele des teutschen Staats- und Fürstenrechts. 1ster Heft vom Reichspostwesen. Göttingen 1790. 2ter Heft 1791, 3ter 1792, 4ter 1793, 2ten Bandes 1ster-4ter Heft 1794, 3ten Bandes 1ster Heft. ebend. 1797. 8. Rechtliches Bedenken über eine merkwürdige Vormundschaftsgeschichte. Göttingen den 16 May 1791. fol. Geist des Westphälischen Friedens, nach dem innern Gehalt und wahren Zusammenhange der darinn verhandelten Gegenstände historisch und systematisch dargestellt. ebend. 1795. 8. Ueber den Unterschied der Stände, besonders des hohen und niedern Adels in Teutschland, zur Grundlage einer Abhandlung von Mifsheurathen teutscher Fürsten und Grafen. ebend. 1795. 8. Von Mifsheurathen teutscher Fürsten und Grafen. ebend. 1796. 8. Ueber die beste Art aus Akten zu referiren, auch über manches, was sonst noch teutschen Geschäftsmännern und Schriftstellern zu empfehlen seyn möchte, einige Bemerkungen. ebend. 1797. gr. 8. — Beyträge zu der Lehre vom Ursprung des Reichshofraths, besonders von den Zeiten des Kaisers Maximilian I; *in den Hannöv. gelehrten Anzeigen* 1750. St. 42. *und in* Schotts *jurist. Wo-*

Wochenblatt. — Historische und litterarische Erläuterungen des ehemahligen Successionsfalls der mit Herzog Johannes von Bayern erloschenen Straubingischen Linie; *in* Schlözers *neuen Briefwechsel* Heft 14 (1778). — Ueber die Rechtmässigkeit der Lotterien, insonderheit der Zahlen-Lotterien, eine rechtliche Erörterung; *im Gött. Magaz.* Jahrg. 1. St. 3. *Nachgedruckt. Frankf.* 1780. 8. — Ueber die Regalität des Salpeters; *in* Beckmanns *Beyträgen* Th. 3. — Praefatio de utilitate & praestantia juris publ. specialis singulorum Germaniae territoriorum; praemissa *Samesii* Delineationi jur. publ Müczenb. (*Gissae* 1781. 4). — Die eigentliche Beschaffenheit des Hessischen Ueberzuges der Grafschaft Schaumburg; *in* Weddigens *Westphäl. Magazin* Band 3 (1787). — Rechtliches Bedenken über die Frage: Ob der Torf überhaupt, und insonderheit in der Reichsgrafschaft Wied-Runkel, zu den landesherrlichen Regalien gehöre? vom 30 Dec. 1786; *in* Beckmanns *Beyträgen zur Oekonomie u. s. w.* Th. 11 (1788). — Vergl. *Pütters* Gesch. der Univers. Göttingen Th. 1. §. 71. Th. 2. §. 101. und *dessen* Litteratur des teutschen Staatsrechts II, 10. *Weidlichs* Nachr. Th. 5. und *dessen* biogr. Nachr. *Winklers* Nachrichten von Niedersächsischen berühmten Leuten B. 1. *Denina's* Prusse littéraire T. III. p. 179-182. — Sein Bildniss in Schwarzkunst von Haid. Sein Schattenriss und Leben in den Schattenrissen edler Teutschen Th. 2. Sein Schattenriss im akadem. Taschenbuch auf das J. 1791. Sein Bildniss von Schwenterley 1794. Sein Bildniss auch von Stölzel in Knötzschkers jurist. Almanach 1794.

von PUFENDORF (F... L...) *Lieutenant im sechsten hannöverischen Infanterieregiment zu . . . geb. zu . . .* §§. Mit *C. J. Dedekind*: Verehrungsopfer auf Jacobi's Grab. Hannover 1791. gr. 8. Ausführliche Vorschläge zur gänzlichen Vertilgung der Blattern; Regenten, Staatsmännern

männern und Menschenfreunden zu reiflicher Erwägung und Beherzigung empfohlen. Braunschweig 1792. 8. — Unsterblichkeit (ein Gedicht); *in Beneckens Jahrbuch für die Menschheit* 1790. St. 2. S. 133-146.

von PUFENDORF (Konrad Friedrich) *kaiserl. Reichshofrath zu Wien* seit 1770 (vorher Rath und Hofgerichtsassessor zu Celle): *geb. zu* . . . §§. *F. S. Pufendorfii* introductio in processum criminalem Luneburgicum, ed. alt. annotationibus aucta. Hannov. 1768. 4.

PUHLMANN (Johann Gottlieb) *Historienmahler und* seit 1787 *königl. Preussischer Gallerieinspektor über die königl. Gemählde zu Berlin und Potsdam, Rektor der Akademie der bildenden Künste zu Berlin;* seit 1791 *auch königl. Preussischer Hofrath: geb. zu Potsdam am* 10 *Julius* 1753. §§. Beschreibung der Gemählde, welche sich in der Bildergallerie, den daran stossenden Zimmern und dem weissen Saal im königl. Schlosse zu Berlin befinden. Berlin 1790. 8. — Ueber Zeichnung und Composition; *in der Monatsschr. der Berlin. Akad. der Künste* B. 1. St. 1. Ueber Landschaftmahlerey; *ebend.* B. 2. St. 1 (1788). Ueber den Nutzen, den die bildenden Künste der Gesellschaft leisten; *ebend.* St. 4. Ueber Genie, Antike, Reisen und Klima; *ebend.* B. 3. St. 3.

PURGOLD (Friedrich Georg) *Prediger zu Gerswalde bey Prenzlow in der Mark Brandenburg* (vorher Rektor des Lyceums zu Prenzlow): *geb. zu* . . . §§. Von dem Modeton in der Geschichte. . . . 1772. 4. *Progr. qua ratione linguae commodius in scholis discantur.* . . . 1775. 4. *De benevolentia collegiali.* . . . 1775. 4. Von dem Nutzen der lateinischen Schulen für solche, welche nicht eigentlich studiren. . . .

PURGOLD (Johann) Bruder des vorigen; *D. der R. und Hofmeister in einem vornehmen russischen Hause zu . . . in Rußland: geb. zu . . . .* §§. De diversis imperii Russici ordinibus eorumque juribus atque obligationibus, nec non de diversis foris competentibus. Halae 1766. 8 maj.

PURMANN (Johann Georg) *Rektor an dem Gymnasium zu Frankfurt am Mayn: geb. zu Königsberg in Franken* 1733. §§. De pace optima. Francof. 1763. 4. De re scholastica apud veteres Romanos. 2 Progr. ibid. 1764. 1765. 4. De ornamentis & praerogativis, quibus senatus populusque Francofurtensis inter reliquas S. R. I. civitates effulget. ibid. 1764. 4. *Von der Beurtheilung des Genies der Gelehrten in 5 Progr. ebend.* 1764-1766. 4. De redemtione Christi ab Elihu agnita ad Ill. Job. 33, 23. 24. ibid. 1765. 4. Panegyricus gloriosissimae memoriae Divi Francisci I dictus. ibid. eod. fol. De gustu Graecorum tragico. ibid. 1766. 4. De votis Romanorum pro avertenda pestilentia susceptis. ibid. eod. 4. *Betrachtung über das Eigenthümliche einer Sprache. ebend.* 1767. 4. *Gedanken von der Klugheit eines Redners in dem Gebrauch der Leidenschaften. ebend.* 1767. 4. Pr. IV. de evidentia critica ad sacras litteras referenda. ibid. 1767-1769. 4. Expositio formulae Pythagoraeorum αὐτὸς ἔφα. ibid. 1767. 4. Oratio de invidia eruditis expetenda. ibid. 1768. 4. *Betrachtung über einige Ursachen der verderbten Erziehung der Kinder. ebend.* 1768. 4. *Philosophische Gedanken von der langen Weile. ebend.* 1769. 4. De poetis artis poeticae scriptoribus. ibid. eod. 4. De incremento elegantiorum litterarum apud Romanos ex recitationibus oriundo. ibid. 1770. 4. *Gedanken über die Bildung des Geschmacks in öffentlichen Schulen, in 6 Progr. ebend.* 1770-1772. 4. De symbolorum studio. ibid. 1771. 1772. 4. *Kurze Beschreibung der gegenwärtigen innern Verfassung des*

des Gymnasii zu Frankfurt am Mayn. ebend. 1772. 4. *Pr. Betrachtung über die Empfindsamkeit.* ebend. 1772. 4. *Gedanken über Geschäfte und Zeitvertreib.* ebend. 1773. 4. De Ingenio Attico. ibid. 1774. 4. *Theorie der Gewohnheit.* ebend. 1774. 4. De Ingeniorum cultura ex honore publico proficiscente. ibid. eod. 4. *Rettung der Ehre der griechischen Sprache.* ebend. 1774. 4. De studiis Graecorum paedagogicis. ibid. 1775. 4. *Ueber den Geist der griechischen Dichter.* ebend. 1775. 4. Monimentum pietatis & observantiae, quod — Joh. Georgii Schmidtio — ad memoriam muneris sacri per 50 annos feliciter administrati ipsis Non. Decembr. 1775 celebrandam sacrum — 4. Anquetils du Perron *Reisen nach Ostindien, nebst einer Beschreibung der bürgerlichen und Religionsgebräuche der Perser, als eine Einleitung zum Zend-Avesta dem Gesetzbuche der Perser durch Zoroaster; aus dem Franz.* 1 Band mit Kupf. Frankf. 1776. 8. *Betrachtung über die moralische Physiognomik.* ebend. 1776. 4. Pr. Antiquitates musicae P. I. ibid. 1776. — P. II. ibid. 1777. 4. Sim. Pelloutiers *älteste Geschichte der Celten, insonderheit der Gallier und Teutschen; aus dem Franz. nebst Erläuterungsschriften.* ebend. 1777. — 2ter Band. 1778. — 3ter und letzter Band. ebend. 1784. 8. *Pr. über den Geist der griechischen Dichter.* 4 Stücke. ebend. 1777. 4. 6 *Programmen über die Bildung des Geschmacks.* ebend. 177.. (Sie stehen auch im Archiv der ausüb. Erziehungsk.). * *Sitten und Meynungen der Wilden in Amerika.* 3 Theile. Frankf. 1778. 1779. 8. *Sokrates und Pythagoras in der Schule.* ebend. 1778. 4. Scholastica per saturam. ibid. eod. 4. De re scholastica Judaeorum. ibid. 1779. 4. *Etwas über Träume und Ahndungen.* ebend. 1779. 4. *Rede von einigen Pflichten, die aus dem Werthe und aus der Absicht der Schulen entstehn.* ebend. 1779. 4. *Historische Nachricht vom Ursprung*

sprung und Fortgang des Gymnasii zu Frankfurt am Mayn. ebend. 1779. 4. *Vermischte Gedanken über das Schulwesen.* ebend. 1780. 4. De sapientia Salomonis paedagogica. ibid. eod. 4. De jurejurando ex mente Hebraeorum. ibid. 1781. 4. 4 *Progr. unter dem Titel: Schulgedanken von der Kraft zu denken.* ebend. 1783. 1784. 4. Prolusio I-IV de ingenio poëtarum Romanorum. ibid. 178.. - 1785. 4. *Abhandlung* 1-3 *über den Ursprung und Fortgang der menschlichen Neigungen.* ebend. 1785 und 1786. 4. *Biblische Erzählungen aus dem alten und neuen Testament, zum Gebrauch der Jugend, mit belehrenden und praktischen Anmerkungen.* ebend. 1786. 8. *Vorbereitung zur teutschen und lateinischen Sprachkenntniß, theoretisch und praktisch für Anfänger.* ebend. 1786. 8. Diese *Biblischen Erzählungen* und die *Vorbereitung u. s. w.* erschienen zusammen auch unter dem Titel: *Allgemeines Handbuch der Schulwissenschaften.* 2 *Theile.* ebend. 1786. 8. *Pr. über Propheten und Prophezeihungen.* ebend. 1786. 4. Progr. V Archaeologiae georgicae specimen de re rustica veterum Hebraeorum. ibid. 1787-1788. 4. *Progr.* 1-4 *von den besondern Gesellschaften der Alten.* ebend. 1787-1788. 4. Progr. de fructibus vindemialibus Hebraeorum. ibid. 1788. 4. *Progr. Betrachtungen über den ersten Menschen im Stande der Wildheit.* 1*stes und* 2*tes Stück.* ebend. 1789. 4 De fontibus & oeconomia legum Mosaicarum Prolusio I. ibid. 1789. 4. Panegyricus D. Josepho II dictus. ibid. 1790. fol. Panegyricus Leopoldo II, Pio felici augusto Romanorum imperatori, publica auctoritate Francofurti ad Moenum dictus die 29 Mart. a. occ. 1792. Francof. fol. *Pr. über die Quellen des Aberglaubens, besonders der Griechen und Römer.* 2 *Stücke.* ebend. 1793-1794. 4. Pr. Narratio de Synodo ecclesiastica, anno 794 a Carolo Magno Francofurti ad Moenum habita. Partic. I. ibid. 1794. 4. *Pr. Ge-*

Geschichte des Glaubens an Einen Gott. 2 *Stücke. ebend.* 1795. 1796. 4. Pr. de sacris bellicis veterum. ibid. 1796. 4. — *Verfertigte die Register zu* Michaelis *mosaischen Recht* (Frankf. 1772. 8) *und zu der 3ten Ausgabe von* desselben *Einleitung in das N. T.* (1777). — *Besorgt seit* 1785 *den Druck und die Herausgabe der:* * Frankfurter Messrelation oder Erzählung der merkwürdigsten Staats- und Weltbegebenheiten. ebend. 1785-1797. 4.

PURMANN (Johann Gottlieb) *erster Pastor bey der evangelischen Kirche zu Neumarkt in Schlesien: geb. daselbst* 1737. §§. Die Geschichte eines englischen Ehepaars, aus der englischen Wochenschrift: Die Welt. Glogau 1763. 4. Die reizende und höchst vortheilhafte Gestalt wiedergebohrner Christen; eine Antrittspredigt. Breslau 1764. 4. Unpartheyische Gedanken über den Streit des Hrn. D. Semler in Halle mit dem Hrn. Diakonus Trescho zu Mohrungen in Preussen. Liegnitz 1765. 4. Die Fürbitte der selig Verstorbenen für die Hinterlassenen auf Erden, kein alter Weiber Trost. ebend. 1769. 4. Kurze und bescheidene Erörterung der Frage: Ob die Veränderung der alten Kirchengesänge billig und recht sey? Breslau 1772. 4. Vortreflichkeit der christlichen Religion aus ihrem Unterricht von den künftigen Schicksalen ihrer treuen Bekenner. ebend. 1775. 4. — Vergl. *Streits* alphab. Verzeichn.

PUTZ (Erhard) *Domprediger zu Passau* (vorher Prediger des Benediktinerklosters zu S. Emeram in Regensburg): *geb. zu* . . . §§. * Duo verba contra conditiones Stattlerianus. . . . 1780. . . * *Erinnerungen an das junge Herrchen Sailer, den Verfasser der praktischen Logik.* 1780. . .

Q.

QUANZ (Johann Christian) *Renthereyschreiber zu Schmalkalden: geb. zu* ... §§. Des Herrn Berghauptmanns *Wild* Versuch über das Salzgebürge im Gouvernement Aelen. Aus dem Französischen übersetzt, und mit einer Vorrede begleitet von *Christoph Ludwig Arnold Wille*, landgräfl. Hessen-Casselischen Bergrath u. s. w. Nürnberg 1793. gr. 8. — *Von Verfertigung der Feilen, der Riedte, der Orthe und Ahlen in Schmalkalden; *in* Beckmanns *Beyträgen zur Oekonomie u. s. w.* Th. 10. S. 145 u. ff. Beschreibung einiger Schmalkalder Stahl- und Eisenwaaren; *ebend.* Th. 12. S. 295 u. ff. Technologische Bemerkungen auf einer Reise nach Mehlis, St. Blasii Zelle, Suhl und Heinrichs; *ebend.* S. 304-320 (1791). — Beschreibung des Salzwerks bey der Stadt Schmalkalden in dem Hessen-Casselischen Antheil der Grafschaft Henneberg; *in dem Hannöverischen Magazin* 1795. St. 66-69.

von QUARIN (Joseph) *D. der AG. Graf* seit 1797 (vorher seit 1790 Freyherr) *Protomedikus aller Hospitäler* seit 1783, *wie auch k. k. wirklicher niederöstreichischer Regierungsrath und Hof-Leibarzt zu Wien* (war auch eine Zeit lang Oberdirektor des allgemeinen Krankenhauses, legte aber 1791 diese Stelle nieder; vor diesem niederöstreichischer Gesundheitsrath und Physikus in dem Hospital der barmherzigen Brüder zu Wien): *geb. daselbst am* 19 *Nov.* 1734. §§. Tentamina de cicuta. Viennae 1761. 8. Methodus medendarum febrium. ibid. 1772. 8. Nova editio. ibid. 1774. 8. *Eine neue Ausgabe dieses und des folgenden Buches unter dem Titel*: Commentatio de curandis febribus & inflammationibus. ibid. 1781. 8 maj. Methodus medendi inflammationibus. ib. 1774. 8. Tractatus de morbis oculorum. ibid. ... D. entomia noxia & utilia, physico-medice considerata. ... * *Nachricht an das Publikum über*

über die Einrichtung des Hauptspitals in Wien. Bey dessen Eröfnung von der Oberdirektion herausgegeben. Wien 1784. *gr.* 8. Animadversiones practicae in diversos morbos. ibid. 1786. 8.

QUENSEL (. . . .) *Hofadvokat zu Ilmenau: geb. zu Heyda bey Ilmenau* . . . §§. * Ueber den Luxus. . . . *auch im Weimar. Magazin* B. 1. — Ueber das Richteramt; *ebend.* — Ueber Lappländische Schmetterlinge; *in* Schneiders *Magazin für die Liebhaber der Entomologie* B. 1. H. 4 (1793). — Ueber einen neuen Eulenschmetterling; *in Kongl. Vetenskaps Academiens nya Handlinger* T. 12 (1791). — Mehr Aufsätze in verschiedenen Zeitschriften.

QUENTEL (Johann Heinrich) . . . *zu* . . . *geb. zu* . . . §§. *Lukians* Göttergespräche; übersetzt mit Anmerkungen. Mühlhausen 1796. 8.

QUENTIN (Johann Ludolph) *Rektor der Schule zu Münden im Fürstenthum Göttingen: geb. zu Göttingen am* 11 *Okt.* 1724. §§. Commentatio de rerum sacrarum Gottingensium ad D. Mariae virginis Antistitibus. Gotting. 1747. 4. — ad S. Nicolai. 1748. 4. — ad S. Albani. 1748. 4. Comm. de venerando Dei nomine. Helmstad. 1748. 4. Utrum privata educatio sit publicae praeferenda. ibid. 1749. 4. De vita & meritis Melchioris Fendii. ibid. 1750. 4. Commentatio de lege Hortensia. Gotting. 1753. 4. *Einladungsschrift vom Interim.* 1755. 4. *Sendschreiben an einen guten Freund in M. über verschiedene Gegenstände. Frankf. u. Berlin* 1751. 8. *Von der Aehnlichkeit der griechischen und teutschen Sprache.* . . . 1752. 4. Pr. de memoriae & judicii cura maxime necessaria. Gotting. 1755. 4. Pr. de exemplorum vi & adhibenda circa ea cautione. ibid. 1756. 4. Invitatio ad solemnia inauguralia J. C. M. Bentroth, continens primas de conservanda scholastici magistri auctoritate lineas.

neas. ibid. 1771. 4. *Einiger Beytrag zur gelehrten Geschichte von Münden. Münden 1771. 4.* Memoriae clarorum Mundensium litteris & meritis praestantium refricatae Commentatio I. Getting. 1772. — Comment. II. ibid. 1790. — Comm. III. ibid. 1791. 4. *Kurzgefaßte Nachricht von der Mündischen Kirchenreformation. ebend. 1773. 4. Diplomatische Nachrichten von der Kalandsbrüderschaft zu Münden an der Werra; aus Originalien und Kopialbüchern gesammlet und entworfen. ebend. 1779. 4. Von übrigen Schullehrern der vier untern Klassen der Mündischen Schule. ebend. 1781. 4. Berichtigung eines Abrisses von der Schiffahrt auf der Weser. ebend. 1788. 4. Beschreibung der ersten Kirchenordnung der Herzogin Elisabeth von Braunschweig, gebohrner Marggrävin von Brandenburg. Gedruckt zu Erfurt in der Arche Noä 1542. 4to. ebend. 1789. 4. — Von einigen höchst nachtheiligen Wasserfluthen, welche Münden und umliegende Gegend betroffen, als Beytrag zu der Sammlung von Wasserfluthen im 1sten St. 4ten Jahrganges der Landes-Annalen S. 42;* in den Annal. der Braunschw. Lüneb. Churlande Jahrg. 4. St. 3. S. 658 u. ff. — *Verschiedene Aufsätze in den Hannöverischen gelehrten Anzeigen, Göttingischen gelehrten Beyträgen, gemeinnützigen Abhandlungen, und andern periodischen Schriften.*

R.

RAABE (August) *Hof-Post-Sekretar zu Braunschweig geb. zu Engelade im Braunschweigischen am 1 Januar 1760. §§.* * Briefe für Kinder. 1ste Sammlung. Holzminden 1785. 8. * Holzmindisches Wochenblatt. ebend. 1787, 1788, 1789, 1790, 1791 und 1792. 8. Historisch-statistische Nachrichten von der Republik Holland, mit Anmerkungen, die neuesten Bege-

ben-

benheiten betreffend, und einer Stammtafel des Durchl. Hauses Oranien u. s. w. ebend. 1788. 8. * Attische Morgen. Braunschw. 1791. 8. Beyträge zur Vertheidigung der guten Sache der Religion am Ende des achtzehnten Jahrhunderts. ebend. 1792. 8. * Historisch-genealogischer Kalender auf das Jahr 1797; Teutschland, ein historisches Gemählde. ebend. (1797). 16. — Ob das Wort: *während*, den Genitiv oder Dativ regiere? *im Braunschweig. Magazin* 1790. St. 2. Das Gewitter; *ebend.* St. 38. — Bemerkungen über die im 10ten St. des Braunschweig. Journals 1789 aufgeworfene Frage: Sollte das Preussische Religionsedikt für die Verbreitung der wahren Aufklärung wirklich so gefährlich seyn, als man glaubt? *im Braunschw. Journal* 1790. St. 1. 3 u. 9. Ueber eine Recension seines Aufsatzes für das Preussische Religionsedikt; *ebend.* 1791. St. 11. — Fragmente eines Plans zu einer Pferdesterbekassen-Gesellschaft; *im Journ. von und für Teutschl.* 1790. St. 4. S. 326-330. Ueber die Klöster, deren Aufhebung und nützliche Verwendung; *ebend.* St. 5. S. 427 434. Trägt das Studium der alten Sprachen zur Aufklärung bey? *ebend.* St. 9. S. 199-205.

RAABE (Johann Justus) *der R. Lic. und Sekretar bey dem Samthofgericht zu Marburg, auch Advokat und Prokurator bey dortiger Regierung und Konsistorium: geb. daselbst* 1730. §§. D. de peculiari indole permutationis, quod ad traditionem attinet, qua Em. Merilli hac de re doctrinam expendit. Marburg. 1754. 4. De duplici actione Paulliana. ibid. 1756. 4. — Vergl. *Weidlichs* biogr. Nachr. Th. 3. Th. 4. S. 193.

RABE (Georg Ludwig) *Pfarrer zu Weyhenzell im Ansbachischen* seit 1776 (vorher Waisenprediger zu Ansbach): *geb. zu Ansbach* ... §§. Schreiben des Grafen von Comminges an seine Mutter, nebst einem Schreiben der Philomele an Prognen; aus

aus dem Französischen. Ansbach 1765. 8. Der gegenwärtige Staat des päpstlichen Hofes, vormahls von dem Ritter *Lunadoro* herausgegeben, aufs neue übersehen und sehr ansehnlich vermehrt von *Andreas Tosi*; aus dem Italienischen übersetzt. Halle 1771. 8. Geistliche Gedichte für Freunde. . . . 12. Von der Taufe der Erwachsenen; eine Predigt bey der Taufe eines Juden. Schwabach 1775. 8. Trauerrede bey dem Absterben seiner Grossmutter. Ansbach 1776. Predigt von der Bekehrung der Juden, bey der Taufe eines jüdischen Proselyten. ebend. 1776. 8. Pred. Vermahnung zur Beständigkeit im Christenthum. ebend. 1776. 8. Zwey Predigten bey der Amtsveränderung zu Ansbach und Weyhenzell gehalten. Schwabach 1777. gr. 8. *Predigt von der Grösse Mariens über das Evangelium an Mariä Verkündigung. Ansbach 1785. 8.

RABE (Johann Georg) Bruder des folgenden; *Brandenb. Bayreuth-Ansbachischer Rath, Professor der Mathematik und Naturlehre bey dem Gymnasio Carolino zu Ansbach: geb. zu Mark-Sugenheim am 27 März* 1719. §§. Meteorologische Beobachtungen vor das J. 1770, worinn sowohl die Barometer- als Thermometer-Höhen, imgleichen die Wind- und Wetter-Veränderungen, nebst der Höhe des gefallenen Regenwassers, täglich zu drey verschiedenen mahlen aufgezeichnet worden. Ansbach 1771. 4.

RABE (Johann Jakob) *königl. Preussischer wirklicher Kirchen- und Konsistorialrath, wie auch* seit 1790 *Generalsuperintendent zu Ansbach* (vorher Stadtpfarrer daselbst): *geb. zu Lindfluhr bey Würzburg* 1710. §§. *Calendarium festorum dierumque mobilium atque immobilium, in usum chronologiae ac rei diplomaticae ita adornatum, ut dati quilibet mensium dies veterum more notati sine mora cum nostro computandi modo componi possint, praemissa prae-*

praefatione usum ejus edocente. *Onoldi* 1735. 4. Mischnah, oder Text des Talmuds; aus dem Ebräischen übersetzt, umschrieben und mit Anmerkungen erläutert. 1-6ter Th. Onolzb. 1760-1763. 4. Der Prediger Salomo, mit einer kurzen und zureichenden Erklärung nach dem Wortverstande von dem Verfasser des Phädon; aus dem Hebräischen übersetzt. Ansbach 1771. 4. Der Talmudische Tractat Brachoth von den Lobsprüchen, als das erste Buch im ersten Theil, nach der Hierosolymitanischen und Babylonischen Gemara; aus dem Hebräischen übersetzt und mit Anmerkungen erläutert. Halle 1777. 4. Der Talmudische Tractat Peah von dem Ackerwinkel, aus der Hierosolymitanischen Gemara übersetzt und mit Anmerkungen erläutert, nebst einer Abhandlung von Versorgung der Armen. Ansbach 1781. 4.

RABE (Karl Ludwig Friedrich) *königl. Preuss. Justitzrath, kurmärkischer Kammerprotonotarius und Kammer-Justitz-Deputations-Kanzleydirektor, wie auch Sekretar, Registrator und Rendant des Baugerichts zu Berlin* seit 1791 (vorher Kammerprotonotarius zu Stendal): *geb. zu Berlin am* 25 *Februar* 1747. SS. *Nahrung für Verstand und Herz, von einem Bruder Freymaurer herausgegeben. 6 Theile. Stendal 1784-1790. 8. *Neueste Sammlung von vorzüglichen Liedern für Brüder Freymaurer. ebend. 1783. 8. *Anleitung, eine teutsche Freymaurerbibliothek zu sammlen. 1stes Stück. ebend. 1783. — 2tes Stück. ebend. 1788. — 3tes Stück. ebend. 1789. 8. *Zum Unterhalt und Nachdenken für Freymaurer. ebend. 1783. 8. *Nachtrag zur Unterhaltung und zum Nachdenken für Freymaurer. ebend. 1787. 8. *Die angenommene Freymaurerin, oder die Freymaurerey der Damen. Germanien (*Stendal*) 1789. 8. Gedanken und Urtheile über philosophische, moralische und politische Gegenstände, aus guten

Schriften gezogen, alphabetisch geordnet und herausgegeben. 2 Stücke. ebend. 1789. 8. (*eigentlich der 5te Theil der Nahrung für Verstand und Herz*).

RABENSTEIN (Heinrich Polykarp) *M. der Phil. und* seit 1795 *Archidiakonus zu Annaberg* (vorher Prediger daselbst): *geb. zu Königswalde bey Annaberg am 23 May* 1734. §§. Kurzgefasste zuverlässige Nachricht von der in St. Annaberg im Jahr 1695 vorgefallenen Gespenstererscheinung. . . . 1783. . . . Aufrichtige Beyträge zur Entthronung des Aberglaubens. Chemnitz 1786. 8.

Freyherr zu RACKNITZ (Joseph Friedrich) *kursächsischer Hausmarschall, wie auch des Johanniter-Maltheser Ordens Ritter zu Dresden* seit 1791: *geb. daselbst am 3 November* 1744. §§. * Briefe über das Karlsbad und die Naturprodukte der dortigen Gegend. Mit einem Kupfer. Dresden und Leipz. 1788. 8. * Ueber den Schachspieler des Hrn. von Kempelen und dessen Nachbildung. Leipz. und Dresden 1789. gr. 8. Mit 7 Kupfertafeln. Schreiben an einen Freund über den Basalt. Dresden 1790. 8. Briefe über die Kunst, an eine Freundin. ebend. 1792. gr. 4. Mit 13 Kupfertafeln. *Auch unter dem Verlagsort* Leipzig *und mit der Jahrzahl* 1795. Geschichte und Darstellung des Geschmacks der vorzüglichsten Völker in Beziehung auf die innere Auszierung der Wohnungen und auf die Baukunst. Mit ausgemahlten Kupfern. 1ster Heft. Leipz. 1796. — 2ter Heft. ebend. 1797. gr. 4. — Neue Einrichtung eines Kabinets von Bäumen und Sträuchern, welche unter unserm Himmelsstriche ausdauern, nach einer neuen Methode geordnet; *in* W. G. Beckers *Taschenbuch für Gartenfreunde für das J.* 1797. — Vergl. *Kläbe's* Neuestes gel. Dresden.

RADEFELD (Johann Karl Siegfried) *Garnisonprediger zu Harburg: geb. zu* . . . §§. Ueber den specifischen Unterschied des Christenthums und Naturalismus, zur Beurtheilung einer Neurung, welche mit dem Christennamen im Werke ist, Helmstädt 1794. gr. 8. *und vorher schon in dem* Henkischen Magazin für Religionsphilosophie u. s. w. B. 3. St. 1.

*) von RADEN (K. . . A. . .) *Mitglied des Neustädtischen Predigerkollegiums zu Dresden* seit 1793: *geb. zu* . . . §§. * Die Romane, angeklagt und vertheidigt vor einem unpartheyischen Richter. Friedrichsstadt bey Dresden 1794 (*eigentl.* 1793). 8. * Ueber die politische Lage von Frankreich; zwey Berichte im Namen des Ausschusses des öffentlichen Wohls von Robespierre und St. Just, Bürger und Mitglieder dieses Ausschusses; aus dem Französischen übersetzt, mit berichtigenden Anmerkungen und Betrachtungen über den Plan, den Robespierre bisher verfolgt, und die Art, wie er ihn bisher ausgeführt hat. Frankf. u. Leipz. (*Leipz.*) 1794. 8. (*Unter der Vorrede hat er sich genannt*). Amynt, oder einige Winke zur Belehrung, zur Ermunterung und zum Troste derer, die sich dem Predigerstande gewidmet haben. Zittau 1797 (*eigentl.* 1796). 8.

RADITSCHING (Joseph) . . . *zu Wien: geb. zu Herzendorf in Kärnthen am 21 Febr.* 1753. §§. * Gedichte zweyer Freunde (*der andere heißt* Joseph Richter). Wien 1775. 8. * Der Barbier von Sevilien; ein Lustspiel in 4 Aufz. aus dem Französischen. Wien 1776. 8. * Der Ehrenfeind; ein Lustspiel in 5 Aufzügen. ebend. 1776. 8.

*) Fehlt bey *Kläbe*.

RADLMEYER (Karl) . . . *zu Wien: geb. zu* . . . §§. Eröffnete Geheimnisse der vornehmsten auserlesenen Haushaltungskünste und Wissenschaften. Wien 1768. 8.

RADSPILLER (Gotthelf David) *Subkonrektor am Johanneum zu Hamburg* seit 1789: *geb. zu* . . . §§. Ueber die Absicht bey dem Vortrage der Geschichte auf Schulen; ein Versuch. Hamburg 1789. 8.

RÄBIGER (Friedrich Wilhelm) . . . *zu* . . . *geb. zu* . . . §§. Verbrechen aus Edelmuth; Schauspiel in 4 Aufzügen. Berlin 1791. 8. Wilhelmine von Hardenstein; ein Schauspiel in 4 Aufzügen. Halle 1791. 8. Jugendgeschichte Mirabeau's, von ihm selbst geschrieben in einem Briefe an seinem Vater aus dem Kerker zu Vincennes im Jahr 1778; (*aus dem Franz.*) übersetzt. Mannheim und Leipz. 1792. 8.

von RAET (Friedrich Wilhelm) lebt seit 1790 als *Hildesheimischer Titular - Adelicher - Rath zu Corvey*, nachdem er vorher Professor zu Münster gewesen war: *geb. zu* . . . §§. *Münsterische Geschichte. 1ster Theil, bis zum Verfall der Carolinger. Göttingen 1788. gr. 8.

RÄTZE (Johann Gottlieb) *Kandidat des Predigtamts zu Zittau: geb. zu* . . . §§. Beylage zu Kants Kritik der praktischen Vernunft. Chemnitz 1794. gr. 8. Betrachtungen über die Kantische Religion innerhalb der Vernunft; nebst einer Abhandlung über den Skepticismus überhaupt, und über den Kantischen Skepticismus insbesondere. ebend. 1794. gr. 8. Ist Glückseligkeit oder Tugend die Bestimmung des Menschengeschlechts? ein Versuch zur Berichtigung des von Kanten veranlassten Streites über den Endzweck der Welt. Leipz. 1794. 8. Predigt über das Gebet, am Sonntage Reminiscere 1795 gehalten in der Kreuzkirche zu Zittau. Zittau 1795. 8.

RAFF-

RAFFLER (Heinrich Joseph) *D. der AG. zu Grätz in Steyermark: geb. zu* . . . §§. Versuch über die Einimpfung der Pocken. Grätz 1787. 8.

RAGOTZKY (Karl August) . . . *zu Letzlingen in der Altmark: geb. zu* . . . §§. Unterhaltungen für denkende Freymaurer. Berlin 1792. 8. Ueber maurerische Freyheit; für eingeweihte und uneingeweihte Leser. Nebst einem Wort ans Publikum über eine vermeynte Ursach der Revolutionen. ebend. 1792. 8. *Situationen von *K. A. R – y*. 2 Bändchen. Stendal 1794-1795. 8. — Ueber Mode-Epoken in der teutschen Lektüre; *im Journal des Luxus und der Moden* 1792. St. 11. S. 549-556.

von RAHMEL (August Wilhelm Leopold) *Bürgermeister zu Schmiedeberg in Schlesien* (vorher königl. Preuss. Lieutenant unter dem von Flemmingischen, hernach von Wendesseischen Infanterieregiment zu Breslau): *geb. zu* . . . *in Pommern* . . . §§. *Winterzeitvertreib eines kön. Preuss. Officiers. 1779. 8. 2te vermehrte Aufl. Breslau 1780. 8. *Freymäurerreden und Gedichte. ebend. 1780. 8. Rede an dem Geburtstage des Generals von Tauenzien. . . . *Ueber den Dienst, von einem ehemahls unter der Preussischen Armee gestandenen und jetzt unter den Amerikanern dienenden Officier, entworfen, noch ehe derselbe seinen ersten Dienst verlies. Boston (*Breslau*) 1783. 8. Ueber die Schwärmerey unserer Zeiten, geschrieben im Monde. Breslau 1784. 8. Ueber das Point d'honneur; ein Pendant zu der Schrift: Ueber den Dienst. Boston (*Breslau*) 1785. 8. Ode auf den Geburtstag Sr. Maj. des Königs von Preussen, Friedrich Wilhelm des Zweyten. Breslau 1786. 8. Sämtliche Gedichte. Schmiedeberg 1789. gr. 8. Prosaische Schriften. 2 Theile. Breslau 1789. 8. — *Gedichte in den* Schlesischen Provinzialblättern *und im* Schlesischen Bardenopfer auf 1786. — *Einzelne Gelegenheitsgedichte.*

RAHN (Johann Heinrich) *Professor der Physik und Chorherr zu Zürich: geb. daselbst* 1749. §§. *D. de miro inter caput & viscera abdominis commercio. Gottingae* 1771. 4. *Adversaria medico practica. Vol. I. Turici* 1779. 8. *Gazette de Santé*, oder gemeinnütziges medicinisches Magazin. 4 Jahrgänge (*jeder von 6 Stücken*). Zürich 1782-1786. 8. Briefwechsel mit seinen ehemahligen Schülern. 1ste Sammlung. ebend. 1787. — 2te Sammlung. ebend. 1790. 8. Archiv gemeinnütziger physischer und medicinischer Kenntnisse. 1sten Bandes 1ste und 2te Abtheilung. ebend. 1787. — 2ten Bandes 1ste Abtheilung. ebend. 1788. — 2te Abtheilung. ebend. 1789. — 3ten Bandes 1ste Abth. ebend. 1790. — 2te Abtheil. ebend. 1791. gr. 8. *Exercitationum physicarum de caussis mirae, tum in homine, tum inter homines, & caetera naturae corpora sympathiae I & II. ibid.* 1788. — *III. ibid.* 1790. — *IV & V. ibid.* 1792. — *VI & VII. ibid.* 1797. 4. Briefwechsel zwischen Dr. Scherb und ihm, über die Heilkräfte des thierischen Magnetismus. 1stes und 2tes Stück. ebend. 1788. gr. 8. Physische Abhandlungen von den Ursachen der Sympathie, von dem Magnetismus und Schlafwandeln. Herausgegeben von Dr. *J. Weise*. Leipz. 1790 gr. 8. Handbuch der Vorbereitungswissenschaften der Arzneykunst, zum Gebrauche seiner Zuhörer bey dem medicinisch-chirurgischen Institut und Seminarium. 1ster Theil. Zürich 1792. 8. Handbuch der praktischen Arzneywissenschaft, zum Gebrauche seiner Zuhörer bey dem medicinisch-chirurgischen Institut und Seminarium. 1ster Th. ebend. 1792. 8. Gemeinnütziges Wochenblatt physischen und medicinischen Inhalts. 1ster Jahrg. ebend. 1792. gr. 8. *Unter seiner Direktion erscheint*: Museum der Heilkunde; herausgegeben von der Helvetischen Gesellschaft korrespondirender Aerzte und Wundärzte. 1ster Band. ebend. 1792. — 2ter Band. ebend. 1794. —

3ter

3ter Band. ebend. 1795. 8. Anleitung zur Kenntniſs und Heilung innerer Krankheiten. ebend. 1797. gr. 8.

RAHN (Johann Konrad *) *D. der AG. und Mitglied des grossen Raths zu Zürich: geb. daselbst* 1737. §§. *D. de aquis mineralibus Fabariensibus, seu Pipe- rinis. Lugd. Bat.* 1757. 4. Anleitung zu richtiger Erkenntniſs und vernünftigen Heilung der Ruhr. Zürich 1765. 8. *David Macbride,* Chirurgi, durch Erfahrungen erläuterte Verſuche über folgende Vorwürfe: 1) von der Gährung der zur Nahrung dienenden Miſchungen; 2) von der Natur und den Eigenſchaften der fixirten Luft; 3) von den gegen einander gehaltenen Kräften und Art zu würken, der verſchiedenen Gattungen der Fäulung widerſtehender Sachen; 4) von dem Scharbock, nebſt einem Vorſchlag, neue Wege zu verſuchen, denſelben auf der See entweder zu verhüten oder zu heilen; 5) von der auflöſenden Kraft des Kalks; aus dem Engliſchen. Zürich 1766. 8. — Abhandlungen in den Schriften der Geſellſch. zu Zürich. — Vergl. *Leu's* Helvet. Lex.

RAITTMAYR (Gratianus) *Franciſcanus Recoll. provinciae Germaniae ſuper Theologiae lector jubilatus & conventus Paſſavienſis Guardianus actualis;* jetzt *im Franciſcanerkloſter am Lechfeld bey Augsburg: geb. zu Gablig in Schwaben* 1725. §§. Jeſus Melchiſedech, ſeu ordo ſacerdotii & ſacrificii incruenti in ſua ſempiterna panis & vini pro lege nova inſtitutione theologico dogmatice conſideratus & demonſtratus. Paſſavii 1759. — Jeſus Melchiſedech ſ. ordo ſacerdotii — continuatus & demonſtratus. ibid. 1760. — Jeſus Melchiſedech ſ. ordo regalis in eccleſia Dei ſacerdotii

*) Gewöhnlich nur *Konrad.*

tii in sua supremae potestatis plenitudine, & universitate D. Petro apostolorum principi a Christo immediate, & jure perpetuo collatus, ex praxi & disciplina circa arduas omni aetate, conditione, statuque causas ostensus, nunc opportunis & verissimis ipsorum conciliorum oecumenicorum testimoniis ex eorundem indictione praesidentia, confirmatione & executione assertus &c. Salisburgi 1768. . .

RAMANN (Sylvester Jakob) *Pfarrer zu Zimmern supra bey Erfurt* seit 1795 (vorher Kollaborator des evangel. Ministeriums und Konrektor an der Predigerschule zu Erfurt): *geb. zu Sömmerda im Erfurtischen am* 18 *Febr.* 1760. §§. *Moralischer Unterricht in Sprichwörtern, durch Beyspiele und Erzählungen erläutert. Für die Jugend; nebst einer Vorrede von *J. R. G. Beyer*, Pastor in Schwerborn. Erfurt 1789. — 2tes Bändchen (*auf dessen Titel sich der Verfasser genennt hat*). ebend. 1790. — 3tes Bändchen. ebend. 1792. — 4tes Bändchen. ebend. 1794. — 5tes Bändchen. ebend. 1797. 8. Katechetische Erklärung und Unterhaltung über die Sonn- und Festtags-Evangelien. 1stes-5tes Bändchen. Leipz. 1793-1794. kl. 8. Katechetische Erklärung der Sonn- und Festtags-Episteln. 1stes-3tes (und letztes) Bändchen. ebend. 1795-1797. gr. 8.

RAMBACH (Friedrich Eberhard) Sohn von Johann Jakob; *M. der Phil.* seit 1791 *Subrektor des Friedrichswerderischen Gymnasiums und* seit 1794 *Professor der Alterthumskunde bey der königl. Akademie der bildenden Künste und mechanischen Wissenschaften zu Berlin*: *geb. zu Quedlinburg am* 14 *Julius* 1767. §§. *Dissertatio de Mileto ejusque coloniis. Halae* 1790. 4. *Cum figg. aen.* Denkmahl, dem Jahr neunzehnhundert neunzig errichtet. Hamburg 1791. 8. Theseus auf Kreta. ein lyrisches Drama; mit einer Vorrede von *J. J. Eschenburg*, und einem Anhange von

Verfasser. Leipz. 1791. 8. Hiero und seine Familie. 2 Bände. Berlin 1793. gr. 8. *Margot, oder das Missverständniss; ein Lustspiel in einem Akt, nach Thümmel. Dessau 1793. 8. Ueber die Bildung des Gefühls für das Schöne in öffentlichen Schulen; eine Abhandlung, in der pädagogischen Gesellschaft des königl. Seminariums vorgelesen. Berlin 1794. 8. Einige Gedanken über den Werth und Nutzen der Alterthumskunde für den bildenden Künstler; zur Ankündigung seiner Wintervorlesungen über die häuslichen, politischen und kriegerischen Alterthümer der Römer. ebend. 1794. 8. Zwey Reden, am Geburtstage des Königs in der öffentlichen Versammlung der königl. Akademie der bildenden Künste und mechanischen Wiss. am 25 Sept. 1794 und 1795 gehalten. ebend. 1795. 8. Der grosse Kurfürst vor Rathenau; ein vaterländisches Schauspiel in 4 Aufzügen. ebend. 1795. 8. Abriss einer Mythologie für Künstler, zu Vorlesungen. 2 Bände. ebend. 1796 - 1797. 8. Griechische Anthologie, aus den vorzüglichsten Dichtern gesammelt, und nach den verschiedenen Dichtungsarten chronologisch geordnet, und mit litterarischen Notitzen begleitet. Für Gymnasien und Akademien. Mit einem griechisch - teutschen Wortregister. ebend. 1796. gr. 8. *Verfertigte den 2ten Theil zu* Moritzens Ανθουσα oder Roms Alterthümer. ebend. 1796. 8. Otto mit dem Pfeil; ein Schauspiel in 5 Aufzügen, oder der vaterländischen Schauspiele 2tes Stück. ebend. 1797. 8. — *Giebt mit* F. L. W. MEYER *heraus:* *Berlinisches Archiv der Zeit und ihres Geschmacks. ebend. 1795. 1796 u. 1797. Monatlich ein Stück. 8. *Unter seinem Namen stehen nebst andern darinn:* Gedichte; — — Betrachtungen über die neuesten Begebenheiten in Rücksicht auf die schönen Künste, besonders über das Schicksal Italiens; 1796. Nov. Nemesis; 1797. Jan. *Gewöhnlich sind seine Aufsätze mit* R *unterzeichnet.* — S. unten STURM (Ottokar).

RAM-

RAMBACH (Friedrich Gotthilf) *Sekretar bey dem Stadtmagistrat und Stadtkonsistorium zu Breslau und Notarius daselbst: geb. zu Halle im Magdeburgischen* . . . §§. *Gemeinnützige Beyträge zum Unterricht und Vergnügen. Breslau 1773. 8. *Geschichte Gustav Adolphs, Königs von Schweden; aus den Arckenholtzischen Handschriften und vornehmsten Geschichtschreibern. 1sten B. 1ste und 2te Abtheil. ebend. 1775. — 2ten B. 1ste Abtheil. 1776. 2te Abtheil. 1777. gr. 8.

RAMBACH (Jakob Theodor Franz) *M. der Phil. adjungirter Konrektor des Gymnasiums zu Frankfurt am Mayn* seit 1775 (vorher Lehrer am akademischen Pädagogium zu Giessen): *geb. zu Giessen am 6 März* 1733. §§. D. de gratia Dei ordinaria in somniantibus operosa. Gissae 1755. 4. D. de somno vigilantium. ibid. 1765. 4. *Vollständigere und sehr erleichterte lateinische Grammatik. ebend.* 1770. 8. *2te verbesserte Ausg. Frankf. am M.* 1777. 8. *3te Ausgabe. Giessen* 1785. 8. Or. de aurea mediocritatis regula in emendandis scholis praecipue observanda. Francof. 1775. 4. D. de persona daemonio infernali vindicanda. ibid. 1776. 4. Progr. quo justa Imperatoris Josephi II — oratione funebri — celebranda indicit —. ibid. 1790. fol. Progr. quo orationem panegyricam — memoriae Imperatoris — Leopoldi II — indicit. ibid. 1792. fol. *Deutliche und praktische Vernunftlehre für Schulen. Giessen* 1795. *gr.* 8. — *Vorrede zu* Röchlings *lateinischen Chrestomathie* (Frankf. am M. 1774. 8). — *Abhandlungen im Giessener Wochenblatt.*

RAMBACH (Johann Jakob) *Hauptprediger bey St. Michael zu Hamburg* seit 1780 (vorher seit 1773 Oberprediger an der Marktkirche zu Quedlinburg, und vor diesem Rektor daselbst): *geb. zu Teuchitz in der Mittelmark am* 27 *März* 1737. §§. *Progr. de adiaphoris in utroque sacramento obviis.* . . 175 .

175.. *Pr. de actionibus prophetarum symbolicis.* ... 176.. *Oratio inauguralis de eo, quod jucundum est in vita scholastica. Quedlinburgi* 176.. *Pr. de fatis studii historici. ibid.* 176.. 4. Abrifs einer Geschichte des menschlichen Verstandes. ... 176.. 4. Schreiben über die Frage: Ob das Lesen der Alten an dem Mangel der Originalschriftsteller Schuld sey? Quedlinb. u. Leipz. 1765. 4. Versuch eines Beweises, dafs der ausgebreitete Ruhm der Römer mehr blendend als wahr sey. Quedlinb. 1766. 4. *De ingeniis desultoriis. ib. eod.* 4. *De stolida docendi ratione. ibid.* 1767. 4. *Pr. de scholarum fama. ibid. eod.* 4. Gedanken über die Ruhmredigkeit des Cicero. ebend. 1767. 4. Herrn *Archibald Bowers* unpartheyische Historie der römischen Päpste, von der Gründung des römischen Stuhls bis auf gegenwärtige Zeit. 7ter Theil, aus dem Engländischen übersetzt (*die vorhergehenden von* Friedr. Eberhard Rambach 1751-1756). Magdeb. u. Leipz. 1768. — 8ter Theil. ebend. 1770. — 9ter Theil. ebend. 1772. 4. Pr. Von der Belesenheit. Quedlinb. 1768. Geschichte der römischen Päpste seit der Reformation. 1ster und 2ter Theil. Magdeb. 1779-1780. 4. (*Beyde Theile werden auch als des* 10*ten Theils* 1*ster und* 2*ter Abschnitt von* Bowers *Geschichte der römischen Päpste ausgegeben*). Unpartheyische Historie des Papstthums, von der ersten Gründung des Stuhls zu Rom bis aufs Tridentinische Concilium; entworfen von einer Gesellschaft gelehrter Männer in Engeland. 2ter Theil (*der* 1*ste von* Friedr. Eberh. Rambach). Magdeb. u. Leipz. 1769. 4. Vermischte Abhandlungen aus der Geschichte und Litteratur. Halle 1770. 8. *Comm. de poëtarum Lyricorum inter Romanos paucitate. Quedlinb.* 1770. 4. Versuch einer pragmatischen Litterarhistorie. Halle 1771. 8. Fromme Wünsche für das Beste der Schulen. Quedlinb. 1772. 4. Pr. Vom Einflufs der Kreuz-

Kreuzzüge auf die Beförderung der Künste und Wissenschaften. ebend. 177.. 4. *Pr. de Hegesia* πεισιθανατῳ. *ibid.* 1771. 4. *D. de historia Romana magnam partem incerta & impedita. ibid.* 1773. 4. *De ratione scribendi historiam scholarum prolusio. ibid. eod.* 4. Isaaci Casauboni *de satirica Graecorum & Romanorum poësi, cum notis edidit. Halae* 1774. 8 *maj.* Leben seines Vaters Friedr. Eberhard Rambachs. ebend. 1775. 4. Pr. von der Ruhmredigkeit des Cicero. Quedlinb. 1776. 4. *Potters* griechische Archäologie; aus dem Engl. mit Anmerkungen. 2 Theile. Halle 1776. — 3ter Theil (*der eigene Abhandlungen von ihm enthält*). ebend. 1778. gr. 8. *Christenfreuden, zur Erbauung geschrieben. Leipz. 1779. 8. 2te vermehrte Auflage. ebend. 1785. 8. Abschieds- und Antrittspredigt zu Quedlinburg und Hamburg. Hamburg 1780. 8. Entwürfe der über die evangelischen Texte gehaltenen Predigten. 1ster-15ter Jahrg. ebend. 1781-1796. gr. 8. Rede bey der Ordination und Einführung des Herrn Pred. Gassie. ebend. 1785. 4. Predigt an dem zur Einweihung des neuen Thurmes an der grossen Michaeliskirche angeordneten Danktage, den 31 Okt. 1786 gehalten. Mit einer historischen Nachricht, die die Geschichte dieses Thurmbaues von seinem Anfange bis zu dessen Vollendung aus den sichersten Quellen angiebt und erläutert; nebst einer Kupfervignette, die diese Kirche mit ihrem Thurm darstellt. ebend. 1786. 8. Von dem christlichen Mitleiden gegen Hülfsbedürftige; eine Predigt, am 3ten Sonntage nach Epiphanias 1787 in der grossen St. Michaeliskirche gehalten, und zum Besten der durch eine Feuersbrunst fast ganz verwüsteten Stadt Salzungen herausgegeben. ebend. 1787. gr. 4. Rede bey der Einführung des Hrn. H. H. Häseler, bisherigen Pastors zu Allermöhe und nun berufenen Diakoni zu St. Michaelis in Hamburg — gehalten. ebend. 1789. 4. *Sylloge*

loge Dissertationum ad rem litterariam pertinentium. ibid. 1790. 8. Predigten über die Sonn- und Festtäglichen Evangelia, zur häuslichen Erbauung. 2 Theile. ebend. 1796. gr. 8. — Vorrede zu *Cramers* Nachrichten von den Herkulanischen Entdeckungen (Halle 1773. 8). Vorrede zu des verstorbenen Katecheten *Klambeks* Predigten (Hamb. 1787. 8). Vorrede zu dem Weyhnachtsgeschenk für gute Kinder, von einer Freundin derselben (ebend. 1791. 8). — Vergl. *Thieß* gel. Hamb.

RAMBACH (Siegmund Rudolph) *Diakonus an der Haupt- und Pfarrkirche zu St. Maria Magdalena in Breslau: geb. zu Halle am* 8 *Jan.* 1744. §§. *Briefe zur Verbesserung des Verstandes und Herzens an ein junges Frauenzimmer von Stande; aus dem Engl. Breslau 1774. 8. **Th. Stackhouse* christliche Sittenlehre; aus dem Engl. Th. 3. Abth. 2. ebend. 1776. 8. (*Die vorhergehenden Theile hat* Friedr. Eberh. Rambach *übersetzt*). Rede über Ps. 37, 5. bey Beerdigung des sel. M. Christian Gottlieb Steinbergs, *steht bey dessen Lebensgeschichte, von* Scheibeln *herausgegeben*. (Breslau 1781. 8). Gedächtnisspredigt zum glorwürdigen Andenken des höchstsel. Königs Friedrich II. Breslau 1786. 8. Predigt am Sonntage Rogate, bald nach den entstandenen und nun gedämpften innerlichen Unruhen. ebend. 1793. 8. *An das Breslauische Publikum zur endlichen Beruhigung, von einem Freunde des Friedens. ebend. 1793. 8. *An die löbliche Bürgerschaft der königl. Residenzstadt Breslau. ebend. 1793. 8. — Vergl. *Streits* alphab. Verzeichn.

von RAMDOHR (Friedrich Wilhelm Basilius) *Oberappellationsrath zu Celle* seit 1787 (vorher Hofgerichtsassessor zu Hannover): *geb. zu Hoya* . . . §§. *Kaiser Otto der III; ein Trauerspiel. Göttingen 1783. 8. Ueber Mahlerey und Bild-

 hauerey

hauerey in Rom; für Liebhaber des Schönen in der Kunst. 3 Theile. Leipz. 1787. gr. 8. Studien zur Kenntniss der schönen Natur, der schönen Künste, der Sitten und der Staatsverfassung, auf einer Reise nach Dänemark. 1ster Theil. Hannover 1792. gr. 8. Beschreibung der Gemähldegallerie des Freyherrn von Brabeck zu Hildesheim; mit kritischen Bemerkungen und einer Abhandlung über die Kunst, das Schöne in den Gemählden der niederländischen Schule zu sehen. ebend. 1792. gr. 4. Charis, oder über das Schöne und die Schönheit in den nachbildenden Künsten. Leipz. 1793. 2 Theile in 8. — Nachrichten über die Gerichtsverfassung in verschiedenen Ländern; *im Hannöv. Magazin* 1785. St. 1. 2. 8-11. — Ueber Rousseaus Todesart; Versuch einer Rettung der Frau von Stael gegen einige Vorwürfe des Hrn. Raths Campe; *in der Berlin. Monatsschr.* 1790. April. Ueber J. J. Rousseau, vorzüglich nach Anleitung des dritten und vierten Theils seiner Confessionen; *ebend.* Jul. S. 30-85. und Aug. S. 148-153. Ueber das Verhältniss des anerkannten Geburtsadels teutscher monarchischer Staaten zu den übrigen Klassen ihrer Bürger in Rücksicht des Anspruchs auf die ersten Staatsbedienungen; *ebend.* 1791. Febr. u. März. — Antheil an der Neuen Bibl. der schönen Wissenschaften. — Recensionen in der Allg. Litteraturzeitung. — Sein Bildniss von Böttger vor dem 56sten Band der Neuen Bibl. der schönen Wissensch. (1795).

RAMDOHR (Johann Christian) *Prediger zu Grossschierstädt bey Aschersleben: geb. zu* . . . §§. Abriss eines Magazin-Bienenstandes. Gotha 1779. 8. Mit einer Kupfertafel. 2te Ausgabe. ebend. 1790. 8. Veränderte, vermehrte und vervollkommnete Magazin-Bienen-Behandlung, als die dritte Auflage des Abrisses seines Magazin-Bienenstandes. Mit Anmerkungen und 2 neuen Kupfern. ebend. 1797. 8.

RAM-

RAMLER (Karl Wilhelm) *ehemahliger Professor der schönen Wissenschaften bey dem Kadettenkorps zu Berlin* (welche Stelle er aber 1790 niederlegte) *und* bis zu Ende des Jahrs 1796 *Mitdirektor des dortigen königl. Nationaltheaters: geb. zu Colberg in Pommern am 25 Februar* 1725. §§. * Das Schachspiel; ein Heldengedicht. 1 Buch. Berlin 1754. 8. Einleitung in die schönen Wissenschaften, nach dem Französischen des Herrn *Batteux* mit Zusätzen vermehret. 4 Bände. Leipzig 1758. 8. 2te Aufl. 1762. 3te mit Zusätzen vermehrte Aufl. 1769. 4te verbesserte Aufl. 1774. 8. * *Nebst* G. E. Lessing: *Friedrichs von Logau* Sinngedichte, mit Anmerkungen über die Sprache des Dichters. Leipz. 1759. 8. Lied an die Nymphe Persanteis. Colberg 1760. 4. (*ist auch den* Briefen, die neueste Litteratur betreffend, *Band* 9. *S.* 154. *einverleibt*). Geistliche Kantaten. Berlin 1760. & 1768. 8. 1770. 8. * *Lichtwers* auserlesene und verbesserte Fabeln und Erzählungen, in 2 Büchern. Greifswald u. Leipz. 1761. 8. Der May; eine musikalische Idylle. ebend. 1764. . . * Glaukus Wahrsagung, als die französische Flotte aus dem Hafen von Brest nach Amerika segelte. Berlin 1765. . . * Ptolomäus und Berenice. ebend. 1765. gr. 4. * Ino; eine Kantate. ebend. 1765. 8. (*wurde nachher mehrmahls mit Kompositionen gedruckt*). Lieder der Teutschen. ebend. 1766. 8. Gedichte. 1766. 8. * Sammlung der besten Sinngedichte teutscher Poeten. Riga 1766. 8. Oden. Berlin 1767. 8. Hymne an die Liebe. ebend. 1768. 4. Geistliche Kantaten. ebend. 1768. 8. * Pygmalion; eine Kantate. ebend. 1768. 8. Oden aus dem Horaz. ebend. 1769. 8. Oden an den K. Joseph II. ebend. 1769. 4. Alexanders Fest, oder die Gewalt der Musik; eine Kantate. ebend. 1770. 8. Auf den Tod des Preussischen Prinzen Friedrich Heinrich Karl. Berlin u. Stettin 1770. 4. Ode an die Venus Urania. Berlin 1770. 4. Lyrische Gedichte. ebend. 1772. 8. Lyrische Blumenlese. Leipz. 1774. — 2ter Theil. ebend. 1778. 8. Cephalus und Prokris; ein Melodrama. ebend. 1777. 8. Schlachtgesang. Berlin 1778. 8. * *Christi. Wernikens* Ueberschriften; nebst *Opitzens*, *Tscherings*, *Andr. Gryphius* und *Adam Olearius* epigrammatischen Gedichten. Leipz. 1780. 8. (*Voran steht eine ganz kurze biographische Nachricht von jedem Dichter*). Scherzreden aus dem Griechischen des *Hierokles*. Berlin 1782. 8. Uebersetzung der poetischen Stellen in dem aus 8 Bänden bestehenden Auszug des Englischen Zuschauers. Berlin 1782-1783. 8. Fabellese. 2 Bände. Leipz. 1783. — 3ter Band. ebend. 1790. 8. Auf die Huldigung des Königs von Preussen, Friedrich Wilhelms. Berlin den 2 Okt. 1786. Vorgelesen in der Akademie der Wissenschaften. Kantate auf die Krönung des Königs von Preussen, Friedrich Wilhelm den Zweyten. Berlin 1787. 8. *Salomo Gessners* auserlesene Idyllen, in Verse gebracht. ebend. 1787. gr. 8. *Marcus Valerius Martialis*, in einem Auszuge Lateinisch und Teutsch, aus den poetischen Uebersetzungen verschiedener Verfasser gesammelt. Leipz. 1787. — Anhang zum ersten Theil (*worinn alle Stücke von ihm selbst übersetzt sind*). ebend. 1793. — 2ter Theil. ebend. 1788. — 3ter Theil. ebend. 1789. — 4ter Theil. ebend. 1790. — 5ter und letzter Theil, nebst einem Anhange aus dem Catullus. ebend. 1791. 8. Nachlese aus dem Martial. Berlin 1794. 8. Rede am Geburtsfeste Sr. königl. Hoheit des Kronprinzen von Preussen Friedrich Wilhelm, gehalten auf dem Nationaltheater zu Berlin. ebend. 1787. 4. Allegorische Personen, zum Gebrauche der bildenden Künstler; mit 32 Kupfern von *Bernhard Rode*. ebend. 1788. gr. 4. (*Stand vorher Stückweise in der Monatsschrift der Akademie der Künste und mechan. Wissensch. zu Berlin* 1788. St. 1 u. ff.).

Salo-

Salomon Gessners episches Schäfergedicht, der erste Schiffer, in Verse gebracht. Berlin 1789. 8. Kurzgefasste Mythologie, oder Lehre von den fabelhaften Göttern, Halbgöttern und Helden des Alterthums. 2 Theile. Mit Kupf. ebend. 1790. 8. Auf die Zurückkunft des Königs von Preussen, Friedrich Wilhelm des Zweyten, nach der Friedensvermittelung zwischen der hohen Pforte und dem Könige von Ungarn und Böhmen. ebend. 1790. 8. *Friedrich von Logau* Sinngedichte; aufs neue überarbeitet, mit drey Büchern vermehrt und mit Anmerkungen begleitet. Leipz. 1791. 8. Allegorische Personen, zum Gebrauch der bildenden Künstler; als ein Anhang zu seiner kurzgefassten Mythologie. Nebst einem Register über das ganze Werk. Berlin 1791. 8. Cajus Valerius Catullus. In einem Auszuge, lateinisch und teutsch. Leipz. 1793. 8. Ueber die Bildung der teutschen Nenn- und Beywörter. Berlin 1796. gr. 8. Fabeln und Erzählungen, aus verschiedenen Dichtern gesammelt; eine Fortsetzung der Fabellese. ebend. 1797. 8. — Antheil an den kritischen Nachrichten aus dem Reiche der Wissenschaften (Berl. 1751. 4). — Hat auch *Weissens* Krispus und dessen Romeo und Julie verbessert. — Viele seiner Gedichte wurden zuerst in den Berlinischen Zeitungen, in den Zurichischen freymüthigen Beyträgen, und in andern dergleichen Zeitschriften bekannt gemacht; so auch in den Berlin. Litteraturbriefen, in den Musenalmanachen, in dem Vademecum für Dichterfreunde, 1 Theil (Darmstadt 1778. 8), im 5ten Theil des Zöllnerischen Lesebuchs für alle Stände, im 1sten Bändchen der Damenbibliothek, in den Liedern der Weisheit und Tugend, zur Bildung des Gesangs und des Herzens (1786), in den Annalen des Theaters, in der Berlinischen Monatsschrift u. s. w. Viele sind auch in andern Sammlungen wieder abgedruckt, z. B. in Eschenburgs Beyspielsammlung, Schützens Lehrbuch, Kochs Odeum Friedrich des Grossen u. s. w. — An-

Antheil an *Kleist's* Werken (Berlin 1758. 8), deren 4te Ausgabe er besorgte (ebend. 1778. 8). — Antheil am 1sten Theil von *Lessing's* vermischten Schriften (ebend. 1771. 8). — Antheil an den vermischten Gedichten von *Lud. Heinr. von Nicolay* (ebend. 1778 - 1786. 9 Theile in 8). — Das Opfer der Nymphen, ein Vorspiel; *in dem Taschenbuch für Dichter und Dichterfreunde* 2 Abtheil, (1774). *Auch in der* 10ten Abtheil. *sind einige Gedichte von ihm.* — Prokris Leichenbestellung und Cephalus zweyte Entführung, ein pantomimisches Ballett; *in* Reichard's *Theaterkalender* 1779. — Vertheidigung der Opern; *in* Marpurg's *kritischen Beyträgen* B. 2. — Cyrus und Cassandana, ein Singspiel; *in der Berl. Monatsschrift* Aug. 1784. In eben dieser Monatsschrift stehen sehr viele metrische Uebersetzungen Horazischer Oden und andre Gedichte von ihm. Sulamith und Eusebia, eine Trauer-Kantate auf den Tod M. Mendelssohns; *ebend.* 1786. St. 5. Rede bey Eröfnung des neuen Nationaltheaters in Berlin; *ebend.* 1787. St. 4. Sinngedichte aus dem Martial; *ebend.* St. 8 - 12; auch in den folgenden Jahrgängen. — Gab heraus: *Joh. Nic. Götzens* vermischte Gedichte. 3 Theile. (Mannheim 1785. 8). — *Sal. Gessners* auserlesene Idyllen in Verse gebracht; *im teutschen Museum* 1785. St. 5 u. 9. *F. M. Kuh* Gedichte von ihm herausgegeben; *ebend.* 1786. Gab hernach desselben *Kuh* sämtliche Gedichte heraus (Zürich 1792. 2 Bände in 8). — Rede von der Art, wie akademische Mitglieder sich unter einander am nützlichsten werden können; *in der Monatsschr. der Akad. der Künste und mech. Wiss. zu Berlin* 1788. St. 5. Noch einige Aufsätze in derselben Monatsschrift. — Von der Bildung der teutschen Beywörter; *in den Beytr. zur teutschen Sprachkunde, vorgelesen in der Akademie der Wissensch.* 1ste Samml. (Berl. 1794. 8). — Sechs Fabeln von Lessing, in Verse gebracht; *in* W. G. Beckers

Er-

Erhohlungen B. 2 (1796). — Seine Kantaten sind auch mit deren Kompositionen herausgekommen, und die Texte, besonders vom Tode Jesu, sehr häufig besonders gedruckt. — Sein Bildniss vor dem 1sten B. der Allg. teut. Bibl. vor dem 12ten B. der Neuen Bibl. der schönen Wiss. vor der Götting. poet. Blumenlese 1774; auch auf einer Schaumünze von Jak. Abraham 1775; *ferner* von Bause in fol. im 3ten Theil von Lavaters Physiognomik; vor dem 2ten Stück des Pommer. Archivs; von Lisiewsky gemahlt, und von Eckert gestochen, in getuschter Manier, und von Rode radirt; auch vor dem Berliner Musenalmanach auf das Jahr 1791 (*darinn auch Nachricht von dessen Leben und Schriften, und eine Abhandlung über desselben poetischen Charakter*). — Vergl. (*Küttner's*) Charaktere teutscher Dichter und Prosaisten; Büsten Berlin. Gelehrten; *Denina's* Prusse littéraire T. III. p. 189-197; *Koch's* Odeum Friedrich des Grossen.

RAMMEL (S... O...) ... *zu* ... *geb. zu* ... §§. Anweisung zur Rechenkunst für Lehrer und Lernende. Coburg 1794. 8.

RAMSPECK (Jakob Christoph) *M. der Phil. und D. der AG. Rektor des Collegii oder Gymnasii zu Basel: geb. daselbst am 6 Sept.* 1722. §§. Fasciculus thesium philosophicarum. Bas. 1738. 4. Schediasma rhetoricum. 1740. 4. Specimen de Cambyse, Persarum rege. 1744. 4. Meletemata philologica. 1744. 4. D. de Oleo Cajeput. 1745. 4. Specimen thesium mathematicarum. 1748. 4. — selectarum observationum anatomico-physiologicarum & botanicarum. 1752. 4. — *Vergl.* Leu *Helvet. Lex. und* (Herzogs) *Ath. Raur. p.* 327.

RANGE (Johann Anton David) *zweyter evang. Pastor zu Guhrau in Schlesien: geb. zu Küstrin am* 20 *Dec.* 1766. §§. Erklärungen und Predigten über die Sonn- und Festtags-Evangelien zur Beförderung

derung christlicher Weisheit und Lebensklugheit. 1stes Vierteljahr. Liegnitz 1795. — 2tes-4tes Viertelj. 1796. gr. 8.

RAPPOLT (Wilhelm Gottlieb) *M. der Phil. und* seit 1793 *ordentlicher Professor an dem Gymnasium zu Stuttgart* (vorher Professor der Mathematik und Bibliothekar bey der Universität zu Stuttgart): *geb. zu Brackenheim im Würtembergischen am* 19 *Aug.* 1748. §§. *Dilucidationes analyseos finitorum Kaestnerianae. Tubing.* 1768. 4. *De variationibus barometricis. Stuttgard.* 1775. 4. Phys. und mathem. Theses. ebend. 1776. 4. *Theses ex mathesi pura & applicata. ibid.* 1777. 4. *Theses ex analysi infinitorum. ibid.* 1778. 4. Sätze aus der Statik, Mechanik und Hydrostatik. ebend. 1779 u. 1780. 4. Sätze von Luft, Feuer, Licht und Wärme. ebend. 1781. 4. *Progr. Expositio caussarum praecipuarum, a quibus successiva climatum mutatio pendet. ibid.* 1794. 4. Ueber die Stärke rund gewobener Seile, wie sie nach Muschenbroekischen Grundsätzen auf dem Bühlhof bey Calw im Würtembergischen verfertigt werden; ein Aufsatz, mit Versuchen begleitet. Tübingen 1795. 8. — Abhandlung von den Kometen; *in dem Neuen Hamburg. Magazin* ... — Schreibt seit einigen Jahren die physikalischen Artikel im Würtemb. Hofkalender, auch seit 1788 die meisten Aufsätze in den Würtemb. gewöhnlichen Landkalendern. — Vergl. *Haugs* Schwäb. Magazin 1777. S. 680. und *Mosers* Würtemb. gel. Lex. Th. 2.

RASCHE (Johann Christoph) *M. der Phil. und Pfarrer zu Maßfeld bey Meiningen: geb. zu Scherbda im Eisenachischen am* 21 *Okt.* 1733. §§. *Etwas zum lehrreichen Vergnügen. 1ster Theil. Erfurt 1753. 8. 2te Aufl. 1754. — 2ter Th. 1754. 8. *Der Kalender; eine satyrische Schrift. Jena 1753. 4. *Zween kritische Briefe von der tentteutschen Dichtkunst. 1755. 8. *Geschichte des Johann von Calais. Frankf. u. Leipz. 1755. 8. *Urtheile über das Verhalten der Menschen. 6 Stücke. Frankf. 1756-1758. 8. *Besondere Sammlung verschiedener Fabeln und Erzählungen von C. F. Gellert. 1ster Theil. ebend. 1756. 8. 2te Aufl. 1757. — 2ter Th. 1756. 8. *B. Neukirchs* Satyren und poetische Briefe. ebend. 1757. 8. *Epistolarum obscurorum virorum volumina omnia. T. I & II. ibid.* 1757. 8. *Sammlung aller Staatsschriften bey dermahligen Kriegen in Sachsen und Böhmen. ebend. 1757. 8. *Vier Gespräche im Reich der Todten zwischen Schwerin und Braun. 1758. 1759. 4. *Etwas für alle Leser auswärtiger und einheimischer Zeitungen. 1759. 8. *Oden. 1759. 8. Trauerrede auf den Superint. primar. Silchmüller. Meiningen 1759. fol. 2te Aufl. 1771. Karl der Grosse, gross durch seine Bemühungen für die Schulen der Teutschen. ebend. 1760. 4. Leben des Hennebergischen Geschichtschreibers M. Christ. Albr. Ercks. ebend. 1761. 4. Die Kunst, teutsche Briefe abzufassen. 2 Theile. Frankf. u. Leipz. 1761. 2te Aufl. 1762. 3te Aufl. Nürnb. 1774. 8. ☌♄♃ Die grosse Zusammenkunft des Saturnus und Jupiters. ebend. 1762. 4. Wer unter Englands Königinnen Elisabeth oder Maria eine bessere Christin? . . . 1763. 4. Das Meiningische Intelligenzblatt. 1763. 1764. 4. *Kleinigkeiten. Helmstädt und Magdeburg 1768. 8. *Etwas von ohngefähr. 2 Theile. Frankf. u. Leipz. 1769. 8. Von dem Eindruck, den die Hinrichtung eines freudig Sterbenden in den Zuschauern machen soll. Meiningen 1770. 4. Neue Aufl. nebst einem umständlichen Vorbericht. 1770. 8. (*Ist auch in Schenks Sammlung merkwürdiger Reden 1773. 8. eingedruckt*). *Es ist nöthig, jeden Missethäter durch Geistliche zum Tode vorbereiten und zur Hinrichtung begleiten zu lassen; dem Widerspruch eines Berliners (*Steinbarts*) entgegengegengesetzt. 1770. 8. *Anton Pansa von Mancha fortgesetzte Abhandlungen von Sprüchwörtern. Frankf. am M. 1774. Vermehrte Ausgabe. Leipz. 1777. 8. *Wilh. Burkit* praktische Erläuterungen der Leidensgeschichte Jesu Christi. Meiningen 1774. gr. 8. *Desselben* praktische Erläuterungen der Auferstehung und Himmelfahrt Jesu Christi. ebend. 1774. gr. 8. Der Tod bringt uns zur angenehmsten Ruhe; eine Rede. ebend. 1774. 4. Praktische Anweisung zu Briefen an Frauenzimmer, nebst beygefügten Mustern. Nürnb. 1775. 8. **Lexicon abruptionum, quae in numismatibus Romanorum occurrunt, studiosae juventuti ad explicandos numos adornatum variisque observationibus illustratum. Norimb.* 1777. 8. **Numismata rarissima Romanorum a Julio Caesare ad Heraclium usque, quae ex omni genere metallorum difficilia repertu & maximo in pretio sunt. ibid. eod.* 8. Anweisung zum Briefwechsel des Frauenzimmers mit Frauenzimmern. ebend. 1777. 8. Anleitung zum Briefwechsel des Frauenzimmers mit Mannspersonen. ebend. 1777. 8. *Die Kunst, Nelken zu ziehen und ihre Schönheit zu beurtheilen. ebend. 1777. 8. Roms vormahlige Verfassung. 2 Theile mit Kupf. ebend. 1778. gr. 8. Die Kenntniss antiker Münzen nach den Grundsätzen des P. *Jobert* und *de la Bastie*. 3 Theile mit Kupf. ebend. 1778. 1779. 8. (*Der 3te Theil ist auch unter dem Titel:* Die Schätzbarkeit antiker Münzen u. s. w. *daselbst gedruckt*). Henneberg, das uralte Stammhaus, seit dem sel. Ableben des letzten Hennebergischen Fürsten George Ernsts, nach 200 Jahren von dem Durchl. Herzog Georg erneuert am 10 August 1784; diesmahligen Zeitgenossen und der spätern Nachwelt in einem Idyll geschildert und mit Anmerkungen begleitet. Meiningen 1784. 8. *Lexicon universae rei numariae veterum, & praecipue Graecorum ac Romanorum, cum observationibus antiquariis, geographicis,* chro-

chronologicis, historicis, criticis, & passim cum explicatione monogrammatum. T. I. A-C. cum tabb. II aen. Lips. 1785. — *Tomi II Pars prior. D-G.* 1785. — *Tomi II Pars posterior. H-L. ibid.* 1786. — *Tomi III. P. I. M. N. Ξ.* 1787. — *Tomi III. P. II. O-Pq.* 1788. — *Tomi IV. P. I. PR-SAM.* 1789. — *Tomi IV. P. II. SAN-SSS.* 1790. — *Tomi V. P. I. ST-TRI.* 1791. — *Tomi V. P. II. TRI-Victoria.* 1793. — *Tomi VI. P. I.-Z. Cum adpendicula litterarum* Φ, Ψ, X, Ω. *ibid.* 1794. 8 *maj.* — *Abhandlung über den Kopfputz römischer Damen, mit Kupfern; *im Gothaischen Hofkalender* 1779, und französisch: La Coëffure des Dames Romaines; *in dem Almanac de Gothe* 1779. — *Wie haben die Alten das Glück gebildet? *im Gothaischen Magazin* B. 2. St. 4. *Das Loos; *ebend.* 1779. — *Topographie des Fürstenthums Eisenach; ingleichen Verzeichniss der herzogl. Sachsen-Meiningischen Städte, Dörfer und Wüstungen; *in* Büschings *Magazin* Th. 14. S. 251-303. — Die Meiningischen Landtagsakten von 1775; *in* Weissens *Museum für die Sächsische Geschichte* B. 3. St. 2. S. 185-273. — Gleichheit, eine chirurgische Anekdote der Sächsischen Geschichte, aus archivalischen Nachrichten, mit erläuternden Anmerkungen; *in* Baldingers *neuem Magazin für Aerzte* B. 18. St. 4. S. 322-352. — Antheil an den Gedichten von einigen Freunden der schönen Wissenschaften (Jena 1752. 8); an dem Eisenachischen Wochenblatt (1753. 1754. 4); an den freundschaftlichen Bemühungen in den Wissenschaften (Erfurt 1755. 8); an dem kritischen Sylph (Frankf. 1756. 1757. 4); an den Frankfurter gel. Zeitungen (1757. 1758. 1759. 4); an den blauen Dunst in Gedichten (3 Bändchen. Cöln 1771. 8). — Einige Dedikationen und einige Predigten in Miscellan-Sammlungen. — Sein ihm unähnliches Bildniss steht vor seiner Roms Verfassung als Medaillon.

RASP (Georg) *der sämtlichen Rechte Doktor* (so schreibt er sich selbst) *zu . . . geb. zu . . .* §§. Erläuterungen des Lehrbegriffs des Naturrechts. Theoretischer Theil. Wien 1794. — Praktischer Theil. ebend. 1795. 8.

RASSDöRFER (Johann Philipp) *Professor und Rektor des Gymnasiums zu Schweinfurt: geb. daselbst am 9 März* 1736. §§. Programmata: De novo ordine equestri Friedbergensium. Suinfurti 1769. 4. De consuetudine gentium sepulcra ad vias exstruendi. ibid. 1770. 4. De gloria Imp. Germ. cum Josepho II in Italiam redeunte. ibid. eod. 4. De Mercatura veterum Germanorum. ibid. eod. 4. De eclipsi solari X Cal. Apr. ibid. 1773. 4. De sole obscurato tempore mortis Christi. ibid. eod. 4. De Smintheo. ibid. 1774. 4. Catharina II Petro Magno major. ibid. 1773. 4. Elementa Goliana, sive Epitome praecipuarum regularum linguae Graecae in usum scholarum infer. reipubl. ibid. 1771. 4. Pr. de diversa diversis aetatibus linguae latinae varietate. ibid. 1777. 4. De umbra orbis litterati. ibid. 1781. 4. Pr. historiam civitatis Suinfortensis illustrans. ibid. 1782. fol. *Vorläufige Gedanken von den Schulen der alten Teutschen, bey der 200jährigen Jubelfeyer der Schweinfurter lateinischen Schulen. ebend.* 1783. 4. Pr. Quid est Illuminatio? ibid. 1786. fol.

RASSMANN (Friedrich) . . . *zu Halberstadt: geb. zu . . .* §§. Lyrische Gedichte. Halberstadt 1797. 8.

RATH (Carolomannus) *des Benediktiner Ordens zu St. Michael bey Bamberg, D. der Theol. und der Kirchengeschichte Professor auf der Universität zu Bamberg* seit 1773: *geb. daselbst . . .* §§. Relatio brevis critico-historica de ortu & progressu juris canonici. Bamberg. 1766. 4. Historiae

riae ecclesiasticae seculum primum religionis & juris circa sacra, quod ante ac post legem scriptam obtinuit, collatione, Romanorum Pontificum serie, notis chronologicis distincta, rebus illorum gestis, judicio critico examinatis, succincte illustratum, una cum positionibus chronologico-critico-historicis. ibid. 1776. 4.

RATH (Johann Adam Leberecht) *M. der Phil. und Diakonus zu Stolpen* seit 1783: *geb. zu* . . . §§. Eine Theurungspredigt. . . . 1772. . . Beschreibung des Lagers bey Dresden im Monat September 1782; für Kinder. Dresden 1782. 8. Die Empfindsamkeit Jesu; eine Predigt. ebend. 1792. gr. 4. *Commentat. Divinam humanamque χρηστότητα in luce ponit. ibid.* 1793. 4. Die Menschenwürde; eine Predigt. ebend. 1793. 8.

RATH (Rudolph Gotthold) *M. der Phil. und Lehrer am Stadtgymnasium zu Halle: geb. zu* . . . §§. D. inaug. super Ovidii Eleg. III, 75. 76. Halae 1785. 4. *Gab mit dem Professor* Jakob *heraus*: Monatsschrift für Damen. 1ster Band. ebend. 1786. 8.

RATH (. . . .) *Prediger zu Hevensen im Hannöverischen*: *geb. zu* . . . §§. *Grundsätze, die Redner recht zu lesen; aus dem Franz. 3 Theile. Hamburg 1757. 8.

RATHMANN (Heinrich) *Prediger zu Pechau und Calenberg im Magdeburgischen* seit 1793 (vorher Pastor, Oberlehrer und Konventual am Kloster Bergen bey Magdeburg): *geb. zu Bergedorf im Hamburgischen am* 10 *Jan.* 1750. §§. Predigt von den Vorzügen des neuen Preussischen Gesangbuchs. Magdeb. 1781. 8. Gedächtnisspredigt auf Friedrich den Zweyten. ebend. 1786. 8. Predigten über Ausbildung der Geistesfähigkeiten, über Fleis und weisen Gebrauch der Zeit, vor-

vorzüglich in der Jugend. Mit einer Vorrede des Hrn. Abbts *Resewitz*. Berlin 1789. 8. * Beyträge zur Lebensgeschichte Joh. Bernh. Basedow's, aus seinen Schriften und andern ächten Quellen gesammelt. Magdeburg 1791. 8. *Mit einem neuen Titel:* * Lebensgeschichte und Charakter J. B. Basedow's, aus seinen Schriften und andern ächten Quellen dargestellt. ebend. 1792. 8. — In den Resewitzischen Sammlungen von Jugendpredigten (Leipz. 1779 und 1782) ist die 8te und 9te Predigt im 1sten Theil, und die 12te, 13te und 14te im 2ten Theil von ihm. — *Abhandlungen ohne seinen Namen im Magdeburgischen Magaz.* 1786. 4. *z. B.* Von der Erfindung des Getraidebaus. Rollens Leben. Vom Ursprung der Kartoffeln, und von deren Anbau und Verbreitung in Europa. Der Landmann im Preussischen ist der glücklichste unter allen Landleuten in Europa. Beschreibung einer Brockenreise. Vom Ursprung und Verbreitung des Kaffee, und dessen Einfluss in Gesundheit und Wohlstand. Ueber Friedrich den Einzigen. Friedrich der Zweyte als Held und Sieger. Was König Friedrich Wilhelm der Zweyte in den vier ersten Monaten seiner Regierung that, u. a. m. — *Ferner Abhandlungen ohne seinen Namen in den Magdeburg. gemeinnützigen Blättern 1-3 Band. Magdeb.* 1789 *und* 1790. 8. *als:* Belagerung Magdeburgs im J. 1550 und 1551. Ueber Anlegung der Begräbnisörter vor den Thoren der Stadt. Gedanken bey dem Schluss des Jahres 1789. Kurze Geschichte des Laternenwesens in Magdeburg. Kurze Geschichte der Tulpen. Erneuertes Andenken an einen würdigen Mann (*Reinhardt*). Ueber die erste Entstehung der Stadt Magdeburg. Uebersicht der merkwürdigsten Begebenheiten des Monats Jul. 1790. Von dem Hamster, u. a. m. — * Geschichte der Schule zu Kloster Bergen; *in der teutschen Monatsschr.* 1790. St. 8. Geschichte der Belagerung Magdeburgs im Schmalkaldischen Kriege, im J. 1550 und

und 1551; *ebend.* 1792. St. 7. S. 206-224. und St. 8. S. 283-312.

von RATHSAMSHAUSEN (. . . .) *Hauptmann unter dem Landregiment zu Colmar* (?): *geb. zu Strasburg* 174 . . §§. *Zuschrift an den gemeinen Mann; aus dem Französischen des Hrn. *Thomas*. Strasb. . . . 8. *Grundriss der Hauptrevolutionen in Europa, seit dem Umsturz des abendländischen Kaiserthums bis auf unsere Zeiten; aus dem Französischen (*des Hrn. Prof. Koch in Strasburg*). Carlsruhe 1773. 8.

RATSCHKY (Joseph Franz) *Präsidialsekretar bey der k. k. Hofkammer zu Wien* seit 1791 (vorher seit 1787 Präsidialsekretar bey der k. k. Landesregierung zu Linz, vor diesem seit 1786 Gubernialsekretar zu Lemberg, vordem k. k. Hofkoncipist bey der vereinigten Böhmisch-Oestreichischen Hofkanzley zu Wien, nachdem er k. k. Niederöstreichischer Handgräfl. Fleischaufschlagsmanipulant eben daselbst gewesen war): *geb. zu Wien am* 24 *August* 1757. §§. Weiss und Rosenfarb; ein Singspiel. Wien 1773. 8. Wiener Musenalmanach auf die Jahre 1777. 1778 1779. 1780 (*seit diesem Jahre mit* Blumauer *gemeinschaftlich*). 1781. 1782. 1783. 1784. 1785. 1786. 1787. 1788. 1789. 1790. 1791. 1792. 1793. 1794 1795. 1796. 12. Auf die Entzündung des Pulverthurms in Wien. ebend. 1779. 8. Bekir und Gulroui; ein Schauspiel, aufgeführt im k. k. Nationaltheater. ebend. 1780. 8. Der Theaterkitzel; ein Lustspiel. ebend. 1781. 8. Yx und Ypsilon; ein Dialog. . . . Kontroverspredigt eines Layen über die Frage: Warum sind die Mönche theils verachtet, theils verhasst? gehalten vor einer Versammlung von Ordensgeistlichen. Wien 1782. 8. Auf die den Freymaurerorden von Kaiser Joseph II öffentlich bewilligte Duldung. ebend. 5785 (*die Freymaurerchronologie*). 8. Gedichte. ebend. 1785. 8. Neue vermehrte und ver-

verbesserte Ausgabe. ebend. 1791. 8. Auf das bey der Böhmischen Krönung Kaiser Franz II und Marien Theresiens am 12 August 1792 gefeyerte Volksfest. Prag 1792. 4. - Melchior Striegel; ein heroisch-episches Gedicht für Freunde der Freyheit und Gleichheit. (6 *Gesänge*). Wien 1794. 8. *Gab mit* von Alxinger, von Ehrenberg, Leon, Schreyvogel *und* von Schwandner *heraus:* Oestreichische Monatsschrift. ebend. 1794. 8. — Ballade; *im teutschen Museum* 1781. Okt. — Gedichte im teutschen Museum, in *von Archenholtz* neuer Litteratur und Völkerkunde, und in *Beckers* Taschenbuch zum gesellschaftl. Vergnügen (1795).

RAU (Christian) *M. der Phil. D. der R. und* seit 1786 *ordentlicher Professor derselben auf der Universität zu Leipzig, wie auch* seit 1778 *Assessor des Oberhofgerichts und* seit 1793 *Domherr zu Naumburg* (vorher seit 1776 ausserordentlicher Prof. der R. zu Leipzig): *geb. zu Leipzig am* 5 *May* 1744. §§. D. de Claudio Tryphonino. Lips. 1768. 4. D. inaug. historia juris civilis de peculiis. ibid. 1770. 4. D. ad legem 79 D. ad L. Falcidiam. ibid. 1772. 4. D. de Aurelio Arcadio Charisio. ibid. 1774. 4. D. de precario. ibid. eod. 4. D. ad l. 31. §. 1. D. depositi vel contra. ibid. 1775. 4. D. de querela inofficiosae donationis. ibid. eod. 4. Pr. de feudo dotalitii. ibid. 1776. 4. D. de testamentis peregrinantium. ibid. 1777. 4. D. de natis ex matrimonio vasalli cum dispensatione principis inito a successione in feuda haud exclusis. ibid. eod. 4. D. de vasallis Imperii ab investitura feudorum, quae tempore interregni a Vicariis S. R. I. recognoverunt, coram Imperatore postea electo renovanda immunibus. ibid. eod. 4. * *Abfertigung der kurzen unpartheyischen Gedanken über die kursächsischen Ansprüche an die Bayerische Allodialverlassenschaft.* 1779. 4. *Abhandlung von den Praesentationen des obersächsischen*

schen Kreises zu den Assessoratstellen bey dem kaiserl. Reichskammergericht. Regensb. 1782. 4. D. de discrimine inter testamentum militare & testamentum pagani in hostico conditum. Lips. 1783. 4. D. Historia juris civilis Romani de personis incertis ex testamento heredibus. ibid. 1784. 4. D. Elector Saxoniae juris Saxonici defensor. ibid. 1785. 4. D. de lege Messia. ibid. 1786. 4. Progr. de litterarum investiturae caussis & prima origine. ibid. eod. 4. Progr. Ordo equestris apud Romanos, quo tempore ortus sit ejusmodi, qui interjectus quasi & medius inter senatum & plebem esset? ibid. 1787. 4. Progr. de variis Saturninis Jureconsultis. ibid. 1791. 4. Exercitatio juris gentium de transitu & admissione legati. ibid. 1797. 4. — *Recensionen für das juristische Fach in die Leipziger und Frankfurter gelehrte Zeitung, und in die Lemgoer Bibliothek. — Soll auch Verfasser einiger juristischen Disputationen seyn, die unter fremden Namen wegen der Doktorwürde gehalten worden. — Vergl.* Weidlichs *biograph. Nachr. Th. 2. und Nachtrag.*

*) RAU (Electus) *Franciscanus Recoll. provinciae Germaniae super. Theologiae lector jubilatus, & Minister provincialis actualis: geb. zu Provelsheim im Würzburgischen* 1718. §§. Necessitas doctrinae revelatae ex mente Doctoris Mariani subtilis Joannis Duns Scoti desumpta. Wirceb. 1754. . . D. de confessione sacramentali jure divino necessaria. ibid. 1757. . . Error invincibilis dehonestatus, D. theol. dogmat. specul. moralis. ibid. 1759. . . D. de ministro sacramenti matrimonii. ibid. 1762. . . Sententiae positivo-scholasticae ex universa sanctorum patrum theologia selectae, una cum adjuncta dissertatione theol. de sacramentis ordinis. ibid. 1769. . .

*) Lebt er noch? und wo?

RAU (Johann Jakob) *evangelischer Prediger zu Neenstetten im Ulmischen: geb. zu Ulm am 30 Jul.* 1715. §§. Kurze Einleitung zur Kenntniss und Gebrauch der Himmels- und Erdkugeln. Ulm 1756. 8. (*Prof. Scheibel in Breslau hat dieses Buch ohne dessen Wissen ganz umgearbeitet herausgegeben, unter dem Titel:* Vollständiger Unterricht vom Gebrauch der künstlichen Himmels- und Erdkugel, nebst einer vorläufigen Erklärung der ersten Gründe der Geometrie. Breslau 1779. 8).

RAU (Johann Wilhelm) *D. und ordentlicher Professor der Theol. auf der Universität zu Erlangen* seit 1779, *wie auch* seit 1783 *Pfarrer der Altstädter Gemeine daselbst* (vorher seit 1776 Gymnasiarch und Professor der Theologie zu Dortmund, und vor diesem Rektor zu Peina im Hildesheimischen): *geb. zu Rentweinsdorf im fränkischen Ritterkanton Baunach am 9 März* 1745. §§. Anmerkungen über das Betragen und den Charakter des Judas Ischarioth; aus dem Englischen. Lemgo 1773. 8. *Ad locum Virgilii Georg. I,* 511-514 *illustrandum progr. Peinae* 1773. 4. *Pr. Brevis inquisitio, quo consilio Christus parabolam de filio perdito Luc.* 15, 11-32 *narraverit. Tremoniae* 1776. 4. Ueber die sechs Tagwerke in der Mosaischen Schöpfungsgeschichte. ebend. 1776. 4. *Obss. philol. ad locum Pauli Phil. III,* 8. 9. *ibid. eod.* 4. *Obss. exeg. ad locum Jacobi I,* 9. 10. *ibid.* 1778. 4. Etwas über die neuere gelehrte Erziehung. ebend. 1778... *Pr. de fictione Mosaica falso adserta. Erlang.* 1779. 4. *D. inaug. theol. de dignitate religionis Christianae ex ejus cum Mosaicis legibus comparatione. Sect. I. ibid.* 1781. — *Sect. II. ibid.* 1782. 4. Freymüthige Untersuchung über die Typologie. ebend. 1784. 8. *Progr. Pasch. de Christo coelis altiore ad Hebr. VII,* 26. *Comment. I. ibid.* 1784. — *Comment. II. ibid.* 1785. 4. *Progr. de Joannis Baptistae in rem Christianam studiis. ibid.* 1785. — *Sectio II. ibid.* 1786. 4. Predigt

digt über einige Misbräuche des Gebets. ebend. 1786. 8. Predigt über die Beichtanstalt in der evangelisch-lutherischen Kirche. ebend. 1787. 8. *Progr. Brevis inquisitio in causas, cur Jesus Christus paupertati se subjecerit. ibid. eod. 4. Progr. Quatenus ex recta & non simulata ratione consuetudinis, quam Jesus habuit cum apostolis suis, argumentum peti possit pro veritate religionis, ab ipso traditae? ibid.* 1788. 4. Materialien zu Kanzelvorträgen über die Sonn- und Festtagsepisteln. 1sten Theils 1ster und 2ter Abschnitt. ebend. 1788. — 2ten Theils 1ster und 2ter Abschn. ebend. 1789. — 3ten Theils 1ster Abschn. 1790. — 3ten Theils 2ter Abschn. und des 4ten Theils 1ster Abschn. 1792. — 4ten Theils 2ter und des 5ten Theils 1ster Abschn. 1793. — dessen 2ter Abschn. 1794. 8. *Progr. de quaestione: num perfectior Jesu Christi cultus pendeat a certo quodam animi sensu? ibid.* 1789. 4. *Pr. Loci Paullini Rom. XVI*, 17. 18. *brevis illustratio. ibid.* 1790. 4. *Pr. Praeterita quaedam ad narrationes Evangelistarum de summa Petri, Apostoli, temeritate illustrandas. ibid.* 1791. 4. *Pr. de sapientia Jesu Christi in suspicione & fugienda & a se dimovenda. ibid. eod.* 4. *Pr. Praeterita quaedam ad narrationes Matth. VIII*, 5-10. & *Luc. VII*, 2-9. *illustrandas. ibid.* 1792. 4. *Pr. Unde Jesus Christus alimenta vitae acceperit, disquiritur. ibid.* 1794. — *Sectio II. ibid.* 1795. 4. *Pr. ad illustrandum locum Act. IV*, 12. *ibid. eod.* 4. Materialien zu Kanzelvorträgen über die Sonn- Fest- und Feyertäglichen Evangelien. 1sten Bandes 1stes und 2tes Stück. ebend. 1796. — 3tes und 4tes Stück. ebend. 1797. gr. 8. (*Es haben auch andere Theil daran*). *Progr. Nonnulla de momentis iis, quae ad Jesum, divinarum rerum scientia imbuendum, vim habuisse videntur praecipuam. ibid.* 1796. 4. — Ueber Psalm 51, 8; in Harlesens *krit. Nachrichten* B. 1. St. 3 (1783). — Wünsche und Vorschläge in Absicht auf liturgische Verbesserungen; *in Seilers liturgischem Magazin* B. 2. St. 2 (1786). — Recensionen in der Erlang. gel. Zeitung und in Seilers gemeinnützigen Betrachtungen. — Vergl. *Meyers* Nachrichten. — Sein Bildniss, nebst einer kurzen Lebensbeschreibung, in *Bocks* Samml. von Bildnissen H. 5 (1792).

RAU (Sebald) *M. der Phil. und D. der Theol. Professor der morgenländischen Sprachen und jüdischen Alterthümer, auch Bibliothekar der Universität zu Utrecht: geb. zu Herborn am 4 Okt.* 1724. §§. Diatribe de epulo funebri gentibus dando, in Jes. 28, 6-8. Ultraj. 1747. 8. Or. de monumentis vet. ecclesiae orientalis, deque usu, quem adferunt theologo litterarum perito. ibid. 1750. 4. D. de eo, quod fidei merentur Judaeorum monumenta sacris in antiquitatibus & sensu eorum mystico. ibid. 1751. 4. Exercit. de auctore atque usu antiquissimi in Leviticum commentarii Judaeis Siphra dicti, ibid. eod. 4. Or. de eloquentia & sublimitate dictionis hebraicae scriptorum antiqui foederis. ibid. 1752. 4. Ex. in Psalm. 42, 7. 8. ibid. 1753. 4. (*utraque recusa in Belgii litterati opusculis* T. I.). D. de iis quae ex Arabia in usum tabernaculi sunt petita. ibid. 1753. 4. recus. Lips. 1755. Positiones philologicae controversae in fasciculos collectae P. II. Ultraj. 1753-1760. 8. Or. de ortu & progressu deque impedimentis studii litterarum orientalium. ibid. 1754. 4. D. de vindemia & torcularibus veterum Hebraeorum. ibid. 1755. 4. D. de statu exinanitionis atque exaltationis Christi in Jes. 53. ibid. 1756. 4. Specimen philol. in Obad. V. 1-8. ibid. 1757. 4. Disquis. philol. de locis aliquot V. T. ibid. 1758. 4. D. de testamenti factione Hebraeis ignota. ibid. 1760. 4. Exercitationes I-V. philologicae adversus C. F. Houbigant prolegomena in scripturam sacram. Amstel. 1761-1767. 4. (*recusae in Belgii litter. opuscul.* T. I.). D. de aedibus vete-

veterum Hebraeorum. Ultraj. 1764. 4. Or. de judicio in philologia orientali regundo. ibid. 1769. 4. D. continens obſervationes ad varia codicis V. T. loca. ibid. 1774. 4. D. de armis veterum Hebraeorum P. I. ibid. 1781. 4. D. de uſu nominis אלהים in quibusdam V. T. locis. ibid. eod. 4. Exercitationes philologicae ad Car. Franc. Houbiganti prolegomena in ſcripturam ſacram. Lugd. Bat. 1785. 4 maj. Oratio panegyrica in natalem centeſimum & quinquageſimum academiae Trajectinae; dicta publice in templo urbis primario. Ultraj. 1786. 4. — *Einige unter ſeinem Vorſitz gehaltene Diſputationen: Ger. Kuiper* Obſſ. ad varia V. T. loca. Traj. ad Rhen. 1774. 4. *Petr. Andr. van Koten* Obſſ. ad nonnulla Cantici Canticorum loca. ibid. eod. 4. *Jelmer Hinlopen* de eo, quod Arabes ab Aramaeis acceperunt & in ſuam ſcribendi ac loquendi rationem derivarunt. ibid. 1775. 4. — Vergl. *Neues gel. Europa* Th. 16. — *Sein Schattenriß vor dem 3ten Quartalband der Rintelnſchen theol. Annalen* 1791.

RAUCH (Adrian) *Prieſter aus dem Orden der frommen Schulen zu Wien: geb. daſelbſt am 2 April* 1731. §§. Hat den 3ten Theil zu der von *Schrötter* angefangenen Oeſtreichiſchen Geſchichte ausgearbeitet. Wien 1781. 8. Rerum Auſtriacarum Scriptores, qui lucem publicam hactenus non viderunt, & alia monumenta diplomatica nondum edita, quibus hujus gentis, aliarumque vicinarum medii aevi hiſtoria, ac jura ejus temporis publica, provincialia, municipalia, feudalia & civilia uberrime illuſtrantur, ex authenticis bibliothecae Auguſtae Vindobonenſis codicibus manuſcriptis, & diplomaticis inſtrumentis eruit ac edidit. Volumen I-III. Vindobonae 1793-1794. 4. Hiſtoria rerum Auſtriacarum ab A. C. 1454 usque ad A. C. 1467. Ex ſynchrono bibliothecae Auguſtae MSto Codice edidit. ibid. 1794. med. 4.

RAUCH (Gregorius) *Benediktiner in dem Bayrischen Klöster Andechs und Professor der Physik zu Neuburg an der Donau:* *geb. zu* . . . §§. Elementa sectionum conicarum & calculi infinitesimalis, usui auditorum physicae accommodata. Monachii 1790. 8.

RAUE (Christoph Gottfried) *kurfürstl. Sächsischer Lieutenant* (?) *der Infanterie zu* . . . *geb. zu* . . . §§. Anweisung zur Situationszeichnung für junge Krieger; mit 3 Plans. Friedrichsstadt und Freyberg 1784. 8. Grundsätze der Artillerie; mit Kupf. Dresden 1786. 8.

RAUFER (Andreas K. .. G. ..) *kaiserl. Reichspostamtsverwalter zu Lindau:* *geb. zu* . . . §§. Das Schicksal ist doch wunderbar, oder Lottchen die bestimmte Braut; ein Schauspiel mit Gesang in 2 Aufzügen. Lindau 1785. 8. Noch gut, dass es so kam! oder: Hoffe man nur auf Verwandte! Ein Schauspiel in 2 Aufzügen. Kempten 1792. 8.

von RAUMER (Karl Georg) *königl. Preuss. Kammergerichtsrath zu Berlin* seit 1786, *auch Pupillenrath* seit 1787 *und* seit 1789 *auch Obergerichtsrath bey dem französischen Obergericht* (vorher Assistenzrath bey dem dortigen Kammergericht): *geb. zu Dessau am* 16 *Nov.* 1753. §§. *Lettres Allemandes écrites Françoises à l'age de sept ans. à Zerbst* 1761. 8. *Ed. 2de augmentée, par D. E. Choffin. à Brandenb.* 1772. 8. * Versuch über die Mittel wider den Kindermord; auf Veranlassung der Mannheimer Preisfrage; von einem Kriminalrichter. Berlin 1782. 8. Haben die Klöster nicht auch ihr Gutes? Aus dem Englischen des *Aikin* übersetzt. Dessau und Leipz. 1784. 8. *Mit dem Kammergerichtsrath* WOLDERMANN: Ueber die Vorurtheile wider die Vormundschaftskollegien; zum Besten eines Pflegbefohlnen des kurmärkischen Pupillenkollegiums. Berlin 1789.

1789. 8. — Gedichte in der Berlin. Monatsschrift 1790 und 1791. — Vergl. *Russ* Nachrichten Th. 2. S. 18 u. ff.

*) von RAUNER (M... L...) ... *zu Augsburg: geb. zu* ... §§. Erster Ursprung und Aufnahme der k. k. Residenzstadt Wien; auf das neue ans Licht gebracht und mit einer tabellenförmigen Beschreibung sämtlicher Regenten Oestreichs vermehret. Augsburg 1782. 4.

RAUTENSTRAUCH (Johann) *Licentiat der Rechte zu Wien: geb. zu Erlangen am* 10 *Januar* 1746. §§. Das beglückte Strasburg. Carlsruhe 1769. 8. Neue Auflage. Colmar 1770. 8. *Realzeitung von Strasburg. 2 Bände. 1769... Der glückliche Frühling; ein Gedicht auf die jetzige Königin von Frankreich. ebend. 1770. 4. Die unversehene Wette; ein Lustspiel, aus dem Französischen. Wien 1771. 8. Der Jurist und der Bauer; ein Originallustspiel in 2 Aufzügen. ebend. 1773. 8. *Meynungen der Babet; eine Wochenschrift. ebend. 1774. 1775. 2 Bände in 8. *Vorlesungen für den Fasching. ebend. 1775. 8. Die Vormundschaft, oder der Strich durch die Rechnung; ein Lustspiel in einem Aufzug. Augsburg 1775. 8. Jahrbücher der Regierung Marien Theresien; aus dem Französischen des Hrn. *Fromageot*. Wien 1776. 8. Das christliche Jahrhundert; aus dem Französischen. 2 Theile. ebend. 1777. 1778. 8. Josephs siebente Reise im Jul. 1778. (*steht auch im Schwäb. Magazin* 1778. S. 607). Beyträge zur Geschichte der menschlichen Thorheit. ebend. 1779. 8. Biographie Marien Theresiens. ebend. 1780. 8. *Abfertigung an Hrn. Rath Riedel wegen der Beylage zur Biographie Marien Theresiens. Presburg 1780. 8. *Das Frauenzim-

*) Noch immer keine Hülfe für diesen Artikel!

zimmer im 19ten Jahrhundert. Wien 1780. 8. 2te Auflage. ebend. 1781. 8. Vorlesungen für den Fasching. ebend. 1782. 8. Vorstellung an Se. päpstl. Heiligkeit Pius den VI; aus dem Manuscript des ohnlängst verstorbenen Hrn. Delaurier. 1782. 4. Epistel an Hrn. Pater Fast. Wien 1782. 8. Traum von einem Hirtenbrief. ebend. 1783. gr. 8. Betrachtungen über die Aufhebung der Eheverlöbnisse. ebend. 1783. 8. *Beylage zu den Briefen aus Berlin über verschiedne Paradoxe dieses Zeitalters, in neun Briefen an den Verfasser derselben, und einer Nachricht an das Publikum. Wien und Berlin 1784. 8. Das neue Wien; eine Fabel. Wien 1785. 8. *Wir lieben den Kaiser. ebend. 1787. 8. *Wie lange noch? eine Patriotenfrage an die Behörde über Wucherers Skarteken - Grosshandel. ebend. 1787. 8. *Erinnerungen wegen der über die jetzigen Kriegsvorfälle erschienenen besonderen Beylagen zur Wiener Zeitung. ebend. 1788. 8. *Die Stimme in der Wüste. ebend. . . . 8. (*Vergl. Teutscher Zuschauer Heft XXIII. S.* 138 *u. ff.*). Ausführliches Tagebuch des jetzigen Krieges zwischen Oesterreich und der Pforte. 1 Band in 4 Heften. Wien 1788. 8. — War in den Jahren 1775, 1776, 1777 und 1778 Herausgeber der k. k. privilegirten Realzeitung. — Vergl. *de Luca* gelehrtes Oestr. B. 1. St. 2.

RAVE (Alexander) . . . *zu* . . . *geb. zu* . . . §§. Beobachtungen und Schlüsse aus der praktischen Arzneywissenschaft. Münster 1796. gr. 8.

RAVEN (Georg Friedrich Burghard) *D. der AG.* seit 1787 *Stadtchirurgus und Geburtshelfer zu Celle: geb. zu* . . . §§. Ueber den gegenwärtigen Mangel guter Wundärzte und Geburtshelfer in dem grössten Theile Teutschlands, nebst einigen Vorschlägen, diesem Mangel abzuhelfen. Göttingen 1786. 8. *D. inaug. de Lipomate insolitae magnitudinis feliciter extirpato. ibid.* 1787. 4.

RAYDT

RAYDT (Theodor Christian Friedrich) *D. der R. Professor an dem akademischen Gymnasium zu Lingen und seit 1795 Justitzkommissar und Notar bey dem Departement der Tecklenburg-Lingenschen Regierung: geb. zu . . . am 7 Okt. 1767.* §§. Jus naturae singulorum hominum, societatum & gentium, scriptum a *Lud. Jul. Frid. Hoepfner;* Latine in usum auditorum redditum. Lingae 1793. 8. Succincta commentatio juridica de aequitate, ejus in jure usu, limitibus, qui inter illam strictumque jus intercedunt, & quaestione quatenus ea stricto juri sit praeferenda? ibid. eod. 8 maj. Succincta commentatio juridica, de variis, quibus legata invalida fieri possunt, modis eorumque diversis effectibus. ibid. 1794. 4. Exercitatio juris civilis ad legem VII. §. 10 ff. de minoribus sistens disquisitionem quaestionis controversae: an heredi substituto, instituto adversus aditionem hereditatis ob minorem aetatem in integrum restituto, deferatur jus succedendi? ibid. eod. 4.

RAYMUND von der heil. Elisabeth (Franz Johann) *Priester des Ordens der heil. Dreyfaltigkeit, und Prediger in der Kirche dieses Ordens zu Prag auf der Neustadt: geb. zu Schönwalde in Mähren am 11 Julius 1730.* §§. Geistliche Reden über verschiedene Feyerlichkeiten, gehalten zu Presburg und Wien. 1765. fol. Ehrenrede auf die Feyerlichkeit der Seligsprechung des Paulus Aretius. Prag 1773. Fastenreden. 5 Theile. ebend. 1774-1777. gr. 8. Lob- und Ehrenpredigten von verschiedenen Geheimnissen Gottes und Mariä, von einigen heiligen Ordensstiftern und andern Heiligen. Augsburg 1776. fol. Der hohen Geistlichkeit in Böhmen unbewegliche Grundlage u. s. w. . . . Heilige Einsamkeit, drey Tage hindurch dem Seelenheile nützlich zu widmen, vermittelst einer besondern Vorbereitung zu einem guten Tode. Prag 1789. 8. — Vergl. *de Luca* gel. Oestr. B. 1. St. 2.

von **REBEUR** (Christian Ludwig) *ehemahliger Präsident des Kammergerichts zu Berlin, besonders des zweyten Senats, erster Direktor des königl. Obercollegii medici, hernach* seit 1784 auf kurze Zeit *Regierungspräsident zu Stettin, lebt auf seinem Gute Kriewen in der Uckermark: geb. zu . . . im Mecklenburgischen* 1741. §§. *Observation adressée à un Academicien de Berlin sur un passage relatif à la presente Reforme de Justice dans les Etats Prussiens, contenu dans la Dissertation sur les Revolutions des Etats, lûe dans l'Assemblée publique de l'Academie des Sciences & belles Lettres, le 30 Janv. 1783 par Mr. de Herzberg &c. à Leipz. (1786). 8. *Ennumeration de douze fausses assertions contenues dans le livret, intitulé: Sur le detracteur anonyme du nouvel ordre judiciaire etabli dans les Etats Prussiens. ibid. 1786. 8. *Ueber die Bettler-Landplage auf dem Lande und in kleinen Städten; eine ländliche Unterredung. Prenzlow* 1789. 8. *Ueber die Seelen der Thiere, oder Darstellung der jesuitischen Spekulation. Prenzlow* 1791. *Berlin* 1794. 8. *Ueber den ungünstigen Anfang der von Carmerischen Justitzverbesserung; ein Fragment zur Justitzgeschichte unter Friedrich dem Einzigen. Berlin* 1794. 8. Fragment d'un Dialogue, entre le Président Montesquieu, le Docteur Heinius, & quelques morts, sur le patriotisme & l'éducation. ibid. 1794. 8. *Ueber den Einfluß des allgemeinen Nationalgesetzbuches in das Wohl der Menschheit.* . . . 1795. 8. — *Arbeitete mit an den Beyträgen zur juristischen Preussischen Litteratur.*

REBMANN (Andreas Georg Friedrich) Sohn des folgenden; *ehemahliger Reichsritterorts - Steigerwaldischer Prokurator zu Erlangen und Anhalt-Zerbstischer Rath; privatisiret* seit 1796 *zu Paris*, nachdem er sich während des J. 1792 zu Leipzig, Berlin und Jena, vom 15 Nov. 1792 bis zum 2 Jun. 1794 zu Dresden, alsdann bis zum 24 August

gust zu Halle, seit dem Ende des J. 1794 aber zu Erfurt, und im J. 1795 zu Altona aufgehalten hatte: *geb. zu Kitzingen am 24 Nov. 1768.* §§. * Versuch über die Frage: Ob ein Herr seinen verpflichteten Beamten ohne Ursache seiner Dienste entsetzen oder entlassen könne? Nebst einer Zugabe. Regensburg 1791. 8. * Heinrich von Neideck; ein romantisches Gemählde aus dem Mittelalter. Erlangen 1791. 8. 2te verbesserte Ausgabe. ebend. 1793. 8. Beleuchtung der Kernerischen Schrift: Ueber reichsständisches Abzugsrecht und ritterschaftliche Abzugsfreyheit. Regensb. 1791. 8. Hochgesang, geweiht der Harmonie. (*Erlangen*) 1791. 8. * Apologie einer geheimen Gesellschaft edler Art gegen die Angriffe eines Ungenannten u. s. w. (*Erlangen*) 1791. 8. * Briefe über Erlangen. 2 Theile. Frankf. u. Leipz. 1792. 8. Nelkenblätter. 1ster und 2ter Theil. Leipz. 1792. — 3ter Theil. ebend. 1793. — 4ter Theil. ebend. 1795. 8. (*Der 3te und 4te Theil auch unter diesem Titel*: * Kosmopolitische Wanderungen durch einen Theil Teutschlands. Leipz. 1793-1795. 8). * Empfindsame Reise nach Schilda. ebend. 1793. 8 *). * Albrecht der Friedländer. Hochverräther durch Kabale; Halb-Geschichte einer mislungenen Revolution des siebzehnten Jahrhunderts; Halb-Roman. ebend. 1793. 8. * Hans Kiekindiewelts Reise in alle vier Welttheile und in den Mond. ebend. 1794. 8. 2te veränderte Auflage. Mit Kupfern. Gera 1796. 8. * Wahrheiten ohne Schminke, bey Gelegenheit des Werkes von Arthur Young: Die französische Revolution, ein warnendes Beyspiel u. s. w. Teutschland 1794. 8. Litterärische Verfolgung auf Schleichwegen; eine Appellation an das gesamte Publikum, und zunächst an die Herren Seller und Harles in Erlangen. Halle 1794 (*eigentl.* 1795). 8. * Wanderungen und Kreuz-

*) Wird auch *Karl Hess* beygelegt.

Kreuzzüge durch einen Theil Teutschlands, von *Anselmus Rabiosus dem jüngern.* Altona 1795. — 2ter Theil. ebend. 1796. 8. 2te durchgängig berichtigte und ganz umgearbeitete Ausgabe. 2 Theile. ebend. 1796. 8. * Das neue graue Ungeheuer; herausgegeben von einem Freund der Menschheit. 1stes bis 10tes Stück. Upsala (*Altona*) 1795-1797. 8. *Vom ersten Stück erschien eine neue Auflage 1796. (Es haben auch andere Antheil daran. Seiner eigenen Versicherung zu Folge* (s. Vollständ. Geschichte meiner Leiden) *hat er vom 7ten Stück an keinen direkten Antheil mehr an diesem Ungeheuer; auch im 6ten Stück sind nur die drey ersten Bogen von ihm).* Beantwortung und Prüfung der von den Churfürstlich-Maynzischen Provinzial-Criminal-Gerichten zu Erfurt gegen mich erlassenen sogenannten Edikal-Citation. Amsterdam (*Hamburg*) 1796. 8. Vorläufiger Aufschluss über mein sogenanntes Staatsverbrechen, meine Verfolgung und meine Flucht; in einem Schreiben an des Herrn Coadjutors von Dalberg erzbischöffl. Gnaden; ein nöthiger Anhang zum 5ten Stück des grauen Ungeheuers. London (*Altona*) 1796. 8. Vollständige Geschichte meiner Verfolgungen und meiner Leiden; ein Beytrag zur Geschichte des teutschen Aristokratism; nebst Thatsachen zur Regierung des jetzigen Churfürsten von Maynz, und politischen Wahrheiten. Amsterdam (*Hamburg*) 1796. 8. Haydeblümchen. Hamburg 1796. 8. Die Schildwache. 1stes bis 4tes Stück. Paris (*Altona*) 1796-1797. 8. Der Universalfreund, oder Gutherzigkeit und Windbeuteley; ein Lustspiel in 5 Aufzügen; aus dem Englischen des *Goldsmith.* Leipzig 1796. 8. Bruchstücke aus meinem politischen Glaubensbekenntnisse; Winke über Illuminatism, Propaganda, Bücherverbote und andere Charlatanerien einiger Volksbetrüger. Altona 1796. 8. Die Wächter der Burg Zion; Nachricht von einem geheimen Bunde gegen Regenten- und Völkerglück

glück und Enthüllung der einzigen wahren Propaganda in Teutschland. Hamburg 1796. 8. (*Steht auch in den Haydeblümchen*). Wahrheiten ohne Schminke über das Hamburger teutsche und französische Theater. Altona 1796. 8. *Frankreichs politische Verhältnisse zum übrigen Europa, vorzüglich zu Preussen und Oestreich. Paris (*Altona*) 1796. 8. 2te Auflage. ebend. 1797. 8. 3te ganz umgearbeitete Auflage, *unter dem Titel*: Frankreichs neueste Verhältnisse zum übrigen Europa; eine Schrift, die die wichtigsten Aufschlüsse für den jetzigen Zeitpunkt enthält. ebend. 1797. 8. (*Diese Auflage erschien unter seinem Namen*). Die fünf Männer; Lebensgeschichte der fünf jetzt in Frankreich regierenden Direktoren. Altona 1797. 8. Soll und kann Hamburg den bevollmächtigten Minister der französischen Republik anerkennen? Altona 1797. 8. Zeichnungen zu einem Gemählde des jetzigen Zustandes von Paris. 1stes Bändchen. ebend. 1797. 8. — Bruchstück aus einer Reise durch Frankreich; *in der Geissel* 1797. St. 1. S. 37-50. 61-72. Probe aus dem neuen Werke: Die fünf Männer; *ebend.* St. 2. S. 126-141. Schlüssel zur geheimsten Geschichte der französischen Revolution; *ebend.* S. 142-184. Zeichnungen zu einem Gemählde des jetzigen Zustandes von Paris; *ebend.* St. 3 (*das ganze Stück*).

REBMANN (Johann Christian) *des Reichsritterorts am Steigerwald Kassirer zu Erlangen: geb. zu Markt Heidenheim am Hahnenkamm im Ansbachischen am 6 Sept.* 1734. §§. *Etwas über das Römische Recht, und besonders über die Ausflucht des nicht empfangenen Geldes, für Rechnungsbeamte, von einem Rechnungsverständigen. Erlangen 1787. 4. Vorschlag zu einer allgemeinen reichsritterschaftlichen Brandversicherungsgesellschaft. ebend. 1789. 4. Vom gerichtlichen und aussergerichtlichen Verfahren in Rechnungsnungsangelegenheiten. ebend. 1789. 4. Einrichtung und Führung des Kameralrechnu wesens und richtiger Aufstellung der Rech gen, oder 2ter Theil des gerichtlichen und au gerichtlichen Verfahrens in Rechnungsangele heiten. ebend. 1790. 4. — Kurzer Begriff der Verfassung der gesamten Reichsritterscl in Maders *reichsritterschaftlichen Magazin* E Kurze Abhandlung von dem Lehenrecht, so ein unmittelbarer Reichskavalier oder dessen Be ter davon zu wissen nöthig hat; *ebend.* B. 4.

RECCARD (Gotthilf Christian) *D. der Theol. und dentlicher Professor derselben auf der Univer zu Königsberg, Konsistorialrath und Pastor Sackheimischen Gemeinde, wie auch Direktor Collegii Fridericiani: geb. zu Wernigerode 13 März* 1735. §§. Abhandlung von der I deckung eines Trabanten der Venus; aus Französischen übersetzt, mit Anmerkungen. I lin 1761. 8. Abhandlung von der gro Sonnenfinsterniss, die sich im Jahr 1764 ereig wird. ebend. 1763. 4. 2te Aufl. . . . n einem Anhange, darinn neue Mondfinsterni und alle sichtbare Finsternissen der Jupiterstral ten desselben Jahrs, imgleichen alle künftige S nen- und Mondfinsternissen dieses Jahrhund berechnet werden. ebend. 1764. 4. Be achtungen der Sonnenfinsterniss den 1 Apr. 17 imgleichen der Mondfinsterniss den 17 März ses Jahrs. ebend. Nachricht vom Le und Tode seines Bruders D. Joh. Fr. Recc ebend. 1764. 4. Lehrbuch, darinn kurzgefasster Unterricht aus verschiedenen ph sophischen und mathematischen Wissenschaf der Historie und Geographie gegeben wird. ebe 1765. 8. 1770. 8. 1774. 1777. 1778. vermehrte und verbesserte Ausgabe. 1782 Auszug aus dem Lehrbuch zum Gebrauch Landschulen. ebend. 1765. 8. . . . 4te Aufl ebend. 1785. 8. *Programma de stella*, q

M

Magis nato Christo apparuit. Regiom. 1766. 4. D. II de notione immensitatis Dei amplificanda contemplatione magnitudinis mundi. ibid. eod. 4. Progr. in rationes & limites incertitudinis circa tempus nativitatis Christi inquirens. ibid. 1768. 4. Progr. de noviluniis. ibid. 1772. 4. Progr. de evangelio in universo terrarum orbe divulgando. ibid. 1776. 4. Pr. II de fuga infantis Jesu in Aegyptum. ibid. 1780. 1781. 4. Programmata de neomenia Judaeorum paschali. ibid. . . . 4. — Verschiedene einzelne Predigten. — Einige astronomische Wahrnehmungen in den Actt. Erud. Lips. — Verschiedene Abhandlungen in teutschen und französischen Monatsschriften. — Vergl. *Goldbeck* Th. 1 u. 2. *Denina's* Prusse littéraire T. III.

RECHE (Johann Wilhelm) *evangelischer Prediger zu Hükeswagen im Herzogthum Berg geb. zu . . .* §§. Neuer Versuch über die Gränzen der Aufklärung. Düsseldorf 1789. 8. Einige Beruhigungsgründe zur Zeit der Theurung; am jährlichen Aerndtefeste vorgetragen und zum Besten der Armen erweitert. ebend. 1789. 8. Vermischte Papiere zur Beförderung wahrer Aufklärung. 1ster Theil. ebend. 1790. 8. Versuch über die humane Sympathie ebend. 1794. 8. *Marc. Aurel. Antoninus* Unterhaltungen mit sich selbst; aus dem Griechischen, mit Anmerkungen und Versuchen zur Darstellung stoischer Philosopheme. Frankf. am M. 1797. 8.

von RECHENBACH (. . . .) . . . zu . . . geb. zu . . . §§. * Einige Bemerkungen über die Gärten in der Mark Brandenburg. Berlin 1790. 8. (*Unter der Zueignungsschrift hat er sich genennt*).

von der RECK (Friedrich Gustav) *Prediger, Seminaristeninspektor und Lehrer an der Hauptschule zu Bückeburg: geb. zu . . .* §§. Ueber die Verbesserung der Landschulen, ein freymüthiges Wort. Mit 7 Tabellen. Hannover 1796. 8.

RECK (Heinrich) *erster Prediger in der Reichsstadt Kempten: geb. daselbst am 27 Jul.* 1727. §§. Erbauliche Gedanken von den Nelken. Augsburg 1755. 8.

von RECK (Johann Jakob Christian) *königl. Preussischer Justitzamtmann zu Ferrieden und Burgthann im Fürstenthum Ansbach* seit 1797 (vorher privatisirte er zu Schwabach, Erlangen und Regensburg): *geb. zu Regensburg am* 14 *May* 1756. §§. *Sie fehlen alle; ein Schauspiel. Erlangen 1783. 8. *Karl und Sophie; eine Jugendgeschichte. Regensburg 1784. 8. *Der Schlaftrunk; ein Lustspiel in 3 Aufzügen von *G. E. Lessing*, zu Ende gebracht vom Verfasser der Jugendgeschichte Karl und Sophie. ebend. 1785. 8. Ueber den gegenwärtigen Zustand des teutschen Theaters und den Einfluss der reisenden Gesellschaften; nebst der Untersuchung, was das Theater eigentlich seyn soll, und wie es seiner Bestimmung näher zu bringen sey. Erlangen 1787. 8. Krieg im Haus, oder List gegen List; ein Schauspiel in 3 Aufzügen. Aus dem Spanischen und Französischen frey bearbeitet. Pappenheim 1788. 8. *Neues Gesellschaftstheater. Schwabach 1790. 8. *Daciens Mutter und ihr Sohn, in eliseischen Gefilden; aus dem Französischen. (*Ohne Druckort*) 1790. 8. *Der moderne Philosoph; aus dem Französischen übersetzt. 1790. 8. Karl der Neunte, oder die Schule der Könige; ein Trauerspiel aus dem Französischen des Hrn. *von Chenier*, fürs teutsche Theater bearbeitet. Nebst einer Vorrede, Zueignungsschriften an den König und die Nation, einer Abhandlung über die Freyheit des Theaters und historischen Erläuterungen; wie auch den Unterredungen und dazu gehörigen Briefen. Schwabach 1790. 8. Olivie Amenuti; ein Original-Trauerspiel in 5 Aufz. aus dem dreyzehnten Jahrhundert. ebend. 1790. 8. *Briefe über Holland, England und Spaa, vom Herrn *von Spaen*, damahligen holländischen Ambassadeur in Lissabon; aus dem Französischen. 3 Theile. Arnheim 1792-1793. 8. Geographischer Unterricht für Kinder und Ungelehrte. 1ster Heft, mit Erdball und fünf illuminirten Karten von Europa, Asia, Afrika, Amerika und Teutschland. Schwabach 1793. — 2ter Heft, mit fünf illuminirten Special-Karten von Franken, Bayern, Oestreich, Schwaben und Niederrhein. ebend. 1794. 8. — Der beste Fürst, Prolog zur Feyer des Geburtsfestes des durchl. Markgrafen zu Brandenburg-Onolzbach u. s. w. *in der Olla Potrida* 1791. St. 4. S. 110-120. — Sind Landkarten, welche blos Umrisse enthalten, zum geographischen Unterricht allgemein zu empfehlen? *in der Ansbachischen Monatsschr.* 1794. Decemb. S. 528-550.

von RECK (Philipp Georg Friedrich) *königl. Dänischer Regierungsrath zu Ranzau: geb. zu . . . im Hannöverischen am* 10 *Sept.* 1710. §§. Nachricht von dem Etablissement der Salzburger Emigranten zu Ebenezer in Georgien. Hamb. 1776. 8.

Baronesse von der RECKE (Charlotte Elisabeth Constantia) *gebohrne Reichsgräfin von Medem zu Mitau: geb. zu . . .* §§. * *Elisens* geistliche Gedichte, nebst einem Oratorium und einer Hymne von *C. F. Neander*, herausgegeben durch *Joh. Adam Hiller*. Leipz. 1783. 8. Nachricht von des berüchtigten Cagliostro Aufenthalte in Mitau im Jahre 1779, und von dessen dortigen Operationen. Berlin und Stettin 1787. gr. 8. Etwas über des Hrn. Oberhofpredigers J. A. Stark Vertheidigungsschrift, nebst einigen andern Erläuterungen. ebend. 1788. gr. 8. *Ihre Gedichte, unter dem Titel:* Elisens und Sophiens (*Md. Schwarz*) Gedichte. Berlin 1790. 8. — Verschiedene kleine Stücke von ihr stehen in einigen Sammlungen. — Elisa an Preissler; *in der Berlin. Monatsschr.* 1786. May. S. 385. Elisens Antwort an Prinz Eugen von

von Würtemberg; *ebend.* Sept. S. 197. — Vergl. *Denina's* Prusse littéraire T. III. — Ihr Bildniss von *C. W. Bock* vor dem 7ten Stück des Journals von und für Teutschl. 1787; auch vor dem 108ten Band der allgem. teut. Bibl. (1792).

RECKERT (Karl Christian) *landgräfl. Hessen-Homburgischer und fürstl. Hohenzollerischer accreditirter Resident und wirklicher geheimer Legationsrath am königl. Preussischen Hofe zu Berlin, wie auch Ritter und geheimer Rath des Ordens der Vorsehung: geb. zu Minden in Westphalen* 1739. §§. * Kleinigkeiten. Berlin 1765. 12. *Scherze. ebend. 1765. 8. Vermischte Schriften. 3 Theile. Münster und Hamm 1770-1773. 8. Idyllen. ebend. 1770. 8. Amazonenlieder. ebend. 1770. 8. Der junge Held, in 4 Gesängen. Mit Vignetten. ebend. 1770. 8. Idyllen, mit Gesang. ebend. 1770. 8. Sinngedichte. ebend. 1773. 8. (*Diese 5 Stücke stehen auch in den vermischten Schriften. Zu Biel in der Schweitz erschien ein Nachdruck davon*). * Die Erscheinung auf Friedrich den Unsterblichen. Berlin 1770... * Das Grab; ein musikalisches Stück.... 1775... * Patriotische Gedanken über die Gesundheitserhaltung des Landvolkes.... 1776... * Wintergemählde. Berlin 1777. gr. 8. 2 Ausgaben. * Lieder meiner Muse. ebend. 1782. 8. Klaggesang der Urne Leopolds von Braunschweig als ein Andenken geweihet den 14 May 1785.... Patriotenlied auf die Genesung des unsterblichen Monarchen Friedrichs II. Berlin, den 24 April 1786... Freudenlied auf den grossen König, desselben Inhalts.... Der Kranz, an Hrn. Kanonikus Gleim. Berlin 1786... An die Patrioten bey Friedrichs Tod am 17 Aug. 1786. ebend. 1786. 8. Trauerrede auf den verewigten König Friedrich den II gehalten in einer zahlreichen Versammlung edler Freunde. ebend 1786. 8. Auf Friedrich Wilhelm; ein Gespräch

spräch. ebend. 1786... Damöt und Phyllis; eine Idylle. ebend. 1787... Blumen; an den Kronprinz Friedrich Wilhelm. 1789... An den Hrn. Herzog Friedr. Eugen von Würtemberg. 1789... Troſtgeſang, an die Prinzeſſin Ferdinand von Preuſſen K. H. über den Verluſt ihres älteſten Sohnes. 1790... Daphnis und Kloe; eine Idylle mit Geſang, an die Erbprinzeſſin von Oranien. Berlin 1791... Opfer, an den Herzog Friedr. Eugen von Würtemberg. ebend. 1791... Sang, an die Erbprinzeſſin von Schwarzburg-Rudolſtadt, gebohrne Prinzeſſin von Heſſen-Homburg.... Triumphlied auf des Königs Friedr. Wilh. Wiederkunft in Berlin nach dem Feldzuge aus Böhmen. Berlin 1791... Ein Wort der Ermunterung an ſeine Mitbürger zur Erweiſung unverbrüchlicher Treue für ihren vielgeliebteſten König Friedr. Wilh.... Lied, an die regierende Königin, im Bade zu Freyenwalde. 1793... Lied, an meine patriotiſchen Brüder, nach der Eroberung von Mainz, den 26 Jul. 1793... Triumphgeſang, an den regierenden Hrn. Herzog Karl von Braunſchweig, als er die Franzoſen den 14 Sept. 1793 bey Pirmaſens geſchlagen.... Triumphgeſang auf den Generalfeldmarſchall von Möllendorf auf den Sieg bey Kaiſerslautern.... Die drey Grazien auf die höchſte Vermählungsfeyer der Kronprinzeſſin Luiſe und Friderike von Preuſſen K. H. geb. Prinzeſſinnen von Mecklenb. Strelitz. 1793... — Aufſätze und Ueberſetzungen in periodiſchen Schriften, beſonders in den Berlin. neuen Mannigfaltigkeiten, theils mit, theils ohne ſeinen Namen.

n *RECKLINGHAUSEN* (J... A...) *Prediger zu Langenberg* ſeit 1795 (vorher zu Eſchweiler im Herzogthum Jülich): *geb. zu* ... §§. Erklärung des Heidelbergiſchen Katechiſmi zur Unterweiſung der Jugend. Frankf. u. Leipz. 1792. 12. Erſter Religionsunterricht aus dem Heidelbergiſchen Katechiſmus. ebend. 1792. 8.

RECKZEH (Daniel Friedrich) *Prediger zu Varchnim bey Cöslin in Hinterpommern: geb. zu . . .* §§. Handbuch zur Gelehrsamkeit, d. i. genaues Verzeichniss, vollständige Beschreibung und gründliche Beurtheilung aller in die theologischen, philosophischen, historischen und schönen Wissenschaften einschlagender Bücher, zu Vorlesungen auf Schulen und Akademien. 1sten Bandes 1stes Stück. Halle 1777. 8.

Frau RECLAM geb. STOSCH (Marie Henriette Charlotte) *Gattin des 1789 verstorbenen französischen Predigers zu Berlin: geb. zu Lino in der Grafschaft Ruppin am 18 May 1739.* §§. * Briefe der Demoiselle S*** nebst einigen von ihren Gedichten. Frankf. u. Leipz. 1775. 8. *Recueil de poesies fugitives. à Berlin* 1777. 8. * Biographien aus der Brandenburgischen Geschichte. 1stes Stück; Waldemar. Aus dem Franz. des Hrn. *Reclam*, von der Verfasserin der Briefe der Dem. S***. ebend. 1788. 8. — Mehrere Gellertische Oden von ihr ins Französische übersetzt, befinden sich in der Sammlung französischer Lieder, die *Dumas* zu Leipzig herausgegeben hat, und in dem von *Henry* zu Potsdam herausgegebenen französischen Gesangbuch. — Beyträge zu den *Feyerstunden der Grazien* (Bern 1780. 8). — Von ihr sind alle Basedowische Lieder in der von ihrem Manne verfertigten französischen Uebersetzung des Elementarwerks (Berlin und Dessau 1774).

REDLHAMMER (Johann Wenzel) *Wirthschaftsbeamter zu . . . in Böhmen: geb. zu . . .* §§. Die zeitliche Pachtungen; ein Unterricht für die Grundobrigkeiten in Böhmen, nach welchen das allgemein Schädliche derselben erwiesen werde. Prag 1788. — 2ter Theil. ebend. 1789. 8. Die Landwirthschaft in Böhmen, sowohl im Grossen, als im Kleinen, praktisch behandelt. ebend. 1788. gr. 8. Handbuch für Grundobrigobrigkeiten in Böhmen, in Betreff des sogenannten Robotabolizions-Systems. ebend. 1788. 8. — Wohlgemeynter Rath, wie der teutsche Klee zur grünen und trocknen Fütterung am besten zu behandeln sey, nebst einem Katalog von den bekannten Kleesorten und Futtergewächsen; *in den ökon. Arbeiten einiger Freunde des Guten und Gemeinnützigen in Böhmen*, herausgegeben von *J. F. v. Schönfeld* (Prag und Wien 1792. 8).

REDLICH (Johann Christian Wilhelm) *D. der AG. Praktikus in Leißnig, und Physikus zu Mittweyda in Kursachsen: geb. zu Luckau in der Niederlausitz am 6 Febr.* 1745. §§. Anmerkungen über die Einimpfung der Blattern, von *Peter Campern*; aus dem Holländischen. Leipz. 1772. 8. *D. inaug. de submersorum resuscitatione. ibid.* 1774. 4. Betrachtungen über einige Gegenstände der Geburtshülfe und über die Erziehung der Kinder, von *Peter Campern*; aus dem Holländ. ebend. 1776. 8. **Joh. Franz von Berkhey's* natürliche Geschichte von Holland; aus dem Holländ. 1ster Theil. ebend. 1779. — 2ter Theil. ebend. 1782. 8.

REEB (Johann) ... *zu* ... *geb. zu* ... §§. Vernunft gegen Vernunft, oder Rechtfertigung des Glaubens. Frankf. am M. 1797. 8.

REEBMANN (Joseph) *katholischer Geistlicher zu* ... *in Schwaben am Aogenflusse* (so nennt er sich selbst auf dem Titel seines Buches): *geb. zu* ... §§. Ein rechtschaffenes Exempelbuch für unstudirte Leute, welche bey müssigen Stunden eine unschuldige und nützliche Ergötzung suchen. Augsburg 1791. 8.

REERSHEMIUS (Peter Friedrich) *Prediger zu Wenen in Ostfriesland* seit 1779 *und* seit 1771 *Inspektor Auricher Amts* (vorher seit 1751 Prediger zu Riepe in Ostfriesland): *geb. zu Norden* 1728. §§.

Der einfältige Weg zur Vereinigung der Menschen mit Gott, oder die Grundwahrheiten der evangel. luther. Kirche. Aurich 1761. 8. 2te Auflage. Leipz. 1777. 8. *Andr. Reershemius* ostfriesisches lutherisches Predigerdenkmahl, oder Verzeichniss der Prediger, welche seit der Reformation den evangelisch - lutherischen Gemeinen in Ostfries - und Harlinger - Lande das Evangelium verkündiget haben. Verbessert, vermehrt, und mit einem Anhange herausgegeben. Aurich 1765. 8. Ostfriesisches reformirtes Predigerdenkmahl. ebend. 1774. 8. *Beyde in einem Bande neu aufgelegt, vermehrt und fortgesetzt.* ebend. 1796. 8. Versuch der Erklärung einiger Tauf- und Eigen - Namen, welche in Ostfriesland anjetzo gebräuchlich sind. Aurich (*ohne Jahrzahl*, 1786). gr. 8.

REGELSPERGER (Christoph) *vormahls Jesuite, M. der Phil. und Professor der schönen Wissenschaften an dem Gymnasium der Universität zu Wien: geb. zu Statzendorf in Oestreich am 23 Sept.* 1734. §§. Idylle auf die Abreise I. K. H. Marien Charlotten, Erzherzogin in Oesterreich. Wien 1768. 8. Ode auf die Ankunft I. K. H. Leopolds und Louisen. ebend. 1770. 8. Auf Rabeners Tod, Tröstungsgesang an Sachsen. ebend. 1771. 8. Auf den Tod des Fürsten Wenzel von Lichtenstein. ebend. 1772. . . Ode auf die Abwesenheit des Kaisers. ebend. 1773. . . *Elegiarum liber. Viennae* . . . — Verschiedene Auffätze in dem östreich. Patrioten, einer Wochenschrift. — Vergl. *de Luca* gel. Oestr. B. 1. St. 2.

REHBEIN (Johann Heinrich Ernst) . . . *zu Göttingen: geb. zu* . . . §§. Versuch einer neuen Grundlegung der Geometrie. Göttingen 1795 (*eigentl.* 1794). 8. Mit 2 Kupfertafeln.

REHBERG (August Wilhelm) *Ober-Licent-Inspektor zu Hannover* seit 1794 (vorher geheimer Kanzleysekretar daselbst und vordem fürstl. Osnabrückischer Regierungssekretar zu Osnabrück): *geb. zu Hannover* 176 . . §§. Abhandlung über das Wesen und die Einschränkungen der Kräfte, welcher die königl. Akademie zu Berlin 1779 das Accessit zuerkannt hat. Leipz. 1779. 8. *Cato, oder Gespräche über die Bestimmung des Menschen. Basel 1780. 8. Philosophische Gespräche über das Vergnügen. Nürnberg 1785. 8. Ueber das Verhältniss der Metaphysik zur Religion. Berlin 1787. 8. Prüfung der Erziehungskunst. Leipz. 1792. 8. Untersuchungen über die französische Revolution, nebst kritischen Nachrichten von den merkwürdigsten Schriften, welche darüber in Frankreich erschienen sind. 1ster Theil. Hannover 1793 (*eigentl.* 1792). — 2ter Theil. ebend. 1793. gr. 8. — *Ueber die teutsche Litteratur; *im Götting. Magazin* 1781. St. 5. S. 157-188. Leben des Kaisers Rudolf von Habsburg; *ebend.* 1782. St. 3. S. 453-480. Erklärung wegen seiner vormahligen Aeusserungen über die Litteraturbriefe; *ebend.* St. 4. S. 576 u. ff. — Ueber den Vortrag der Philosophie in Gesprächen; *in der Berlin. Monatsschr.* 1785. St. 9. S. 234-240. Ein Brief über die bedenkliche Frage: Ob man wohl thue, eine Frau zu nehmen, welche Verse macht? *ebend.* 1786. St. 11. S. . . . Sollen die alten Sprachen dem allgemeinen Unterricht der Jugend in den höhern Ständen zum Grunde gelegt, oder den eigentlichen Gelehrten allein überlassen werden? *ebend.* 1788. St. 2. S. 105-131. St. 3. S. 253-275. Schreiben aus Amerika über die allgemeine Toleranz; *ebend.* St. 7. S. 38-49. Verfolg der Untersuchung über die Allgemeinheit des Unterrichts in den alten Sprachen; *ebend.* 1789. St. 1. S. 20-56. Fernere Untersuchungen über allgemeine Toleranz und Freyheit in Glaubenssachen; *ebend.* St. 4. S. 297-349. Ueber

ber das Verhältniss der Theorie zur Praxis; *ebend.* 1794. St. 2. S. . . . — Leben des Hrn. von Leibnitz; *im Hannöver. Magazin* 1787. St. 94 und 95. — Erläuterung einiger Schwierigkeiten der natürlichen Theologie; *im teutschen Merkur* 1788. Sept. S. 215-233. Vorläufige Betrachtungen über eine neue Preisfrage; *ebend.* 1792. April S. 379 389. — Ueber Necker und seine Finanzverwaltung; *im Neuen teut. Museum* 1790. St. 8. S. 781-821. Betrachtungen über das Dekret der französischen Nationalversammlung, durch welches die Güter der Geistlichkeit eingezogen worden; *ebend.* 1791. St. 2. S. 134-178. Beantwortungen von Hrn. Eberhards Duplik, meine Recension des philosophischen Magazins in der A. L. Z. 1789. Nr. 10 und 50. betreffend u. s. w. *ebend.* St. 3. S. 299-305. Ueber die neuesten französischen Finanzoperationen, und Neckers letzte Bemühungen; *ebend.* St. 5. S. 490-508. — Ueber die Natur der geometrischen Evidenz; *in* Eberhards *philos. Magazin* B. 4. St. 4.

von REHDIGER (Karl) *königl. Preussischer Legationsrath zu Berlin* *): *geb. zu* . . . §§. *Der Statthalter; ein Trauerspiel in 5 Aufzügen. Berlin 1790. 8.

REHKOPF (Karl Wilhelm) *der schönen Wissenschaften Beflissener zu Leipzig: geb. zu Zwickau* . . . §§. *Franz Wall, oder der Philosoph auf dem Schaffot. 2 Theile. Halberstadt 1791. 8. *Der gute Wildfang, in 2 Theilen. ebend. 1791. 8. *Die Menschheit im Negligee. 2 Theile. Leipz. 1793. 8. *Scenen aus der Feenwelt, von *M. R.* 2 Theile. Hamburg 1794. 8.

*) Fehlt im Neuesten gel. Berlin.

REHM (Hermann Friedrich *) *Metropolitan und Prediger zu Waldkappel im Hessen-Casselischen* seit 1794 (vorher seit 1788 reformirter Prediger zu Immichenhain in Niederhessen, und vorher seit 1785 Gehülfe zu Oberelnbach): *geb. zu Hundelshausen in Niederhessen am* 13 *August* 1763. §§. Bereitwilligkeit Gottes, jedem Rechtschaffenen die Vorzüge des Christenthums mitzutheilen; eine Predigt. Cassel 1792. 8. Vorschläge, wie man, auch mit Beybehaltung der bisher üblichen Beinkleider, Mädchen und Knaben durch Verbesserung ihrer physischen und moralischen Erziehung vor früher Unzucht bewahren könne. Marburg 1793 (*eigentl.* 1792). 8. Ueber frühe Wollustsünden; für Lehrer der Bürger- und Landschulen, auch sorgsame Väter und Mütter. Aus dem Schulfreund abgedruckt. Erfurt 1793. 8. 2te vermehrte und verbesserte Auflage, unter dem Titel: Brüderliche Belehrungen zur Vermeidung früher Wollustsünden u. s. w. 1794. Vaterlehren und Vorsichtsregeln über Keuschheit und Erhaltung derselben nach den Gesetzen der Vernunft und des Christenthums: für confirmirte Töchter, durch Beyspiele erläutert. ebend. 1794. 8. Versuch biblischer Katechisationen bey öffentlichen Gottesverehrungen, mit einer Abhandlung über dieselben. Leipz. 1794. — 2ter Theil. ebend. 1797. 8. Nachricht und Beschreibung von dem Schullehrer-Seminar zu Cassel. Cassel 1796. 8. Neue Katechisationen, in der Kirche über ausgewählte Stücke der Bibel gehalten, mit Anreden und Schlussreden an die Katechumenen. Leipz. 1797. 8. Predigten zur Privaterbauung über einige Quellen und Ursachen häuslicher Leiden; nebst zwey Aerndtepredigten. ebend. 1797. 8. — Einrichtung der Dorfschulen im Kirchspiel Immichenhain;

*) Auf seinen Schriften pflegt er sich nur *Friedrich* zu nennen.

hain; *in* Zerrenners *teutschen Schulfreund* B. 4 (1792). Sommerschule zu Immichenhain in der Grafschaft Ziegenhain; *ebend.* B. 5 (1793). An die Lehrer niederer Bürger- und Landschulen: über frühe Wolluſtſünden; *ebend.* B. 6 (1793). — Selbstbefleckung. Soll man gegen dieses schreckliche Laster öffentlich von der Kanzel, wie gegen andere Laster predigen? *im Journal für Prediger* B. 25. St. 4. S. 385-402 (1792). Ueber Leichenpredigten und Leichenreden; *ebend.* B 27. St. 4. S. 416-437 (1794). — Etwas zur Beruhigung eines durch den Tod seines Sohnes, welcher mit am Rhein war, gebeugten Vaters; *in* Fest's *Beyträgen zur Beruhigung u. s. w.* B. 3. St. 3. S. 670 u. ff. (1793). Etwas zur Beruhigung eines über seine Lage Missvergnügten; *ebend.* B. 4. St. 1 (1794). — Rede am Grabe eines als Soldat unter den Hessischen Truppen in Amerika gewesenen Mannes; *in* Beyers *allgem. Magazin für Prediger* B. 11. St. 3. S. 53 u. ff. — *Hat die bey* G. F. GÖTZ *angeführten Kasualpredigten mit herausgegeben.* — Vergl. *Strieder* B. 11. S. 247-256.

REHM (Johann Christoph Wilhelm) *königl. Preussischer wirklicher Kammer- und Landschaftssekretar zu Ansbach: geb. zu Philippsburg am 5 May* 1768. §§. Lehrreiche Unterhaltungen für Kinder. Kaufbeuren 1792. — 2tes Bändchen. ebend. 1793. 8. Der fränkische Volksfreund; besonders für den Bürger, ohne Unterschied des Standes und der Religion (eine Wochenschrift). 4 Quartale oder 4 Bände. Ansbach 1794. 8. Der Volksfreund; eine Wochenschrift. ebend. 1794. 8. Gallerie für Herzens- und Geistesbildung, besonders dem schönen Geschlecht gewidmet. 2 Bände. ebend. 1795. 8.

REHM (Johann Simon) *Mittagsprediger und Katechet an der Stadtkirche zu Ansbach: geb. zu . . .* §§. Beyträge zur praktischen Bearbeitung der feyertäglitäglichen Evangelien. 3 Lieferungen. Nürnberg 1795. 8. Moralisch-religiöse Beyträge nach dem Geist und Bedürfniss unsrer Zeit, zum Gebrauch für Leidende und Tröstende, sonderlich für die Prediger am Krankenbette. Ansbach 1796. 8. Kurzer Inbegriff der christlichen Pflichten, mit Hinsicht auf die Preussischen Landesgesetze, als Leitfaden für Kirchen- und Schullehrer beym letzten Unterricht der Katechumenen. ebend. 1797 (*eigentl.* 1796). 8.

REHMANN (Joseph) *D. der AG. Hofrath und Leibarzt des Fürsten von Fürstenberg zu Donaueschingen* (vorher Landschaftsarzt der k. k. Grafschaft Hohenberg zu Rothenburg am Neckar bey Tübingen): *geb. zu Freyburg im Breisgau am 17 Oktober* 1753. §§. Theoretisch-praktischer Unterricht für die von tollen Hunden und andern Thieren Beschädigten, besonders für Wundärzte, welche solche Kranke besorgen (*ohne seinen Namen*). Tübingen 1780. fol. (*mit seinen Namen*). ebend. 1782. 8. * Gemeinnützliche Volksnachrichten auf das Jahr 1789. Donaueschingen. 8. *Gab heraus:* Hebarzneygeschichte und Kunst im Grundrisse; zum Leitfaden ordentlicher Vorlesungen und Vorübungen entworfen von Dr. *Matth. Mederer von Wuthwehr* — Freyburg 1791. 8.

REIBER (Reichard Gottlob) *Pastor zu Dirsdorf in Schlesien* (vorher zu Mühlwitz im Fürstenthum Oels und vordem Katechet zu Oels in Schlesien): *geb. zu Bernstadt am 24 Sept.* 1744. §§. Das Leiden Jesu; ein Gedicht auf den Karfreytag. Breslau ... Ueberlegungen und Freude über mein Christenthum. Oels 1779. 8. Geistliche Lieder zur Erbauung. 2 Sammlungen. Breslau 1783. 1784. 8. Versuch einer praktischen Uebersicht der christlichen Religion. ebend. 1793. 8.

REICH (Christian Heinrich) *Arithmetikus zu ... geb. zu ...* §§. Rechnungs-Taschenbuch von Waa-

Waaren und Wechseln, oder Erklärung der Münzen, des Wechselcurses, Vergleichung des Ellenmaasses und Gewichts, und Berechnung der Wechsel-Arbitragen, welche für alle Handelsplätze in ganz Europa allgemein sind. Für diejenigen, die sich der Handlung widmen, in zwey Theilen herausgegeben. Königsberg und Leipz. 1786. 8.

REICH (Gottfried Christian) *D. der AG. und Wundarzneykunst und* seit 1704 *ausserordentlicher Professor der erstern auf der Universität zu Erlangen: geb. auf dem ehemahligen fürstl. Jagdschloß Kaiserhammer in der Amtshauptmannschaft Wunsiedel am* 19 *Julius* 1769. §§. *Johann Aitken* — über Beinbrüche und Verrenkungen — zum Gebrauch für teutsche Wundärzte aus dem Englischen übersetzt, und mit Anmerkungen und Zusätzen vermehrt. 1ster Theil, von den Beinbrüchen. Mit Kupfern. Nürnberg 1793. gr. 8. *Karl Coote's*, der Rechte Doktors und Mitgliedes des Pembrok-Kollegiums in Oxford, Geschichte von England von den frühesten Zeiten bis auf den Frieden im Jahr 1783 1ster Band. Aus dem Englischen übersetzt. Leipz. 1793. — 2ter Band. ebend. 1794. gr. 8. *Jesse Foot's*, Wundarztes zu London, Abhandlung über die Lustseuche und die Urinverhaltungen, in drey und zwanzig Vorlesungen; aus dem Englischen übersetzt. 1ster Theil. ebend. 1793. — 2ter Theil. ebend. 1794. gr. 8. * Magazin des Thierreichs. 1sten Bandes 1ste - 3te Abtheilung. Erlangen 1793 - 1795. gr. 4. (*unter der Vorrede steht sein Name*). * Magazin des Pflanzenreichs. 1sten Bandes 1ste - 3te Abtheilung. ebend. 1793-1796. gr. 4. (*unter der Vorrede hat er sich genennt*). *James Edwards Smith's*, der Arzneygelahrheit Doktors, Mitgliedes der königl. Gesellschaften der Wissenschaften zu London, Turin, Upsal, Stockholm, Lissabon u. s. w. Präsidentens der Linneischen Gesellschaft zu London, Reise

Reiſe durch Holland, Frankreich und Italien; aus dem Engliſchen überſetzt. 2 Theile. Leipz. 1796. 8. * Die Kunſt, Krankheiten vorzubeugen, und die Geſundheit wieder herzuſtellen; ein Buch für jedermann; von *Georg Wallis* Dr. 1ſter Band. Aus dem Engliſchen, mit Anmerkungen und Zuſätzen. Berlin 1796. — 2ter Band. ebend. 1797. 8. Richtige und gewiſſenhafte Belehrung für den Landmann über die Rindviehſeuche und die Inokulation derſelben. Nürnberg 1797. 8. 2te Ausgabe. ebend. 1797. 8. *Mantiſſae Inſectorum iconibus illuſtratae, ſpecies novas aut nondum depictas exhibentis, Faſciculus I. ibid. eod.* 8. — Etwas über die Hornviehſeuche; *im Reichsanzeiger* 1796. Nr. 259. S. 6373-6388. Mehrere Aufſätze eben daſelbſt, auch im Jahrgang 1797.

REICH (Henriette Regine, geb. Tiſmar) *Wittwe des Predigers J. C. F. Reich, zu Gardeſſen: geb. zu* . . . §§. Hat 30 *Abendbetrachtungen* und *proſaiſche* und *poetiſche Verſuche* zugleich mit ihres Mannes Beſchäftigungen des Herzens drucken laſſen.

REICH (Karl Heinrich) . . . *zu* . . . *geb. zu* . . . §§. *Nuovo Dizionario Italiano-Tedeſco, compoſto ſed Dizionario dell' Academia della Cruſca, e ſu quello dell' Abbate Franceſco Alberti di Villanuova;* oder: Neues italieniſch-teutſches Wörterbuch, bearbeitet nach dem Werke der Akademie della Cruſca und dem Wörterbuche des Abbts Franceſco de Alberti. 1ſter Theil. Leipz. 1786. 8. Neues teutſch-italieniſches Wörterbuch, bearbeitet nach Adelungs teutſchem Wörterbuche, als zweyter Theil des neuen italieniſchen Wörterbuchs nach den Werken der Academia della Cruſca und des Abbts Fr. d'Alberti — ebend. 1789. 8.

REICHARD (Georg Andreas) *Pfälziſcher Rath und Inſtruktor der Edelknaben in Juridicis zu Mannheim: geb.*

geb. zu Weingarten . . . §§. Commentarius prodrom. ad Part. 2. Tit. 1. juris statutarii Palat. von Contracten insgemein. Mannh. 1760. — ad Part. 2. Tit. 2. von Leyhen und Entlehnen, Mutuum genannt. ibid. 1763. — ad Part. 2. Tit. 3. von der andern Art des Leyhens, commodum genannt. ibid. 1771. fol.

REICHARD (Heinrich August Ottokar) *herzogl. Sachsen-Gothaischer Unterbibliothekar und* seit 1785 *Rath zu Gotha: geb. daselbst am* 3 *März* 1751. §§. * Amor vor Gericht. 1772. 8. * Nonnenlieder. 1772. 8. * Kleine Poesien von mir. 1772. 8. * Geschichte meiner Reise nach Pyrmont. 1772. 8. Der Hügel bey Kindleben. Gotha 1773. 4. Launen und Einfälle. 1773. 8. * Abhandlung über die Litteratur des Orients; aus dem Franz. Gotha 1773. 8. * Ueber das Leben und die Schriften des Helvetius; aus dem Franz. ebend. 1773. 8. Die Promenade in die grossen Gärten. ebend. 1774. 8. * Reise eines franz. Officiers (*Ritters von St. Pierre*) nach den Inseln Frankreich und Bourbon, dem Vorgebürg der guten Hoffnung u. s. w. Nebst neuen Bemerkungen über die Naturhistorie und die Menschen. Aus dem Franz. übersetzt und mit Anmerkungen versehen. 2 Theile. Altenb. 1774. 8. Theaterkalender für die J. 1775-1797. Gotha. 16. * Hrn. *Bourret* Schilderung seiner Reise nach den Savoyischen Eisgebürgen. Aus dem Franz. mit Anmerkungen und Zusätzen. Gotha 1775. 8. * *Nouveau Mercure de France. (à Gotha)* 1775. 1776. 1777. 8. (Jeder Jahrgang bestehet aus 12 Nummern). Uebersetzung der französischen Beschreibung der Moden des achtzehnten Jahrhunderts. Gotha 1777. 16. Theaterjournal für Teutschland. 22 Stücke. ebend. 1777-1784. gr. 8. * Bibliothek der Romane 21 Bände. Berlin und *vom 8ten Band an zu* Riga 1778-1794. 8. (*Es haben auch andre Antheil daran*). * Ol-

Potrid

Potrida (*eine periodische Schrift, an der auch andre arbeiten*). Berlin 1778 - 1797. gr. 8. Ueber den gesetzlichen Zustand der Negersklaven in Westindien; ein Auszug aus *Petit* Traité sur le gouvernement des esclaves. Leipz. 1779. 8. *Die Ungetreuen; ein Lustspiel in einem Aufzug, aus dem Franz. des *Barthe*. Berlin 1779. 8. Sittliche und natürliche Geschichte von Tunkin. Leipz. 1779. 8. *Buch der Liebe. Innhaltende herrliche, schöne Historien allerley alten und newen Exempel, züchtigen Frauwen und Jungfrauwen, auch jedermann ingemein, zu lesen lieblich und kurzweilig. 1ster Theil. Leipzig, a Domini MDCCLXXIX. 8. Der Weltbürger; ein Lustspiel in 3 Aufzügen, nach Goldoni. Berlin 1780. 8. *Blauauge; ein Mährchen aus Morgenland. Leipz. 1780. 8. *Reise des Grafen von *Choiseul-Gouffier* durch Griechenland; aus dem Franz. (mit Anmerk.). 1sten Bandes 1ster Heft. Gotha 1780. — 2ter Heft. ebend. 1782. 8. *Zur Kunde fremder Völker und Länder, aus französischen Missionsberichten. 4 Bände. Mit Kupfern. Leipz. 1781 - 1783. 8. **Journal de Lecture. à Dessau & Gotha* 1782 - 1783. 8. (Monatlich ein Stück). Als Fortsetzung erschien: **Cahiers de Lecture pour l'année* 1784 - 1794. *à Gotha*. 8. **Nouveaux Cahiers de lecture, pour l'année* 1796. *à Weimar*. 8. *Auszüge aus dem Tagebuche eines neuen Reisenden nach Asien; oder philosophische Versuche über einige Thiere fremder Länder, mit untermischten Anmerkungen aus der Geschichte dieser Länder. Aus dem Franz. Leipz. 1784. 8. *Briefe auf einer Reise nach Rom und durch einen Theil Italiens, voll interessanter Beobachtungen über die Merkwürdigkeiten und Sitten Welschlands. 2 Bände. Riga 1784. 1785. 8. **Mercier's* Nachtmütze. Aus dem Franz. 1ster Band. Berlin 1784. — 2ter Band. ebend. 1785. — 3ter Band. 1786. 8. *Handbuch für Reisende aus allen Ständen; nebst zwey Postkarten, zur

zur grossen Reise durch Europa, von Frankreich nach England, und einer Karte von der Schweitz. Leipz. 1785. 8. * Paris in Miniatür. Auch Gemählde mancher Wahrheiten diesseits des Rheins. Nummern. ebend. 1785. 8. * Kleine Reisen; Taschenbuch für Reisedilettanten. 7 Theile. Berlin 1785 - 1791. 8. * Empfindsame und moralische Aufsätze einer Dame von Stande, geschrieben am Ufer der Brenta; aus dem Französischen. Elbingen 1786. 8. * Briefe über die Provence. ebend. 1787. 8. Die Ungetreuen; Lustspiel in einem Aufzuge, aus dem Französischen nach *Barthe*. München 1787. 8. * Des Abbts *Goudin* neueste Reise durch Korsika, mit Bemerkungen über die natürliche Geschichte dieses Landes und die Sitten und Gebräuche seiner Bewohner; aus dem Französischen. Leipz. 1788. 8. Des Hrn. *Thiery de Menonville* Reise nach Guaxaca in Neuspanien. ebend. 1789 (*eigentl.* 1788). 8. Beschreibung von Candia und einigen andern Inseln des Archipelagus; ein Auszug aus den neuesten und besten Nachrichten, besonders aus Hrn. *Savarys* Briefen über seine letzte Reise. ebend. 1789 (*eigentl.* 1788). 8. (*steht auch im 10ten Theil der Sprengelischen Beyträge zur Völker - und Länderkunde*). * Die Familie auf Isle de France; ein rührendes Gemählde häuslicher, gestörter Glückseligkeit. Riga 1789. 8. * Reise durch einige der romantischesten Gegenden der Schweitz 1788. Nebst einer Karte. Von Hrn. *Bridel*, Pfarrer an der französischen Kirche zu Basel. Gotha 1789. 8. * *Mercier's* neuestes Gemählde von Paris; für Reisende und Nichtreisende. Mit einem illuminirten Kupferstich, welcher die Bastille vorstellt. 2 Bände. Leipz. 1789 u. 1790. 8. * Zuruf eines Teutschen an patriotische Schweitzer. Teutschland 1790. 8. * Ursprung, Verfassung, Gesetze und Katechismus der Kolonie zu St. Leucio; aus der italienischen, von Sr. Majestät dem Könige von Sicilien eigenhändig verfaßten Urschrift; ein Beytrag zu den

Schrif-

Schriften über Volkserziehung. Gotha 1790 (*eigentl.* 1789). 8. * Briefe der Prinzessin *von Gonzaga* auf ihren Reisen; aus der französischen Urschrift. ebend. 1791. 8. * Gemählde von Rom; aus dem Französischen des Hrn. *Levesque.* Riga 1793 (*eigentl.* 1792). 8. * Revolutions-Almanach von 1793. Göttingen (1792). — von 1794. ebend. (1793). — von 1795. ebend. (1794). — von 1796. ebend. (1795). — von 1797. ebend. (1796). — von 1798. ebend. (1797). 8. *Guide des Voyageurs en Europe. Avec une Carte itineraire de l'Europe, & une Carte de la Suisse.* 2 *Tomes. à Weimar* 1793. *gr.* 8. — *Antheil an den* Devisen auf teutsche Gelehrte (1772. 8) *und an der* Nachlese zu den Devisen (1773. 8). — Ueber den theatralischen Tanz; *in der Clevischen Theaterzeitung* 1774. — Schreiben über einige Merkwürdigkeiten der Philippinischen Inseln und ihrer Bewohner (aus Sonnerats Reisen übersetzt); *im Gothaischen Magazin* B. 1. St. 2 (1776). Fou-hi; ein Fragment aus der ältesten Chinesischen Geschichte; *ebend.* B. 2. St. 1 (1777). — Madam Geoffrin; ein Auffatz in der Gothaischen gelehrten Zeitung 1778. St. 23 und Beylage, wie auch St. 241. — Seit 1779 ist er Besorger und Herausgeber des Gothaischen Hofkalenders in teutscher und französischer Sprache. — *Viele Aufsätze in der* Berliner Litteratur- und Theaterzeitung; *wie auch im* Journal des Luxus und der Moden *und in der* Pandora, R — d *unterzeichnet; einige auch in dem* von Eggerischen teutschen Magazin.

EICHARD (Heinrich Gottfried) *M. der Phil. und Tertius der Fürstenschule zu Grimma* seit 1782 (vorher vierter Kollege und Kantor daselbst): *geb. zu Schleitz* 1742. §§. De artis bene scribendi origine & fatis. Lipsiae 1766. 4. De caussis magnitudinis veterum ac recentiorum effectricibus. ibid. eod. 4. *Von dem Einfluß des guten Geschmacks auf die Religion. ebend.* 1768. 8.

Georgii Gemisti Plethonis de iis, quae post pugnam Mantinensem apud Graecos gesta sunt libri II; nunc primum seorsim editi & notis illustrati. ibid. 1769. 8. Cataclysmus Grimmensis 1772... Φιλανθρωπος, sive de institutione puerili dialogus, in quo nova linguarum tradendarum ratio, nuperrime commendata expenditur. Lips. 1777. 8. Initia doctrinae Christianae in usum studiosae juventutis. ibid. 1778. 8. Editio II. ibid. 1794. 8. Phaëton *F. W. Zachariae*, latino carmine redditus. ibid. 1780. 8. *Ein latein. Gedicht auf die 50jährige Amtsfeyer des Oberhofpredigers D. Herrmann in Dresden.* Grimmae 1782. 4. Initia disciplinae christianae. Lips. 1784. 8. *Lycophronis*, Chalcidensis, Alexandra sive Cassandra, cum versione & commentario Guilielmi Canteri. Paraphrasin, notas, indicem Graecum, e scholiis auctum, adjecit & praefatus est *Henr. Godofr. Richardus.* ibid. 1788. 8 maj. Historia belli septennis, in Germania ab a. MDCCLVI ad annum MDCCLXII gesti, auctore *Joh. Guil. de Archenholz*, olim in exercitu Borussico Centurione. Latine vertit & tabulam belli chronologicam adjecit — Annexa est Mappa geographica, quae belli theatrum continet. Baruthi 1790. 8. Gustaviados Libri XII; Poemation epicum; *der Grenadier, oder Gustav Schnurrbart, ein Heldengedicht in 12 Büchern*; carmine Latine expressit. Lips. 1790. 8 min. De adornanda novi testamenti versione vere latina, tractatus grammatico-theologicus. Adjunctis quibusdam versionis speciminibus. ibid. 1796. 8 maj. — *Gab 1786 die* Ephemerides Lipsicas *heraus.*

REICHARDT (Johann August) *D. der R. und* seit 1771 *ordentlicher Professor derselben, Assessor des fürstl. Sächs. Hofgerichts und* seit 1768 *Syndikus der Universität zu Jena, wie auch* seit 1785 *herzogl. Sachsen-Gothaischer Hofrath: geb. zu Remda bey Jena am* 3 *April* 1741. §§. D. inaug. (Praes. *Hellfeld*) de auctoritate vetustae possessionis in causis

causis praesertim Illustrium. Jen. 1763. 4. D. de casu obligationem tollente. ibid. 1767. 4. De quaestione: quatenus articulorum impertinentia ante definitivam sententiam consideranda sit? ibid. eod. 4. D. de statibus provincialibus eorumque juribus. ibid. 1768. 4. *J. G. Schaumburgii* Principia praxeos juridicae judiciariae, aucta. ibid. 1769. 8. Selecta de jure statuum provincialium concurrenti circa legislatoriam potestatem. ibid. eod. 4. D. de operis venaticis. ibid. 1771. 4. *J. G. Schaumburgii* Principia praxeos juridicae judiciariae — cum emendationibus & observationibus edidit. ibid. 1775. 8. D. de effectu fori concursus creditorum universalis ratione bonorum territorii alieni. ibid. eod. 4. D. de fideicommisso ejus, quod superfuturum erit ejusque differentia a debitis, quibus accepta reddenda sunt in eodem genere ad Nov. CVIII. ibid. 1785. 4. Progr. de cane maleficorum indagatore. ibid. 1796. 4. Progr. Nonnulla de propria vocabuli legis significatione. ibid. eod. 4. — Vorrede zu *J. E. J. Müllers* Promtuario juris novo (*Lips.* 1785. 8). — Vergl. *Weidlichs* biogr. Nachr.

REICHARDT (Johann Friedrich) *königl. Preuss. Salzinspektor zu Schönebeck im Magdeburgischen* seit 1797 (vorher seit 1775 königl. Preuss. Kapellmeister zu Berlin; welche Stelle er 179.. niederlegte und bald auf seinem Gute zu Giebichenstein bey Halle, bald zu Hamburg, bald auf dem Lande bey Altona privatisirte): *geb. zu Königsberg in Preussen am* 25 *Nov.* 1751. §§. *Briefe eines aufmerksamen Reisenden, die Musik betreffend. 1ster Theil. Frankf. u. Leipz. 1774. — 2ter Theil. 1776. 8. Ueber die teutsche komische Oper; nebst einem Anhang eines freundschaftlichen Briefs über die musikalische Poesie. Hamburg 1774. 8. Schreiben über die Berlinische Musik an Hrn. v. Sch. in M. ebend. 1775. 8.

Briefe über die Pflichten eines Violin-Ripienisten. Berlin 1776. 8. *Leben Guldens, des berühmten Tonkünstlers. 1 Theil. ebend. 1779. 8. *Liebe nur beglückt; ein teutsches Singeschauspiel. Dessau 1781. 8. Musikalisches Kunstmagazin. 2 Bände (*jeder von 4 Stücken*). Berlin 1782-1791. gr. 4. G. F. Händels Jugend. Dessau 1785. 8. Schreiben an den Grafen von Mirabeau, Lavater betreffend. Hamburg und Berlin 1786. 8. *Legende einiger Musikheiligen; ein Nachtrag zu den musikalischen Almanachen und Taschenbüchern. Cöln 1786. 8. (*Andere legen es dem verstorbenen* MARPURG *bey*). An das musikalische Publikum, seine französischen Opern, Tamerlan und Panthee, betreffend. Berlin 1787. 8. *Gab mit* F. A. KUNZE *heraus:* Musikalisches Wochenblatt. 1 u. 2ter Heft. Berlin 1791. 4. *Nachher fortgesetzt unter dem Titel:* Musikalische Monatsschrift. 1-6tes Stück. ebend 1792. *Auch unter dem gemeinschaftlichen Titel:* Studien für Tonkünstler und Musikfreunde; eine historisch-kritische Zeitschrift mit 39 Musikstücken von verschiedenen Meistern fürs J. 1792. In 2 Theilen herausgegeben von *F. A. Kunze* und *J. F. Reichardt*. ebend. 1793. 4. (*worinn verschiedene Aufsätze von ihm sich befinden*). *Frankreich im Jahr 1795; aus den Briefen teutscher Männer in Paris. Mit Belegen. 12 Hefte. Altona 1795. — im Jahr 1796. ebend. 1796. — im Jahr 1797. ebend. 1797. gr. 8. (*An diesem und an dem folgenden Journal haben auch andere Antheil*). *Teutschland. 12 Stücke. Berlin 1796. 8. Musikalischer Almanach. ebend. 1796 (*eigentl.* 1795). 12. *G. S. Löhleins* Anweisung zum Violinspielen, mit praktischen Beyspielen erläutert; 3te Auflage, umgearbeitet von *J. F. Reichardt*. Züllichau 1797. 4. — Ueber die musikalische Komposition des Schäfergedichts; *im teut. Museum* 1777. Sept. — Gedichte im Berlin. Musenalmanach 1791. — Berichtigungen und Zusätze zu dem Gerberischen Lexi-

Lexikon der Tonkünstler; *in dem musikal. Wochenblatt* St. 1-3. 1791. — Ernst Wilhelm Wolff; *in dem Berlin. Archiv der Zeit* 1795. B. 1. S. 162 u. ff. * Wanderungen und Träumereyen im Gebiete der Tonkunst; *ebend.* B. 1. S. 584-593. und B. 2. S. 355-369. — Etwas über den teutschen Dichter J. M. R. Lenz; *ebend.* 1796. Febr. — Recensionen in der Allgem. teut. Bibl. — Von seinen Musikalien s. *Meusels* Künstlerlexikon. — Vergl. Büsten Berlin. Gelehrten. — Sein Bildniss von Bendix 1796.

REICHARDT (. . . .) *D. . . . zu . . . geb. zu . . .* §§. Magazin der Philosophie und schönen Wissenschaften. 2 Bände. Frankf. u. Leipz. 1795. 8.

von REICHE (A. . . L. . . G. . .) Bruder des folgenden; *Auscultator bey der königl. Preuss. Regierung zu Bayreuth* seit 1797: *geb. zu Nienburg an der Weser in der Grafschaft Hoya am 4 November* 1774. §§. Commentatio ad titulum Pandectarum L. XXVIII. T. I. qui facere possunt testamenta, & quemadmodum testamenta fiant. Gottingae 1796. 8.

von REICHE (Jobst Christoph Ernst) *Secondlieutenant im Preussischen Regiment Unruh zu Bayreuth: geb. zu Hannover am 1 Julius* 1772. §§. Bayreuth, geschildert u. s. w. Mit Kupf. Bayreuth 1795. 4. Unterhaltung mit Gott u. s. w. 2 Theile. ebend. 1796-1797. 8. Die Fantaisie; ein Gemählde der Natur und der Tugend. Mit Kupfern. ebend. 1796. 4. Der Mensch stirbt, wie er lebte; oder das Leben und Sterben der am 10 Februar 1796 seelig vollendeten Frau Generalin von Unruh, gebohrnen Fräulein von Manstein u. s. w. ebend. 1796. 4. Culmbach und Plassenburg geschildert u. s. w. ebend. 1796. 4.

REICHE (Johann Daniel) *gräfl. Schaumburg-Lippischer Kammerrath* (vorher Sekretar) *zu Bückeburg:*

burg: geb. zu . . . §§. *Disquisitio juris Germanici de matre illustri, legitime librorum successionis experte, cum corollariis quoad matris heredes inde deductis. Lemgov.* 1784. 4. Chronologisch-systematisches Verzeichniss zur Erläuterung des teutschen Privat-Fürstenrechts vorzüglich gehöriger Urkunden. Bückeburg 1785. 4. * Aktenmässige Darstellung des vom Hrn. Grafen zu Lippe-Brake, hochfürstl. Hessischen geheimen Rath und Generalfeldmarschall, Ritter des teutschen Ordens und Landcommenthur der Balley Hessen, im Testament vom 23 März 1696 für unvermählte Töchter der ganzen fürstl. und gräfl. Lippischen Familie, sie seyn von welchem Hause sie wollen, gestifteten Fideicommisses. Mit Beylagen und einem Kupfer. ebend. 1792. fol. * Urkundliche Begründung der von Gräflich-Schaumburg-Lippischer Vormundschaft am Kaiserlichen Reichskammergericht übergebenen Imploration pro restitutione in integrum gegen die bey diesem höchsten Reichsgericht in Sachen Dr. Just Friedrich Froriep und Henrich Ernst Rauschenbusch wider die Gräflich-Schaumburg-Lippische Vormundschaft, deren nachgesetzte Regierung, auch weltliche Konsistorialräthe, praetensi Mandati de relaxando captivos erga cautionem &c. S. C. deinde Revisionis, nunc Restitutionis &c. unterm 9 May, 28 Junius und 23 December 1791, auch 13 Februar, 14 März und 17 Julius 1792 ergangenen Erkenntnisse. Mit Anlagen von Nr. 1 bis Nr. 443. ebend. 1793. fol.

REICHE (K... F...) *Inspektor des adelichen Gutes Rundhoff in Angeln: geb. zu Aschersleben am* ... 174.. §§. * Der todte Zaun; eine Processgeschichte. Kiel 1792. 8. — * Beschreibung der im dänischen Walde im Herzogthum Schleswig gelegenen adlichen Güter Seheftedt und Grünhorst; *in den Holstein-Schleswig. Provinzialberichten* 1787. H. 5. * Witterung des Jahrs 1786 und deren Wirkung auf die Landwirthschaft; *ebend.*

ebend. H. 6. *Witterung des Jahrs 1787 und deren Wirkung auf die landwirthschaftlichen Erzeugnisse; *ebend.* 1788. H. 1. *Nachricht von dem Erfolge der veränderten ökonomischen Einrichtung des Guts Eckhof; *ebend.* H. 5. *Epistel eines empirischen Landwirths an die Herrn Landprediger in Schleswig und Holstein; *ebend.* 1791. H 6. Auch etwas über die Oxwather und andere Heiden in den Herzogthümern, in militärisch-ökonomischer Rücksicht, veranlasst durch den (1792. H. 4. abgedruckten) Auffatz des Hrn. Oberstl. v. Binzer; *ebend.* 1793. H. 2.

REICHE (S... G...) *Lehrer an dem Gymnasium zu Maria Magdalena in Breslau: geb. zu* ... §§. Schlesisches Rechenbuch zum Unterricht in Stadt- und Landschulen und zum Privatgebrauch Breslau 1797. 8. Methodenbuch und Rechentafeln zu dem Rechenbuche für die Stadt- und Landschulen Schlesiens. ebend. 1797. 8.

REICHEL (Abraham) ... *zu* ... *geb. zu* ... *). §§. Gründliches und deutliches Rechenbuch, aus welchem die Rechenkunst ohne mündliche Anweisung mit Vortheil erlernt werden kann. 1ster Theil. Leipz. 1785. — 2ter Theil. ebend. 1786. 8.

REICHEL (Christian Heinrich) *Lehrer der französischen Sprache an dem Gymnasium zu Zittau* seit 1794 (vorher Lehrer der dänischen und schwedischen Sprache zu Leipzig): *geb. zu Leipzig* ... §§. *Dänisches Theater. 1ster Band. Flensburg und Leipz. 1782. 8. Das Muttersöhnchen auf der Galeere; aus dem Schwedischen übersetzt, in 2 Theilen. Leipz. 1783. 8. Physikalisch-mineralogische Beschreibung des Vorgebirges auf der Insel Moen von *S. Abildgaard*; aus dem Dänischen

*) Noch keine Auskunft über diesen mangelhaften Artikel!

nischen nach den neuesten Berichtigungen und Verbesserungen des Verfassers übersetzt. Kopenhagen 1783. 8. *Schulzens von Schulzenheim* Gedächtnisrede auf den jüngern Hrn. von Linné; aus dem Schwedischen. Leipz. 1784. 8. *Tyge Rothe* Nordens Staatsverfassung vor der Lehnszeit mit Adelsrecht und Volksfreyheit der Lehnszeit; und dann adeliche Gerichtsbarkeit, Frohndienste, Leibeigenschaft, samt Aristokratie; aus dem Dänischen. Kopenh. und Leipz. 1784. — 2ter Theil. ebend. 1789. 8. Der Eheteufel, oder der Bankerott; ein Lustspiel vom dänischen Hofmedikus *Tode*; aus dem Dänischen. Leipz. 1784. 8. Sigrid, die drey Freunde und Alfsol, drey Erzählungen von dem königl. dänischen Kammerherrn und Konferenzrath *von Suhm*; aus dem Dänischen übersetzt. ebend. 1785. 8. *Rhabecks* Briefe eines alten Schauspielers an seinen Sohn; aus dem Dänischen übersetzt. Kopenh. u. Leipz. 1785. 8. *(*Bastholm*)* über Verbesserung des äusserlichen Gottesdienstes; aus dem Dänischen. Leipz. 1786. 8. *Die Rupie; mit eingestreuten asiatischen und europäischen Anekdoten; nebst einigen Nachrichten von dem Leben des Verfassers und dessen Betrachtungen über die Afrikaner. Berlin 1789 (*eigentl.* 1788). 8. *Grammatische Anweisung oder eine leichte Einleitung in D. Lowths englische Sprachlehre für Schulen — von D. *John Ash*. ebend. 1789. 8. *M. John Enticks* — grammatische Einleitung in die englische Sprache, nach der neuern sorgfältig durchgesehenen und verbesserten Ausgabe; aus dem Englischen. ebend. 1789. 8. Adelung *Abrégé de la Grammaire allemande, traduit de l'Allemand. à Leipsic* 1789. 8. D. *Lowths* englische Sprachlehre mit kritischen Noten, nach der neuesten verbesserten Ausgabe (von 1787) übersetzt und mit Anmerkungen begleitet. ebend. 1790. 8. *A Selection of* Anthony Wall's *Novels, with others of Mr.* J. J. Engel's *Philosopher for the World. Transla-*

Translated from the German; with remarks, and preceded by a short abridgment of grammatical rules, for the use of those who wish to learn the german language. Leipz. 1791. 8. Anfangsgründe der französischen Sprache, in neuen leichten Gesprächen, mit vorgängiger Erklärung der Wörter, Französisch, Englisch und Teutsch. Nach Herrn *Johann Perrins* Englischem Original, sechste Ausgabe 1790. Mit Anmerkungen. ebend. 1793 (*eigentl.* 1792). 8. *Nouveau Dictionnaire par racines d'après celui de Mr.* Adelung, *à l'usage des Etrangers. T. I.* A-K. *T. II.* L-Z. *ibid.* 1794. 8. Des Brauers *M. Combrune* Theorie und Praxis des Bierbrauens; aus dem Englischen. ebend. 1796. 8. — *Antheil an den neuen Miscellaneen und an (Heinickens)* Kritiker. — *Verschiedene Gedichte.*

REICHEL (Gottlieb Benjamin) *Rektor der Schule zu Geysing im Erzgebürge* seit 1792: *geb. zu Taubenheim in der Oberlausitz* ... §§. Leben des Grafen von Zinzendorf, Stifters der Brüdergemeinen. Leipz. 1790. 8. * Des Marquis *Caraccioli* Leben Joseph des Zweyten; aus dem Französischen; nebst einer Beylage, welche den Briefwechsel zwischen diesem Monarchen und dem General d'Alton während der Brabantischen Unruhen enthält. ebend. 1791. 8. * *Ludwig Fontaine* erste und merkwürdige Reise durch die unbekannten Länder des mittlern Afrika, von Gambia durch die Negerkönigreiche bis an die östliche Küste von Abyssinien. ebend. 1792. 8. * D. *S. F. N. Morus*, gewesenen ordentl. Professor der Theologie zu Leipzig, kleine Schriften theologischen und philologischen Inhalts; aus dem Lateinischen. Nebst dessen Leben, statt einer Einleitung. 2 Bände. ebend. 1793-1794. 8. Leben Morus. ebend. 1797. 8.

REICHEL (Karl Friedrich) *Inspektor und Prediger der Brüdergemeine zu Nazareth in Pensylvanien* (vorher

her zu Barby): *geb. zu* . . . §§. *Geographie zum Gebrauch der Schulen in den evangelischen Brüdergemeinen. 2 Theile. Barby und Leipz. 1785. 8.

von REICHENBACH (Johann David) seit 1792 *Schloßhauptmann mit Sitz und Stimme in der Schwedisch-Pommerischen Regierung zu Stralsund und* seit 1791 *Ritter des königl. Schwedischen Nordsternordens* (vorher königl. Schwedischer Kammerrath zu Stralsund): *geb. zu* . . . §§. Patriotische Beyträge zur Kenntniss und Aufnahme des Königlich-Schwedischen Pommerns. 1stes Stück. (*Ohne Druckort*) 1783. 4. — Neue Auflage. Stralsund 1784. 8. — 2tes Stück. ebend. 1784. — 3tes und 4tes Stück. Greifswald 1785. — 5tes und 6tes Stück. ebend. 1786. — 7tes und 8tes Stück. ebend. 1787. 8.

REICHENBACH (Johann Friedrich Jakob) *M. der Phil. und fünfter Kollege an der Thomasschule zu Leipzig geb. zu Großmonra in Thüringen* 1760. §§. *Gotth. Ephr. Lessingii* Observationes criticae in varios scriptores Graecos atque Latinos, ex operibus ejus collectae atque in ordinem redactae. Berolini 1794. 8. — *Antheil an dem* *Allgemeinen Küchenlexikon für Frauenzimmer, welche ihre Küche selbst besorgen oder unter ihrer Aufsicht besorgen lassen. 2 Theile. Leipz. 1794. gr. 8.

REICHENBERGER (Andreas) *Kooperator und Katechete an der landesfürstlichen Pfarrkirche zu Röschitz im Lande unter der Ens: geb. zu* . . . §§. Christkatholischer Religionsunterricht; nach Anleitung des für die k. k. Erbländer vorgeschriebenen Normalkatechismus; zum Gebrauche der Schul- vorzüglich aber der Kirchenkatecheten, und aller, die den Katechismus zu erklären haben. Allen Seelsorgern, Lehrern, wie auch jenen Hausvätern gewidmet, welche sich und die

Ihri-

Ihrigen daraus unterrichten und zum Guten ermuntern wollen. 2 Theile. Wien 1795. gr. 8.

REICHENBERGER (Johann Nepomuck) *ordentlicher Professor bey dem bischöffl. Lyceum zu Regensburg: geb. zu München am 23 Nov. 1737.* §§. Cursus biennalis philosophiae & matheseos universae. Ratisbon. 1775. 8.

REICHERT (Beda) *Benediktiner im Reichsstift St. Georgen zu Villingen: geb. zu . . .* §§. Der kranke und sterbende katholische Christ. Ulm 1785. 8.

REICHERT (Ignatz Anton) *D. und Professor der Rechte, wie auch der Geschichte, und wirkl. Kurpfalzbayr. Regierungsrath zu Heidelberg: geb. zu Miltenberg im Mainzischen am 8 Julius 1741.* §§. Ordo equestris a Leone Palatino dictus. Heidelb. 1770. 4. Otto factis & meritis merito illustris. ibid. 1771. 4. D. de juribus sereniss. Domus Palatinae, extincta linea Guilhelmiana ex dispositione pacis Westphalicae rediviviis. ibid. 1781. 4. — *Abhandlungen, Gedichte und Recensionen in den Rheinischen Beytr. zur Gelehrs.* 1777-1782. — Vergl. *Weidlichs* biogr. Nachr.

REICHIN (Henriette Regine) S. oben REICH (H. R.).

REICHLE (Franz Anton) *Lic. der Theol. und der Rechte, Decanus und Pfarrer zu Scheer im Costnitzischen: geb. zu . . .* §§. Moralische und katechetische Schriften; z. B. Der triumphirende Name Jesu. Constanz 1775. 8.

Freyherr REICHLIN von MELDEGG (Friedrich August) *Fahnenjunker (?) in herzogl. Würtembergischen Diensten zu Lauingen an der Donau: geb. zu . . .* §§. * Geschichte Augusts von Reichenthal und Wilhelminens von Steinfeld, verfasst von F. R. Augsburg 1786. 8. * Karl von Lindenheim; eine Geschichte in Briefen. 2 Theile. Stutt-

Stuttgart 1790. 8. Eine Volksrede für jetzige Zeiten. . . . 1790. . . * Eduard von Wallers Briefe an seinen Freund, oder der reisende Philosoph. Augsburg 1791. 8. *Dieses Buch erhielt folgenden neuen Titel:* * Die Menschheit in besondern Zügen; in Briefen eines reisenden Philosophen, zur Beförderung des wahren Menschenglücks. 2 Bändchen. ebend. 1795.

Freyherr von REICHLIN (. . . .) *kurpfälzischer Oberappellations - Gerichtsrath zu Mannheim: geb. zu* . . . §§. Sammlung aller Reichsvikariats-Gerechtsame. München 1792. 3 Bände in . . (*ist noch zur Zeit nicht ins Publikum gekommen*).

REICHMAYR (Johann Evangelist) *Benediktiner und Professor im Stift S. Emmeram zu Regensburg: geb. zu Schamhaupt in Bayern am* 21 *Febr.* 1745. §§. Beobachtungen über die Erschütterung der Berge in der Gegend von Schwäbelweis am 18 May 1783. Regensb. 1783. 8.

REICHSSIEGEL (Florian) *Benediktiner auf dem Plainberge bey Salzburg, M. der freyen Künste und Philosophie, und Kapellan in der Abbtenau im Salzburgischen* (vorher öffentl. Lehrer der Dichtkunst auf der Universität zu Salzburg, wie auch Aufseher der Schulen daselbst): *geb. zu Salzburg am* 26 *Dec.* 1735. §§. Versuch einer regelmässigen Rechtschreibung in der lateinischen und teutschen Sprache. Augsburg 1761. 8. Die Hochzeit auf der Alm; ein dramatisches Schäfergedicht. Salzburg 1769. 4. Die Wahrheit der Natur in den drey irrdischen Grazien, nämlich in der Dichtkunst, Musik und Mahlerey; ein dramatisches Scherz - und Lehrgedicht. ebend. 1769. 4. Die gereinigte Magdalena, der reumüthige Petrus, der veränderte Joseph von Arimathia; drey geistliche Singspiele. ebend. 1770. 4. *Pietas christiana; Tragoedia in Jambis. ibid. eod.* 4. *Pietas in patriam; Tra-*

Tragoedia in Jambis. ibid. 1771. 4. Eben dieses teutsch. ebend. 1773. 4. Die reichlich vergoltene Bewirthung; ein dramatisches Fischergedicht. ebend. 1772. 4. Kurze Einleitung zur allgemeinen Wissenschaft der Erdbeschreibung. ebend. 1773. 8. Ode auf die zwölfte Jubelfeyer der Hauptstadt Salzburg, mit historischen Anmerkungen begleitet. ebend. 1782. 4. Predigt von dem Salzburgischen Hirtenbriefe dieses Jahrs. ebend. 1783. 8. Predigten auf die meisten Festtage des Jahrs. 2 Bände. Augsburg 1785. gr. 8. — Viele andere kleinere teutsche und lateinische Gedichte.

REID (Bernhard) *Kandidat der Rechte zu Leipzig* (vorher zu Mainz): *geb. zu Mainz am* 6 *Januar* 1762. §§. * Historisch-politische Briefe; nebst dem Versuche einer Geschichte der ehemahligen Reichsstadt Mainz. Mannheim 1789. 8. *Auch etwas über die Wahlkapitulationen. (*Ohne Druckort*) 1790. 8. *Heinrich Catharina Davila's* Geschichte der bürgerlichen Kriege von Frankreich. Aus dem Italienischen übersetzt, mit einer Geschichte der königlichen Macht und der Staatsveränderungen in Frankreich bis zur Ligue, und mit andern nöthigen Erläuterungen und Zusätzen begleitet. 5 Bände. Leipz. 1792-1795. gr. 8. (*Auf dem Titel dieser Uebersetzung und des folgenden Buches nennt er sich* REITH). Geschichte der königlichen Macht und der Staatsveränderungen in Frankreich vor dem Untergange der Ligue bis zur Errichtung der Republik. 1ster Band. ebend. 1796. — 2ter Band. ebend. 1797. gr. 8. Des Generals *Dümouriez* historisch-statistisches Gemählde von Portugal; aus dem Französischen, mit Zusätzen begleitet. Mit 1 Karte. ebend. 1797. gr. 8.

von REIDER (. . . .) ehedem *Hofrath zu Mainz*; ward aber seiner Dienste entlassen, *und privatisirt seitdem auf einem Gute unweit Mainz: geb. zu . . .* §§.

§§. *Das peinliche Recht nach den neuesten Grundsätzen vollständig abgehandelt. 4 Theile. Offenbach 1783-1784. 8.

REIHENBERGER (Andre) *Kooperator und Katechet an der landesfürstl. Pfarrkirche zu Röschitz im V. U. M. B.* (vermuthlich *Viertel unter dem Manharts-Berg*, im Lande unter der Ens): *geb. zu* ... §§. Christkatholischer Religionsunterricht; nach der Anleitung des für die kaiserl. königl. Erbländer vorgeschriebenen Normal-Katechismus; zum beliebigen Gebrauche der Schul- vorzüglich aber der Kirchenkatecheten, und die den Katechismus zu erklären haben; allen Seelsorgern, Lehrern, wie auch jenen Hausvätern gewidmet, welche sich und die Ihrigen daraus unterrichten und zum Guten ermuntern wollen. 2 Bände. Wien 1795. gr. 8. Erbauungsbuch für Kranke und Sterbende; allen Seelsorgern und Krankenfreunden gewidmet. ebend. 1795. kl. 8.

REIL (F...) *gräfl. Metternich-Winneburgischer Kanzlist zu Königswart und Mittigau in Böhmen: geb. zu* ... §§. Paul und Virginie; ein Gemählde guter Menschen; nach dem Französischen frey bearbeitet. Pilsen und Leipz. 1794. 8.

REIL (Johann Christian) *D. der AG. und Chirurgie und* seit 1788 *ordentlicher Professor der Therapie und Direktor des klinischen Instituts auf der Universität zu Halle, auch Staatphysikus daselbst* (vorher ausserordentl. Prof. der AG. daselbst): *geb. zu Raude in Ostfriesland am 20 Februar* 1759. §§. Tractatus de Polycholia, & fragmenta metaschematismi polycholiae. II Partes. Halae 1783. 8. *Krankheitsgeschichte des seel. Professors und Oberbergraths J. F. G. Goldhagen. ebend.* 1788. 8. Memorabilium clinicorum medico-practicorum. Vol. I. Fasc. I. ibid. 1790. — Fasc. II. ibid. 1791. — Fasc. III (s. Vol. II. Fasc. I). ibid. 1793. 8.

Diäte-

Diätetischer Hausarzt. 2 *Theile. Bremen* 1791. 8. *Archiv für die Physiologie.* 1*sten Bandes* 1*ster Heft. Halle* 1795. — 2*ter und* 3*ter Heft. ebend.* 1796. — 2*ten Bandes* 1*ster bis* 3*ter Heft. ebend.* 1797. 8. Exercitationum anatomicarum fasciculus primus de structura nervorum, tribus tabulis aeneis illustrata. ibid. 1796. fol. maj. — Von den Krisen der Nervenkrankheiten; *in dem Journal der Erfindungen* St. 6. Von den Versetzungen der Krankheitsmaterien, besonders von den Milchversetzungen; *ebend.* St. 7. — Sein Schattenriss im akademischen Taschenbuch auf das J. 1791.

REIMARUS (Johann Albrecht Heinrich) *D. der AG. und Praktikus zu Hamburg; wie auch* seit 1796 *Professor der Naturlehre und Naturgeschichte an dem dortigen Gymnasium: geb. daselbst am* 11 *November* 1729. §§. *D. de tumore ligamentorum circa articulos, fungo articulorum dicto. Lugd. Bat.* 1757. 4. Die Ursache des Einschlagens vom Blitz, nebst dessen natürlichen Abwendung von unsern Gebäuden aus zuverlässigen Erfahrungen von Wetterschlägen. Hamburg 1768. 8. Langensalz 1770. 8. Handlungsgrundsätze zur wahren Aufnahme der Länder, und zur Beförderung der Glückseligkeit ihrer Einwohner, aus der Natur und Geschichte untersucht. Hamburg 1768. 8. 2te Auflage. ebend. 1775. 8. Das wahre Beste der löblichen Zünfte und Handwerke. 1770. 1 Bogen. 8. Die wichtige Frage von der freyen Aus- und Einfuhr des Getraides, nach der Natur und Geschichte untersucht. Hamburg 1771. 8. Beantwortung des Beytrags zur Berathschlagung über die Handlungsgrundsätze. ebend. 1771. 8. 2te Auflage. 1775. 8. Der Bücherverlag, in Betrachtung der Schriftsteller, der Buchhändler und des Publikums erwogen. ebend. 1773. 8. Vom Blitze, 1) dessen Bahn und Wirkungen, 2) beschützender Leitung durch Metalle, 3) und Betrachtungen der Wetterschläge aus elektrischen Er-

Erfahrungen. ebend. 1778. 8. Vorschriften zur Anlegung einer Blitzableitung an allerley Gebäuden, nach zuverlässigen Erfahrungen entworfen. ebend. 1778. 8. * Untersuchung der vermeynten Nothwendigkeit eines autorisirten Collegii medici und einer medicinischen Zwangordnung. ebend. 1781. 8. Ueber die Gründe der menschlichen Erkenntniss und der natürlichen Religion. ebend. 1787. 8. Abhandlung, welche das Accessit erhalten, über die Frage: Wie können Fleischtaxen in Städten am sichersten bestimmt werden? oder: Durch welche Verfügungen kann der billigste Preis des Fleisches bewirkt werden? welche von der königl. Societät der Wiss. zu Göttingen auf den Nov. 1787 aufgegeben worden — ist mit noch zwey andern Abhandlungen über diese Frage zusammengedruckt. 1788. 8. (*auch im Hannöver. Magazin* 1788. St. 16 u. 17). Die Freyheit des Getraidehandels, nach der Natur und Geschichte erwogen. Hamburg 1790. 8. Anrede an die den 10 Okt. 1765 zum erstenmale von den Vorstehern zusammenberufene Mitglieder dieser Gesellschaft, und: Anrede bey der fünf und zwanzigjährigen Stiftungsfeyer der Gesellschaft den 15 April 1790. (Diese beyden Reden sind mit einer dritten vom Senator *J. A. Günther* zusammengedruckt, unter dem Titel: Drey Reden, welche bey der fünf und zwanzigjährigen Stiftungsfeyer der Hamburgischen Gesellschaft zur Beförderung der Künste und nützlichen Gewerbe gehalten worden. Hamb. 1790. gr. 8). Einige gegen die Gewitterableiter gemachte Einwürfe, beantwortet in zwey Briefen. Frankf. am M. 1790. 8. (*ohne sein Vorwissen gedruckt*). * Eine Bürgerfrage nach Bürgerrechten beantwortet. Hamburg 1791. 8. * Freyheit. ebend. 1791. 8. Erwägung des Verlagsrechts in Ansehung des Nachdrucks. ebend. 1792. 8. Neuere Bemerkungen vom Blitze, dessen Bahn, Wirkung, sichern und bequemen Ableitung, aus zuver-

zuverlässigen Wahrnehmungen von Wetterschlägen dargelegt. ebend. 1794. gr. 8. Mit 9 Kupfertafeln. *De animalium inter naturae regna statione & gradibus, Oratio pro suscipiendo munere Prof. Phys. & Hist. Nat. habita. Hamb.* 1796. 4. — Hat seines Vaters, *Hermann Samuel Reimarus*, angefangene Betrachtungen über die besondern Arten der thierischen Kunsttriebe mit einigen Anmerkungen herausgegeben (Hamburg 1773. 8). — Nachricht von einer Zurichtung, welche die Wirkung der Gewitterwolken sinnlich darstellt; *im teutschen Museum* 1779. St. 10. S. 329-332. — Betrachtung der Unmöglichkeit körperlicher Gedächtniss-Eindrücke und eines materiellen Vorstellungs-Vermögens; *im Götting. Magazin* 1780. St. 4. — Hat die 5te Auflage von seines Vaters Abhandlungen von den vornehmsten Wahrheiten der christlichen Religion durchgesehn und mit einigen Anmerkungen begleitet (Hamb. 1781. 8). — Von der Einrichtung der Luft zum Athemholen und Leben der Thiere; *in den Hamburgischen Addreßkomtoirnachrichten* 1782. St. 88-90. — Vorschriften zur Anlegung einer Blitzableitung an allerley Gebäuden, nach zuverlässigen Erfahrungen entworfen; *in den Berlin. neuesten Mannigfaltigkeiten* Jahrg. 3. Quart. 3. S. 561-575. und 587-590. — Bedenken über die Frage: Ob der Staat Gesetze für die Erziehung und den Unterricht der Kinder vorschreiben solle? *im Braunschweig. Journal* 1790. St. 1. S. 71-83. — Ueber das Alter der Assekuranzen; *in* J. G. Büsch's *und* C. D. Ebeling's *Handlungsbibliothek* B. 3. St. 1. S. 119-122 (1790). — Der Bücherverlag, in Betrachtung der Schriftsteller, der Buchhändler und des Publikums, nochmals erwogen; *im teutschen Magazin* 1791. April. — Sah durch und begleitete mit einigen Anmerkungen die 6te Auflage der Abhandlungen seines Vaters von den vornehmsten Wahrheiten der natürlichen Religion. 1791. — Ueber die Verbindlichkeit der

Traktaten; *im Schleswig. Journal* 1793. St. 8. S. 484-498. — Vorrede zu *Antrechaus* Nachrichten von der Pest in Toulon, welche im J. 1721 daselbst gewütet hat; aus dem Franz. vom Freyherrn *von Knigge* (Hamb. 1794. gr. 8). — Ueber die Ausrottung der Blattern; *in dem Genius der Zeit* 1794. Nov. — Sein Bildniss von Krüger 1783, in gr. 8. — Sein ihm sehr unähnliches Bildniss vor dem 58sten B. der Allgem. teut. Bibl. — Vergl. *Thiess* H. G. B. 2.

REIMER (Georg) *Pastor an der Marienkirche zu Rendsburg* seit 1788 (vorher seit 1771 Archidiakonus und vordem seit 1769 Diakonus daselbst): *geb. zu Flensburg am 6 November* 1741. §§. *Diss. historico-litteraria* (*Praes.* J. B. Carpzov *) *de vita, eruditione & scriptis Saxonis Grammatici, historici Dani, patriae ornamenti. Helmstad.* 1762. 4. Von den Gebräuchen der alten nordischen Völker, insonderheit der Dänen, in Ansehung des Ehestandes (*eine Gelegenheitsschrift*). Flensburg 1764. 4. *Der Versöhnungstag; eine Cantate. Schleswig 1778. 8. — Lob der Geschichte; *in den Glückstädt. Anzeigen* 1764. St. 4. Von Flensburg; *ebend.* St. 12.

REIMER (Johann) *Informator in den mathematischen Wissenschaften und italienischen Buchhalten, und Mitglied der Hamburgischen Kunst- und Rechnungs-Societät zu Hamburg: geb. zu* . . . §§. Anweisung zur Rechenkunst, zur nähern Anwendung des mathematischen Vortrags desselben; auf die Geschäfte der Handlung und des bürgerlichen Lebens. Hamburg 1758. 8. 2te veränderte und vermehrte Aufl. ebend. 1776. 8. Sammlung gemeinnütziger mathematischer Aufgaben. ebend. 1772. 8. Lehrbuch der Arithmetik.

---

*) Ist also oben unter *Carpzov* auszustreichen. Vergl. *Kordes* S. 272.

metik. ebend. . . . Anweisung zur Algebra oder Universal-Arithmetik, zur nähern Anwendung auf die Geschäfte des gemeinen Lebens. ebend. 1777. 8. Holztafeln, nebst Abhandlung von der Art Holz zu messen. ebend. 1782. 8. Besorgte die 5te verbesserte Auflage von des Herrn *Clairaut* Anfangsgründen der Geometrie; aus dem Französischen übersetzt von *F. J. Bierling.* ebend. 1790. 8. Anwendung der Universal-Arithmetik und der Rechnung mit Logarithmen auf praktische Rechnungsvorfälle im gemeinen Leben, in einigen Aufgaben. ebend. 1791. 8.

r von REIMERN (Franz Joseph) . . . *zu* . . . *geb. zu* . . . §§. Entscheidungen über die allgemeine Konkursordnung in den teutschen Erbländern, zusammengetragen. Linz 1792. 8.

'NBECK (Otto Siegmund) *Archidiakonus an der Peterskirche zu Berlin* seit 1775 (vormahls seit 1753 Diakonus extraordinarius und Diakonus an derselben Kirche, und vordem seit 1751 Gefangenprediger): *geb. zu Berlin am 4 August* 1727. §§. Dankpredigt über den am 5ten December 1757 erhaltenen Sieg. Berlin 1757. 8. Gedächtnisspredigt über das Absterben Ihrer königl. Hoheit der verwittweten Prinzessin von Preussen. ebend. 1780. 8. Unterricht der Jugend in den Wahrheiten der Lehre Jesu. ebend. . . . Abgenöthigte Ehrenrettung der die Kandidaten des Predigtamts mitordinirenden Prediger der Petrikirche in Berlin, O. S. Reinbeck, und Jak. El. Troschel, gegen die durch den Antrag der geistlichen Examinationskommission an des Königs Maj. in der königl. Kabinetsordre vom 12 April 1794 veranlasste und durch den Altonaer Merkur No. 74. den 9 May dem teutschen Publikum bekannt gemachte Beschuldigung, „als hätten sie „bisher den Ordinanden etwas wider die Lehre „Jesu vorgetragen, und bedürften deshalb streng „admonirt zu werden.“ Nebst einer besondern

Nachricht des Predigers Troschel, dem ganzen Berlinischen und protestantischen Publikum dargelegt. Den 30 August 1794. 8. 2te Auflage im Oktober 1794. 8. Auch in *Henke's* Archiv für die neueste Kirchengesch. B, 2. St, 1 (1795).

REINBOTH (Georg Samuel) *Pfarrer zu Frauenhain und Grüningen in Schlesien: geb. zu* . . . §§. *Das rechte Verhalten der Menschen bey den Krankheiten der Ihrigen; ein Lesebuch, besonders für Landleute, Breslau 1787. 8.

REINECKE (J. . . M. . .) *M. der Phil. und beständiger Sekretar der herzogl. Sächs. Gothaischen Societät der Forst- und Jagdwissenschaft zu Waltershausen im Fürstenthum Gotha: geb. zu Halberstadt* 1769. §§. Eichenblätter, oder die Mährchen aus Norden. 2 Bändchen. Gotha 1793. — 3tes Bändchen. ebend. 1796. 8. *Die Verschwornen; aus dem Archiv der Brüderschaft des heil. Paulus. 1ster Band. ebend. 1794. 8. — Reise auf den Mont-Blanc und in einige mahlerische Gegenden Savoyens, aus dem Französischen; *in* Hennings *Genius der Zeit* 1794. St. 12. S. 600-635.

REINECKER (Rudolph) *kurpfälzischer Stadtschultheiß und geistl. Administrationsschaffner zu Ladenburg: geb. daselbst* 1719. §§. Gründliche und durch sichere Berechnung erwiesene Widerlegung der gegen die Verbesserung der Landwirthschaft gemacht werdenden Einwendungen, Mannheim 1771. 8.

REINER (G. . , L. . .) *Kanonikus und Professor in dem Prämonstratenser Kollegiatstifte Steingaden in Oberbayern: geb zu* . . . §§. Die Grundlehren der Arithmetik und der Algebra, aus den Lehrbüchern vorzüglich der Herren Kästner und Lorenz ausgezogen und zum Gebrauche der Vorlesungen eingerichtet. Füssen 1796. 4.

REINER (Karl) . . . *zu . . . geb. zu . . .* SS. Schauspiele und Gemählde. Duisburg am Rhein 1794. 8.

REINFELD *) (Christian) *D. . . . zu . . . geb. zu . . .* SS. Bemerkungen über das Resultat des Emser Congresses; mit teutscher Freymüthigkeit entworfen. Athen und Damiat (*Bamberg*) 1787. 8.

REINFELD (Joseph Ignatz) *Pfarrer zu Breitenbrunn bey Augsburg: geb. zu . . .* SS. Kurze Predigten auf die Sonntage des Jahrs, seinem Pfarrvolke vorgetragen. 2 Theile. Augsburg 1784. 8. Homilien über alle sonntägliche Evangelien des Jahrs. 2 Bände. ebend 1787. gr. 8. Homilien über alle festtägliche Evangelien des Jahrs. ebend. 1788. gr. 8. *Sermones catechetici in Dominicas totius Anni. Partes II. Aug. Vind.* 1788. 8.

REINHARD (Adam Friedrich Christian) *M. der Phil. D. der R.* (seit 1781), *kurfürstl. Mainzischer Kriegszahlmeister, ordentlicher Professor der Mathematik auf der Universität zu Erfurt* seit 1785, *auch Mitglied der kurfürstl. Kommerziendeputation und Direktor der freyen Zeichenschule* seit 1790, und seit 1791 *wirklicher Kammerrath* (vorher seit 1783 ordentlicher Professor des Lehnrechts, und vor diesem seit 1779 ausserordentlicher Prof. der R. und Phil.): *geb. zu Erfurt am 2 Febr.* 1747. SS. D. de semisse comitiorum & supremae in I. R. G. potestatis. Gotting. 1769. 4. Progr. de nimio legum in foro neglectu. Erford. 1779. 4. D. de finibus regundis. ibid. 1781. 4. D. de valoribus quantitatum mediis. ibid. 1789. 4. Progr. de viventium ad nascentes, morientesque in civitate Erfurtensi ratione. ibid. eod. 4.

 D.

*) Vielleicht ein Pseudonymus?

D. J. J. Planers Charakter und Verdienste. ebend. 1790. 4. (*auch in den* Actis Acad. Elect. Mogunt. scient. util. ad a. 1790 & 1791). *Bemerkungen über Volkszahl, Fruchtbarkeit und Sterblichkeit der zum Erfurtischen Gebiete gehörigen 74 Dörfer. Mit einer Tabelle. Erfurt* 1792. 4. (*auch in den* Actis Acad. Erfurt. ad a. 1792). — De vera notione additionis & subtractionis quantitatum oppositarum; *in den Actis Acad. Erford. ad* 1778 *&* 1779. — Vergl. *Weidlichs* biogr. Nachr. Th. 2 und Nachträge.

REINHARD (B... H... Karl) *Schauspieler bey dem Theater zu Hamburg* seit 1792 (vorher bey der Tyllischen Gesellschaft): *geb. zu* ... §§. Der Pasquillant; oder: Es lebe Friedrich der Grosse! ein Schauspiel in 2 Aufzügen. Braunschw. 1792. 8. Heinrich der Löwe, Herzog von Braunschweig; historisches Schauspiel mit Gesang, in 5 Aufzügen. ebend. 1793. 8. Selike und Berissa; ein Drama. ...

REINHARD (Christian Tobias Ephraim) *D. der AG. königl. Preussischer bestätigter Heilarzt und Stadtphysikus, wie auch fürstl. Lobkowitzischer Hofgerichtsassessor und Stadtgerichtsaktuar zu Sagan: geb. zu Camenz in der Lausitz am 26 May* 1719. §§. D. de Cardialgia spuria. Francof. ad Viadr. 1745. 4. Carmen de Leucorrhoea s. fluore albo mulierum. Budiss. 1750. 4. Carmen de febribus intermittentibus spuriis s. epidemiis anni 1747. 1748. 1749. 1750 & 1751. Dresd. 1752. 8. *Beweis, daß Camenz eine gesunde Stadt sey. Bautzen* 1751. .. *Untersuchung der Frage: Ob unsre ersten Urältern Adam und Eva einen Nabel gehabt? Hamburg* 1752. *Berlin* 1753. *Frankf. u. Leipz.* 1755. .. *Wein und Liebe; eine Sammlung anakreontischer Gedichte.* ... 1753. .. Carmen de plethora, morborum matre, non morbo. Sorav. 1753. 8. De pallore faciei salutari & morboso. ibid. 1754. 8.

Be-

Beweis, daß die meisten Krankheiten der Frauenzimmer ihren Grund in dem Körperbau dieses Geschlechts haben. Frankf. u. Leipz. 1755. 8. *Abhandlung von der blassen Farbe des Gesichts.* ebend. 1755. 8. *Beweis, daß die Menschen nur einen einzigen Hauptsinn, nämlich das Gefühl, besitzen.* Soran 1758. 8. *Der physikalisch-moralische Wahrsager.* 3 Bücher. Frankf. und Leipz. 1758. 8. De febre miliari. Libri III. Carmen. Glogav. 1758. 8. De haemorrhagia pulmonum. Carmen. ibid. eod. 8. *Beweis, daß die Vollblütigkeit an und für sich keine Krankheit genennet zu werden verdiene.* ebend. 1760. 8. *Von der Schädlichkeit des Blutlassens in Ansehung der Seelenwürkung; ein Sendschreiben.* ebend 1760. .. *Gedanken von den epidemischen oder unächten Wechselfiebern.* ebend. 1762. 8. Medicus Poëta. Lipf. & Glogav. 1762. .. *Satyrisch-moralische Abhandlung von den Krankheiten der Frauenspersonen, welche sie sich durch ihren Putz und Anzug zuziehen.* 2 Theile. Glogau 1756. 8. *Abhandlung vom Mastdarm-Blutfluß.* ebend. 1757. 8. 1764. 8. De jecinoris vulnerum lethalitate carmen. Glogav. 1758. Lipf. 1762. 8. *Die verletzte Leber; aus dem Lateinischen.* Glogau 1761. 8. *Nachricht von einem übel formirten Kindeskopfe.* Berlin und Leipz. 1760. 8. *Gedanken vom weissen Frieselfieber.* Sagan 1762. 8. Medicus Poëta, P. I. . . . 1762. 4. *Abhandlung von dem Lungenblutflusse, oder Blutspeyen, nebst Gedanken von den epidemischen und unächten Wechselfiebern.* Glogau 1762. 8. *Beweis, daß die Eröffnung der Mittelblutader zuweilen höchst gefährlich werden könne.* ebend. 1764. 8. *Beweis, daß der Mann älter als das Weib seyn solle; ein Gedicht.* ebend. 1766. 8. *Ausmessung des menschlichen Körpers, und der Theile desselben, von der regelmässigen Verhältniß des Körpers' zu den Gliedern, der ordentlichen Uebereinstimmung der Theile unter einander, und von der Sym-*

Symmetrie dieser in Absicht auf den Körper selbst. ebend. 1767. 8. *Bibelkrankheiten, welche in dem alten Testament vorkommen.* 5 Theile. ebend. 1767 - 1768. 8. Epigrammatum libri VI. Sagani 1772. 8.

REINHARD (Franz Volkmar) *M. der Phil. D. der Theol.* und seit dem Ende des Jahrs 1791 *Oberhofprediger, Kirchenrath und Oberkonsistorialassessor zu Dresden* (vorher seit 1781 ordentlicher Professor der Theol. auf der Universität zu Wittenberg und Propst an der Universitätskirche, nachdem er seit 1781 ausserordentl. Prof. der Theol. gewesen war): *geb. zu Vohenstrauß in der Oberpfalz am 12 März 1753.* §§. *Vom Einflusse der Weissagungen des alten Bundes, welche von Christo und seinem Reiche handeln, auf die Bildung des Herzens zur Gottseligkeit; eine Predigt. Wittenberg* 1776. 8. Diss. II de versionis Alexandrinae auctoritate & usu in constituenda librorum hebraicorum lectione genuina. ibid. 1777. 4. D. de morte voluntaria quid & quam clare praecipuit philosophia, ad locum Platonis in Phaedone Cap. VI. ibid. 1778. 4. D. Symbola ad interpretationem Psalmi LXVIII. Symb. I & II. ibid. eod. 4. D. utrum ad judicium de miraculis requiratur universae naturae accurata cognitio. ibid. 1779. 4. Progr. de veterum inductione ad loc. Diogenis Laërt. L. III. segm. 53. 54. ibid. 1780. 4. Progr. consilium bene merendi de universo humano genere ingenii supra hominem elati documentum. ibid. eod. 4. D. de locis quibusdam, qui in sermonibus Domini temere putantur communes. ibid. eod. 4. Oratiuncula de ratione docendi Socratica in institutis philosophiae academicis imitanda. ibid. eod. 8. De conjungenda cum tradendis philosophiae placitis eorundem historia. ibid. eod. 4. Carmina poëtarum cur placeant constantius, quam sapientiae doctorum philosophumena? ibid. eod. 4. D. utrum

utrum Sulzeri cum Platone de vera bonarum artium dignitate consensus vana consilia suadeat? ibid. 1781. 4. Imago vitae morumque Socratis e scriptoribus vetustis expressa. ibid. eod. 4. Utrum Athenienses, cum florentissimam haberent rempublicam, vere felices fuerint? ibid. eod. 4. * *Versuch über den Plan, den der Stifter der christlichen Religion zum Besten der Menschen entwarf; ein Beytrag zu den Beweisen für die Wahrheit dieser Religion. Wittenb. u. Zerbst* 1781. 8. *2te Ausgabe. ebend.* 1784. 8. *3te sehr vermehrte und verbesserte Ausgabe. ebend.* 1789. 8. Specimen observationum e Theodoreti commentario in Psalmos. Vitemb. 1782. 4. * *Ueber das Wunderbare und die Verwunderung; ein psychologischer Versuch. ebend.* 1782. 8. D. inaug. de notione felicitatis humanae ad judicium de placitis religionis Christianae parum idonea. ibid. eod. 4. Progr. utrum & quando possint oratores divini in administrando munere suo demittere se ad vanas hominum opiniones. ibid. eod. 4. Diss. de moribus hominum ante diluvium ad locum Genes. VI, 1-4. ibid. 1783. 4. Commentatio exegetic. super Es. XI, 1-5. ibid. eod. 4. Progr. IV in loc. Es. XI, 1-5. ibid. eod. 4. Progr. de Christo suam, dum viveret resurrectionem praedicente. ibid. 1784. 4. Diss. utrum Christus matrem genusque suum dissimulaverit & despexerit? ibid. eod. 4. *Antrittspredigt in der Schloss- und Universitätskirche zu Wittenberg, den 25 März 1784 gehalten. Wittenb. u. Zerbst* 1784. 8. *Predigt von der christlichen Vaterlandsliebe, am 10 Sonntage nach Trinit. gehalten. Wittenb.* 1784. 8. Progr. de vi, qua res parvae afficiunt animum, in praeceptis de moribus diligentius explicanda. IV Partes. ibid. 1785-1787. 4. *Predigten. 1ster Theil. Wittenb. u. Zerbst* 1786. *2te Ausgabe. ebend.* 1792. — *2ter Theil. ebend.* 1793. 8. Diss. de petenda rerum, quas libri N. T. continent, e libris V. T. apocryphis illustratione. Vitemb.

temb. 1787. 4. *System der christlichen Moral. 1ster Band. ebend.* 1788. 2te *Auflage. ebend.* 1791. 3te *umgearbeitete Auflage. ebend.* 1797. 8. — 2ter *Band. ebend.* 1789. 2te *Auflage. ebend.* 1792. gr. 8. Progr. quo religionem Christianam esse optimum adversorum solatium demonstratur ex ipsa consolationis natura. Partis primae sectio prior. ibid. 1789. — Sectio posterior. ibid. eod. — Partis secundae sectio prior. ibid. 1790. — Sectio posterior. ibid. 1791. 4. De vi, qua res parvae afficiunt animum, in doctrina de moribus diligentius explicanda, Liber. ibid. 1789. 8 maj. (*Es sind die schon angeführten Programmen, aber vermehrt und verbessert*). D. de notione Dei, quae est in prioribus XI Geneseos capitibus. ibid. 1792. 4. *Predigten, bey einer Amtsveränderung gehalten. ebend.* 1792. 8. *Von der vernünftigen Achtung, welche Christen eingeführten Verfassungen schuldig sind; eine Predigt, am* 14 *Sonntage nach Trinitatis* 1793 — *gehalten. Dresden* 1793. gr. 8. *Predigt bey Eröffnung des von Sr. Kurfürstl. Durchl. zu Sachsen ausgeschriebenen allgemeinen Landtags am Feste der Erscheinung Christi, den* 6 *Jan.* 1793 *in der Hofkirche gehalten. ebend.* 1793. gr. 8. *Drey Predigten, bey Eröffnung und beym Schlusse des Landtages, und am* 14 *post Trinit. gehalten. ebend.* 1794. gr. 8. *Predigt am ersten Bußtage des J.* 1796 *beym kurfürstl. Sächsischen Hofgottesdienste zu Dresden gehalten und auf ausdrückliches Verlangen dem Druck überlassen. ebend.* 1796. gr. 8. *Auszüge aus einigen im Jahre* 1795 *bey dem Churfürstlich - Sächsischen Evangelischen Hofgottesdienste zu Dresden gehaltenen Predigten. Sulzbach u. Meissen* 1796. gr. 8. *Predigten im J.* 1796 *bey dem Evangel. Hofgottesdienste zu Dresden gehalten. ebend.* 1797. gr. 8. — Sein Bildniss vor *J. R. G. Beyers* allgem. Magazin für Prediger B. 4. St. 6, worinn auch S. 651-655 sein Leben beschrieben ist; vor dem 4ten Band der

der neuen allgem. teutschen Bibliothek (1793): und von Lips nach Graff vor dem 3ten Band von Tellers Neuen Magazin für Prediger 1795. — *Vergl.* Kläbe.

EINHARD (Johann Kaspar) *M. der Phil. und Pfarrer zu Groß-Schwabhausen im Weimarischen* (vorher zu Löberschütz im Jenaischen): *geb. zu* . . . §§. Der ganze Himmel der Seligen in seinen heiligen Bewegungen. zur Erregung heiliger Affecten auf Erden. Erste Eröffnung. Weimar 1769. 8.

EINHARD (Karl 1) *M. der Phil. und* seit 1792 *Privatdocent derselben auf der Universität zu Göttingen* (vorher Hofmeister der jungen Reichsgrafen von Stolberg-Wernigerode zu Wernigerode): *geb. zu Helmstädt am* 20 *August* 1769. §§. Idyllen und ländliche Erzählungen; aus dem Französischen der Mlle. *Levesque*. Helmstädt 1788. 8. Ueber die jüngsten Schicksale der alexandrinischen Bibliothek; eine Einladungsschrift zu seinen Vorlesungen. Göttingen 1792. 8. 2te Auflage. ebend. 1792. 8. Skizze des Charakters des Kronprinzen von Dänemark; nebst einer Uebersicht des gegenwärtigen Zustandes der Litteratur und der schönen Künste in diesem Lande; fünf Briefe, aus dem Engländischen nach der zweyten Ausgabe übersetzt und mit Anmerkungen versehen. Flensburg u. Leipz. 1793. 8. *Johann Gottfried Richters* litterarischer Nachlass; besorgt von *Karl Reinhard*. ebend. 1794. 8. Gedichte. 2 Bändchen. Göttingen 1794. 16. *Gab heraus:* Musen-Almanach oder poetische Blumenlese aufs Jahr 1795. ebend. 1794. 16. *Gab auch heraus: Gottfried August Bürger's* sämtliche Schriften. 1ster und 2ter Band. ebend. 1796. gr. 8. *Auch unter dem Titel: G. A. Bürger's* Gedichte. 1ster und 2ter Theil. ebend. 1796. gr. 8. Erste Linien eines Entwurfs der Theorie und Litteratur des Teutschen Styles. ebend. 1796. 8. — Ueber

ber das zu frühe Begraben; *in den gel. Beyträgen zu den Braunschweig. Anzeigen* 1786. St. 35. 36 u. 37. — *Tibulls* 7te und 13te Elegie des 4ten Buchs; *in* Archenholtzens *neuen Litter. und Völkerkunde* 1789. St. 6. — Ueber Abstellung verjährter Missbräuche und Vorurtheile durch gesellschaftliche Verbindungen, nebst einem Beyspiele; *in dem Journal von und für Teutschl.* Jahrg. 8. 1791. St. 5. — Geschichte der tragischen Bühne der Franzosen: *in der Rostockischen Monatsschrift* B. 2. St. 1. 2 u. 3. 1791. — Schreiben an den Herrn Reichsgr. Julius v. Soden, über dessen Vorschlag zu einem teutschen Pantheon; *in* Girtanners *politischen Annalen* 1794. März. Nr. 1. — Historische Notitz von Barbara Torelli, einer Dichterin des XV Jahrhunderts; aus der Handschrift eines in Teutschland reisenden italienischen Gelehrten, des Grafen T. . . ., übersetzt; *im neuen teutschen Merkur* 1794. St. 6. — Notitzen zu einer Biographie Georg Rollenhagens; *in Bragur* B. 3. S. 427-452. — Zurechtweisung und Bedrohung an Gottschalk Nekker; *in dem Berlin. Archiv der Zeit und ihres Geschmacks* 1795. Dec. — *Poetische und prosaische Aufsätze in folgenden Sammlungen und Zeitschriften:* Braunschweigische Zeitung für die Jugend 1786. Leipziger Musenalmanach 1786 und 1787. Gedichte, herausgegeben von J. C. Giesecken (1 Theil. Celle 1787. — 2 Theil. Magdeb. 1788. 8). Poetische Schmausereyen (Wolfenbüttel 1787. 8). Göttingischer Musenalmanach, seit 1787. Bibliothek der Romane 15 u. 16 Band. Olla Potrida, seit 1788. Blumenlese für die Preussischen Staaten 1789. Jahrbuch für die Menschheit, seit 1789. Religiöse Oden und Lieder aus den besten teutschen Dichtern und Dichterinnen, von Hiller (Hamburg 1790). Queeks Kompositionen zu auserlesenen Arien u. s. w. (Göttingen 1790). Teutsche Monatsschrift 1791. Neue gemeinnützliche Blätter (Halberstadt 1791). Theaterkalender 1789. 1790. 1793. — *Recensionen* in

den

den Gothaischen gelehrten Zeitungen, *in den* Göttingischen gelehrten Anzeigen seit 1792, *in der* Allgem. Litteraturzeitung 1793 (12 Recensionen), *und in der* Neuen allgem. teutschen Bibliothek seit 1794. — *Gelegenheitsgedichte.*

EINHARD (Karl 2) *Mitglied der Hamburgischen Schaubühne zu Hamburg: geb. zu* . . . §§. Der Pasquillant, oder: Es lebe Friedrich der Grosse! ein Schauspiel. Braunschweig 1792. 8. Zwey Schauspiele. Hamburg 1795. 8.

EINHARD (Karl Friedrich) *M. der Phil. und* seit 1795 *französischer Gesandter bey den Hansestädten zu Hamburg* (vorher seit 1792 Legationssekretar bey dem französischen Gesandten Chauvelin zu London, hernach bey dem Gesandten Maccau zu Neapel; vor diesem seit 1786 Hofmeister zu Bourdeaux, und vordem Vicarius zu Balingen im Würtembergischen): *geb. zu Schorndorf am* 2 *Okt.* 1761. §§. *Gedichte des Tibulls, nebst einer Probe aus dem Properz und den Kriegsliedern des Tyrtaeus, in der Versart der Urschrift, nebst einem Anhang von eigenen Gedichten. Zürich 1783. 8. *Episteln von R. und K. ebend. 1785. gr. 8. — Viele Gedichte in Stäudlins Schwäbischem Musenalmanach für die Jahre 1782-1784. — Uebersetzung verschiedener Gedichte aus einer Sammlung lateinischer Dichter des 15 und 16ten Jahrhunderts, die den Titel hat: *Deliciae CC Italorum poëtarum hujus superiorisque aevi illustrium, collectore* Ranutio Ghero 1608; *in* Armbrusters *Schwäbischem Museum* (1785). Gedichte eben daselbst und in *dessen* poetischen Portefeuille. — *Viele Aufsätze und Nachrichten ohne Namen in* Archenholtzens Minerva; *in dem* Moniteur; *und in den* Beyträgen zur Geschichte der französischen Revolution. — Vergl. *Becker's* Nationalzeitung der Teutschen 1797. St. 11. S. 241 u. f.

REINHARD (Maximilian Wilhelm) *fürstl. Badischer Hofrath und Amtmann zu Birkenfeld in der hintern Graffschaft Sponheim*: *geb. zu Carlsruhe* 1747. §§. Neue Abhandlung von dem Baum Acacia oder dem Schottendorne. Carlsruhe 1766. 8. Deduktion, das Zehendrecht in der Stadt Gernspach und in den Dörfern Scheurh und Stauffenberg betreffend. 1771. fol.

REINHARD (Philipp Christian) Bruder von Karl Friedrich; *M. der Phil. jetzt auf Reisen* (vorher Hofmeister zu Wetzlar; nachher hielt er sich eine Zeit lang zu Marburg auf): *geb. zu Schorndorf im Würtembergischen am 2 Decemb.* 1764. §§. Abriss einer Geschichte der Entstehung und Ausbildung der religiösen Ideen; ein Versuch. Jena 1794. 8. — Antheil an *Jakob's* philosophischen Annalen.

REINHARD (. . . .) *privatisirt zu Nürnberg*: *geb. zu . . . im Elsaß* . . . §§. * Abrégé de l'histoire d'Allemagne à l'usage de la Jeunesse des deux Sexes; depuis Charlemagne jusqu'à Leopold II; pour servir de lecture amusante & instructive. Avec un vocabulaire allemand des mots les plus difficiles. à Nuremberg (1795). 8. Nouvelle Edition corrigée & augmentée. ibid. 1797. 8. *Le Neologiste Français, ou Vocabulaire portatif des mots les plus nouveaux de la langue Française avec l'explication en Allemand & l'Etymologie historique d'un grand nombre. Ouvrage utile surtout à ceux, qui lisent les papiers publics Français & autres ouvrages modernes dans cette langue. (*Ohne Druckort*) 1796. 8.

REINHARD (. . . .) . . . (war 1789 Hofmeister zu Altona): *geb. zu* . . . §§. *Gab mit* E. von DÖRING *heraus*: Neues Hamburgisches Archiv zur Verbreitung nützlicher und angenehmer Kenntnisse. 6 Stücke. Hamburg 1789. 8.

REIN

REINHARDT (J... F... W...) ... *zu* ... *geb. zu* ... §§. Chriſtlicher Religionsunterricht in Frag und Antwort für Kinder, und im Zuſammenhang für Erwachſene. Breslau 1782. 8.

REINHARDT (Juſtus Gottfried) *Lehrer an der Mädchenſchule in der Reichsſtadt Mühlhauſen: geb. zu* ... §§. Der Mädchenſpiegel, oder Leſebuch für Töchter in Land- und Stadtſchulen, ganz nach dem von Rochowſchen eingerichtet. Nebſt einer Vorrede von *C. C. Andre.* Halle 1791. 8. 2te vermehrte Ausgabe. ebend. 1794. 8. * Der Rathgeber in der Schreibeſtunde, oder Aufſätze für Schulmeiſter in Knaben- und Mädchenſchulen, zum Vor- Schön- Recht- und Briefſchreiben; vom Verfaſſer des Mädchenſpiegels. ebend. 1795. 8. (*Unter dem Vorbericht unterſchreibt er ſich*). Elementar-Büchlein der teutſchen Sprache für Knaben und Mädchen. Mühlhauſen 1797. 8.

REINHOLD (Karl Leonhard) *M. der Phil. und* ſeit 1794 *ordentlicher Profeſſor derſelben auf der Univerſität zu Kiel, wie auch* ſeit 1785 *herzogl. Sachſen-Weimariſcher Rath* (vorher ſeit 1791 ordentlicher Prof. der Phil. auf der Univerſität zu Jena; vor dieſem ſeit 1787 auſſerordentl. Prof. der Phil. eben daſelbſt; vordem ſeit 1784 privatiſirte er zu Weimar; war vorher ſeit 1782 Profeſſor der Phil. und Novizenmeiſter in dem Barnabitenkloſter zu Wien, welches er 1773 bezogen hatte): *geb. zu Wien am* 26 *Oktober* 1758 *). §§. * Allgemeine Damenbibliothek; eine freye Ueberſetzung des franzöſiſchen Werks dieſes Namens, mit zweckmäſſigen Veränderungen und Zuſätzen, und einer Vorrede von *Wieland.* 1 Band. Leipz. 1785. 2 B. ebend. 1786. 3 u. 4 B. ebend. 1787. 5 B. ebend. 1788.

*) Nicht 1757, wie *Kordes* verſichert.

1788. 6 B. ebend. 1789. 8. *Herzenserleichterung zweyer Menschenfreunde, in vertraulichen Briefen über Johann Kaspar Lavaters Glaubensbekenntniss. Frankf. u. Leipz. 1785. 8. *Die hebräischen Mysterien, oder die älteste religiöse Freymaurerey; in zwey Vorlesungen gehalten in der □ zu *** vom Bruder *Decius.* Leipz. 1788. 8. (*aus dem Journal für Freymaurer, Brüder und Meister abgedruckt*). Ueber die nähere Betrachtung der Schönheiten eines epischen Gedichtes, als Erholung für Gelehrte und Studirende; eine akademische Rede. Jena 1788. 8. (*Auch im teutschen Merkur* 1788. *May*). Ehrenrettung der lutherischen Reformation gegen zwey Kapitel in des kaiserl. königl. Hofraths Hrn. M. J. Schmids Geschichte der Teutschen; nebst einigen Bemerkungen über die gegenwärtige katholische Reformation im Oesterreichischen. ebend. 1789. 8. (*Stand vorher schon grösstentheils im teutschen Merkur* 1786. *Febr. März u. April*). Ueber die bisherigen Schicksale der Kantischen Philosophie. ebend. 1789. 8. (*Stand zuerst im teutschen Merkur* 1789. *April und May*). *Kam auch nachher in das folgende Buch.* Versuch einer neuen Theorie des menschlichen Vorstellungsvermögens. ebend. 1789. gr. 8. (*Das 1ste Buch stand fragmentarisch im teutschen Merkur, im neuen teutschen Museum und in der Berlin. Monatsschrift*). 2te Ausgabe. ebend. 1795. gr. 8. Briefe über die Kantische Philosophie. 1ster Band. Leipz. 1790. gr. 8. (*Stand vorher im teutschen Merkur, und wurde daraus nachgedruckt, unter dem Titel:* *Auswahl der besten Auffsätze über die Kantische Philosophie. Frankf. und Leipz. 1790. 8). 2ter Band. Leipz. 1792. gr. 8. Beyträge zur Berichtigung bisheriger Missverständnisse der Philosophie. 1ster Band, das Fundament der Elementarphilosophie betreffend. Jena 1790. — 2ter Band, die Metaphysik, Moral, moralische Religions- und Geschmackslehre betreffend. ebend. 1794. gr. 8. Ueber das Fundament des philosolosophischen Wissens. ebend. 1791. gr. 8. Rede bey der Wiederherstellung des akademischen Ehrengerichts in Kiel; nach dem Auftrag und im Namen des akademischen Konsistoriums gehalten den 1 Nov. 1794. Altona 1795. 8. (*Vorher in den Schlesw. Holst. Provinzialblättern* 1794. H. 6). *Seine Preisschrift über die von der königl. Akademie der Wissenschaften zu Berlin vorgelegte Frage*: Welches sind die wirklichen Fortschritte der Metaphysik seit Leibnitz und Wolfs Zeiten in Teutschland? *ist mit denen von* Schwab *und* Ablcht *zusammengedruckt erschienen zu* Berlin 1796. gr. 8. Auswahl seiner vermischten Schriften. 1ster Theil. Jena 1796. — 2ter Theil. ebend. 1797. 8. (*Standen größtentheils vorher schon im teutschen Merkur*). — Schrieb 1781 und 1782 die Recensionen der philosophischen und theologischen Bücher in der Wiener Realzeitung. — Besorgte von 1785 bis 1788 mit seinem Schwiegervater, dem Hofrath *Wieland*, die Herausgabe des *Teutschen Merkurs*, zu welchem er die meisten in diesen Jahrgängen enthaltenen Recensionen und ausser mehrern andern, in seine Schriften nachher eingerückten oder auch besonders abgedruckten, Aufsätzen, folgende geliefert hat: *Gedanken über Aufklärung; 1784. Jul. Aug. Sept. *Die Wissenschaften vor und nach ihrer Secularisation; ein historisches Gemählde; *ebend.* Jul. *Ueber die neuesten patriotischen Lieblingsträume in Teutschland; *ebend.* Aug. und Sept. *Schreiben des Pfarrers zu **. an den Herausgeber des teutschen Merkurs über eine Recension von Herders Ideen zur Geschichte der Menschheit; 1785. Febr. *Skizze einer Theogonie des blinden Glaubens; 1786. Jun. *Ueber den Einfluss des Geschmackes auf die Kultur der Wissenschaften und der Sitten; aus einer akademischen Antrittsrede; 1788. Febr. Ueber die Natur des Vergnügens; 1788. Okt. S. 61-79. Nov. S. 144-166. 1789. Jan. S. 37-51. Allgemeiner Gesichtspunkt einer bevorstehenden Reformation der Philosolosophie; 1789. Jun. S. 243-274. und Jul. S. 75-99. Fragmente über das bisher allgemein anerkannte Vorstellungsvermögen; *ebend.* Oktob. S. 3-22. Ueber den Geist unsers Zeitalters in Teutschland; 1790. März S. 225-255. und April S. 337-378. Vorschlag und Bitte an die streitenden Philosophen; *ebend.* Okt. Ehrenrettung der neuesten Philosophie; 1791. Jan. Ueber die Grundwahrheit der Moralität und ihre Verhältnisse zur Grundwahrheit der Religion; *ebend.* März. Ehrenrettung des Naturrechts; *ebend.* April. Wie und worüber läßt sich in der Philosophie Einverständniß der Selbstdenker hoffen? *ebend.* Jun. *Ehrenrettung des positiven Rechts; *ebend.* Sept. S. 3-40. und Nov. S. 278-311. *Vorbereitung zu den künftigen Preisschriften über den Cölibat; *ebend.* Okt. Die drey Stände, ein Dialog; 1792. März S. 217-241. Beytrag zur genaueren Bestimmung der Grundbegriffe der Moral und des Naturrechtes; als Beylage zu dem Dialog *der Weltbürger*; *ebend.* Jun. S. 105-139. Ueber die teutschen Beurtheilungen der französischen Revolution; 1793. April S. 387-424. Systematische Darstellung aller bisher möglichen Systeme der Metaphysik; 1794. Jan. S. 3-18. und März S. 235-256. An seine in Jena zurückgelassene Zuhörer; *ebend.* Jul. — Wie ist Reformation der Philosophie möglich? *im Neuen teutschen Museum* 1789. St. 1. 2. 3. — Von welchem Skepticismus läßt sich eine Reformation der Philosophie hoffen? *in der Berlin. Monatsschr.* 1789. St. 7. S. 49-73. — Ueber den Begriff der Geschichte der Philosophie; *in* Fülleborns *Beytr. zur Geschichte der Phil.* St. 1. S. 1-35 (1791). — Ueber den Unterschied zwischen dem unwillkührlichen, aber durch Denkkraft modificirten Begehren, und dem eigentlichen Wollen, oder zwischen dem sogenannten nichtsittlichen und sittlichen Wollen; *in* Schmid's *und* Snell's *philos. Journal* B. 1. H. 3. S. 352-386 (1793). — Abhandlung über den philosophischen

schen Skepticismus; vor *Tennemann's* neuen Uebersetzung der Untersuchung über den menschlichen Verstand von *David Hume* (Jena 1793. 8). — Ueber den Geist der wahren Religion; Vorrede zu: Sammlung einiger Predigten, welche bey besondern Veranlassungen gehalten worden von *J. Susemihl;* herausgegeben und mit einer Vorrede begleitet von den Professoren *M. Ehlers, K. L. Reinhold* und *D. H. Hegewisch* (Kiel 1795. 8). — Zugabe (über den Einfluss des gesunden Verstandes auf philosophirende Vernunft) zu *Christian Hornemann's* philosophischen Schriften, welche *Boie* und *Sander* aus dem Dänischen ins Teutsche übersetzt haben (Altona 1796. gr. 8). — Recensionen in der Allgemeinen Litteratur-Zeitung seit 1787 (besonders die Recensionen von Kants Kritik der reinen Vernunft, 2te Ausgabe, von Kants Kritik der Urtheilskraft, und von Kants Religion innerhalb der Gränzen der Vernunft. — Sein Bildniss von *Henne*, schlecht getroffen, vor *Kosmanns* allgemeinen Magazin für kritische und populäre Philosophie B. 1. St. 1 (1791); ein besseres von *J. H. Lips* 1794.

REINICKE (. . . .) *Prediger zu Gladau im Herzogthum Magdeburg: geb. zu Olvenstedt bey Magdeburg* 174 . . §§. *Ueber die Gränzlinien der Aufklärung. Berlin 1788. 8.

REINLEIN (Jakob) *M. der Phil. und D. der AG. und der letzten ordentl. Professor auf der Universität zu Wien* (bis 1786, da er diese Stelle niederlegte): *geb. zu Amberg in der obern Pfalz am* 30 *May* 1744. §§. D. de phosphoris. Vindob. 1768. 8. *Vorlesbuch über die Anfangsgründe der Arzneywissenschaft für die Wundärzte. Wien* 1776. 8. — Vergl. *de Luca* gel. Oestr. B. 1. St. 2.

von REINSPACH (Siegmund) *Canonicus saecularis des Stifts Spital am Pühr, der Zeit Beneficiat der* Wai-

Waisenhauskirche zu Linz: geb. zu . . . §§. Die biblische Sackuhr, welche die zwölf Stunden und in diesen die in göttlicher heiliger Schrift befindliche merkwürdige Zahlen von Eins bis Zwölf nach der Ordnung anzeigt. . . .

REINWALD (Wilhelm Friedrich Hermann) *herzogl. Sachsen-Meiningischer Rath* (seit 1784, vorher Sekretar) *und Bibliothekar zu Meiningen: geb. zu Wasungen bey Meiningen am* 11 *August* 1737. §§. Poetische Briefe und kleine Gedichte. Meiningen 1769. 8. Ueber Gellerts Tod. . . . 1770. .. *Der Knab' und das Mädchen; ein Gedicht. . . . . 1774. 8. *Briefe über die Elemente der Germanischen Sprache. 1ster Brief. Frankf. u. Leipz. 1776. 8. Poetische Launen, Briefe und Miscellaneen. Dessau 1782. 8. *Lottens Briefe an eine Freundin, während ihrer Bekanntschaft mit Werthern. Berlin u. Stettin 1788. 8. Hennebergisches Idiotikon, oder Sammlung des in der gefürsteten Grafschaft Henneberg gebräuchlichen Idiotismen, mit etymologischen Anmerkungen und Vergleichung anderer alten und neuen Germanischen Dialekte. ebend. 1793. gr. 8. *Hat das Neue Meiningische Gesangbuch bearbeitet und herausgegeben. (*Mehrere Lieder darinn rühren von ihm her*). 1796. 8. — Gedichte in Degens Fränkischen Musenalmanach für die Jahre 1785 und 1786. — Antheil an *Friedrich Schillers*, seines Schwagers, Thalia, und an *desselben* Geschichte der Verschwörungen, in deren 1stem Bande *die Verschwörung der Pazzi wider die Medici* von ihm ist. — *Die Pulververschwörung in England; *in* Schillers *Horen* 1796. St. 5. — *Recensionen in der* allgem. teut. Bibl. seit 1786, *und in der* neuen Bibl. der schönen Wissenschaften seit . . .

Freyherr von REISACH (Johann Nepomuck Anton) *auf Kirchdorf, Holzheim und Callmünz, wirklicher Pfalzbayrischer Regierungsrath zu Neuburg: geb. zu* zu . . . SS. Historisch - topographische Beschreibung des Herzogthums Neuburg. Regensb. 1780. 4. Anzeige der im Herzogthum Neuburg entlegenen Klöster, Herrschaften, Hofmärken und adelichen Sitzen, dann deren Inhaber, wie auch Städt und Märkten, mit beygesetzten Bisthümern, Pfarreyen und Gerichten. ebend. 1780. 4.

REISCHEL (Joseph Hermann) . . . *zu* . . . *geb. zu* . . . SS. Versuch eines systematischen Abrisses und einer Erläuterung des Grundinhalts aller möglichen Gesetze für Menschen; nebst einem Anhang über die natürliche Freyheit des Menschen. Frankf. u. Leipz. (*Münster*) 1792. 8. Allgemeine Gedanken über die Vorurtheile. Dresden 1794. 8. Blicke eines Moderatisten auf den gegenwärtigen Zustand Frankreichs; ein politisch - philosophisches Fragment. ebend. 1794. 8.

REISCHLE (Anshelm) *Franciscanus Recoll. provinciae Germaniae sup. Theol. lector emeritus, in conventu Augustano concionator ad S. Georgium: geb. zu Augsburg* 1724. SS. Jansenista anonymus per theologicam de gratia sufficiente & libero arbitrio dissertationem methodice oppugnatus. Passav. 1759. . .

REISER (Johann Ulrich) *Schullehrer zu Aichach in Bayern: geb. zu* . . . SS. Praktische Briefe für junge Leute. München 1785. 8.

REISER (Sebastian Jakob Wilhelm) *nach mancherley Schicksalen* seit 1776 *Prorektor am evangel. luther. Lyceum zu Hanau, gieng aber* 1786 *nach Mühlhausen im Sundgau, wo er sich mit der daselbst errichteten Handelsakademie verbunden hat; jetzt soll er zu Montpellier leben und sich mit der Erziehung beschäftigen: geb. zu Kempfenbrunn in der Grafschaft Hanau am* 1 *Febr.* 1742. SS. * Unpartheyische Untersuchung der Streitigkeiten zwischen

schen Hrn. Senior Götz und Pastor Schlosser. Hamburg 1770. 8. Anleitung zur mathematischen Erdbeschreibung; nebst einer angehängten Erklärung der wesentlichen Stücke des Kalenders. Frankf. am M. 1777. 8. *Avertissement de l'Institut pour l'education de la Jeunesse, dont j'ai donné avis dans le Magazin de Hanau. à Hanau* 1783. 4. Nachricht von einigen neuen Vorrichtungen bey physikalischen Experimenten, besonders von einer bessern Luftpumpe, als die bisherigen. Mit Kupfern. Basel 1790. 8. Praktischer Beytrag zur Erziehungskunst, in einer Nachricht, die Handlungsschule in Mühlhausen betreffend. ebend. 1791. 8. — Beschreibung einer sehr vortheilhaft eingerichteten Elektrisirmaschine; *im Magazin für das Neueste aus der Physik* B. 7. St. 3. S. 73-79 (1791). — Viele Aufsätze im Hanauischen Magazin. — Vergl. *Strieder* B. 11. S. 285-291.

REISIG (Johann) *M. der Phil. und Prediger zu Stollberg im Herzogthum Jülich* (vorher teutscher Prediger zu Nimwegen): *geb. zu* . . . §§. Freye Nachahmungen des heiligen Chrysostomus. Amsterdam 1774. 8. Predigt von dem Verhalten eines Frommen in langwierigen und tödtlichen Krankheiten und Schmerzen. Mühlheim am Rhein 1779. 8. Kleiner Beytrag zur Erwägung des Unterrichts der heil. Schrift und insonderheit des N. T. vom Reiche Christi; eine in der luther. Kirche zu Amsterdam gehaltene Gastpredigt. Leipz. 1780. 8. Neuer Versuch freyer Nachahmungen des Chrysostomus, oder Predigten über die Evangelisten. ebend. 1782. gr. 8. Predigten über die Evangelisten. 1sten Bandes 1ster bis 5ter Heft. ebend. 1784-1788. gr. 8. (*Der letzte Heft hat auch den besondern Titel:* Freye Nachahmungen des Chrysostomus, oder Predigten über die Evangelisten. 1ster Band). Hauptstücke der christlichen Lehre. ebend. 1788. 8. * Predigten über einzelne

Mate-

Materien für diejenigen, die nach christlicher Weisheit und Tugend fragen, vom Verfasser der Predigten über die Evangelisten. Duisburg 1791. — 2ten Bandes 1ster Theil. ebend. 1794. — 2ter Theil. ebend. 1795. gr. 8. Der Jüngling zu Nain; eine Homilie. ebend. 1792. gr. 8. Moralische Reden. 1ste bis 4te Sammlung. Leipz. 1797. 8.

REISIGL (Franz Anton) *fürstl. Salzburgischer Oberschreiber zu Lofer im Salzburgischen* (vorher gräfl. Künburgischer Oberverwaltungs-Adjunkt zu Neukirchen in Bayern): *geb. zu Neukirchen* 1763. §§. * Topographisch-historische Beschreibung des Oberpinzgaus im Erzstifte Salzburg. Mit einer Kupfertafel von einem merkwürdigen Wasserfalle. Salzburg 1786. 8. (*Stand zuerst in* Hübners physikalischen Tagebuch). Versuch einer Beantwortung der durch das im Drucke erschienene Salzburgische Hofraths-Circulare vom 7ten Heumonat 1779 aufgeworfenen Preisfrage: Wie die in hiesigen Landen eingeführte, dem Unterthan so schwer fallende Anlaitreichniss ohne Schaden des Grundherrn und Unterthans in eine jährliche Abgabe zu verwandeln, und nach Proportion festzusetzen wäre? Salzburg 1789. 8. Ueber den Strassenbau. ebend. 1791. 8. Abhandlung von Ueberwerfung der Salzasche, Austrocknung und Urbarmachung des grossen Pinzgauischen Mooses. München 1791. 8. Unpartheyische Gedanken über die Forstwirthschaft im Fürstenthum Salzburg; nebst einigen Vorschlägen, wie den Mängeln derselben abzuhelfen wäre. Mit einer Tabelle. Salzburg 1791. 8. Von Verstückung der Güter; eine Abhandlung. ebend. 1792. 8.

REISKE (Ernestine Christine, geb. Müller) *Wittwe des* 1774 *verstorbenen Prof. J. J. Reiske, lebte bis zum Jahr* 1780 *zu Leipzig, während dieses Jahrs zu Dresden, hernach* seit 1781 *zu Bornum bey Braun-*

Braunschweig und seit 1792 *zu Braunschweig: geb. zu Kemberg in Kursachsen am 2 April* 1735. §§. * Eine Rede des Libanius, zum erstenmal aus einer Handschrift der kurfürstlichen Bibliothek zu München abgedruckt. Leipz. 1775. 8. Hellas. 1ster Band. Mitau 1778. — 2ter Band. ebend. 1779. 8. Zur Moral; aus dem Griechischen übersetzt. Dessau und Leipz. 1782. 8. * Gab ihres Mannes von ihm selbst aufgesetzte Lebensbeschreibung heraus. Leipz. 1783. 8. (*unter der Zueignung steht ihr Name*). Hat ihres verstorbenen Mannes neue Ausgabe des *Libanius* besorgt und unter diesem Titel herausgegeben: * Libanii Sophistae *orationes & declamationes. Ad fidem Codd. Msctt. rec. & perpetua annot. illustravit* J. Jac. Reiske. *Vol. I. Altenb.* 1784 (eigentl. 1783). 4 *maj.* Dasselbe *Vol. I* erschien hernach *ibid.* 1791 in 8 *maj. Vol. II. ibid.* 1793. *Vol. III. ibid.* 1795 (eigentl. 1794). *Vol. IV & ultimum. ibid.* 1797. 8 *maj.* Für teutsche Schönen; aus dem Griechischen übersetzt. Leipz. 1786. 8. — Hat auch Antheil an den Ausgaben einiger griechischen Schriftsteller ihres Mannes. — Beyträge zu Moritzens *Magazin der Erfahrungsseelenkunde.* — Ein Aufsatz, sie selbst betreffend, steht im *Magazin für Frauenzimmer.* — Auch hat man eine Vertheidigung ihres Mannes gegen den Ritter Michaelis in Göttingen (1786) von ihr. — *Ihre Silhouette und Nachrichten von ihr im 3ten Heft der* Gallerie edler teutscher Frauenzimmer.

REISNER (Ferdinand) *Exjesuit. Professor der dogmatischen und polemischen Theologie und geistlicher Vater im Exercitienhause zu München: geb. zu Rhain in Bayern am 12 Sept.* 1721. §§. Die büssende Seele, vorgestellt in einer Betrachtung über das Klaglied des Propheten Jeremias, in theatralischer Handlung herausgegeben. Augsburg 1767. 8. Die Bekehrung Augustins; ein Singspiel. ebend. 1768. 8. Rebecca, die

die Braut Isaaks; ein Singspiel. ebend. 1769. 8. Der Beruf des heil. Aloysius; ein Singspiel. ebend. 1769. 8. Bernhard, ein geistlicher Vater seiner leiblichen Brüder. ebend. 1769. 8. Der büssende Petrus, ein Muster der wahren Bussfertigkeit. ebend. 1769. 8. Thomas von Kempen, ein Diener Mariä. ebend. 1769. 8. *Explanatio idiotismorum in latina vulgata recursantium. ibid.* 1775. 8. *Nova methodus sive Ratio Psalmos in Officio divino juxta ritum Romanum occurrentes intelligendi facilius &c. ibid. eod.* 8. Der zur wahren und eifrigen Busse angewiesene und bekehrte Sünder; aus dem Italienischen übersetzt. ebend. 1776. 8. Der aufrichtige Rathgeber im Geschäfte des ewigen Heils, d. i. Heilwirkende Einsamkeit durch saftige Betrachtungen ewiger Wahrheiten; aus dem Spanischen des P. *Ignatz Garzia* S. J. übersetzt. ebend. 1776. 8. *Lexidion eruditionis hebraicae. ibid.* 1777. 8. Anreden von der nothwendigen Vorbereitung zu einem glückseligen Tode. ebend. 1777. 8. *Joseph Pergmayrs* gründliche Erwägungen ewiger Wahrheiten *zum Druck eingerichtet.* ebend. 1777. 8. Lob und Leben Mariä in funfzig Betrachtungen. ebend. 1781. 8. Funfzig Betrachtungen zum Lobe Mariä. Freyburg 1782. 8. (*ist vielleicht ein und eben dasselbe Buch*). Fünffache Lob- und Sittenreden auf die Festtage Mariä, wie auch des heiligsten Rosenkranzes. . . . 1782. gr. 8.

REISS (P. Benignus) *des Predigerordens zu Mädlingen in Schwaben: geb. zu . . .* §§. Geistreiche Predigten an den gewöhnlichen Monatsonntagen des heil. Rosenkranzes vorgetragen. 2 Theile. Augsburg 1773. 8. Neueröffnete Marianische Schatzkammer der heil. Rosenkranzbruderschaft. 2 Theile. ebend. 1774. 8.

REISS (Johann) *Diakonus an der Hauptkirche zu St. Lorenz in Nürnberg: geb. in der Nürnbergischen Vor-*

Vorstadt Wöhrd am 25 *August* 1753. §§. Gott ist die Liebe! auch bey den Uebeln, die in der Welt sind; eine Predigt. Nürnberg 1786. 8. Freymüthige Betrachtungen über das Beichtwesen; eine am Sonntag Jubilate gehaltene, und zur hinlänglichern Belehrung des Volks mit vielen Zusätzen erweiterte Predigt. ebend. 1787. 8. Predigten über die Sonn- Fest- und Feyertäglichen Evangelien, mit beygefügten biblischen und andern merkwürdigen Geschichten und Exempeln. Aus den Werken vorzüglich guter Schriftsteller zusammengetragen und herausgegeben. ebend. 1790 (*eigentl.* 1789). 4. Predigt auf die glücklich vollzogene Wahl Leopold II zum Kaiser und Oberhaupt des teutschen Reichs; über einen der vorgeschriebenen Texte gehalten. ebend. 1790. 8. *Sammlung auserlesener Morgen- und Abendgebete und Betrachtungen auf alle Tage durchs ganze Jahr. 2 Theile. ebend. 1790. 8.

REISSEISSEN (Johann Daniel) *D. der R. Professor der Pandekten und des kanonischen Rechts auf der Universität zu Strasburg, wie auch Kanonikus des Kollegiatstifts zu St. Thomas daselbst* (?): *geb. daselbst* 1735. §§. D. inaug. de electione Imperatoris extranei, neque legibus, neque observantiae contraria. Argent. 1761. 4. D. de loco sepulturae. ibid. 1777. 4. D. Jurisprudentiae diplomaticae specimina sex. ibid. 1779. 4. D. de veneficio doloso. ibid. 1781. 4. Progr. de Baccalaureis. ibid. 1783. 4. D. Specimen juris Georgici Alsatici de indole praediorum rusticorum. ibid. eod. 4. Progr. Prospectus judiciorum Argentinensium. ibid. 1784. 4. D. de usu Aquilae Imperii in sigillis Imperatorum Romanorum & aliorum. ibid. 1788. 4. — Commentatio victrix de origine comiti Palatini sub Rom. Imp. ejusque indole sub Merovingicis & Carolingicis Franciae regibus usque ad divisionem regni in orientale & occidentale &c.; *in Historia Acad.*

Acad. Elector. Theodoro-Palatinae Vol. I. p. 76-112 (1766). — Vergl. *Weidlichs* Nachträge.

EITEMEIER (Johann Friedrich) *D. der R. und* seit 1785 *ordentlicher Professor derselben auf der Universität zu Frankfurt an der Oder, wie auch* seit 1790 *königl. Preussischer Legationsrath* (vorher Privatdocent zu Göttingen): *geb. zu Göttingen* 1755. §§. Beantwortung der Preisfrage: Welches war der Luxus der Athenienser und seine Folgen für den Staat? welche das erste Accessit erhalten hat. Göttingen 1781. 8. Ergänzungen und Berichtigungen im 4ten Bande des 5ten Theils von *Guthrie's* und *Gray's* allgem. Weltgeschichte. Leipz. 1783. gr. 8. *D. inaug. de origine & ratione quaestionis per tormenta apud Graecos & Romanos commentatio. Gotting.* 1783. 8 *maj.* *Conspectus juris Romani ad ejus naturam ordine dispositi. In usum lectionum academicarum. ibid.* 1784. 8. Zosimi *Historiae graece & latine; recensuit, notis criticis & commentario historico illustravit &c. Lips.* 1784. 8 *maj.* Encyklopädie und Geschichte der Rechte in Teutschland, zum Gebrauch akademischer Vorlesungen. Göttingen 1785. 8. Geschichte des Bergbaues und Hüttenwesens bey den alten Völkern; eine Preisschrift der königl. Gesellschaft der Wiss. zu Göttingen. ebend. 1785. 8. Geschichte und Zustand der Sklaverey und Leibeigenschaft in Griechenland; eine von der Hessen-Casselschen Gesellschaft der Alterthümer gekrönte Preisschrift. Berlin 1788. 8. Grundsätze der Regentschaft in souverainen und abhängigen Staaten. ebend. 1789. 8. Ueber Studium der Staatswissenschaft. ebend. 1791. gr. 8. Notitz der Wissenschaften und der Vorlesungen über dieselben auf den königl. Preussischen Universitäten, zu einem allgemeinen Studienplan für die dasigen Studirenden eingerichtet. Frankf. an der Oder 1794. gr. 8. — Vergl. *Denina's* Prusse littéraire T. III. p. 216-219.

REITER (Matthäus Simon *) *Stadtkaplan zu Salzburg* (vorher Kaplan im Kloster der Urselinerinnen und Katechet bey der Normalschule zu Salzburg): *geb. daselbst* 1751. §§. * Katholisches Gebetbuch zur Beförderung des wahren Christenthums, mit angehängtem Mess- und Predigtwesen. Salzburg 1785. — 2te Ausgabe. ebend. 1789. — 3te, verbessert und mit beträchtlichen Vorzügen versehen, ebend. 1790, 4te ebend. 1792, die 5te, durchaus verbessert und mit andern beträchtlichen Vorzügen versehen, 1793, die 6te ... 7te ... 8te ... 9te ... die 10te 1797. 8. * Gedanken über das allgemeinste Mittel, aufgeklärtes, praktisches Christenthum und vernünftigen Gottesdienst unter dem Volke zu verbreiten, durch den Weg der Belehrung; zur Prüfung und Ausführung vorgelegt; *im Journal von und für Teutschl.* 1786. St. 4. S. 295-300. (*Auch besonders gedruckt und in die* Mainzer Monatsschrift *eingerückt*). * Erste Gottesverehrungen für Kinder. Salzburg 1790. 12. * Das Leiden und Sterben Jesu, bey der heiligen Messe und bey Besuchung des Kreuzweges, vorzüglich den Mitgliedern der löblichen Todesangst Christi Brüderschaft um Erlangung eines guten Todes zur heilsamen und trostreichen Betrachtung vorgestellet mit Gebet und Unterricht, den Ablass zu erlangen. ebend. ... Andachtsübungen für gemeine Christen, besonders bey der heil. Messe auf alle Zeiten und Feste unsers Herrn, seiner gebenedeyeten Mutter und der lieben Heiligen; samt Morgen- Abend- Beicht- Communion- und vielen anderen Gebeten und Litaneyen, und einer kurzgefassten christlichen Sittenlehre. ebend. 1793. — 2te verbesserte und vermehrte Auflage, nebst einem Anhange für Jünglinge, Jungfrauen, Dienstboten. ebend. 1795. 8. — Eine Beichtandacht; *in* Schlezens *Beyträgen zur Verbesserung der protestantischen Liturgie* (Nürnb. 1796. 8).

REITH

*) Schreibt sich auch nur *Matthäus*.

EITH (Bernhard) S. oben REID.

EITTENHART (Joseph) *Weltpriester zu . . . geb. zu . . .* §§. *Robert Guerard*, Benediktiners der königl. Abtey zu Rouen, der Kongregation des heil. Maurus, Auszug aus der heil. Schrift in vertraulichen Fragen und Antworten, mit den Erklärungen der heil. Väter und der besten Ausleger, in drey Theile abgetheilt; übersetzt u. s. w. Breslau und Hirschberg 1792. gr. 8.

EITTER (L. . . D. . .) *herzogl. Würtembergischer Büchsenspanner und Lehrer der Forstwissenschaft bey der Jägergarde zu Stuttgart: geb. zu . . .* §§. *Giebt mit dem Hofkupferstecher* G. F. ABEL *heraus:* Abbildung der hundert teutschen wilden Holzarten, nach dem Nummernverzeichniss im Forsthandbuch von F. A. L. von Burgsdorf, als eine Beylage zu diesem Werke. Stuttgart 1790. — 2ter Heft. ebend. 1791. gr. 4. *Ist Redakteur des* *Journals für das Forst- und Jagdwesen. 1ster Band 1ster Heft. Leipz. 1790. 2ter Heft 1791. 2ter B. 1ster H. 1791. 2ter H. 1792. 3ter H. und 3ter B. 1ster-3ter H. 1793. 4ter B. 1ster H. 1794. 2ter und 3ter H. 1796. 5ter B. 1ster H. 1797. gr. 8. — Nachricht von der herzogl. Würtembergischen Jägergarde, als Erziehungsanstalt für künftige Forstbediente betrachtet; *in* W. G. v. Mosers *Forstarchiv* B. 2. S. 3-16 (1788).

EITTERER (Anton) *Weltpriester zu Freysingen in Bayern: geb. zu . . .* §§. Ilias in nuce, i. e. Scientia ascetica & ars practice amandi Deum in compendio. Salisb. 1780. 8.

EITZ (Wilhelm Gottlieb) *Pfarrer zu Etzdorf, in der Inspektion Freyberg, in Kursachsen* seit 1780 (vorher Diakonus zu Greitz und Pastor zu Caselwitz): *geb. zu Windsheim am 13 Jun.* 1740. §§. Die Absichten der Sonnengrösse, ein Beweis von dem Da-

Daseyn Gottes. Altdorf 1762. 4. ... Empfindungen des Glaubens vor, bey und nach dem Tisch des Herrn, zur eigenen Erbauung aufgeschrieben. Regensb. 1764. 3te Aufl. Greitz 1766. 4te Aufl. Frankf. 1766. 5te Aufl. 1769. 8. Die gottselige Jugend eines fünf Jahr alt gewordenen gräflichen Kindes zu Obergreitz. Hof 1765. 8. Ein Geschenk für die Jugend zum Besten ihres Herzens. 1765. 8. 2te Aufl. 1766. 8. Pauli Zeugniss von dem Siege des Evangelii zu Thessalonich. 1767. 8. Biblischer Unterricht vom gesegneten Kirchengehen. 1767. 8. Letzte Stunden der hochsel. Frau Gräfin Com. Eleon. Isab. Reussin zu Greitz. 1770. 8. Lieder des Glaubens für die Streiter Jesu Christi. ... 8. Lutherus vom Glauben. 1771. 8. Berners Ehrengedächtniss. ... 8. Gedächtniss seiner sel. Frauen gebohrnen Jäneckin. ... 8. Beyspiele begnadigter Seelen eines gräflichen Kindes und einer Prediger Frau. Hof 1775. 8. Die Ehe der Kinder Gottes. Greitz 1775. 8.

Freyherr von REITZENSTEIN (Karl) ... *zu* ... *geb. zu* ... §§. *Graf Königsmark; ein Trauerspiel in 5 Aufzügen. Wien 1792. 8. *Gab heraus:* Gedichte des Freyherrn *Dietrich Ernst Spiegel von Pickelsheim.* ebend. 1793. 8.

REITZER (Adam) *vormahls Jesuite, D. beyder Rechten und gewesener Lehrer des geistlichen Rechts auf der Universität zu Bamberg: geb. zu Mainz am* 24 *Dec.* 1714. §§. Diss. de collaterali, qui a primo acquirente non descendit, aut investituram simultanea non gaudet, in feudo sive dato, sive oblato haud succedente. Bamb. 1753. 4. D. Theses ecclesiastico-civiles ex universo jure systematice selectae. ibid. 1755. 4. D. de jure & praxi circa castra in sacro nobili e triplici saeculi lapsu investigatis. ibid. 1757. 4. Brevis exegesis juridica in notum illud proverbium: Major dividit; Minor eligit. ibid. 1762... — Vergl. *Weidlichs* biogr. Nachr. Th. 3.

RELLSTAB (Johann Karl Friedrich) *Musikalienhändler zu Berlin: geb. daselbst am* 27 *Februar* 1759. §§. Versuch über die Vereinigung der musikalischen und oratorischen Deklamation, hauptsächlich für Musiker und Componisten, mit erläuternden Beyspielen. Berlin 1786. fol. Ueber die Bemerkungen eines Reisenden, die Berlinischen Konzerte, Opern, Kirchen- und Kammermusiken betreffend. ebend. 1788. 8. *Gab* C. P. E. BACH'S Anfangsstücke *heraus, mit einer* Anleitung, den Gebrauch dieser Stücke, die Bachische Fingersetzung, die Manieren und den Vortrag betreffend. 3te Auflage. ebend. 1789. fol. (*Die* Anleitung u. s. w. *auch unter einem besondern Titel*).

REMER (Julius August) seit 1787 *M. der Phil. und ordentlicher Professor der Geschichte und Statistik auf der Universität zu Helmstädt, und* seit 1796 *herzogl. Braunschweigischer Hofrath* (vorher Professor der Geschichte, wie auch Direktor des Intelligenzwesens und der Zeitungen zu Braunschweig): *geb. zu Braunschweig* 1736. §§. *Geschichte des Ursprungs und Wachsthums des Papstthums. 1770. 8. Handbuch der Geschichte neuerer Zeiten, von der grossen Völkerwanderung bis zum Hubertsburgischen Frieden. Braunschw. 1771. 8. Ausführliches Handbuch der ältern allgemeinen Geschichte; nebst einer Vorstellung der politischen, geistlichen, gelehrten und bürgerlichen Verfassung der Nationen in jedem Zeitpunkte. ebend. 1775. 8. . . . 3te durchaus umgearbeitete Ausgabe. ebend. 1794 (*eigentl.* 1793). 8. *Briefe über den jetzigen Zustand von Grossbritannien. 1 Band, welcher die Briefe des Junius enthält. Aus dem Englischen. Frankf. u. Leipz. 1776. 8. Amerikanisches Archiv. 3 Bände. Braunschw. 1777. 1778. gr. 8. *Geschichte des letzten Krieges in Teutschland zwischen dem Könige von Preussen und der Kaiserin Königin und ihren Alliirten in den Feldzügen in den Jahren 1756 und 1757. mit den Planen der in diesen Jahren vorgefallenen Schlachten; von einem Generale, der verschiedene Feldzüge hindurch bey der Oestreichischen Armee gedienet hat (*Lloyd*). Aus dem Engl. Frankf. u. Leipz. 1777. gr. 8. 2te verbesserte Auflage. Braunschw. 1779. gr. 8. * Kleine Chronik des Königreichs Tatojaba, von Herrn Wieland dem ältern. Frankf. u. Leipz. 1777. 8. *Wilhelm Robertson's* Geschichte der Regierung Kaiser Karl des V. Aus dem Englischen übersetzt von *Matth. Theod. Christ. Mittelstedt.* Zweyte Auflage, von neuem durchgesehen und mit Anmerkungen begleitet. 3 Bände. Braunschweig 1778-1779. gr. 8. * Lobrede auf den Herrn von Voltaire, die den 26 November 1778 in der Akademie der Wissenschaften zu Berlin vorgelesen wurde; aus dem Franz. übersetzt. ebend. 1778. 8. Tabellarische Uebersicht der allgemeinen Geschichte zur Erhaltung einer richtigen Kenntniss des Zusammenhangs der wichtigsten Weltbegebenheiten. (Braunschw. 1781. fol). 2te sehr verbesserte und vermehrte Aufl. ebend. 1783. fol. 3te Auflage. ebend. 1785. fol. Handbuch der allgemeinen Geschichte. 1ster Theil, welcher die alte Geschichte von der Erschaffung der Welt bis auf die grosse Völkerwanderung in einem Auszuge enthält. ebend. 1783. — 2ter Theil, welcher die mittlere Geschichte von der grossen Völkerwanderung bis auf die Reformation enthält. ebend. 1783. — 3ter Theil, welcher die neuere Geschichte von der Reformation bis auf unsere Zeiten enthält. ebend. 1784. 8. Lehrbuch der Staatskunde der vornehmsten Europäischen Staaten. ebend. 1786. 8. Tabellarische Uebersicht der wichtigsten statistischen Veränderungen in den vornehmsten Europäischen Staaten im Jahr 1786. Erste Hälfte. ebend. 1787. 2te Tabelle oder 2te Hälfte des J. 1786. ebend. 1787; die 3te Tab. oder 1ste H. des J. 1787. ebend. 1788; die 4te Tab. oder 2te H. des J. 1787. ebend.

ebend. 1789; die 5te Tab. oder 1ste H. des J. 1788. ebend. 1789; die 6te Tab. oder 2te H. des J. 1788. ebend. 1790; die 7te Tab. oder 1ste H. des J. 1789. ebend. 1790; die 8te Tab. oder 2te H. des J. 1789. ebend. 1791; die 9te Tab. oder 1ste H. des J. 1790. ebend. 1791; die 10te Tab. oder 2te H. des J. 1790. ebend. 1792; die 11te Tab. oder 1ste H. des J. 1791. ebend. 1792; die 12te Tab. oder 2te H. des J. 1791. ebend. 1793; die 13te Tab. oder 1ste H. des J. 1792. ebend. 1793; die 14te Tab. oder 2te H. des J. 1792. ebend. 1794. fol. *Georg Septimus Andreas von Praun*, Braunschweig-Wolfenbüttelischen Geheimenraths und Ministers, Braunschweigisches und Lüneburgisches Siegelkabinet, mit diplomatischen, genealogischen und historischen Erläuterungen; herausgegeben und mit dem Lebenslauf des Verfassers und Anmerkungen begleitet. ebend. 1789. 8. Charakteristische Züge des Bildes eines vorzüglichen Regenten der mittlern teutschen Staaten; eine Rede. Helmstädt 1790. 8. Abriss des gesellschaftlichen Lebens in Europa bis zum Anfange des sechszehnten Jahrhunderts; nach dem ersten Theile von Robertsons Leben Karls V bearbeitet; oder: Dr. *Wilhelm Robertsons* Geschichte der Regierung Kaiser Karls V. 1ster Theil, Abriss des gesellschaftlichen Lebens in Europa bis zum Anfange des sechszehnten Jahrhunderts, völlig umgearbeitet. Braunschw. 1792. — 2ter und 3ter Theil. 3te Ausgabe (*s. oben die 2te Ausgabe*). ebend. 1795. 1796. gr. 8. *Karl Stedmanns* Geschichte des amerikanischen Kriegs; aus dem Engl. mit Anmerkungen. 1ster Band. Berlin 1794. — 2ter und letzter Band. ebend. 1796. gr. 8. Darstellung der Gestalt der historischen Welt. Berlin und Stettin 1794. gr. 8. (*aus* Klügels *Encyklopädie nach der 2ten umgearbeiteten Ausgabe Th.* 5. *S.* 203-542 *besonders abgedruckt. Im 3ten Theil der 1sten Ausgabe erschien sie zuerst*). * Versuch einer Geschichte der französischen Constitu-

 tion,

tion, von dem Eintritte der Franken in Gallien bis auf Ludwig XVI Regierung. Helmstädt 1796. gr. 8. — Beschreibung des Dankfestes wegen der Zurückkunft des Durchlauchtigsten regierenden Herzogs, gefeyert von der Universität Helmstädt den 16 Februar 1794; *in dem Braunschweig. Magazin* 1794. St. 11. Von den Ministerialen oder Dienstmannen des Mittelalters in Teutschland; *ebend.* St. 16-20. Andenken Levin Heinrich Ludwig Papens, Bürgermeisters in Braunschweig; *ebend.* 1796. St. 30 u. 31. — *Hat die Artikel:* Miles, Ministerialen und Ordalien *im 9ten Bande des* Repertoriums des teutschen Staats- und Lehnrechts u. s. w. *von* K. F. Häberlin (Leipz. 1793. 8) *ausgearbeitet.* — Aufsätze im Schlrachischen Magazin. — Besorgte die *Braunschweig. politische Zeitung* und das *Intelligenzblatt* von 1778 bis 1786 incl. und seit Ostern 1787 bis zu Ende des J. 1788 das *historische Portefeuille.* — Einzelne Gedichte.

REMLER (Johann Christian Wilhelm) *Mitglied der kurmainzischen Akademie der Wissenschaften zu Erfurt: geb. zu Oberböfa im Amt Weisensee am 21 April* 1759. §§. Chemische Untersuchung der Tamarindensäure, nebst dem Verhalten derselben gegen einige andere Körper. Erfurt 1787. gr. 4. Tabelle, welche die Menge des wesentlichen Oels anzeigt, das aus verschiedenen Gewächsen erhalten wird; nebst Farbe, Geruch, Geschmack und Verhalten gegen die rauchende Vitriol - Salpeter - und Salzsäure; zum Gebrauche für Aerzte, Scheidekünstler und Apotheker entworfen. ebend. 1789. gr. Queermedian. Salzchemie in Tabellen; zum Gebrauch für Aerzte, Scheidekünstler und Apotheker. ebend. 1789. gr. fol. Tabellen über den Gehalt der in neuern Zeiten untersuchten Mineralwasser nach Klassen und Gattungen; zum Gebrauch der Physiker, Aerzte und Brunnenliebhaber. ebend. 1790. gr. Queerfol. Tabelle, welche das Verhälthältniss und die Menge der in neuern Zeiten genauer untersuchten Stein- und Erdarten, in 100 Granen bestimmt; zur bequemen Uebersicht für Naturforscher, Mineralogen, Technologen und Naturliebhaber. ebend. 1790. gr. Queerfol. Tabelle über die Menge der auflöslichen Bestandtheile, welche aus den Gewächsen durch Wasser und Weingeist ausgezogen werden, nebst ihrem Vaterland und der Blühzeit. Nebst einer Tabelle über die Feuchtigkeit, so einige, grösstentheils offizinelle Wurzeln, Kräuter, Blumen u. s. w. durch die Trocknung verlieren. ebend. 1790. gr. Queerquart. Tabellen, welche das Verhältniss und die Menge der Bestandtheile der in neuern Zeiten genauer untersuchten Erzarten, wie auch der brennbaren Mineralien, nach hundert Pfunden bestimmen. Zur bequemen Uebersicht für Naturforscher, Mineralogen, Metallurgen, Technologen und Naturliebhaber. ebend. 1790. gr. fol. Supplement *A.* zu der Tabelle, welche das Verhältniss und die Menge der in neuern Zeiten genauer untersuchten Steine und Erdarten, in 100 Granen bestimmt. ebend. 1791. fol. Neues chemisches Wörterbuch, oder Handlexikon und allgemeine Uebersicht der in neuern Zeiten entworfenen französisch-lateinisch-italienisch-teutschen chemischen Nomenklatur, nach Bergmann, Berthollet, Brugnatelli, de Fourcroy, Girtanner, Hermbstädt, Jacquin, Lavoisier, Leonhardi, de Morveau, Weigel, Scherer u. a. m. Nebst Beyfügung der alten Nomenklatur und einem vierfachen Register. ebend. 1793. 8. Tabellarische Uebersicht, welche den Gehalt der flüchtigen und festen Bestandtheile in einem Pfunde oder 16 Unzen der Mineralwasser nach Granen in alphabetischer Ordnung anzeigt, die in neuern Zeiten genau untersucht worden sind, besonders für Aerzte und Brunnenliebhaber entworfen. ebend. 1793. fol. Tabellarischer Versuch einer französisch-teutschen Nomenklatur der neuern Chemie, nach Girtanner, Hermb-

Hermbſtädt und Scherer frey bearbeitet. Leipz. 1793. fol. * Taſchenbuch für Tintenliebhaber, oder gründlicher Unterricht, aller Arten Tinten zu machen; nebſt einer Geſchichte der Tinten und des adſtringirenden Pflanzenſtoffs. ebend. 1795. 8. — Ueber die Zerlegung des Kochſalzes durch Bleyglätte; *in* Göttlings *Taſchenbuch für Scheidekünſtler und Apotheker* 1785. S. 45. Kürzeſte Methode, das mineraliſche Laugenſalz, wenn es mit Koch- oder Digeſtivſalz vermiſcht iſt, davon abzuſondern; *ebend.* S. 73. Verſuche über die Doppelfarbe der wilden Kaſtanienrinde; *ebend.* S. 124-142. Beweis, daſs die Salzſäure, wie alle übrige Säuren, gegen das vegetabiliſche Laugenſalz eine ſtärkere Verwandſchaft als gegen das mineraliſche habe; *ebend.* S. 143-147. Zufällig erhaltene weſentliche Weinſteinſäure; *ebend.* S. 147-148. Bereitung der Tamarindenſäure; *ebend.* 1786. S. 127. Unterſuchung eines ausgewitterten Salzes (Mineralalkali); *ebend.* 1787. S. 23. Ueber die Bereitung des Seignetteſalzes; *ebend.* S. 34. Chemiſche Unterſuchung der Tamarindenſäure und ihr Verhalten gegen andere Körper; *ebend.* S. 77-124. Ueber die Bereitung des Mindereriſchen Geiſtes; *ebend.* S. 129-131. Chemiſche Unterſuchung der bittern Mandeln; *ebend.* S. 138-150. Beobachtungen über den Eſſigäther; *ebend.* S. 165-173. Erfahrungen über die Weinſteinſäure und die dabey zugleich erhaltene Blättererde; *ebend.* S. 173-178. Tabelle über die Feuchtigkeit, ſo einige offizinelle Wurzeln, Kräuter und Blumen durch die Trocknung verlieren; *ebend.* 1788 u. 1789. Verſuch mit flüchtigen Vitriolſalz; *ebend.* 1794. S. 11. *und mehrere Bemerkungen in dieſem Taſchenbuch.* — Bemerkungen und Verſuche über die Spiesglanztinktur des Hrn. Gen. Chirurgus Theden; *in* Crells *chem. Annal.* 1785. St. 3. S. 253-263. Verſuche mit Pflanzenſäuren, nebſt mehrern chemiſchen Bemerkungen; *ebend.* 1786. St. 11. S. 431-433. 1787. St. 3. S. 250-252.

RENAUD

RENAUD (L. . . .) . . . *zu Wien: geb. zu Langres in Frankreich* . . . §§. Poesies de Société. à Leipz. 1775. 8. — Epitre à Mr. de Voltaire; *in dem Berliner Journal litter.* T. 8.

RENBIR. S. unten RIBNER.

RENDLER (Joseph) *Weltpriester, Beneficiat zu der heil. Helena zu Baaden in Niederöstreich, und der dortigen teutschen Schule Katechet, wie auch Schulvisitator in dem Baadner Distrikt; hat sich zu Soß bey Baaden ansässig gemacht: geb. auf dem Schwarzwald am 5 März* 1737. §§. Beschreibung einer astronomischen Uhr, welche von J. David a S. Cajetano, Augustiner Barfüsser in dem k. k. Hofkloster zu Wien, eigenhändig verfertiget ist, und nun erkläret wird. Wien 1771. 4. Nachtrag zu dieser Beschreibung. 1778. 8. Der vortheilhafte Bienenstock. Wien 1777. 8. Welches sind die vorzüglichsten Schindeldächer? ebend. 1785. 8. — Vergl. *de Luca* gel. Oestr. B. 1. St. 2.

Frau Wittwe RENELLE (Lucie Elisabeth) gebohrne BOUILLON, lebt zu Berlin, nachdem sie sich viele Jahre in Ansbach als Mamsell bey Fräulen aufgehalten hatte. Sie nennt sich auf ihren Schriften: *Directrice d'un Institut d'éducation de jeunes Dames à Berlin: geb. zu Mömpelgard am 15 May* 1747. §§. Nouvelle Geographie à l'usage des Instituts & des Gouvernantes Françoises; renfermant les productions, les usages, les coutumes de chaque pays, & tous les changemens arrivés sur le globe jusqu'en 1785. T. I. à Berlin 1786. — T. II. ibid. 1787. — T. III. ibid. 1790. 8. Bureau typographique, ou Methode courte & facile pour apprendre à lire & à écrire correctement aux enfans. ibid. 1786. 8. *La Veuve, Comédie, en un Acte; composée pour célébres dans une société l'anniversaire de la bataille de Freyberg, & représentée par cette même société le le 25 Oct. 1786. ibid. 1786. 8. A la Mère de la patrie; Prologue executé par de jeunes demoiselles à la fête donnée en famille. ibid. 1790. 8. — *Vergl.* Büsten Berlin. Gelehrten.

RENFNER (Heinrich) *königl. Preussischer geheimer Legationsrath zu Berlin* seit 1791 (vorher königl. Preussischer Legationssekretar im Haag): *geb. zu Berlin* 1753. §§. * Essais sur la Physiognomie destiné à faire connoitre l'homme & le faire aimer, par *J. C. Lavater.* Vol. I. (*diesen ersten Band übersetzte er mit Madame* de la Fite *gemeinschäftlich: die beyden übrigen sind von ihm allein*). à la Haye 1783. — Vol. II. ibid. 1785. — Vol. III. ibid. 1787. gr. 4. *Mit Kupfern.* L'Alliance des Princes de l'Empire Germanique, par Mr. *Dohm* &c. traduit de l'Allemand. ibid. 1786. 8. * Evelina, ou l'entrée d'une jeune personne dans le monde; traduit de l'Anglois. 3 Vol. à Amsterd. 1779. 8. Journal d'un voyage fait par Mr. *Sulzer*; trad. de l'Allemand. à la Haye 1781. 8. Mémoires de Miss Elise Warwick. 2 Parties. à Amsterd. 1783. 8. * Essai sur les accusations des Templiers, & sur le secret de cet ordre; avec une dissertation sur l'origine de la Franc Maçonnerie; trad. de l'Allemand, de Mr. *Nicolai.* ibid. 1784. 12. Cahiers de l'histoire naturelle, traduits de l'Hollandois, de Mr. *Vosmaer.* . . . 1784. 1785. 1786. 4. — *Verschiedene Artikel in der im* Haag *herausgekommenen* Bibliotheque Belgique.

RENGGER (. . . .) *D. der AG. zu Bern: geb. zu Brugg im Kanton Bern* 176.. §§. Von der politischen Verketzerungssucht unserer Tage; eine Rede, gehalten vor der Helvetischen Gesellschaft zu Olten 1793. Bern 1793. 8. — *Ein Aufsatz in dem* Hallerischen Tagebuch der medicinischen Litteratur der Jahre 1745 - 1777. (B. 1. Bern 1789. 8). — *Antheil an der* Schweitzerischen Bibliothek (Bern 1792. 3 Hefte in 8).

RENNER (J... M...) *gräflich Limburg-Pücklerischer Regierungsrath zu Gaildorf: geb. zu* . . . §§. Meditationes ad *Schaumburgi* principia praxeos juridicae judiciariae, iisque a *Reichardto* adjectis obſervationibus, cum appendice commentat. de officio ſuppletorio judicis. Jenae 1784. 8.

RENOVANZ (Hans Michael) *Ruſſiſch kaiſerl. Oberbergmeiſter vom Kolywaniſchen Staate, Inſpektor und Lehrer der Bergwerkswiſſenſchaften bey der kaiſerl. Bergſchule zu St. Petersburg; wie auch* ſeit 1790 *Ritter des Wolodimerordens von der vierten Klaſſe: geb. zu* . . . §§. Mineralogiſche, geographiſche und andere vermiſchte Nachrichten von den Altaiſchen Gebirgen, Ruſſiſch kaiſerl. Antheils. Reval 1788. gr. 4. Mit Kupf. — Bemerkungen über diejenige Fortſetzung der Schwediſchen Gebirge, welche zwiſchen dem weiſſen Meere und den Seen Onega und Ladoga auf ruſſiſchen Boden eintritt; *in* Pallas *neuen nordiſchen Beyträgen* B. 1. St. 1. S. 132-150 (1781).

RENTHE (Lebrecht Auguſt) *Anhaltiſcher Landſyndikus und Regierungsadvokat zu Köthen: geb. zu* . . . §§. Verſuch einer ſyſtematiſchen Erläuterung der Lehre von den Transacten. Roſtock u. Leipz. 1789. 8.

RESEWITZ (Friedrich Gabriel) *Abbt zu Kloſter Bergen und Preuſſiſcher Konſiſtorialrath, wie auch Generalſuperintendent des Herzogthums Magdeburg* ſeit 1774 (vorher ſeit 1767 Prediger zu Kopenhagen, und vordem zu Quedlinburg): *geb. zu Berlin* 1725. §§. * *David Hume* vier Abhandlungen; aus dem Engliſchen überſetzt mit Anmerkungen. Quedlinburg u. Leipz. 1759. 8. * *Conybeare* Vertheidigung der geoffenbahrten Religion gegen die Einwendungen eines Schriftſtellers in ſeinem Buch: Das Chriſtenthum ſo alt, als die Welt; aus dem Engliſchen. Berlin 1760. 8. Das neue Teſtament in Fragen und Antworten;

aus dem Französischen übersetzt, und mit einigen eigenen Anmerkungen begleitet. 3 Theile. 1760. 1764. 1769. 8. Sammlung einiger Predigten. 1766. 8. 2te Ausgabe. 1773. Abschiedspredigt zu Quedlinburg und Antrittspredigt zu Kopenhagen gehalten. 1767. 8. Inhalt der Predigten. 2 B. Kopenhagen 1769. 8. Ueber die Versorgung der Armen. 1769. 8. Die Erziehung des Bürgers zum Gebrauch des gesunden Verstandes und zur gemeinnützigen Geschäftigkeit. Kopenh. 1773. 8. 2te veränderte Ausgabe. ebend. 1773. gr. 8. Vormittagspredigten in einem vollständigen Auszuge vom J. 1774. ebend. 1775. 8. Neue Schulgesetze für das Pädagogium zu Kloster Bergen, welche am 19ten Sept. 1775 mit einer Rede feyerlich bekannt gemacht worden. Magdeb. 1775. 8. Letzte Predigten in der teutschen Petrikirche gehalten im Jahr 1775, nebst einem Anhang einiger vollständigen Predigten und der Abschiedspredigt: Kopenh. 1775. 8. Nachricht von der gegenwärtigen Einrichtung im Unterricht, Lehrart und Erziehung auf dem Pädagogium zu Kloster Bergen. Magdeb. 1776. 8. Zweyte Nachricht von der gegenwärtigen Einrichtung u. s. w. Berlin 1783. 8. (*steht auch im 4ten Band des folgenden*). Gedanken, Vorschläge und Wünsche zu Verbesserung der öffentlichen Erziehung. 5 Bände (*jeder von 4 Stücken*). Berlin u. Stettin 1777-1787. 8. *Von des* 1sten Bandes 1sten Stück *erschien* die 2te Auflage 1787. Predigten für die Jugend im Kloster Bergen gehalten. Leipz. 1779. — 2te Sammlung. ebend. 1782. 8. Nachgedruckt . . . Inhalt sämtlicher Predigten, so derselbe in den Jahren 1768 bis 1775 in Kopenhagen vor der teutschen Petrigemeinde gehalten. Neue Ausgabe in 4 Bände gesammlet. Kopenhagen u. Leipz. 1785. gr. 8. Regeln für junge Leute von gesittetem Stande bey ihrem Eintritte in die Welt. Berlin u. Stettin 1785. 8. (*Machen auch* das 3te Stück des 5ten Ban-

Bandes der Gedanken, Vorschläge und Wünsche *aus*). — Abhandl. vom Genie; *in den Berliner vermischten Schriften* . . . — Ueber die vernunft- und erfahrungsmässige Behandlung der Religionslehren; *im Journal für Prediger* B. 4. St. 2 (1783). — Vorrede zu *C. G. Schmidts* moralischen Reden (Leipz. 1785. 8). — Vorrede zu *K. H. Schmidts* Auszügen aus den besten französischen Schriftstellern für die Jugend. 1 Band. (Leipz. 1789. 8). — Vorrede zu *Rathmanns* Predigten (Berlin 1789. 8). — Zusätze zu *Villaume's* Methode, jungen Leuten zu der Fertigkeit zu verhelfen, ihre Gedanken schriftlich auszudrücken (1784). — Recensionen in der Allgem. teutschen Bibliothek, die im 1-6ten Band mit *B*, im 7-12ten Band aber mit *F* bezeichnet sind. — Sein Bildniss vor dem 40sten Band der Allgem. teutschen Bibliothek; auch vor *Borheks* pädagogischen Museum B. 1. St. 3. und von dem Hofkupferstecher und Prof. der Kunstakademie zu Kopenhagen, *Joh. M. Preissler*, 1775 nach seiner eigenen Zeichnung gestochen.

RESLER (Joseph Michael) . . . *zu* . . . *geb. zu* . . .

§§. Die doppelte Buchhaltung in Helwings Manier, oder: Leichte und fassliche Methode, die kaufmännische Buchhaltung nach der besten Art von sich selbst gründlich und geschwind zu erlernen. 1ster Band, enthält 1) den ersten oder theoretischen Theil, welcher von den allgemeinen Grundsätzen des kaufmännischen Buchhaltens und von der Beschaffenheit, Einrichtung und dem Gebrauch der verschiedenen Handlungsbücher handelt; 2) den zweyten oder praktischen Theil, welcher den Plan einer Waarenhandlung im Grossen zur Anwendung der im ersten Theile gegebnen Grundsätze zum Gegenstande hat. Für fünf Monate angenommen und in vier und zwanzig Aufgaben zertheilt, welche mit den nöthigen Erläuterungen begleitet sind. Ein sowohl zum Selbstunterricht als zu Vorlesungen eingerichrichtetes Lehrbuch. Prag 1793. — 2ter Band. Fortsetzung des zweyten oder praktischen Theils, enthält die Ausarbeitung des Plans einer Waarenhandlung im Grossen, in nachstehenden zu einer richtigen Buchhaltung durchaus erforderlichen sieben Handlungsbüchern, als: 1) Memorial oder Strazze, 2) Kassabuch, 3) Journal, 4) Hauptbuch, 5) Monatlich Balanzbuch, 6) Waarenscontro oder Generalwaarenkontokurantbuch, und 7) Waarenkalkulationsbuch. ebend. 1793. gr. 8.

RESS (Johann Heinrich) *Superintendent und Archidiakonus zu Wolfenbüttel, wie auch* seit 1791 *Propst bey dem Kloster zur Ehre Gottes: geb. zu Helmstädt* 1723. §§. *Diss. de hierarchia & protocathedria ad Matth. XX. Helmstad.* 1753. 4. Ueber des Fl. Josephus Erwähnung von Christo; ein Sendschreiben an seine Inspektion. Braunschw. 1775. 8. Drey Baurengespräche. . . . 1775. . . Sonntägliche Unterredungen einiger Landleute. 2 Theile. Braunschw. 1775. 8. * Die Auferstehungsgeschichte Jesu Christi gegen eine im vierten Beytrag zur Geschichte und Litteratur aus den Schätzen der herzoglichen Bibliothek zu Wolfenbüttel gemachte neuere Einwendungen vertheidigt. ebend. 1777. 8. * Die Auferstehungsgeschichte Jesu Christi ohne Widersprüche. Hannover 1779. 8. * Der patriotische Landprediger. 4 Stücke. Leipz. 1770-1783. gr. 8. Sammlung einiger kleiner grösstentheils landwirthschaftlichen Aufsätze, Beantwortungen wichtiger Preisfragen u. dergl. ebend. 1780. 8. Des Kaisers Karls des Grossen Capitulare de Villis, zum Belege seiner Staats- und Landwirthschaftskunde übersetzt und erläutert. Helmstädt 1794. gr. 8. Die Verbindung der gegenwärtigen und der zukünftigen Welt, zur Beförderung der Ruhe und Tugend. Leipz. 1795 (*eigentl.* 1794). 8. L. Junii Moderati Columellae *de Re Rustica Libri XII; curante* Jo. Matthia Gesnero. *Tomus primus, cui & suas adspersit notas. Flensburgi* 1795.

1795. 8. Ein Lehrbuch des Christenthums für Kinder und Männer. Wolfenb. 1795. 8. — Ueber die Entzündung des frischen Heues; *in Munds landwirthschaftl. Magazin* 1788. Quart. 1. Gründlicher Unterricht für den Landmann, wie er sich bey den verschiedenen Wetterschäden in Absicht der Getraidefelder zu allen Jahreszeiten zu verhalten habe, eine gekrönte Preisschrift; *ebend.* Quart. 2 u. 3. (*beyde Abhandlungen sind schon einmal gedruckt*). — An den Hrn. Prof. Trapp über den 42-45sten Vers in des Horaz Epistel an die Pisonen; *im Braunschweig. Journal* 1789. St. 9. S. 100-106. Berichtigung einer Stelle des Columella de re rust. l. IX. c. 4. §. 3; *ebend.* 1790. St. 11. S. 305-313. — Auf dem Brocken ist nie eine, weder alte noch neuere, Abgötterey getrieben; *in dem Braunschweig. Magazin* 1793. St. 46 u. 47.

RESSLER (Alexander) *Bernhardiner zu ... geb. zu Augsburg* 1713. §§. Zubereitung zu dem Tod vor dem Tod. Günzburg 1776. 8. Lob- und Ehrensprüche der heil. christkatholischen Kirche von dem hochwürdigsten Sakrament des Altars. ebend. 1777. 8.

RETTBERG (Christian Heinrich Georg) *Rektor der Schule zu Clausthal: geb. zu ...* §§. Kurzer Begriff der Arithmetik für die Clausthalische Schule. Clausthal 1775. 8. Progr. wie viel kann der Lehrer auf Schulen zur moralischen Bildung der Jugend beytragen? ebend. 1775. 4. * *In Eusebii contra Marcellum libros observationes selectae. Auctore R. S. C. Lips.* 1787. 8. (Stand zuerst in den *Annal. litter. Helmstad.* Maji & Jun. 1787). *Marcelliana; accedit Eunomii* Ἔκθεσις πίστεως *emendatior; edidit & animadversionibus instruxit. Gotting.* 1794. 8. — Authentische Anekdoten von dem seligen Superintendent Ziehen; *in der Berlin. Monatsschr.* 1786. März S. 242-261. — Abhandlung, die Verminderung

rung des Verlusts der Getraidekörner auf dem Felde betreffend; *im Hannöver. Magazin* 1784. Zusatz dazu; *ebend.* 1787. St. 63. — Emendationes in Isocratem; *in* Heeren's *Bibl. der alten Litt. und Kunst* St. 10 (1793). Animadversiones in Callistrati statuas; *ebend.*

von RETZER (Friedrich Joseph) *wirklicher kaiserlicher Hofsekretar* seit 1788 *und* seit 1782 *Büchercensor der ausländischen Litteratur zu Wien; wie auch unterensischer Landmann* (vorher Hofconcipist bey der k. k., vereinigten Hofstelle und vor diesem Hofkammerconcipist): *geb. zu Krems am* 25 *Jun.* 1755. §§. * *Mako's* physikal. Abhandlung von den Eigenschaften des Donners und den Mitteln wider das Einschlagen; aus dem Lateinischen. Wien 1773. 8. Gedichte aus dem k. k. Theresianum. ebend. 1774. 8. Des Hrn. *Racine* Briefe; aus dem Französischen. ebend. 1776. 8. 2te Auflage. ebend. 1788. 8. Gedicht auf die verstorbene Kaiserin Maria Theresia. ebend. 1782... Schreiben an Hrn. D. Christi. Heinr. Schmid über die Anweisung der vornehmsten Bücher in allen Theilen der Dichtkunst. ebend. 1782. 8. Metastasio; eine Skizze für seinen künftigen Biographen. ebend. 1782. 8. Tabackpachtung in den österreichischen Ländern von 1670 bis 1783; nach ächten Urkunden. ebend. 1784 (*eigentl.* 1783). 8. *Choice of the best poetical pieces of the most eminent English Poets. Vol. I-VI. Vienna* 1783-1786. 8. Der Beichtvater und der junge Geistliche als Beichtkind. 1785. 8. Nachlese zu *Sineds* Liedern, aufgesammelt und herausgegeben. Wien 1785. 8. Nachrichten von dem Leben und den Schriften des ehemahligen Bischoffs von Gurk, Hieronymus Balbi, zur vorläufigen Uebersicht der künftigen lateinischen Ausgabe seiner sämtlichen Werke herausgegeben. ebend. 1790. 8. Hieronymi Balbi, *Veneti, Gurcensis olim Episcopi, opera poetica oratoria, ac politico-moralia ex codicibus*

dicibus manuscriptis, primisque typis collegit & praefatus est. Vol. I, Epistolae, Carmina, Dialogi, Orationes. ibid. 1791. — *Vol. II, cui insunt opera politico-philosophica moralia. ibid.* 1792. 8 *maj. Gab heraus:* Gesammelte Schriften der Frau Herzogin *Julie von Giovane, gebohrnen Reichsfreyin von Mundersbach* u. s. w. ebend. 1793. 8. — Viele Gedichte in den Jugendfrüchten des Theresians, auch einige im Leipziger Musenalmanach, und im Taschenbuch für Dichter und Dichterfreunde. — Antheil an den litterarischen Monaten (Wien 1776-1777. 8). — Vom italienischen Theater; *in* (Reichards) *Theaterkalender* 1779. — Ueber Johann und Ludwig Racine; *in* v. Archenholtz *neuer Litt. und Völkerk.* 1789. St. 4. S. 269-291. — Zuschrift an — Hrn. Joh. Rud. Grafen von Choteck bey Ueberreichung der Werke Balbi's; *im neuen teutschen Merkur* 1791. St. 10. S. 212-219. *und in der Olla Potrida* 1791. St. 4. S. 98-104. Der durch den heil. Petrus von der Himmelpforte zurückgewiesene Papst Julius II, ein Gespräch, aus dem Latein. des Bischoffs von Gurk Hieron. Balbi übersetzt; *in der Olla Potrida* 1791. St. 1. S. 31-87. — Ueber eine Sr. Heiligkeit Pius VI zugeschriebene Rede, die Ermordung Ludwigs XVI betreffend; *in der Berlin. Monatsschr.* 1794. St. 6. S. 564-578. — Carmen ad excellent. Comitem de Chotek; *in* Ruperti's *und* Schlichthorst's *Magazin für Philologen* B. 1 (1796). — Gedichte im teutschen Museum und im Wiener Musenalmanach. — Sein Bildniss in Kupfer gestochen von *Mansfeld;* und von *Arndt* vor dem 20sten Band der Neuen allgem. teut. Bibl. (1795).

EUDER (Johann Baptist) *Weltpriester und Professor der Philosophie auf der Universität zu Bamberg, seit* 1792 *auch Vorsteher des Marianischen Studentenhauses zu Bamberg, und seit* 1793 *Dechant des Kollegiatstiftes zu Forchheim, wie auch Stadt- und Spitalpfarrer daselbst, und seit* 1795 *wirklicher*

cher geistlicher Rath: geb. zu . . . §§. Geistliche Reden von der wahren Frömmigkeit; auf gnädigsten Befehl und in höchster Gegenwart Sr. hochfürstl. Gnaden in der Universitätskirche zu Bamberg vorgetragen in der Charwoche. Bamberg 1786. gr. 8. (*Es sind auch Predigten von* G. J. LIMMER *dabey*). Geistliche Reden von der Wohlthätigkeit des Christenthums; in Gegenwart des Fürsten vorgetragen in der Fasten 1790. ebend. 1791. 8. (*Es sind auch Reden von* G. J. LIMMER *dabey*).

REULING (Ludwig Wilhelm) *Kammerrath und Oberteichmeister zu Darmstadt* seit 1786: *geb. daselbst* . . . §§. * Ohnmassgeblicher Vorschlag, wie dem allgemein einreissenden Holzmangel am geschwindesten und sichersten, wo nicht völlig, doch grösstentheils abzuhelfen sey. Darmstadt 1788. 8. (*steht auch in der Hessen-Darmstädt. Landzeitung* 1788. Nr. 14 u. 15). — Vorschläge zu Vertilgung eines gefährlichen Feindes der Fischteiche; *in der Hessen-Darmstädt. Landzeitung* 1786. Nr. 14.

REUSCH (Karl Daniel) *M. der Phil. und* seit 1772 *ordentlicher Professor der Physik auf der Universität zu Königsberg, und* seit 1781 *Oberinspektor des akademischen Kollegiums und Aufseher der Universitätsbibliothek: geb. daselbst* . . . §§. D. Summi principii philosophici unitatem sistens. Regiomonti 1763. 4. Meditationes physicae circa systemata Euleri & Newtoni de luce & coloribus. ibid. 1772. 4. Theoria aëris fixi. ibid. 1776. 4. Aëris atmosphaerici phaenomena quaedam ex theoria de aëre fixo illustrata. ibid. 1777. 4. *Sollte wohl das blosse Daseyn schon Wohlthat seyn? ebend.* . . . — Vergl. *Goldbeck* I u. II.

REUSS (August Christian) Bruder der beyden folgenden C. F. und J. D. *D. der AG. und* seit 1791 *herzogl. Würtembergischer charakterisirter Leibarzt*

arzt zu Stuttgart (vorher seit 1784 bischöffl. Speyrischer geheimer Rath und Leibarzt zu Bruchsal und vordem seit 1783 ausserordentl. Professor der AG. auf der Universität zu Tübingen): *geb. zu Rendsburg im Holsteinischen am 2 Jan.* 1756. §§. D. de terrae motuum caussa. Tubingae 1773. 4. D. de sale sedativo Hombergii. ibid. 1778. 4. *Beschreibung eines neuen chemischen Ofens, nebst 5 Kupfertafeln. Leipz.* 1782. 8. Novae Observationes circa structuram vasorum in placenta humana, & peculiarem hujus cum utero nexum. Tubing. 1784. 4. — *Aufsätze in Crells neuesten Entdeckungen in der Chemie,* z. B. von Verstärkung der Kohlenhitze durch dephlogistisirte Luft Th. 8 (1783). — Chemische Versuche mit der Asche verschiedener verbrannter Vegetabilien; *in den Abhandl. der Böhmischen Gesellschaft der Wissenschaften* (1785).

REUSS (Christian Friedrich) *D. der AG. und ausserordentlicher Professor derselben* (seit 1796 *mit dem Charakter und Rang eines ordentlichen Professors*): *geb. zu Kopenhagen am 7 Jul.* 1745. §§. Rede über die Frage: Ist von jeher eine Medicin gewesen, und warum soll man solche studiren? Tübingen 1767. 4. *D. nova methodus lacte caprillo viribus medicatis digestionis animalis & artis ope impraegnato morbis chronicis curabilibus cito, tuto & jucunde medendi peritioribus medicis ulterius exploranda. ibid.* 1769. 4. *D. de diapasmate. ibid.* 1771. 4. *Compendium botanices systematis Linneani, conspectum ejusdemque applicationem ad selectiora plantarum Germaniae indigenarum usum medico & oeconomico insignium genera eorumque species continens. Ulmae* 1774. 8. *Editio secunda aucta. ibid.* 1785. 8. Untersuchungen und Nachrichten von des berühmten Selzerwassers Bestandtheilen. Leipz. 1775. 8. Neue vermehrte Ausgabe. ebend. 1780. 8. Kenntniss derer Pflanzen, die Mahlern und Färbern zum Nutzen und denen

Liebhabern zum Vergnügen gereichen können. ebend. 1776. 8. Sammlung einiger Abhandlungen aus der Oekonomie, Kameralwissenschaft, Arzneykunde und Scheidekunst. ebend. 1777. 8. *Sammlung der neuesten wichtigsten Nachrichten von Magnetkuren, vorzüglich der Mesmerischen. ebend. 1778. 8. Medicinisch-ökonomische Untersuchung der Eigenschaften und Wirkungen eines ächten und verfälschten Puders, samt seinen unterschiedlichen vortheilhaften sowohl bekannten als unbekannten Zubereitungsarten. Tübingen 1778. 8. Vom Anbau und Commerce des Krapps oder der Färberröthe in Teutschland, als eines sehr nützlichen Landesprodukts. Leipz. 1779. 8. Untersuchung des Cyders oder Apfelweins, nach seinen Eigenschaften und Wirkungen beym Gebrauch, nebst einer Anweisung seiner vortheilhaftesten Verfertigungsart. Tübingen 1781. 8. **Dictionarium botanicum*, oder botanisches lateinisches und teutsches Wörterbuch, nach dem Linneischen System. 2 Bände. Leipz. 1781. gr. 8. Supplement dazu. ebend. 1786. gr. 8. Neue praktische Versuche über die mit besondern Arzneykräften angeschwängerte Geiss- oder Ziegenmilch, und deren vorzüglich schnelle, sichere und angenehme Wirkungen in manchen langwierigen Krankheiten. ebend. 1783. 8. *Dissertationes medicae selectae Tubingenses. Vol. I & II. Tubing.* 1783. — *Vol. III ibid.* 1785. 8. *Primae lineae Encyclopaediae & Methodologiae universae scientiae medicae. ibid.* 1783. 8 *maj.* Beobachtungen, Versuche und Erfahrungen über des Salpeters vortheilhafteste Verfertigungsarten, an jedem Orte mit den wohlfeilsten Materialien. ebend. 1783. 8. 1ste Fortsetzung. ebend. 1785. 2te Fortsetzung. ebend. 1786. 8. *Rindvieharzneybuch, sowohl vor die gewöhnlichste Viehkrankheiten, als auch vor die sonstige Viehseuchen. ebend. 1784. 8. *Kurzer Abriss der Universitätsstudien für junge Studirende, als beson-

besonders auch der Arzneykunde Beflissene, nebst einem Verzeichniss der dazu gehörigen vorzüglichen Bücher. ebend. 1785. 8. *Dispensatorium universale ad tempora nostra accommodatum & ad formam lexici chemico-pharmaceutici redactum. Argentor.* 1786. 8. *Editio nova. ibid.* 1791. 8. — *Pars II. ibid.* 1789. 8. *Dispensatorii universalis supplementum. ibid.* 1787. 8. Untersuchung des Küchensalzes nach seinen vorzüglichen Eigenschaften und Wirkungen. Heidelb. 1786. 8. Medicinisch-chirurgische, theoretische und praktische Beobachtungen über alle Arten von venerischen Krankheiten, nebst deren sichersten und bequemsten Heilungsarten. Leipz. 1786. 8. Hausvieharzneybuch für den Stadt- und Landmann. Tübingen 1787. 8. Physikalisch-medicinische Untersuchung der unterschiedenen Salat-Pflanzen und ihrer Zugehör, nach eines jeden mannigfaltigen Nutzen und Schaden. Frankf. 1787. 8. Botanische Beschreibung der Gräser, nach ihren mancherley einzelnen Bestandtheilen, für Anfänger der Botanik, wie für sonstige Pflanzenliebhaber und Oekonomen zum Handgebrauch eingerichtet. ebend. 1788. 8. *Selectus observationum practicarum medicarum, uti & remediorum, medicorum tam externorum quam internorum longa experientia probatissimorum, una cum eorum formulis ad usum universalem adornatus. Argentor.* 1789. 8. Allgemeines medicinisch-diätetisches Handbuch bey der Sauerbrunnenkur, welches die dabey nöthig zu beobachtenden Maasregeln enthält und Anweisung giebt, den vorkommenden Vorurtheilen und Fehlern gehörig zu begegnen. Frankf. u. Leipz. 1792. 8. Physikalisch-ökonomische Beobachtungen über die allgemeine vortheilhaftere Gewinnung und Benutzung des Torfes bey dem immer mehr einreissenden Holzmangel. Leipz. 1793. gr. 8. * Vertilgung schädlicher Thiere, bessere Benutzung nützlicher Thiere, zum allgemeinen Besten jeder Haushaltung in in der Stadt und auf dem Lande. ebend. 1793. 8. * Ueber den vortheilhaften Anbau und die beste Benutzung der Kartoffeln zu Mahlzeiten, Brandtwein, Puder, Stärke, Lichtern, Sauerteig u. dergl. Vom Verfasser des Buchs: Vertilgung schädlicher Thiere u. s. w. ebend. 1794. 8. * Was ist ein Landtag im Herzogthum Würtemberg? Tübingen 1796. 8. — Abhandlung, wie das Pflanzen- und Steinreich sowohl als das Thierreich manche Körper enthält, welche zum Weissmachen der Leinwand dienen; *in den Beschäftigungen Naturf. Fr.* B. 2 (1776). Abhandlung, wie die Naturkunde der Grund zu einer wohleingerichteten Oekonomie, und wie gross der Einfluss derselben in diese Wissenschaft ist; *ebend.* B. 3 (1777). Aufmunterung zu mehrerm Anbau öltragender Pflanzen in Teutschland, und wie mit denselben ein gutes Provenzeröl zu verfertigen; *ebend.* — De viribus caricis arenariae, radicis Sassaparillae fere superantibus; *in Nov. Actis physico-medis Acad. Natur. Curios.* T. VII. (Norimb. 1783). — Kurze und vollständige Unterweisung, wie man auf Glas allerhand Farben bringen könne; *in Crells chem. Annal.* 1786. St. 7.

*) REUSS (Christian Gottlob) *kursächsischer Maschinen- und Hofzimmermeister zu Dresden: geb. zu Lampertswalda bey Oschatz am 3 August* 1716. §§. Anweisung zur Zimmermannskunst. Leipzig 1764. fol. 2te Aufl. mit neuen Zusätzen und Kupfern vermehrt. ebend. 1767. fol. Neue vermehrte Ausgabe. ebend. 1789. fol. Anhang zu seiner Zimmermannskunst, in welchem vier im Kurfürstenthum Sachsen neuerbauete Brücken beschrieben werden. Mit Kupf. ebend. 1789. fol.

*) Fehlt bey Kläbe, ist also vielleicht gestorben.

REUSS (D... J... B...) *Pfarrer zu Altenkirchen und Philippstein in der westphälischen Grafschaft Sayn* seit 1796 (vorher Kaplan zu Weilmünster im Nassau-Weilburgischen): *geb. zu* ... §§. Handbibliothek für Kinder und ihre Lehrer. 1stes Bändchen: Ausführlicher christlicher Religionskatechismus. Hildburghausen 1796. 8.

REUSS (Franz Ambrosius) *M. der Phil. D. der AG. und fürstl. Lobkowitzischer Arzt zu Bilin in Böhmen: geb. zu* ... §§. * *C. M. A. Caldani* Physiologie des menschlichen Körpers; nach der 2ten lateinischen Ausgabe übersetzt. Prag 1784. 8. *Adversaria in spirituum animalium hypothesin. ibid. eod.* 8. Versuch einer Einleitung in die allgemeine Pathologie der Nerven. ebend. 1788. 8. Naturgeschichte der Biliner Sauerbrunnen in Böhmen. Mit 5 Kupfertafeln. ebend. 1788. 8. Orographie des nordwestlichen Mittelgebirges in Böhmen; ein Beytrag zur Beantwortung der Frage: Ist der Basalt vulkanisch oder nicht? Dresden 1790. gr. 8. Das Saidschützer Bitterwasser, physikalisch, chemisch und medicinisch beschrieben. Prag 1791. gr. 8. Mineralogische Geographie von Böhmen; *erster Band*, oder mineralogische Beschreibung des Leutmeritzer Kreises. Mit Kupfern und einer grossen petrographischen Karte. Dresden 1794. — *zweyter Band*, oder mineralogische Beschreibung des Bunzlauer Kreises. Mit einer petrographischen Karte und Kupfern. ebend. 1797. 4. Chemisch-medicinische Beschreibung des Kaiser Franzenbades oder des Egerbrunnens; nebst einer Litterärgeschichte dieser Quelle und histor. statist. und geognostischen Bemerkungen des Egerischen Bezirks. (Mit einer petrographischen Karte des Egerischen Bezirks). Prag und Dresden 1794. 8. Anhang zu dieser Beschreibung — enthaltend eine Anleitung zum Gebrauche des Egerbrunnens. ebend. 1794. 8. Sammlung naturhistorischer Aufsätze. Prag 1796. 8. Die

Gartenquelle zu Teplitz in Böhmen, in chemischer und medicinischer Hinsicht. Prag u. Dresden 1797. gr. 8. — Untersuchung des natürlichen Bittersalzes zu Witschitz im Saazer Kreise; *in den Abhandl. der Böhmischen Gesell. der Wiss. aufs Jahr*. 1786. Bemerkungen durch einige Gegenden des Leutmeritzer Kreises; *ebend.* Oryktographie der Gegend von Bilin; *ebend. aufs J.* 1787. Ueber ein natürliches mineralisches Alkali; *ebend.* Beytrag zur Geschichte der Basalte; *ebend.* Beschreibung einiger Bitterwasserquellen, als ein Beytrag zur Hydrographie Böhmens; *ebend. aufs J.* 1788. Theorie der Bitterwasser; *ebend.* Mineralogische Bemerkungen auf einer Reise durch den Elbogner Kreis; *in den neuen Abhandl. der Böhm. Gesell. der Wiss.* B. 1. 1791. — Ueber das gediegene Bittersalz zu Witschitz; *in* Crells *chem. Annal.* 1786. St. 10. Chemische Untersuchung des Biliner Sauerbrunnens in Böhmen; *ebend.* 1788. St. 1. S. 17-45. Ueber ein gediegenes Glaubersalz in der Gegend von Saidschütz und Sedlitz; *ebend.* 1791. St. 7. S. 18-32. Ein Beytrag zur Hydrologie Böhmens; *ebend.* 1793. St. 9. S. 213-236. u. St. 10. S. 300-310. — Ueber den ausgebrannten Vulkan bey Eger; *in* Köhlers *bergmänn. Journal* Jahrg. 5. B. 1 (1792). — Charakteristik der Basaltischen Hornblende; *in* J. Mayers *Samml. physikal. Aufsätze* B. 2. S. 317-334 (1792). Beytrag dazu; *ebend.* B. 3. Einige allgemeine Bemerkungen über die Trappformation in Böhmen, nebst einer Beschreibung einiger Basalthügel des Bunzlauer Kreises und der Charakteristik des blätrigen Olivins; *ebend.* B. 4. S. 313 u. f. (1794). Beyträge zur Mineralgeschichte Böhmens; *ebend.* S. 339 u. f. — Mineralogische Bemerkungen auf einer Reise nach Karlsbad; *in den Neuen Schriften der Gesell. Naturf. Freunde zu Berlin* B. 1 (1795). Kleine geognostische Bemerkungen; *ebend.* — Einige Bemerkungen über des Herrn Grubers Apparat, den Luftgehalt verschiedener

dener Flüssigkeiten zu bestimmen; *in* Gren's *Neuem Journal der Physik* B. 2. S. 89-107 (1795).

REUSS (G... J... L...) *M. der Phil. zu ... geb. zu ...* §§. Uebersicht, Gedankenfolge und erklärende Uebersetzung des Briefes Pauli an die Römer, mit den wesentlichsten exegetischen und kritischen Anmerkungen versehen. Giessen 1792. gr. 8.

Fürst von REUSS zu Graitz (Heinrich — Heinrich XIII) *k. k. Gesandter zu Berlin: geb. zu Graitz am* 16 *Febr.* 1747. §§. * Gedanken über die Anwendung der Richtung der Kriegsvölker, von einem kaiserl. königl. Officier. Dresden 1776. gr. 4.

REUSS (Jeremias David) *M. der Phil.* seit 1768, *ordentlicher Professor der Gelehrtengeschichte auf der Universität zu Göttingen* seit 1785, *wie auch Unterbibliothekar der dortigen Universitätsbibliothek* seit 1789 (vorher seit 1782 ausserordentl. Professor und Kustos der Universitätsbibliothek daselbst, und vordem Privatdocent und Unterbibliothekar zu Tübingen): *geb. zu Rendsburg am* 30 *Julius* 1750. §§. Beschreibung einiger Handschriften aus der Universitätsbibliothek zu Tübingen, nebst Anzeige der verschiedenen Lesarten. Tübingen 1779 (*eigentl.* 1778). 8. Beschreibung merkwürdiger Bücher aus der Universitätsbibliothek zu Tübingen vom J. 1468 bis 1477, und zweyer hebräischen Fragmente. ebend. 1780 (*eigentl.* 1779). 8. Sammlung der Instruktionen des Spanischen Inquisitions-Gerichts; gesammelt auf Befehl des Kardinals Don Alonso Manrique, Erzbischoffs von Sevilla und General-Inquisitors in Spanien. Aus dem Spanischen übersetzt. Nebst einem Entwurf der Geschichte der Spanischen Inquisition von *L. T. Spittler.* Hannover 1788. 8. Das gelehrte England, oder Lexikon der jetztlebenden Schriftsteller in Grossbritannien, Irland und Nord-Amerika, nebst einem Verzeichniss

ihrer

ihrer Schriften. Vom Jahr 1770 bis 1790 (*in 2 Theilen, deren erster von A bis L, der andere aber von M bis Z geht. Auf dem Titel des 2ten steht:* Mit einer Vorrede des Herrn Hofraths Georg Forster: *man sucht sie aber vergebens*). Berlin und Stettin 1791. gr. 8. *Auch unter dem englischen Titel:* Alphabetical Register of all the Authors actually living in Great-Britain, Ireland and in the united Provinces of North-America, with a Catalogue of their Publications; from the Year 1770 to the Year 1796. Berl. and Stettin 1791. — Lectionum varietas ad Platonis dialogos ex cod. Tubingensi; *im 2ten Theil der Zweybrückischen Ausgabe des Plato* (1782). — Antheil an *J. F. Fischers* dritten Ausgabe von Plato's Euthyphro, Apologia Socratis, Crito, Phaedo (1783). — *Bruchstücke zur Geschichte ausländischer Universitäten; *in* Meusels *hist. litter. bibliogr. Magazin* St. 7 u. 8 (1794). — Historische Einleitung zu *J. M. Wanslebs* Beschreibung von Aegypten im J. 1664, die er, gereinigt und lesbarer gemacht, dem D. *Paulus* für die 3te Sammlung der merkwürdigsten Reisen in den Orient (1794) aus einer Göttinger Handschrift mittheilte. — Vergl. *Pütters* Gesch. der Univ. Göttingen Th. 2. §. 130. — Sein Bildniss von *Schwenterley* 1792.

REUSS (Johann August) *D. der R. und* seit 1788 *herzogl. Würtembergischer wirklicher Regierungsrath und Lehensreferent zu Stuttgart* (vorher Professor des Staatsrechts auf der dortigen hohen Karlsschule und seit 1787 charakterisirter Regierungsrath): *geb. zu Horrheim im Würtembergischen am 7 Dec.* 1751. §§. D. de Interdictis exportationis frumentorum territorialibus. Tubingae 1772. 4. Theses de revisione sententiarum cameralium ejusque cum visitatione camerali nexu. ibid. 1778. 4. Theses ex jure publico antiquo & medio. ibid. 1780. 4. * *Von der durch Erlöschung des Wilhelminischen Mannsstamms*

stamms in Ansehung der Kurpfälzischen Präsentation an das Kammergericht vorgegangenen Veränderung, und dem dadurch eröffneten evangelischen Präsentationsrecht. 1781. 4. * *Nachtrag zu dieser Abhandlung.* 1781. Theses ex jure publ. Germanorum antiquiore de campis Martiis aliisque Francorum comitiis ad cel. Rundii de hac re libellum. Stuttg. 1781. 4. D. de viarum publicarum munitione (vulgo *Chaussée-Bau*). ibid. eod. 4. De contumacia ad praxin senatus imperialis aulici. ibid. 1782. 4. Theses ex jure publico Francorum ecclesiastico. ibid. eod. 4. *Teutsche Staatskanzley, oder Fortsetzung der Fabrischen Staatskanzley.* 35 *Theile. Ulm* 1783-1797. 8. * *Vorschläge zu gütlicher Beylegung des über die Religionseigenschaft der Grafenkollegien in Franken und Westphalen entstandenen Streits, den* 8 *August* 1783. 4. *Beyträge zur neuesten Geschichte der Reichsgerichtlichen Verfassung und Praxis.* 2 *Theile. Ulm* 1785-1786. — 3ter *Theil. ebend.* 1790. 8. *Deductions- und Urkundensammlung.* 12 *Theile. ebend.* 1785-1797. 8. (Beyde sind Anhänge zur teutschen Staatskanzley). * *Patriotische Wünsche in Absicht auf die jetzt am Reichstag bearbeitet werdende kammergerichtliche Gegenstände.* 1788. 4. *Ueber die Rechtssache des Freyherrn von Moser mit des Herrn Landgrafen zu Hessen-Darmstadt hochfürstlichen Durchlaucht. Zur Beleuchtung einer in mehreren Zeitungen von dieser Sache ausgebreiteten Nachricht. Stuttgart* 1788. 4. *Staatsschriften über die Lütticher Revolution und Exekutionssache.* 1ster *Band. Ulm* 1790. — 2ter *Band. ebend.* 1791. 8. — Vergl. *Weidlichs* biograph. Nachr. Th. 1. und Nachr. S. 228; und *Baz* Beschreibung der hohen Karlsschule zu Stuttgart.

EUSS (Matern) *Benediktiner zu St. Stephan in Würzburg, ordentlicher Professor der Logik, Metaphysik und praktischen Philosophie auf der dortigen*

Universität: geb. zu Neustadt an der Saale . . . §§. D. Aesthetica transcendentalis Kantiana, una cum thesibus ex historia philosophiae & mathesi &c. Herbipoli 1788. 4. *Soll man auf katholischen Universitäten Kants Philosophie erklären? ebend.* 1789. 8. Logica universalis & analytica facultatis cognoscendi purae; Scholae suae scripsit. ibid. eod. 8. D. Theoria facultatis repraesentandi. ibid. 1793. 8. D. Theoria sensualitatis, cum positionibus ex historia phil. & mathesi. ibid. eod. 8. D. Theoria rationis, cum positionibus ex psychologia rationali. ibid. eod. 8. *Vorlesungen über die theoretische und praktische Philosophie seit dem Jahr* 1789 *gehalten, und nun zunächst für seine Zuhörer, auch für jene Denker, welche das Wesentliche der Lehre über Logik, Metaphysik, Naturrecht und Moralphilosophie nach den Grundsätzen der kritischen Philosophie zu verstehen und zu beurtheilen wünschen, ohne Vorlesungen darüber zu hören. 1ster und 2ter Theil. ebend.* 1797. gr. 8.

REUTER (Johann Georg) *Hofrath zu Mainz: geb. zu* . . . §§. Albansgulden, oder kurze Geschichte des Ritterstiftes zum heil. Alban bey Mainz; von dessen ersten Stiftung an als Abtey bis auf seine jetzige Verfassung, mit Nachrichten von desselben Münzrechte. Mit Kupfern und Urkunden. Mainz 1790. 8.

REUTER (Johann Gottlieb) *Stifter und Direktor einer Lehranstalt für junge Frauenzimmer zu Ansbach* seit 1795 (vorher Hofmeister zu Nürnberg, Gotha, Erlangen und Regensburg): *geb. zu Bayreuth* 1763. §§. * Von den berühmten Männern der Stadt Rom: aus dem Lateinischen des *Sept. Aurel. Victor* übersetzt. Hof 1784. 8.

REUTER (Johann Nikolaus) *Pastor zu Horsbüll in der Widingharde Amts Tondern im Herzogthum Schleswig* seit 1796 (vorher seit 1784 Rektor zu

Eckern-

Eckernföhrde): *geb. zu Eckernföhrde am 2 Februar* 1761. §§. Progr. von dem Nutzen öffentlicher Schulprüfungen. Schleswig 1790. 4. Progr. Ermahnung an Aeltern, über den häuslichen Fleifs der Kinder zu wachen. Kiel 1793. 4. — Nachricht von der Schule zu Eckernföhrde; *in den Schlesw. Holstein. Provinzialber.* 1787. H. 4.

REUTH (Albert) *regulirter Kanonikus zu Wettenhausen in Schwaben: geb. zu ...* §§. Der nach Verdiensten gezüchtigte Recensent; ein Lustspiel in dreyen Aufzügen. Paderborn (*oder vielmehr* Augsburg) 1795 (*eigentl.* 1794). 8.

REUTTER (Gottlob Siegmund) *Oberthierarzt und zweyter Lehrer der Thierarzneyschule zu Dresden* seit 1795 (vorher Chirurgus und Pensionair dieser Schule): *geb. zu Pförten in der Niederlausitz* 1761. §§. Riemisch-Reuttersche ausführliche Praktik des Veterinair-Trokkarirens irrgehender Drehschaafe; oder ökonomisch-chirurgischer Unterricht für Landwirthe und Schäfer, das dumme Drehen, Segeln und Traben der Schaaflämmer zu verhindern, und das vorhandene zu kuriren; gemeinschaftlich entworfen von *J. Riem* und *G. S. Reutter.* Dresden u. Leipz. 1791. 8. — Ueber die Igelskälber; *in den Anzeigen der Leipz. ökon. Societät,* Ostermesse 1792. S. 51-54. Mittel wider die Bräune der Schweine; *ebend.* Ostermesse 1793. S. 98-103. Fortgesetzte Beobachtungen über sogenannte Igelskälber bey gebährenden Kühen; *ebend.* Ostermesse 1794. S. 98-106. Betrachtung über eine nicht sehr bekannte Rindviehkrankheit, das Verfangen im Hannöverischen, hier Verstopfen genannt; *ebend.* S. 106-111. Ueber den Genuss und die Unschädlichkeit des Fleisches vom Blitz getödteter Thiere, und die Anwendung einiger Hülfsmittel, wenn sie nur betäubt, und nicht tod sind; *ebend.* Michaelmesse 1794. S. 43-48. Beobachtung über den granulirten Blasenbandwurm, wovon eine

eine Menge in der linken Niere eines Pferdes gefunden wurde; *ebend.* S. 49-53. Bemerkungen über die im Darmkanal der Pferde gefundenen Bandwürmer . . . — Vergl. *Klöbe.*

Gräfin von REVENTLOW (Julie) *auf Ehmkendorf im Kieler Distrikt des Herzogthums Holstein: geb. zu* . . . §§. *Sonntagsfreuden des Landmanns. Kiel 1791. 8. *Kinderfreuden, oder Unterricht in Gesprächen. 1ster Theil. Kiel u. Leipz. 1793. 8. — Antheil am Taschenbuch von *J. G. Jacobi* und seinen Freunden für das J. 1796.

REVERDIL (Elias Salomon Franz) *wirklicher Dänischer Etats- und Kabinetssekretar bis 1761, jetzt Assesseur baillival zu Nyon im Kanton Bern: geb. zu Nyon* 1732. §§. Hat am 2ten Theil der *Lettres sur le Danemarc* die Seiten 102 bis 327 der Ausgabe von 1757 verfertiget; auch erhielt er das erste Accessit über die Berliner Preisfrage *sur l'influence reciproque des opinions sur le langage,* welche mit Michaelis Preisschrift 1761 in 4 gedruckt ist. Auch hat er Antheil an verschiedenen andern Wochenschriften, und hat ins Französische übersetzt *Fergusons* Institutions de philosophie morale. Geneve 1775. 12. Fragmens sur les colonies. Lausanne 1778. 8. — Einige Jahrgänge vom *Mercure Danois.* — Briefe in der *Bibliothek for nyttige Skrifter.* (Kiöbenh. 1772. 8). — Vergl. *Worm* II. S. 258.

REYBERGER (Anton Karl) *D. der Theol. Kapitular des Benediktinerstiftes zu Melk und k. k. öffentlicher ordentlicher Professor der Moraltheologie an der Universität zu Wien: geb. zu* . . . §§. Systematische Anleitung zur christlichen Sittenlehre; oder Moraltheologie. Wien 1794. gr. 8.

REYHER (Benjamin Gottfried) *ehemahliger kursächsischer Generalaccisinspektor, lebt zu Wersdorf im Weimarischen: geb. zu Zottelstädt* 1727. §§.

Zwey

Zwey Sendschreiben an seine Gönner und Freunde. Leipz. u. Wismar 1756. 4. Schreiben an die teutsche Gesellschaft in Jena. Gotha 1757. 4. Lob der Gesangenschaft in Poësien. Augsb. Frankf. u. Leipz. 1762. 8. Verbesserung der ganzen Landeswirthschaft überhaupt und der herrschaftl. Revenuen eines jeglichen Landes und andrer Herren insonderheit. ebend. 1766. 8. Sammlung patriotischer Schreiben von dem Patriotismus der Teutschen. 1-3tes Stück. ebend. 1767-1768. 8. Gemeinnützige Abhandlungen zu noch mehrerer Verbesserung und Verbreitung des gemeinnützigen Instituts der Wittwen- und Waisen-Fiscorum. 1-3ter Theil. 1768. 8. Oekonomische Verbesserungs-Gedanken, Schreiben an die Kais. freye ökonom. Gesellschaft zu St. Petersburg. Frankf. u. Leipz. 1768. 8. Abhandlung von Zubereitung der weissen Stärke. Erfurt 1769. 8. Das allerohnfehlbarste und allerleichteste Rettungsmittel sowohl wider die gegenwärtige als wider alle künftige Theuerungen. Leipz. 1772. 8. Die Kunst, in allen möglichen, sowohl leiblichen als geistlichen Nöthen, vergnügt und glücklich zu seyn. 1772. 8. Teutschlands höchsten und hohen Mäcenen unterthänigst und unterthänig und gehorsamst gewidmeter Auszug aus der nicht kleinen Entdeckung des äusserst grossen gedoppelten Cameral-Pii Desiderii der würklichen Nachhaltigkeit aller Wittwen- und Waisen-Fiscorum, und der vollen Entrathung aller herrschaftlichen Pensionen für alle und jede herrschaftl. Diener, Wittwen und Waisen in allen Landen. Leipz. 1779. 8. Der patriotische Märtyrer; ein Sendschreiben und Briefe, von Ihm selbst. 1-4tes Stück. ebend. 1780. 8.

REYHER (Johann Georg) *D. der AG. ausübender Arzt und* seit 1797 *Adjunkt der medicinischen Fakultät zu Kiel: geb. daselbst am* 18 *May* 1757. §§. *D.*

D. inaug. de venenis. Kilon. 1782. 4. * Ueber die Einrichtung kleiner Hospitäler in mittlern und kleinern Städten. Hamburg u. Kiel 1784. 8. (*unter der Vorrede hat er sich genennt*). Etwas über die Versteinerungen. Kiel 1789. 8. Anleitung zur Erhaltung der Gesundheit für den Landmann. Schwerin u. Wismar 1790. 8. Allgemeine pathologische Diät, oder Lebensordnung für Kranke. ebend. 1790. gr. 8. Auszüge medicinischer Probe - und Einladungsschriften. 1sten Bandes 1stes Stück. ebend. 1790. — 2tes Stück. ebend. 1791. 8. Gemeinnützige Unterhaltungen aus der Arzneykunde, Naturgeschichte und Oekonomie. 2 Jahrgänge (*seit dem May* 1790 *erschien wöchentlich ein halber Bogen*). Kiel 1790 - 1792. 8. Entwurf einer medicinischen Encyklopädie und Methodologie. Altona u. Leipz. 1793. 8. Vorschriften zur Erhaltung der Gesundheit, für Schulen in Städten und auf dem Lande. Kiel 1794. 8.

REYLAND (Bernhard Joseph) *D. der AG. herzogl. Pfalz-Zweybrückischer Hofrath und ausübender Arzt in der Hauptstadt Jülich: geb. zu* . . . §§. *D. inaug. Tractatus medico-practicus, de inflammationibus latentibus. Ingolstad.* 1787. 8. Medicinisch - praktische Abhandlung von verborgenen und langwierigen Entzündungen. Wien 1790. gr. 8. (*Eine Uebersetzung der eben erwähnten Dissertation: ob sie vom Verfasser selbst herrühre, kann nicht bestimmt werden*). Allgemeinnütziges und zweckmässiges Handbuch zur Erhaltung und Wiedererlangung der Gesundheit; nebst einer Anleitung zur Erwerbung der einem jeden nützlichen Kenntniss von der Arzneywissenschaft und den Aerzten. Ein Lesebuch für jedermann. Lemgo 1794. 8. *Generalia medico-practica prima in morbos chronicos in usum medicorum neopracticorum. Düsseld.* 1795. 8.

YNITZSCH (Johann Christian Wilhelm) *königl. Preussischer wirklicher Regierungsrath* seit 1796 (vorher fürstl. Brandenburgischer Prozessrath) *zu Ansbach. geb. zu Gerstett, 3 Stunden unweit Gotha, am 4 April* 1738. §§. * Gegenbericht an das kaiserl. Reichskammergericht in Sachen des Freyhrn. Samuel Friedrich von Gültlingen, wider die unmittelbare freye Reichsritterschaft in Schwaben, Orts am Kocher, die von letztern an erstern den 16ten des Wintermonats 1771 begangenen Landfriedenbruch, Mordthaten, Raubereyen und würklichen Befehdungen betreffend. Mit 15 Beylagen. 1772. fol. Gegenausführung oder Replik in Sachen des Freyhrn. von Gültlingen, wider den Freyhrn. von Adelmann, das Auslösungsrecht an dem Hortingischen Adelmannsfeldischen Antheil &c. betreffend. 1772. Mit 36 Beweisanlagen. — Zum kaiserl. Reichshofrath standhafte Ausführung, wider ein allerhöchst K. Mandat S. C. in Sachen Hrn. Fürsten zu Schwarzenberg, wider das hochfürstl. Haus Brandenburg-Onolzbach, die hohe Obrigkeit und Territorium, auch die daraus fliessende Novalzehendbarkeit betreffend. Mit 30 Anlagen. 1774. — desgleichen dahin, in Sachen Teutscher dann wider die hochfürstl. Brandenburgische Regierung zu Onolzbach — die Landesherrliche Obrigkeit zu Allesheim betreffend. Mit Anlagen von A-Bbb. 1775. — desgleichen in Sachen der Reichsstadt Windsheim, wider das hochfürstl. Haus Brandenburg-Ansbach — den Straffenbau, die hohe Obrigkeit, Dorfs- und Gemeindherrschaft, Schutz- und Schirmsgerechtigkeit &c. betreffend. Mit 22 Anlagen. 1775. (*Diese 3 sind im 2ten u. 3ten Band der Regensburg. Sammlungen eingedruckt worden*). Zum K. Reichskammergericht, eine aktenmässig gründliche, und mit 38 Beweisbeylagen bewiesene rechtliche Ausführung, in Sachen Hrn. Heinrich Hartmann Heuss von Eisenheim aus Sachsendorf, wider Hrn. Phil. Heinrich von Auffeest aus Weyher

her &c. Appellationis cum Mandato attentatorum revocatorio & restituendo S. C. — das zum Rittergut Sachsendorf gehörige Strotzenholz betreffend. 1782. fol. Geschichte und Rechte des Grav Wolframsdorfischen Ganths und Schuldaustheilung, seit 73 Jahren in den Kursächsischen Aemtern Oschatz und Meisen anhängig. 1782. Aktenmässige Geschichte und gründliche Erörterung der Oberst Bosischen Forderungen, Schäden und Kosten aus dem Adrian von Fletzscherl Ganthen, seit 60 Jahren in den Aemtern Weida und Pegau anhängig &c. 2 Theile. 1783. 1784. Ueber Sprache und Rechtswissenschaft der Teutschen. . . . 1785. . . — Ueber den Begriff und die Bedeutung des altteutschen Worts Mahr und hochteutschen Meyer; *in dem Braunschweigischen Magazin* 1792. St. 29 u. 30. — Ueberbleibsel der altteutschen Festschmäuse und Erläuterung derselben aus den thüringischen Kirmesgebräuchen; *in Bragur* B. 3. S. 110-119. — Bemerkungen im Reichsanzeiger.

REZZONICO (Johann) *kurpfälzischer Plantageninspektor zu Heidelberg: geb. zu Mayland* 1720. §§. Abhandlung von der Art und Weise des Seidenbaues. Heidelberg 1762. 8.

RHANäUS (Jakob Friedrich) *Propst des Goldingischen Kreises in Liefland: geb. zu Durben in Liefland am 6 August* 1710 *). §§. 18 Gelegenheitspredigten. — Nebst andern. — Vergl. *Gadebusch* Livl. Bibl. Th. 3.

RHEINWALD (Johann Ludwig Christian) *herzogl. Pfalz-Zweybrückischer Rath und Kabinetssekretar zu Zweybrücken: geb. zu* . . . §§. Gab *mit* D. L. Wundt *heraus:* Magazin für die Pfälzische Geschichte. *1ster Band.* Mit Beziehung auf

*) Lebt er denn noch?

auf den ersten und zweyten Band des Magazins für die Kirchen- und Gelehrtengeschichte des Kurfürstenthums Pfalz *3ter Band.* Heidelb. 1793 (*eigentl.* 1792). 8. (*Von ihm ist in dem 1sten B. die Abhandlung* von den Pfalz-Zweybrückisch-Französischen Souverainitätslanden und den nördlichen Gränzen des Elsasses. Sie ist auch besonders abgedruckt mit der Jahrzahl 1794).

RHODE (Johann Gottlieb) *Hofmeister bey einem Ehstländischen von Adel, Zöge von Manteufel, zu Altharm in Ehstland* seit 1789 (vorher Privatlehrer zu Braunschweig): *geb. zu . . . im Halberstädtischen* 1762. §§. Versuch einer pragmatischen Geschichte des Religionszwangs unter den Protestanten in Teutschland. 1ster Theil. Frankf. und Leipz. (*eigentl.* Leipzig bey Crusius) 1790. gr. 8. Für meine Zeitgenossen. 1ster Heft. Reval 1790. 8. — Ueber den Aufsatz des Hrn. G. H. Schlosser: von der Glaubenspflicht; *im Braunschweig. Journal* 1788. St. 4. S. 463-474. — Viele Gedichte.

RIBBECK (Konrad Gottlieb) *Pastor an der heil. Geistkirche in Magdeburg* seit 1786, *wie auch Kurator der Handelsschule* (vorher Prediger zu Wilsleben und Winningen im Halberstädtischen): *geb. zu Stolpe in Hinterpommern am 22 März* 1753. §§. Antrittspredigt am 4ten Advent-Sonntage 1786. Magdeburg 1786. 8. Predigt von der nothwendigen Sorge guter Menschen für die Bewahrung ihrer Tugend unter manchen Versuchungen. ebend. 1787. 8. Rede bey der Confirmation der Katechumenen. ebend. 1787. 8. Predigt zum Gedächtniss des Hrn. Senior Patzke in Magdeburg. ebend. 1788. 8. Predigt am Neujahrstage 1788. ebend. 1788. 8. Predigten. 2 Sammlungen. ebend. 1789. — 3te Sammlung. ebend. 1791. — 4te Sammlung. ebend. 1794. gr. 8. Vier Predigten vom Wiedersehen in der Ewigkeit. ebend. 1789. 8.

2te vermehrte Ausgabe. ebend. 1792. 8. Arme Aeltern, welche viele Kinder zu ernähren haben, sind die würdigsten Gegenstände der christlichen Mildthätigkeit; eine Predigt. ebend. 1791. 8. Ein jegliches Reich, welches mit sich selbst uneins ist, das wird wüste! eine Predigt. ebend. 1793. 8. Gute Bürger und rechtschaffene Christen müssen für den Unterhalt der Armen sorgen! eine Predigt. bey der jährlichen allgemeinen Almosensammlung für die evangelisch-lutherische Armenanstalten unserer Stadt, am zwölften Sonntage nach Trinit. 1794 gehalten. ebend. 1794. 8. Predigten, mit Hinsicht auf den Geist und die Bedürfnisse der Zeit und des Orts. Leipz. 1796. 8. — Was ist blühender Zustand einer Schule? beantwortet in einer Rede, mit welcher er die öffentliche Prüfung in der Handlungsschule beendigte; *im patriot. Archiv für das Herzogth. Magdeburg* 1792. St. 1. — Aufsätze in den Magdeburgischen gemeinnützigen Blättern 1789 und 1790.

RIBBENTROP (August Wilhelm Karl Georg) Sohn des im J. 1797 verstorbenen Philipp Christian; *D. der R. und Advokat zu Stade: geb. zu Braunschweig* . . . §§. Gemeine Bescheide der königl. Justitzkanzley und des königlichen Hofgerichts zu Stade. Stade 1795. 8. *D. inaug. de delatione delictorum in ducatu Bremensi & Verdensi, in primis de mulota a pagorum incolis, qui furum lignariorum nomina non detulerunt, praestanda. Helmstadii* 1796. 4.

RIBBENTROP (Gottlieb Friedrich) Bruder des vorhergehenden; . . . *zu* . . *geb. zu* . . . §§. Vermischte Bemerkungen und Versuche über das Eisen. Braunschweig 1796. 8. Resultate chemischer und metallurgischer Erfahrungen, in Absicht der Bleyersparung bey dem Schmelzprozess von *da Camara;* aus dem Französischen übersetzt; mit Anmerkungen, Berichtigungen und

und Zusätzen von *W. A. Lampadius*. Dresden 1797 (*eigentl.* 1796). 8.

RIBINI *) (Johann Daniel) *privatisirender Gelehrter zu Wien* (ehedem Sekretar und Vorleser des verstorbenen Oestreichischen Staatskanzlers Fürsten von Kaunitz-Rietberg): *geb. zu Presburg am 7 November* 1760. §§. * Meine Gedanken über die Schrift: Wahres und Wahrscheinliches für den Denker. Wien 1784. 8. — Physikalisch-chemische Beobachtungen über die Farben: aus dem Französischen des Herrn *Opoix* übersetzt und mit Anmerkungen versehen. Wien u. Leipz. 1785. 8. — Einige Beyträge zu dem Presburger Musenalmanach aufs Jahr 1785; und einer zu dem Wiener Almanach von 1786. — Ueber das Billard, ein mathematischer, und über die Küche, ein physikalischer Aufsatz; *im Wiener Taschenbuche zum Nutzen und Vergnügen aufs Jahr* 1787. — Recensionen in *Beckmanns* physikalisch-ökonomischen Bibliothek vom 16ten Band an. — Ueber den St. Bernhardsberg in der Schweitz; *in der Wiener Monatsschr.* 1794. April. — * Ueber den Privatcharakter des verstorbenen Fürsten Kaunitz-Rietberg; *in dem Hamburger politischen Journal* 1794. December S. 1257-1269.

RIBNER (Leonhard) *landesfürstlicher Pfarrer zu Teutschbrodersdorf im Oestreichischen* (vorher Vikar zu B...): *geb. zu* ... §§. *Gab unter dem Namen* RENBIR *heraus:* * Gedanken über die den Klostergeistlichen bey Gelegenheit der neuen Pfarreinrichtung in den kaiserlichen Erblanden zur Prüfung für die Seelsorge vom k. k. Hofe und dem erzbischöfflich Wienerischen Konsistorium

*) Im 5ten Nachtrag zur 4ten Ausgabe S. 144 unrichtig RIEBIENI. Die ihm dort beygelegte Schrift: *Letztes Wort über Göttingen*, ist nicht von ihm. *Vergl.* Reichsanzeiger 1795. S. 2165 und 2362 u. ff.

rium vorgelegten Fragen. 3 Bände. Wien 1783-1785. 8. Unterweisungen auf alle Sonn- und Feyertage des ganzen Jahres; von *Franz, Herzog von Fitzjames, Bischoff von Soissons*, für die Gläubigen seiner Kirche. Aus dem Französischen übersetzt. 1ster Theil. ebend. 1786. — 2ter Theil. ebend. 1787. — 3ter und letzter Theil. ebend. 1789. 8. Gedanken über die Wienerischen Konkursfragen vom 3ten, 4ten und 5ten Sept. 1788; gemeinnützig für jedermann, besonders aber für Konkurskandidaten bearbeitet. ebend. 1790. gr. 8.

*) RICCI (Flavian) *D. und Professor der Theol. auf der Universität zu Pavia* seit 1769 (vorher zu Innsbruck): *geb. zu Cimbers im Fleimsthal in Tyrol* 172.. §§. Via secura ad coelum. Tridenti 1750. 12. (*ital.*) Reflexiones super varia ratiocinia Lamindi Pritani circa votum sanguinarium pro immaculata concept. B. V. Mariae. ibid. 1753. 4. (*ital.*) Theologia moralis P. Anacleti Reiffenstuel instaurata. Tomi II. ibid. 1765. 4. — Vergl. *de Luca* Journal I. 44.

RICHARD (P. . .) *Archidiakonus zu Mühlhausen in der Schweitz: geb. zu . . .* §§. Kurzgefasste Götterlehre für Kinder. Basel 1790. 8.

**) *RICHARD* (Rudolph) *Inspektor und Lehrer des Schindlerischen Waisenhauses zu Berlin. geb. zu Rosenwinkel, einem Dorfe in der Prignitz unweit Kyritz am 6 Julius 1763.* §§. Aufsätze in verschiedenen periodischen Schriften, z. B. physikalischen Inhalts, als: Ueber die Gewitter, Gewitterableiter, Veränderung der Witterung u. a. m. — Ab-

---

*) Lebt er noch? und wo?

**) Diese äusserst unlitterarische Notiz von einem bisher unbekannten Schriftsteller gebe ich, wie ich sie in dem Neuesten gelehrten Berlin finde.

Abhandlungen über die Walpurgisnacht oder den ersten May; über das Aprilschicken u. a. m. — Kleine historische Romane (*wo?*) z. B. Gertrude und ihre Söhne; Catharina Fernandes, oder die schrecklichen Folgen des blinden Religionseifers, u. s. w. — Karakterzüge. 8 Bändchen (*wann? wo? mit oder ohne Namen? vermuthlich alles anonymisch*). — Auch hat er Uebersetzungen aus dem Englischen und Französischen, nebst verschiedenen kleinen Gedichten, geliefert.

Edler von RICHTENBURG (Joachim) *Exjesuite, Baccalaureus der Theol. fürstl. Karl Lichtensteinischer Pfarrer zu Groß-Tayax, und apost. Protonotar* (vormahls Lehrer der Logik, Metaphysik und Kontabilität, wie auch Prediger am Theresian zu Wien): *geb. zu Brieg in Schlesien am* 11 *Oktob.* 1738. §§. Bougueri *Optica, ex Gallico traducta. Viennae* 1762. 4. *Bourdaloue* Gedanken über verschiedene Gegenstände der Religion und Sittenlehre; aus dem Franz. 3 Theile. Augsburg 1773. 8. Des hochw. Bischoffs *Boux* sämtliche Predigten; aus dem Franz. 2 Theile. ebend. 1774. 8. *De la Roche*, Priesters des Oratoriums, sonntägige und andre Predigten; aus dem Franz. 4 Theile. 1775. 8. Des Herrn *Clement*, Abtes zu Macheroux, gesamte Predigten; aus dem Franz. 10 Theile. Augsb. 1775-1776. 8. *Cambaceres* Predigten; aus dem Französischen übersetzt. 3 Bände. ebend. 1785. gr. 8. *Bergier*, der durch sich selbst widerlegte Deismus, oder Prüfung der in Rousseaus Werken ausgebreiteten Grundsätze des Unglaubens; aus dem Franz. 2 Theile. ebend. 1786. 8. Kurze Reden oder vertrauliche Unterrichte über die Evangelien; aus dem Französischen des Hrn. *Cochin* übersetzt. 2 Bände. ebend. 1788. gr. 8. — Vergl. *de Luca* gel. Oestr. B. 1. St. 2.

RICHTER (August Alexander) *fürstl. Nassau-Saarbrückischer Wundarzt zu Saarbrück: geb. zu* ... §§. Theoretische und praktische Wundarzneykunst für unsere Zeiten, oder *Callisens* Grundsätze der ganzen Chirurgie zum allgemeinen Gebrauch eingerichtet. Halle 1785. gr. 8. Guter Rath an junge Mütter, Ammen und Kinderwärterinnen, zur zweckmässigen und sichern Behandlung der Kinder, mit Beyspielen. ebend. 1796. 12.

RICHTER (August Gottlieb) *D. der AG. und derselben ordentlicher Professor auf der Universität zu Göttingen, Präses des Kollegiums der dortigen Wundärzte, und* seit 1779 *königl. Großbritannischer Leibarzt, wie auch* seit 1782 *Hofrath: geb. zu Zörbig in Sachsen am* 13 *April* 1742. §§. D. de prisca Roma in medicos suos haud iniqua. Gotting. 1764. 4. D. de intumescente & calloso pyloro cum triplici hydrope. ibid. eod. 4. Progr. de variis cataractam extrahendi methodis. ibid. 1766. 4. Observationum chirurgicarum Fasciculus I. ibid. 1770. — Fasc. II. ibid. 1776. — Fasc. III. ibid. 1780. 8. *Chirurgische Bibliothek.* 15 *Bände. ebend.* 1771-1797. 8. *Abhandlung von der Ausziehung des grauen Staars. ebend.* 1773. 8. *Abhandlung von den Brüchen.* 1*ster Band. ebend.* 1777. — 2*ter Band. ebend.* 1779. 8. 2*te vermehrte Ausgabe. ebend.* 1785. 8. Progr. Herniam incarceratam una cum sacco suo reponi per annulum abdominalem posse, contra chirurgum Gallum cel. Louis monet. ibid. 1777. 4. Pr. de Agarico officinali. ibid. 1778. 4. Pr. de remediis antiphlogisticis externis. ibid. 1780. 4. Pr. de fracturis cranii. ibid. eod. 4. *Anfangsgründe der Wundarzneykunst.* 1*ster Band. ebend.* 1782. 2*te vermehrte Ausgabe. ebend.* 1786. — 2*ter Band. ebend.* 1786. 2*te Ausgabe. ebend.* 1789. — 3*ter Band. ebend.* 1790. 2*te Ausgabe, ebend.* 1794. — 4*ter Band. ebend.* 1797. gr. 8.

Medicinische und chirurgische Bemerkungen, vorzüglich im öffentlichen akademischen Hospitale gesammelt. 1ster Band. ebend. 1793. 8. *Nachgedruckt zu* Linz 1794. 8. — Observationes de bronchotomia & de herniis; *in den Novis Commentat. Soc. reg. scient. Gott.* T. II. 1771. Observationes de morbis sinuum frontalium; *ibid.* T. III. 1772. Obss. de amaurosi; *ibid.* T. IV. 1773. De opportuno herniotomiam peragendi tempore; *ibid.* T. V. 1774. Obss. de staphylomate; *ibid.* T. VI. 1775. Obss. chirurgicae de herniis; *ibid* Obss. de Pterigio; *ibid.* T. VII. 1777. Obss. de fistula lacrymali; *in den Comment. Soc. reg. scient. Gott.* Vol. I. 1778. Obss. chirurgicae; *ibid.* Vol. II. 1779. *und* Vol. III. 1780. — Chirurgische Beobachtungen *in* Loders *Journal der Chirurgie* B. 1. St. 1 (1797). — Vergl. *Pütters* Gesch. der Univ. Göttingen Th. 2. §. 112. — Sein Bildniss vor dem 52sten B. der allgem. teut. Bibl. auch vor dem Taschenbuch für Wundärzte auf das Jahr 1783; von *Schwenterley* 1792; von *Joh. Schulz* gezeichnet und von *Lips* gestochen.

RICHTER (Christian) *Lehrer an dem Gymnasium zu Gotha: geb. zu* . . . §§. Ueber die fabelhaften Thiere; ein Versuch. Gotha 1797. 8.

RICHTER (Christian Friedrich) *D. der AG. Rath bey dem königl. Obersanitätskollegium, Niederbarnimischer Kreisphysikus, wie auch Arzt des Domhospitals und des Kornmesserischen Waisenhauses zu Berlin: geb. zu Halle am 20 August* 1744. §§. Bemerkungen über die Entstehung und Behandlung verschiedener Arten von Fiebern. Halle 1785. gr. 8. Beyträge zu einer praktischen Fieberlehre. Berlin 1795. 8. — Vermuthete Vergiftung des Brodts, so aber falsch befunden worden; *in* Pyls *Aufsätzen und Beobachtungen* 1ste Samml. 1784. Leichenöffnung eines todtgebohrnen Kindes; *ebend.* Leichenöffnung eines

nes an einer schweren Kopfwunde verstorbenen Mannes; *ebend.* 2te Samml. Obduction eines beym Fahren verunglückten betrunkenen Menschen; *ebend.* 5te Samml. Bericht und Gutachten von einer im Nieder-Barnimischen Kreise ausgebrochenen Rindviehseuche; *ebend.* 6te Samml. Eine intendirte und zum Theil fehlgeschlagene Arsenik-Vergiftung; *ebend.* 8te Samml.

RICHTER (C... S...) ... *zu* ... *geb. zu* ... §§. Anweisung zur guten Pferdezucht und Wartung, auch wie man ein guter Pferdekenner werden könne; nebst einer Beylage von den Betrügereyen der Rosshändler, wie auch von den vorzüglichsten Krankheiten und Kuren der Pferde, für Landwirthe und sonstige Pferdeliebhaber herausgegeben. Mit 2 Kupferplatten. Halle 1789. 8.

RICHTER (Daniel) *Buchhalter zu Hamburg: geb. zu* ... §§. Sammlung von Uebungen im Buchhalten. Hamburg 1791 (*eigentl.* 1790). 8.

RICHTER (Jakob) *Hofmeister der jungen Grafen von Westphalen, deren Vater kaiserl. Gesandter an den Höfen zu Coblenz und Bonn ist: geb. zu Andernach im Cölnischen* ... §§. * Ueber die Religion mit Hinsicht auf die Folgen des Katholicismus. Frankf. und Leipz. 1792. 8. Neuwied 1793. 8.

RICHTER (Jeremias Benjamin) *D. der AG. und* seit 1795 *Bergsekretar und Bergprobirer bey dem königl. Schlesischen Ober-Bergamte zu Breslau: geb. zu* ... §§. *D. inaug. de usu matheseos in chymia. Regiomonti* 1789. 4. Ueber die neuern Gegenstände der Chymie, vorzüglich das ohnlängst entdeckte Halbmetall Uranium. Breslau, Hirschberg und Lissa 1791. — 2tes Stück, vorzüglich über das Wasserbley und den daraus entstehenden blauen Carmin. ebend. 1792. — 3tes Stück, enthält den Versuch einer Kritik des anti-

antiphlogistischen Systems, nebst einem Anhange. ebend. 1793. — 4tes und 5tes Stück (*auch als Nachträge zur Stöchyometrie*). ebend. 1795. — 6tes Stück, welches von der Neutralitäts-Ordnung verbrennlicher Säuren, nebst chemischen, insbesondere pharmaceutischen und metallurgischen Handgriffen handelt. ebend. 1796. — 7tes Stück, welches Beyträge zur Antiphlogistik, in Bezug auf die Göttlingischen Versuche, liefert. ebend. 1796. — 8tes Stück, über die Verhältnisse der Strontianerde und quantitative Ordnung der Metalle. ebend. 1797. gr. 8. Anfangsgründe der Stöchyometrie, oder Messkunst chymischer Elemente. 1ster Theil, welcher die reine Stöchyometrie enthält. ebend. 1792. — 1sten Theils 2ter Abschnitt, enthält die reine Thermometrie und Phlogometrie, nebst einem Kupfer. ebend. 1794. gr. 8. — Etwas gegen Hrn. Rettbergs Widerlegung eines hydrostatischen Satzes, durch den Streit über den Gehalt des Quecksilberkalkes an Sauerstoff veranlasst: *in* Crells *chem. Annal.* 1793. St. 8. S. 108-116. Ueber die Entzündung des Schwefels mit Metallen ohne Gegenwart der Lebensluft; *ebend.* 1794. St. 10. S. 291-310.

RICHTER (Johann) *Pastor zu Nostitz ohnweit Löbau: geb. zu Quaditz* 1732. §§. *Schrieb als Präpositus der ehemahligen Realschule zu Wittenberg sechs Einladungsschriften unter dem Titel*: Vergnügende Schuluntersuchungen. Wittenb. 1757-1760. .. Abhandlung von der Aufsicht in Schulen. ebend. 1758. ..

*) *RICHTER* (J... C... G...) *Lehrer an dem Gymnasium zu Gotha: geb. zu* . . . §§ *Leitfaden bey dem naturhistorischen Unterricht, nach Bechstein's gemeinnütziger Naturgeschichte des In-

*) Vielleicht der vorhin angeführte *Christian* RICHTER?

In- und Auslandes für Gymnasien und Schulen. Leipz. 1795 (*eigentl.* 1794). 8. (*Unter der Vorrede hat er sich genennt*).

RICHTER (Johann Gottfried) *Kandidat der Rechte zu Berlin. geb. daselbst am . . May* 1755. §§. Versuch einer zweckmässigen teutschen Rechtschreibung. Berlin 1780. 8. Kritische Anmerkungen zu des Hrn. Rath Adelung teutscher Sprachlehre für die Schulen. Königsb. 1784. 4. — Von der Darstellung der Rede durch die Schrift; *in der Berlin. Monatsschr.* 1792. Febr. S. 203-215. — Einige Gedichte in dem Götting. Musenalmanach 1780 oder 1781, unterzeichnet *J. G. Rr.*

RICHTER (Johann Gottlob) *M. der Phil. und* seit 1782 *D. der Theol. wie auch Superintendent und Hauptpastor zu Freyberg: geb. zu Niederwerbig im Sächsischen Kurkreise am* 17 *August* 1736. §§. De dispensatione divina. Lips. 1758. 4. Cur nulli sanctorum novi foederis contigerit, vivo corpore in coelum assumi. ibid. 1760. 4. D. Anathemata templi Hierosolymitani. ibid. 1764. 4. *Ehrengedächtniß des seel. Superint. Grundig zu Freyberg. Freyberg* 1781. 4. De amplitudine ministerii sacri hodierni. ibid. eod. 4. D. inaug. de Jacobo Schenckio, in scriptis suis non antinomo ibid. 1782. 4. — *Vergl.* Ecks *Leipz. gel. Tagebuch* 1782. S. 19.

RICHTER (Johann Leonhard Friedrich) *Buchbinder zu Altona: geb. zu Warnstedt im Halberstädtischen* . . . §§. Der durch Europa und Amerika aufmerksame Reisende. In Absicht zu suchen wahre Kinder Gottes. Der aber nirgends selbige gefunden, als nur dem Namen nach, und im Schein, aber nicht im Wesen. Hierüber höchst betrübt und ermüdet, setzt er sich in Amerika unter einem Baum, da ihm in einem Gesicht viele grosse und kleine Partheyen des äussern Christenthums gezeigt

zeigt werden, nebst dem Zustand einiger unvollkommnen Seelen nach dem Tod. Wie auch endlich die Herrlichkeit des Paradieses, und die Stadt des Lebens, nebst dem höchstbeglückten ruhevollen und herrlichen Zustand ihrer Einwohner. Allen wahrheitsbegierigen Seelen zum Licht und Aufschluss in manchen nach zweifelhaften Sachen und Entdeckungen, vieler unter guten Schein, (in dieser letzten Finsternissvollen Zeit) schleichenden Verführungen und Verführern. Zum Druck befördert durch *J. L. F. Richter.* Altona 1777. 8. Die allersichersten Kennzeichen der nahen Zukunft des Herrn Jesu Christi zum Gericht, wie auch die Bekehrung der Juden, Türken und Heiden, bewiesen aus dem 24sten Kapitel Matthäi und den Zeichen dieser Zeit, allen Heilsbegierigen zu einem gesegneten Aufschluss, und denen klugen und thörigten Jungfrauen zur Aufweckung, im Geist munter zu werden und ihre Lampen zu schmücken. Gedruckt auf Kosten guter Freunde. 1790. 8. (*In der Vorrede, welche zu Viviers im Jenner* 1790 *unterschrieben ist, nennt er sich* Gottlieb Leberecht Hurter). Die von Christo dem Philadelphischen Engel in der sechsten Kirchenzeit gegebene offene Thüre zu den grossen Geheimnissen der heiligen Offenbarung. Zu dieser bedenklichen Zeit mit vielen noch niemal entdeckten, dennoch aber einleuchtenden Vorstellungen dargethan von einem Freunde der Wahrheit, *Gottl. Leberecht Hurter.* Gedruckt auf Kosten guter Freunde im Jahr 1790. 8. Einige wichtige und nachdenkliche Prophezeyhungen über das Königreich Frankreich, betreffend dessen Sturz und Zerstöhrung der Monarchie, vorausgesehen im Jahr 1653 und aus bewährten Schriften ausgezogen, werden dem begierigen Publico hiemit bekannt gemacht. Frankf. u. Leipz. 1792. 8. — Vergl. *J. A. Boltens* histor. Kirchennachrichten u. s. w. B. 2. S. 20.

RICHTER (Johann Nikolaus) *reformirter Oberkonsistorialrath und erster Stadtpfarrer zu Zweybrücken* (vorher seit 1777 Konsistorialrath und Inspektor daselbst, und vordem Pfarrer zu Ernstweiler): *geb. zu Zweybrücken* 1733. §§. Diss. de termino donorum munerumque extraordinariorum ex verbis Pauli Eph. 4, 12. 13. eruto. Bremae 1757. 4. D. de fundamento auctoritatis legislatoriae, qua Deus praeprimis in doctrina revelata praecipit, ut ad ejus praescriptum homines dirigant actiones suas morales, *steht, jedoch ohne seinen Namen, im 2ten Th. des zu Leiden 1766 gedruckten Buchs*: Verhandelinge van de kristelyke Zedenkunde, naa den Prys van het Stolpiaansche Legat. *Neue Uebersetzung, Umschreibung und Erklärung des Briefes an die Römer. 1sten Bandes 1stes Stück. Frankf. 1775. — 2tes Stück. ebend. 1778. gr. 8. — Verschiedene* exegetische Abhandlungen *in der* Bibl. Brem. nov. *und in der* Bibl. Hagana.

RICHTER (Johann Paul Friedrich *) *privatisirt zu Hof im Fürstenthum Bayreuth* (vorher zu Schwarzenbach an der Saale im Bayreuthischen): *geb. zu Wunsiedel im Bayreuthischen am 21 März* 1763. §§. *Grönländische Processe oder satirische Skizzen. Berlin 1783. — 2ter Theil. ebend. 1785. 8. *Auswahl aus des Teufels Papieren. (*Gera*) 1789. 8. *Die unsichtbare Loge; eine Biographie von *Jean Paul*. 2 Theile. Berlin 1793. 8. *Hesperus, oder 45 Hundsposttage; eine Biographie von *Jean Paul*, 1-3 Heftlein. ebend. 1795. 3 Bände in 8. *Leben des Quintus Fixlein, aus funfzehn Zettelkästen gezogen; nebst einem Mustheil und einigen Jus de Tablette, von *Jean Paul*, Verfasser der Mumien **) und

---

*) Nennt sich auf den Titeln seiner Werke gewöhnlich *Jean Paul*.

**) Von diesen Jean Paulischen *Mumien* kann ich nirgends Notitz finden.

und der Hundsposttage. Bayreuth 1796. 8. * Blumen-Frucht- und Dornenstücke; oder Ehestand, Tod und Hochzeit des Armen-Advokaten F. St. Siebenkäs im Reichsmarktflecken Kuhschnappel, von *Jean Paul.* 1stes und 2tes Bändchen. Berlin 1796. — 3tes Bändchen. ebend. 1797. 8. * Geschichte meiner Vorrede zur zweyten Auflage des Quintus Fixlein, von *Jean Paul*, Verfasser der Mumien und der Hundsposttage. Bayreuth 1797. 8. * Das Kampanerthal, oder über die Unsterblichkeit der Seele; nebst einer Erklärung der Holzschnitte unter den zehen Geboten des Katechismus, von *Jean Paul.* Erfurt 1797. 8. * Der Jubel-Senior; ein Appendix von *Jean Paul.* Leipz. 1797. 8. * Der Traum und die Wahrheit; Trost bey dem Todtenbette der Frau — Cath. Marg. Ellrodtin, geb. Liebhardtin. Von einem Freunde. Bayreuth 1797. 8. — Einzelne fliegende Blätter ohne Namen. — Im 1sten Theil der *Raffinerien* von *Vogel* steht ein Aufsatz von ihm; im 2ten Theil aber mehrere. — In den *Mixturen für Menschenkinder* rühren die Aufsätze von ihm her, die mit *H* bezeichnet sind. — In der *Litteratur und Völkerkunde von Archenholtz*, so wie in andern bekannten Journalen, stehen mehrere Aufsätze von ihm. — Die Vernichtung, eine Vision; *in* W. G. Beckers *Erhohlungen* B. 2 (1796).

RICHTER (Johann Salomon) . . . *zu Leipzig: geb. zu* . . . §§. Unterweisung im Zeichnen für Anfänger beyderley Geschlechts, auf die fasslichste und leichteste Art vorgestellt. Mit Kupfern. Leipz. 1791. fol.

RICHTER (Joseph) *privatisirender Gelehrter zu Wien: geb. daselbst am 1 März* 1748. §§. * Gedichte zweyer Freunde (*der andere heisst* Joseph Raditsching). Wien 1775. 8. * Der Falk; ein Lustspiel von einem Aufzuge. ebend. 1776. 8. * Die Feldmühle; ein Lustspiel von 2 Aufzügen. ebend.

ebend. 1777. 8. *Der Gläubiger; ein Drama von 2 Aufzügen. ebend. 1777. 8. *Reise von Wien nach Paris; in Briefen an einen Freund. ebend. 1781. 8. Warum antwortet Eybel seinen Gegnern nicht? Beantwortet von einigen alten katholischen Theologen. ebend. 1782. 8. ABCbuch für grosse Kinder. ebend. 1782. 8. Ueber die Attribute der Venus; eine Abhandlung für Künstler und Alterthumskenner. ebend. 1783. 8. *Unter dem angenommenen Namen* OBERMAYR: Bildergallerie katholischer und klösterlicher Missbräuche. Mit Kupfern und passenden Vignetten. Frankf. und Leipz. (*Wien*) 1784. 8. *Neue Legende der Heiligen; nach einem hinterlassenen Manuskript des Voltaire. Mit Kupfern. 2 Bände, nebst Anhang. Salzburg (*Wien*) 1784. 8. Die Brieftaschet eine locale Tagsschrift für Wien. Seit dem November 1783 kam täglich ein Blatt heraus. Wien 1783-1784. 50 Stücke in 4. Der Wiener mit Leib und Seele. . . . *Briefe eines Eipeldauers an seinen Herrn Vettern in Kakran über d'Wienstadt. Aufgefangen und mit Noten herausgegeben von einem Wiener. Wien 1785. 8. *Ueber Szekely's Verbrechen und Strafe. 1786. 8. *Warum wird Kaiser Joseph von seinem Volk nicht geliebt? Wien 1787. 8. *Leben Friedrichs des Zweyten, Königs von Preussen; skizzirt von einem freymüthigen Manne. 4 Bändchen. Amsterdam (*vielmehr* Wien) 1789. 8. Der Zuschauer in Wien, oder: grade so sind die Wiener und Wienerinnen. 6 Hefte. Wien 1790. 8. Grammatisches Wörterbuch der teutschen Sprache, zum Handgebrauche für Beamte, Geschäftsmänner und Schulen in den k. k. Staaten; nach Adelung, Scheller u. s. w. bearbeitet und herausgegeben. 2 Theile. ebend. 1791 (*eigentl.* 1790). gr. 8. Der teutsche Gevatter Matthies; ein Roman. Mit Kupfern. Leipzig 1791. 8. Sammlung der Theaterstücke. Wien 1792. 8. *Briefe eines Eipeldauers über die Wienstadt; auf-

aufgefangen und mit Anmerkungen herausgegeben von einem Wiener. 16 Hefte. ebend. 1794. 8. 2te Auflage. ebend. 1795. 8. * Zwey Bändchen Gedichte; vom Verfasser der Eipeldauer Briefe. ebend. 1794. 8. Ein zweytes Bändchen kleiner Gedichte ebend. 1795. 8. * Sendschreiben des Abate *Andres* über das Litteraturwesen in Wien; mit vielen wichtigen Zusätzen des Herrn Doktors *Aloys Brera* aus dem Spanischen ins Teutsche übersetzt. ebend. 1795. 8. — Vergl. *de Luca* gel. Oestr. B. 1. St. 2.

RICHTER (Julius Friedrich Daniel) *Mittwochsprediger und Katechet zu Zittau: geb. zu Annaberg* . . . §§. Veritas religionis Christianae ex eo, quod omnes gentes religionem coluerint, demonstrata. . . . 1774. 4. *Der herrliche Nutzen der Wunder Jesu für alle Christen zu allen Zeiten. Leipz.* 1778. . . *Die Nacht ist Niemands Freund.* . . . 1779. . . *Sammlung geistlicher Lieder aus den neuesten und besten geistlichen Dichtern und Gesangbüchern gezogen. Zittau* 1787. 8.

RICHTER (Karl Friedrich 1) *erster Prediger der lutherischen Gemeinen bey der Jerusalems- und Neuen-Kirche auf der Friedrichsstadt zu Berlin* seit 1793 (vorher seit 1784 erster Prediger zu Stolzenberg vor Danzig und Inspektor der Stolzenbergischen Synode, und vor diesem seit 1777 Feldprediger bey dem damahligen Pomeiskeschen jetzt Brücknerischen Dragonerregiment): *geb. zu Colberg* 1754. §§. Evangelische Predigten an Religionsfesten, welche in königl. Preussischen Staaten üblich sind. Danzig 1787. gr. 8. Ueber das Aergerniss an Jesu und seiner Religion, Luc. 17, 1-11; eine Predigt. Berlin 1791. 8. Antrittspredigt in Berlin, und Abschiedspredigt in Stolzenberg. ebend. 1793. 8. Von den Pflichten christlicher Unterthanen gegen ihre Regenten; eine Predigt. ebend. 1793. 8. Predigten über die

die Sonn- und Festtagsevangelien, zur Beförderung der Hausandacht. 3 Theile. ebend. 1794. 8. — Eine Predigt auf den Tod Friedrichs des 2ten; mehrere Gelegenheitspredigten, wie auch Leichenpredigten. — *Es ist ein Bildniß von ihm vorhanden.*

RICHTER (Karl Friedrich 2) *M. der Phil. zu Leipzig: geb. zu ...* §§. Recitatio philologica super Psalmo XLV, in Collegio philo-biblico, quod Lipsiae floret, habita, qua illud viro S. R. Chr. Sam. Weissio, Theol. Doctori & ad aedem Nicolait. Diacono summos in Theologia honores observanter gratulatur. Lips. 1796. 8.

RICHTER (Karl Ludwig) *Rektor des Lyceums zu Cassel: geb. zu Halle am 22 August 1737.* §§. Commentatio de libera Socratis contumacia; Progr. I-III. Cassellis 1790. 4. *Progr. über die durch Erziehung und Unterricht auf Schulen zu befördernde Lebensweisheit. ebend.* 1791. 4. Pr. de fide docentis, ad locum Senecae epistolae 108. ibid. 1792. 4. Pr. de communis & publicae salutis cura in animis juvenum mature excitanda. ibid. 1793. 4.

RICHTER (Karl Rudolph) *Prediger an der Cölnischen Vorstadtskirche zu Berlin* (vorher Mitglied des theologischen Seminariums und pädagogischen Instituts zu Halle): *geb. zu Berlin am 3 April 1757.* §§. Anleitung zum Rechnen; nebst einer Vorrede von *E. C. Trapp.* Leipz. 1781. 8. Fortgesetzte Anleitung zum Rechnen, welche die Lehre von den Brüchen enthält. ebend. 1782. 8. Christliches Glaubensbekenntniss für meine Katechumenen, zur Wiedererinnerung an den gehabten Unterricht; welches in 50 kurzen Sätzen die Hauptlehren der christlichen Religion enthält. Berlin ... 8. Christliches Lehrbuch der Katechumenen. Halle 1793. 8. 2te vermehrte und verbesserte Auflage. ebend. 1797. 8. Von den

den Pflichten christlicher Unterthanen gegen ihre Regenten; eine Predigt, gehalten den 10 Febr. 1793. Berlin 1793. 8. Jesus Christus in den letzten Tagen seines irdischen Lebens; ein christliches Erbauungsbuch für Freunde und Verehrer Jesu. . . . Kommunionbuch für Freunde und Verehrer Jesu, nebst einem Gesangbuch von einigen vorzüglich guten Liedern; der Cölnischen Vorstadtgemeine in Berlin bey der Feyer ihres hundertjährigen Kirchenjubiläums gewidmet. Dessau 1795. 8. Kleines Gesangbuch, für die Privatandacht herausgegeben. ebend. 1795. 8. Jubelpredigt, gehalten am 30 August 1795, als am Tage des ersten hundertjährigen Jubelfestes der Cölnischen Vorstadt. Berlin 1795. 8. — Noch einige einzelne Predigten. — Bruchstück aus seiner Predigt von den Pflichten christlicher Unterthanen gegen ihre Regenten; *in dem Genius der Zeit* 1795. Febr. — Sein Bildniss, von Strantz gemahlt, und von Penningh gestochen.

RICHTER (Wenzel) *M. der Phil. zu . . . geb. zu . . .* §§. Naturgeschichte der Gegend am Reichenberg (*in Böhmen*). Prag u. Dresden 1786. 4. (*unter den drey Abhandlungen über die physikalische Beschaffenheit einiger Distrikte und Gegenden von Böhmen, herausgegeben von der böhmischen Gesellschaft der Wissenschaften zu Prag*).

RICHTER (Wilhelm) *Konrektor zu Guben in der Niederlausitz* seit 1794: *geb. zu Wöllnitz in der Niederlausitz* 176 . . §§. *De luna Poëtarum; Prolusio. Guben.* 1794. 8 *maj.* Einige Gedanken über die Erlernung der Sprachen auf öffentlichen Schulen und die Erleichterung derselben durch den Vortrag. ebend. 1795. gr. 8.

RICK (. . . .) . . . *zu Wien: geb. zu . . .* §§. Ueber das politische Verhältniss zwischen den östreichischen Unterthanen und ihren Herrschaften.

 Wien

Wien 1793. 8. Politischer Versuch über den Missbrauch des öffentlichen und Privatkredits. ebend. 1793. 8.

RICKLEFS (Friedrich Reinhard) *M. der Phil. und Professor an dem Gymnasium zu Oldenburg: geb. zu Ovelgönne im Herzogthum Oldenburg am 26 Okt. 1769.* §§. *D. de nexu, quem habeat morum philosophia cum religione. Sectio I. Helmstad.* 1791. 4. Neue englische Chrestomathie, aus den besten Schriftstellern der Nation zusammengetragen, mit den nöthigsten Sachanmerkungen begleitet, und mit Ton- und Lesezeichen versehen. 1ster Theil. Oldenburg u. Bremen 1793. 8. Erinnerungen aus Manso's Leben. Oldenburg 1796. 8. — * Moschus drittes Idyll, Klaggesang auf Bion, in Hexameter übersetzt; *in* Wiedeburgs *humanist Magazin* St. 1 (1789). * Der Dreyer, ein Lustspiel des Plautus, übersetzt; *ebend.* St. 3. Ueber zwey Stellen des Horaz, den Plautus betreffend; *in* ebendess. *philol. pädag. Magazin* B. 1. St. 1 (1791). Das Orakel, Calpurns erste Elegie: *ebend.* Acht Plautinische Lustspiele, ein Manuscript auf der Bibliothek der Julius-Karls-Universität, verglichen; *ebend.* St. 2. Lucani Pharsalia, ein Manuscript auf der Bibliothek der Julius-Karls-Universität, verglichen; *ebend.* St. 3. Crocale, Calpurns zweyte Elegie; *ebend.* *Recensionen* in demselben Magazin. — Ueber den Spruch: *Ubi bene, ibi patria,* wo es dir wohl geht, da ist dein Vaterland; *in* Hennings *Genius der Zeit* 1794. St. 9. S. 40-57. Berichtigung: *ebend.* St. 11. S. 397-401. — Uebersetzung einiger lateinischen Gedichte von Italienern des 15ten und 16ten Jahrhunderts: *in* v. Eggers *teutschen Magazin* 1796. April S. 402-413. Ueber das Bedürfniss einer Censur für Leihbibliotheken: *ebend.* Sept. S. 239-262. Probe einer metrischen Verteutschung der Hecuba: *ebend.* 1797. August S. 188-201. Aufsätze in den Oldenburgischen Blättern vermischten Inhalts.

*) RIEBE (. . . .) *Unterofficier unter einem Preussischen Regiment zu* . . . (vorher reformirter Kandidat des Predigtamts zu Berlin): *geb. zu Frankfurt an der Oder* . . . §§. * Gespräche über die Leiden des jungen Werthers. Berlin 1775. 8. * Ueber Wahrheit, Denken und Lehren; sämtlichen Lehrern und Predigern zugeeignet. ebend. 1775. 8. 2te Aufl. ebend. 1776. 8. * Die Gräfin von Wollberg; ein Trauerspiel. ebend. 1776. 8. — *Man legt ihm auch folgende Schrift bey:* Doch die Existenz und Wirkung des Teufels auf dieser Erde; eine Skizze. (*Berlin*) 1776. 8.

RIEBEN (Johann Wilhelm) *kurfürstl. Sächsischer Kriegskommissar zu Köttwitz bey Dohna: geb. zu* . . . §§. Auf vieljährige Erfahrung gegründete Anweisung zum Tabacksbau für alle Landesgegenden. Dresden 1790. 8. (auch in *J. Riem's* auserlesenen Samml. vermischter ökon. Schriften B. 1. Heft 1. 1790). Allgemeiner praktischer Unterricht für Ackerwirthe; oder Beylagen zu Bauerkalendern für Teutschland. Verfasset von — *Rieben.* Revidirt von einigen andern Oekonomen. Leipz. 1794. 8. — Ueber den Nutzen und die Nothwendigkeit holzsparender Oefen; *in* Riem's *auserles. Samml. vermischter ökon. Schriften* B. 2. Lieferung 3. S. 94 u. f. (1791). Vortheilhaftes Ziegelbrennen mit Steinkohlen und Holz, ein Beytrag zu nützlicher Holzersparniss; *in* ebendess. *neuen Sammlung u. s. w.* Th. 2. S. 224-237 (1792).

RIECKE (Johann Gottlob) *M. der Phil. und* seit 1785 *Pastor zu Sizeroda bey Torgau: geb. zu Dobrilugk am* 19 *Januar* 1748. §§. Praecepta quaedam de via eloquentiae sacrae parandae. Dresdae 1779. 4 **).

*) Lebt er noch? und wo?

**) Vielleicht nur eine kleine Schrift?

RIECKE (Victor Heinrich) *M. der Phil. und Prediger der neuen lutherischen Gemeine zu Brünn in Mähren: geb. zu Stuttgart am 17 May 1759.* §§. Zwo Predigten, gehalten bey Eröffnung des protestantischen Gottesdienstes in Brünn; nebst Nachricht von der dasigen neuen Kirchengemeine und einem Anhang. Wien 1783. 8. Nachricht von der neuen Kirchengemeine in Brünn. ... — Aufsätze und Recensionen im Schwäbischen Magazin.

*) RIEDEL (J... C...) ... *zu* ... *geb. zu* ... §§. Das Buch Hiob in 12 Gesängen. Presburg 1779. 8.

RIEDEL (Johann Gottlieb) *M. der Phil. und Privatlehrer der Mathematik zu Leipzig geb. daselbst* ... §§. Die Verbindung der Sonne, Erde und des Mondes, in einem Modell vorgestellet. Mit Kupfern. Leipz. 1785. 8. Gründlicher Unterricht vom Gebrauche der Boussole in der praktischen Geometrie. ebend. 1795. 8. Mit 12 Kupfertafeln. — Abhandlung von Verbesserung der unterschlächtigen Mahlmühlen, die zu geschwind oder zu langsam gehen; *in den Schriften der Leipziger ökon. Gesellsch.* Th. 7 (1787). Erklärung über diese Materie; *ebend.* Erklärung über des Hauptmanns Dietrich Gedanken über Silberschlags Anmerkungen; zu obiger Abhandlung von Verbesserung u. s. w. *ebend.*

RIEDEL (Johann Paul) *königl. Preussischer Justitzamtmann zu Leutershausen im Fürstenthum Ansbach* seit 1797 *und* seit 1781 *fürstl. Brandenburgischer Prozeßrath* (vorher seit 1785 Stadtvogt zu Leutershausen und Amtsrichter zu Brünst und vordem Amtmann zu Hemhofen, der Familie Winkler von Mohrenfels gehörig, unweit Erlangen): *geb. zu*

*) Wie lange noch wird diese Notitz mangelhaft bleiben?

zu Ansbach am 6 August 1749. SS. Versuch eines Beytrags zur Landesgeschichte des hochfürstl. Hauses Brandenburg-Onolzbach, in historischer Beschreibung des Ursprungs, der Einwohner, Beherrscher und Religion, des Theils des Nordgaues, der Pagus Sualefeld hiess, und der nach der alten Geographie in selbigem gelegenen Stadt Gunzenhausen. Nürnb. 1780. 8. Hat das Näherrecht bey Subhastationen vor oder nach der Adjudication statt? Ansbach 1781. 8.

RIEDEL (. . . .) *Schulkollege zu Coburg: geb. zu . . .* SS. *Die Aufklärung nach der Mode, oder eine komisch-tragische Geschichte, wie sie die Welt aufstellet, zur Beherzigung meiner Brüder. Neustadt an der Aisch 1790. 8.

RIEDERER (Georg Andreas) *D. der AG. zu . . . geb. zu Altdorf . . .* SS. *D. inaug. de haemorrhagia narium, praesertim respectu semiotico. Altdorf.* 1791. 8. Abhandlung von dem weissen Flusse der Frauen; nach dem Französischen des Herrn *Raulins* bearbeitet. Mit einer Vorrede von D. *Joh. Ch. Gottl. Ackermann.* Nürnberg 1793. 8.

Freyherr von RIEDESEL zu Eisenbach (Karl Georg) *D. der R. Kammergerichtsassessor zu Wetzlar* seit 1780 (vorher herzogl. Würtembergischer Kammerherr, adelicher Regierungsrath und Hofgerichtsassessor zu Stuttgart): *geb. zu Wetzlar am* 21 *November* 1746. SS. Rede über die Frage: Hat die wirkliche Reichskammergerichtsvisitation ihren wahren Nutzen und worinne? Tübingen 1767. 4. *D. de adhaesione & communione appellationis praes. ad supr. Dicast. Wirt. ibid.* 1769. 4. Vorträge an den vollen Rath des kaiserl. Kammergerichts über einige wichtige Materien des kammergerichtlichen Processes. Jena 1791. gr. 8. — Vergl. *Haugs* Schwäb. Mag. 1777. S. 856; und *Weidlichs* biogr. Nachr. Th. 3.

von *RIEDL* (Adrian) *kurpfalzbayrischer Hofkammerrath und General-Strassen- und Wasserbau-Direktor zu München: geb. zu . . .* §§. Reise-Atlas von Bayern, oder geographisch-geometrische Darstellung aller Bayrischen Haupt- und Landstrassen, mit den daran liegenden Ortschaften und Gegenden; nebst kurzen Beschreibungen alles dessen, was auf und an einer jeden der gezeichneten Strassen für die Reisenden merkwürdig seyn kann. München 1796. gr. 4.

RIEDL (Ferdinand Joseph) . . . *zu . . . geb. zu . . .* §§. Geschichten und Gespräche: zum Nutzen und Vergnügen der Jugend und Jugendfreunde. Wien 1796. 8.

RIEDNER (Georg Nikolaus) *Münzmeister zu Nürnberg: geb. zu . . .* §§. Verzeichniss aller hier (*zu Nürnberg*) geprägten Medaillen und Schaumünzen vom Jahr 1679 bis 1787. Nürnb. 1788. 4.

RIEFF (Franz Xaver) *Chorherr des Prämonstratenserordens, wie auch Professor der Theol. und Bibliothekar zu Schussenried: geb. zu Aigendorf in Schwaben am 29 Jan.* 1751. §§. מִדְרְשֵׁי בְרֵאשִׁית חֲצוּי sive Commentarius in Genesin dimidiatam, ex variis tam latinis quam hebraeis auctoribus collectus. Ulmae 1772. — P. II. ibid. 1774. 4.

RIEFFESTAHL (Hermann Andreas) *königl. Grossbritannischer und kurfürstl. Braunschw. Lüneburgischer Konsistorialrath, Superintendent und Pastor primarius am königl. Dom zu Bremen: geb. zu Stade* 1722. §§. * *Gab heraus* des seel. Seniors Wagner in Hamburg kurzen Entwurf der christlichen Glaubenslehre, etwas vermehrt. (Bremen 1773). Bremische Antrittspredigt. ebend. 1773. 4. Eine Predigt von den natürlichen Gebrechen der Menschen steht in Pratje's Sammlung von 1776. Gedächtnisspredigt auf den seel. Konsistorialrath J. G. Schlichthorst in Bre-

Bremen. Bremen 1781. 4. *De Mose, Aegyptiorum scientiis imbuto, iis vero in ferendis legibus non uso. ibid. eod.* 4. Die Gnüge der Christen an dem Leben ihres Erlösers. ebend. 1782. 8. *Progr. de paedagogia legis ad Christum. ibid.* 1786. 4. War Mitarbeiter am neuen Bremer Domsgesangbuche.

RIEFL (Johann Franz) *fürstl. Speyerischer Hofrath und Lehenpropst zu Bruchsal geb. zu* . . . §§. *D. Princeps Catholicus ecclesiastici regiminis quoad ad disciplinae causas particeps*, . . . * Abdruck des zufolge Reichshofrathsabschlusses vom 7 April 1780 in Sachen der Stadt Baden entgegen des Hrn. Markgrafens zu Baden hochfürstl. Durchl. verschiedene Religionsbeschwerden betreffend, abseiten der Stadt Baden im Jahr 1781 bey dem höchstpreislichen Reichshofrathe überreichten Gegenberichts. Bruchsal 1785. fol.

Reichsfreyherr von RIEFL (Josua Joseph) *D. der R. kaiserl. Reichshofrath zu Wien* seit 1782 (vorher seit 1775 fürstl. Speyerischer geheimer Rath und Vicekanzler zu Bruchsal und vor diesem Professor zu Würzburg): *geb. zu* . . . §§. *Syntaxis ornans & varians. Wirceb.* 1763. 8. Prosodie. ebend. 1763. 8. Orthographie. ebend. 1764. 8. *Rhetorica, exemplis figuram periodorum, cleriarum &c. antiquis & novis illustrans. IV Part.* 1765-1769. 8 *maj.* *D. inaug. de modo agendi in caussis, in quibus status in duas partes eunt, secundum leges & formam imperii considerato. ibid.* 1768. 4. Kritische Staatsbetrachtungen. 6 Theile. Frankf. und Leipz. (*Würzburg*) 1770-1773. 8. Briefe in teutscher und lateinischer Sprache. Würzb. 1771. 8. Anhang zu Joh. Jak. Mosers Abhandlung von der reichsstädtischen Regimentsverfassung, und deren 2ten Buch. Bamberg 1773. 4. * Der Reichshofrath in Justitz-Gnaden- und anderen Sachen, mit Fällen, Präjudicien und Rechtsbemerkungen.

gen. 3 Theile. Augsburg 1791-1792. gr. 8. — Vergl. *Weidlichs* biogr. Nachr. und Nachtr.

*) RIEGER (Christian) *vormahls Jesuite, D. der Phil. zu Wien* (vorher Lehrer der Mathematik und Physik zu Görz, hernach am Theresian zu Wien, alsdann königl. Spanischer Kosmograph zu Madrid): *geb. zu Wien* 1714. §§. Universae architecturae civilis elementa, brevibus recentiorum observationibus illustrata. Vind. 1756... Universae architecturae militaris elementa, brevibus recentiorum observationibus illustrata. ibid. 1758... Observacion del transito de Venus por el disco del Sol, en el dia 6 de Junio de 1761. Madrid... Elementos de toda la architectura civil con las mas singulares observaciones de los modernos. Madrid 1763... Observaciones physicas sobre la fuerza electrica grande y fulmine. Madrid 1763. 4. — *Vergl.* de Luca *gel. Oestr.* B. 1. St. 1.

von RIEGER (Christian) *Hofrath zu St. Petersburg: geb. zu Wien* ... §§. *Commentarius oder Denkbuch und Erklärung, was der Reichstag sey? untermengt mit einem Etwas für alle, betrachtet in allen seinen Bestandtheilen und innerlichen Verfassung. Einem jeden Publicisten zum Gebrauch und Unterricht herausgegeben von einem wahren teutschen Patrioten. Frankf. u. Leipz. (*Augsburg*) 1780. 4.

RIEGER (Christian Friedrich) *M. der Phil. und* seit 1795 *Pfarrer zu Wangen im Würtembergischen* (vordem seit 1789 Pfarrer zu Neustadt bey Waiblingen im Würtembergischen und vorher Hofmeister der Herren von Gemmingen zu Bürg im Würtembergischen): *geb. zu Ludwigsburg am 7 Jan.* 1757. §§. *D. de sensu vocis* σαρξ *in N. T. Tubing.* 1779.

*) Lebt er noch?

1779. 4. Vom Zustand und dem Verhalten der Katholiken in England von der Reformation an bis auf das Jahr 1780; in 2 Theilen; aus dem Englischen übersetzt und mit Anmerkungen. Tübingen 1783. 8. Beschreibung der gegenwärtigen Verfassung der sämtlichen teutschen lutherischen Kirchen in London. Stuttgart 1793. gr. 8.

RIEGER (Gottlieb Heinrich) Bruder des vorhergehenden; *M. der Phil. und herzogl. Würtembergischer evangelischer Hofkaplan zu Stuttgart: geb. zu Ludwigsburg am 6 Okt.* 1755. §§. Vorbereitungspredigt auf den Huldigungstag, am 21 Jul. über Röm. 6, 19-20. gehalten. Stuttg. 1795. 8. Zwo Predigten mit Rücksicht auf die Zeitumstände, am 10 und 12 Jun. über Klagl. Jer. 3, 21-25, und 1 Petr. 5, 5-11. gehalten. ebend. 1796. gr. 8. Predigt bey der Eröffnung des Würtembergischen Landtages, am 17 März gehalten. ebend. 1797. 8. Predigten aus besondern Veranlassungen und mit Rücksicht auf die Zeitumstände. ebend. 1797. gr. 8. — *Ueber den Inhalt öffentlicher Religionsvorträge an Erwachsene; *in* Flatts *Magazin für christliche Dogmatik* St. 1. S. 230 u. ff. (1796).

von RIEGER (Immanuel) *M. der Phil. herzogl. Würtembergischer wirklicher geheimer Rath* seit 1788 (vorher seit 1786 charakterisirter) *und* seit 1784 *Vicedirektor des Konsistoriums zu Stuttgart* (war eine Zeit lang bis 1796 herzogl. Würtembergischer Gesandter zu Paris, und vordem Regierungsrath, Lehensreferent, Wechselgerichtsassessor, Kommerziendeputatus u. s. w.); *geb. zu Stuttgart* 1727. §§. D. de limitibus juris libere sentiendi. Tubingae 1745. 4. *Observations pour la serenissime Maison de Wirtemberg sur les arrêtés de l'Assemblé nationale de France du quatre Aout mil sept cent quatre vingt-neuf & jours suivans. à Paris 1790. 4. — Vergl. *Haugs* Schwäb. Magaz. 1777. S. 949.

RIEGER (Johann Leonhard) *Lehrer an der lateinischen Schule und Musikdirektor zu Aalen: geb. daselbst 174 . .* §§. Theologische Untersuchungen. Nördlingen 1784. 8. Scholien über den Propheten Jesaias, nebst einer Einleitung. Memmingen 1788. 8. Der Geist unsers Zeitalters. Teutschland 1795. 12 Stücke in 8. (*Es sind auch Aufsätze von andern darinn*).

von RIEGGER (Karl Emanuel) *Ritter*, ehedem *östreich. böhm. und polnischer Hofagent und reichsfürstl. Hofrath zu Wien;* sein jetziger Aufenthalt ist unbekannt: *geb. zu Wien am 6 Dec.* 1751. §§. Abhandlung von dem östreichischen Marschall, seinen Rechten, Pflichten, Vorzügen und Vortheilen, die dem ihm untergebenen Hofmarschallamt und seiner Gerichtsbarkeit anhangen. 1 Th. Wien 1775. 8. Sammlung der in Kirchensachen ergangenen landesfürstlichen Gesetzen, die von undenklicher Zeit bis auf die Regierung Marien Theresiens in Böheim und denen dazu gehörigen Ländern kund gemacht worden. ebend. 1779. gr. 8. — Vergl. *de Luca* gel. Oestr. B. 1. St. 2. *Weidlichs* biogr. Nachr. Th. 3.

RIEGLER (Nikolaus) *D. der AG. und Physikus des Fürstenthums Bilitz in Oberschlesien: geb. zu . . .* §§. Constitutio epidemica annorum 1775. 1776. 1778. 1779; adjectis nonnullis selectioribus casibus practicis. Vratisl. 1780. 8 maj.

RIEM (Andreas) *privatisirt zu Paris* seit 1795. (War erst reformirter Prediger zu Friedrichswalde bey Templin in der Uckermark, hernach seit 1782 Prediger bey dem grossen Friedrichshospital zu Berlin; legte 1789 diese Stelle nieder und war beständiger Sekretar der königl. Akademie der Künste und mechanischen Wissenschaften zu Berlin, wie auch Direktor der königl. Kunst- und Buchhandlung, wie auch seit 1791 Kanonikus bey dem Stift St. Johannis und Dionysii zu Herford

ford in Westphalen): *geb. zu Frankenthal am 22 August* 1749. §§. *Timoklea und Chariti-des. Leipz. 1773. 8. *Dorset und Julie. 2 Theile. ebend. 1774. 8. *Vom Einfluss der Religion auf das Staatssystem der Völker. Berlin 1778. 8. *Verträglichkeit der Religion mit der Politik der Staaten; nebst dem Entwurfe eines Werks: Clima, Staatsverfassung, Nationalgeist, Religion und Wissenschaften; welches ist ihr wechselseitiges Verhältniss? ebend. 1779. 8. *Philosophische und kritische Untersuchungen über das Alte Testament und dessen Göttlichkeit, besonders über die Mosaische Religion. London (*Leipz.*) 1785. gr. 8. Gedächtnissrede auf Friedrich den Einzigen. Berlin 1786. 8. Ueber die Mahlerey der Alten. Ein Beytrag zur Geschichte der Kunst. Veranlasst vom Direktor *Rode*. Mit Kupfern. ebend. 1787 (*eigentl.* 1786). 8. *Uebrige noch ungedruckte Werke des Wolfenbüttelischen Fragmentisten; ein Nachlass von *Gotthold Ephraim Lessing*; herausgegeben von *C. A. E. Schmidt* (*unter diesen Namen hat er sich versteckt*). (*Berlin, bey Unger*) 1787. 8. *Beyträge zur Berichtigung der Wahrheiten der christlichen Religion. 1stes Stück: Ueber Glauben und Ueberzeugung. Berlin 1787. 8. *Gab heraus:* *Monatsschrift der Akademie der Künste und mechanischen Wissenschaften zu Berlin. 13 Stücke. ebend. 1788. gr. 4. *Gab ferner mit* G. N. FISCHER *heraus*: Berlinisches Journal für Aufklärung. ebend. 1788-1790. Jährlich 12 Stücke in 8. Monumente indischer Geschichte und Kunst; aus dem Englischen des Sir *William Hodges*. ebend. 1789. Queerfol. Nebst 2 Kupfertafeln. *Ueber Aufklärung — ob sie dem Staate — der Religion — oder überhaupt gefährlich sey und gefährlich seyn könne? Ein Wort zur Beherzigung für Regenten, Staatsmänner und Priester. Ein Fragment. ebend. 1788. 8. *Ueber Aufklärung — was hat der Staat zu erwarwarten — was die Wissenschaften, wo man sie unterdrückt? — wie formt sich der Volkscharakter? — und was für Einflüsse hat die Religion, wenn man sie um Jahrhunderte zurück rückt, und an die symbolischen Bücher schmiedet? Ein Wort zur Beherzigung u. s. w. Zweytes Fragment, ein Kommentar des ersten. ebend. 1788. 8. (*Beyde Fragmente sind in kurzer Zeit 4mahl aufgelegt worden*). Neues Berlinisches Journal über Gegenstände der Geschichte, Philosophie, Gesetzgebung und Politik. 1sten Bandes 1stes Stück. ebend. 1791. 8. * Geschichte einiger Esel. . . . *). Neues System der Natur, über Gott, Welt, Intelligenzen und Moralität. 1ster Band. Dresden 1792. 8. * Christus und die Vernunft, oder Prüfung der Wahrheit und Göttlichkeit der Lehre Jesu Christi, des dogmatischen Lehrbegriffs und der symbolischen Bücher. Teutschland 1792. 8. Ueber Religion, als Gegenstand der verschiedenen Staatsverfassungen; mit Rücksicht auf die gegenwärtige Lage von Politik und Religion. Berlin 1793. 8. Ueber Christenthum und moralische Religion; als Apologie der Schrift: Christus und die Vernunft, gegen den Verfasser der kritischen Theorie der Offenbarung und gegen Hrn. D. Döderlein. Nebst einer Abhandlung über Moralität, zur Replik vom Verfasser der kritischen Theorie der Offenbarung. Halle 1793. gr. 8. Reines System der Religion für Vernünftigere. Berlin 1793. 8. * Das reinere Christenthum, oder die Religion der Kinder des Lichts. 3 Bände. ebend. 1793 - 1795. 8. (*Der 2te Band führt auch den Titel:* Fortgesetzte Betrachtungen über die eigentlichen Wahrheiten der Religion, oder Fortgang da, wo Herr Abt Jerusalem stilll stand. *Und der 3te:* Supplement zum Werke: Christus und die

*) Von dieser Eselsgeschichte kann man doch nirgends das Mindeste finden.

die Vernunft). Geographie zum Unterricht in Schulen und Erziehungsanstalten; nach den neuesten geographischen Veränderungen bearbeitet. 1ster Band. ebend. 1795. 8. *Europens politische Lage und Interesse. 1-3ter Heft. (*Ohne Druckort*) 1796. 8. Reisen durch Teutschland, Frankreich, England und Holland in verschiedener, besonders politischer Hinsicht, in den Jahren 1785 und 1795. 1ster Band. (*Ohne Druckort*) 1796. 8.

RIEM (Johann) *kurfürstl. Sächsischer Kommissionsrath zu Dresden* seit 1789 *und* seit 1786 *beständiger Sekretar der Leipziger ökonomischen Gesellschaft* (vorher seit 1777 fürstl. Anhalt-Plessischer Amtsrath und Administrator der Aemter Deutschweichsel und Miserau zu Deutschweichsel bey Pless in Oberschlesien; vordem seit 1776 königl. Preussischer Oberinspektor aller Schlesischen Bienenplantagen zu Grünthal bey Breslau; vor diesem aber Oberökonomiekommissar und Lehrer der Bienenökonomie zu Berlin): *geb. zu Frankenthal am 10 December* 1739. §§. Die beste Bienenzucht in Kurpfalz. Mannheim 1768. 8. Verbesserte und geprüfte Bienenpflege zum Nutzen aller Landesgegenden. ebend. 1771. 8. (*S. hernach* Fundamentalgesetze u. s. f. *und* Vollkommenste Grundsätze dauerhafter Bienenzucht). Holzsparkunst durch ökonomische Oefen. ebend. 1773. 8. (*ist aus den* Bemerkungen der kurpfälz. ökon. Gesellsch. *besonders abgedruckt*). Verwandelung der jetzigen Modebienengesellschaften in Dorfbienengesellschaften. ebend. 1773. 8. (*auch in der 2ten und 3ten Ausgabe der* Bienenpflege). Der entlarvte Wildmann, Betrüger grosser Höfe; eine merkwürdige Geschichte, den Freunden der bewundernswerthen Bienen gewidmet. Berlin 1774. 8. Vollständige praktische Anleitung, das aufgeblähte Vieh durch untrügliche und äusserliche Mittel zu retten. ebend. 1775. 8. Fundamentalgesetze zu einer perennirenden Kolonieloniebienenpflege in zusammengesetzte Halbwohnungen, zum Nutzen aller Landesgegenden. Mannheim 1775. 8. (*ist die 2te Ausgabe der vorhin erwähnten* Bienenpflege). Physikalisch-ökonomische Bienenbibliothek, oder Sammlung auserlesener Abhandlungen und Bienenwahrnehmungen; und ausführliche Urtheile über ältere und neuere Bienenbücher. 1ste und 2te Lieferung. Breslau 1776. — 3te Lieferung. ebend. 1777. — 2ter Band. ebend. 1778. — 3ter und 4ter Band, *oder:* Vermischter physikalisch-ökonomische Bienenschriften 1ster und 2ter Band. ebend. 1787-1790. 8. Landwirthschaftlicher Unterricht eines Vaters an seinen Sohn, zur Verbesserung des Wohlstandes der Mittelgattung von Landleuten. ebend. 1777. 8. Entwurf für ökonomische aktive Bienengesellschaften zum Nutzen aller Landesgegenden. ebend. 1777. 8. Geprüfte Grundsätze der Schlesischen Bienenpflege, zum Gebrauche bey Vorlesungen und praktischen Unterricht. ebend. 1778. 8. Prodromus der monatlichen praktisch-ökonomischen Encyklopädie. Dessau u. Leipz. 1783. 8. Fragment zu seinem Prodromus der praktisch-ökonomischen Encyklopädie. ebend. 1784. 8. Kenntniss der Entstehung und Vertilgung verschiedener höchst schädlicher Raupenarten, zum Nutzen der Oekonomen. Breslau 1784. 8. Allgemeiner felsenfester Futterkräuterbau für den Landmann. Dessau u. Leipz. 1784. 8. Gekrönte Preisschrift von der Russisch-kaiserlichen freyen ökonomischen Gesellschaft über die dienlichste Fütterungsart der Kühe und deren Behandlung, damit sie mehr und fettere Milch wie gewöhnlich geben, oder allgemeine Zucht- und Futterordnung des jungen und Melkviehes, als Beylage zu seiner praktisch-ökonomischen Encyklopädie. Leipz. 1785. 8. 2te stark vermehrte Ausgabe. Dresden 1788. 8. Monatliche praktisch-ökonomische Encyklopädie für Teutschland. 1ster Band. Leipz. 1785. — 2ter Band. ebend. 1786. —

3ten

3ten Bandes 1ster und 2ter Theil. ebend. 1789. 8. *Vom* 1sten Band *erschien* die 2te verbesserte und vermehrte Ausgabe, ebend. 1797. 8. Kurze Anweisung, die Wässerung der Wiesen betreffend. ebend. 1785. 8. Zweyte gekrönte Preisschrift über die Bienen und deren Pflege in verbesserten Klotzbeuten, Kästen und Körben; zum Besten der evangelischen Schulanstalt zu Grotkau in Schlesien vom Verfasser herausgegeben. Dresden 1786. 8. (*zuerst in den* ökon. Nachr. der patriot. Gesellsch. in Schlesien 1779 *abgedruckt*). Erläuterungen zu des Oberamtmanns *J. J. Krämer* landwirthschaftlichen Belehrungen. ebend. 1786. gr. 8. Nachtrag oder Berichtigungen und Zusätze zu der Preisschrift über die dienlichste Fütterungsart der Kühe u. s. w. Leipz. 1786. 8. Landwirthschaftliche Reise nach Gröbzig, oder Nachricht von des Hrn. Oberamtmanns Holzhausen Hordenfütterung der Schaafe, ob sie bestehe oder nicht? ebend. 1786. 8. Die Stallfütterung nach medicinischen Grundsätzen von D. *A. H. C. Bruhm* – aus dem Lateinischen übersetzt von M. *F. C. Schönemann*; und mit Anmerkungen begleitet von *Riem* — Dresden u. Leipz. 1786. 8. *Gab mit Anmerkungen heraus:* Wohlmeynende Beantwortung der drey Preisfragen, die von der kön. Akad. der Wiss. zu Berlin aufs Jahr 1787 in Ansehung der Stall- und Kleefütterung des Rindviehes, der Schaafe und Pferde, mit Aufhebung der natürlichen Wiesen, Triften und der Weide ausgesetzt worden, von einem in Schlesien wirthschaftenden Brandenburger, der auch Sachsen kennt. ebend. 1786. 8. Vermischte ökonomische Schriften. 1 Heft. Dresden u. Leipz. 1786. 8. Ein Schubartisches Geschenk oder Holzhausische Antwort über Riems Gröbziger Hordenfütterung der Schaafe, von Riem vorläufig und als Gegengeschenk beantwortet. Vermehrt und mit Zugaben aus der physikalisch-ökonomischen Monatsschrift dem unpartheyischen

Publi-

Publikum übergeben, und zum Besten der Armen sämtlicher christlichen und jüdischen Religionen zu Dresden und Leipzig besonders abgedruckt. Dresden 1787. 8. Physikalisch-ökonomische Quartalschrift auf das Jahr 1788. ebend. 1788. 8. Auserlesene Sammlung vermischter ökonomischer Schriften, oder neue Zugabe zur praktisch-ökonomischen Encyklopädie. 1ster Band. Mit Kupfern. ebend. 1790. — 2ten Bandes 1ster Heft. 2ten Hefts 1ste und 2te Abtheilung. ebend. 1790. — 3ter und 4ter Heft. ebend. 1790. 8. Dreyjähriger alphabetischer Sachinhalt seiner 1786 und 1787-1788 und 1789 herausgegebenen physikalisch-ökonomischen Monats- und Quartalsschrift. ebend. 1790. 8. *L. J. M. Columella's* Abhandlung von Bäumen; aus dem Lateinischen übersetzt, mit Anmerkungen. ebend. 1791. 8. Praktik des Veterinair-Trokkarirens irrgehender Drehschaafe, oder ökonomisch-chirurgischer Unterricht für Landwirthe und Schäfer, das dumme Drehen, Segeln und Traben der Schaaflämmer zu verhindern. ebend. 1791. 8. (G. S. REUTTER, Chirurgus und Pensionär der Thierarzneyschule zu Dresden, *hat Antheil an diesem Buche*). Das Masius-Gülkische Testament für dumme Schaafe; nebst Enthüllung eines Geheimnisses des Hrn. Masius, sonst Meese. ebend. 1791. 8. Kurze Beschreibung des Feld- und Wiesenbaues, wie auch der Baumzucht in den Russischen Staaten; aus dem Russischen übersetzt von *J. H. Tüllmann*, Geb. Cab. C. und mit erläuternden Anmerkungen versehen. ebend. 1791. 8. Arndtisch-Riemisches Ackersystem, zu einem einträglichern Ackerbau für Orte, die breite Beete haben, oder solche einführen wollen; praktisch versucht und entworfen von *Arndt*, und mit Anmerkungen vermehrt von *Riem*. Leipz. 1792 (*eigentl.* 1791). gr. 8. Die veredelte Kanincherey durch Seidenkaninchen-Männchen, als zweyter Theil zu Herrn J. C. S. Mayers Anweisung zur Angorischen

rischen oder Englischen Kaninchenzucht. Dresden 1792. 8. Beschreibung zweyer englischen Säemaschinen, oder Beytrag zu Arthur Youngs Annalen des Ackerbaues. Leipz. 1792. gr. 8. Mit einem Kupfer. Anhang zu seiner praktisch-ökonomischen Encyklopädie, oder Rest des Repertoriums, der Futterordnung aller Vieharten, Besetzung der Hauptteiche, Rechnungsschema und Register über die drey Bände. ebend. 1792. 8. Neue Sammlung vermischter ökonomischer Schriften. 1ster bis 12ter Theil. Mit Kupfern. Dresden 1792-1797. 8. *Landriani's* Abhandlung über den Seidenbau; aus dem Italienischen, mit Anmerkungen von *Fleischmann*, *Nicolai* und *Riem*. ebend. 1793. 8. *Fr. Hübers* neue Beobachtungen über die Bienen; in Briefen an Herrn Karl Bonnet; aus dem Französischen übersetzt; mit Zusätzen und Kupfern vermehrt. ebend. 1793. gr. 8. Entdecktes Geheimniss der allgemeinen vorhandenen brauchbarsten Gährungsmittel zum Backen, Brauen und Brandtweinbrennen, mit Vergleichung der Mestmacherischen, Wegnerischen, Westrumbischen und seiner verbesserten Gährungsarten, auch Lehre, $\frac{1}{5}$ mehr Brandtwein zu erhalten. ebend. 1793. 8. *Gab mit Anmerkungen heraus*: Feuersicherer und dauerhafter Häuserbau von wohlfeilen Laimenpatzen — von *Karl Sylvius von Goldfus*. ebend. 1794 (*eigentl.* 1793). gr. 8. *Gab als Beylage zu seiner neuen Sammlung ökonomischer Schriften heraus*: Leichte Kunst, die Scheffelzahl jeder Getraideart geschwind zu finden u. s. w. ebend. 1794. gr. 8. Ueber das gesamte Torfwesen. ebend. 1794. 8. Vollkommenste Grundsätze dauerhafter Bienenzucht, in ganzen, halben bis zwölftel Wohnungen von Körben, Kästen und Klotzbeuten, für grosse und kleine Bienenwirthe; oder: Dritte viel verbesserte und abgekürzte Auflage der Fundamentalgesetze von 1775 zur perennirenden Koloniebienenpflege zum Nutzen aller Landesgegenden. Mit 4 Kupfern. Mannheim 1795. 8. —

Abhandlungen in den *Bemerk. der pfälz. phys. ökonom. Gesellsch.* von den J. 1769. 1770. 1771. 1772. — *Gab mit* J. C. C. Löwe *von* 1784 - 1788 *die* physikalisch - ökonomische Zeitung *oder* Oekonomische Quartalschrift *zu* Breslau *heraus*. — *Arbeitete mit an den* Schlesischen Provinzialblättern. — Beyträge zu den ökon. Nachr. der patriot. Gesellsch. in Schlesien. — Anmerkungen zu der von *Hahnemann* verfertigten Uebersetzung von *Arthur Young's* Annalen des Ackerbaues und anderer nützlichen Künste. 1ster und 2ter Band. (Leipz. 1790 - 1791. gr. 8). — Mehrere Aufsätze und Bemerkungen im Reichsanzeiger. — Gab mit *Schmalz* den 3ten und 4ten Band des *Sächsischen Landwirths u. s. w.* (Leipz. 1791. 8) heraus. — Recensionen in einigen Journalen. — *Sein Bildniß vor der ersten Lieferung seiner Bienenbibliothek und vor dem ersten Theil der vermischten Bienenschriften.* — Vergl. *Kläbe.*

RIEMANN (Friedrich Just Gottlieb) *Rektor der Domschule zu Ratzeburg* (vorher Konrektor der Domschule zu Schwerin): *geb. zu* . . . §§. Nachricht von den Lektionen, welche jetzt in der Schwerinschen Domschule getrieben werden. Schwerin 1787. 4. Pr. Etwas über die Bescheidenheit der Lehrer in Schulen. ebend. 1787. 4. Nachricht von den Gegenständen, mit welchen sich der in der hiesigen Domschule gegebene Unterricht seit einem Jahre beschäftiget hat. ebend. 1788. 4. Pr. Gedanken über die vermischten Metaphern. ebend. 1788. 4. — *Noch mehrere Schulschriften.*

RIEMANN (Karl Friedrich) *reformirter Prediger zu Neu - Cüstrinchen in der Mittelmark* (vorher Lehrer am grossen Waisenhause zu Potsdam): *geb. zu Züllichau* . . . §§. Versuch einer Beschreibung der Reckanischen Schuleinrichtung. Berlin u. Stettin 1781. 8. Neue Beschreibung der Recka-

Reckanischen Schule, grösstentheils zugleich ein praktisches Handbuch für Lehrer, welche nach Reckanischer Lehrart unterrichten können und wollen. Nebst einer Vorrede über Schulstrafen von *F. E. v. Rochow.* ebend. 1792. 8. Gedächtnisspredigt auf den Tod Sr. königl. Hoheit des Prinzen Friedrich Ludwig Karl von Preussen. Berlin 1797. 8. — Ueber Arbeitschulen; *in der Berlin. Monatsschr.* 1792. St. 10. S. 361-390.

RIEMER (Johann Andreas) *D. der AG. und königl. Preussischer Generalfeldstabsmedicus zu Berlin* seit 1791 (vorher Oberfeldarzt): *geb. zu Halle* . . . §§. Pharmacopoea castrensis Borussica. Berolini 1790. 8. Editio altera emendata. ibid. 1791. 8. Editio tertia aucta & emendata. ibid. 1794. 8.

RIEPKE (Johann David) *M. der Phil. und Diakonus zu Schleusingen: geb. zu Guben in der Niederlausitz am 1 Jan.* 1741. §§. *D. de vera libertatis notione. Vitemb.* 1765. 4. Erklärung des 53sten Kapitels Jesaiä. Schleusingen 1781. 8.

RIES (Christian) *D. und Professor der Theol. auf der Universität zu Würzburg: geb. zu* . . . §§. Epitome Philologiae, Critices & Hermeneutices sacrae specialis. Mogunt. 1789. 8.

RIES (Daniel Christoph) *Exjesuite, D. der Theol. Professor der Bibelexegese, der orientalischen und griechischen Sprachen an dem kurfürstl. Gymnasium zu Mainz, wie auch Beysitzer der theologischen Fakultät und Kapitular zu U. L. F. zu Frankfurt am Mayn* (vorher Professor der schönen Wissenschaften und der griechischen Sprache zu Mainz): *geb. zu Würzburg* . . . §§. *Lehrbuch für das griechische Sprachstudium, zum Gebrauche der kurmainzischen Schulen. 1ster Band. Mainz* 1782. — *2ter Band. ebend.* 1783. 8. Progr. Quid conferant linguae Orientales in systemate Catholicorum ad exegesin scripturae sacrae? Mogunt.

gunt. 1784. 8. Linguae Hebraeae philologia critice exposita ac nonnullis digressionibus illustrata. ibid. eod. 8. Institutiones Hebraicae, academicis praelectionibus ac domesticis usibus adaptatae. ibid. 1787. 8 maj. Chrestomathia biblica annalytica, linguarum orientalium candidatis primae interpretationis textum sistens. ibid. 1790. 8. *Antonii Vogt*, Doctoris Theologi, ac primum Professoris, nuper Parochi in Lohr archidioecesis Moguntinae, Commentarius in libros novi Testamenti, eorumque sensum maxime literalem una cum textu continuus. Opus posthumum recognitum, emendatum, atque in locis quam plurimis auctum. Tomus I, complectens partem priorem Evangelii S. Matthaei a Cap. I ad XXI. — Tomi II Pars I, complectens partem posteriorem Evangelii S. Matthaei & Marcum. ibid. 1790-1791. 8. D. de male jactato orientalismo biblico; scopus praetensi orientalismi biblici ejusdemque examen. ibid. 1796. 8. Vita Dei, hominis Jesu Christi, publicata a S. Joanne Evangelista, enarratis illustribus factis ac sermonibus absoluta. Tomus I. Francof. ad Moenum 1797. 8 maj.

von RIES (G... W... O...) *königl. Dänischer Hauptmann und Adjutant des Kronprinzen von Dänmark zu Kopenhagen: geb. zu* ... §§. Gedichte, seinen Freunden gewidmet; herausgegeben von *Anton Friedrichsen*. Kopenhagen 1792. 8.

Graf von RIESCH (Isaak Wolfgang) *kursächsischer geheimer Rath zu Dresden* *) (vorher königl. Polnischer Kammerherr daselbst): *geb. zu Wien* 1750. §§. *Observations faites pendant une Voyage en Italie. à Dresde 1781. 2 Voll. in 8. *Lettres sur un Voyage, fait dans quelques Provinces meridionales de l'Angleterre. ibid. 1787. 8. *Con-

*) Fehlt in dem Neuesten gel. Dresden.

*Considerations sur les différens Principes des Beaux-Arts & sur les causes, qui ont contribué à leur progrés & developpement. ibid. 1792. 8.

ESE (. . . .) *herzogl. Sachsen-Weimarischer Legationsrath und fürstl. Nassau-Usingischer Resident zu Frankfurt am Mayn: geb. zu . . .* §§. Historisch-geographische Beschreibung der Städte und Festungen u. s. w. in den französischen Niederlanden, dem Elsass und Lothringen; mit 29 Festungsplanen. 1stes Bändchen. Frankf. am M. 1793. gr. 8. (*Das 2te Bändchen ist von einem andern*).

IESENBERG (Christian Friedrich Ludwig) *Amtsnotarius mit dem Titel eines Amtsverwalters und Postmeister zu Grevesmühlen im Mecklenburg-Schwerinischen: geb. zu . . .* §§. Topographische Beschreibung der Stadt Grevesmühlen; *in der Neuen Monatsschr. v. u. f. Mecklenb.* 1792. St. 1. — Mehrere Gedichte und Aufsätze in der Monatsschr. v. u. f. Mecklenb.

IEVETHAL (Johann Georg) *Lehrer bey der Kathedralschule zu Riga: geb. zu . . .* §§. Lectures intended for the Instruction and Amusement of young People, who apply thewselves to the English tongue. 2 Voll. Riga 1793. — 3 Vol. ibid. 1794. 8. La Ruche, ou la lecture amusante & instructive pour la jeunesse. Vol. I. ibid. 1793. — Vol. II. 1794. 8. Historical and moral Miscellanies. Vol. I. ibid. 1794. 8. *Lukumon, oder Nachrichten von ausserordentlichen Menschen in physischer und psychologischer Rücksicht; ingleichen Merkwürdigkeiten aus der Natur- und Kunstgeschichte, Länder- und Völkerkunde; zur Belehrung und Unterhaltung herausgegeben. 1ster Theil. ebend.* 1796. 8. *Teutsches Uebersetzungsbuch für diejenigen, welche die Englische Sprache erlernen; nebst einer vollständigen Erklärung der darinn vorkommenden Wörter und Redensarten.* ebend. 1797. 8. Auch unter dem Titel: *Lesebuch für Engländer, welche die Teutsche Sprache erlernen wollen.*

RIGAL (Ludwig Maximilian) *kurpfälzischer Hofkammerrath zu Heidelberg: geb. zu Stuttgart am 17 Januar* 1748. §§. An den kurpfälzischen Landmann vom Seidenbaue. 1778. 8. — Vergl. *Rhein. Beytr.* Jahrg. 1. B. 2. S. 153.

RIGEL (Franz Ludwig) *Hofraths-Referendar bey der fürstl. hoch- und teutschmeisterischen Regierung zu Mergentheim: geb. zu Rocksberg, einem teutschmeisterischen Schloss unweit Brackenheim im Würtembergischen* 1769. §§. Versuch über das Verhältniss der durch das Wort Freyheit im gelehrten und gemeinen Sprachgebrauche bezeichneten Vermögen und Zustände des Menschen zum Verbrechen, zur Strafe und zum Strafgesetze; ein Beytrag zur Philosophie des peinlichen Rechts. . . . 1795. kl. 8.

RIGEL (Johann Nepomuck) *Prediger des hohen Domstifts zu Augsburg: geb. zu* . . . §§. Gottesverehrung, der Hauptzweck öffentlicher Bittgänge, bey Gelegenheit eines gewöhnlichen Bittganges auf den heiligen Berg Andechs in Bayern, in einer Rede dargestellt den 13 Maymonats 1795. München 1795. 8. Ein Beyspiel der Liebe des Gekreuzigten und der Liebe des Kreuzes für unsre Zeiten, in dem seligen Diener Gottes Bonaventura von Potenza, Priester aus dem Orden der Francifkaner Konventualen, bey der Feyerlichkeit seiner Seligsprechung am Feste der Wundmaalen des heil. Franciscus, ehemahls vorgestellt bey St. Maria-Stern in Augsburg 1796. Augsb. 8. Des heiligen Messopfers Zwecke, Eigenschaften und Wirkungen. ebend. 1796. 8. Rede von dem alten und neuen Ansehen der Prozessionen bey dem gewöhnlichen Bittgange auf dem heiligen Berg Andechs in Bayern, vorgetragen den 28sten

28ften May 1794. ebend. 1796. 8. Gottesversöhnung, noch ein Hauptzweck öffentlicher Bittgänge, bey dem gewöhnlichen Bittgange auf dem heil. Berg Andechs in Bayern, in einer Rede dargestellt den 4ten May 1796. ebend. 1796. 8.

RIGLER (Hieronymus) . . . *zu Wien*: *geb. zu* . . . §§. Monatsschrift von bildenden Künsten, 4 Stücke. Wien 1783. 8. Raisonnirendes Verzeichniss von der k. k. Gemähldegallerie in Wien. ebend. 1786. 8.

RIGLER (Johann) . . . *zu Wien*: *geb. zu* . . . §§. Gedanken von der ersten und allgemeinen Unterweisung der Jugend, zur Einrichtung der sogenannten teutschen Schulen. Wien 1771. 8.

RIMROD (F... A...) *evangelischer Mittagsprediger und Inspektor der städtischen Erziehungsanstalt zu Wetzlar* (vorher seit 1776 Prorektor des Gymnasiums zu Weilburg): *geb. zu* . . . §§. Progr. de origine fluviorum & montium indicia oculis obvia, eademque Lani fluvii itinere per regionem urbis Weilburgi illustrata. Wetzlariae 1778. 4. *Unterhaltungen über die Erde und den Menschen, mit einem Versuche einer neuen Theorie von der Oberfläche der Erde.* ebend. 1795. 8.

RIMROD (Karl Gottfried) *Prediger zu Quenstädt in der Grafschaft Mansfeld* seit 1760: *geb. zu Levesle bey Hannover am 8 März* 1733. §§. Ein Vorschlag zu Anlegung eines öffentlichen Getraidemagazins zu jedermanns Vortheil und niemandes Nachtheil; herausgegeben von *Schreber*. Leipz. 1772. 8. Beytrag zur Beantwortung der Leipziger ökonom. Gesellsch. Frage von Vorbeugung des Misswachses. ebend. 1773. 8. — Oekonomische Beschreibung der Gegend um Quenstädt im Mansfeldischen Sächsischer Hoheit; *in den Schriften der Leipz. ökon. Gesell.* Th. 2 (Dresden 1774. 8). Vom wechselweisen Bestellen des Feldes mit Gras und Getraidearten; *ebend.* Von der ausserordentlichen Näsße seit der Aerndte 1770 bis dahin 1771, und von ihren vielfachen nachtheiligen Folgen; *ebend.* — Bemerkungen über die Steinraupe; *im Naturforscher* St. 16 (1781). Schreiben über das Rheum hybridum; *ebend.* St. 18 (1782).

RINCK (Friedrich Theodor) *M. der Phil. und Privatdocent auf der Universität zu Königsberg* seit Ostern 1792 (nachdem er von 1789 bis 1792 eine gelehrte Reise gemacht hatte): *geb. zu* ... §§. D. de linguarum orientalium cum graeca mira convenientia. Regiomont. 1788. 4. Commentarii in Hoseae vaticinia specimen, primum eorum caput complectens; Dissertatio exegetico-critica. ibid. 1789. 4. *Macrizi* Historia regum Islamiticorum in Abyssinia, interpretatus est & una cum Abulfedae descriptione regionum Nigritarum e Codd. Bibliothecae Leidensis Arabice edidit. Lugd. Bat. 1790. 4. *Ueber Muhamed; aus dem Französischen des Hrn.* de Brequigny *übersetzt. Frankf. am M.* 1791. 8. *Abulfedae* Tabulae quaedam geographicae & alia ejusdem argumenti specimina, e codicibus Bibliothecae Leidensis. Nunc primum Arabice edidit. Lips. 1791. 8 maj. *Zusätze, Varianten und Verbesserungen zu A.* Schultensii Historia imperii vetustissimi Joctanidarum; *nebst der Ankündigung seiner Sommervorlesungen. Königsberg* 1792. 4. *Mineralogie des Homers, von* A. L. Millin; *aus dem Französischen, mit Anmerkungen. ebend.* 1793. 8. *Heinrich Albert Schultens; eine Skizze. Riga* 1794. 8. — *Ueber einen Kodex der vier Evangelien, auf der kurfürstl. Bibliothek zu Mannheim Nr. XIX. A*; in *Eichhorns* allgem. Biblioth. der bibl. Litt. B. 3. St. 4 (1791). *Ueber eine ungedruckte arabische Uebersetzung des ersten Buchs Mose zu Mannheim*; ebend. — *Zusätze, Varianten und Verbesserungen zu der von Hrn. Hofr. Eichhorn edirten* Abulfedae Africa; in *Paulus* Memorabilien St. 3. S. 126 u. f. (1792).

ING (Friedrich Dominikus) *M. der Phil. und fürstl. Badischer geheimer Hofrath zu Carlsruhe: geb. zu Strasburg am 24 May 1726.* §§. *D. de latitudine, quam vocant, morali. Argent.* 1745. 4. *De characteribus verae Christianorum sapientiae ad Jac. 3, 17. ibid.* 1751. 4. * Gedanken eines Schweitzers über den gegenwärtigen Krieg; aus dem Franz. Colmar 1757. 4. Die Ringe; eine Abhandlung. Erlangen 1757. 8. * Hrn. Thomas Lobschrift auf den Marschall von Sachsen, übersetzt. Frankf. u. Leipz. 1759. 8. * Meine Autorschaft. Carlsruhe 1760. 8. Reise des Genius Alaciel durch die Eyländer Taciturnien und Frivolien; aus dem Franz. ebend. 1760. 8. * Der Prediger. Frankf. u. Leipz. 1764. 8. * *Conseils à un jeune homme, qui entre dans le monde par Mr.* Sack. *Nouv. Ed.* 1764. 8. Untersuchungen über die vermeynten giftigen Thiere; zum Theil aus dem Franz. Frankf. u. Leipz. 1764. 8. Allerhand für das Frauenzimmer; eine epistolische Abhandlung. ebend. 1764. 8. Die Connestogen, eine tragische Geschichte; aus dem Französischen. ebend. 1764. 8. *Vita J. D. Schoepflini. Carolsruhae* 1764. 8. *Nov. Ed. auct. ibid.* 1768. 4. Schutzrede für die gute Sache der Gerechten. Gotha 1767. 8. * Paragraphen. Frankf. u. Leipz. 1767. 8. * Noch mehr Paragraphen. ebend. 1768. 8. Abfertigung einer schaalwitzigen Recension der Noch mehr Paragraphen. ebend. 1770. 8. *Commentatiuncula de matris Ciceronum circa rem familiarem providentia, qua lagenas etiam inanes obsignasse legitur. Carolsruhae* 1769. 8. J. D. Schoepflini *opera oratoria edidit, vitam auctoris notulasque adjecit. Aug. Vindel.* 1769. 4. * Briefe des Grafen von *** an die Herzogin von *** während des Feldzugs in Italien vom Jahr 1701; aus dem Franz. Carlsruhe 1778. 8. * Ueber Litteratur und Kritik; aus dem Französischen. Frankf. 1778. 8. * Dragon und Folette;

lette; ein wichtiger Rechtshandel vom Jahr 1779. Chartres 1780. 8. *Kurzgefasste Geschichte der drey ersten Entdecker von Amerika. Frankf. 1781. 8. *Ueber den Kindermord; hingeworfene Gedanken eines Nichtfakultisten. ebend. 1782. 8. *Reisejournal; Manuscript für Freundinnen und Freunde. 1783. 8. *Schutzschrift für den Grafen Cagliostro. Kehl 1786. 8. *Ueber die Reise des Zürcher Breytopfes nach Strasburg vom Jahre 1576. Bayreuth 1787. 8. *Fragment einer Reise nach St. Domingo. Rastadt 1788. 8. *Kaiser Otto der Dritte, genannt Mirabilia Mundi; ein biographisches Gemählde aus dem zehnten Jahrhundert. Erlangen 1789. 8. *Reise in das Reich der Liebe, nebst der Charte dieses Landes. Basel 1791. 8. *Der liebe gute Herr von Allermann; eine Romanze, nach dem Französischen: Messieurs, vous plait-il d'ouir &c. Einer Gesellschaft junger Mädchen vorerzählt von einem alten Manne und Jugendfreunde, dem G. H. R. . . in C., 1791. 8. — *Noch mehr anonymische Schriften.* — Ein litterarischer Aufsatz in *Meusels* histor. Litteratur 1782. II. 470. — Nachricht von Beatus Rhenanus; in Semlers *Sammlung zur Kirchengeschichte* B. 1, wo auch S. 159 und B. 2. S. 565 noch andere Aufsätze, so wie in den *Actis Soc. Lat. March. Bad.* von ihm vorkommen. — *Historische Vorberichte zu zweyen Gedichten: Conradin von Schwaben, und die Gräfin von Gleichen (Carlsruhe 1771. 4). — Ueber die Medaillen auf Johann Huss; in Meusels *histor. litter. Magazin* Th. 1 (1785). Noch etwas über Schöpflin; *ebend.* Th. 4. S. 30-66. — Auch anonymische Aufsätze in *Meusels* hist. litterar. bibliographischen Magazin. — Hat einen Nachdruck besorgt von den *Lettres de M. le Chev. de Boufflers pendant son voyage en Suisse* (1772. 8) und gab *Diderots Regrets sur sa vieille Robe de chambre* (1772. 8) aus der Handschrift heraus; und so noch andere Sachen. — Eine Menge teutsche

teutsche und lateinische Gedichte auf fürstliche und andere Personen; alle besonders gedruckt. — Beyträge in das Journal encyclopédique; in die Gazette universelle des Deuxponts; in die Erfurter gelehrte Zeitungen; in die Strasburger gelehrte Zeitungen; in die neuesten Berliner Mannigfaltigkeiten; in die Oberrheinischen Mannigfaltigkeiten; in das Frankfurter Was Neues; in das Kehler Magazin fürs Frauenzimmer; in *Meusels* histor. Litteratur *und* Annalen der Geschichtkunde; in die Erlangischen, Tübingischen, Frankfurtischen und Gothaischen gelehrten Zeitungen (in der letzten viele lateinische Epigrammen). — Sein ihm wenig gleichendes Portrait hat Herr von Mechel in Basel sehr sauber gestochen 1775. — Sein Bildniss von *Bock*, nebst einer kurzen Lebensbeschreibung, im 7ten Heft der Sammlung von Bildnissen gelehrter Männer 1792.

RINGEBROIG (Johann Christoph) *D. der AG. und* seit 1787 *Professor der chirurgischen Schule zu Cronstadt: geb. zu* . . . §§. Von der Pest, ihren Ursachen, Zufällen, Behandlung und Sicherheitsmitteln; aus dem Französischen. 1 Theil. Leipz. u. Stendal 1783. 8.

RINGELTAUBE (Gottlieb) *königl. Preussischer Generalsuperintendent des Herzogthums Pommern, wie auch Konsistorialrath mit Sitz und Stimme im Konsistorium zu Stettin* seit 1792 (vorher seit 1786 herzogl. Würtemberg-Oelsischer Hof- und Stadtprediger, wirklicher Konsistorialrath, Superintendent der in dem Fürstenthum Oels befindlichen evangelischen Kirchen, und Inspektor des dasigen fürstl. Kollegii und der Stadtschule zu Oels in Schlesien; vor diesem seit 1777 Konsistorialrath, Senior und Pastor der evangel. luther. Gemeine zu Warschau): *geb. zu Grembotschin bey Thorn* 1732. §§. *Bulloks* Predigten über die Beweise, mit denen Christus und seine Apostel die Wahrheit und Göttlichkeit der christlichen Religion vertheiltheidigten; aus dem Englischen. Breslau 1777. 8. Uebersetzung der Psalmen, mit beständiger Rücksicht auf ihre Einheit und die verwandten morgenländischen Sprachen. 1ster Theil, welcher den ersten bis funfzigsten Psalm enthält. Leipz. 1790. 8. — Einige Predigten, die in das Handbuch für angehende Prediger (Th. 3-13) eingerückt sind. — Vergl. *Goldbeck* I. 187. II. 172.

RINK (Joseph Aloys) *Pfarrer auf dem hohen Rechberge bey Schwäbisch-Gmünd, und der freyherrlichen Rechbergischen Landschulen Direktor: geb. zu* ... §§. * Betrachtungen über den 50sten Psalm Davids; aus dem Französischen übersetzt. Augsb. 1784. 8. Lobrede von dem sel. Lorenz von Brundus, General des Kapuzinerordens. ebend. 1784. 8. * Lehrbüchlein zum Gebrauche der reichsfreyherrlichen Rechbergischen Landschulen. Weissenstein 1784. 8.

RINK (....) *Pfarrer zu Dietlingen bey Pforzheim: geb. zu* ... §§. * Reden an Teutschlands Bürger über Staat, Rechte und Pflichten im Staat, teutsche Freyheit, und über Empörung. Carlsruhe 1794. 8.

RINNAGEL (Johann) *Chorherr im Stifte zum heil. Stephan zu Bamberg: geb. zu* ... §§. * Systematische Anleitung zur Rechenkunst, zum Gebrauche der teutschen Schulen. 2 Theile. Bamberg 1786. 8.

RINTEL (Moses) *privatisirt zu Göttingen: geb. zu Hamburg am 17 May 1769.* §§. Versuch einer skizzirten Beschreibung von Göttingen, nach seiner gegenwärtigen Beschaffenheit; nebst einem Grundriss der Stadt. Göttingen 1794 (*eigentl.* 1793). 8.

RISLER (Jeremias) *Prediger der Brüdergemeine zu Berthelsdorf in der Niederlausitz* (vorher zu Neuwied,

wied, und vordem Prediger der reformirten Gemeine zu St. Petersburg): *geb. zu Mühlhausen in der Schweitz am* 9 *Nov.* 1720. §§. La saine doctrine tirée des plus célèbres docteurs de l'Eglise reformée. à Bâle 1776. 8. *Leben August Gottlieb Spangenbergs, Bischoffs der evangelischen Brüderkirche. Barby* 1794. 8. *Historischer Auszug aus den Büchern des alten Testaments.* 1*ster Theil, von Erschaffung der Welt bis zum Tode Mosis. Barby u. Leipz.* 1794. — 2*ter Theil, vom Einzuge der Israeliten in das Land Canaan bis zum Tode Salomons. ebend.* 1795. 8. — *Verschiedene Uebersetzungen ins Französische.*

RISOLD (Johann Rudolf) *Zollherr bey der Neubrück bey Bern* seit 1775: *geb. zu* . . . §§. Esquisse d'un Dictionnaire théologique, moral & philosophique, par *J. R. Risold*, l'indocte. à Berne 1794. 8.

RIST (Johann Christoph Friedrich) *Pastor zu Niendorf in der Herrschaft Pinneberg* seit 1770: *geb. zu Hamburg am* 3 *Julius* 1735. §§. Anweisung für Schulmeister niederer Schulen zur pflichtmässigen Führung ihres Amts; aus zwey gekrönten Preisschriften zusammengetragen und mit vielen Zusätzen herausgegeben. Hamburg 1782. 8. 2te sehr verbesserte Ausgabe. ebend. 1787. 8. *Nachgedruckt zu Bamberg* 1787. 8. — Vergl. *J. A. Bolten's* histor. Kirchennachrichten u. s. w. B. 2. S. 248.

RITTER (Erasmus) *Architekt und Oberaufseher des Kauf-(Zoll-) Hauses zu Bern: geb. daselbst* 1726. §§. Abhandlung über die Stubenöfen, französisch und teutsch. Bern 1770. 12. (*Steht auch, nebst andern Abhandlungen, in den Bernischen ökonom. Sammlungen*). Mémoire abrégé & Recueil de quelques Antiquités de la Suisse, avec de Desseins levés sur les lieux depuis 1783. à Berne 1788. gr. 4.

RIT-

RITTER (Friedrich Christian) *ehemahls Buchhändler zu Hamburg*; sein jetziger Aufenthalt ist unbekannt *): *geb. zu Oldenburg bey Bremen* . . . §§. Kurze Geschichte von Hamburg. Hamburg 1768. 8. *Schwedische Anekdoten, nebst der Reihe der Schwedischen Könige im Grundriss. ebend. 1773. 8. — Verschiedene Stücke in einem Hamburgischen Wochenblatt. — Ist Erfinder der Taschenbuchdruckerey; von der er auch eine Nachricht herausgegeben hat.

RITTERSHAUSEN (Johann Sebastian) *ehemahls Theatiner, jetzt Weltgeistlicher und charakterisirter geistlicher Rath zu München* (vorher Professor der Logik und Metaphysik an dem dortigen Lyceum): *geb. zu Immenstadt bey Kempten in der Schwäbischen Grafschaft Rothenfels* . . . §§. *Conspectus demonstrationum Logicae ac Metaphysicae, in usum auditorum. Monachii* 1777. 8. *An den Zuschauer in Bayern. . . . 1782. 8. *Betrachtungen über die k. k. Bildergallerie zu Wien. 2 Theile. Bregenz 1785. 1786. 8. Die vornehmsten Merkwürdigkeiten der Residenzstadt München, für Liebhaber der bildenden Künste. München 1787. 8. Hauslegende, oder Feyerstunden eines Christen. 1ster Band. Augsburg 1787. — 2ter Band. ebend. 1789. 8. An die Recensenten von Jena. ebend. 1789. 8. — *Gab die Monatsschrift*: Teutschlands 18tes Jahrhundert (1782 - 1786. 8) *heraus; schrieb das Münchner gelehrte Blatt*: die Pfalzbayerische Muse (1786. 8), *und arbeitete mit am* Bayrischen Zuschauer. — Sein Bildniss von *Haid* in Augsburg.

RITTLER (Anselm) *Abbt des Benediktiner Reichsstiftes Weingarten in Schwaben* seit dem 21 Dec. 1784 (vorher Professor der Rhetorik und Phil. zu Weingarten, alsdann 16 Jahre lang Professor der Theol.

*) So hies es im J. 1784, und so heist es noch im J. 1797.

Theol. und geistlicher Rath zu Salzburg): *geb. zu Aichach, einem dem Kloster Weingarten zugehörigen Amte, am 20 Febr.* 1737. §§. Idea logicae, ontologiae & psychologiae publicae dijudicationi proposita in imper. monast. Weingartensi — defendentibus Panth. Boch, J. N. Spleis & M. Mayr. Altdorfii ad Vineas 1764. 4. De eo, quod synagogam eum honore sepeliri oportuit — praeside P. *Anselmo Rittler* — differit ac positiones ad nexas pro consequendis supremis in theologia honoribus — defendendas suscipit Joannes Michael Illmensee d. 30 Augusti 1779. Salzburgi 4. Ecclesia Dei vivi supra immobilem Petram fundata cum conspectu universae Theologiae. Salisburgi 1782. 4. D. de ecclesia credentium mundo coaeva. ibid. 1784. 4.

RITZHAUB (Johann Andreas) *Rektor des Gymnasiums zu Idstein* (vorher Kollaborator, Konrektor und Prorektor): *geb. zu Lahr* . . . §§. De Romanorum educatione litteraria disquisitio I-IV. Wisbad. 1784-1788. 4. * *Sentenzen, moralische Aufsätze und Regeln der Diät, der lateinischen Jugend gewidmet. Giessen* 1784. 8. * Tirocinium paradigmaticum in usum declinationum & conjugationum. Wisbad. 1784. 8. *Nachricht von der gegenwärtigen Einrichtung des Gymnasiums zu Idstein. ebend.* 1785. 4. * Brevis rei rusticae descriptio. Giffae 1786. 8. *Progr. Einige Nachrichten von der Stadt Idstein. Wisbaden* 1787. 4. Progr. de methodo computandi veterum Romanorum. ibid. 1788. 4. *Nachricht von der gegenwärtigen Einrichtung des Gymnasiums zu Idstein. ebend.* 1789. 4. *Pr. Ist das Studium fremder, besonders der alten Sprachen, auf Schulen noch ferner beyzubehalten? ebend.* 1791. 4. (auch im Magazin für Schulen u. s. w. B. 2. St. 2. S. 432-470). *Kurzer Abriß der alten Geschichte und Geographie, in lateinischer Sprache, zum Gebrauch für Schulen. Frankf. am M.* 1793. gr. 8.

RIZY (Johann Siegmund) . . . *zu Wien: geb. zu* . . . §§. Anmerkungen zur allgemeinen Gerichtsordnung für Böhmen, Mähren, Schlesien, Oestreich ob und unter der Ens, Steyermark, Kärnthen, Krain, Görz, Gradiska, Triest, Tyrol und die Vorlande, und zur allgemeinen Konkursordnung für eben diese k. k. Erbländer. 1ster Theil. Wien 1786. — 2ter Theil. ebend. 1786. — 3ter und letzter Theil. ebend. 1787. gr. 8.

ROBERT (Georg Friedrich Karl) Sohn von Karl Wilhelm; *D. der R. und* seit 1793 *ordentlicher Professor derselben auf der Universität zu Marburg* (vorher seit 1787 ausserordentl. Prof. der R. und vordem seit 1785 Regierungs- und Konsistorialassessor daselbst): *geb. zu Marburg am 2 May* 1765. §§. D. inaug. de statu eorum, qui secundum leges imperii dicuntur *Fürstenmäßige*. Marburgi 1785. 4. *Progr. von dem Werthe einer akademischen Einleitung in die Rechtsgelehrsamkeit. ebend.* 1787. 4. *Zusammenhang seiner Vorlesungen über eine allgemeine Einleitung in die Rechtsgelehrsamkeit der Teutschen. ebend.* 1788. 8. Progr. de jure praelaturae Academiae Marburgensi competente. ibid. 1797. 4.

ROBERT (Karl Wilhelm) *D. der Theol. und* seit 1779 *D. der R. und* seit 1797 *Hessen-Casselischer Oberappellationsrath zu Cassel* (vorher seit 1779 ordentlicher Professor der R. auf der Universität zu Marburg, wie auch Samt-Revisionsgerichtsrath; vor diesem aber ordentl. Professor der Theol. eben daselbst, Konsistorialrath der reformirten Kirchen in Oberhessen, auch Ephorus der fürstlichen Stipendiaten): *geb. zu Cassel* 1740. §§. Commentatio de superbia, eique opposita humilitate christiana. Marburg. 1768. 4. Encyclopaediae & methodi theologicae brevis ordinatio. ibid. 1769. 8. De nomine υἱοῦ Θεοῦ. ibid. eod. 4. Ethicae Christianae compendium. ibid. 1770. 8. *Entwurf der vornehmsten Wahrheiten der Religion. Frankf.*

Frankf. 1771. 8. *Nachricht von den Stipendiaten.* 1772. . . M. J. Friedr. Rommershausen *Vorlesungen über seinen Entwurf zu einer Einleitung in das A. T. mit Anmerkungen. Marburg* 1772. 8. *Von dem Unterricht, der in dem fürstl. Stipendio ertheilt wird. ebend.* 1772. . . *Ueber die . . . Grundsätze vom Kontrast. ebend.* 1774. . . Pr. ad indicandam orationem aditialem D. Car. Henr. Geisleri. ibid. 1775. 4. *Entwurf einer genauern Theorie von dem Unterschiede zwischen Gemüthsbewegungen, Leidenschaften und Neigungen. ebend.* 1776. 8. Causa belli a Israelitis adversus Cananaeos gesti, e codice sacro declarata. ibid. 1778. 4. *Uebereinstimmung der Hessischen Landesverordnungen mit einigen in neuern Zeiten geschehenen nützlichen Vorschlägen zur bessern Unterweisung und Bildung des grossen Haufens. ebend.* 1778. 4. D. inaug. de diverso poenarum genere ex mente C. C. C. indeque oriente discrimine inter delicta civilia & criminalia nequaquam negligendo. ibid. 1779. 4. Tract. de non usu practico distinctionis inter mutuam petitionem in Camera Imperiali. Wetzlar. 1782. 4. Tract. de Bynkershoekii eique contraria Gebaueri doctrina de patria potestate Romanorum antiqua, modestum judicium. ibid. eod. 4. Progr. continens observationes ad duo opera Nath. Lardneri. Marb. 1782. 4. *Gedanken über die allgemeinen Begriffe von Mein und Dein. ebend.* 1784. 4. Progr. de distinctione inter sacrilegium simplex & gratificatum ad illustr. Art. 172 & 174 C. C. C. ibid. eod. 4. Doctrina de patria potestate Romanorum antiqua. Wetzlar. 1785. 4. De non usu practico distinctionis inter mutuam petitionem atque reconventionem in Camera Imperiali. ibid. eod. 4. Progr. de ordinatione jejuniorum. ibid. eod. 4. *Rechtliche Gedanken über den Begriff der Ehe und die Art ihrer Stiftung im protestantischen Teutschland; nebst einigen daraus hergeleiteten theoretischen und prak-*

tischen Folgen. *Frankf. u. Leipz.* (Giessen) 1787 (eigentl. 1786). *gr.* 8. *Beyträge zu der natürlichen und positiven Rechtsgelahrtheit. Marburg* 1789. 8. *Ueber die Frage: Wie weit geht im Staate die Gewalt des befehlenden Theiles, wenn es an den Verträgen fehlt? ebend.* 1789. 8. *Kleine juristische Abhandlungen. ebend.* 1789. 8. *Ueber die Erklärung einer Absicht und ihrer Eintheilung. ebend.* 1789. 8. Progr. Doctrina de provocationis usu modoque in Academia Marburgensi. ibid. 1792. 4. Progr. observationem ad juris scientiam naturalem sistens. ibid. 1794. 4. — Vorschläge zur Verbesserung der Liturgie bey öffentlichen Andachten; *im Journal von und für Teutschl.* 1789. St. 3. — Vergl. *Weidlichs* biogr. Nachr. Th. 3 u. 4.

ROCH (Johann Christian Friedrich) *Kandidat der R. zu Leipzig: geb. zu Penig im Schönburgischen am* 31 *Okt.* 1773. §§. * Materialien zu einer Geschichte des Buchhandels. Leipz. 1795 (*eigentl.* 1794). 8. — *Aufsätze ohne seinen Namen in verschiedenen Monatsschriften und Journalen.*

Frau **LA ROCHE** (Marie Sophie) gebohrne **GUTERMANN**, Wittwe des im J. 1788 verstorbenen kurfürstl. Trierischen geheimen Raths und Kanzlers *Georg Michael la Roche*; lebt gegenwärtig *zu Mannheim* (vorher zu Offenbach am Mayn, vor diesem zu Speyer und vordem zu Coblenz): *geb. zu Kaufbeuren am 6 December* 1730. §§. * Geschichte des Fräuleins von Sternheim. 2 Bändchen *herausgegeben von Wieland*). Leipz. 1771. 8. *Eben dies unter dem Titel.* Bibliothek für den guten Geschmack. Amst. und Bern 1772. 8. * *Les caprices de l'amour & de l'amitié. à Zuric* 1772. 8. Teutsch. ebend. 1772. 8. Der Eigensinn der Liebe und Freundschaft; eine engländische Erzählung, nebst einer kleinen teutschen Liebesgeschichte; aus dem Französischen übersetzt. Zürich 1772. 8. * Rosaliens Briefe

Briefe an ihre Freundin Mariane von St *** 3 Bände. Altenb. 1779-1781. 8. (*S. hernach*: Rosalie und Cleberg). Joseph der Zweyte nahe bey Speyer im Jahr 1781. Speyer 8. * Empfindungen der Verfasserin der Geschichte des Fräuleins von Sternheim und der Briefe Rosaliens, als Joseph II in Schwetzingen war. Wien 1782. 8. Moralische Erzählungen im Geschmacke Marmontels. Dessau 1782. – 2te Sammlung. ebend. 1784. 8. Pomona für Teutschlands Töchter. 12 Hefte. Speyer 1783. — ebend. 1784. 12 Hefte. 8. Die glückliche Reise; eine moralische Erzählung. Basel 1783. 8. Die zwey Schwestern; eine moralische Erzählung. ebend. 1784. 8. Briefe an Lina. Mannheim 1785. 8. 2te mit einem Anhange vermehrte Ausgabe. Leipz. 1789. 8. 2ter Band. ebend. 1794. 8. Waldone; eine moralische Erzählung. Speyer 1785. 8. Neuere moralische Erzählungen. Altenburg 1786. 8. *Tagebuch einer Reise durch die Schweitz, von der Verfasserin von Rosaliens Briefen. ebend. 1787 (*eigentl.* 1786). 8. Journal einer Reise durch Frankreich. ebend. 1787. 8. Moralische Erzählungen; Nachlese zur 1sten und 2ten Sammlung. Speyer 1787. 8. *Tagebuch einer Reise durch Holland und England, von der Verfasserin von Rosaliens Briefen. Offenbach am Mayn 1788. gr. 8. Freunde und Freundinnen von zwey sehr verschiedenen Jahrhunderten, und die Bade-Bekanntschaften. ebend. 1789. 8. Geschichte von Miss Lony, und der schöne Bund. Mit 2 Kupfern. Gotha 1789. gr. 8. Briefe über Mannheim. Zürich 1790. 8. Lebensbeschreibung von Friderika Baldinger, von ihr selbst verfasst und nach ihrem Tode herausgegeben und mit einer Vorrede begleitet. Offenbach 1791. 8. Rosalia und Cleberg auf dem Lande. ebend. 1791. 8. (*ist auch der 4te Theil von Rosaliens Briefen*). Erinnerungen aus meiner dritten Schweitzerreise; meinem verwun-

 deten

deten Herzen zur Linderung, vielleicht auch mancher traurenden Seele zum Trost geschrieben. ebend. 1793. 8. Schönes Bild der Resignation. Leipz. 1795. — 2ter Theil. ebend. 1796. 8. — Einige Aufsätze in dem Kaufbeurischen gemeinnützigen Wochenblatt. — *Frauenzimmerbriefe; *in den ersten Bänden von* (Jacobi's) *Iris* (1775 u. 1776). — Mehrere Aufsätze in dem Magazin für Frauenzimmer, in dem Jahrgang 1782. — Der schwermüthige Jüngling (*aus der Pomona*) ist 1783 nachgedruckt, und auch besonders in der Originaledition zu haben. — Geschichte des Kupferstechers Schmitz in Düsseldorf; *in* Armbrusters *Schwäbisch. Magazin* 1785; *auch in* Meusels *Museum für Künstler* St. 7. S. 33 u. ff. — Lenchen, oder die beste Art der Wohlthätigkeit gegen Dürftige, eine Geschichte; *in* Beneckens *Jahrbuch für die Menschheit* 1788. St. 5-7. — Vorrede zu dem von Madame *de la Fite* verfertigten und von *Chastel* übersetzten *Orakel* oder Versuch durch Frag- und Antwortspiele — die Aufmerksamkeit der Jugend zu üben u. s. f. (Offenbach 1791. 8). — Vergl. Gallerie edler teutscher Frauenzimmer Heft 2, *wo auch ihre Silhouette steht.* — *Ihr Bildniß vor dem 5ten Stück des Magazins für Frauenzimmer; auch von* Heinr. Sinzenich *in Kupfer gestochen vor dem 12ten und letzten Heft der Pomona.*

ROCHLITZ (Friedrich) *privatisirender Gelehrter zu Leipzig: geb. daselbst* 1770. §§. *Zeichnungen von Menschen nach Geschichte und Erfahrung. Hamburg 1794. 8. *Taschenbuch für Liebhaber des Privattheaters. Leipz. 1795. Taschenformat. *Helden des alten Roms und des neuen Frankreichs. 1ster Theil. ebend. 1796. 8. *Blicke in das Gebiet der Künste und der praktischen Philosophie. Gotha 1796. 8. *Erfahrungen aus dem Tagebuche eines unbemerkten Mannes, gesammlet für Jünglinge und Mädchen aus den feinern Ständen. 1ster Theil. Leipz. 1796.

1796. — 2ter Theil. ebend. 1797. 8. Meine Freuden und Leiden als Jungfrau und Gattin, von *Amalie Will*, herausgegeben von *Friedr. Rochlitz*. ebend. 1797. 8.

ROCHOL (A...) *Großgerichtsaktuarius zu Soest: geb. zu* ... §§. Ueber die dem Landmann so grossen Vortheil bringende Obstbaumzucht. Münster u. Leipz. 1795. 8.

von ROCHOW (Friedrich Eberhard) *Erbherr auf Reckahn in der Mark Brandenburg, Prälat zu U. L. F. und Domherr zu Halberstadt; wohnt zu Reckahn: geb. zu Berlin am* 11 *Okt.* 1734. §§. Versuch eines Schulbuchs für Kinder der Landleute, oder Unterricht für Lehrer in niedern und Landschulen. Berlin 1772. 8. Neue ganz umgearbeitete Auflage. ebend. 1776. 8. Rechtmässige 3te verbesserte Auflage, nebst einer Kupfertafel. ebend. 1790. 8. *Nachdrücke* .. *Stoff zum Denken über wichtige Angelegenheiten des Menschen. Braunschweig 1775. 8. Der Kinderfreund; ein Lesebuch zum Gebrauch in Landschulen. Berlin 1776. — 2ter Theil. Leipz. 1780. 8. Neueste, verbesserte und wohlfeilste Ausgabe. Brandenburg 1795. gr. 8. Vom Nationalcharakter durch Volksschulen. Leipz. 1779. 8. Handbuch in katechetischer Form für Lehrer, die aufklären wollen und dürfen. Halle 1783. 8. 2te Ausgabe, ebend. 1789. 8. Katechismus der gesunden Vernunft, oder: Versuch in faslichen Erklärungen wichtiger Wörter nach ihren gemeinnützigsten Bedeutungen, und mit einigen Beyspielen begleitet, zur Beförderung richtiger und bessernder Erkenntnifs. Berlin u. Stettin 1786 (*eigentl.* 1785). 8. Rechtmässige 2te verbesserte und hin und her vermehrte Ausgabe. ebend. 1790. 8. Eine kleine Logik, oder Vernunftanwendungslehre; nach dem Französischen des Hrn. d'E** sehr frey übersetzt. Braunschw. 1789. gr. 8. (*Stand vorher schon*

schon im Braunschweigischen Journal). Versuch über Armenanstalten und Abschaffung aller Betteley. Mit Kupf. Berlin u. Stettin 1789. gr. 8. Herrn *Mirabeau* des ältern Diskurs über die Nationalerziehung, nach seinem Tode gedruckt und übersetzt, auch mit einigen Noten und einem Vorbericht begleitet. Berlin 1792. 8. Berichtigungen. 1ster Versuch. Braunschw. 1793. — 2ter Versuch. ebend. 1794. gr. 8. Geschichte meiner Schulen; nebst 4 Beylagen. Schleswig 1795. 8. Summarium, oder Menschenkatechismus in kurzen Sätzen. ebend. 1796. 8. Zusätze zum Summarium u. s. w. ebend. 1796. 8. Materialien zum frühen Unterricht in Bürger- und Industrie-Schulen. Berlin u. Stettin 1797. 8. — Authentische Nachricht von der zu Dessau auf dem Philanthropin den 13 bis 15 May 1776 angestellten öffentlichen Prüfung; *im teutschen Merkur* 1776. St. 6. S. 186-196. — Nachricht von einem ungewöhnlich grossen mit Steinrinde dünn überzogenen Geweih eines zu der Hirschgattung gehörigen, vermuthlich nicht mehr bekannten Thieres; *in den Schriften der Berlin. Gesellsch. Naturf. Fr.* B. 2 (1781). Physikalische Bemerkungen über die im Jahr 1781 am 24 und 25 May eingefallene plötzliche Kälte; *ebend.* B. 3 (1782). — Vorrede zu *Riemanns* Versuch einer Beschreibung der Reckanischen Schuleinrichtung (Berlin u. Stettin 1781. 8). — Etwas Praktisches über Erziehung; *im teutschen Museum* 1785. St. 10. — Beantwortung der Frage, welche die Akademie der Wissenschaften zu Berlin fürs Jahr 1783 aufgegeben hat, ein Nonaccessit; *im Braunschweig. Journal* 1788. St. 1 u. 2. Versuch über die Regierungskunst; *ebend.* St. 4. Bemerkungen über die Abhandlung im 3ten St. der Berlin. Monatsschr. 1789, betitelt: *Verba valent sicut nummi*, oder von der Wortmünze; *ebend.* 1789. St. 5. S. 1-9. — Allgemeine Bemerkungen über die Hindernisse der Erfindung und ersten Verbreitung der Schreibkunst;

kunft; *in* v. Archenholtz *neuen Litt. u. Völkerkunde* 1790 St. 4 S. 415-329. — Ueber Simplicität; *in der teutschen Monatsschr.* 1790. Febr. Ueber eine Stelle in Herrn Geh. Kanzley-Sekret. Rehbergs Untersuchungen über die französische Revolution; *ebend.* 1793. St. 9. S. 3-20. Etwas über die Worte: cum grano salis; *ebend.* 1794. St. 5. S. 11-13. Versuch über den Versuch; *ebend.* 1794. Sept. Meine Gedanken über die Benützung des Eudämonistischen und Kantischen Lehrgebäudes; *ebend.* 1796. Nov. Aber die Landleute müssen doch auch leben! *in der Berlin. Monatsschr.* 1791. St. 4. S. 327-332. Der Luxus und die Republik: *ebend.* 1796. Sept. — Vorrede über Schulstrafen; vor *K. F. Riemanns* neuer Beschreibung der Reckanischen Schule u. s. w. (Berlin 1792. 8). — Vom grossen Werthe des beständigen Frohsinns oder der guten Laune bey einem Schullehrer; *in* Zerrenners *teutschen Schulfreund* B. 3 (1792). Form; *in der Neuen teutschen Monatsschrift von* Gentz 1795. Januar S. 76-81. Ueber die Nothwendigkeit einer zweckmässigen Einrichtung der niedern Stadt- und Landschulen, in Rücksicht auf die Armen-Anstalten; *ebend.* Sept. S. 3-13. — Ueber Vernunft und Verstand in Herrn Prof. Jacobs Grundriss der Erfahrungsseelenlehre; *in* Henke's *Magazin für Religionsphilos.* B. 5. St. 3 (1796). — Vom Verschwinden des baaren Geldes in einem Staate; *in* Kosmanns *und* Heinsius *Denkwürdigk. der Mark Brandenb.* 1796. Sept. S. 922-925. — Vergl. *Büschings* Beschreibung seiner Reise von Berlin u. s. w. S. 220 u. ff. nach der 2ten Ausgabe S. 254 u. ff. *Denina's* Prusse littéraire T. III. p. 235-238. - Sein Bildniss von *S. Halle* vor dem Juliusstück der Merkwürdigkeiten und Tagsgeschichte der Mark Brandenb. von Kosmann und Heinsius; im August derselben Monatsschrift 1796. S. 893 u. ff. stehen einige Nachrichten von dessen Leben, aus einem Briefe desselben. Sein Bildniss in Kupfer gestochen, in punktirter Manier, von *Halle* 1796.

RODDE (Werner) *Prediger zu Debstedt im Herzogthum Bremen* seit 1784 (vorher Rektor zu Stade): *geb. zu Ugodka im moskovitischen Gouvernement am* 31 *Jan.* 1726. §§. *Programmata:* De literatis, si bona sua norint, felicibus. Sarov. 1752. De geniis. Soltqu. 1753. De circumspectione doctoris scholastici in tractandis auctoribus profanis. 1754. De commodis scholarum ex pace Augustana. 1755. De institutione rhetorica in scholis inferioribus. 1756. De laboribus in schola Soltquellensi. 1757. De Rectoribus scholae Soltquellensis. 1758. Commentatio ad Matth. VII, 12. 1759. De Conrectoribus scholae Soltqu. 1761. Pythagorae carmina aurea, versibus latinis reddita. 1762. De praeceptoribus trium inferiorum classium in schola Soltquell. 1763. De requisitis doctoris scholastici. 1763. De magistro Matheseos. Stad. 1765. Epistola gratulatoria ad G. G. Kusterum, Rect. Berol. cum memoriam semisecularem celebraret. 1768. De recentiorum conatibus ad emendationem rei scholasticae pertinentibus. 1766. De rectoribus Soltquell. corollarium. 1770. Observationum philologicarum fasciculus. 1773. — Fasc. II. 1777. — Fasc. III. 1778. — Fasc. IV. 1779. 4.

RODDE-SCHLöZER. S. SCHLöZER (Dorothea RODDE).

RODE (August) *fürstl. Anhalt-Dessauischer Kabinetsrath zu Dessau* seit 1795 (vorher Hofmeister des jungen Herrn von Waldersee daselbst): *geb. daselbst* 1751. §§. Briefwechsel einiger Kinder. Dessau u. Leipz. 1776. 8. Kinderschauspiele. ebend. 1776. 8. *Stehen zum Theil auch in* (Basedows) *philanthropischen Archiv.* Psyche; nach dem Lateinischen des *Apulejus.* Berlin 1780. 8. Der goldene Esel; aus dem Lateinischen des *Apulejus.* 2 Theile. Dessau 1783. 8. *Philosophische und andre Gedichte aus dem Lateiteinischen des *Lucrez*, *Catull*, *Ovid*, *Horaz*, *Virgil*, *Lucan*; in der Versart der Originale verteutscht, und mit Anmerkungen versehen vom Uebersetzer des goldenen Esels des *Apulejus*. Hamburg 1785. 8. Brandenburgische Briefe, welche der Geschichte der Litteratur zur Fortsetzung dienen. 1ster Heft, als Einleitung, die teutsche Reise enthaltend; aus dem Italienischen des Hrn. Abts *Denina* übersetzt; mit Anmerkungen von einem Berliner. Berlin 1786. — 2ter Heft. ebend. 1788. 8. Historische und geographische Artikel, die Staaten des Hauses Brandenburg betreffend; aus der neuen Parisischen Encyklopädie gezogen und ins Teutsche übersetzt. ebend. 1787. 8. Beschreibung des fürstlichen Anhalt-Dessauischen Landhauses und Englischen Gartens zu Wörlitz. Mit 5 Kupfern. Dessau 1788. 8. *Ovids* Verwandlungen, aus dem Lateinischen, mit Anmerkungen für junge Leute, angehende Künstler und ungelehrte Kunstliebhaber versehen. 2 Theile. Berlin 1791. gr. 8. Wegweiser durch die Sehenswürdigkeiten in Dessau; enthaltend die Beschreibung I. des fürstlichen Schlosses, II. — Lustgartens, III. der neuen fürstlichen Reitbahn, IV. des fürstlichen Marstalles, V. der Schloss- und Stadtkirche, VI. des neuen Begräbnissplatzes. Nebst einem Kupfer. Dessau 1795. 8. *Vitruvius* Baukunst; aus der Römischen Urschrift übersetzt. 2 Theile. Leipz. 1796. 4. — Elegie des 3ten Briefes der Liebesgedichte Ovids, übersetzt; *im teutschen Museum* 1781. St. 7. — Vergl. *Rufts* Nachr. Th. 2.

on RODE (J... P...) *königl. Preussischer Lieutenant vom Ingenieurkorps zu Berlin: geb. zu* ... §§. Erläuterungen über Hrn. Karstens mathematische Analysis und höhere Geometrie (*Greifswalde* 1786). Berlin 1789. 8. Ueber die Schrift des k. k. Obristlieutenants, Herrn von Lindenau, betreffend die höhere Preussische Taktik, deren

Mängel und zeitherige Unzweckmässigkeit. Potsdam 1791. gr. 8. * Von der Kriegesbaukunst, für die königlichen theoretischen Schulen der Artillerie und Fortifikation. 1stes Buch, in welchem die regulaire Fortifikation abgehandelt wird. Sr. Sardinischen Majestät gewidmet vom Ritter *Alexander Victor Papacino d'Antonj*, Brigadier der Infanterie, Generaladjutanten der Armee, und Generaldirektoren der besagten theoretischen und praktischen Schulen. Aus dem Italienischen übersetzt von einem Officier des königl. Preussischen Ingenieurkorps. Berlin 1794. 8. Mit Kupfern. Ueber die Abweichung geworfener Körper von der vertikalen Richtungsebene; eine Abhandlung, welche von der königl. Akademie der Wissenschaften im Jahr 1794 den Preis erhalten. Mit Kupfern. ebend. 1795. gr. 4. Mathematische Abhandlungen: 1) über das Vallistische System; 2) über die Aenderungen der Elemente der Planeten und Kometenbahnen in einem widerstehenden Mittel. Potsdam 1797. 4.

RODSCHIED (Ernst Karl) *D. der AG. und Wundarzneykunst zu . . . geb. zu . . .* §§. Medicinische und chirurgische Bemerkungen über das Klima, die Lebensweise und Krankheiten der Einwohner der Holländischen Kolonie Rio Essequebo. Frankf. am M. 1796. 8. — Aufsätze in *Baldingers* physisch-medicinischen Journal.

RöBER (Friedrich August) *D. der AG. Stadtphysikus* seit 1790 *und* seit 1792 *Assessor und wirkliches Mitglied des Sanitätskollegiums zu Dresden: geb. daselbst am 22 Januar* 1765. §§. Beschreibung des epidemischen Faulfiebers, welches vom Ausgange des 1787 Jahres bis in den Sommer 1788 in Dresden herrschte. Dresden 1790. 8. Beytrag zur Erkenntniss der Natur und der Heilart des Kollers der Pferde. Leipz. 1794. 8. Gründlicher Unterricht, wie man ein guter Pferdekenner werden und bey dem Pferdehandel verfahren solle;

solle; nebst einem angehängten Rossarzneybuch. Frankf. (*vielmehr* Weissenfels) 1795 (*eigentl.* 1794). gr. 12. — Vergl. *Kläbe.*

RÖCHLING (Johann Christoph) *Hauptprediger zu Braubach am Rhein im Hessen-Darmstädtischen: geb. zu* ... §§. * Versuch einer Universal-Bienengeschichte. Frankf. am M. 1789. 8. * Reise eines Marsbewohners auf die Erde. 1791. 8.

RÖDDER (Bernhard Wilhelm) *D. der AG. bischöffl. Paderbornischer Leib- und Hofmedikus zu Paderborn: geb. zu* ... §§. Gründliche Beschreibung des zu Driburg im Hochstift Paderborn gelegenen Gesund- und Stahlbrunnens, dessen Beschaffenheit, mineralischem Gehalte, innerlichen und äusserlicher Kraft und Gebrauch u. s. w. Hannover 1757. 8. Gründliche Abhandlung von der in Teutschland grassirenden Gribbelkrankheit oder Krampfsucht. Frankf. 1772. 8. *F. Hofmanns* Abhandlung von der gewissen Vorhersagung des Todes in Krankheiten — aus dem Lateinischen übersetzt und durchgehends mit praktischen Anmerkungen vermehrt. Frankf. und Leipz. 1775. 8.

RÖDER (Georg) *D. der R. Advokat und* seit 1776 *Gerichtsprokurator zu Frankfurt am Mayn: geb. zu* ... §§. * Anmuthige und sittliche Schriften, zusammengetragen von einem Freunde des guten Geschmacks. Frankf. am M. 1766. 8.

RÖDER (Johann Gottfried) *M. der Phil. Mittagsprediger zu St. Petri und Pauli in Zittau: geb. zu Dresden am* 28 *Nov.* 1722. §§. Die Kunst, ein Mann seiner Zeit zu werden; ein Glückwünschungsschreiben an den Hrn. Stadtsyndikus Just in Zittau. Zittau 1755. 4. Die Christen, als ein Saamen des Friedens; eine Predigt am Neujahrstage. ebend. 1763. 4. Dass der Tod eines evangelischen Lehrers eine besondere Verherrlichung des Werks Christi bleibe. ebend. 1773. 4.

RöDER (Johann Ulrich) *wirklicher Regierungs- und Konsistorialrath zu Hildburghausen: geb. zu Seidmannsdorf im Hildburghäusischen am 23 April* 1740. §§. D. de extensione entium simplicium. Gissae 1765. 4. De studio philosophiae. Hildburgh. 1770. 8. Symbola ad jus tutelae testamentariae collata. Coburg 1772. 8. De restitutione in integrum adversus b. Ge. Melch. de Ludolf. 1773. 8. De principiis juris naturalis. Meiningae 1773. 8. * *Actenmässige Species facti, die von dem Teutschordischen Contributionsamte zu Mergentheim an Sachsen-Hildburghausen wegen verlangter Concurrenz zur Prima plana der löbl. Teutschordischen Compagnie gemacht werdende Forderung betreffend. Mit Beylagen von A-S.* 1773. *fol.* Ad trigam paragraphorum commentationis Ludolfianae de jure camerali. ibid. 1775. 4. *Beantwortung der Göttingischen Recensionen seines Tractats*: Ad trigam &c. *Hildburgh.* 1776. 4. *An die Verfasser der Revision der teutschen Litteratur. ebend.* 1778. 8. *Abhandlung von den herzogl. Sächsischen Reichstagsstimmen, und der Frage: Ob der Grund der jetzigen Stimmen der Alt-Weltfürstlichen Häuser im Reichsfürstenrathe, und besonders der herzogl. Sächsischen, in der Observanz des Reichstags vom Jahr* 1582 *zu suchen sey? ebend.* 1779. 4. *Von Erbgerichten und Lehnsvogteyen nach der Landesverfassung und den Landesgesetzen des Fürstenthums oder der Pflege Coburg. ebend.* 1782. 4. *De rebus gestis Friederici Magni, Borussorum regis, junctis cohaerentibus eis rerum in Germania gestarum historiis. Pars I. (S. l.) 1788. — Pars II. III & IV. 1791. 8. — *Vergl.* Weidlichs *biogr. Nachr. und Nachtr.*

RöDER (Philipp Jakob) *Sachsen-Hildburghausischer Hofadvokat zu Coburg: geb. zu* ... §§. Lehrbegriff der Baumzucht und deren Veredlungsarten, für Liebhaber und Landleute. Mit 1 Kupfer. Coburg 1796. 8.

ƆER (Philipp Ludwig Hermann) *Diakonus zu Marbach im Würtembergischen* seit 1790 (vorher Vikarius zu Löchäu im Würtembergischen): *geb. zu Stuttgart am 21 Okt.* 1755. §§. *Geographie und Statistik Wirtembergs. Laybach 1787. 8. *Reisen durch das südliche Teutschland. 1ster Band. Leipz. u. Klagenfurt 1789. — 2ter Band. ebend. 1791. — 3ter Band. ebend. 1793. gr. 8. *Geographisch - statistisch - topographisches Lexikon von Schwaben, oder vollständige alphabetische Beschreibung aller im ganzen Schwäbischen Kreis liegenden Städte, Klöster u. s. w. mit genauer Anzeige von deren Ursprung, ehemahligen und jetzigen Besitzern u s. w. 1ster Band. Ulm 1791. — 2ter Band. ebend. 1792. gr. 8.

ƆERER (Johann Michael) *D. und ehemahliger ordentlicher Professor der AG. wie auch Geburtshelfer zu Strasburg* (legte seine im J. 1784 erhaltene ordentliche Professur der Anatomie und Chirurgie im J. 1785 nieder): *geb. daselbst* 1740. §§. D. Experimenta circa naturam bilis. Argent. 1767. 4. D. de valvula coli. ibid. 1768. 4.

DING (Johann Heinrich 1) *Schulhalter zu St. Jakob in Hamburg: geb. daselbst am 20 Nov.* 1732. §§. Lieder über den Katechismus, nebst Gebeten für Kinder. Hamburg 1772. 2te vermehrte und verbesserte Ausgabe. 1774. 8. Die Leidensgeschichte Jesu mit untermengten Betrachtungen und Liedern poetisch entworfen. ebend. 1773. 8. Hamburgisches Wochenblatt für Kinder. 6 Bändchen. ebend. 1775-1777. 8. Kleine Spiele und Gespräche für Kinder. ebend. 1777. 8. Der schuldlose Knabe; ein Spiel für Kinder. ebend. 1777. 8. Die Manadlnenschule; ein Spiel für kleine Schönen. ebend. 1777. 8. Der grofsmüthige Bauerknabe; ein Spiel für Kinder. ebend. 1777. 8. Der Zögling. 4 Bändchen. ebend. 1778-1779. 8. Kleine Spiele und Gespräche für Kinder. ebend. 1780.

1780. 8. Vermischte Gedichte für jugendliche Leser. ebend. 1783. 8. Geistliche Lieder. ebend. 1784. 8. *Hat das* Erbauungsblatt zur Beförderung eines vernünftigen häuslichen Gottesdienstes für alle Stände (ebend. 1784. 8) *fortgesetzt.* Leseblatt für die Jugend, wovon man in teutschen Schulen Gebrauch machen kann. 1stes und 2tes Bändchen. ebend. 1786. 8. Väterliche Empfindungen bey dem Tode meines erstgebohrnen Sohnes. ebend. 1787. 8. Taschenbuch für Schreibschüler. ebend. 1788. 16. Gedichte. ebend. 1789. 8. Beschäftigungen für junge Leute, zum Nutzen, zur Lehre und zum Vergnügen. ebend. 1790. 8. Passionsbetrachtungen. Altona 1792. gr. 8. Jugendlehrer. 1ster Theil. Hamburg 1792. — 2ter Theil. ebend. 1794. 8. Gedanken und Vorschläge über die Verbesserung der teutschen Schulen. ebend. 1794. 8. — Viele Gelegenheitsgedichte. — Vergl. *Thieß.* — Sein Bildniss von Fritsch.

RöDING (Johann Heinrich 2) *Theehändler zu Hamburg: geb. daselbst* . . . §§. *Von ihm ist die 2te Abtheilung des unter* Nemnichs *Direktion herauskommenden* Catholikons *unter dem Titel:* Allgemeines Wörterbuch der Marine in allen Europäischen Sprachen, nebst vollständigen Erklärungen. Mit Kupfern. Hamburg u. Halle 1793. gr. 4. Die 3te Lieferung von *G* bis *K* erschien 1794.

RöHDE (Johann Heinrich) *zweyter Stadtpfarrer und Kollaborator am Gymnasium zu Trarbach in der Grafschaft Sponheim: geb. zu* . . . §§. Nachricht von der Stadt Trarbach und ihren Begebenheiten. Zweybrücken 1782. 4.

RöHDE (Johann Just) *herzogl. Sachsen-Gothaischer Rath zu Muskau in der Oberlausitz: geb. zu* . . . §§. *Wielands* Musarion; ins Französische übersetzt.

setzt. à Lausanne 1769. 8. — Ob die Alten Punsch getrunken; *im 5ten Stück der Provinzialblätter* 1782.

RÖHLING (Johann Christian) *Pfarrer zu Braubach im Hessen-Darmstädtischen: geb. zu* ... §§. Teutschlands Flora zum bequemen Gebrauche beym Botanisiren; nebst einer erklärenden Einleitung in die botanische Kunstsprache, zum Besten der Anfänger. Bremen 1796. 8.

RÖHM (Johann Konrad) *M. der Phil. und* seit 1790 *Sonntagsprediger an der Weißfrauenkirche zu Frankfurt am Mayn* (vorher seit 1782 Inspektor der kaiserl. Burg Friedberg, Consistorialis und erster Pfarrer der Burgkirche; vor diesem seit 1773 Pfarrer zu Kleinen-Carben im Burggr. Friedberg): *geb. zu Frankfurt am Mayn am* 30 *März* 1744. §§. *Comment. exeget. de Nocte & Die ex Rom.* 13, 12. *Tubing.* 1764. 4. *Briefe über die Candidatenanstalten zu Frankfurt am Mayn. 1775. 8. Vom Einfluss der Lehrer auf das Wohl ihrer Gemeinden. Frankfurt 1775. 8. *D. *Joh. Joach. Zublins* Abhandlung über 1 Cor. 7, 36. Aus dem Latein. ebend. 1776. 8. * Von der Würde des christlichen Glaubens und der Rechtfertigung aus demselben; eine Synodalrede. 1778. 8. *Nachrichten des Hrn. Grafen von Saint-Germain; aus dem Franz. Frankf. 1780. 8. Sammlung christlicher Gesänge zur öffentlichen und häuslichen Erbauung, welche im Burggr. Friedberg und einigen andern Orten eingeführet ist, nebst einem Anhang von Gebeten. Burg-Friedberg 1787. 4. — *Gab heraus: Fr. Car. Maders* dritten Theil der Nachrichten von der Burg Friedberg und Grafschaft Kaichen, nebst dem Leben des Verfassers. (Lauterbach 1774. 8).

RÖHRICHT (Jeremias) *Prediger zu Alzenau unweit Bunzlau im Schlesischen Fürstenthum Liegnitz: geb.*

geb. zu . . . 174 . . §§: Anfangsgründe der christlichen Religion zum Gebrauch seiner Katechumenen. Breslau 1786. 8.

RöLLIG (J. . . B. . .) . . . *zu Berlin* *): *geb. zu* . . . §§. Ueber die Harmonika; ein Fragment. Berlin 1788 (*eigentl.* 1787). 8. Versuch einer musikalischen Intervallentabelle zur Zusammensetzung aller üblichen Tonleiter, Akkorde und ihren Verwechselungen, für junge Musiker und Dilettanten. Leipz. 1789. fol.

RöMER (Christoph Lebrecht) *D. der AG. zu Leipzig: geb. zu* . . . §§. *Chirurgische Arzneymittellehre. Der ersten Klasse *erste* Abtheilung, von den blutausleerenden Mitteln. *Zwote* Abtheilung, von den Mitteln, welche nicht in der Absicht, um Blut, sondern andere Materien auszuleeren, angewendet werden. Altenburg 1789. — Der zwoten Klasse *erste* Abtheilung, von den verändernden Mitteln. ebend. 1796. 8. Abhandlung über die peruvianische Rinde, besonders deren Anwendung als äusserliches Heilmittel, und einige in der Art gleich wirksam gefundene, und in der Wirksamkeit diese Rinde noch übertreffende Mittel. ebend. 1792. 8.

RöMER (Georg) *beygeordneter Sekretar des kurpfälzischen Oberbergamts zu Mannheim: geb. zu* . . . §§. *Christian Nikolai wichtige Entdeckungen auf einer gelehrten Reise durch Teutschland. Babenhausen 1788. 8. 2te Auflage. 1789. 8. Anhang zu dem zweyten Stücke des vier und siebenzigsten Bandes der allgemeinen teutschen Bibliothek. (Mannh. 1788). gr. 8. 2te Auflage. 1789. gr. 8.

RöMER (Johann Jakob 1) *D. der AG. zu Zürich: geb. zu* . . . §§. Abhandlungen der Schwedischen

Aerzte

*) Fehlt im Neuesten gel. Berlin.

Aerzte, oder Sammlung seltener Beobachtungen und Fälle aus allen Theilen der Medicin, vorzüglich aber aus der praktischen Arzneywissenschaft und Chirurgie: aus dem Lateinischen übersetzt (*nebst einigen Anmerkungen*). 1 Theil. Mit Kupf. St. Gallen 1785. gr. 8. *D. inaug. Partus naturalis brevis expositio. Gotting.* 1786. 4. *Editio II. ibid.* 1791. 8. *Gab mit* Paul Usteri *heraus*: Magazin für die Botanik. 1stes bis 12tes Stück. Zürich 1787-1791. 8. Neues Magazin für die Botanik in ihrem ganzen Umfange. 1ster Band. Mit 4 Kupfertafeln. ebend. 1794. 8. Ueber den Nutzen und Gebrauch der Eidexen in Krebsschäden, der Lustseuche und verschiedenen Hautkrankheiten; aus verschiedenen Sprachen übersetzt, und mit ungedruckten Aufsätzen und Anmerkungen versehen. Leipz. 1788. 8. *Genera Insectorum Linnaei & Fabricii, iconibus illustrata. Vitoduri* 1789. 4 *med. Cum XXXVII tabb. aen. Sylloge opusculorum argumenti medici & chirurgici, a celeberrimis Italiae viris sparsim editorum, adjectis hinc inde annotatiunculis. Fasc. I. Turici* 1790. 8. Taschenbuch bey botanischen Wanderungen durch die Schweitz; nebst einem für gemässigtere Klimata eingerichteten Blumenkalender. Zürich 1791. 8. *Thom. Denmann's* Anleitung zur praktischen Geburtshülfe. Mit sehr vielen litterarischen und andern Anmerkungen und Zusätzen aus dem Englischen übersetzt. 1ster Band. ebend. 1791. gr. 8. *Delectus opusculorum ad omnem rem medicam spectantium, quae primum a celeberrimis Italiae medicis edita, recudi curavit & praefatus est. Vol. I. ibid.* 1791. 8. *Genera Insectorum Linnaei & Fabricii, iconibus illustrata. Vitoduri* 1793. 4. *Cum tabb. aen. XXXVII.* Annalen der Geburtshülfe, Frauenzimmer- und Kinderkrankheiten, für das Jahr 1790. Winterthur 1793. — für das Jahr 1791. ebend. 1794. 8. * *Carl Allioni* Abhandlung vom Ursprung, Verlauf, Natur und Heilung des Friesels; nach der

 zwey-

zweyten sehr vermehrten Originalausgabe aus dem Lateinischen übersetzt und mit vielen Zusätzen und Anmerkungen begleitet. ebend. 1794. 8. Annalen der Arzneymittellehre. 1sten Bandes 1stes Stück. Leipz. 1795. — 2tes Stück. ebend. 1796. 8. *Scriptores de plantis Hispanicis, Lusitanicis, Brasiliensibus; adornavit & recudi curavit. Norimbergae* 1796. 8. Archiv für die Botanik. 1stes Stück. Mit schwarzen und illuminirten Kupfern. Leipz. 1796. — 2tes Stück. ebend. 1797. 4. *Flora Europaea inchoata. Fasciculus I & II. Norimbergae* 1797. 8 *maj. Cum tabb. aen. pictis.* Encyklopädie für Gärtner und Liebhaber der Gärtnerey. 1sten Bändchens 1ste Abtheilung. Tübingen 1797. 8. — Beyträge zu der entomologischen Bücherkenntniss; *in* Füessly *neuem Magazin für die Liebhaber der Entomologie* B. 1-3. Miscellen; *ebend.* B. 2. St. 1. — Veranstaltete mit *Paul Usteri* einen Abdruck von: Jac. Dickson *Fasciculus plantarum cryptogamicarum Britanniae. Turici* 1785 (eigentl. 1788). 8 *maj.* (Auch im 2ten Stück seines Magazins für die Botanik). — *Gab mit* Paul Usteri *heraus:* Des Herrn *von Haller* Tagebuch der medicinischen Litteratur der Jahre 1745 bis 1774; gesammlet, herausgegeben, und mit verschiedenen Abhandlungen aus der Geschichte und Litteratur der Medicin begleitet. 1sten Bandes 1ste Abtheilung. Bern 1789. — des 1sten Bandes 2te Abtheilung. ebend. 1790. — 2ter und 3ter Band. ebend. 1791. 8. — Praktische Anleitung zur besten gärtnerischen Behandlungsart der Haidearten (*Ericae*); *im Taschenbuch für Natur- und Gartenfreunde auf das J.* 1795. S. 80 u. f. Ueber einige Pflanzen, deren Wartung den Liebhabern Freude machen und ihre Gärten verschönern wird; *ebend.* S. 147 u. f.

RÖMER (Johann Jakob 2) *M. der Phil. und Lehrer am Gymnasium zu Frankfurt am Mayn: geb. daselbst* . . . §§. Josephs des II Tod, von seiner

lehr.

lehrreichen Seite betrachtet; eine Trauerrede. Frankf. am M. 1790. 8. Der scheidende Lehrer an seine Zöglinge, seinen geliebten jungen Freunden J. F. und K. L. Leonhardi gewidmet. ebend. 1790. 8. — *Mehrere kleine Schriften.*

von RÖMER (Karl Heinrich) *D. der R. lebt* seit 1796 *auf dem sogenannten italienischen Dörfchen bey Dresden* (nachdem er seit 1790 ausserordentlicher Professor des Staatsrechts zu Wittenberg, vor diesem aber ausserordentlicher Beysitzer des Oberhofgerichts zu Leipzig gewesen war, und sich dazwischen zu Halle und Querfurt aufgehalten hatte): *geb. zu Lichtenstein im Schönburgischen am* 10 *April* 1760. §§. *D. inaug. de juribus majestatis eorumque speciebus. Lips.* 1785. 4. Anleitung zu den Probeschriften, welche von denjenigen Rechtsgelehrten, so die Advocatur im Churfürstenthum Sachsen — ausüben wollen, zu fertigen sind. ebend. 1785. gr. 8. Staatsrecht und Statistik des Churfürstenthums Sachsen und der dabey befindlichen Lande. 1ster Theil. Halle 1787. — 2ter Theil. ebend. 1788. — 3ter Theil. Wittenberg 1792. gr. 8. Versuch einer Einleitung in die Grundsätze über die Gesandschaften und deren Rechte. Gotha 1787. gr. 8. *Adliche Familiengeschichten, aus dem funfzehnten Jahrhundert entlehnt. Leipz. 1787. — 2ter Band. ebend. 1788. 8. *Anton Stolzenburg und Henriette Altmannin, oder die Folgen schlechter Erziehung und übel verstandener Aufklärung. Halle 1788. 8. *Vertheidigung des neuen Religionsedikts vom 9 Jul. 1788 wider den Verfasser der freymüthigen Betrachtungen. Berlin 1788. 8. *2te Auflage unter seinem Namen und unter dem Titel:* Das Recht der Fürsten über die Religion ihrer Unterthanen, aus verschiedenen Gesichtspunkten geprüft. Wittenberg 1791. 8. *Mit* NENCKE *gab er heraus:* Neues Staatenjournal, als Fortsetzung des Grossingischen. 14 Stücke. Berlin 1788-1790. 8. *Mehr Noten als Text.

Text. Leipz. 1789. 8. Das Völkerrecht der Teutschen, als Lehrbuch bearbeitet. Halle 1789. 8. * Allgemeine staatswissenschaftliche und juristische Litteraturzeitung. Halle. 4. (*wenigstens wird er in der Gothaischen gel. Zeitung 1789 S. 168 als Redacteur derselben genannt*). *Progr. de Autonomia Saxonum. Viteb.* 1790. 4. — Der Zuschauer an der Elbe. 6 Hefte, ebend. 1790-1791. 8. Handbuch für Gesandte. 1ster Theil, die Litteratur des natürlichen und positiven Gesandschaftsrechts enthaltend. Leipz. 1791. gr. 8. * Ueber das Schuldenwesen des kursächsischen Adels und das beste Mittel, ihn wider den fernern Verfall zu sichern; ein frommer Wunsch bey Gelegenheit des im Jahr 1787 ausgeschriebenen allgemeinen Landtags, geäussert von — — r. ebend. 1787. 8. * Ueber den Verfall der Städte, insbesondere der kursächsischen. Dresden 1791. 8. Kleine philosophische und politische Schriften. 1ster Heft. Wittenberg 1794. 8. — * Ueber allgemeine Grundsätze bey Abfassung juristischer Schriften; *in* Hagemanns *und* Günthers *Archiv für die theoret. und praktische Rechtsgel.* Th. 1 (1788). — Beschreibung eines vermeyntlichen Steinkohlenflötzes zu Lischwitz unweit Gera: *in* Köhlers *bergmänn. Journal* Jahrg. 3. St. 5 (1790). — Vorrede zu *W. de Britaine* menschlichen Klugheit oder Kunst, sich und sein Glück hoch empor zu bringen u. s. w. (Wittenberg 1792. 8). — *Ehedem verfertigte er Recensionen für die Hallische gelehrte Zeitung.*

RÖNNBERG (Georg Siegmund Konrad) Sohn des folgenden; *Kandidat der Rechte zu Hamburg: geb. zu Rostock* . . . §§. * Der Hof Ludwigs des Vierzehnten, von Augenzeugen geschildert; aus dem Französischen. 1ster Theil. Göttingen 1796. 8. — Aufsätze in *v. Archenholtz's Minerva.*

Sonnberg (Jakob Friedrich) *M. der Phil. D. der R. und ordentlicher Professor der Moral auf der Universität zu Rostock; wie auch Syndikus des zweyten Quartiers der Hundertmänner, bis dieses mit dem ersten vereinigt wird, und* seit 1785 *herzogl. Mecklenburgischer Hofrath geb. zu Parchim am* 20 *Jul.* 1738. §§. *D.* (*Praes.* Münter) *de praecipuis, quae orator pulchre cogitaturus committere potest, vitiis. Jen.* 1759. 4. Poesien und Briefe. ebend. 1762 8. Die patriotischen Bemühungen zur Wiederherstellung der Ruhe Teutschlandes; eine Jubelrede. ebend. 1763. .. *D. inaug. num praescriptio sit juris naturalis vegentium, nec ne, sed mere civilis. Gryphiae* 1764. 4. Der Tod, und die daraus fliessende Verbindlichkeit, das Leben zu erhalten. Rostock 1764. .. *D. num principi competat jus aggratiandi in delictis capitalibus. ibid.* 1765. 4. *Pr. de tortura quid sibi videatur. ibid.* 1770. 4. *Pr. de ideis connatis. ibid. eod.* 4 *Pr. num amor sui ipsius principium morum scientiae esse possit universale. ibid. eod* 4. *Pr. de magnitudine miraculorum & evicta propositione, quod certitudo miraculi sit in ratione directa magnitudinis miraculi ibid.* 1773. 4. *Pr. de sensatione morali atque de acquirendo nobiliori sensationis gradu. ibid. eod.* 4. *Progr. de felici combinatione magnanimitatis & fortitudinis cum benevolentia. ibid.* 1774. 4. Das ruhmvolle Leben des D. und Prof. Becker zu Rostock. ebend. 1774. .. Gemeinnützige Notitz vom kaiserlichen Privilegio de non appellando, sowohl in allgemeiner als besonderer Beherzigung auf Mecklenburg. Rostock u. Leipz. 1775. 8. Rede auf die Geburt des Durchl. Prinzen Friedrich Ludwig. ... Die Geburt des Menschen ist Beschäftigung für den Verstand und Nahrung für das Herz. Rostock 1778. 8. Ist Aufhebung der Leibeigenschaft in Mecklenburg applicativ? eine Rede. ebend. 1781. 8. *Pr. aliquid de mediis ad exstirpanda crimina idoneis. ibid.* 1782. 4. Ist denn alles so aufgeklärt, als mans wähnt, und ists im Vaterlande auch also? eine Rede. ebend. 1788. 8. Ueber symbolische Bücher, in Bezug aufs Staatsrecht. ebend. 1789. 8. *Nachgedruckt zu* Regensburg 1789. 4. 2te vermehrte Ausgabe. Rostock 1790. 1ste Fortsetzung ebend. 1792; die 1ste Abtheilung der 2ten Fortsetzung 1793, und die 2te Abtheilung 1794. gr. 8. Ueber Reichsmatrikel, Reichskontingent und Römermonate. Leipz. 1794. gr. 8. — *Ueber den neuen grundgesetzlichen Erbvergleich; *in der Monatsschr. v. u. f. Mecklenb.* 1788. St. 1. *Andere Aufsätze in dieser Monatsschrift.* — Apologie seiner gemeinnützigen Notitz vom kaiserl. *Privilegio de non appellando* wider die in der allgem. teutschen Bibliothek B. 76. befindliche Kritik; *in* J. C. Koppens *Magazin für die gesamte Rechtsgel.* 1789. St. 1. Nr. 7. — *Einige Beyträge zu den* Rostockischen gemeinnützigen Aufsätzen. — Vergl. *Weidlicks* biogr. Nachr. und Nachtr. *Koppe's* gel. Mecklenb. St. 2. S. 118 u. ff.

RÖNTGEN (Ludwig) *Hauptpastor und Kircheninspektor zu Esens in Ostfriesland* seit 1793 *und* seit 1794 *königl. Preuss. Konsistorialrath* (vorher seit 1783 Prediger zu Petkum bey Emden, und vordem seit 1779 Prediger zu Neuwied): *geb. zu* . . . §§. Das Wesentliche der christlichen Religionswahrheiten. Aurich 1787. 8. Versuche zur Beförderung des Wachsthums an Christen-Weisheit und Christen-Tugend, in Predigten. 1ster Band. ebend. 1787. — 2ter Band. Jever 1789. gr. 8. Schreiben an den Fürsten von . . . betreffend das im J. 1788 herausgekommene königl. Preussische Religionsedikt. Hamburg 1789. 8. Geschichte der Entstehung, Fortpflanzung, Ausbreitung und innerlichen Verfassung der Mährisch-Herrnhutischen Brüdergemeine. 1ster Theil. Aurich 1790. 8. Eid und Meineid; eine Predigt am Kirchen-Visitationstage 1796 über den vorgeschriebenen Text: 3 B. Mos. Cap. 19, 12. ebend. 1796. kl. 8.

RÖPER (Friedrich Ludwig) *Pastor und Kollaborator zu Schwerin* seit 1796 (vorher privatisirte er zu Leipzig und nachher einige Jahre lang, unter dem Namen RENNER, zu Erfurt): *geb. zu* . . . §§. * Exegetisches Handbuch des neuen Testaments. 4 Stücke. Leipz. 1788-1790. 8. *Vom 1sten Stück erschien die* 2te durchgängig verbesserte Ausgabe. ebend. 1793. *So auch vom 2ten und 3ten Stück.* 1794. * Handbuch zur Erklärung des neuen Testaments für Ungelehrte. 1ster Theil. Halle 1790. — 2ter Theil. ebend. 1792. gr. 8. Blumenlese aus den Weisesten des Alterthums für Freunde der Religion und Tugend. 1ster Band. Neustrelitz 1796. 8. Geschichte und Anekdoten von Dobberan im Mecklenburgischen, nebst Beschreibung der dortigen Seebadeanstalten. ebend. 1797. 8. — Vergl. *Bahrdts* Geschichte seines Gefängnisses.

RÖSCH (Jakob Friedrich) *herzogl. Würtembergischer Ingenieur-Major zu Stuttgart* seit 1790 (vorher und zum Theil noch zu gleicher Zeit Hauptmann bey dem Würtembergischen Artilleriekorps und Professor der Kriegswissenschaft und Wasserbaukunst bey der Karlsuniversität zu Stuttgart): *geb. zu Dürrenzimmern im Würtembergischen* 1743. §§. Sätze aus der Taktik. Stuttg. 1777-1782. Mathematische Untersuchungen in der Feldbefestigungskunst. ebend. 1782. 4. (*steht auch in Böhms Magazin für Ingenieurs* Th. 9). Römische Kriegsalterthümer, in Gemeinschaft mit Prof. *Naß*. Halle 1782. gr. 8. Commentar über die Commentarien des Cäsar, als eine Beantwortung der Remarques sur Cesar des Hrn. Generalmajors v. W. nebst Beyträgen zur römischen Taktik. ebend. 1783. gr. 8. Plans von 42 Hauptschlachten, Treffen und Belagerungen des siebenjährigen Krieges, aus den seltensten und geprüftesten Quellen gezogen, mit den besten Werken der größten Taktiker über diesen Krieg sorgfältig verglichen und herausgegeben. 1ste Lieferung.

 Frankf.

Frankf. am M. 1789. gr. fol. — Von der Erfindung der Phalanx; *in der militar. Monatsschr.* 1785. St. 1. Vom Deployren; *ebend.* Vom Schwenken des Quarrées; *ebend* Entwickelung einiger taktischen Sätze des Majors von Tempelhoff; *ebend.* 1786. St. 4. Der Einfluss der Wissenschaften auf die Kriegskunst; eine historische Rede, gehalten an dem 60sten Geburtstage des Herzogs zu Würtemberg in der hohen Karlsschule zu Stuttgart; *ebend.* 1787. Jun.

RÖSLER (Christian Friedrich) *M. der Phil. und ordentlicher Professor der Geschichte auf der Universität zu Tübingen* seit 1777 (vorher Diakonus zu Vayhingen an der Enz im Herzogthum Würtemberg): *geb. zu Cantstatt in Würtemberg am 19 Junius* 1736. §§. * Lehrbegriff der christlichen Kirche in den drey ersten Jahrhunderten. Frankf. am M. 1774. gr. 8. Bibliothek der Kirchenväter in Uebersetzungen und Auszügen aus ihren fürnehmsten, besonders dogmatischen Schriften, samt dem Original der Hauptstellen und nöthigen Anmerkungen. Aelteste Periode bis auf die Kirchenversammlung zu Nicäa. *Erster Theil.* Griechische Väter von Barnabas bis auf den Irenäus. Leipz. 1776. 2 Th. 1776. 3 Th. 1777. 4 Th. 1779. 5 Th. 1780. 6 Th. 1781. 7 Th. 1782. 8 Th. 1783. 9 Th. 1785. 10 und letzter Th. 1786. gr. 8. *D. de historiae universalis idea & methodo.* Tubing. 1777. 4. * Beyträge zur Statistik und Geographie vorzüglich von Teutschland, aus der neuesten Litteratur. 1stes Stück. ebend. 1780. 2 St. 1781. 3 St. 1782. 8. *D. de originibus philosophiae ecclesiasticae. ibid.* 1781. 4. *D. Philosophia veteris ecclesiae de Deo. ibid.* 1782. 4. *D. Philos. vet. eccl. de spiritu & de mundo. ibid.* 1783. 4. *Diss. I. II de variis disputandi methodis veteris ecclesiae. ibid.* 1784. 1785. 4. *D. de commentitiis philosophiae Ammonianae fraudibus & noxis. ibid.* 1786. 4. *D. de terris secundariis in Europa. ibid.*

ibid. 1787. 4. *D. de annalium medii aevi conditione. ibid.* 1788. 4. *D. de arte critica in annalibus medii aevi diligentius exercenda. ibid.* 1789. 4. *D. de annalium medii aevi interpretatione. ibid.* 1793. 4. *Pr. quo reprimuntur nova quaedam iniqua atque intolerabilia postulata, quae de studiis inprimis historicis deferri hodie ad rempublicam literariam solent. ibid.* 1793. *fol. D. de magna gentium migratione, ejusque primo impulsu. ibid.* 1795. 4. *Dogmata de Theoria historiae. ibid.* 1796. 4. — Verschiedene theologische Abhandlungen, die zerstreut ohne seinen Namen erschienen sind. — Recensionen in der Tübingischen gel. Zeitung. — Vergl. *Haugs* Schwäb. Mag. 1777. S. 295.

RÖSLER (N... T...) ... *zu* ... *geb. zu* ... *). §§. Zwölf Oden aus dem Horaz. Brünn u. Wien 1785. 8.

RÖSLIN **) (Karl Ludwig Christoph) *herzogl. Würtembergischer Hofrath und Oberamtmann zu Urach* seit 1795 (vorher Oberamtmann zu Gochsheim): *geb. zu Stuttgart am* 26 *Febr.* 1749. §§. * Gedanken von richtiger Berechnung des Pflichttheils. 2 Stücke. Frankf. 1774. 4. Erklärung des *l. 7. cod. qui potiores in pign.* Stuttg. 1774. 4. Abhandlung von besondern weiblichen Rechten. 1ster Band. ebend. 1775. — 2ter Band. Mannheim 1780. 4. Sechs Nachträge zu seinen Gedanken von richtiger Berechnung des Pflichttheils. 1777. 4. Kritische Versuche über Recht und Unrecht; zum Theil aus seinen Preisschriften in Druck gegeben. 2 Stücke. Tübingen 1791. 8. — Vergl. *Haugs* Schwäb. Mag. 1777. S. 468. *Weidlichs* biogr. Nachr. Th. 3.

*) Noch immer bleibt dieser Artikel mangelhaft.

**) Nicht RÖSSLIN.

RöSSIG (Karl Gottlob) *M. der Phil. D. der R. und seit 1793 ordentlicher Professor des Natur- und Völkerrechts neuer Stiftung auf der Universität zu Leipzig* (vorher ausserordentl. Professor der Philosophie und Advokat daselbst): *geb. zu Merseburg* 1752. §§. Versuche über die ökonomische Polizey, nebst einer Abhandlung über den Landbau der Römer. Leipz. 1779. 8. Der Landbau; ein Versuch eines ungebundenen Gedichts. Bayreuth 1779. 8. Versuche im musikalischen Drama, nebst einigen Anmerkungen über die Geschichte und Regeln desselben, wie auch über die Moralität und Vortheile des Theaters. ebend. 1779. 8. Versuch einer Geschichte der Oekonomie-Polizey- und Kameralwissenschaft in den neuern Zeiten, besonders in dem 16ten Jahrhundert. 1ster Theil. Leipz. 1781. — 2ten Theils 1ste Abtheilung. ebend. 1782. 8. *Commentatio de finibus disciplinae cameralis oeconomiae publicae & politices & statisticae regundis. ibid.* 1783. 4. D. *K. F. Hommels* philosophische Gedanken über das Kriminalrecht; aus den Hommelischen Handschriften, als ein Beytrag zu den Hommelischen Beccaria herausgegeben und mit einer Vorerinnerung und eignen Anmerkungen begleitet. Breslau 1784. 8. *Progr. de Augusto I, Electore Saxoniae, oeconomiae privatae, principis, publicae, nec non politiae experientissimo. Lips.* 1784. 4. *D. inaug. Commentatio ad titulos sex priores legis Analiorum & Verinorum. Adjectae observationes juris publici, feudalis, civilis. ibid.* 1785. 4. C. F. Hommelii *opuscula juris universi & inprimis elegantioris selecta. P. I collegit, notulis auctoris ipsius auxit & curavit editionem. Baruthi* 1785. 8. Unvorgreifliche Vorschläge zu schnellen Polizeyanstalten bey der zu befürchtenden Gefahr des Eisganges und der Wassersnoth. Leipz. 1785. 8. Beantwortung der Commentarien des Hrn. geh. Raths von Schubart, und Untersuchung über Huth- Trift- und Frohnenaufhebung und Verfütterung, und andere

andere damit verwandte Gegenstände. ebend. 1786. 8. Oekonomisch-physikalische Abhandlung über das Mutterkorn, dessen Entstehung, Bestandtheile, und einige deshalb zu machende Polizeyanstalten. ebend. 1786. 8. Ueber teutsches Staatsinteresse, Ländertausch und das Schutzbündniss teutscher Fürsten. ebend. 1786. 8. Lehrbuch der Polizeywissenschaft. Jena 1786. 8. Die Kursächsische Staatskunde nach ihren ersten Grundsätzen entworfen. ebend. 1787. 8. * Versuch über die wahren Verhältnisse des kaiserl. und Reichskammergerichts zu Ihro kaiserl. Maj. und den hohen Ständen des Reichs, bey Gelegenheit der Streitigkeiten wegen der Präbende Hansinne. Leipz. 1787. 8. *Specimen I juris publici R. G. de alternatione litis in imperio R. G. finiente. ibid. eod.* 4. *D. de jure asyli legatorum secundum jus gentium absolutum dubio. ibid. eod.* 4. Oekonomisch-physikalisch-chemische Abhandlung über den spanischen Klee; aus chemischen Untersuchungen des Klee gezogen. ebend. 1788. gr. 8. Wasserpolizey für Länder zur Minderung der Schäden des Eisganges und der Ueberschwemmungen, wie auch zur Wasserbenutzung. ebend. 1789. gr. 8. Lehrbuch der Finanzwissenschaft. ebend. 1789. gr. 8. Lehrbuch der Technologie in Beziehung auf den angehenden Staatswirth. Jena 1790. gr. 8. * Handbuch für Liebhaber englischer Pflanzungen und Gärtner, oder Anleitung zur Kenntniss aller ausländischen und einheimischen Bäume und Sträucher, deren Kultur bey uns möglich und nützlich ist; nach den neuesten Nachrichten entworfen. Leipz. 1790. 8. Litteratur der Oekonomie, Technologie, Polizey- und Kameralwissenschaften. 1-6tes Stück. ebend. 1791. gr. 8. *Observationum jus feudale Saxonicum illustrantium. Spec. I. ibid.* 1791. 4. Erste Grundsätze der Wiesenwirthschaft, des Futterbaues, der Wiesenpolizey und des Wiesenrechtes, nebst einer

einer vorgesetzten Abhandlung über das Verhältniss des Wiesenbaues zum Ackerbau und der Viehzucht. ebend. 1792. 8. Encyklopädie der Kameralwissenschaften im eigentlichen Verstande. ebend. 1792. gr. 8. Die Alterthümer der Teutschen, in einem kurzen Entwurfe dargestellt, nebst einem vorgesetzten Versuche über die teutsche Mythologie. ebend. 1793. 8. *Progr. de cautione in tractando jure naturae & gentium, nostra in primis aetate maxime necessaria. ibid. eod.* 4. Die Grundsätze des Natur- und Völkerrechts, des allgemeinen Staats- und allgemeinen bürgerlichen Rechts. *1ster Theil*, welcher das Natur- und Völkerrecht enthält. *2ter Theil*, welcher das allgemeine Staatsrecht und allgemeine bürgerliche Recht enthält. ebend. 1794. 8. Ueber die Verdienste des Staats um die Rechte des Menschen, zur Widerlegung einiger herrschenden Irrthümer unserer Zeiten. ebend. 1794. 8. *Die Geschichte und statistische Darstellung der Stadt Erfurt, in einem kurzen Entwurf zum Unterricht; eine von der kurmainz. Akademie der Wissenschaften mitgekrönte Preisschrift. Gotha 1794. 8. Von den wahren Gränzen der Wirksamkeit des Staats in Beziehung auf seine Mitglieder. Leipz. 1794. 8. Systematischer Entwurf des Leipziger Handelsrechts, nach Maasgabe der Leipziger Handelsgerichtsordnung und einigen, zu deren Erläuterung dienenden und dahin Bezug habenden Churfürstl. Sächsischen Gesetze. Für Rechtsgelehrte und für Kaufleute. ebend. 1796. 8. Entwurf einer Encyklopädie und Methodologie der gesamten Staatswissenschaften. ebend. 1797. gr. 8. Teutsches Privatrecht, nach seinen ersten Grundsätzen. ebend. 1797. gr. 8. Die Alterthümer der Teutschen, in einem ausführlichen Handbuche. ebend. 1797. gr. 8. — De ratione inter agriculturam & rem pecuariam maxime proficua & ad communem utilitatem optima, habita diversitatis naturae ac situs agrorum & terrae ratione differ-

dissertatio; *in Act. Societ Jablon.* T. V. 1780. — *Karl Ferd. Hömmels* Pertinenz- und Erbsonderungs-Register. 4te, von dem Verfasser stark vermehrte Ausgabe; mit einer Vorrede herausgegeben. (Leipz. 1782. 8). — *Gab den 7ten und letzten Band heraus von* Hommelii Rhapsodia quaestionum in foro quotidie obvenientium &c. continens Panegyrin & Memoriam Hommelii, nec non vitam & indicem (Baruthi 1787 — *eigentl.* 1786 — 4). — Beyträge zur Beantwortung der Frage: Worinne besteht das Schädliche und Unschädliche und unter gewissen Umständen Vortheilhafte des Luxus, vorzüglich in Rücksicht auf seinen Einfluss in Industrie und Geldumlauf? *im Journal für Fabr. Manufakt. u. s. w.* 1794. St. 6. S. 401-407. Ueber die technologische Benutzung der ausländischen Bäume und Sträucher; *ebend.* 1797. Febr. Nr. 9. Ueber die Vorsicht bey Urtheilen über den Wohlstand eines Landes in Bezug auf Geldmenge und Industrie; *ebend.* März Nr. 7. — Beyträge zu einer Theorie über den Baumschnitt; *in den Oekonomischen Heften* 1797. Febr. — Vergl. *Weidlichs* biogr. Nachr. Th. 3. — Sein Bildniss vor dem 59sten Theil der Krünitzischen Encyklopädie.

RÖSSIG (Karl Heinrich) *Kunst- und Lustgärtner zu Schneeberg: geb. zu . . .* §§. Ueber Kultur aller Sorten Obstbäume, junge richtig und dienlich zu erziehen, und wie man erwachsene in allen Fällen zu behandeln habe, vorzüglich auf das gebirgische und erzgebirgische Klima, wie auch für andere Gegenden nutzbar eingerichtet, aus praktischer Erfahrung aufgesetzt und herausgegeben. Schneeberg 1792. 8.

von **RÖSSING** (August Friedrich Ludwig) *Erbmarschall und herzogl. Oldenburgischer Etatsrath und* seit 1793 *Landvogt zu Neuenburg im Herzogthum Oldenburg: geb. zu . . . am 26 August* 1734. §§. *D. de legibus, earumque origine, principiis*

&

& fontibus. Gotting. 1759. 4. Concentrirte Rechtsfälle. 1ster Theil. Oldenburg 1790. — 2ter Theil. ebend. 1793. 4.

RÖSSLER (Karl Anton) *k. k. Bergrath zu Prag: geb. zu* . . . §§. Bergmännische Nachrichten über die Gebirge und den Bergbau zu Joachimsthal, nebst einigen Nachrichten über die Gebirge auf der Strasse von Prag bis Joachimsthal, herausgegeben von Dr. *Joh. Mayer.* Dresden 1792. gr. 8. — Aufsätze und Abhandlungen in der Bergbaukunde, im bergmännischen Journal, in *J. Mayers* Samml. physikal. Aufsätze.

RÖSSLER (Matthias) *Kreisdechant zu Jaromirz in Böhmen: geb. zu* . . . §§. *Pomona Bohemica,* oder tabellarisches Verzeichniss aller in der Baumschule zu Jaromirz kultivirten Obstsorten, nebst den Provinzialbenennungen und kurzer Anzeige der Güte, Zeit und Dauer der Früchte. Prag 1795. 8.

RÖSSNER *) (Johann Christoph) *M. der Phil. und Pastor der evangelischen Gemeine zu Machnowka in der Ukraine* (vorher Hofmeister): *geb. zu Geisenhöhn, einem Dorfe bey Schleusingen* 175 . . §§. Nachricht vom Muschelberge in Niederbayern. 1783. 4. * Lehrreiche Spatziergänge eines Lehrers mit seinen Schülern für die Jugend und Jugendfreunde. Mit Kupfern. Nürnberg 1784. 8. Begräbniss- und Auferstehungsgeschichte Jesu von Nazareth, für die christliche Jugend. Mit Kupfern. ebend. 1789. 8. Wichtige und letzte Lebensstunden verschiedener Christen, von allerley Stand, Alter und Lebensart, in vertraulicher Unterredung mit einem ihrer aufrichtigsten Freunde auf dem Kranken- und Sterbebette, für Leidende, Kranke und ihre theilnehmende Freunde, aus den Schrif-

*) Nicht RÖSNER.

Schriften berühmter Männer gesammelt. 1ster Band. Machnowka 1796. 8.

RÖTGER (Gotthilf Sebastian) *Propst im Kloster U. L. F. zu Magdeburg* seit 1780; *wie auch Mitglied des engern Ausschusses der Landstände im Herzogthum Magdeburg, und Direktor des Pädagogiums zu Magdeburg: geb. zu Klein-Germersleben im Magdeburgischen am 5 April* 1749. §§. Briefe eines ganz unpartheyischen Kosmopoliten über das Dessauische Philanthropin. Frankf. u. Leipz. 1776. 8. Nachricht von dem Pädagogium am Kloster U. L. F. in Magdeburg. Magdeb. 1783. 8. *Auch unter dem Titel:* Ueber Unterricht und Lehrmethode, Schulpolizey und Charakterbildung. ebend. 1791. 8. Ueber Kinderunzucht und Selbstbefleckung. Ein Buch blos für Aeltern, Erzieher und Jugendfreunde, von einem Schulmanne. Herausgegeben und mit einer Vorrede und Anmerkungen begleitet von *Schl.* (Schummel). Züllichau 1787. gr. 8. Versuch einer ganz kurz erzählten Magdeburgischen Reformationsgeschichte, bey Gelegenheit des vom Kloster L. Frauen gefeyerten zweyhundertjährigen Reformationsjubelfestes. Magdeburg 1791. 8. 2te ganz neu bearbeitete Auflage. ebend. 1792. 8. Jahrbuch des Pädagogiums zu L. Frauen in Magdeburg. 1stes und 2tes Stück. ebend. 1793. — 3tes Stück. ebend. 1794. — 4tes Stück. ebend. 1795. — 5tes Stück. ebend. 1796. — 6tes Stück. ebend. 1797. gr. 8. — * Ueber angewandte und noch anzuwendende Mittel, das zu frühe Abgehn der Schüler auf die Universitäten zu verhüten; in Beziehung auf das königl. Preuss. Edikt vom 23 Dec. 1788 in Betreff dieses Gegenstandes; *in* Beneckens *Jahrbuch für die Menschheit* 1789. St. 4. S. 333-360. St. 5. S. 389-408. St. 8. S. 136-152. St. 11. S. 414-440. u. St. 12. S. 506-532. * Warum ich meinem kleinen Karl das Saugen am Finger nun doch erlaube; *ebend.* 1790. St. 11. S. 448-453. — * Männerklagen über weib-

weibliche Kunstgeschicklichkeit und weibliche Gelehrsamkeit, zwey freundschaftliche Briefe; in *den Magdeburg. gemeinnützigen Blättern* 1789. St. 2 u. 3. * Ein Vorschlag zur Verbesserung des Strassenpflasters in Magdeburg; *ebend.* St. 6 u. 8. * Gutmann und seine Frau, oder Etwas über Weyhnachtsgeschenke; *ebend.* St. 23 u. 24. * Auch ein Wort über den Vorschlag zu Errichtung ländlicher Schulkommissionen; *ebend.* St. 25. * Vorschlag zu einer Ausnahmen zulassenden Magdeburgischen Association, wegen Aufhebung der bisherigen Trauersitte; *ebend.* 1790. St. 36. * Nachricht von der verbesserten Einrichtung des Zucht- und Arbeitshauses in Magdeburg; *ebend.* St. 48 - 50. * Auch Menschenkenntniss gehört zur Ausbildung eines Frauenzimmers, ein aufgefundener Brief; *ebend.* St. 50. * Ein Wort an meine Mitbürger bey Gelegenheit der neuen Gesindeordnung; *ebend.* St. 51. * Ehestandsmöbel, eine Erzählung; *ebend.* 1791. St. 29. * Luther, ein Gedicht; *ebend.* St. 38. * Schreiben eines Magdeburgers an die Herausgeber u. s. w. *ebend.* St. 51. — * Meine Gedanken über Pfändungen und Pfändungsgesetze; *im patriot. Archiv für das Herzogth. Magdeburg* 1792. St. 9 u. 10. — Jubelgebet, und: Herr Gott dich loben wir; in *der gottesdienstl. Feyer des zweyhundertjährigen Reformationsjubiläi im Kl. L. Fr. zu Magdeburg von* J. F. Koch (*Magdeb.* 1791). — Einige Gebete und Lieder in *Wagnitzens* allgem. Gebeten und Liedern für Zuchthäuser u. s. w. (Magdeb. 1792). — *Gab heraus* Nekrolog für Freunde teutscher Litteratur: 1stes Stück, welches das Verzeichniss sämtlicher im Jahr 1791 verstorbener teutscher Schriftsteller und ihrer Schriften enthält. (Helmstädt 1796). — 2tes Stück, welches — im J. 1792 — enthält. (ebend. 1797. gr. 8). — Viele Aufsätze und Recensionen im Schirachischen Magazin der Kritik, mit *G-s-r* unterzeichnet.

ROVER (C... F...) *Pastor zu Remlingen und Wetzleben im Braunschweigischen: geb. zu* ... §§. Versuch eines katechetischen Lehrbuchs für fähige Confirmanden und erwachsene Christen, darinn die Glaubenswahrheiten kürzer, lebhafter und gedächtnisshülflicher vorgetragen werden. Braunschweig 1784. 8.

—

*) ROGER (Klaudius) *bischöffl. Augsburgischer Sprachmeister zu Augsburg: geb. zu* ... §§. Grammaire françoise. Augsb. 1750. 8.

ROHLEDER (Johann) *Prediger zu Friedland in Pomerellen unweit Conitz in Westpreussen: geb. zu* ... §§. Erleichterung des Klavierspielens vermöge einer neuen Einrichtung der Klaviatur und eines neuen Notensystems. Königsb. 1792. 4.

ROHLWES (Johann Nikolaus) *Regiments-Pferdearzt bey dem Hannöverischen Leibregiment zu Plate im Fürstenthum Lüneburg: geb. zu* ... §§. Abhandlung von den äusserlichen Krankheiten der Pferde, zur Bildung für angehende Thierärzte. Lüneburg 1785. — 2ter Theil, von den innerlichen Krankheiten der Pferde. ebend. 1786. 8. Abhandlung von dem Zungenkrebs, dessen Ursachen und Heilung. ebend. 1787. 4. — Beschreibung einer bemerkungswürdigen Krankheit eines Pferdes; *im Hannöver. Magaz.* 1787. St. 54.

von ROHR (Heinrich Julius Ludwig) *Assessor bey der königl. Preuss. Landesregierung zu Magdeburg* seit 1795: *geb. zu Holzhausen in der Prignitz* 1768. §§. * Belinda, oder der schöne Flüchtling; eine Novelle aus dem Engl. Halle 1789. 8. * Der Tod Ferdinands des Menschenfreundes; eine Skizze. Magdeburg 1792. 8. * La Fayette, als

*) Lebt er denn noch?

als Staatsmann, als Krieger und als Mensch. Nach dem Franz. Mit einer Vorrede vom Prof. *J. R. Forster.* ebend. 1794. 8. *Gab heraus:* * Schreibtafel zum täglichen Gebrauch für Damen auf das Jahr 1795. Leipz. 1795 (*eigentl.* 1794). Taschenformat. — Hatte Antheil an der Herausgabe des *Magdeburgischen patriotischen Archivs* 1791-1793. — Gedichte in der *neuen Thalia*, im *neuen teutschen Merkur* 1792 u. 1793, im *Götting. Musenalmanach* 1794, in *Ewalds* Urania 1793 u. 1794, im *litterarischen Pantheon* 1794, wie auch in der *Leipziger Monatsschrift für Damen* 1794. — * Ueber die frühen Heirathen, aus dem Englischen übersetzt; *ebend.* St. 4. Albert und Mathilde, eine Erzählung nach dem Englischen; *ebend.* St. 5. S. 139-153.

von ROHR (Julius Philipp Benjamin) *königl. Dänischer Oberkondukteur und Bauinspektor auf der Insel St. Croix in Westindien: geb. zu* . . . §§. Anmerkungen über den Kattunbau, zum Nutzen der Dänisch-Westindischen Kolonien, auf allerhöchsten Befehl geschrieben. 1ster Theil. Mit einer Vorrede vom Hrn. Dr. *P. G. Hensler*, Archiater und Professor der Arzneywissenschaft in Kiel. Altona u. Leipz. 1791. — 2ter Theil. ebend. 1793. 8.

von ROHWEDEL (. . . . .) *königl. Preuss. Officier* (?) *zu Magdeburg: geb. zu* . . . §§. Die Eroberung Magdeburgs; ein Trauerspiel. Magdeburg 1774. 8.

du ROI (Julius Georg Paul) *D. der R. und* seit 1796 *herzogl. Braunschweigischer wirklicher Hofrath zu Braunschweig* (vorher seit 1786 ausserordentlicher Hofgerichtsassessor daselbst, und vordem seit 1780 ausserordentlicher Professor der Rechte auf der Universität zu Helmstädt): *geb. zu Braunschweig am 20 Junius* 1754. §§. *D. inaug. de donatione inter conjuges remuneratoria absque insinuatione*

tione nulla. Helmst. 1779. 4. *D. de testamento ob exheredítationem sine elogio factam non ipso jure nullo. ibid.* 1780. 4. *De jactu lapilli liber singularis. ibid.* 1782. 8. Rede von den Eigenschaften und Pflichten eines akademischen Rechtslehrers. ebend. 1786. 4. Meine Gedanken über die bisher übliche Lehrmethode des Römischen Rechts auf unsern Akademien, und die Mittel, sie zu verbessern. Braunschweig 1787. 8. Systematische Anleitung zur Kenntniss der Quellen und der Litteratur des Braunschweig-Wolfenbüttelschen Staats- und Privatrechts. ebend. 1792. 8. — Biographien der Helmstädtischen Rechtslehrer, nebst genauen kritischen Nachrichten von ihren Schriften, ein Beytrag zur Gelehrtengeschichte der Universität Helmstädt; *in* Hagemanns *und* Günthers *Archiv für die theoret. und prakt. Rechtsgel.* Th. 1. S. 233-250. Th. 2. S. 97-161 (1788). Th. 3. S. 40-103. Th. 4. S. 150-176 (1789). — Von der in den Braunschweig-Wolfenbüttelschen Landen geschehenen Einführung und Publikation der peinlichen Gerichtsordnung Kaiser Karls des Fünften, insbesondere von den dieserhalb veranstalteten Ausgaben derselben; *im Braunschweig. Magazin* 1789. St. 24 u. 25. (*Diese Abhandlung steht auch vermehrt in* Hagemanns *und* Günthers *Archiv* Th. 6). Von der in dem Braunschweig-Wolfenbüttelschen Landen geschehenen Annahme und Einführung des römischen und kanonischen Rechts; *im Braunschweig. Magazin* 1790. St. 22 u. 23. — Einzelne Gedichte. — Vergl. *Weidlichs* biogr. Nachr. und Nachtr. — Sein Bildniss vor dem 31sten Band der Neuen allgem. teut. Bibl. (1797).

ROLL (Bernhard) unter diesem Namen verbirgt sich der oben genannte *Christian August* FISCHER.

ROLLER (Christian Nikolaus) *ausserordentlicher Professor* (Adjunkt) *an dem Gymnasium zu Bremen: geb. zu Hanau* 174.. §§. De philosopho doctore

ctore idoneo prae ceteris sed raro recta institutionis in schola publica instrumento. Bremae 1776. 4. — *Verschiedene lateinische Gedichte in fol. Auch in dem* Fischerischen Calendario Musarum 1786.

ROLLER (Max) ist der oben aufgeführte BURCHARD (Friedrich Gottlieb Julius).

ROLOFF (Christian Ludwig) *D. der AG. und Praktikus zu Berlin, königl. Preuss.-geheimer Rath* (seit 1786), *wirklicher königl. Leibarzt, Decanus des Obercollegii medici* (seit 1784), *wie auch ordentlich bestellter Arzt bey dem grossen Friedrichshospital und Irrenhause: geb. zu Berlin am 6 Junius* 1726. §§. Index plantarum, quae aluntur Berolini in horto Krausiano. Berolini 1746. 8. D. de fabrica & functione lienis. Francof. ad Viadr. 1750. 4. — *Einige Abhandlungen in den* Mémoires de l'Académie Royale des sciences & de Belles Lettres de Berlin. — Gutachten, ob von dem Beyschlaf eines Mohren mit einer weissen Frau ein ganz weisses Kind gebohren werden könne? *in* Pyl's *Aufsätzen und Beobacht. aus der gerichtl. Arzneywiss.* 7te Samml. (Berlin 1791).

ROMMEL (Siegmund Christian) *Rektor der Schule zu Sonnenberg im Meiningischen und Kollaborator an der dortigen Kirche* (vorher Hofmeister zu Waltershausen): *geb. zu Meiningen* 1756. §§. Poetische Versuche über die vier Jahrszeiten. Jena 1776. 8. Anweisung zur Rechenkunst für Lehrer und Lernende in niedern Schulen in Städten und auf dem Lande. Coburg 1794. 8.

ROMWEI (L... E... W...) . . . *zu* . . . *geb. zu* . . . §§. *Brymsthön*, praktischen Pferdearzts in London, Receptbuch für Pferdeliebhaber, oder praktische Anweisung, alle Krankheiten der Pferde zu heilen; aus dem Englischen nach der achten Auflage übersetzt. Neuwied 1796. 8.

ROOS

RÖOS (Johann Friedrich 1) *M. der Phil. und* seit 1789 *ordentlicher Professor derselben auf der Universität zu Giessen, wie auch* seit 1784 *erster Lehrer am dortigen akademischen Pädagogium* (vorher seit 1780 vierter Lehrer an demselben und seit 1784 ausserordentlicher Professor bey der Universität): *geb. zu Steinbockenheim in der Pfalz am 24 Febr.* 1757. §§. *D. Observationes ad difficiliora quaedam loca Hoseae. Erlang.* 1780. 4. Einige Bemerkungen über den hebräischen Elementarunterricht auf Schulen. Giessen 1781. 8. Joh. Bernh. de Rossi *Annales typographiae Ebraicae Sabionetensis, appendice aucti, ex Italicis Latinos fecit. Erlang.* 1783. 8. Bibliothek für Pädagogen und Erzieher. 2 Bände. Giessen 1783-1784. 8. *Progr. Excursus ad Horatii Carm. I.* 1. 7-15. *ibid.* 1783. 4. * *Wilhelm Greens* kritischer und exegetischer Commentar über einige poetische Stücke des alten Testaments; aus dem Englischen. ebend. 1783. 8. Abhandlung über den Charakter des Sosia in der Andria des Terenz. ebend. 1784. 4. *Progr. de Terentii quibusdam locis. ibid.* 1786. 4. Progr. über den moralischen Charakter des römischen Geschichtschreibers, C. Sallustius Crispus. ebend. 1788. 4. Versuch über die Klassiker. ebend. 1790. 8. *Progr. de suppliciis, quibus M. Attilius Regulus Carthagine traditur interfectus. ibid. eod.* 4. *Q. Horatii Flacci Carminum libri quinque;* des Q. Horatius Flaccus Oden, fünf Bücher; übersetzt und mit einigen Anmerkungen begleitet. Leipz. 1791. 8. Pr. Probe einer neuen Uebersetzung von Terenzens Lustspielen. Giessen 1793. 4. Beyträge zur historischen Kritik. ebend. 1794. 8. *Terenzens* Lustspiele, übersetzt und commentirt. 1ster Theil, welcher das Mädchen von Andros, den Kastraten und den Selbstpeiniger enthält. ebend. 1794. — 2ter und letzter Theil, welcher die übrigen Lustspiele enthält. ebend. 1796. gr. 8. *Progr. Spicilegium observationum in Cyropaediam*

Xenophonteam. ibid. 1795. 4. Progr. Historischer Versuch über der beyden Brüder Philäni aus Karthago unerhörte Aufopferung für das Vaterland. ebend. 1796. 4. — *Gab das* Archiv für die ausübende Erziehungskunst *seit dem 1sten Stück des 5ten Theils bis zum 12ten und letzten Theil heraus* (Giessen 1782-1785. 8). — *Zu der in Frankfurt am Mayn herauskommenden *Teutschen Encyklopädie* bearbeitete er vom 14ten Band an das Fach der griechischen, römischen und teutschen Antiquitäten; und vom 18ten Band an ist er Redacteur des ganzen Werks. — Sein Bildniss von *Bock*, mit Lebensumständen im 18ten Heft der Sammlung von Bildnissen gelehrter Männer (1796).

ROOS (Johann Friedrich 2) Sohn von M. F. Roos; *M. der Phil. und* seit 1793 *Pfarrer zu Stammheim bey Stuttgart* (vorher Vikarius zu Lustnau und seit 1784 zu Anhausen im Würtembergischen): *geb. zu Göppingen am 27 Junius* 1759. §§. *Rudimenta logicae sacrae. Tubing.* 1776. 4. Reformationsgeschichte, in einem verbesserten Auszuge des Hrn. Christian Friedrich Junius aus des Hrn. Veit Ludwig von Seckendorf Historia Lutheranismi herausgegeben und mit Anmerkungen versehen. 2 Bände. Tübingen 1781-1782. gr. 8. 2te ganz umgearbeitete Ausgabe. ebend. 1788. gr. 8. Versuch einer christlichen Kirchengeschichte für Leser aus allen Ständen. 1ster Band. Stuttgart 1796. gr. 8.

ROOS (Johann Philipp) *freyherrl. von Burscheidischer Amtmann zu Merxheim an der Nahe* (vorher Kanzleyadvokat zu Dhaun an der Nahe): *geb. zu . . . in der Grafschaft Dhaun* 1754. §§. Gedanken von der verschiedenen Denkungsart des Kunstrichters, wenn er tadelt. Jena 1774. 8. Erörterung der Frage: Ob die Todesstrafe in Teutschland nothwendig sey? ebend. 1774. 8. Bestätigter Gebrauch aufgestellter Landesrechnungen

gen bey Erforschung der Geschichte, in so fern dieselbe Lebensbegebenheiten, Geburts - Sterbjahre, und Begräbnissörter betrift, mit vier Urkunden, nebst zwey Anhängen, deren ersterer eine Nachricht von dem Hofrichteramt des Wildgrafen Joh. von Dhaun zur Zeit der Regierung des Kaisers Ludewigs von Bayern in sich enthält, und der andere einige Anmerkungen aus der Geschichte und Diplomatik liefert. Frankf. am M. 1781. 4. Einige Nachrichten von dem Wild - und Rheingrafen Philipp Franz von Dhaun, dem Vater und Stifter der Hochwild - und Rheingräflichen Geschlechter. ebend. 1784. 4. Der sterbende Staatsdiener, ein verlohrnes, aber wiedergefundenes Manuscript, anzusehn als ein Beytrag zu Faustins philosophischen Jahrhundert; in einem Schreiben mitgetheilt. ebend. 1785. 8. Bruchstücke, betreffend die Beobachtung der Pflichten eines Staatsdieners, sichtbar aus den Handlungen des Wild - und Rheingräflich - Dhaunischen Raths, Matth. Dreiss u. s. w. nebst einigen Bemerkungen von dem ältesten Gebrauch des Spanischen Siegelwachses. ebend. 1785. 4. * Das von dem Könige Karl dem Neunten und der Königin Katharinen von Frankreich dem erkrankten Wild - und Rheingrafen Joh. Phil. von Dhaun, königl. Französischen Obersten, gewidmete Monument der zärtlichsten Liebe und Hochachtung. (*Ohne Druckort*) 1786. 4. Fortgesetzte Aufklärung von dem ältesten Gebrauche des Siegelwachses, nebst einer Berichtigung verschiedener Zweifel des Herrn geheimen Regierungsraths von Rauschard. Frankf. am M. 1792. 4. Dr. *Justus Claproths* Vortrag und Entscheidung der in einem nach dem trauervollen Ableben Sr. Majestät Kaiser Leopolds des Andern zwischen Lutheranern und Reformirten entstandenen Rechtsgange vorgewalteten Frage: Ob das Trauergeläute bey dem Absterben des Kaisers den Eingepfarrten, oder allen Unterthanen obliege? nebst einem philosophischen Bedenken; — begleitet mit

 frey-

freymüthigen Bemerkungen. ebend. 1795. 8. *Phil. Ernst Spies* Angelegentlicher Unterricht von dem ältesten Gebrauche der Siegeloblaten; begleitet mit zweckmässigen Zusätzen, wie auch einigen, die älteste Bedienung des spanischen Wachses bey der Urkunden-Besieglung bezielenden Bemerkungen. ebend. 1797. 4.

ROOS (Magnus Friedrich) *M. der Phil. und* seit 1784 *herzogl. Würtembergischer Rath und Prälat zu Anhausen* (vorher Specialsuperintendent der Bebenhäuser Dioces und Pastor zu Lustnau, auch von 1788 bis 1797 Assessor des landschaftlichen grössern Ausschusses): *geb. zu Sulz am Neckar am 6 Sept.* 1727. §§. Christliche Gedanken von der Verschiedenheit und Einigkeit der Kinder Gottes; nebst *Ch. F. Steinkoffers* Entwurf eines theologischen Sendschreibens von dem Unterscheid der gemeinen Kirchenverfassung. Stuttg. 1764. 2te Aufl. ebend. 1775. 8. Daniel, als ein rechtschaffener Hoffmann abgeschildert. Frankf. 1767. Neue Aufl. 1774. 8. *Fundamenta psychologiae ex sacra scriptura sic collecta, ut dicta ejus de anima ejusque facultatibus agentia digesta atque explicata sint. Tubing.* 1769. 8. Fussstapfen des Glaubens Abrahams in den Lebensbeschreibungen der Patriarchen und Propheten. 6 Stücke. ebend. 1769-1770. 8. Neue verbesserte Auflage, 2 Bände. Stuttg. 1776. gr. 8. 3te Auflage ... Abhandlung von der Sünde wider den heil. Geist. Nürnberg 1771. 8. Auslegung der Weissagungen Daniels, die in die Zeit des N. T. hineinreichen. Leipz. 1771. 8. Christliches Glaubensbekenntniss und überzeugender Beweis von dem göttlichen Ursprung und Ansehen der Bibel, den neuesten Einwürfen entgegengesetzt. ebend. 1773. 2te Aufl. (auf Kosten guter Freunde). 1773. Neue Aufl. 1774. 8. Einleitung in die biblischen Geschichten von der Schöpfung an bis auf die Zeit Abrahams. Tübingen 1774. 8. Predigten über die Sonn- und Feyertägliche Evangelien.

lien. ebend. 1774. 4. Betrachtungen über die sechs Hauptstücke des Katechismus. ebend. 1775. 8. Die Lehre und Lebensgeschichte Jesu Christi des Sohns Gottes, nach den vier Evangelisten entworfen. 2 Theile. ebend. 1776. 8. Soldatengespräche, zur Pflanzung der Gottseligkeit unter den Soldaten eingerichtet. ebend. 1777. 8. Betrachtungen über die gegenwärtige Zeit und die Nothwendigkeit und Beschaffenheit der Bekehrung und christlichen Frömmigkeit, in 7 Gesprächen vorgetragen. ebend. 1779. 8. Neue Kreuzschule, oder Anweisung zu einem christlichen Leiden, welche in 12 Abhandlungen, in Auszügen aus erbaulichen Schriften, in Liedern und Gebeten besteht; als ein Anhang sind Morgen- und Abendgebete, ein Wettergebet und kurze Gebete eines Sterbenden beygefügt. ebend. 1779. 8. Christliches Hausbuch, welches Morgen- und Abendandachten aufs ganze Jahr enthält. 2 Theile. Stuttgart 1783. gr. 8. *Selecta Capita Doctrinae de Ecclesia, praesenti tempori accommodata. Tubingae* 1784. 8 *maj.* Kurze Auslegung des Briefs Pauli an die Galater. ebend. 1784. 8. Mit einem neuen Titelblatt 1786. Abschiedspredigt zu Lustnau. Reutlingen 1784. 8. *Kurzer Entwurf und Beweis der nöthigsten Lehren des Evangeliums. Tübingen 1784. Christliche Glaubenslehre für diejenigen, welche sich zur gegenwärtigen Zeit nicht mit mancherley und fremden Lehren umtreiben lassen wollen, nach der heil. Schrift verfertigt. Stuttgart 1786 (*eigentl.* 1785). 8. (*Dieses letztere ist gleichsam eine neue und vermehrte Ausgabe des vorhergehenden Buchs*). Kurze Auslegung der beyden Briefe des Apostels Pauli an die Thessalonicher. Tübingen 1786. 8. *Prüfung der gegenwärtigen Zeit nach der Offenbarung Johannis. Stuttgart 1786. 8. Erbauliche Reden über die Offenbarung Johannis. Tübingen 1788. 8. Jesus der Erlöser der Menschen, nach Jes. LIII. ebend.

ebend. 1788. 8. *Deutliche und zur Erbauung eingerichtete Erklärung der Offenbarung Johannis. (*Ohne Druckort*) 1789. 8. Kurze Auslegung des Briefes St. Pauli an die Römer. Tübingen 1789. 8. Häusliches Erbauungsbuch, in Gebeten und Betrachtungen, sowohl auf die ordentlichen Wochen- und Festtage, als auf andre Tage und Fälle. Mit Kupf. Nürnberg 1790. gr. 8. Beweis, dass die ganze Bibel von Gott eingegeben, und die darauf gegründete Religion wahr sey. Tübingen 1791. 8. *Gewisse, wahrscheinliche und falsche Gedanken von dem Zustand gerechter Seelen nach dem Tode. Altona 1791. 8. Die Würtembergische Tabea, oder das merkwürdige äussere und innere Leben und Sterben der Jungfer Beata Sturmin; mit einer Vorrede neu herausgegeben. Stuttgart 1791. 8. Der zweyte und zwölfte Psalm, mit Anwendung auf die gegenwärtige Zeit ausgelegt. Tübingen 1794. 8. Beleuchtung der gegenwärtigen grossen Begebenheiten durch das prophetische Wort Gottes. 1794. 8. Predigten über die neuen für die Würtembergische Kirche verordneten Evangelien, nebst einer kurzen Erklärung der drey Briefe des Apostels Johannis. Stuttgart 1795. 8. Der 45ste und der 110te Psalm mit Anwendung auf die gegenwärtige Zeit ausgelegt. Tübingen 1796. 8. — *Aufsätze im Schwäb. Magazin*, z. B. von den Wunderthätern. — Vorrede zu der 1778 zu Tübingen in queer 12 gedruckten Bibel. — Das Evangelium Matthäi, Marci und Johannis; *in den Würtemberg. bibl. Summarien* Th. 1 (1786). Die Offenbarung und der 2te Brief an die Korinther; *ebend.* Th. 2 (1787). — Vorrede zu seines Sohnes *J. F. Roos* Reformationsgeschichte u. s. w. (Tübingen 1788. 8); und zu dessen Kirchengeschichte für Leser aus allen Ständen (Stuttgart 1796. gr. 8). — Vorrede zu einer neuen Auflage von *Arnds* wahrem Christenthum (Tübingen 1795. gr. 8). — *Sein Bildniß, von Söckler*

in

in München gestochen, steht vor der Lehre und Lebensgeschichte Jesu. — Vergl. *Schwäb. Magaz.* 1777. S. 293 u. f.

ROOSE (Theodor Georg August) *D. der AG. Professor der Anatomie und Sekretar des Ober-Sanitätskollegiums zu Braunschweig* seit 1794: *geb. daselbst* . . . §§. Ueber Konrad Arnolds Schmidts und Karl Christian Gärtners Verdienste, besonders um die teutsche Litteratur; eine öffentliche Vorlesung zur Stiftungsfeyer der herzogl. teutschen Gesellschaft zu Helmstädt am 20 Jun. 1792. Helmstädt 1792. 8. Versuch über die Gesundheit des Menschen. Göttingen 1793. kl. 8. *D. inaug. de nativo vesicae urinariae inversae prolapsu. Cum tab. aen. ibid.* 1794. 4. Ueber das Ersticken neu gebohrner Kinder; ein Programm. Braunschweig 1794. 8. Physiologische Untersuchungen. ebend. 1796. 8. Grundzüge der Lehre von der Lebenskraft. ebend. 1797. 8. — Ueber die Allgemeinheit diätetischer Regeln; *in dem Braunschweig. Magazin* 1793. St. 5. Ueber die Seekrankheit; *ebend.* 1794. St. 44. — Ueber die Erzeugung der thierischen Wärme; *in dem Journal der Erfindungen* St. 17 (1796). Einige Anmerkungen gegen Herrn Sponitzer; *ebend.* St. 19 (1796). — Gutachten des fürstl. Obersanitätskollegiums zu Braunschweig über einen muthmaslichen Kindermord; *in* Loders *Journal der Chirurgie* B. 1. St. 1 (1797).

ROPPAN (Johann Karl) *Registrator adjunctus* (?) *bey dem Magistrat zu Breslau: geb. zu Hirschberg* 175 . . §§. *Beschäftigungen mit Breslau und dessen Merkwürdigkeiten. 4 Stücke. Breslau 1777. 8.

ROPPELT (Johann Baptist) *Benediktiner in Banz und Professor der Mathematik und Physik auf der Universität zu Bamberg, wie auch* seit 1795 *fürstl. geist-*

geistlicher Rath: geb. zu Bamberg am 17 December 1744. §§. Praktische Abhandlung von den Gränz-Zeichen, samt einer geometrischen Unterweisung zum Nutzen und Gebrauch der Märker. Coburg 1775. 8. *Introductio in Mathesin ad usum tyronum concinnata. ibid.* 1775. 8. (Mit einem neuen Titelblatt: *Bamb. & Wirceb.* 1777). Praktischer Entwurf eines neu zu errichtenden Urbariums, Saal-oder Lagerbuches, zum Gebrauche der Lehnherrschaften, Beamten, Amtsverwalter, Kameralisten, Feldmesser. Mit vielen illuminirten Kupfertafeln. Nürnb. 1794. fol. *Oratio praefatoria, qua — lectiones suas mathematicus inchoavit. Bambergae* . . . 4. Einige Bemerkungen über die praktische Geometrie; ein Programm, womit er seine Vorlesungen in dieser Wissenschaft anfängt. ebend. . . . 4.

ROPPELT (Joseph) Bruder des vorhergehenden; *der heil. Schrift Licentiat und Pfarrer zu Schlicht im Bambergischen* (ehedem ordentlicher Professor der geist- und weltlichen Beredsamkeit auf der Universität zu Bamberg): *geb. zu Bamberg* . . . §§. Predigten, gehalten vor Sr. hochfürstl. Gnaden in der Charwoche in der Universitätskirche bey den geistlichen Uebungen. Bamberg 1779. 8. (*Einige davon sind von dem geistl. Rath* Schellenberg). Anleitung zur praktischen geistlichen Beredsamkeit. ebend. 1784. gr. 8.

ROQUES de Maumont (Jakob Emanuel) *M. der Phil. Pastor der französisch-reformirten Gemeine, und königl. Großbritann. und kurfürstl. Braunschw. Lüneburg. Professor zu Celle: geb. zu* . . . §§. Le Chretien au lit de la mort ou dernier exhortation d'un pere mourant à son fils unique. à Francfort sur le Mein 1753. 8. Lettre sur la part qu'il a eue aux demélés des Messieurs Voltaire & la Beaumelle. à Hannovre 1755. 8. L'ecole du chretien. à Celle 1756. 8. Recueil de prières, precedé d'un Traité de la Prière, avec

l'explil'explication & la paraphrase de l'oraison dominicale. ibid. 1760. 8. Sermons d'Action de graces à l'occasion de la paix. ibid. 1763. 8. Recueil pour l'esprit & pour le coeur. II Tomes en IV Parties. ibid. 1764-1765. 8. Nouveau recueil pour l'esprit & le coeur. To. XI. ibid. 1767-1772. 8. Lettres ecrites à un ami pendant le sejour que les troupes Françoises ont fait à Celle en 1757 & 1758. à Mastricht 1775. 8. Mémoire sur les polypiers de mer. à Celle 1782. gr. 8.

ORER *) (Augustin) *Kapitular und Professor der Philosophie und Mathematik in dem in der Schwäbischen Markgrafschaft Burgau liegenden Reichsstift Wettenhausen: geb. zu Mertingen in Bayern am 27 Januar* 1758. §§. Ueber die zwey Hauptvortheile unserer Leiden; eine Predigt. Ulm 1789. 8. Leitfaden zu popular-metaphysischen Vorlesungen, bey Gelegenheit einer öffentlichen Prüfung herausgegeben. Günzburg 1792. 8. *Positiones metaphysicae. ibid.* 1795. 8.

ROSA (Joseph) *Mahler und Aufseher der kaiserl. königl. Bildergallerie zu Wien: geb. zu Dresden* 1728. §§. * Gemählde der k. k. Gallerie. 1ste Abtheilung. Italienische Schulen. Wien 1796. 8.

ROSCHER (Christian Friedrich) *Kandidat der Kameralwissenschaften und der Rechtsgelehrsamkeit zu Leipzig: geb. zu* . . . 175 . . §§. Von der Verbesserung des Flachsbaues in Sachsen. Zittau u. Leipz. 1787. 8. * Anti-Schubart, oder überzeugende Gegengründe für die allgemeine Beicht. Leipz. 1788. 8. Von dem verderblichen Einfluss des Lotteriewesens auf den Staat in vorzüglicher Hinsicht auf die arbeitende und productive Volksklasse. ebend. 1795. 8. 2te verbesserte Auflage. ebend. 1797. 8.

RO

*) Im 3ten Nachtrag zur 4ten Ausgabe heisst er irrig STORER.

ROSCHER (Georg Albrecht) *Obersyndikus zu Lüneburg: geb. daselbst* 1733. §§. * An meinen ältesten beynahe sechsjährigen Sohn, über die Art, wie er bisher im Rechnen unterrichtet worden. Lüneburg 1781. ($7\frac{1}{2}$ Bogen). 8.

ROSCHER (Johann Peter) *Kantor bey der reformirten Gemeine, wie auch Geometer zu Lippstadt: geb. zu* . . . §§. Gemeinnütziges Rechenbuch zur Selbstübung, vornemlich zum Schulgebrauch; in verschiedenen Geldsorten, hauptsächlich in Thalern, Mgr., Ggr., Stübern, Xrn. und Pfennigen, abgefasst. 1ster Theil. Lippstadt 1788. — 2ter Theil, welcher, nebst den ausländischen Wechsel- und Waarenberechnungen, nützliche Tabellen für Kaufleute, die verschiedenen Arbitragen-Pari- und andern Rechnungsarten, auch die nöthigsten Handelskenntnisse enthält. Lemgo 1791. 4. Anleitung für Leser beym Gebrauch des gemeinnützigen Rechenbuchs in Schulen. 1ster Theil. Lippstadt 1788. — 2ter Theil. Lemgo 1791. 4.

ROSCHMANN von HÖRBURG (Cassian Anton) *ehemahliger ober- und vorderöstreichischer, nunmehr geheimer Archivar zu Wien: geb. zu* . . . §§. Sirminde; ein Trauerspiel. Insbruck 1774. 8. Geschichte von Tyrol. 1ster Theil, samt einer Landcharte von Rhätien. Wien 1792. gr. 8. — Gedichte; in (Reichards) *Theaterkalender* 1786.

ROSE (Johann Wilhelm) seit dem 18 August 1790 *fürstl. Brandenburg-Ansbachischer Hofprediger und fürstl. Beichtvater, wirklicher Kirchen- und Konsistorialrath, auch Prediger an der St. Gumperts-Stiftskirche zu Ansbach, dann der Waisen- und Wittwenhaus-Oberinspektion daselbst, wie auch der fürstl. (jetzt königl.) Schuldeputation Mitglied* (vorher Hof- und Stiftsdiakonus daselbst): *geb. daselbst am* 23 *Okt.* 1742. §§. * Proben dramatischer Gedichte. Nürnb. 1767. 8. * Tragische Bühne der Römer. 1ster Theil. Ansbach 1777.

1777. — 2ter Th. 1778. — 3ter Th. 1781. 8. Kabinetspredigten. Nürnb. 1782. 8. Kanzelvorträge zum Gebrauch bey Leseleichen. ebend. 1783. — 2ter Theil. ebend. 1787. — 3ter Theil. ebend. 1790. 8. 1sten Theils 2te Ausgabe. ebend. 1789. 2ten Theils 2te verbesserte Ausgabe. ebend. 1797. gr. 8. Die weise Freude des Jünglings, über Pr. Sal. 11, 9. an dem Grabe Wolfg. Friedr. Zenkers u. s. w. vorgestellet. Ansbach 1783. fol. Trauungsreden, nebst einem Anhange von andern Kasualpredigten. ebend. 1784. 8. *Pocahontas; Schauspiel mit Gesang. ebend. 1784. 8. Wie ein wahres Vertrauen auf Gott belohnet werde, über Ps. 73, 23. 24. an dem Grabe weil. Frau J. M. Bombardin u. s. w. vorgestellet. ebend. 1788. fol. *Ad Art. XXII. Aug. Conf. Quaestiones synodales. Onoldi* 1791. *fol.* Praktische Beyträge zur geistlichen Amtsführung in besondern Fällen. ebend. 1794. 8. — Die mit — r — unterzeichneten Recensionen in *Degens* Neuen kritischen Nachrichten von kleinen theol. philos. hist. und philol. Schriften. — Verschiedene im Boieischen Götting. Musenalmanach, dem Leipziger Taschenbuche für Dichter und Dichterfreunde, im Fränkischen Musenalmanach und andern dergleichen Sammlungen zerstreute kleine Gedichte. — Vergl. *Meyers* Nachr.

ROSEMANN (Stephan) . . . *zu* . . . *geb. zu* . . . §§. Staatsrecht des Königreichs Hungarn, nach der heutigen Verfassung dieses Reichs bearbeitet. Wien 1792. gr. 8.

ROSENAU (Karl) . . . *zu* . . . *geb. zu* . . . §§. Die Theatergarderobe; ein Originallustspiel in 2 Aufzügen. Prag u. Leipz. 1797. 8.

ROSENBERG (Christian Abraham) *D. der AG. und Praktikus zu Breslau: geb. zu Mertschütz im Fürstenthum Liegnitz* . . . §§. *D. de incommodis*

modis senectutis. Francof. ad Viadr. 1773. 4. Der Schlesische Arzt, oder Betrachtungen über verschiedene Gegenstände der Arzneywissenschaft, besonders der Diät. Breslau 1774. — 2ter Theil. 1775. 8. Kern der ganzen Medicin, worinnen auf die allerkürzeste Art die Arzneymittel, so bey den vornehmsten medicinischen und chirurgischen Krankheiten wesentlich nothwendig sind, in geringen Recepten so deutlich angegeben und erklärt werden, dass ein jeder im benöthigten Falle sein eigener Arzt seyn könne; aus dem Englischen. Neue, und mit Anmerkungen versehene Auflage. ebend. 1777. 8. Freundschaftliche Rathschläge zur Verlängerung des Lebens. ebend. 1781. 8. — Vergl. *Streits* alphab. Verzeichn.

ROSENBLADT (A... Ch...) *D. der AG. und praktischer Arzt zu Wolfenbüttel: geb. zu* ... §§. *Pascal Joseph Ferro's* medicinische Ephemeriden; aus dem Lateinischen übersetzt. Jena 1795. 8.

ROSENKRANZ (J... K...) ... *zu* ... *geb. zu* ... §§. Praktische Anleitung zum Kopfrechnen; nebst Bemerkungen über die ersten Grundsätze des Lesens und Rechtschreibens, für teutsche Volksschulen. Göttingen 1797. 8.

ROSENMÜLLER (Ernst Friedrich Karl) Bruder des folgenden; *M. der Phil.* seit 1787 *und* seit dem März 1795 *ausserordentlicher Professor der arabischen Sprache auf der Universität zu Leipzig, wie auch* seit 1793 *Custos der Universitätsbibliothek: geb. zu Heßberg bey Hildburghausen am* 10 *Dec.* 1768. §§. *Synesius* fünfter Hymnus übersetzt und erläutert. Leipz. 1786. 8. *Lucians* Timon, übersetzt mit Anmerkungen. ebend. 1786. 8. Der Brief Jakobi übersetzt und mit einigen Anmerkungen erläutert. ebend. 1787. 8. *Scholia in Vetus Testamentum. Pars I, continens Genesin & Exodum, cum mappis geographicis. Lips.* 1788.

Editio

Editio secunda emendatior. ibid. 1795. — *Pars II, continens Leviticum, Numeros & Deuteronomium. ibid.* 1790. — *Pars III, Jesaiae vaticinia complectens. Sectio I.* 1792. — *Sectio II - III.* 1793. (auch unter dem Titel: *Jesaiae vaticinia, Latine vertit & explicavit Pars I - III*). 8 *maj.* Die Sitten der Beduinen - Araber; aus dem Französischen des Ritters *d'Arvieux* überſetzt, mit Zuſätzen; mit einem bibliſch - zoologiſchen Anhange des Ueberſetzers. ebend. 1789. 8. *Diss. Zohairi Carmen, templi Meccani foribus appensum, nunc primum ex codice Leidensi Arabice editum, Latine conversum & notis illustratum. ibid.* 1792. 4 *maj.* Dr. *Gotthelf Traugott Zachariä* Paraphraſtiſche Erklärung des Briefes an die Hebräer; vom neuen herausgegeben und mit Anmerkungen vermehrt. Göttingen u. Leipz. 1793. 8. Sam. Bocharti *Hierozoicon, sive bipartitum opus de animalibus sacrae scripturae, recensuit suis notis adjectis. Tomus I. Lips.* 1793. — *Tomus II. ibid.* 1794. — *Tomus III & ultimus, cum indicibus locupletissimis. ibid.* 1796. 4 *maj.* *Herbert Marsh's*, Mitglieds des Johanniscollegii zu Cambridge, Anmerkungen und Zuſätze zu Joh. Dav. Michaelis Einleitung in die göttlichen Schriften des Neuen Bundes; aus dem Engliſchen überſetzt (*mit Zugaben*). 1ſter Theil. Göttingen 1795. 4. Jo. Aug. Dathii, *Ling. Hebr. in Acad. Lips. quond. Prof. Opuscula ad crisin & interpretationem Vet. Test. spectantia; collegit & edidit. Lips.* 1796 (eigentl. 1795). 8 *maj.* Handbuch für die Litteratur der bibliſchen Kritik und Exegeſe. 1ſter Theil. Göttingen 1797. 8. *Selecta quaedam Arabum adagia, nunc primum Arabice edita, Latine versa atque illustrata. Lips.* 1797. 4 *maj.* — *Abulfedae* Meſopotamia, Arabice primum edidit; in Paulus *Neuen Repert. für bibl. und morgenl. Litteratur* Th. 3 (1791). — Probe eines alten arabiſchen Ritter - und Liebesliedes, überſetzt, mit einer hiſtoriſchen Einleitung und erläutern-

 den

den Anmerkungen; *in der Berlin. Monatsschr.* 1794. *Nov.* — Vorgebliche Gesandte Gottes und Stifter religiöser Sekten unter den Mohammedanern; *in* Stäudlins *Beyträgen zur Philos. und Gesch. der Religion* B. 2 (1797).

ROSENMÜLLER (Johann Christian) Sohn des folgenden; *M. der Phil. und Prosektor bey dem anatomischen Theater zu Leipzig: geb. zu Heßberg bey Hildburghausen* 1771. §§. *Diss. quaedam de ossibus fossilibus animalis cujusdam, historiam ejus & cognitionem accuratiorem illustrantia. Lips.* 1794. 4. *Cum tab. aen. Teutsch von ihm selbst, unter dem Titel:* Beyträge zur Geschichte und nähern Kenntniss fossiler Knochen, mit Kupf. 1 St. ebend. 1795. 8. Abbildungen und Beschreibungen merkwürdiger Hölen um Muggendorf im Bayreuthischen Oberlande, für Freunde der Natur und Kunst. 1ster Heft: Beschreibung der Höle bey Mockas. Mit 2 bunten Kupfern. Erlangen 1796. gr. Realfolio.

ROSENMÜLLER (Johann Georg) *D. der Theol. und* seit dem Ende des J. 1785 *Superintendent und Beysitzer des Konsistoriums zu Leipzig,* und seit dem Febr. 1786 *ordentlicher Professor der Theologie auf dortiger Universität, und zwar* seit 1793 *zweyter, wie auch Decemvir der Universität und Domherr in Meissen* (vorher seit 1783 erster Professor der Theol. Stadtpfarrer und Pädagogiarch, wie auch erster Superintendent und Assessor des Konsistoriums zu Giessen; vor diesem seit 1773 ordentl. Prof. der Theol. auf der Universität zu Erlangen, und seit 1779 Pastor der dortigen Altstadt; vordem Pfarrer zu Königsberg in Franken, nachdem er Pfarrer zu Hessberg gewesen war): *geb. zu Ummerstadt im Hildburghäusischen am* 18 *Dec.* 1736. §§. *Commentatio in v.* 18. *cap. XI. Jobi. Altdorf.* 1760. 4. Versuch, den Beweis der Göttlichkeit der Schrift, von dem Zeugniss des heil. Geistes hergenommen, deut-

deutlich und vernunftmässig vorzutragen. Coburg 1765. 8. Abhandlung von den weisen Absichten Gottes bey den verschiedenen Haushaltungen in seiner Kirche hier auf Erden. Hildburghausen 1767. 8. *Hernach sehr verändert unter dem Titel:* Abhandlung über die Stufenfolge der göttlichen Offenbarung. 2te verbesserte Ausgabe, nebst einem Anhange über einige Gedanken in *Lessings* Erziehung des Menschengeschlechts. ebend. 1784. 8. Dreyfache Morgen- und Abendgebete auf alle Tage der Wochen. ebend. 1768. 8. 2te Ausgabe. ebend. 1776. 8. 3te verbesserte Ausgabe. ebend. 1785. 8. 4te Ausgabe. ebend. 1789. 8. Religionsgeschichte für Kinder. ebend. . . . 2te Ausgabe. ebend. . . . 3te Ausgabe. ebend. . . . 4te vermehrte und verbesserte Ausgabe. ebend. 1788. 8. 5te Ausgabe. ebend. . . . 6te verbesserte Ausgabe. ebend. 1791. 8. Erster Unterricht in der Religion für Kinder. Frankf. u. Leipz. 1771. 8. 2te Ausgabe. 1775. 8. 3te Ausgabe. Hildburghausen 1782. 8. 4te ganz umgearbeitete und vermehrte Ausgabe. ebend. 1788. 8. 5te Ausgabe. ebend. 1791. 8. Historischer Beweis der Wahrheit der christlichen Religion. ebend. 1773. 8. 2te Ausgabe. ebend. 1789. 8. Christlicher Unterricht für die Jugend. Coburg 1773. 8. *Progr. de methodo veterum oeconomica. Sectio prima. Erlang.* 1773. 4. Die wichtige Lehre von der Wiedergeburt; eine Predigt. ebend. 1774. *D. de antiquissima telluris historia. P. I. ibid.* 1775. 4. *Editio secunda, cum continuatione brevi. Ulm.* 1776. 8. Prüfung der vornehmsten Gründe für und wider die Religion. ebend. 1776. 8. Anleitung zum würdigen Gebrauch des heiligen Abendmahls. Hildburghausen 1776. 8. 2te Ausgabe. ebend. 1785. 8. Neue verbesserte Auflage. ebend. 1789. 8. Kirchengeschichte des achtzehnten Jahrhunderts in Tabellen; ein Anhang zu der Seilerischen Kirchengeschichte. Erlangen 1777. 4.

 Anlei-

Anleitung für angehende Geistliche, zur weisen und gewissenhaften Verwaltung ihres Amts. Ulm 1777. 8. 2te verbesserte und vermehrte Ausgabe. ebend. 1792. 8. *Scholia in novum Testamentum. T. I, continens Evangelia Matthaei & Marci. Norimb.* 1777. — *T. II, continens Evangelia Lucae & Joannis. ibid.* 1778. — *T. III, continens Acta Apostolorum & epistolam Pauli ad Romanos. ibid.* 1779. — *T. IV, continens Pauli Epistolas ad Corinthios & Galatas. ibid.* 1780. — *T. V, continens Pauli epistolas ad Ephesios, Philippenses, Colossenses, Thessalonicenses, Timotheum, Titum, Philemonem & Hebraeos. ibid.* 1781. — *T. VI, continens epistolas catholicas & Apocalypsin Joannis. ibid.* 1782. 8 *maj.* (Auch Exemplarien mit breitem Rand in 4). *Editio II auctior & emendatior. T. I-V. ibid.* 1785-1788. 8 *maj. Editio III auctior & emendatior. T. I-V. ibid.* 1788-1790. 8 *maj.* (Die in dieser 3ten Ausgabe befindlichen Zusätze und Verbesserungen sind auch besonders gedruckt, unter dem Titel: *Emendationes & Supplementa ad T. I-V Scholiarum in N. T. Norimb.* 1789. 1790. 8 *maj.*). *Editio IV auctior & emendatior. ibid.* 1792-1794. 8 *maj.* (Von der 3ten Ausgabe dieses Werks veranstaltete *Tauber*, Professor und Rektor der Roeskildischen Schule in Dänemark, einen Nachdruck mit einigen Zusätzen, und betitelte ihn: *Editio elaboratior & multis partibus locupletior. Hafniae* 1791 *sqq.*). *D. de vocabuli* διαθηκη *in libris N. T. vario usu. Erlang.* 1778. 4. Betrachtungen über auserlesene Stellen der heil. Schrift. ebend. 1778. 8. Die Wichtigkeit des evangelischen Lehramtes; eine Antrittspredigt. ebend. 1779. 8. *Progr. Interpretatio loci Gal. III, 19. 20. ibid. eod.* 4. Vorschläge für Aeltern zu christlicher Erziehung ihrer Kinder. Nürnberg 1780. 8. *Progr. de sepulcro Christi vacuo. Erlang.* 1780. 4. Predigten über die Reden Jesu am Kreuz, nebst etlichen andern. Nürnberg 1780. gr. 8. Briefe des Apostels Pauli an die Philipper, Kolosser, Thessalonicher, an den Timotheus und an die Hebräer, aufs neue verteutscht. ebend. 1781. 8. Auserlesenes und vollständiges Beicht- und Communionbuch glaubiger Christen, aus den Schriften meist noch lebender berühmter Männer; mit einer Vorrede und Unterricht vom rechten Gebrauch des heil. Abendmahls. ebend. 1781. 8. 2te Ausgabe. ebend. 1784 (*eigentl.* 1783). 8. 3te Ausgabe. ebend. 1792. 8. *Progr. Christus* κατα πνευμα αγιωσυνης, *declaratus filius Dei. Erlang.* 1781. 4. Predigten über alle Sonn- Fest- und Feyertägliche Evangelien. 4 Theile. Nürnb. 1781-1782. gr. 8. *Progr. de spiritu & litera 2 Cor. III, 6. quorundam Patrum sententias sistens. Erlang.* 1781. 4. *Progr. Observationes nonnullae ad historiam dogmatis de Spiritu S. pertinentes. ibid.* 1782. 4. Predigten über die Leidensgeschichte Jesu. 5 Sammlungen. Nürnb. 1783-1791. 8. Einige Bemerkungen, das Studium der Theologie betreffend; eine Abschiedsvorlesung in Erlangen. Erlangen 1783. 8. 2te vermehrte Ausgabe, nebst einer Abhandlung über einige Aeusserungen des Herrn Prof. Kants, die Auslegung der Bibel betreffend. ebend. 1794. 8. Abschiedspredigt über Phil. 4, 8. 9. gehalten in der Altstadt Erlangen. Nürnb. 1783. gr. 8. 2te Auflage. ebend. 1783. gr. 8. Andachtsbuch, in Betrachtungen und Gebeten für Christen in allerley Umständen und Anliegen. ebend. 1783. gr. 8. 2te verbesserte und vermehrte Ausgabe. ebend. 1793. 8. *Progr. de caussis corruptae per philosophos Christianos Seculi II religionis. Gissae* 1783. 4. * *Progr. de religione publica jam inde a seculo p. Chr. n. II traditionibus corrupta. ibid. eod.* 4. Anweisung zum Katechisiren. ebend. 1783. 8. 2te vermehrte und verbesserte Ausgabe. ebend. 1787. 8. 3te Ausgabe, nebst einer kurzen Nachricht von der Freyschule in Leipzig (*Leipz.* 1792. 8). Predigten über alle

alle Sonn- und Festtagsevangelien. Nürnb. 1785. gr. 8. Abschiedspredigt über 2 Kor. 13, 11; am 16ten Sonntage nach Trinitatis in der Stadtkirche zu Giessen gehalten. Giessen 1785. 8. Antrittspredigt am 25ten Sonntage nach Trinitatis über 2 Kor. 2, 14-17; in der Thomaskirche in Leipzig gehalten. Leipz. 1785. gr. 8. Ueber dogmatische und moralische Predigten, wie auch über Luthers kleinen Katechismus; nebst Auszug aus einer Predigt über 1 Kor. 2, 12. ebend. 1786. 8. Einige Predigten, gehalten in der Thomaskirche zu Leipzig. ebend. 1786. — 2tes Bändchen. ebend. 1788. gr. 8. *De Christianae theologiae origine liber; accedit Oratio de eo, quod justum est in theologiae reformandae studio.* ibid. 1786. 8. *Progr. de traditione hermeneutica. ibid. eod.* 4. Etwas zur christlichen Beherzigung für unsre Zeiten; zwey Predigten. ebend. 1787. gr. 8. Christliches Lehrbuch für die Jugend. ebend. 1787. gr. 8. ... 4te Ausgabe. ebend. 1794 (*eigentl.* 1793). 8. Beichtrede von den Empfindungen und Entschliessungen eines Christen bey der Gedächtnissfeyer des Todes Jesu. ebend. 1787. gr. 8. Briefe über die Phänomene des thierischen Magnetismus und Somnambulismus. ebend. 1788. 8. Pastoralanweisung, zum Gebrauch akademischer Vorlesungen. ebend. 1788. 8. Predigten bey besondern Gelegenheiten. ebend. 1788. 8. *Programmata XI, de fatis interpretationis sacrarum litterarum in ecclesia. ibid.* 1789-1796. 4. *Historia interpretationis librorum sacrorum in ecclesia Christiana inde ab Apostolorum aetate usque ad Origenem. Pars I. Hildburgh.* 1795. 8. (ein verbesserter Abdruck der vorher einzeln erschienenen 9 ersten Programmen). Predigten über Sonn- und Festtagsevangelien. 2 Bände. Leipz. 1789. gr. 8. Beantwortung der Frage: Warum nennen wir uns Protestanten? ebend. 1790. 8. *Progr. de nimia copia litterarum litteratorumque nec non de infi-*

infinito scriptorum numero, tanquam de causa pereuntium litterarum. ibid. 1790. 4. Wie wir gute und böse Beyspiele zu unsrer Selbstprüfung und Besserung benutzen können; eine Predigt, am Sonntage vor der Hinrichtung eines Missethäters gehalten. ebend. 1790. 8. Predigt bey Gelegenheit einiger Unruhen in Sachsen. ebend. 1790. 8. Predigten, an Fest- und Busstagen gehalten. ebend. 1792 (*eigentl.* 1791). gr. 8. Der Tod der Christen, unter dem trostreichen Bilde des Schlafs; eine Predigt am nächsten Sonntage nach dem Tode des sel. D. Morus; nebst einem Vorbericht (über den Charakter desselben). ebend. 1792. gr. 8. Anleitung zum erbaulichen Lesen der Bibel. ebend. 1793. 8. Beytrag zur Beförderung christlicher Aufklärung. ebend. 1795. 8. — Erklärung der Geschichte vom Sündenfall; *im Repert. für bibl. und morgenl. Litt.* Th. 5 (1779). Uebersetzung des Briefs Pauli an die Epheser; *ebend.* Th. 8 (1781). — Vorrede zu (*Bayers* und *Schmidts*) christlichen Religionsgeschichte für allerhand Gattungen von Lesern (*zu welcher er den Plan machte*). 1sten Theils 1ster Band (Nürnb. 1780. 8). — Vorrede und Anhang zu der teutschen Uebersetzung seiner Abhandl. über die älteste Geschichte der Erde (ebend. 1782. 8). — Vorrede zu den Unterhaltungen für vernünftige Religionsfreunde in Predigten (ebend. 1784. 8). — Vorrede zu Luther oder Auszüge aus dessen Schriften (Leipz. 1789. 8). — Vorrede zu *Sprengers* Betrachtungen über die Laster (ebend. 1789. gr. 8). — Vorrede zu dem Buch eines Ungenannten über die Schulen der Augsburgischen Konfessionsverwandten in Polen (ebend. 1790. 8). — Vorrede zu *G. Göpferts* sogenannten katholischen Briefen der Apostel u. s. w. (Zwickau u. Leipz. 1791. 8). — Vorrede zu *Dolzens* katechetischen Unterredungen über religiöse Gegenstände u. s. w. (Leipz. 1795. 8). — Predigten in *Sixts*, in *Petsche's* und in mehrern Sammlungen. — Recen-

censionen in der Erlang. gel. Zeitu
Meyers Nachr. — Sein Bildniss
Augsburg, und von Bock in Nür
nem Beicht- und Communionbuch.
auch vor dem 4ten Stück des 2te
Beyers allgem. Magazin für Predig
Leben S. 85-94. — Sein Schatt
2ten Quartalband der Rintelischen
1790.

ROSENMÜLLER (Philipp) Sohn de
den; *studirt zu Leipzig*: *geb. zu I*
§§. Versuch in Gedichten vermi
Hildburghausen 1797. 8.

ROSENTHAL (Daniel Philipp) *D. der A*
physikus zu Münden im Hannöveri
selbst am 25 *Nov.* 1732. §§. P
vomitoriorum usu. Gotting. 1758
handlung von einer bösartigen
und zu solcher Zeit geschehenen
Münden; *im Hannöver. Magazin*

ROSENTHAL (Gottfried Erich) *Bürge*
der Reichsstadt Nordhausen, wie
der kurmainzischen Akademie der
zu Erfurt seit 1781, *und* seit 178
thaischer Bergkommissarius: geb.
am 13 *Febr.* 1745. §§. Geomet
lung von der Bestimmung der
Verlustes der Holzhausen, welch
einem Gebürge haben. Nordh
Bestimmung der Grösse des Maasse
der kaiserl. freyen Reichsstadt Nord
1771. 4. Entdeckter Haupt
cums Rechenkunst. ebend. 1775.
richt von dem den 14 Febr. 1775
von denen 9 Rathsfähigen Gülten
belfeste, nebst der von dem Ver
Volke öffentlich gehaltenen Rede.
Anleitung, wie das de Lücsche T

einem viel grössern Grade der Vollkommenheit gebracht werden kann. ebend. 1779. 8. Ueber die wahrscheinliche Lebensdauer des männlichen und weiblichen Geschlechts in der Mark Brandenburg; eine Beylage zu des Hrn. Propst Süssmilchs göttl. Ordnung. Dessau 1781. 8. Versuch, wie die meteorologischen Beobachtungen zur schicklichsten Zeit zu machen und bequem zu ordnen, damit die verschiedenen Verhältnisse gegen einander leicht zu finden, in einem Beyspiel an den Frühlingsbeobachtungen, welche im 1781sten Jahre zu Nordhausen gemacht worden, gezeiget in 8 Tabellen. Erfurt 1781. 4. (*Steht auch in den* Actt. Acad. Erford. ad a. 1780-1781). Vorläufige Nachricht von einem neuen Thermometer und Manometer, nebst Anleitung zu deren Gebrauch, sowohl in der Meteorologie, als barometrischen Höhenmessungen. ebend. 1782. 4. Beyträge zu der politischen und ökonomischen Rechenkunst. 1 Stück. ebend. 1782. gr. 8. Beyträge zu Verfertigung wissenschaftlicher Kenntniss und Gebrauche meteorologischer Werkzeuge. 1ster Band. Gotha 1782. — 2ter Band. ebend. 1784. 8. Geschichte des Getraidepreises in der kaiserl. freyen Reichsstadt Nordhausen von 1675 bis 1776; nebst einem Anhange, welcher den Preis des Brantewеins von 1750 bis 1780 enthält. Erfurt 1783. 8. Versuche, die zum Wachsthum der Pflanzen benöthigte Wärme zu bestimmen. ebend. 1784. 4. Geschichte des Erfurtischen Getraidepreises von 1651-1757. ebend. 1784. 4. Briefe an den Herrn Grafen von Borcke über die wichtigsten Gegenstände der Meteorologie. 1ster Heft. Leipz. u. Nordhausen 1784. — 2ter Heft. ebend. 1785. 4. Beschreibung einer gemeinnützigen Stahlfederwaage. Erfurt 1785. 4. Ueber den Gang der Witterung und Luft in Erfurt von 1781-1784, oder Versuch, die meteorologische Lage Erfurts zu bestimmen. ebend. 1785. gr. 4. Beylage zu Herrn Krampens Geschichte der Aerostatik.

Gotha 1785. 8. Die natürliche Magie, erstlich zusammengetragen von *J. C. Wiegleb*, fortgesetzt von *G. E. Rosenthal*. 3ter Band. Berlin u. Stettin 1789. — 4ter Band. ebend. 1790. — 5ter Band. ebend. 1791. — 6ter Band. ebend. 1792. — 7ter Band. ebend. 1793. — 8ter Band. ebend. 1794. — 9ter Band. ebend. 1795. — 10ter Band. ebend. 1796. — 11ter Band. ebend. 1797. gr. 8. Die Zinngiesser und andere vor den schädlichen Folgen ihrer Arbeit beym Feuer in Sicherheit zu setzen, oder Beschreibung eines neu erfundenen, sehr nützlichen Zinngiesserofens; nebst Abbildung in 3 Kupfertafeln. Erfurt 1794. 4. (*auch in den* Actis Acad. Scient. Erfurt. ad a. 1792). Fortsetzung von *Joh. Karl Gottfried Jacobssons* technologischem Wörterbuch. 5ter Theil, von *A* bis *G*. Berlin u. Stettin 1793. — 6ter Theil, von *H* bis *P*. ebend. 1793. — 7ter Theil, von *Q* bis *Torfschoppen*. ebend. 1794. — 8ter Theil, von *Torfspade* bis *Z*. Nebst einer vollständigen Litteratur der Technologie, das ist: Verzeichniss der Bücher, Schriften und Abhandlungen, die von den Künsten, Manufakturen und Fabriken, der Handlung, den Handwerkern und sonstigen Nahrungszweigen, als auch von denen zum wissenschaftlichen Betriebe derselben erforderlichen Kenntnissen aus dem Naturreiche, der Mathematik, Physik und Chemie handeln. Nach alphabetischer Folge des technologischen Wörterbuchs geordnet. ebend. 1795. gr. 4. (*Die Litteratur ist auch besonders gedruckt*). Encyklopädie aller mathematischen Wissenschaften, ihrer Geschichte und Litteratur in alphabetischer Ordnung. *1ste Abtheilung 1ster Band*, enthaltend die reine Mathematik und praktische Geometrie, das ist, Arithmetik, Geometrie, Trigonometrie, Analysis, Feldmesskunst, Forstgeometrie und Marktscheidekunst. Mit einer Vorrede des Herrn Hofraths *Kästner*. *A* und *B*. Gotha 1794 (*auch unter dem Titel:* Encyklopädie der reinen Mathematik und praktischen Geometrie, das ist, Arithmetik

metik u. f. w.). — 5te *Abtheilung 1ster Band*, enthaltend die Kriegswissenschaften, das ist, Kriegskunst, Kriegsbaukunst, Artillerie, Minirkunst, Pontonier, Feuerwerkerkunst und Taktik. Mit einer Vorrede des Herrn Ingenieur-Majors *Müller* in Göttingen. *A.* ebend. 1794 (*auch unter dem Titel*: Encyklopädie der Kriegswissenschaften, das ist, Kriegskunst u. f. w.). Mit Kupfern. — 5ten Abtheil. 2ter und 3ter Band. ebend. 1795. — 5ten Abtheil. 4ter Band. ebend. 1796. gr. 4. Neue Anti-Pandora, oder angenehme und nützliche Unterhaltungen über Lebensart, Sitten, Gebräuche und natürliche Beschaffenheit verschiedener Völker und Länder; auch über Gegenstände der Naturlehre, Geschichte und Technologie. 1ster Band. Erfurt 1795. — 2ter Band. ebend. 1796. 8. Die Nationalfeste, Ceremonien und Spiele aller Völker, Religionen und Stände, gesammelt u. f. w. Weissenfels 1796. gr. 8. — Vergleichung des Gewichts der Atmosphäre zu Berlin und Padua; *in den Schriften der Berlin. Gesellsch. Naturf. Fr.* B. 5 (1784). Bestimmung des Gangs des Niederschlags zu Berlin aus Grischows Beobachtungen; *ebend.* B. 7 (1786). Bestimmung des mittlern Gewichts und der mittlern Wärme zu Lassehn an der Fläche der Ostsee unter 54 Gr. der Breite; *ebend.* B. 8 (1787). — Gang des Schwer- und Wärmemaasses, der Jahrszeiten und des botanischen Klima der merkwürdigsten Oerter auf dem Harze und der umliegenden Gegend; *im Hannöver. Magazin* 1787. St. 92 u. 93. — *Nachrichten von Nordhausen; *in Fabri's geograph. Magazin* H. 1 (1783). und H. 14 (1785). — Ueber des Hrn. P. Cott's Versuch der Stärke der Ausdünstung in Rücksicht auf die Höhe und den Durchmesser der Gefässe, die zum Maasse gebraucht werden; *im Magazin für das Neueste aus der Physik u. f. w.* B. 1. St. 4. S. 142-154 (1783). Versuch, mit Hülfe des Barometers und Thermometers den Gang der Wetter in den Gru-

Gruben zu bestimmen; *ebend.* B. 2. St. 3. S. 99-105 (1784). Auszug aus einem Schreiben von ihm an den Hrn. Legationsrath Lichtenberg, als ein Beytrag zu dessen Verhaltungsregeln bey nahen Donnerwettern; *ebend.* B. 4. St. 1. S. 1-10 (1786). — Berichtigung einer Nachricht von der Hildesheimischen Sterbethalergesellschaft; *im Journal von und für Teutschl.* 1784. St. 9. S. 203-207. Noch etwas von der Austreibung des Todes auf den Sonntag Lätare; *ebend.* 1788. St. 6. S. 570. — Beytrag zur Forstgeometrie; *im Braunschweig. Magazin* 1789. St. 46. — Recensionen in der Erfurt. gel. Zeitung seit 1781, und in der Allgem. teutschen Bibliothek, vor deren 90sten Band sein Bildniss von *Hoppe* steht.

ROSERUS (P... F...) *ausübender Arzt zu Pyritz in Pommern: geb. zu ...* §§. Abhandlung über das Entstehen, die Ursachen, und die Heilungsart der Hundswuth. Stettin 1795. 8. 2te verbesserte Ausgabe. ebend. 1797. gr. 8.

ROSNACK (Martin) *aus dem Augustiner-Eremitenorden mit den weiten Ermeln, D. der Theol. und Prior bey St. Paul zu Grätz in Steyermark: geb. zu Dörfl in der Ungrischen Gespanschaft Oedenburg am* 11 *Okt.* 1730. §§. *Er gab folgende Werke des P.* Xystus Schier *heraus:* Dicta memorabilia Sanctorum & Beatorum ordinis fratrum Eremitarum S. P. Augustini in pium usum sodalium ejusdem sacri instituti collecta. Graecii 1773. 8. Buda sacra sub priscis regibus. Viennae 1774. 4. Memoria Academiae Istropolitanae seu Posoniensis, ejusque nonnullorum Professorum, ex documentis coaevis confecta. ibid. eod. 4. Octava defunctorum, seu devotio brevis pro animabus in purgatorio. ibid. sine anno. Succincta notitia de monasteriis provinciae Austriae & Hungariae Ordinis Fratrum Eremitorum S. Augustini. ibid. 1776. 4. Reginae Hungariae primae stirpis &c. ibid. eod. 4. (*Bey diesem letzten*

Werk-

Werkchen ist Schiers Lebensbeschreibung von Rosnack). *Turii Dion. Philocali* Calendarium antiquum sub anno CCLII scriptum ad primam editionem, vix cuipiam notam, castigatum & notis illustratum a *Fr. Xysto Schier*, curis *M. Rosnack* editum. Graecii 1782. 4. — Vergl. *de Luca* gel. Oestr. B. 1. St. 2.

ROSSBERG (Christian Gottlieb) *kurfürstl. Sächsischer geheimer Registrator* (vorher geheimer Kanzlist) *zu Dresden*: *geb. zu Döbeln* 1740. §§. Anweisung für die Jugend, zur richtigen Aussprache und Rechtschreibung im Teutschen. Dresden u. Warschau 1774. 8. Systematische Anweisung zum Schön- und Geschwindschreiben und zur Prüfung teutscher Hand- und Druckschriften, nach mathematischen Grundsätzen aus einander gesetzt und bearbeitet. 1ste, 2te und 3te Abtheilung des 1sten Theils. Dresden u. Leipz. 1793-1796. gr. 8. Mit 72 Kupfertafeln in Queer-Royalfolio. — Vergl. *Kläbe*.

ROST (Ernst August Wilhelm) *Amtskopist zu Weimar*: *geb. zu* . . . §§. Der Mädchenwerber, oder der gelehrte Diener; ein Lustspiel in 5 Aufzügen. Leipz. 1778. 8. *Die Winterquartiere; ein Lustspiel in 5 Aufzügen. ebend. 1779. 8. Alonso und Leonora, oder die Entführung aus Rache; ein Trauerspiel in 5 Aufzügen. Eisenach 1790. 8.

ROST (Friedrich Wilhelm Ehrenfried) *M. der Phil. und* seit 1796 *Konrektor der Thomasschule zu Leipzig* (vorher seit 1794 Rektor zu Plauen): *geb. zu Bautzen* 1768. §§. Gab seines Vaters *Christoph Jeremias* lateinische Sinngedichte, nebst dessen Lebensbeschreibung heraus, *Lips.* 1791. 8. *Pr. de caussis corruptae rei scholasticae.* *ibid.* 1794. 4. (54 pagg.). — Vergl. (*Eck's*) Leipziger gel. Tagebuch auf das J. 1792. S. 25 u. f.

ROST (Karl Christian Heinrich) *Kaufmann und Kunsthändler zu Leipzig: geb. daselbst am 20 März* 1742. §§. Sammlung englischer Schauspiele. Leipz. 1770. 8. Das Landhaus; ein Lustspiel aus dem Engl. ebend. 1773. 8. Miss Obre, oder die gerettete Unschuld; ein Lustspiel in 5 Aufz. Aus dem Engl. des Hrn. *Cumberland.* ebend. 1774. 8. Die Feyer des Christen auf Golgatha. ebend. 1784. 8. Handbuch für Kunstliebhaber und Sammler über die vornehmsten Kupferstecher und ihre Werke. Vom Anfange dieser Kunst bis jetzo, chronologisch und in Schulen geordnet, nach der französischen Handschrift des Herrn *M. Huber* bearbeitet. 1ster und 2ter Band. Zürich 1796. 8.

ROTBERG (. . . .) *fürstl. Neuwiedischer Direktorialrath zu Neuwied: geb. zu . . .* §§. * Beurkundete Vorlegung des uralten Reichsherkommens und der reichsgesetzlichen Verordnungen, welche das dem alten Reichsgrafenstand angestammte, und von jeher öffentlich und ohne Jemandens Widerspruch ausgeübte reichsständische Vorrecht desselben zu dem Gebrauch des Prädikats: *Wir,* sowohl überhaupt als insbesondere, auch bey Vollmachtsausstellungen in reichsgerichtlichen Processsachen und in Lehensfällen, ausser allen Zweifel und Anfechtung setzen. Mit Anlagen A bis L. 1786. fol. Vertheidigung gegen einen ehrbeleidigenden Angriff des Präsidenten von Hoffmann in Detmold und Consorten; nebst einigen Bemerkungen zur Berichtigung des Urtheils des Publikums in der Hoffmannischen Untersuchungssache. Marburg 1794. gr. 8. * Wahrhafte Krankheits- und Curatelgeschichte des regierenden Fürsten zu Lippe; mit Urkunden; nebst einer kurzen Erörterung der Frage: Wann und wie eine Curatelanordnung über einen teutschen Reichsstand Statt habe? ebend. 1795. 8.

Edler von ROTENSTEIN (Gottfried) . . . *zu* . . . *geb. zu* . . . §§. Oekonomische und statistische Nachrichten von dem Königreich Ungarn 1786; *in* Bernoulli's *Archiv* Th. 7. S. 3-14. *Reise durch einen Theil des Königreichs Ungarn, im 1763 und folgenden Jahren; *in* desselben *Sammlung kurzer Reisebeschreibungen* B. 9. S. 235-298. B. 10. S. 185-226. *Reise von Wien nach Böhmen und Sachsen im May 1783; *ebend.* B. 12. S. 275-298. *Lustreisen durch Bayern, Würtemberg, Pfalz, Sachsen, Brandenburg, Oestreich, Mähren, Böhmen und Ungarn, in den Jahren 1784 bis 1791. 3 Theile. Leipz. 1792-1793. 8. (*Machen auch den 18ten, 19ten und 20sten Theil der* Auswahl kleiner Reisebeschreibungen u. s. w. (Leipz. 1792-1793. 8) *aus*).

ROTERMUNDT (Heinrich Wilhelm) *zweyter Prediger zu Horneburg im Herzogthum Bremen* seit 1792 (vorher Rektor der Stadtschule zu Buxtehude im Herzogthum Bremen): *geb. zu Schlaitz* . . . §§. Allgemeine Weltgeschichte in Fragen und Antworten; nebst beygefügten nützlichen Anmerkungen zum Unterricht der Jugend nach dem Schröckhischen Lehrbuche. 1ster Theil, die Geschichte vor der Geburt Jesu Christi. Frankf. u. Leipz. 1784. 8. *Taschenbuch für Jünglinge, die sich dem Studiren weihen wollen. Bremen 1786. — 1ste Fortsetzung. ebend. 1787. 8. Griechisches Lesebuch für die ersten Anfänger. Hamburg 1788. 8. *Theophrastus* Abschilderung der menschlichen Sitten, mit teutschen Anmerkungen. ebend. 1791. 8. Kurze Nachricht von dem Leben und den Schicksalen des ersten Bremenschen Evangelisten Heinrichs von Zütphen. Stade 1792. 4. Neue Erdbeschreibung von Frankreich nach der neuen Eintheilung in 83 Departements; aus dem Französischen ins Teutsche übersetzt und aus den besten Reisebeschreibungen und Geographien verbessert und vermehrt. Hamburg 1792. 8. Des

Ocellus

Ocellus von Lukanien Betrachtungen über die Welt; nebst einer Erklärung der schwersten griechischen Wörter und einem griechisch-teutschen Wortregister. Leipz. 1794. 8. . Predigt von den Pflichten der Unterthanen gegen die Obrigkeit. Stade 1794. 8. — Erläuterungen über die anscheinende grosse Sterblichkeit in Buxtehude vom J. 1778-1786; *in den Annalen der Braunschweig-Lüneb. Churlande* 1789. St. 1. S. 130-136. Beschreibung der Stadt Buxtehude; *ebend.* 1790 u. 1791. Beyträge zu der Sammlung verschiedener denkwürdiger Wasserfluthen des Herzogthums Bremen; *ebend.* 1791. St. 4. — Nachricht von der verbesserten Einrichtung der Schule zu Buxtehude; *im Magazin für Schulen u. s. w.* B. 1. St. 2. S. 297-306 (1790). Ueber die Stelle im Plinius Buch 36. Kap. 66. von der ersten Erfindung des Glases; *ebend.* S. 432-438. — Ueber die Nutzbarkeit der Frösche; *im Hannöver. Magazin* 1787. . . . Ueber den Missbrauch der teutschen Titulaturen; *ebend.* Geschichte einer 30jährigen Reise des Dirks Witt in alle Welttheile; *ebend.* Meteorologische Nachrichten über die gelinde Witterung 1790 und 1791; *ebend.* 1791. . . . Naturgeschichte des Krebses; *ebend.* 1793. . . . Vom Aberglauben, wenn ihrer dreyzehn bey Tische sind; *ebend.* 1794. St. 101. Beyträge zur Geschichte der strengen und lang anhaltenden Winter der vorigen Zeiten; *ebend.* 1796. St. 92 u. 93. Nachrichten von einigen Personen, die ein ausserordentlich hohes Alter erreicht haben; *ebend.* St. 100. Beytrag zur Geschichte des Tabakrauchens; *ebend.* St. 101. — Ein Beytrag zu Zollikofers Leben; *im 1sten Jahrgang der theol. Annalen* Beylage 16. S. 252. Ueber die kirchlichen Veränderungen und Verbesserungen der Schulen in der Grafschaft Schlaitz; *ebend.* 1790. Beyl. 4. D. Moldenhauers Leben; *ebend.* Beyl. 6. — Beschreibung der Stadt Zeulenroda im Voigtland; *in den Hamburg. Addreßkomtoir-Nachrichten* 1790. St. 39. —

Be-

Beschreibung einer Reise von Hamburg nach Ritzebüttel; *in der teutschen Jugendzeitung* 1790. St. 43. 44. 46 u. 47.

ROTH (Albrecht Wilhelm) *D. der AG. und Praktikus zu Fegesack im Herzogthum Bremen, wie auch Landphysikus in den Wesergegenden: geb. zu Doetlingen im Herzogthum Oldenburg* 1755. **SS.** *D. inaug. de diaeta puerperarum bene instituenda. Erlangae* 1778. 4. Anweisung für Anfänger, Pflanzen zum Nutzen und Vergnügen zu sammlen und nach dem Linneischen System zu bestimmen. Gotha 1778. 8. Abhandlung über die Art und Nothwendigkeit, die Naturgeschichte auf Schulen zu behandeln. Nürnberg 1779. 8. Verzeichniss derjenigen Pflanzen, welche nach der Anzahl und Beschaffenheit ihrer Geschlechtstheile nicht in den gehörigen Klassen und Ordnungen des Linneischen Systems stehen; nebst einer Einleitung in dieses System. Altenb. 1781. 8. Beyträge zur Botanik. 2 Theile. Bremen 1782-1783. 8. *Herbarium vivum plantarum officinalium*; nebst einer Anweisung, Pflanzen zum medicinischen Gebrauch zu sammeln. 1-3ter Heft. Hannover 1785. fol. Botanische Abhandlungen und Beobachtungen; mit 12 illuminirten Kupfern. Nürnberg 1788. 4. *Tentamen Florae Germanicae. Tomus I, continens enumerationem plantarum in Germania sponte noscentium. Lips.* 1788. — *Tom. II. ibid.* 1789. 8 *maj.* *Catalecta botanica, quibus plantae novae & minus cognitae describuntur atque illustrantur. Fasciculus I. Cum tabb. aen. VIII. ibid.* 1797. 8. — Observationes botanicae; *in den Abhandlungen der Hallischen Gesellsch.* B. 1 (1783). — Beytrag zur Geschichte der Nervenkrankheiten, in Vergleichung mit dem sogenannten Magnetismus — und — über die Entstehung des Flugsandes; *im Hannöver. Magazin* 1787. St. 64. — Abhandlungen; *in* Römers *und* Usteri's *Magazin für die Botanik* 1788. St. 2.

 Obser-

Observationes quaedam botanicae; *ebend.* St. 4. Ueber den Springschwamm (*Lycoperd. Carpobolus L.*); *ebend.* St. 11. Observationes plantarum; *ebend.* 1790. St. 10. Vegetabilia cryptogamica minus hucusque cognita; *in* eben ders. *Annalen der Botanik* 1791. St. 1. — Beobachtung, dass eine nicht magnetisirte Nervenkranke ihre Besserung auf einen bestimmten Tag vorhergesagt, und dass solche Vorhersagung ganz genau erfüllet worden; *in* Böckmanns *Archiv für Magnetismus* 1787. St. 3.

ROTH (Christian Friedrich Wilhelm) *geheimer Registrator* (vorher geheimer Kanzlist und vordem Sekretar) *zu Weimar: geb. zu* . . . §§. Explication de traité du systeme des Connoissances humaines, tirée du discours préliminaire du Tom. I. de l'Encyclopedie publiée par Mr. Diderot & Mr. d'Alembert à Paris, pour servir à l'usage de l'arbre encyclopedique. à Weimar 1772. 8. *Versuch einer Mappemonde litteraire. Erfurt* 1785. 19 *grosse Foliocharten. Kurzerläutertes genealogisches System menschlicher Kenntnisse, für die studirende Jugend und andere Liebhaber der Künste und Wissenschaften, in einer Tabelle. Weimar* 1790. *fol.*

ROTH (Christian Gottfried) *der Grafschaft Gera verpflichteter Geburtshelfer und Stadt- und Landgerichts-Chirurgus zu Gera: geb. zu* . . . §§. *Der Wundarzt; eine Wochenschrift zur Beförderung der Kenntniss des menschlichen Körpers, dessen äusserlichen Fehler und Krankheiten und deren Heilart, zum Unterricht angehender Wundärzte und zur Belehrung für Nichtwundärzte. 1ster Jahrgang. Gera 1788 u. 1789. — 2ter Jahrgang. ebend. 1790. 8. — Verschiedene Beobachtungen; *in* J. C. Starkens *Archiv für die Geburtshülfe* B. 2. St. 4. S. 110-119 (1790). Beobachtung über verschiedene wichtige Beyspiele von Milchversetzungen durch den Troikar geheilt; *ebend.* S. 120-127.

ROTH

ROTH (Georg Friedrich) *Prediger zu Rannstadt und Effholderbach im Nassauischen: geb. zu . . .* §§. Anleitung zu einer vernünftigen und christlichen Kinderzucht, dem Landvolk zum Besten entworfen. Frankf. am M. 1775. 8. Die vorzüglichsten und nützlichsten Beschäftigungen frommer Kinder, welche zur beständigen Treue in der evangelischen Religion Anleitung geben. Offenbach 1779. 12. Ueber die Schläfrigkeit beym öffentlichen Gottesdienst. Frankf. am M. 1785. 8.

ROTH (Georg Michael) *. . . zu . . . geb. zu . . .* §§. Antihermes, oder philosophische Untersuchung über den reinen Begriff der menschlichen Sprache und die allgemeine Sprachlehre. Frankf. u. Leipz. 1795. 8. Ueber die bisherige Unmöglichkeit einer Philosophie des Bildes, der Musik und Sprache. Göttingen 1796. 8.

ROTH (Johann) *Chirurgus bey einem Regiment zu . . . in Spanien* (vorher Wundarzt zu Mördingen im Breisgau): *geb. zu . . .* §§. Abhandl. vom Auflaufen des Rindviehes und den Heilungen dieses Uebels. Göttingen 1773. 8.

ROTH (Johann Erdmann) *Prediger zu Alt- und Neusalze im kursächsischen Vogtlande unweit Planen: geb. zu . . .* §§. Confirmationsrede, nebst Vorstellung der ganzen Handlung am Palmsonntage. Leipz. 1783. 8. Christliche Religionstheorie, oder Versuch einer praktischen Katechisation; nebst einer Erklärung von den Sonn- und Festtagen. ebend. 1784. 8. Die nöthige und selige Pflicht der Wohlthätigkeit bey der am Charfreytage 1784 zu sammelnden General-Kollekte — vorgestellt. Planen 1784. 4. Zwo Predigten, von der strafbaren Verachtung der Kinder, und dem Gott wohlgefälligen Danke für erhaltene Wohlthaten. Leipz. 1786. 8. *Praejudicatas de domestica institutione opiniones breviter resu-*

refutat. *Plauen* 1786. 4. Sammlung von Predigten für den gemeinen Mann, auf alle Sonn- und Festtagsevangelien. Leipz. 1787. 4. Neue Ausgabe. Hof 1794. 4. Predigtentwürfe über die Sonn- und Festtags-Evangelien des ganzen Jahres. Leipz. 1790. 8.

ROTH (Johann Ferdinand) *Diakonus bey St. Jakob zu Nürnberg* seit 1781 (vorher seit 1777 Stadtvikarius): *geb. daselbst am* 7 *Febr.* 1748. SS. * Erneuertes Gedächtniss einiger Beförderer der Gelehrsamkeit aus dem von Welserischen Geschlecht. (*Nürnberg*) 1781. 4. * Unterredungen mit Kindern über einige biblische Historien A. und N. Test. mit 25 Kupfern. Nürnberg 1782. gr. 8. * Beyträge zur Geschichte des Welserischen Geschlechts. ebend. 1782. 4. Kurzgefasste Geschichte dieses Geschlechts. 1ster Versuch. ebend. 1783. — 2ter Versuch. 1784. 4. * Geschichte der Orden, von denen einige Klöster in den kaiserl. königl. Erblanden aufgehoben worden; nebst einem Anhange von dem Jesuiten- und Tempelherrnorden. Wien 1783. Mit Kupf. in 8. * Schilderung der vier Jahreszeiten; der Jugend gewidmet. Nürnb. 1783. 8. Mit Kupf. * Vollständige Geschichte der Stadt und Festung Gibraltar; nebst einer Beschreibung aller Belagerungen und ihrer letzten Vertheidigung durch den General Elliot. Nürnb. u. Leipz. 1783. 8. Mit Kupf. Predigt wider das Lotto- und Lotteriespielen, gehalten am 8ten Febr. 1783. Nürnb. 1783. 8. * *Numophylacium Welserianum.* 1ste Abtheilung. ebend. 1785. — 2te Hälfte. ebend. 1786. — 2te Abtheil. ebend. 1787. — 3te Abtheil. ebend. 1788. 4. * Betrachtungen über die ganze Leidensgeschichte Jesu. ebend. 1786. 8. * König Artus und Prinz Wieduwilt; ein Ammenmährchen. Leipz. 1786. 8. * Die Welt im Kleinen, zum Nutzen und Vergnügen lieber Kinder. 3 Theile. Mit Kupfern. Nürnb. 1787. gr. 8. Predigten von Gott und der Natur; für alle Sonn-

Fest-

Fest- und Feyertage eines ganzen Jahrs; gehalten von Herrn August Andreas *Ries*, Diak. bey St. Egydien, und nach dessen seligem Tode auf vieler Zuhörer Verlangen herausgegeben. ebend. 1788. gr. 8. Gemeinnützigen Lexikon für Leser aller Klassen, besonders für Unstudirte; oder kurze und deutliche Erklärung der sowohl in gesellschaftlichem Umgange als in Künsten und Wissenschaften vorkommenden Ausdrücke und Redensarten. 1ster Theil. (A-K). ebend. 1788 (*eigentl.* 1787). — 2ter und letzter Theil. (L-Z). ebend. 1788. 8. Neue (2te) verbesserte und vermehrte Ausgabe. ebend. 1791. gr. 8. *Beschreibung des Religionswesens in Nürnberg. (*Leipz.*) 1789. 8. *Untersuchung dreyer Fragen u. s. w. veranlasst durch Hrn. Weishaupts Pythagoras. Frankf. u. Leipz. (*Nürnb.*) 1790. 8. Geschichte und Beschreibung der Nürnbergischen Karthause, deren Kirche der katholischen Gemeinde im Jahr 1784 bis zur Wiedererbauung der Elisabethenkapelle im teutschen Hause überlassen worden ist, nebst Geschichte und Beschreibung der Kapelle an dem Karthäuser-Garten, des Bruderhauses bey der Karthause, der Moritzkapelle, und des Mendelischen Seelhauses auf dem Bonersberge, aus gedruckten und ungedruckten Nachrichten verfasst, und mit Kupfern, Urkunden und Beylagen I-XLI. versehen. Nürnb. 1790. gr. 8. Leben Albrecht Dürers, des Vaters der teutschen Künstler; nebst alphabetischem Verzeichnisse der Orte, an denen seine Kunstwerke aufbewahret werden; möglichst vollständig beschrieben. Leipz. 1791. gr. 8. (*Dasselbe auch als* Anhang zum 42sten Bande der neuen Bibliothek der schönen Wissenschaften und der freyen Künste). *Vaterländische Blätter. St. I-XIV. Nürnberg 1791. 8. (*Von diesen war er nur Redacteur*). *Versuch einer Geschichte des Apothekenwesens in der freyen Reichsstadt Nürnberg — den 30sten May 1792. 4. Fragmente zur Geschichte der Bader, Barbierer,

 Hebam-

Hebammen, Erbarn Frauen und geschwornen Weibern in der freyen Reichsstadt Nürnberg — den 30sten May 1792. 4. Sammlung schöner Stellen, zum Gebrauch für Stammbücher u. s. w. 1stes Bändchen. Nürnb. 1793. 8. *Geschichte der Thronbesteigung Hugo Kapets, des Stammvaters der letzten Könige von Frankreich; ein Bruchstück aus der ältern Geschichte Frankreichs. ebend. 1794 (*eigentl.* 1793). 8. Die guten Folgen des Hingangs Jesus zum Vater; eine Gastpredigt zu Gunzenhausen in dem Fürstenthum Ansbach, an dem Sonntage Cantate des Jahrs 1794 gehalten. ebend. (1794). 8. Anleitung zur Selbstprüfung, seinen lieben Katechumenen zunächst gewidmet. ebend. 1794. 8. *Zobels* gemeinnütziges Hand- und Reisebuch für junge Leute aller Stände, in 2 Abtheilungen; ganz neu umgearbeitet und mit einem dreyfachen Register vermehrt. ebend. 1794. 8. Lebensbeschreibungen und Nachrichten von merkwürdigen Nürnbergern und Nürnbergerinnen aus allen Ständen, zur Beförderung patriotischer Gesinnungen und bürgerlicher Tugenden. Mit Kupfern. ebend. 1796. 8. — Aufsätze in *Meusels* historisch-litterarisch-bibliographischen Magazin St. 1 u. 2. (Zürich 1788 u. 1790. 8); und in *dessen* Neuen Miscell. artistischen Inhalts (Leipz. 1795 u. ff.). — Von der Nürnbergischen Künstlerfamilie der Brechtel; *in* Siebenkees *Materialien zur Nürnberg. Geschichte* St. 23 (1796). Kleiner Beytrag, das ehemahlige Schönpartlaufen in Nürnberg betreffend; *ebend.* Noch andere Aufsätze *ebend.* — Nachricht von der Veranlassung, Einrichtung und den bisherigen Bemühungen der Gesellschaft zur Beförderung vaterländischer Industrie in Nürnberg; *in* Höck's *Magazin der Staatswirthschaft* 1797. Nr. 4. S. 283-298. — *Ausser diesen lieferte er Aufsätze für das* Journal von und für Teutschland, Journal von und für Franken, und zu *Waldaus* Beyträge zur Geschichte Nürnbergs. — Recensionen in der Neuen Bibl. der schönen Wissenschaften.

ROTH

ROTH (Johann Georg Leonhard) *Inspector morum an dem Gymnasium zu Ansbach* seit 1791: *geb. daselbst* . . . §§. * Materialien zu Kanzelvorträgen, oder Predigtentwürfe der besten Kanzelredner nach dem Bedürfnisse unsrer Zeit für teutsche Volkslehrer gesammelt und bearbeitet. 4 Bände, jeder von 3 Abtheilungen. Erlangen 1790-1797. gr. 8. Progr. über den Trieb zur Thätigkeit in pädagogischer Hinsicht. Ansbach 1791. 4. * Beytrag zur Beantwortung der Frage: Ob der Glaube an Christum, als den höchsten Geist nach Gott, schriftmässig sey? in einigen Bemerkungen über Herrn Oertels Christologie, nebst vorausgeschicktem kurzen Auszuge aus derselben. (*Ohne Druckort*) 1793. 8.

von ROTH (Johann Richard) *D. der R.* seit 1791 geadelt, *und* seit demselben Jahr, *nachdem er Professor des teutschen Staatsrechts zu Bonn auf kurze Zeit gewesen war, in derselben Qualität auf der Universität zu Mainz, wie auch wirklicher geheimer Rath* (vorher seit 1784 kurmainzischer wirklicher Hof- und Regierungsrath, Professor des Lehen- und Territorialstaatsrechts auf der Universität zu Mainz, seit 1786 auch Archivar des Reichs- und Kreisesarchivs, vordem kurmainz. Hofgerichtsrath): *geb. zu Mainz am 27 May* 1749. §§. *D. inaug. Novas vindicias directorii in comitiis capitulo metropolitano Moguntino, sede archiepiscopali Moguntina vacante, competentis. Moguntiae* 1779. 4. Entwurf zu einem besondern Vorlesungsbuche über das Territorial-Staatsrecht gesamter teutscher Reichsstände. ebend. 1780. 8. * Rechtliche Staatsbetrachtungen über die Frage: Ob die in dem fürstl. Hessischen Gebiete gelegenen Güter und Einkünfte der von dem Kurfürsten zu Mainz im verflossenen Jahre 1781 aufgehobenen drey Klöster dem Kurfürsten zu Mainz oder dem Landgrafen zu Hessen von Reichsrechtswegen zugefallen sind? Offenbach am M. 1783. 8. * Vertheidigung der rechtlichen Staatsbetrachtungen

gen u. s. w. Frankf. u. Leipz. 1783. 8. Von dem Grundsatze, nach welchem das Verhältniss unmittelbarer reichsadelicher Einwohner reichsständischer Lande gegen reichsständische Landesherren zu bemessen ist. Mainz 1784. 4. Privatgedanken über das kaiserliche Ratificationsrecht, die Vergleiche der Fränkischen und Westphälischen Grafensache betreffend. Frankf. am M. 1785. 8. Beweis, dass die Entscheidung der Sache Sr. kurfürstl. Gnaden und der hohen Schule zu Mainz gegen die Herren Landgrafen zu Hessen-Darmstadt und Homburg keiner authentischen Erklärung des Westphälischen Friedens, am wenigsten des V Art. §. 47 bedürftig, das darinn ergangene Urtheil des kaiserlichen Reichshofraths keiner gemeinen Beschwerde der Stände fähig, der von den Herren Landgrafen dawider gemachte Recurs nicht nur zu keiner reichstäglichen Berathung geeigenschaftet, sondern dass vielmehr dadurch S. K. Gn. berechtiget seyn, S. K. Maj. und höchste und hohe Reichsstände zu ersuchen, diesen so gearteten Recurs von dem Reichstage abzuweisen, und die Vollstreckung des höchstrichterlichen Urtheils dem freyen Reichsgrundgesetzmässen Rechtsgange zu überlassen. Mainz 1785. fol. Die zwey wichtigsten Reichsgrundgesetze, die jüngste kaiserliche Wahlkapitulation und der Westphälische Frieden, mit äusserster Korrektheit, nach den im Reichsarchive befindlichen Originalien abgedruckt und herausgegeben. ebend. 1788. gr. 8. * *Electorum Moguntinensium insignia merita circa vindicandas ecclesiae Germanicae libertates ad illustrandam Concordatorum nationalium materiam. Commentatio inauguralis, quam — defendendam suscepit* Hugo Henricus Ignatius de Linden, *Canonicus. ibid. eod.* 4. Staatsrecht teutscher Reichslande, akademischen Vorlesungen gewidmet. 1ster Theil. ebend. 1788. 8. Ist ein teutscher Landesherr berechtigt, einen ständigen päpstlichen Nuntius mit geistlichen Fakultäten,

auch

auch wider Willen der einschlagenden Bischöffe, in seine Reichslande aufzunehmen? Wider die neulich erschienenen unpartheyischen Gedanken eines teutschen Staatsrechtsgelehrten über die dermaligen Nuntiaturstreitigkeiten in Teutschland. ebend. 1788. 8. Von dem kaiserl. Empfehlungs- und Ausschliessungsrechte bey teutschen Bischoffswahlen: ein Programm zur Antwort auf die Briefe zweener Domherren über diesen Gegenstand. ebend. 1790. 8. * Von dem anmaslichen Rechte eines Reichsverwesers, Reichsvikariatskommissarien zu den teutschen Bischoffswahlen zu schicken. ebend. 1790. 8. Wahlkapitulation des römischen Kaisers, Leopolds des Zweyten, nach dem kurmainzischen Originale zum Druck befördert. Mainz u. Frankf. 1790. 4. * Die ungültige Bischoffswahl zu Freysingen. Mainz 1790. 8. * Beleuchtung der Schrift: Prüfung der jüngst in Mainz erschienenen Schrift von dem anmaslichen Rechte eines Reichsverwesers, Reichsvikariatskommissarien zu den teutschen Bischoffswahlen zu schicken. ebend. 1790. 8. * Aechtes vollständiges Protokoll des kurfürstl. hohen Wahlkonvents zu Frankfurt im J. 1790, mit allen Beylagen nach einem Originale pünktlich verglichen. Mit kurzen praktischen Anmerkungen. 1ster Band, enthält I-VIItes Heft, die Präliminair- und zehen ersten Konferenzen auf dem Römer, die Monita bis zum XII. Art. der kaiserl. Wahlkapitulation. 2ter Band, enthält VIII-XIVtes Heft, die eilfte bis zur vier und zwanzigsten Konferenz auf dem Römer, die Monita vom XIII bis zum letzten Artikel und den ganzen übrigen Verfolg bis ans Ende des Wahltages. Frankf. u. Leipz. 1791. gr. 8. Nebst einem 15ten Hefte: Vollständiges Register der vornehmsten Materien über beyde Bände enthaltend. ebend. 1791. Pr. Kann ein freyes Reichsdorf sich dem Schutze eines Reichsstandes ohne Vorwissen und Bewilligung des Kaisers auf eine gültige Weise ergeben? beantwor-

 tet.

tet. Bonn 1791. 8. Progr. von dem für einen jeden teutschen Rechtsgelehrten nothwendigen Studium des teutschen Staatsrechts, verbunden mit der Reichsgeschichte. Mainz 1791. 8. * Ist die Kaiserin von Russland Garante des Westphälischen Friedens? Frankf. u. Leipz. 1791. 8. Pragmatische Interregnumsgeschichte, besonders des Reichskanzleriates vom Jahr 1790, aus den Originalurkunden, mit staatsrechtlichen Betrachtungen. Frankf. am M. 1794. gr. 8. — Vergl. *Weidlichs* biogr. Nachr. und *Waldmanns* biogr. Nachr. S. 71 u. ff.

ROTH (Johann Theodor) *Rathskonsulent und Syndikus der kaiserl. freyen Reichsstadt Weissenburg am Nordgau: geb. daselbst am 23 Junius* 1759. SS. Neue Feuerordnung der kaiserl. freyen Reichsstadt Weissenburg. Weissenb. 1787. 4. * Ueber Hierarchie und Pressfreyheit. Frankf. u. Leipz. 1788. 8. Beyträge zum teutschen Staatsrecht und zur Litteratur desselben; ein Nachtrag zum Pütter. Nürnberg 1791. — 1sten Bandes 2te Abtheilung. ebend. 1794. — 2ter Band. ebend. 1795. 8. Juristisch-politische Abhandlung über die Frage: Was ist Wucher, und durch welche Mittel ist demselben ohne Strafgesetze am besten Einhalt zu thun? ebend. 1793. 8. Archiv für das natürliche und positive Völkerrecht. 1ster Heft. ebend. 1794. 8. Staatsrechtlicher Versuch über den Unterschied zwischen mächtigen und minder mächtigen teutschen Reichsständen. Nürnb. u. Altdorf 1796. 8. — Ein Auszug aus der erwähnten Abhandlung über den Wucher steht im Journal von und für Teutschland 1792.

*) ROTH (J... W...) ... *zu* ... *geb. zu* ... SS. Sammlung aller Gesetze und Verordnungen

gen

*) Diese und die nächst folgende Notiz scheinen zur ewigen Mangelhaftigkeit verdammt zu seyn.

gen u. s. w. für das Königreich Böhmen seit dem Regierungsantritt Sr. k. k. Maj. Joseph des II bis zum Schlusse des Jahrs 1782; mit einem bequemen Register. Prag 1783. 8.

ROTHAMEL (K... Friedrich) ... *zu* ... *geb. zu* ... §§. Erholungsstunden. Frankf. 1783. 8.

ROTHAMMER (Wilhelm) ehemahls *fürstl. Taxischer Bibliothekar zu Regensburg*; wurde 1786 mit einer Pension entlassen, und *privatisirt seitdem daselbst: geb. zu Cham in Bayern am 26 April* 1751. §§. Politische Abhandlung vom Einstellen des Bettelns. München 1773. 4. Von dem Geschmack. Ingolst. 1774. 8. Drey Oden bey der Schulverbesserung in München. München 1774. 8. Die unglücklichen Grafen von Ponti; ein Trauerspiel. 1774. 8. Karl Theodors Einzug in München; gesungen im Weinmonath 1775. Was fehlt dem Mädchen noch zum Manne? ein Lustspiel in einem Aufzuge. Regensb. 1779. 8. Würtembergs Elise und Radzivils Sophie besungen. ebend. 1782... Biographie Maximilian III von Bayern. ebend. 1785. 8. * Sendschreiben an die allgemeine hohe Reichsversammlung zu Regensburg von Friedrich II, weiland Preussens irrdischen König aus der Geisterwelt. Nebst einigen Winken zur Aufnahme des teutschen Reichs. 1787. 8. * Von dem Umfang der Oberlandesherrschaft und des derselben anklebenden Reformationsrechtes gegen die von der Stadt Fürstenau im Hochstifte Osnabrück bey dem Evangelischen hohen Reichstheile geführten Religionsbeschwerden. 1788. 4. * Historisch-statistische Abhandlung über das kaiserliche Reservatrecht des Reichspostwesens. Teutschland 1790. 8. Johann, der muntere Seifensieder; ein Singspiel in 3 Aufzügen. Wien 1791. 8. Conde, Mainz, Valenciennes; ein politisches Gespräch zwischen Borussia und Austria. Regensb. u. Wien 1793.

1793. 8. * Ueber Kaisermacht, Friedenskongress, und Reichsdeputation, bey dem allgemeinen Reichsfriedensschlusse mit der Neufrankenrepublik. (*Ohne Druckort*) 1797. 8. — Aufsätze in den Münchner Intelligenzblättern. — Teutsche Uebersetzung von Mederers Abhandlung von Herzog Garibald; *im 3ten Th. der Finauerschen Bibliothek* 1775.

ROTHE (Gottlob Friedrich) *Küster an der Thomaskirche zu Leipzig: geb. zu Grimma in Kursachsen am 19 November* 1732. §§. Dr. *Joh. Aug. Ernesti* Denkmähler und Lobschriften auf gelehrte verdienstvolle Männer, seine Zeitgenossen; nebst der Biographie J. M. Gesners, in einer Erzählung für David Ruhnken; aus dem Lateinischen übersetzt und mit eingewebten Anmerkungen. Leipz. 1792 (*eigentl* 1791). gr. 8. — Verschiedene kleine Abhandlungen. — Eine Menge Gelegenheitsgedichte.

ROTHE (Immanuel Friedrich) *Pastor zu Sora und Neundorf in der Oberlausitz* seit 1768: *geb. zu Bertholdsdorf in der Oberlausitz am* 14 *April* 1737. §§. Historisch - moralische Schilderungen eines Helden nach der Vernunft und Religion. Halle 1763. 8. Der 4te Theil des Christen am Sonntage. ebend. 1765. 8. *De eo, quod disertos facit oratores. Sorav.* 1765. 8. Von dem Vorzuge der heil. Dichtkunst vor der weltlichen. ebend. 1766. 8. *De subsidiis rhetorices. ibid.* 1767. 4. Homers Begriff von der höchsten Gottheit. Görlitz 1768. 4. Von den Vortheilen der Erziehung der Studirenden. ebend. 1769. 4. Von der Methode beym Unterricht und der Bildung junger Studirenden. ebend. 1770. 4.

ROTHE (J. . . A. . .) . . . *zu . . . geb. zu* . . . §§. Isabellens Leiden; ein Roman in Briefen; aus dem Französischen übersetzt. Prag u. Leipz. 1788.

1788. 8. Lustspiele; 1 Theil: 1) So rächen sich Schriftsteller an betrügerischen Buchhändlern; 2) Weiberlist geht über alles. ebend. 1790. 8. * Agnes von Sicilien; ein Gemählde aus den Ritterzeiten. Dresden u. Leipz. 1792. 8. Adelheid, Gräfin zu Ravensberg; eine Geschichte aus dem zwölften Jahrhundert. Dresden 1793. 8.

eyherr von ROTHENHAHN (Siegmund Friedrich) *königl. Preussischer und Hessen-Darmstädtischer Kammerherr zu Rentweinsdorf im fränkischen Ritterkanton Baunach: geb. daselbst* 176.. §§. * Voyage fait en MDCCXC dans une partie de la France & de l'Italie par le Baron Sigismond de * * *. 1792. gr. 8.

OUGEMONT (Joseph Claudius) *D. der AG. ordentl. Prof. der Zergliederungs- Wundarzney- und Hebammenkunst auf der Universität zu Bonn;* (hielt sich in den J. 1795 und 1796 zu Hamburg auf): *geb. zu St. Domingo am* 10 *December* 1756. §§. *De instituto medico-chirurgico....* Ueber Kleidertracht, in wie ferne sie einen nachtheiligen Einfluss auf die Gesundheit hat. Nebst einigen anatomischen und chirurgischen Beobachtungen. Bonn 1786. 4. *Traité de Hernies de Mr.* Aug. Gottlieb Richter, *Medecin & Conseiller de la Cour de Sa Majesté Britannique &c. traduit de l'Allemand sur la seconde Edition. ibid.* 1788. 4. *Bibliotheque de Chirurgie du Nord. T. I. P. I. ibid.* 1788. — *P. II.* 1789. 8. Etwas über die schädlichen Folgen einer gewaltsamen Anstrengung der Kräfte bey verschiedenen Verrichtungen und anderen Umständen des gemeinen Lebens. ebend. 1789. 8. Rede über die Zergliederungskunst, bey der Eröffnung des neuen anatomischen Gebäudes. ebend. 1789. 8. Handbuch der chirurgischen Operationen für Vorlesungen. 1 Theil. ebend. 1793. 8. Neue Auflage. Frankf. am M. 1797. gr. 8. Abhandhandlung über die erblichen Krankheiten, von *J. C. Rougemont*; eine gekrönte Preisschrift, aus der französischen Handschrift übersetzt von *Fr. G. Wegeler*. ebend. 1794. gr. 8. — *Vergl.* sein Leben hinter dem Bonnischen Festgesang 1791. S. 35 u. ff.

ROUX (Heinrich Friedrich) *französischer Sprachmeister zu Jena: geb. zu Halle* . . . §§. Discours elementaire & raisonné sur les principales difficultés de la langue Françoise. à Jena 1778. 8. Nouveau dictionnaire françois - allemand & allemand - françois. T. I. à Berlin 1779.

ROUYER (Franz Konrad) *Professor der Mathematik und Physik und Ephorus am Joachimsthaler Gymnasium zu Berlin* seit 1763; *wurde aber am 7 August 1788 wegen Blindheit auf sein Ansuchen pro Emerito erklärt: geb. zu Berlin am 18 August 1727.* §§. *Erste Gründe der Rechenkunst, oder Anleitung zu den nützlichsten Rechnungsarten für junge Studirende. Berlin 1766. 8. *Mathematisches Lehrbuch; 1ster Theil, welcher die Rechenkunst, Geometrie, gemeine Trigonometrie, Feldmesskunst und Nivellirkunst enthält. 1stes und 2tes Stück. Mit 9 Kupfertafeln. Berlin 1778. — 2ter Theil, welcher die Anfangsgründe der Mechanik, der Hydrostatik, Hydraulik und Aërometrie, der optischen Wissenschaften, der Astronomie und Geographie, der bürgerlichen, wie auch der Kriegsbaukunst enthält. Mit 9 Kupfern. ebend. 1778. 8. *Entwurf der Naturlehre. Mit 2 Kupfern. ebend. 1778. 8.

le ROY de LOZEMBRUNE (. . . .) jetzt *zu Wien*, wo er einen Cours de la langue françoise für Erwachsene eröffnet hat (vorher war er zu Landshut in Bayern und vor diesem zu Mannheim); *geb. zu* . . . §§. Lettres & Contes sentimentaux de George Wanderson. à Augsbourg 1777. 8.

Mat-

Matinées de Landſchitz. à Vienne 1778. 8. Theagenes, hiſtoire grecque. ibid. 1779. 8. * Eſſais de Morale. . . . Eſſais ſur l'abus du bien moral. Premiére & ſeconde Partie. à Bude 1780. gr. 8. Anecdotes & Remarques ſur l'education publique. à Mannheim 1783. 8. Oeuvres melées, en proſe & en vers. 2 Voll. ibid. 1783. gr. 8. * Emire & Agathée, Mirſon & Zelide, Cleophis & Syrka. à Vienne 1784. 8. Obſervations hiſtoriques ſur les progrés & la decadence de l'agriculture chez differens peuples, par Mr. le Comte *de Hartig*; traduites de l'Allemand. ibid. 1790. gr. 8.

ROYKO (Kaſpar) *D. der Theol. k. k. Gubernialrath im geiſtlichen Fache zu Prag* (vorher Referent bey der Böhmiſchen geiſtlichen Kommiſſion daſelbſt, vordem ſeit 1783 ordentlicher Profeſſor der Kirchengeſchichte auf dortiger Univerſität, nachdem er in gleicher Qualität auf der Univerſität zu Grätz geweſen war): *geb. zu* . . . 1742. §§. * Geſchichte der groſſen allgemeinen Kirchenverſammlung zu Koſtnitz. 1ſter Theil. 1780. 8. 2te verbeſſerte Ausgabe (*unter dem Namen des Verfaſſers*). Wien u. Grätz 1782. — 2ter Theil, oder die Geſchichte des Huſs. ebend. 1783. 2te verbeſſerte Ausgabe. ebend. 1796. — 3ter, 4ter und letzter Theil (*unter ſeinem Namen*). Prag 1784-1785. gr. 8. Dekret der Verſammlung zu Koſtnitz von der Communion unter beyderley Geſtalten; mit Anmerkungen. Böhmiſch. ebend. 1783. 8. Anmerkungen über *Joſ. Claud. Seligs* Geſchichte der groſſen allgemeinen Kirchenverſammlung zu Koſtnitz, zum 1ſten und 2ten Theile. Grätz 1784. 8. *Synopſis hiſtoriae religionis & eccleſiae Chriſtianae methodo ſyſtematica adumbratae. Pragae* 1785. 8 *maj.* Einleitung in die chriſtliche Religions- und Kirchengeſchichte. ebend. 1788 (*eigentl.* 1787). gr. 8. 2te verbeſſerte Ausgabe. ebend. 1790. gr. 8. Chriſtliche Religions- und Kirchengeſchichte. ebend.

ebend. 1790. — 2ter Theil. ebend. 1790. — 3ter Theil. ebend. 1791. — 4ter Theil. ebend. 1792. gr. 8. Register über sämtliche vier Theile seiner Geschichte der grossen allgemeinen Kirchenversammlung zu Kostnitz. ebend. 1796. 8. — Sein Bildniss vor seiner Einleitung in die Kirchengeschichte, auch vor dem 9ten Band der Neuen allgem. teut. Bibl.

*) RUBIN (Jakob) *Rathsherr zu Thun im Kanton Bern: geb. zu* . . . §§. Handveste der Stadt Thun von der Gräfin Elisabeth von Kyburg 1264 ertheilt; mit Anmerkungen. Bern 1779. 4.

RUCKER (Georg Albrecht) *Dechant und Pfarrer zu Wassertrüdingen im Fürstenthum Ansbach* seit 1797 (vorher Pfarrer an der obern oder St. Michaels- und an der mittlern oder St. Marienkirche zu Markt Thalmessingen im Fürstenthum Ansbach): *geb. zu Lohr unweit Rothenburg ob der Tauber am 29 Junius* 1736. §§. * Neuere Beobachtungen über die Vulkane Italiens und am Rhein, in Briefen von Sir *Wilhelm Hamilton*, nebst merkwürdigen Bemerkungen des Abts *Giraud Soulavie*; aus dem Französischen übersetzt von *G. A. R.* Mit einer neuen Karte. Frankf. u. Leipz. (*Nürnberg*) 1784. 8. * Offener Brief eines vieljährigen Lehrers an seine Gemeinde über die Pflichten gegen die Unglücklichen unserer Mitmenschen, die sich selber entleibet haben. Ansbach 1792. 8.

RUCKERSFELDER (Abraham Friedrich) *D. der Theol. derselben und der morgenländischen Sprachen Professor auf dem Gymnasium zu Deventer* seit 1753: *geb. zu* . . . §§. Or. de recentioribus circa rerum creatarum universitatem observatis, religioni Christianae non contrariis. Daventr. 1754. 4.

D.

---

*) Lebt er noch?

D. exegetica ad Psalmi LXXIII, 21. 22. 23. ibid. 1755. 4. Sylloge commentationum & observationum philologico-exegeticarum & criticarum. Fasc. I. ibid. 1761. 8. Philosophiae de religione rationali libri duo, sive theologiae naturalis pars theoretica de Deo ejusque operibus, & practica de hominis officio. Brem. & Amst. 1770. 8. *Jac. Macknighti* Commentarius harmonicus in quatuor Evangelia, secundum singulorum ordinem proprium dispositus; ex Anglico Latinum fecit notas & alia nonnulla adjecit. T. I. Bremae 1772. — T. II. 1775. — T. III. 1779. 8 maj. — Epistola de codice N. T. Vaticano; *in Commentationibus theologicis, a Velthusen, Kuinoel & Ruperti editis Vol. III* (1796. 8 maj).

RUDITSCH (Marie Anne) *zu Wien: geb. zu . . .* §§. Mein eigenes geprüftes Kochbuch. 2 Theile. Wien 1789. 8.

RUDLOFF (Friedrich August) *Erbherr auf Moisall, herzogl. Mecklenburg-Schwerinischer Legationsrath und erster geheimer Sekretar zu Schwerin* seit 1790 (vorher seit 1777 Hofrath, wirklicher und geheimer Legationssekretar und Kammerprokurator zu Schwerin): *geb. zu Rostock am 6 Februar* 1751. §§. *Das ehemahlige Verhältniss zwischen dem Herzogthum Mecklenburg und dem Bisthum Schwerin, aus Urkunden und Geschichtbüchern berichtiget. Schwerin 1774. 8. Versuch über die Zulässigkeit und Unzulässigkeit landesherrlicher Bedienten bey landstädtischen Berathschlagungen. 1774. 4. Pragmatisches Handbuch der Mecklenburgischen Geschichte. 1ster Theil. Schwerin, Wismar u. Bützow 1780. Neue verbesserte Auflage. ebend. 1795. — 2ten Theils 1ste und 2te Abtheilung. ebend. 1785. — 2ten Theils 3te und 4te Abtheil. ebend. 1786. — 3ten Theils 1ste Abtheilung. ebend. 1794. gr. 8. *Codex diplomaticus historiae Megapolitanae medii aevi Fasciculus I.* (oder) Urkunden-Lieferung zur Kennt-

Kenntniſs der Mecklenburgiſchen Vor-Zeit. 1ſter Heft. Voran: Geſchichte der Grafen von Danneberg in Mecklenburg. Schwerin 1789. — *Faſc. II*, mit einem Repertorium des 1ſten und 2ten Hefts. ebend. 1790. 4. * Pro Memoria die Anſprüche des herzogl. Hauſes Mecklenburg-Schwerin auf zwey Kanonikate des Domſtifts zu Straſsburg betreffend (*mit der gegen über ſtehenden franzöſiſchen Ueberſetzung vom Hofrath* Kolbe *zu Schwerin*). ebend. 1791. fol. Dieſelbe Schrift, jedoch ohne die Ueberſetzung, in der *Roſtockiſchen Monatsſchr.* 1791. B. 2. St. 2-6. * Das Mecklenburgiſche Reichskontingent, in einer Reihe öffentlicher Verhandlungen, mit Anmerkungen von einem Eingeſeſſenen der Mecklenburgiſchen Ritterſchaft. Schwerin 1793. gr. 4. * Recenſion des Verſuchs einer Einleitung in das Mecklenburgiſche Staatsrecht von Herrn Dr. E. F. Hagemeiſter aus der Jenaiſchen allgemeinen Litteraturzeitung 1793. Nr. 344. 345. mit einigen Zuſätzen erweitert. ebend. 1794. 4. (*Auch in der neuen Monatsſchr. von und für Mecklenburg* 1793. S. 282-295). * Geſchichtliche Ueberſicht des bisherigen Hergangs in Anſehung des Warnemünder Zolles. (*Schwerin* 1787). fol. — *iſt erſt* 1794 *publici juris geworden.* — * Herzoglich-Mecklenburg-Schweriniſches Promemoria wegen Verweigerung der Kammerzieler für die Stadt und Herrſchaft Wismar. Schwerin 1794. fol. Denkſchrift bey der Befeſtigung eines neuen Thurmknopfes auf der Neuſtädter Kirche zu Schwerin. ebend. 1794. 4. (*Auch in der neuen Monatsſchr. v. u. f. Mecklenb.* 1794. St. 9). * Rechtfertigung des an die hohe Reichsverſammlung zu Regensburg ergriffenen Recurſes von dem reichskammergerichtlichen Verfahren in Sachen des regierenden Herrn Herzogs zu Mecklenburg-Schwerin und Güſtrow wider die Mecklenburgiſche Ritterſchaft, wegen Richtigſtellung der Lehndienſte. Mit XIV Beylagen. Schwerin 1796. fol. — Mecklenburg-Schweriniſche

rinische Kirchenlisten vom 2ten Dec. 1792 bis zum Dec. 1793, nebst verschiedenen Anmerkungen; in Fabri's *Beyträgen zur Geschichte u. s. w.* B. 1. St. 3. S. 485-489. — * *Giebt seit* 1776 *den* Mecklenburg-Schwerinischen Staatskalender *heraus; der auch seit einigen Jahren unter dem Titel erscheint:* Neueste Materialien zur Staatskunde oder das jetztlebende Mecklenburg-Schwerinschen Antheils I und II Theil. — Vergl. *Weidlichs* biogr. Nachr. Th. 3. auch *Koppens* gel. Mecklenb. St. 3. S. 184-187.

RUDLOFF (Wilhelm August) Bruder des vorigen; *D. der R. und* seit 1784 *königl. Großbrit. und kurfürstl. Braunschweig-Lüneburg. geheimer Justitzrath*, (und dabey noch, was er vorher schon war) *wirklicher geheimer Sekretar und Archivar über die sämtlichen Archive in den Hannöverischen Landen* (vorher seit 1777 Hofrath und Beysitzer der Justitzkanzley zu Hannover, wie auch geheimer Konsulent und Advocatus patriae; vordem aber von 1768 bis 1773 Professor der Rechte zu Bützow): *geb. zu Rostock am* 11 *Febr.* 1747. §§. D. de literis convocatoriis ad Comitia. Acc. literarum convocatoriarum antiquiorum appendix. Gotting. 1767. 4. Commentatio de jure Germanico justa methodo tractanda. 1767. 4. *Versuch einer pragmatischen Einleitung zur Geschichte und heutigen Verfassung der teutschen kur- und fürstlichen Häuser.* 1 Theil. Göttingen und Gotha 1768. 8. *Vorbereitung zu einem Collegium über das teutsche Recht und den Reichsproceß, an seine Zuhörer.* Bützow 1768. 8. *Versuch von den Senaten am kaiserl. und Reichskammergericht. ebend.* 1769. 4. De jure senii in familiis illustribus. ibid. eod. 4. De pactis successoriis illustrium & nobilium Germaniae, praecipue iis, quae pacta confraternitatis adpellantur, libellus singularis. Rost. 1770. 4. *Abhandlung von der Aehnlichkeit der teutschen Hofgerichte mit dem kaiserl. und Reichskammergericht;*

gericht; nebst der Anzeige seiner künftigen Vorlesungen. Bützow 1770. 4. Comm. de confirmatione Caesarea juris primogeniturae in familiis illustribus Germaniae, inprimis intuitu feudorum imperii. 1771. 4. * *Unpartheyischer Bericht vom Turnus, oder der persönlichen Reihe im Referiren am kaiserl. und Reichskammergericht.* 1771. 4. Pr. Petitione renovationis investiturae quovis modo neglecta feudum amitti. Butzov. 1771. 4. De consensu in alienationem feudi interposito retractum non excludente exercitatio. ibid. eod. 4. De revisionis effectu suspensivo in causis eccles. & religionis. Hamb. & Butzov. 1772. 4. *Ueber die sogenannte entscheidende Stimme des Kammerrichters bey einer Stimmengleichheit der Beysitzer. Hannover* 1773. 4. *Standhafte Behauptung der Freyheit des Ehestandes der evangelischen Domkapitularen zu Osnabrück, welche ihnen von dem Domkapitel daselbst beym höchstpreislichen Reichshofrath bestritten werden wollen. ebend.* 1775. *fol. u.* 8. — *Aufsätze in den* gelehrten Beyträgen zu den Mecklenburg-Schwerinischen Anzeigen. — Vergl. *Weidlichs* biogr. Nachr. auch *Koppens* gel. Mecklenb. St. 3. S. 178-184.

RUDLOFF (W... Christ...) ... *zu* ... *geb. zu* ... §§. *Johannes Rosenkranz* aufmerksamer holländischer Gärtner, in welchem die tägliche Anzeige aller Behandlungen von Mistbeeten, Treibkasten, Baumschnitt und Blumenwerk vollständig verfasset. In verbesserter Schreibart, mit einigen Anmerkungen und Zusätzen, auch 9 Kupfern versehen. Frankf. 1783. 8.

RUDOLPH (August Friedrich Wilhelm) *M. der Phil. und seit* 1794 *Beysitzer der philosophischen Fakultät zu Wittenberg: geb. zu Burgholzhausen in Thüringen* 176.. §§. D. inaug. Adornandae editionis Ocelli Lucani ratio, & observationum maxime criticarum ad eum, Specimen. Viteb. 1794.

1794. 4. D. Natura repraesentationis in genere, intuitionem, sensationem, conceptum, notionem & ideam comprehendentis, ne exponi quidem recte potest. ibid. eod. 4. De sede Deorum Homericorum domestica, Diss. philol. mythologica. ibid. eod. 4.

RUDOLPH (E... F... B...) *herzogl. Sachsen-Weimarischer Kammerkalkulator zu ... geb. zu ...* §§. Bruchstücke, aus dem praktischen Forst- und Kameralwesen gesammlet. 1ster Theil. Weimar 1794. gr. 8.

RUDOLPHI (Johann Christian) *M. der Phil. und Pastor zu Groß-Röhrsdorf in Meissen* seit 1780 (vorher seit 1760 zu Miltitz): *geb. zu Schlagenthien im Magdeburgischen* ... §§. Nelkentheorie, oder eine in systematischer Ordnung nach der Natur gemahlte Nelkentabelle. Meissen 1787. fol. Beylage zur Nelkentheorie, in einem Briefe an einen Freund. ebend. 1787. 8. Beschreibung zum Riss einer zum gesunden Wachsthum der Pflanzen sehr vortheilhaften Nelken- und Aurikel-Stellage mit bequemen Obdach, wie es der Blumist längst gewünscht hat. Freyberg 1788. gr. 8.

RUDOLPHI (Karoline Christiane Luise) *Stifterin und Vorsteherin einer Erziehungsanstalt zu Ham bey Hamburg* (vorher Gouvernante bey einer adelichen Familie im Mecklenburgischen, nachdem sie vor diesem zu Berlin gelebt hatte): *geb. zu* ... §§. Gedichte — herausgegeben und mit einigen Melodien begleitet von *Joh. Friedr. Reichardt.* Berlin 1781. 8. 2te Auflage. Wolfenbüttel 1787. 8. — 2te Sammlung, herausgegeben von *J. H. Campe.* Braunschweig 1787. 8.

RUDOLPHI (L... E... G...) Bruder der vorhergehenden; *M. der Phil. und Lehrer an der Erziehungsanstalt seiner Schwester* (nachdem er eine

Zeit lang zu Hamburg privatisirt und den Hamburgischen Correspondenten geschrieben hatte 1792): *geb. zu* . . . §§. *John Loke* über die Erziehung der Jugend in den gesitteten Ständen; ein Handbuch für Aeltern und Erzieher. Aus dem Englischen übersetzt. Mit Anmerkungen der Verfasser des Revisionswerks. Wien u. Wolfenbüttel 1787. 8. (*stand vorher im* 9ten Th. des Campischen Revisionswerks). — Ueber Gegenwart und Allgegenwart; *im Braunschweig. Journal* 1788. St. 11. S. 365-369.

RUDOLSTÄDTER (Christian Gottlieb) *D. der AG. und Praktikus zu Gandersheim* (vorher zu Lamspringe im Hildesheimischen): *geb. zu Danzig* 1743. §§. Kurze Abhandlung von den jetzt herumgehenden Fiebern. Rudolstadt und Jena 1774. 8. *D. inaug. nonnullos morbos ex abundantia sanguinis oriundos sistens. Helmst.* 1777. 4. Medicinische Bemerkungen, besonders über die hitzigen Fieber. Bremen 1782. 8.

RUDORFER (Joseph Anton) . . . *). §§. Unterricht zur Bienenzucht für die churbayrischen Landeseinwohner. München 1777. 8.

RÜCKER (Christian Heinrich Ernst) . . . *zu* . . . *geb. zu* . . . §§. Erläuterungen der Kästnerischen Anfangsgründe der mechanischen und optischen Wissenschaften; nebst einer Vorrede vom Herrn Hofrath *Kästner*. Leipz. 1795. 8.

RÜCKER (Lorenz Johann Jan.) *Noch immer hat man mir nicht gemeldet, wo sich dieser Schriftsteller aufhält, im Reiche der Lebendigen oder der Todten* **)? §§. Erste Gründe der Kriegsbaukunst,

*) Es scheint nicht, als wenn diese Lücken je werden ausgefüllt werden.

**) So schrieb ich schon im J. 1784; und leider! so muss ich jetzt noch schreiben.

kunst, in einem Zusammenhange. Würzburg 1769. 4. Entwurf einer physikalischen Scheidekunst. 1769. 8.

RÜCKERT (Christian Ehrenfried) *D. der AG. und Physikus zu Neustadt in Schlesien: geb. zu Liegnitz am 28 Julius 1706* *). §§. *D. inaug. de fonte medicato Lignicensi. Hal.* 1729. 4. Beschreibung von der Beschaffenheit, Nutzen und Gebrauch des mineralischen Gesundbrunnens vor Liegnitz. 1755. 4. Früchte der Einsamkeit in unterschiedlichen physikalischen, medicinischen und chirurgischen Zeitverkürzungen. 6 Stücke. Breslau 1775-1776. 8. — Vergl. *Streits* alphab. Verzeichn.

RÜCKERT (Georg Christian Albrecht) *Hofapotheker zu Ingelfingen im Hohenlohischen: geb. zu* . . . §§. Der Feldbau chemisch untersucht, um ihn zu seiner letzten Vollkommenheit zu erheben. 2 Theile. Erlangen 1789. — 3ter und letzter Theil. ebend. 1790. 8. — Ueber die Bereitung des Salmiaks, des mineralischen Laugensalzes und der Bittersalzerde; *in* Crells *chem. Annal.* 1788. St. 10. S. 313-323. Beyträge zur Beantwortung der Preisfrage über den Einfluss der künstlichen Luftarten auf die Vegetation; *ebend.* St. 11. S. 395-405. Verfahren der Holländer, rothen Präcipitat zu verfertigen; *ebend.* St. 12. S. 497-501. Nachricht von der Verfertigung des Zinnobers zu Amsterdam; *ebend.* 1789. St. 4. S. 301-309. — Was ist und befördert die Nahrung der Gewächse? *in der ökonom. Weisheit und Thorheit* Th. 1. 1789. Ueber Düngung der Felder mit Rasen; *ebend.* Th. 2. Abhandlung über die Hornspäne; *ebend.*

*) Sollt' er wohl noch leben?

RüDER (J... P... C...) ... *zu* ... *geb. zu* ... §§. Verſuch einer Beſchreibung derer ſeit einigen Jahrhunderten geprägten Nothmünzen. Halle 1791. 8.

RüDIGER (Chriſtian Friedrich) *M. der Phil.* ſeit 1786, *auſſerordentlicher Profeſſor derſelben auf der Univerſität zu Leipzig, und Obſervator auf der Sternwarte in der Pleiſſenburg* ſeit 1791: *geb. daſelbſt* 1760. §§. *Specimen analyticum de lineis curvis ſecundi ordinis, in dilucidationem analyſeos finitorum Kaeſtnerianae; cum praefat.* C. F. Hindenburgii, *Prof. Lipſ. Lipſiae* 1784. 4. Anleitung zur Kenntniſs des geſtirnten Himmels für jede Klaſſe von Leſern (*eigentlich ein Theil der neuen Ausgabe von Helwigs hundertjährigen Kalender*). ebend. 1785. 8. Mit 35 Kupfern. *C. E. Schröters* Anleitung zum Rechnen, durchgängig verbeſſert und umgearbeitet. ebend. 1785. 8. Die Rechnung des Wahrſcheinlichen; aus dem Franzöſiſchen des Hrn. *C. F. de Bicquilley* überſetzt und mit Anmerkungen verſehen. ebend. 1788. 8. Immerwährender Kalender, nebſt einer Oſtertabelle für die Jahre nach Chriſti Geburt 1700 bis 2000. ebend. 1789. 8. *D. Analyſis trigonometrica commodi atque facilis problematis aſtronomici: data aſcenſione recta & declinatione cujuslibet ſtellae, longitudinem ejus & latitudinem atque viciſſim determinare. ibid.* 1790. 4. *Pr. de effectu refractionis in ortum & occaſum ſtellarum computando. ibid.* 1792. 4. Darſtellung der neuen Methode des Herrn *du Sejour*, Sonnen- und Mondsfinſterniſſe für einen gegebenen Ort analytiſch zu berechnen; nebſt einem Entwurf der Sonnenfinſterniſs am 31 Jan. 1794 nach Lambert. Bey Gelegenheit der Eröffnung der Leipziger Sternwarte. Nebſt 2 Kupf. ebend. 1794. 8. Praktiſche Anweiſung zur Berechnung und Verzeichnung der Sonnen- und Mondfinſterniſſe, vornemlich in Rückſicht auf die des Jahres 1797. ebend. 1796. 8.

RÜDIGER (Daniel Ludwig) *D. der AG. Stadtwundarzt und Geburtshelfer zu Tübingen: geb. daselbst* 176.. §§. Ueber die Rettungsmittel, welche bey Ertrunkenen anzuwenden sind. Tübingen 1794. 8.

RÜDIGER (Johann Christian Christoph) *M. der Phil. und ordentlicher Professor derselben auf der Universität zu Halle* seit 1791 (vorher königl. Preuss. Kammer- und Thal-Sekretar daselbst): *geb. zu Burg im Magdeburgischen am 9 May* 1751. §§. Ueber die systematische Theorie der Kameralwissenschaften. Halle 1777. gr. 8. Grundriss des wahren Physiokratismus und Preussischen Kameralwesens. ebend. 1781. 8. Grundriss einer Geschichte der menschlichen Sprache zu ihrer Kenntniss nach allen bisher bekannten Mund- und Schriftarten, mit Proben und Bücherkenntniss. 1 Th. von der Sprache. Leipz. 1782. 8. Neuester Zuwachs der teutschen, fremden und allgemeinen Sprachkunde, in eigenen Auffätzen, Bücheranzeigen und Nachrichten. 1stes Stück. ebend. 1782. Neue verbesserte und stark vermehrte Ausgabe. Halle 1796. 2tes Stück. Leipz. 1783. 3tes St. ebend. 1784. 4tes St. ebend. 1785. 5tes St. ebend. 1793. 6tes St. Halle 1796. 8. Akademische Laufbahn für Oekonomen und Kameralisten. Halle 1783. 8. Ueber die Einrichtung und Ausarbeitung eines vollständigen teutschen Wörterbuchs; eine Preisschrift. ... *). Aweiar's Kalviorhuckam, oder Sittensprüche aus Tamulischen Palmblättern übersetzt, mit Bemerkungen über indische Gelehrsamkeit. Halle 1791. 8. Briefe an Geschäftsmänner über den kleinen Dienst. 1ster Heft, über den Geschäftsstyl; an Hrn. von Sonnenfels. ebend. 1791. 8. Anweisung zur guten Schreibart in Geschäften, der Wirthschaft, Hand-

 lung,

*) Sollte sie etwa noch nicht gedruckt seyn?

lung, Rechtspflege, Polizey- Finanz- und übrigen Staatsverwaltung. ebend. 1792. gr. 8. — Kurzer Lehrbegriff der persönlichen Polizey- und Finanzwissenschaft, als Nachtrag zu den Anfangsgründen der allgemeinen Staatslehre. ebend. 1795. 8. — Taschenbuch der Haus- Land- und Stadtwirthschaft auf 1797. Mit Kupfern. ebend. 1796. 12. — Kleine Aufsätze in periodischen Schriften, und Recensionen. — Sein Bildniss von Beyel vor dem 23sten Band der Neuen allgem. teut. Bibl. (1796).

RÜDINGER (Karl August) *Mitglied der Schleswigischen Hofschauspielergesellschaft zu Schleswig* seit 1782: *geb. zu Kelbra im Schwarzburgischen am 18 Februar* 1755. §§. Erich und Abel, Könige von Dänemark; ein vaterländisches Trauerspiel in 5 Aufzügen. Schleswig 1796. 8.

RUEDORFFER (Ildefons) *Benediktiner und Archivarius zu Rot in Bayern*: *geb. zu Kitzbichl in Tyrol am 3 Januar* 1726. §§. Zuverlässige Nachricht von den alten Erbhofbeamten des Bayrischen Klosters Rot am Inn; *in den Abhandl. der Bayr. Akad.* B. 2. Abhandlung von der Stifterin der fürstlichen Propstey Berchtesgaden; *ebend.* B. 3. Th. 1.

RUEF (Anton Sebastian) *Pfarrer und Kammerer zu Schwab-Soien im Bisthum Augsburg: geb. zu ...* §§. *Schutzschrift für das zeitliche und geistliche Wohl der ungebohrnen Kinder, wie auch einen für dieselben eiferenden Landpfarrer wider einen sichern Regierungsadvokaten, dem öffentlichen Gutachten vorgelegt von einem Menschenfreund. 1775... (*Kaufbeuren*). *Zerschiedene Gedanken über das Bedenken eines hochverdienten Staatsministers. 4 Theile in 4. 1770. *Das uralte Kirchengebot von Heiligung der Sonn- und Feyertäge durch 21 Vorstellungen praktisch-kanonisch aufgeklärt. 1774. 4. *Die uralt-

uralt - unabänderlich - und unauflösliche Christenpflicht, die Geistlichkeit zu ehren. 1777. 8. * Der Psalter Davids als ein Less - Lehr - und Betbuch auf Brevierart. 1779. 8. * Historische Untersuchung über die zerschiedene Schicksale der katholischen Fasten. 1773. 4. * Sammlung zerschiedener Kirchen - Hymnen und Lobgesänge mit oder ohne teutsches Brevier zu gebrauchen. 1784. 8. (*alle ohne Druckort, aber zu Kaufbeuren gedruckt*).

RUEF *) (Kaspar) *D. der R. Professor der griechischen Sprache an dem akademischen Gymnasium zu Freyburg im Breisgau und Universitätsbibliothekar daselbst* **): *geb. zu Ehingen an der Donau in Schwäbisch - Oestreich* . . . §§. * Extrabeylage zum Mainzischen Religionsjournal von einem Studioso Theologiae zu Freyburg im Breisgau. Nürnb. 1782. 8. * Der Freymüthige; eine periodische Schrift. 4 Bände, jeder von 2 Stücken. Ulm 1782 - 1787. 8. (*Er war Herausgeber, unter dem Vorbericht des letzten Stücks hat er sich genennt*). *Zu dem Freymüthigen gehören folgende drey Beylagen:* Beylagen zum Freymüthigen, worinn die Meynungen und Grundsätze desselben erläutert, bestätiget, und gegen verschiedene genannte und ungenannte Gegner vertheidiget werden. Erste Beylage, die Ohrenbeicht betreffend, wider eine in der Litteratur des katholischen Teutschlands befindliche Recension. Ulm 1786. — Zweyte Beylage, den Gebrauch der Vernunft und die Entbehrlichkeit oder Unentbehrlichkeit eines unfehlbaren Richters in Religionssachen betreffend. Wider Erich Servati. ebend. 1787. — Dritte Beylage, eine Fortsetzung

*) Nicht RUEFF, wie in der 4ten Ausgabe.

**) Er soll diese Aemter haben niederlegen müssen, doch aber mit seiner bisherigen Besoldung anderswo angestellt werden dürfen.

ſetzung der zweyten. Wider Erich Servati. ebend. 1787. 8. Sätze aus allen Theilen der Jurisprudenz und aus den politiſchen Wiſſenſchaften, zur Erhaltung der juriſtiſchen Doktorwürde. Freyburg 1785. 4. Freyburger Beyträge zur Beförderung des älteſten Chriſtenthums und der neueſten Philoſophie. 7 Hefte. Ulm 1788-1789. 8. *Die Fortſetzung erſchien unter dem Titel:* Beyträge u. ſ. w. (*mit Weglaſſung des Wortes:* Freyburger, *weil er ſeit dem nicht mehr Herausgeber, ſondern nur Mitarbeiter war*). 8-11ter Heft. ebend. 1790. — 12 u. 13ter Heft. ebend. 1791. — 14-24ſter Heft. ebend. 1792-1793. 8. *Zuſammen* 8 Bände. (*Wegen eines Verbotes im Oeſtreichiſchen muſste das nützliche Werk aufhören*). Repertorium der neueſten philoſophiſchen und technologiſchen Litteratur des katholiſchen Teutſchlands, für Freunde der Aufklärung. 1ſter Band. Ulm 1790. 8. Allgemeine Encyklopädie, oder Darſtellung aller Wiſſenſchaften und ihrer Zweige, nebſt dem Verzeichniſs der beſten und wichtigſten Bücher in jedem Fache. ebend. 1795. gr. 8. — Sein Bildniſs von Schleich in Augsburg vor dem 24ſten Heft der erwähnten Beyträge; auch vor dem 17ten Band der Neuen allgem. teut. Bibl.

RUEF (Melchior) Bruder des vorhergehenden; *D. der R. zu Freyburg im Breisgau: geb. zu Ehingen in Schwaben* . . . §§. Ueber die Ehebeförderungsgeſetze der Alten, und insbeſondere über das ſogenannte Hagenſtolzenrecht der Teutſchen; eine hiſtoriſch-juridiſche Abhandlung. Freyburg 1788. 8.

RUEFF (Jakobon) *reformirter Franciſkaner der tyroliſchen Provinz des heil. Leopold in Ehingen: geb. zu Oberhoffen in Tyrol am* 14 *Sept.* 1723. §§. Sittenpredigten auf alle Sonntage des ganzen Jahrs. 3 Jahrgänge. Augsburg 1771-1773. 4. Vermiſchte Predigten, oder Ehren-Seelen-Faſtenften- und Bittreden. ebend. 1774. 4. Predigten auf die vornehmsten Feste und Brüderschaften Mariä. ebend. 1776. 4.

RUEFF (Johann Kaspar) *kurbayrischer Hof- und Leibarzt zu München: geb. zu . . .* §§. Unterricht von Kriminalfällen, und wie sich ein Arzt in Abgebung seines Gutachtens hierüber zu verhalten habe. Nürnb. 1777. 8. *Consultationes medicae. Aug. Vind.* 1777. 8.

RÜEFF (Leonhard) *Benediktiner im Reichsstift Weingarten in Schwaben und ordentlicher Prediger im vorderöstreischen Flecken Altorf: geb. zu Buchau am 11 Februar* 1760. §§. Geistliche Reden auf verschiedene Festtage und besondere Feyerlichkeiten des Jahres. Augsburg 1790. 8. Historisches Lesebuch aus der heil. Schrift, Kirchen- und Weltgeschichte, zum nützlichen Gebrauch und Unterhaltung für alle Stände. 2 Bände. ebend. 1791. gr. 8. Sonntägliche Predigten. 1ster Band. ebend. 1792. 8.

RÜGER (Johann Gottfried) *Vice-Superintendent, Propst und Pastor substitutus zu Clöden im Sächsischen Kurkreise* seit 1788 (vorher Prediger und Katechet bey dem Sächsischen Soldatenknabeninstitut zu Annaburg): *geb. zu Thurm in der Grafschaft Schönburg am 16 Jul.* 1743. §§. Geschichte und Beschreibung des kurfürstl. Sächsischen Soldatenknabeninstituts zu Annaburg. Leipz. 1787. gr. 8.

RÜGER (Karl Gottlob) schrieb sich *der bildenden Künste und Chemie Beflissener*, und war *Miniaturmahler bey der Porcellanfabrik zu Gera;* sein jetziger Aufenthalt ist unbekannt: *geb. zu . . . in Kursachsen* 175.. §§. Taschenbuch für Mahler und Zeichner, in Rücksicht auf Farbenbereitung. Gera 1789. 8. 2te Auflage. ebend. 1791. 8. Vollständiger Cursus der Zeichenkunst für wohldendenkende Aeltern und neuangehende oder künftige Hauslehrer, auch für junge Leute beyderley Geschlechts, die sich selbst ausbilden wollen. ebend. 1793. 4. Der Zeichenmeister, oder Lehrbuch der Zeichenkunst für die Jugend und alle Stände. Mit 15 Kupfertafeln. Leipz. 1794. 4.

RÜHL (Friedrich Traugott) *Kandidat der Theol. zu ... geb. zu ...* §§. Werth der Behauptungen Jesu und seiner Apostel. Leipz. 1791. 8.

RÜHL (Philipp Jakob) *gräfl. Leiningen - Dachsburgischer Hof - Regierungs - und Kanzleyrath zu Dürkheim: geb. zu Strasburg ...* §§. * Widerlegte Provocation, welche die Hrn. Gebrüdere Wilhelm und Wenzel, so sich Grafen von Leiningen genannt, in Consilio Imp. aul. a. 1771 gegen den regierenden Hrn. Grafen zu Leiningen - Dachsburg - Hartenburg — angestellt, zu Belehrung der höchsten Reichsgerichte und Lehnhöfe sowohl, als des Publici. (1773). fol. * Ausführliche Beantwortung derer Scheingründe, welche die Herren Gebrüder Wilhelm und Wenzel, so sich Grafen zu Leiningen - Dachsburg in Guntersblum nennen wollen, zu Behauptung ihrer verschiedentlichen ungegründeten Ansprüche aufzustellen bemühet sind. Carlsruhe 1774. fol. * *Tractatio juridica de legitimis natalibus inter illustres praesumendis a Fr. Ge. Dieterich — luci data — Commentarium perpetuum adjecit P. I. R.* 1776. *fol.* * Umständliche Abfertigung der sogenannten Vorlegung der Gründe, aus welchen die Herren Gebrüdere — die rechtmässige gräfl. Leiningische Abstammung und damit verbundene gräfl. Leiningische Familien - und Successionsrechte behaupten, wodurch aber bemeldete Gebrüdere weder den ihnen nicht gebührenden Titel eines Grafen zu Leiningen - Dachsburg in Guntersblum, den sie sich anzumassen unterstehen, noch die von ihnen erträumte Rechte zu retten vermögend sind. 1776. fol. * Leben Ernst Johann

Johann Birons, Herzogs von Curland. . . . 2 Theile in 8. — Vergl. *Weidlichs* biogr. Nachr. Th. 3.

von RÜLING (Georg Ernst) *Oberappellationsrath zu Celle* seit 1792 (vorher Hof- und Kanzleyrath zu Hannover): *geb. zu* . . . §§. Auszüge einiger merkwürdigen Hexenprozesse aus der Mitte des siebenzehnten Jahrhunderts im Fürstenthum Calenberg geführet, mit Anmerkungen herausgegeben. Göttingen 1786. 8. Gedichte. Hannover 1787. 8.

RÜLING (Johann Philipp) *D. der AG. und* seit 1785 *Land- und Stadtphysikus zu Eimbeck mit dem Charakter Hofmedikus* (vorher Stadtphysikus zu Northeim): *geb. zu Göttingen am* 4 *May* 1741. §§. *D. inaug. Comment. botan. de ordine naturali plantarum exhibens. Gotting.* . . . *Ordines naturales plantarum. ibid.* 1774. 8. (vielleicht mit der D. inaug. einerley). Physikalisch-medicinisch-ökonomische Beschreibung der zum Fürstenthum gehörigen Stadt Northeim, und ihrer umliegenden Gegend. ebend. 1779. gr. 8. — *Aufsätze in den Götting. gemeinnützigen Abhandlungen* 1773 *und* 1774, *und im Hannöverischen Magazin, nemlich*: Von den Segelern unter den Schaafen. Von dem Pflanzengeschlecht Conferve. Von dem Nutzen der Algen und Moose. Von der grossen Heilkraft des Guajacbaums. Einige bey den Pocken zu beobachtende Vorschriften. Von den Pocken der Schweine. Beytrag zur Geschichte des Tollkrauts. Von den Franzosen des Rindviehes. Von der spitzblättrigten Grindwurz. — Verzeichniss der wilden Pflanzen auf dem Harze; *in* Gatterers *Anweisung den Harz zu bereisen* Th. 2. — Etwas über die Mitesser der Kinder; *im Hannöver. Magazin* 1790. St. 98. — Mehrere Aufsätze in den Annalen der Braunschweig-Lüneburg. Churlande.

RÜM-

RÜMMELIN (Johann Christian Friedrich) *Kanzleyadvokat zu Stuttgart: geb. zu Maulbronn in Würtemberg* 176.. §§. * Ueber die Wahlfähigkeit zu der Stelle eines Landtagsdeputirten in Würtemberg. (*Stuttgart*) 1796. 8. * Antwort auf die gegen seine Schrift: über die Wahlfähigkeit u. s. w. erschienenen Bemerkungen. (*ebend.*) 1797. 8.

RÜNAGEL (Joseph Heinrich) . . . *geb. zu* . . . *). §§. Gründlicher Unterricht vom Rechnungswesen in zween Theilen; darinn der erste von dem theoretischen, der zweyte von dem praktischen Rechnen handelt. Würzburg 1784. 8.

RÜTZ (Franz Georg Christoph) *hochteutscher Prediger im Haag: geb. zu Ratzeburg im Lauenburgischen am 29 Oktober* 1733. §§. Programma van een Genoodschap onder de Zinspreuk: *non placet nobis orthodoxia sine pietate, nec pietas sine orthodoxia.* 1777. 8. Exegetische und kritische Briefe (*gegen D. Hofstede*). 1779. 8. Ueber die eigentliche Beschaffenheit der Verrätherey des Judas Ischarioth. Haag 1779. 8. Predigt am Gedächtnisstage der am 25 Jun. 1530 an Kaiser Karl den Vten geschehenen feyerlichen Ueberreichung der unveränderten Augsb. Conf. ebend. 1780. 8. Bundel van Brieven aan den Heer Prof. *P. Hofstede* by Gelegenheid van het eerste Deel der Oost-indische Kerkzaaken. ebend. 1780. 8. Kritiek over Prof. *P. Hofstedens* Vorrede, tot het tweede Deel van zyne Oost-indische Kerkzaaken, als eene Apologie van den Bundel van Brieven. ebend. 1780. 8. Spuren der göttlichen Fürsehung in dem durch den tapferen Heerführer der holländischen Flotte, *Jan Arnold Zoutman*, über die stärkere englische Flotte am 5ten August erfochtenen glorreiches

*) Wer will, wer kann diese alten Lücken ausfüllen?

chen Siege; in einem Glückwünschungsschreiben an den würdigen Herrn Vice-Admiral angewiesen. ebend. 1781. 8. (*ist auch ins Holländische übersetzt* 8). De derde Bedestonde den 31 July 1782, und die siebende Bethstunde den 27 Nov. 1782 gehalten. (*Die siebende Bethstunde ist auch ins Holländische übersetzt* 8). Kleine Bydragen tot de deistische Letterkunde. Haag 1782. gr. 8. Sendschreiben an Hrn. Konsistorialrath C. W. F. Walch zu Göttingen, worin die im XXXIX B. der Allgem. teutschen Biblioth. p. 601-616 befindlichen Nachrichten ergänzt, und die im 8ten Theil der Neuesten Religionsgeschichte p. 403-410 eingerückte Nachricht, die Errichtung der lutherischen Gemeine am Kaap betreffend, berichtiget wird. Wesel 1782. 8. *Joh. Christ. Baums* Versuch über das Nationalreich Christi; aus dem Holländischen. Göttingen 1783. 8. Zeven Leerredenen ter Wederlegginge van het gewoone Gevoelen aangaande de Daemonische Menschen, en de voorgewende nog altoos voortduurende onmiddelyke Werkingen van den duivel op onze aarde en onder ons Menschen; aus dem Hochteutschen übersetzt. 1783. 8. Apologie van het Leeraar-ampt: ofte Memorie waarin gededuceert woordt: dat een Predikant, het zy met Eerbied gezegt, door den Rechter niet kan worden gedwongen, om Getuignis der Waarheid te geven in Zaaken die aan hem als Predikant geopenbaart en toevertrouwt zyn; aan Hun edele Agtbaare myne Heeren van den Gerechte van't Haage overgelevert den 21 January 1784 contra een Ledemaat van de luthersche Kerk in 't Haage. 1784. 8. Das Bild eines Volkes, das in Kriegeszeiten Gott wohlgefällig und erhörlich um Hülfe flehet. Wesel 1784. 8. *Vorrede* zu der holländischen Uebersetzung von *Timmermanns* Diatribe antiquario-medica de Daemoniacis Evangeliorum. Harlem. 1789. 8. Daemonologische Fragmenten of Byvoegzels tot de oudheiden Geneeskundige Verhandeling van den

Heer Professor *Th. G. Timmermann*, over de daemonische Menschen. Eerste St. Tweede St. s'Gravenhage 1790. 8. * Gesangbuch der evangelisch-lutherischen Gemeine im Haag, zum gottesdienstlichen Gebrauch gewidmet. Haag 1790. 8. Rede am Feste der Vermählung des Hrn. Erbprinzen von Braunschweig-Lüneburg u. s. w. mit der Frau Erbprinzessin von Oranien und Nassau u. s. w. am 19 Okt. 1790 in der lutherischen Kirche im Haag gehalten. gr. 8. Mannscript, waarin de merkwaardige Gebeurtenis met de paradoxe Dienstmaagd te Philippen voorgefallen, Actor. 16, 16-18, onderzoocht en verklaart wordt. Te Rotterdam 1791. gr. 8. — Vorrede tot de hollandsche Overzetting der Inleiding in de goddelyke Schriften van het Nieuwe Verbond: van den Heer Ridder *Johann David Michaelis* (1778. 8). — *Animadversiones in definitionem imaginis in genere Philosophis receptam insert. Symb. Haganis. Clas.* II. *F.* 2.

RUFF (Andreas) . . . *zu* . . . *geb. zu* . . . §§. Die neue, kürzeste und nützlichste Scheidekunst oder Chymie, theoretisch und praktisch erkläret, nach den Eigenschaften des Alcali und Acidi eingerichtet; samt offener Warnung und Grundregeln in Betreff des Steins der Weisen. Nürnb. 1788. 8.

RUHIG (Paul Friedrich) *ehemahliger Lehrer der Litthauischen Sprache im königl. Seminarium zu Königsberg; lebt daselbst in dem königl. grossen* Hospital *in einem sehr zerrütteten Gesundheitszustande* *): *geb. zu Walterkehnen in Litthauen* 1721 *oder* 1722. §§. Anfangsgründe einer Litthauischen Grammatik in ihrem natürlichen Zusammenhange. Königsberg 1747. 8. — Vergl. *Goldbeck* I. 111. 241. II. 86.

RUHKOPF (Friedrich Ernst) *M. der Phil. und* seit 1794 *Direktor des Gymnasiums zu Bielefeld* (vorher Leh-

*) Auch jetzt noch?

Lehrer zu Ruppin): *geb. zu Sosmer im Amte Peina im Hildesheimischen am 1 Oktober 1760.* §§. Ueber die Methode, den Plautus mit der studirenden Jugend zweckmässig zu lesen; eine Einladungsschrift. Stade 1785. .. Geschichte des Schul- und Erziehungswesens in Teutschland, von der Einführung des Christenthums bis auf die neuesten Zeiten. 1ster Theil. Bremen 1794. 8. *Lucius Annaeus Seneca's* physikalische Untersuchungen; aus dem Lateinischen übersetzt und mit Anmerkungen versehen. 1ster Theil. Leipz. 1794. 8. L. Annaei Senecae *Opera omnia, quae supersunt, recensuit & illustravit. Vol. I. ibid.* 1796. 8*maj.* — Uebersetzung engl. Pred. von Porteus; *im* Less *über Religion u. s. w.* 1785. — Sendschreiben an Campe; *im Braunschweig. Journal* 1788. Jul. — Ueber lateinische Stylübungen; *im Brem. Magazin* B. 1. St. 1. 1790. Skizzirte Biographie eines Schulmannes; *ebend.* B. 2. St. 1. 1791. — Hat Theil an einigen Zeitschriften.

RUHKOPF (Karl Heinrich) *M. der Phil. und* seit 1794 *Direktor des Andreanischen Gymnasiums zu Hildesheim* (vorher Rektor zu Otterndorf im Lande Hadeln): *geb. zu Sosmer im Amte Peina im Hildesheimischen am 27 Junius* 1755. §§. Pr. de arte Platonis in dialogo, qui Phaedon inscribitur, conspicua. Hildesiae 1796. 4. — Baurmeisters skizzirte Biographie; *in* Ruperti's *und* Schlichthorst's *neuem Magazin für Schullehrer* B. 1. St. 1 (1792).

RUHMER (Christian Gottlob) *Pfarrer-Substitut zu Krippehna in Kursachsen: geb. zu* . . . §§. Ueber Blair und Zollikofer für angehende Kanzelredner. Leipz. 1789. 8. *Ueber die Vermögensumstände Luthers, und insbesondere seiner Wittwe. ebend. 1791. 8.

RUHNKEN, eigentlich RUHNEKEN (David) *M. der Phil. und Professor der Geschichte und Beredsamkeit auf der Universität zu Leiden: geb. zu Stolpe in Pommern am 2 Januar 1723.* §§. Diss. II de Galla Placidia Augusta. Vitemb. 1743. 4. Epistola critica I in Homeridarum hymnos & Heliodum. Lugd. Bat. 1749. 8. — II in Callimachum & Apollonium Rhodium. 1752. 8. *Timaei* Sophistae Lexicon vocum Platonicarum. Nunc primum edidit, atque animadversionibus illustravit. Lugd. Bat. 1755. 8. *Editio secunda*, multis partibus locupletior. ibid. 1789. 8. Or. de Graecia, artium ac doctrinarum inventrice. ibid. 1757. 4. Or. de Doctore umbratico. ibid. 1763. 4. *P. Rutilius Lupus* de figuris sententiarum & elocutionis libri duo, recensuit & notas adjecit. Acc. *Aquilae Romani*, & *Julii Rufiniani* de eodem argumento libri. ibid. 1768. 8. Elogium Tib. Hemsterhusii. ibid. eod. 4. Editio altera auctior. ibid. 1789. 8. *C. Velleji Paterculi* quae supersunt ex historiae Romanae voluminibus duobus, cum integris animadversionibus doctorum. ibid. 1779. 8 maj. Homeri Hymnus in Cererem, nunc primum editus. ibid. 1781. 8. Homeri Hymnus in Cererem, nunc primum editus; accedunt duae Epistolae criticae ex editione altera, multis partibus locupletiores. ibid. 1782. 8 maj. *A. Mureti* Opera omnia, ex MSS. aucta & emendata, cum brevi annotatione & praefatione. ibid. 1789. 4 Voll. in 8. — *Thalelaei, Theodori, Stephani, Cyrilli*, Commentarii in Tit. D. & Cod. de Postulando, s. de Advocatis gr. & lat. cum annotationibus; in *Meermanni* Nov. Thes. jur. civ. & can. To. III. — Annotationes in *Joh. Alberti* Glossarium Hesychianum T. II; & in Callimachum in *Ernesti* editione. — *Wo nicht selbst verfertiget, doch starken Antheil hat er an der* Disp de vita & scriptis Longini (Lugd. Bat. 1776. 4). — Vorrede zu der von ihm besorgten Ausgabe von *Apuleji* Metamorphoseon libri IX, cum notis variorum, in primis Francisci Oudendorpii (Lugd. Bat. 1786. 4 maj).

RULFFS (August Friedrich) *Generaldirektor der allgemeinen Versorgungsanstalten in den kurfürstl. Mainzischen*

zischen Landen, Mitglied des Mainzischen General- und Special-Armendirektorii, seit 1791 *auch wirklicher Hofkammerrath zu Mainz* (kam 1793 unschuldig in den Verdacht, zu der Mainzischen Clubbisten-Rotte zu gehören, kam deswegen als Gefangener auf den Königstein, wurde aber im Oktober 1794 losgelassen, und nachher für ganz schuldlos erklärt. Ehedem war er königl. und kurfürstl. Braunschweig-Lüneburgischer Kommissar zu Eimbeck): *geb. zu Bremen am* 19 *Januar* 1736. §§. Ueber die Preisfrage der königl. Societät der Wissenschaften zu Göttingen: von der vortheilhaftesten Einrichtung der Werk- und Zuchthäuser. Göttingen 1783. 4. Beantwortung der Zweifel, welche der Kaufmann H. C. Melching in Eimbeck über meine des Commissarii Rulffs herausgegebene Abhandlung, die vortheilhafteste Einrichtung der Werk- und Zuchthäuser betreffend, öffentlich bekannt gemacht hat. ebend. 1785. 4. Versuch zur Beantwortung der Frage: Wie sind Waisenhäuser anzulegen, oder die jetzigen so einzurichten, dass mit wenigern Kosten eine grössere Anzahl Kinder für ihre Person und zum Nutzen des Staats christlich, gesund und arbeitsam erzogen werden? ebend. 1785. gr. 8. Vortrag über einige wichtige Fragen und Einwürfe, die zweckdienlichste Almoseneinsammlung für Arme betreffend; abgelesen im Generaldirektorium zu Mainz. 1786. 8. Anrede der vormahligen bettelnden Armen, jetzt aber kurfürstl. Mainzischen Fabrikarbeiter, an S. kurfürstl. Gnaden, den Hochwürdigsten Fürsten und Herrn, Herrn Friedrich Karl Joseph, als den huldreichsten Stifter der allgemeinen Armenversorgungsanstalt zu Mainz, verfasset und zu höchsten Händen übergeben von *A. F. R.* Mainz 1787... — Aufsätze im Mainzischen Wochenblatt.

ULLMANN (Georg Wilhelm) *M. der Phil. und* seit 1788 *D. der Theol. und* seit 1787 *ordentlicher Professor derselben auf der Universität zu Rinteln: geb.*

geb. im Schlangenbad 1757. §§. *Diss. de insigni psychologiae in theologia revelata usu. Rintel.* 1779. 4. Versuch eines Lehrbuchs der Römischen Alterthümer. ebend. 1782. 8. 2te sehr vermehrte und verbesserte Ausgabe, unter dem Titel: Lehrbuch des Römischen Alterthums. ebend. 1787. 8. Pr. von der gegenwärtigen Einrichtung der Rintelnschen Stadtschule. ebend. 1786. .. In welchem Sinn nennt sich Jesus des Menschen Sohn? Lingen 1786. 8. *D. inaug. de Apostolis, primariis religionis Christianae doctoribus. Rintelii* 1788. 4. Erklärung der Sonn- und Festtagsepisteln; ein Beytrag zur Beförderung der öffentlichen und häuslichen Andacht. ebend. 1789. 8. *Tabula, harmoniam quatuor Evangelistarum exhibens, in usum lectionum exegeticarum in quatuor Evangelia adornata. ibid.* 1790 (eigentl. 1789). 4. Die heiligen Schriften des neuen Bundes, übersetzt und mit Anmerkungen. 1ster Theil. Lemgo 1790. — 2ter u. 3ter Theil. ebend. 1791. gr. 8. *Progr. de prophetis novi Testamenti. Rintel.* 1790. 4. *Progr. Observationes criticae & exegeticae in loca quaedam epistolarum apostoli Pauli minorum, ex collatione praecipue Boerneriani ortae. ibid.* 1795. 4. Anweisung zu einem erbaulichen und populären Kanzelvortrag, nach den Bedürfnissen unsrer Zeit. Leipz. 1796. 8. *Giebt mit andern heraus:* * Materialien für alle Theile der Amtsführung eines Predigers, nebst praktischer Anweisung, dieselben, dem Bedürfnisse unserer Zeiten gemäss zu gebrauchen. Herausgegeben von einigen Freunden der praktischen Theologie. 1sten Bandes 1ster bis 4ter Heft, 2ten Bandes 1ster Heft. ebend. 1797. gr. 8.

RUMP (J...) *Amtsrath zu Ibbenbühren in der Grafschaft Ravensberg: geb. zu* ... §§. Ueber den Anbau der wüsten Marken in Westphalen. In Briefen eines Edelmanns und Beamten. Lippstadt 1787. 8. Westphälische Bauerngespräche als eine Fortsetzung der Briefe über die wüsten Marken. ebend. 1788. 8.

RUM

RUMP (M... A...) ... *zu* ... *geb. zu* ... §§. Ueber die alten Römischen Schriftsteller von der Landwirthschaft. Münster 1796. 8. Ueber die Düngungsmittel, zur Beförderung des Anbaues der wüsten Marken. Lingen 1797. gr. 8.

RUMPEL (Ludwig Friedrich Eusebius) *D. der AG. und ordentlicher Professor derselben auf der Universität zu Erfurt: geb. daselbst am* 19 *Sept.* 1736. §§. D. inaug. de spina ventosa. Erfordiae 1762. 4. Pr. de cantharidibus. ibid. 1767. 4. — De glandulae thyroideae affectu scrophuloso cum aneurismate spurio, observatio; *in Act. Acad. Nat. Curios.* T. V. — De daphnes Mezerei viribus; *in Act. Acad. Erford. ad a.* 1778 & 1779. (Erford. 1780. 4). — Recensionen in der Erfurter gelehrten Zeitung.

RUMPF (Johann Daniel Friedrich) *königl. Preussischer Accisebedienter zu Berlin: geb. zu Asseheim in der Wetterau am* 21 *Julius* 1758. §§. Neuester Wegweiser durch die königl. Preussischen Staaten; ein Handbuch für Fremde und Einheimische. 1stes Bändchen. Berlin 1793 (*eigentl.* 1792). (*Auch unter diesem Titel, ohne des Verfassers Namen:* Berlin, oder Darstellung der interessantesten Gegenstände dieser Residenz. Mit einem neu entworfenen sauber illuminirten Grundriss von Sotzmann). — 2tes Bändchen, enthält eine Beschreibung der äussern und innern Merkwürdigkeiten aller königlichen Schlösser in Berlin, Charlottenburg, Schönhausen, in und bey Potsdam. Mit 4 illuminirten Kupfern. ebend. 1794. 8. * Neue Bildergallerie für junge Söhne und Töchter, zur angenehmen und nützlichen Selbstbeschäftigung aus dem Reiche der Natur, Kunst, Sitten und des gemeinen Lebens. Mit 151 in Kupfer gestochenen Abbildungen. ebend. 1794. 8. (5 *Aufsätze darinn sind von andern*). Neue gänzlich umgearbeitete und systematisch eingerichtete Ausgabe. ebend. 1797. gr. 8. — 2ter Band, mit 150 Abbildungen. ebend. 1795. — 3tes

3ter Band, mit . . . Abbildungen. ebend. 1795. — 4ter, mit einem vollständigen Register versehener Band. Mit 24 Abbildungen. ebend. 1796. gr. 8.

RUNDE (Christian Heinrich) *Prediger zu Berge, Röbel und Giesenschlag in der Altmark: geb. zu . . .* §§. Die vornehmsten Wahrheiten des Evangelii Jesu Christi; zum Gebrauch seiner Pfarrgemeinen aufgesetzt. Lemgo 1780. 8. Die gottesdienstliche Feyer des Sonntags nach ihren Gründen und zur Beförderung einer zweckmässigen Anwendung dieses uralten Feyertages der Christen; eine Abhandlung. Stendal 1783. gr. 8.

RUNDE (Christian Ludwig) Sohn des folgenden; *D. der R. und Beysitzer der Juristenfakultät zu Göttingen: geb. zu Cassel . . .* §§. Commentatio de historia, indole ac vi remediorum securitatis, quibus jure Romano prospectum est creditoribus debitoris obaerati per privilegia personalia, hypothecas tacitas & privilegia hypothecarum. Gottingae 1795. 4. (*Eine Preisschrift*). D. inaug. Principia doctrinae de interimistica praedii rustici administratione. ibid. eod. 8. *Abhandlung der Rechtslehre von der Interimswirthschaft auf teutschen Bauergütern nach gemeinen und besondern Rechten. ebend.* 1796. 8.

RUNDE (Justus Friedrich) *D. der R. und* seit 1784 *königl. Großbrit. und kurfürstl. Braunschweig-Lüneburgischer Hofrath und ordentlicher Professor der Rechte auf der Universität zu Göttingen* (vorher Professor des Staats- und Privatrechts, wie auch der Reichshistorie am Collegio Illustri Carolino zu Cassel, der fürstl. Hessen-Casselischen Gesellschaft des Ackerbaues und der Künste beständiger Sekretar): *geb. zu Wernigerode am 27 May* 1741. §§. *D. inaug. de confirmatione Caesarea juris primogeniturae in familiis illustribus Germaniae. Gotting.* 1770. 4. Abhandlung vom Ursprung der Reichsstandschaft der Bischöffe und Aebte, welcher von königlicher Societät der Wissenschaften zu Göttingen der Preis zuerkannt worden. ebend. 1775. 4. Vom Ursprung und

und Einrichtung der hochfürstlich Hessen-Casselischeh Gesellschaft des Ackerbaues und der Künste; eine Vorrede zu den Abhandlungen vom Surrogat der Hand- und Spanndienste, welchen diese Gesellschaft Preise zuerkannt hat. Cassel 1775. 8. *Progr. de usu longaevo cautelae, quam vocant Socini, ante ipsum Socinum. ibid.* 1776. 4. *Progr. de jure convocandi Electores ad electionem Regis Romanorum ante Auream Bullam. Comment. I & II. ibid.* 1776. 1777. 4. Progr. Vertheidigung der Rechtmässigkeit der Todesstrafen aus Grundsätzen des allgemeinen Staatsrechts. ebend. 1777. 4. (*auch im teut. Museum* 1777. *St.* 4). Von den Mitteln, den gefallenen Werth der Grundstücke steigen zu machen; zwo Preisabhandlungen. ebend. 1777. 8. Zwo Abhandlungen über die Frage: Ob für die Hessen der 20 oder 24 Guldenfuss vortheilhafter sey? ebend. 1777. 8. Des Grafen Franz Christoph von Khevenhiller Ferdinandische Jahrbücher, in einen pragmatischen Auszug gebracht und berichtigt. 1ster und 2ter Theil, welche die Jahre 1578 bis 1587 enthalten. Leipz. 1778. — 3ter Theil, welcher die Jahre 1588 bis 1592 enthält. ebend. 1779. — 4ter Theil, welcher die Jahre 1593 bis 1597 enthält. ebend. 1781. gr. 8. Nachricht von dem Fortgang der gesellschaftlichen Bemühungen der Casselischen Gesellschaft des Ackerbaues; *vor 2 Abhandl. von Monopolien.* Cassel 1778. 8. Anmerkungen und berichtigende Zusätze zu dem Barischen Lehnrecht. Giessen 1783. 4. Mit einem neuen Titelblatt. ebend. 1788. Weitere Nachricht von dem Fortgange der gesellschaftlichen Bemühungen der Casselischen Gesellschaft des Ackerbaues; vor *Casparson's* Preisschrift von Verhütung des Bettelns in einer Haupt- und Residenzstadt. Cassel 1783. 8. *Progr. Commentatio de Augustae imperatricis jure primariarum precum. Sect. I. Götting.* 1784. 4. Ausführliche Darstellung der gerechten Ansprüche des regierenden Hrn. Grafen zu Bentheim-Tecklenburg auf die Herrschaft Bedbur und einige andere zu dem Nachlasse der Gräfin Walpurgis von Nuenar gehörigen Güter; gegen den Hrn. Grafen von Salm-Reiferscheid, als Inhaber dieser Herrschaft und Güter; wie auch gegen den Kurcölnischen Kammeranwald, als Intervenienten bey diesem Rechtshandel. ebend. 1788. fol. Grundriss des Braunschweig-Lüneburgischen Privatrechts. ebend. 1789. 1 Bogen 8. Grundsätze des allgemeinen teutschen Privatrechts. ebend. 1791. gr. 8. 2te rechtmässige Ausgabe. ebend. 1795. gr. 8. Appellations-Libell in Sachen des regierenden Hrn. Grafen zu Bentheim-Tecklenburg, Kläger, jetzt Appellanten: gegen den Hrn. Grafen von Salm-Reiferscheid, Beklagten; und dem Kurcölnischen Kammeranwald, Intervenienten; betreffend die Herrschaft Bedbur u. s. w. ebend. 1792. fol. *Oratio de vera nobilitatis notione, pro diversa temporum ratione, maxime diversa; imprimis ad illustrandum ea, quae Tacitus de antiquissima Germanorum nobilitate refert. ibid.* 1793. 8. Vertheidigung der Hochstift-Hildesheimischen Landesverfassung und landständischen Gerechtsame; veranlasst durch die bey hochfürstlicher Regierung zu Hildesheim den 7 März 1793 von dem Herrn Kanonikus Goffaux, als angeblich Bevollmächtigten eines sogenannten Bauerstandes des Hochstifts, unter dem Titel: Darstellung der allgemeinen Landesbeschwerden mit unterthäniger Imploration, wider die hochlöblichen Landstände den in specie zu den Steuersachen verordneten grösseren Ausschuss übergebene Klage. Auf Verlangen der zu dieser Sache bevollmächtigten landständischen Herren Deputirten abgefasst. ebend. 1794. gr. fol. * Abgeforderter Bericht an das hochpreisliche Kaiserliche und Reichskammergericht; in Sachen verschiedener Hildesheimischen Notarien, wider Ihro hochfürstliche Gnaden, Fürsten-Bischoff zu Hildesheim. Hildesheim 1796. fol. — * Auch ein Vorschlag zur Verbesserung des Sustentationswesens des Kaiserl. und Reichskammergerichts; *im*

teut-

teutschen Museum 1776. St. 12. S. 1117-1128. Von der gegenwärtigen Beschaffenheit der Khevenhillerischen Annalen; *ebend.* 1777. Novemb. Wie kommt der Teutsche zum Gebrauch des Römischen Rechts? *ebend.* 1780. St. 1. Vergleichung der Römischen in unsern Kalendern annoch gebräuchlichen Monatsnamen mit denen, welche Karl der Grosse einzuführen suchte; *ebend.* 1781. St. 1. — Ueber das Erbrecht der Götter bey den Römern, nebst einem Kommentar über Ulpians Fragmente Tit. II. §. 6; *in den Mem. de la Soc. de Cassel* T. I. (1780). Vergleichung des ehemahligen und heutigen Zustandes der teutschen Bauern, und Untersuchung der Mittel, wodurch die erfolgten Veränderungen in dem teutschen Bauerstande bewirkt worden sind; *ebend.* — Ueber die bürgerliche Verbesserung der Juden; *in den Hess. Beytr.* St. 1 (1784). Beytrag zur Geschichte der Aufwandsgesetze; *ebend.* St. 2 (1784). — Bestrafung der Ehemänner, die sich von ihren Weibern schlagen lassen; *im teutschen Merkur* 1784. St. 9. S. 182-185; *und in* Plitts *Repertorium* B. 2 (1790). — Zusätze zu einer Abhandlung über die Abdankung der Dienerschaft; *in* Schlözers *Staatsanzeigen* H. 29 (1785). Ueber Geldstrafen auf Akademien, und eine damit zu Göttingen gemachte Veränderung; *ebend.* H. 71. S. 288-294 (1793). — Einige juristische Disputationen, die er zu Göttingen in andrer Namen verfertiget hat. — Arbeitet mit an der teutschen Encyklopädie, die zu Frankfurt am M. seit 1778 heraus kommt. — Erinnerungen und Anmerkungen zu *Schlözers* Ludwig Ernst u. s. w. — Recensionen in der allgem. teutschen Bibl. und in den Götting. gel. Anzeigen. — Vergl. *Weidlichs* Nachr. und Nachtr. auch *Pütters* Geschichte der Univ. Göttingen Th. 2. §. 104. — Sein Bildniss von Schwenterley 1792; und vor dem 28sten Band der Neuen allgem. teut. Bibl. (1797).

RUNGIUS (August Moritz) *M. der Phil. und* seit 1791 *Prediger zu Rahnsdorf bey Zahna im Sächsischen Kur-*

Kurkreise (vorher seit 1783 Diakonus zu Zahna bey Wittenberg): *geb. zu Authausen bey Düben im Kursächsischen* 175 . . §§. *Interpretatio grammatica Psalm. XLV.* *Dresdae* 1781. 8 *maj.* Morgenländische Fragmente für Freunde der Bibel. 1stes Stück. ebend. 1781. gr. 8. *Die Fortsetzung erschien in den gleich folgenden* gemeinnützigen Abhandlungen. *Commentatio de cornu salutis ad Luc. I. ibid.* 1783. . . Gemeinnützige Abhandlungen für Freunde der Bibel, über Klima, Naturgeschichte, Sitten und Gebräuche des Morgenlandes. 2 Bändchen. Wittenberg 1786. 8.

Frau von RUNKEL (Dorothee Henriette) *gebohrne* ROTHER, *Wittwe eines kursächsischen Oberstlieutenants und Gouvernante verschiedener adelicher Fräulein zu Dresden*: *geb. zu Leipzig* 1724. §§. * *J. L. Bianconi* Sendschreiben, die Merkwürdigkeiten des Kurbayerischen Hofes und der Stadt München betreffend; aus dem Italienischen übersetzt. Leipz. 1764. 8. *Neue Auflage unter dem Titel:* Briefe über die vornehmsten Merkwürdigkeiten der Kurbayrischen Residenzstadt München und deren umliegenden Lustgegenden. München u. Leipz. 1771. 8. * Die Zeiten Ludwigs des 15ten; aus dem Franz. des Herrn *von Voltaire* übersetzt. 2 Theile. Frankf. u. Leipz. (*Dresden*) 1770. 1771. 8. Briefe der Frau Gottsched. 3 Theile. Dresden 1772-1773. 8. Moral für Frauenzimmer, nach Anleitung der moralischen Vorlesungen des berühmten Prof. Gellerts, mit Zusätzen. ebend. 1774. 8. 2te verbesserte Ausgabe. ebend. 1784. 8. Neue Ausgabe. Stendal 1796. 8. Sammlung freundschaftlicher Originalbriefe, zur Bildung des Geschmacks für Frauenzimmer. 1ster Theil. Dresden 1777. — 2ter Theil . . . — 3ter Theil. Stendal 1783. 8. 2te verbesserte Ausgabe in 3 Theilen. ebend. 1790. 8. — Vergl. *Kläbe.*

RUPERTI (Georg Alexander) *Rektor der Rathsschule zu Stade* seit 1784 (vorher seit 1781 Konrektor derselben): *geb. zu Bremervörde am* 19 *December* 1758.

1758. §§. Symbolae ad interpretationem facri codicis Vol. I. Fafc. I, qui continet obfervationes in Canticum canticorum. Gotting. 1782. — Vol. I. Fafc. II, qui continet obfervationes in Chabacuci caput III. ibid, 1792. 8. *Der Prediger Salomo, überfetzt. Hamburg* 1783. 8. Progr. quo C. Silii Italici de bello Punico fecundo Lib. I. 1-154 varietate lectionis & perpetua adnotatione illuftratur. Stadae 1788. 4. *Auch im 1ften Stück des 1ften Bandes vom Magazin für öffentliche Schulen und Schullehrer* (Bremen 1790. 8). *Giebt mit* H. SCHLICHTHORST *heraus: Neues Magazin für Schullehrer. 1ften Bandes 1ftes Stück. Göttingen* 1792. — *2tes Stück* 1793. — *2ten Bandes 1ftes Stück* 1793. — *2ten Bandes 2tes Stück (auch unter dem Titel:* Commentationes philologicae Vol. I). *Bremen* 1794. — *3ten Bandes 1ftes Stück (oder* Commentat. philol. Vol. II). *ebend.* 1794. — *2tes Stück (oder* Comment. philol. Vol. III). *ebend.* 1795. — *4ten Bandes 1ftes Stück (oder* Comment. philol. Vol. IV). *ebend.* 1796. — *2tes Stück (oder* Comment philol. Vol. V). *ebend.* 1797. 8. *Grundriß der Gefchichte, Erd- und Alterthumskunde, Litteratur und Kunft der Römer. Göttingen* 1794. 8. Tabulae genealogicae five ftemmata nobiliffimarum gentium Romanorum. ibid. eod. 8. Commentationes theologicae, editae a *J. C. Velthufen — C. T. Kuinoel — & G. A. Ruperti.* Vol. I. Lipf. 1794. — Vol. II. ibid. 1795. — Vol. III. ibid. 1796. — Vol. IV. ibid. 1797. 8 maj. *C. Silii Italici* Punicorum Libri XVII, varietate lectionis & perpetua adnotatione illuftrati. Vol. I, cui praefatus eft *C. G. Heyne.* Gotting. 1795 (*eigentl.* 1794). 8 maj. *Giebt mit* H. SCHLICHTHORST *heraus: Magazin für Philologen. 1fter Band. Bremen* 1796. 8. (Eine Fortfetzung des Neuen Magazins für Schullehrer). — Epimetrum & cenfura prolufionis de fuppliciis, quibus M. Attilius Regulus, Carthagine traditur interfectus, auct. J. F. Roos; *im Magazin für Schulen u. f. w.* B. 2. St. 1. S. 61-70 (1791). Specimen fecundum obfervationum criticarum &c. *ebend.* St. 2. S.

S. 257-290. Bestimmung des eigentlichen Charakters des Gedichts des Silius Italicus vom Punischen Krieg; *in dem von ihm und* Schlichthorst *herausgegebenen* Neuen Magazin B. 2. St. 1 (1793). — Beyträge zur biblischen Theologie; *in der Götting. Bibl. der neuesten theol. Litt.* B. 2. St. 1 (1795). — 2te Probe; *ebend.* B. 2. St. 5 (1796). — Einige Bemerkungen über die Verehrung der Gottheit in den ältesten Zeiten; *in* Henke's *Magazin für Religionsphilos.* B. 5. St. 1 (1796). — Hat den Index zu Heynens kleinern Ausgabe Virgils verfertiget.

RUPP (Johann Bartholomäus) *Landphysikus zu . . . im Würzburgischen: geb. zu . . .* §§. * Vollständige Getrank- Getraid - Maas - Gewicht - und Zinsberechnung. Schweinfurt 1794. 8. — *Noch andere anonymische Schriften.*

RUPP (Viktoria) *gebohrne Raudnizky in Prag: geb. daselbst . . .* §§. * Jenny, oder die Uneigennützigkeit; ein Drama in zween Aufzügen aus dem Franz. 2te Auflage. Prag 1777. 8. * Marianne, oder der Sieg der Tugend; ein rührendes Lustspiel in 3 Aufzügen. ebend. 1777. 8. * Die gute Mutter; ein Schauspiel von der Uebersetzerin der Marianne. . . . 1777. 8.

*) von RUPPRECHT (Georg Joseph) *SS. Theol. Licent. kurbayerischer geistlicher und des fürstl. Hochstifts Regensburg wirklicher Konsistorialrath, Dechant und Pfarrer zu Stadt Kemnath in der Oberpfalz: geb. zu . . .* 1713. §§. Euchariſtiale Archi - confraternitatis sacrosancti corporis Christi. 1761. 4.

RUPPRECHT (Theodor Wenzel) . . . . . **). §§. Kurzgefasste Geschichte über den Ursprung der heutigen Ordensklöster, wie auch Dom - und Kollegiatstifter im Markgrafthume Mähren, aus Geschichtschreibern und Handschriften zusammengetragen. Wien 1782. gr. 8.

RUTH -

*) Lebt er noch?

**) Abermahls eine uralte Lücke!

RUTH (Maximilian) *D. der R. Repetitor publicus der juristischen Fakultät und Lehrer der Grammatik am akademischen Gymnasium zu Freyburg im Breisgau: geb. zu* . . . §§. Abhandlung vom Cölibat . . . Freyburg . . . Erstes, zweytes und drittes Sendschreiben an Erich Servati über den Cölibat der katholischen Geistlichen. ebend. 1786. 8. Von den Folgen, welche der Cölibat der Geistlichen auf das Wohl katholischer Staaten hat; eine Abhandlung. ebend. 1786. 8.

RUTHS (Johann Georg) *evangelischer Prediger zu Michelau im Schlesischen Fürstenthum Brieg: geb. zu Reichstein im Münsterbergischen am* 31 *Jan.* 1733. §§. Sammlung geistlicher Reden und Gedichte. Breslau 1759. 8. Psalmen in neuen Liedern, nach den bekanntesten Melodien. ebend. 1762. 8. — Vergl. *Streits* alphab. Verzeichn.

von RUTTERSHAUSEN (Roger) *k. k. wirklicher Oberenserischer Landrath, Büchercensor, und des k. k. Religionsconsesses Beysitzer zu Linz: geb. zu Donauwörth* 1728. §§. Vertheidigung deren 12 Briefe und der Vorrede des P. Seedorfs, Beichtvaters bey Sr. Churfürstl. Durchl. zu Pfalz, wider die Beantwortung eines Anonyms von Tübingen. 2 Bände. Wien 1752. 8. — Vergl. *de Luca* gel. Oestr. B. 1. St. 2.

RUZICZKA (Evermond Thaddäus) *Prämonstratenser, D. der Theol. und Senior der theologischen Fakultät zu Ollmütz: geb. zu Trebitsch in Mähren am* 11 *Dec.* 1711. §§. D. de indulgentiis & jubilaeo. Olomucii 1770. 4. Editio nova. Viennae 1776. 4. De disciplina arcani. Olomucii 1776. 4. — Vergl. *de Luca* gel. Oestr. B. 1. St. 2.

RYHINER (Johann Heinrich) *D. der AG. und Professor der Sittenlehre und natürlichen Rechte auf der Universität zu Basel: geb. daselbst* . . . §§. *Itineraire alphabétique de la Ville de Bâle, de ses environs & de son Canton; à l'usage des voyageurs curieux. à Bâle 1782. 8.

von

von RYSSEL (Ernst Christian) seit 1778 *Major bey dem kursächsischen Freyherrl. von Riedeselischen Infanterieregimente zu Schneeberg*: *geb. zu Döbeln im Meißnischen* 1730. §§. Kurze Abhandlung der militairischen Theorie, worinnen die vornehmsten Regeln der Kriegskunst abgehandelt, durch alte und neue Exempel erkläret und durch lehrreiche Noten erläutert werden; aus dem Franz. des Grafen V. D. S. G. Chemnitz 1777. 8.

RZEHACK (Franz) *k. k. Hofkriegsbuchhalterey-Raitofficier zu Wien*: *geb. zu* . . . §§. Neu bearbeitetes Post- und Reisebuch von Wien nach allen Erb- und auswärtigen Ländern und Staaten Europens. In 5 Abtheilungen. Wien 1793. 12.

RZIKOVSKY (Johann Rudolph) *Ritter von Dobrschitz, des Kollegiatstifts zu Crems Kanonikus*: *geb. zu* . . . §§. Praenotiones pastorales ad usum Praeficiendorum. Vindob. 1780. 8.

Anzeige.

Niemand, der in diesem sechsten Bande herum blättert, wundere sich, daſs gar manches, was noch im Jahr 1797 herausgekommen ist, nicht darinn vorkommt, oder daſs mancher, inzwischen verstorbener Schriftsteller, noch unter den lebendigen erscheint. Denn das Manuscript zu den Buchstaben P und Q hatte ich schon am 2ten August und dasjenige zu R am 13ten September 1797 an die Verlagshandlung abgesendet. Auch bin ich auſſer Schuld, wenn bis zur Ostermesse 1798 nur Ein Band, nämlich dieser sechste, erscheinen sollte.

Meusel.

Ende des sechsten Bandes.

www.ingramcontent.com/pod-product-compliance
Lightning Source LLC
Chambersburg PA
CBHW031808270326
41932CB00008B/342

* 9 7 8 3 7 4 2 8 7 4 3 8 2 *